Anita Hattenhorst, Klaus Walter, Bernd Weidtmann

Prüfungswissen
Groß- und Außenhandel

Zwischen- und Abschlussprüfung

4. Auflage

Bestellnummer 01440

■ Bildungsverlag EINS

service@bv-1.de
www.bildungsverlag1.de

Bildungsverlag EINS GmbH
Ettore-Bugatti-Straße 6-14, 51149 Köln

ISBN 978-3-427-01440-9

Prüfungswissen: Die Idee

Das Problem	Auszubildende in den Ausbildungsberufen **Kaufmann/Kauffrau für Groß- und Außenhandel** müssen sich für Klassenarbeiten, innerbetriebliche Leistungsüberprüfungen und natürlich die Zwischen- und Abschlussprüfung eine Fülle von Lerninhalten aneignen und einprägen, um erfolgreich zu bestehen. Zwar sind oft eigene Aufzeichnungen aus der Berufsschule, Lehrbücher sowie Aufgabensammlungen in teilweise großem Umfang vorhanden; diese verfügen aber in aller Regel nicht über den zur Vorbereitung auf eine Prüfung überzeugenden, lernwirksamen Aufbau.
Die Problemlösung	Prüfungswissen ist ein neuartiges Arbeitsbuch im Doppelseitenprinzip. Parallel zu programmierten Aufgaben und offenen Fragen gibt es einen systematischen Überblick über das für die Prüfungen wichtige Wissen. Abgestimmt auf die Lehrpläne und Prüfungsverfahren der Länder, ermöglicht Prüfungswissen eine kompakte und zielgerichtete Wiederholung – vom einzelnen Thema bzw. Lerngebiet bis zum gesamten Prüfungsstoff. Die Markierungen im Inhaltsverzeichnis lassen schnell und übersichtlich erkennen, welche Prüfungsinhalte bereits für die Zwischenprüfung relevant sind. **Prüfungswissen kann also sowohl prüfungsvorbereitend als auch ausbildungsbegleitend genutzt werden.**

Prüfungswissen: Möglichkeiten und Grenzen

Was Prüfungswissen leisten kann ...	... und was es nicht leisten will
▸ bereitet auf die schriftliche Zwischenprüfung vor ▸ bereitet auf die schriftliche (und mündliche) Abschlussprüfung vor ▸ dient der Vorbereitung auf Klassenarbeiten und zur regelmäßigen Wiederholung der Lerninhalte ▸ frischt vorhandenes Wissen auf ▸ deckt eventuelle Wissenslücken auf ▸ regt zur Auseinandersetzung mit den Lerninhalten an ▸ verringert Unsicherheiten über die Inhalte der Prüfung	▸ ersetzt nicht die gründliche Auseinandersetzung mit komplexen Lerninhalten ▸ ist kein Lehrbuch-Ersatz ▸ ermöglicht keine „Last-Minute"-Prüfungsvorbereitung ▸ will keinen unrealistischen, schnellen Prüfungserfolg vortäuschen

Prüfungswissen: Aufbau, Merkmale und Elemente

Grundlagen	Auswahl, Aufbau und Aufbereitung der Lerninhalte berücksichtigen den Stoffkatalog der Aufgabenstelle für kaufmännische Abschluss- und Zwischenprüfungen (**AkA**) ebenso wie den entsprechenden **Rahmenlehrplan** und die **Lehrpläne der einzelnen Bundesländer**.		
Doppelseite mit Ausgangsfall und offenen Fragen	Den neuen Anforderungen entsprechend wird die geforderte Handlungskompetenz im Bereich der Großhandelsgeschäfte prozessorientiert abgefragt. **Praxisbezogene komplexe Aufgaben** sind in diesem Teil Ausgangspunkt für unterschiedliche Fragestellungen. Die ausführliche Lösung steht direkt neben der Fragestellung.		
	Das Prinzip	Ausgangsfall	
		Fragen	Lösungen
Einzelseite mit Kernwissen	Aufgrund der exemplarischen Aufgabenstellung können nicht alle Bereiche der Großhandelsgeschäfte in der Form komplexer Aufgaben behandelt werden. Aus diesem Grund folgt nach den Doppelseiten mit Aufgabenstellung eine systematische Darstellung des Kernwissens.		
Doppelseite mit Kernwissen und geschlossenen Fragen	Das Prinzip	**Kernwissen** (linke Seite)	**Aufgaben** (rechte Seite)

		▸ enthält über 800 Fragen und deren Beantwortung
		▸ gibt eine Übersicht über die Inhalte eines einzelnen Themas
		▸ enthält Übersichten, Tabellen, Definitionen und Beispiele – lerngerecht und kompakt aufbereitet
		▸ hebt wichtige Begriffe und Aussagen besonders hervor
			▸ bestehen aus mehr als 900 geschlossenen (programmierten) Fragen:
			  – Einfachauswahl-,
			  – Mehrfachauswahl-,
			  – Reihenfolge- und
			  – Zuordnungsaufgaben
			▸ beziehen sich jeweils auf das Kernwissen, das auf der linken Seite abgebildet ist

	Lösungen	Der Lösungsteil enthält in übersichtlicher Darstellung alle Ergebnisse der programmierten Aufgaben.	

Für die Arbeit mit diesem Prüfungswissen wünschen Ihnen viel Erfolg:

Autoren und ...	... Verlag

Alle Inhalte des Buches sind für die Abschlussprüfung wichtig. Die mit einem **Z** markierten Seitenzahlen geben an, welche Inhalte bereits in der Zwischenprüfung verlangt werden.

Vorwort

Modellunternehmen

Großhandelsgeschäfte

Kaufmännische Steuerung und Kontrolle, Organisation

Wirtschafts- und Sozialkunde

wwh GmbH
Elektrogroßhandel

Sie sind Mitarbeiterin/Mitarbeiter der

wwh GmbH
Helene-Weber-Weg 9
33607 Bielefeld

Das Unternehmen ist eingetragen im Handelsregister B beim Amtsgericht in Bielefeld.

Der Betriebszweck ist der Großhandel mit Elektrogeräten und Zubehör.

Das Unternehmen hat folgende Abteilungen:

Geschäftsführung
Einkauf
Lager I: Großgeräte
Lager II: Zubehör und Kleingeräte
Vertrieb
Rechnungswesen
Personalwesen
Organisation/EDV

Im Unternehmen sind beschäftigt: 25 Angestellte
                                      8 Arbeiter
                                      2 Auszubildende

Einführung

Auswahl, Aufbau und Aufbereitung der Lerninhalte berücksichtigen den Stoffkatalog der Aufgabenstelle für die kaufmännischen Abschluss- und Zwischenprüfungen (AkA/IHK).

Den neuen Anforderungen entsprechend ist die geforderte berufliche Handlungskompetenz durch das Bearbeiten von komplexen Aufgaben nachzuweisen.

In der Ausgangssituation werden praxisbezogene Fälle z. B. anhand von Belegen, Gesprächsnotizen oder besonderen betrieblichen Situationen dargestellt.

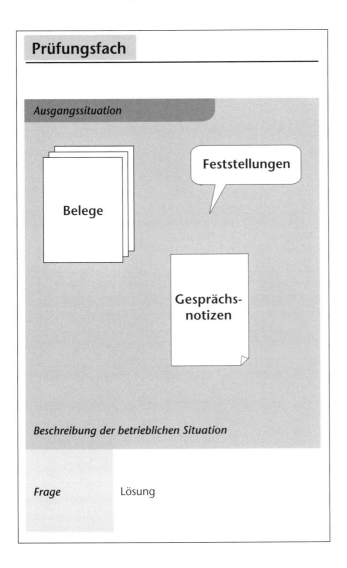

Doppelseite mit Ausgangssituation und offenen Fragen

Ausgangssituation

Sabine Wortmann beginnt zum 01.08.20.. die Ausbildung zur Kauffrau im Groß- und Außenhandel. Sie ist unter einer Vielzahl von Bewerberinnen und Bewerbern unter anderem auch deshalb ausgewählt worden, da sie sich im Vorfeld des Bewerbungs-gespräches über das Ausbildungsunternehmen informiert hat.

Die Mitarbeiterin der Personalabteilung der wwh GmbH, Frau Schaper, ist zuständig für die neu eingestellten Auszubildenden.

Der erste Tag der Ausbildung steht ganz im Zeichen des Kennenlernens der anderen Mitarbeiter und insbesondere des Betrie-bes. Gleich am ersten Tag der Ausbildung zeigt sich Sabine Wortmann sehr interessiert: „Frau Schaper, ich weiß ja, was die wwh GmbH an Produkten verkauft. Aber wie das alles zusammenhängt und dass auch immer ausreichend Ware vorhanden ist, ist schon bemerkenswert. Da muss doch eine ‚ordnende Hand‘ im Spiel sein.“ „Ja, Frau Wortmann, damit der Arbeitsablauf funktioniert, hat jeder Mitarbeiter seine Aufgabenstellung und Zuordnung im Betrieb. Ich werde Ihnen zunächst einmal erläutern, welche Aufgaben die wwh GmbH im Wirtschaftsprozess erfüllt, wie die wwh GmbH strukturiert ist und danach werde ich Sie natürlich in den einzelnen Abteilungen vorstellen. Damit Sie sich einen Überblick verschaffen können, zeige ich Ihnen das Organigramm der wwh GmbH.“

Verkürzte Darstellung des Organigramms der wwh GmbH:

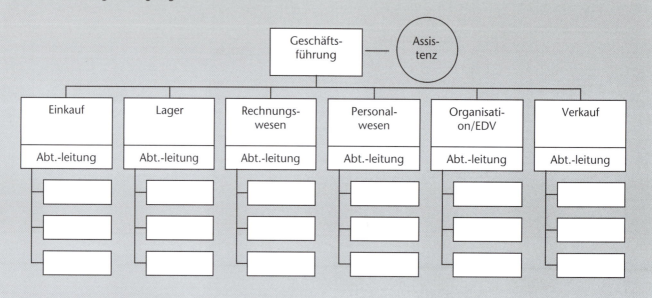

Nennen und beschreiben Sie die wichtigsten Aufgaben eines Großhandelsbetriebes in Zusammenarbeit mit den Industriebetrieben.

▸ **Raumüberbrückung**
Der Großhandel überbrückt die räumliche Distanz zwischen dem Hersteller des Produkts und dem Einzelhändler. Der Hersteller muss nicht mit einer Vielzahl von Einzelhändlern in Kontakt treten, sondern nur mit einigen ausgewählten Großhändlern.

▸ **Zeitüberbrückung**
Herstellung und Verbrauch von Produkten liegen zeitlich zum Teil erheblich ausein-ander. Das gilt insbesondere für Produkte, deren Verbrauch starken Schwankungen unterliegt (Saisonartikel, z. B. Skibekleidung). Die Überbrückung der zeitlichen Abweichung zwischen Produktion und Verbrauch übernimmt der Handel.

▸ **Mengenausgleich**
Die kostengünstige Herstellung von Produkten erfordert in den Industriebetrieben die Auflage größerer Stückzahlen, während der Verbrauch hinsichtlich der Menge gegenläufigen Schwankungen unterliegt oder gleichbleibend erfolgt. Der Großhan-del hat hier die Aufgabe der mengenmäßigen Umschichtung.

▸ **Sortimentsbildung**
Großhandelsunternehmen haben im Rahmen des Marketingkonzeptes die Aufgabe, das Sortiment (Gesamtheit aller zum Verkauf stehenden Artikel) den Kundenwünschen entsprechend zu strukturieren. Dabei ist es notwendig, es permanent zu kontrollieren und unrentable Artikel aus dem Sortiment zu nehmen. Bei geändertem Kaufverhal-ten der Kunden kann durch eine Sortimentserweiterung (Aufnahme neuer Artikel in das Sortiment) der Absatz gesichert werden.

▸ **Service**
Die Serviceleistungen des Großhändlers unterstützen das Ziel, Kunden langfristig an das Unternehmen zu binden (z. B.: Beratung und Betreuung, Schulungsmaßnahmen, Reparaturen, Garantieverpflichtungen).

Zeigen Sie die Betriebsfaktoren eines Großhandelsbetriebes auf.	▸ **Betriebsfaktor Ware** (Sortimentsaufbau mit Kern-, Rand-, Auslauf-, Probesortiment) ▸ **Betriebsfaktor Mitarbeiter** (leitende Tätigkeiten, ausführende Tätigkeiten) ▸ **Betriebsfaktor Standort** (absatzorientierte, verkehrsorientierte oder beschaffungsorientierte Standorte) ▸ **Betriebsfaktor Ausstattung** (Ladeneinrichtung, Verwaltungseinrichtung, Lagereinrichtung)
Beschreiben Sie die Notwendigkeit der Organisation eines Großhandelsbetriebes.	▸ In **kleineren Betrieben** sind die Aufgabenbereiche, die jeder einzelne Mitarbeiter abdecken soll, leicht zu verteilen und zu kontrollieren. ▸ In **größeren Betrieben** setzen die vielfältigen Aufgaben und die Vielzahl der Mitarbeiter eine Organisation des gesamten Systems voraus, damit ein reibungsloser Ablauf des Verkaufsgeschäftes gesichert ist.
Unterscheiden Sie zwischen Aufbauorganisation und Ablauforganisation.	▸ **Aufbauorganisation** Die Aufbauorganisation ist die Ordnung von Zuständigkeiten für einzelne Teilbereiche, die sich aus der Gesamtaufgabe des Betriebes ergeben. Dazu gehören: – Leitung von Mitarbeitern – Darstellung der Instanzenwege – Bereichsgliederung ▸ **Ablauforganisation** Regelung des Ablaufes betrieblicher Prozesse Darstellung einzelner aufeinanderfolgender Arbeitsschritte
Was versteht man unter Betriebshierarchie in einem Betrieb? Wie wird sie dargestellt?	Durch Stellen- und Abteilungsbildung werden gleichzeitig auch Über- bzw. Unterordnungsverhältnisse in einem Betrieb vorgegeben. Die **Betriebshierarchie** zeigt die Einordnung von Stellen in das Weisungssystem eines Betriebes. Das **Organigramm** ist die grafische Darstellung des Aufbaus eines Betriebes und damit die Darstellung seiner Hierarchie. Es gibt einen Überblick über die Verteilung der Zuständigkeiten innerhalb dieses Betriebes.
Zeigen Sie mögliche Formen von Aufbauorganisationen eines Betriebes auf.	▸ **Einliniensystem** Jeder Mitarbeiter erhält nur Weisungen von einem Vorgesetzten, der ihm gegenüber weisungsbefugt ist. ▸ **Mehrliniensystem** Untergeordnete Stellen können Weisungen von mehreren übergeordneten Stellen erhalten. ▸ **Stabliniensystem** Einigen Stellen können Stabsstellen zugewiesen werden, die den Entscheidungsträgern wichtige Informationen liefern und sie bei Entscheidungen beraten.
Welches Leitungssystem ist anhand des Auszugs aus dem Organigramm in der wwh GmbH zu erkennen? Welche Unterschiede ergeben sich zu den anderen Leitungssystemen?	Die Assistenzstelle der Geschäftsführung ist als Kreis dargestellt. Aus diesem Grund handelt es sich um eine Stabsstelle = **Stabliniensystem**. Klare und einheitliche Kompetenzbereiche bleiben erhalten. Die übergeordneten Stellen werden durch Stabsstellen entlastet, die nur für die zugewiesenen Stellen arbeiten, aber selbst keine Weisungsbefugnis haben.
Nennen Sie mögliche Untergliederungen der Abteilung Einkauf.	▸ Untergliederung nach Warengruppen **(Objektprinzip)** *Beispiel:* *Warengruppe 1 – Haushaltsgeräte* *Warengruppe 2 – Hi-Fi/TV/Computer* *Warengruppe 3 – …* ▸ Untergliederung nach der Art der zu verrichtenden Tätigkeiten **(Funktionsprinzip)** *Beispiel:* *Abteilung Bezugsquellenermittlung/Angebotsvergleich* *Abteilung Terminüberwachung/Eingangskontrolle*

Ausgangssituation

Große Aufregung in der wwh GmbH: Ein Lagerarbeiter ist durch einen Betriebsunfall verletzt worden. Der Lagerleiter schreibt eine Unfallanzeige an die Geschäftsleitung:

Interne Mitteilung

von: Lagerleitung
an: Geschäftsleitung und Personalwesen

Datum: 06.11.20..

Unfall im Auslieferungslager am 06.11.20..

Am 06.11.20.. um 10:45 Uhr ereignete sich im Auslieferungslager ein Unfall, bei dem der Mitarbeiter Peter Kreft erheblich verletzt wurde, sodass ein Krankenwagen gerufen werden musste, um Herrn Kreft ins Krankenhaus zu transportieren, wo er gegenwärtig stationär behandelt wird.

Herr Kreft wurde durch eine heruntergefallene Leerpalette an Kopf und Schulter verletzt. Erstdiagnose des behandelnden Notarztes: vermutlich Bruch des Schlüsselbeines, schwere Gehirnerschütterung sowie Prellungen im Brust- und Schulterbereich. Die Verletzungen sind entstanden durch eine Leerpalette aus Holz, die aus vier Meter Höhe von einem Stapel herunterfiel und Herrn Kreft im Schulter-, Brust und Kopfbereich getroffen hat.

Auslöser des Unfalls war Herr Paul Kropotka, eine Aushilfskraft der persona service GmbH, der gegenwärtig zur Unterstützung des Weihnachtsgeschäftes im Haus als Gabelstaplerfahrer arbeitet. Aufgrund des extremen Termindrucks bei verschiedenen Aufträgen im Lagerbereich ist er zu schnell um eine Ecke gefahren und hat mit der Gabel des Staplers in einer Höhe von ca. 3 m einen Stapel von Paletten ins Wanken gebracht, worauf sich die die Verletzungen verursachende Palette löste und herunterfiel.

Ich weise vorsorglich darauf hin, dass Herr Kropotka von mir über die im Hause bestehenden Sicherheitsvorschriften belehrt wurde und er diesbezüglich auch auf den Aushang der Unfallverhütungsvorschriften hingewiesen wurde.

In diesem Zusammenhang weise ich auch noch einmal darauf hin, dass die Überprüfung des Lagers nach den Brandschutzvorschriften für dieses Jahr noch aussteht.

Franz Kiene

Lagerleiter

Prüfen Sie anhand dieses Falles, wer für die Vermeidung von Unfällen oder anderen Gefährdungen von Mensch und Ware im Unternehmen verantwortlich ist.

▸ Jeder **Arbeitnehmer** hat nach seinem Arbeitsvertrag bestimmte Pflichten übernommen. Dazu gehört auch die Sorgfaltspflicht. Diese beinhaltet, sich im Unternehmen stets so zu verhalten, dass kein anderer Mitarbeiter gefährdet oder gar verletzt wird. Erst in zweiter Linie hat er darauf zu achten, dass die ihm anvertrauten Waren nicht beschädigt werden. Jeder Mitarbeiter muss also die im Betrieb geltenden Unfallverhütungs- und Sicherheitsvorschriften befolgen. Bei Nichteinhaltung der Arbeitsschutzvorschriften durch den Arbeitgeber hat der Arbeitnehmer u. U. sogar ein Recht auf Arbeitsverweigerung.

▸ Der Mitarbeiter kann die Sicherheitsvorschriften natürlich nur dann beachten, wenn er vom **Arbeitgeber** darauf hingewiesen worden ist und eine entsprechende Einweisung erhalten hat. Dazu gehört, dass er über besondere Gefahren (hier: hoch gestapelte Ware und Paletten sowie sich bewegende Fahrzeuge) informiert wird und ausdrücklich auf Schutzbestimmungen hingewiesen wird. Ferner hat der Arbeitgeber die Unfallverhütungsvorschriften an geeigneter Stelle (z. B. Kantine) auszulegen.

▸ Der Arbeitgeber wird vom **Betriebsrat** insofern überwacht, als er darauf zu achten hat, dass die geltenden Unfallverhütungsmaßnahmen durchgeführt und die Sicherheitsvorschriften eingehalten werden. Er hat mitzubestimmen über Regelungen zur Verhütung von Arbeitsunfällen und Berufskrankheiten sowie über den Gesundheitsschutz im Rahmen der gesetzlichen Vorschriften.

Wie können solche geschilderten Unfälle verhindert werden und wie könnte ein mögliches Unfallopfer besser geschützt werden? Machen Sie Vorschläge.

▸ **Verhinderung des Unfalls**
– umsichtigeres Arbeiten und Vermeiden von Hektik: Untersuchungen haben ergeben, dass die Einsparung von Zeit bei Autofahrern oder gewerblich tätigen Menschen (im Akkord) durch erhöhte Schnelligkeit relativ gering ist im Verhältnis zu den sich daraus ergebenden Fehlermöglichkeiten und Unfallrisiken.
– Markierung von Wegen: Wege, auf denen sich Gabelstapler und andere Fahrzeuge fortbewegen dürfen und die von Mitarbeitern gemieden werden sollen, können auf dem Boden farblich markiert werden.
– optische Kennzeichnung: Gefährdete Bereiche werden durch rot-weiß schraffierte Flächen oder Bänder markiert und warnen somit die Mitarbeiter.

▸ **Schutz von möglichen Unfallopfern**
– Sicherheitskleidung: Kopfschutz in Bereichen von möglicherweise fallenden Teilen, Spezialkleidung bei Hitzegefährdung, Fußschutz durch Stahlkappen in Schuhen, Gelenkschutz an Knien und Ellbogen durch Plastikkappen
– schnelle Erstversorgung einer verletzten Person: Personen mit einer umfassenden Ausbildung in erster Hilfe, deren Kenntnisse immer auf dem neuesten Stand gehalten werden; Kontakt zu einer Arztpraxis in der Nähe, mit der für solche Fälle ein Werksarztvertrag abgeschlossen wird; rasche Information von Krankentransport und Unfallarzt
– Erste-Hilfe-Räume

Die Gesundheit von Mitarbeitern wird nicht nur durch Unfälle beeinträchtigt, sondern bereits durch das Fehlen von Regeln. Stellen Sie die Regeln dar, die durch die Arbeitsstättenverordnung verlangt werden.

In der Arbeitsstättenverordnung findet sich eine große Anzahl von Vorschriften über die Einrichtung von Arbeitsräumen. Die wichtigsten Regeln beziehen sich auf
▸ die Fußböden: keine Stolperstellen, rutschhemmend und leicht zu reinigen
▸ die Raumabmessung: ausreichend Bewegungsmöglichkeiten hinsichtlich Grundfläche und lichter Höhe für jeden Mitarbeiter
▸ die Lufttemperatur: gesundheitlich zuträglich und angemessen
▸ die Lüftung: ausreichend saubere und gesundheitlich zuträgliche Atemluft
▸ den Lärmschutz: Dämmung von lauten Maschinen, Ohrschutz
▸ die Beleuchtung: Sichtverbindung nach außen oder angemessenes Licht
▸ die Versorgungsräume: Sanitärräume, Pausen- und Bereitschaftsräume, Erste-Hilfe-Räume sowie ggf. Unterkünfte müssen in angemessenem Umfang und in geeigneter Ausstattung vorhanden sein.

Was versteht man im Zusammenhang mit der Arbeitsstättenverordnung unter dem Begriff „Arbeitsstättenregeln"?

Nennen Sie einige Bereiche, für die durch Arbeitsstättenregeln Vorschriften gemacht werden.

Die Arbeitsstättenregeln (ASR), auch als „Technische Regeln für Arbeitsstätten" bezeichnet, sind genaue Anweisungen zu bestimmten Bereichen der Sicherheit in einem Unternehmen. Sie konkretisieren damit die eher allgemeinen Aussagen der Arbeitsstättenverordnung.

Beispiele für Bereiche, für die Arbeitsstättenregeln existieren:
▸ *Sicherheits- und Gesundheitsschutzkennzeichnung*
▸ *Fluchtwege, Notausgänge, Flucht- und Rettungsplan*
▸ *Sicherheitsbeleuchtung, optische Sicherheitsleitsysteme*
▸ *Raumtemperatur*

Der Lagerleiter Herr Kiene weist auf die ausstehende Überprüfung des Lagers nach den Brandschutzvorschriften hin. Was ist damit gemeint und welche Maßnahmen muss ein Unternehmen außerdem einhalten, um Brände möglichst zu verhindern?

Herr Kiene weist darauf hin, dass verschiedene Stellen (Feuerversicherung, Berufsgenossenschaft, Gewerbeaufsichtsamt) eine regelmäßige Überprüfung des Betriebes durch eine sachverständige Person (z. B. Experte der Feuerwehr) verlangen, die zu beseitigende Mängel findet und auf deren Beseitigung besteht.

▸ **Schutz vor Entstehungsbränden**
– Die Räume und Einrichtungen müssen je nach Abmessung und Nutzung sowie der Brandgefährdung und der Anzahl anwesender Personen mit einer ausreichenden Anzahl geeigneter Feuerlöscheinrichtungen und erforderlichenfalls Brandmeldern und Alarmanlagen ausgestattet sein.
– Nicht selbsttätige Feuerlöscheinrichtungen müssen als solche dauerhaft gekennzeichnet, leicht zu erreichen und zu handhaben sein.
– Selbsttätig wirkende Feuerlöscheinrichtungen müssen mit Warneinrichtungen ausgerüstet sein, wenn bei ihrem Einsatz Gefahren für die Beschäftigten auftreten können.

▸ **Fluchtwege**
Fluchtwege und Notausgänge müssen sich in Anzahl, Anordnung und Abmessung nach der Nutzung, der Einrichtung und den Abmessungen der Arbeitsräume sowie nach der Anzahl der dort anwesenden Personen richten. Sie müssen auf möglichst kurzem Weg ins Freie oder, falls dies nicht möglich ist, in einen gesicherten Bereich führen und in angemessener Form und dauerhaft gekennzeichnet sein.

Herr Petersen, einer der Geschäftsführer der wwh GmbH, informiert auf einer Abteilungsleiterversammlung alle Abteilungsleiter über einen Zeitungsartikel, den er in der Wirtschaftszeitung gefunden hat.

Ist ihr Gebäude reif für die Zukunft?
Die Energieeinsparverordnung verlangt einen Energieausweis für Gebäude

Von unserer Korrespondentin Ch. Ott – Berlin

Die Energieeinsparverordnung ist in Kraft getreten. Sie soll dazu beitragen, den Klimawandel zu stoppen. Zu den Neuerungen zählt vor allem die Einführung von Energieausweisen für Gebäude. Ziel des Energieausweises ist es, die Energieeffizienz von Gebäuden vergleichbar zu machen.

Das 10 Jahre gültige Dokument muss vom Gebäudeeigentümer in Zukunft immer dann vorgelegt werden, wenn ein Haus oder der Teil eines Gebäudes verkauft oder neu vermietet bzw. verpachtet oder verleast wird. Mithilfe eines Bandtacho-Labels (siehe Abbildung) wird das jeweilige Gebäude mit verschiedenen Gebäudestandards verglichen. Sofern sinnvoll, erhält der Gebäudeeigentümer vom Aussteller des Ausweises zusätzlich kurz gefasste, fachliche Sanierungsempfehlungen. Bei Nichtwohngebäuden geht neben der Gebäudehülle und der Heizungsanlage auch die Effizienz von Klimatisierung und Beleuchtung in den Vergleich ein.

Für Wohngebäude der Baufertigstellungsjahre bis 1965 müssen Energieausweise seit dem 01.07.2008 und für später errichtete Wohngebäude seit dem 01.01.2009 im Zusammenhang mit einer Neuvermietung oder einem Verkauf zugänglich gemacht werden. Für Nichtwohngebäude ist der 01.07.2009 der Stichtag. Bezüglich der Kosten für die Erstellung eines Energieausweises gibt es keine staatlichen Vorgaben. Der Preis ist zwischen Aussteller und Auftraggeber frei zu verhandeln und richtet sich nach der Art des Ausweises, Gebäudetyp und Größe des Gebäudes. Energieausweise im Gebäudebestand dürfen ausschließlich von Fachleuten wie z.B. Bauvorlageberechtigten oder Architekten, Ingenieuren oder Handwerksmeistern mit entsprechender Qualifikation, Berufserfahrung oder Nachweis einer entsprechenden Fortbildung ausgestellt werden.

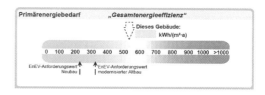

Dazu sagt Herr Petersen noch Folgendes:

„Meine Damen und Herren, ich glaube, wir sind uns alle einig darüber, dass im Bereich Energieeinsparung einiges zu tun ist. Wir können davon ausgehen, dass die Energiepreise aufgrund des raschen Wachstums in Ländern wie China und Indien und der damit verbundenen Nachfrage nach Erdöl und anderen Primärenergieträgern in den nächsten Jahren stark steigen werden. Die Energiekosten, die wir bisher immer eher vernachlässigt haben, werden damit zu einem Kostentreiber, den wir in den Griff bekommen müssen. Ich bitte Sie, in den kommenden Monaten gemeinsam mit Ihren Mitarbeiterinnen und Mitarbeitern nach Maßnahmen zu suchen, wie wir den Energieverbrauch als Ganzes in unserem Unternehmen senken können.
Das bringt mich allerdings gleich zu einem anderen Punkt: Energieeinsparung ist nur ein Aspekt eines auf Umweltverträglichkeit achtenden Unternehmens. Wir sollten in diesem Zusammenhang gleich ein Gesamtkonzept entwickeln, wie unser Unternehmen stärker den Erfordernissen eines die Ressourcen schonenden Verhaltens Rechnung tragen kann. Deshalb bitte ich Sie, entsprechende Überlegungen in den kommenden Monaten anzustellen und mit Ihren Mitarbeitern Ziele und Maßnahmen zu entwickeln. Wir werden uns dann in drei Monaten auf einer Klausurtagung mit diesem Thema befassen und ein Gesamtkonzept verabschieden, das für alle Mitarbeiter dieses Unternehmens verbindlich ist. Soweit möglich, werden wir dieses Konzept unseren Kunden und Lieferanten vorstellen und versuchen, diese darin einzubinden."

Welche allgemeinen Ziele für ein umweltgerechteres Verhalten könnte das von Herrn Petersen angesprochene Gesamtkonzept enthalten?

Begründen Sie diese Ziele.

▸ **Einsparung von Energie**
Die Einsparung von Energie hat als Hintergrund die Überlegung, dass weniger fossile Brennstoffe verwendet werden. Das gilt vor allem für kohlenstoffreiche Brennstoffe wie Kohle und schweres Heizöl. Deren Verbrennung verursacht CO_2 (Kohlendioxyd), das als Verursacher für die Aufheizung der Erdatmosphäre gilt. Es ist ein erklärtes Ziel vieler Regierungen, den CO_2-Ausstoß weltweit zu reduzieren. Daran müssen sich auch Unternehmen und Verbraucher beteiligen. Außerdem entsteht bei der Verbrennung fossiler Energieträger durch Schwefel und Stickstoff saurer Regen, der die Pflanzen angreift, besonders den Wald.

▸ **Einsparung von Rohstoffen**
Die Welt-Rohstoffvorräte nehmen ständig ab. Aus diesem Grunde muss es das Ziel aller Unternehmen und Verbraucher sein, bei der Herstellung und dem Vertrieb von Waren sowie beim Konsum der Produkte den Verbrauch von Rohstoffen möglichst gering zu halten.

▸ **Vermeidung von Emissionen**
Emission bedeutet, dass gasförmige oder feste Stoffe ausgestoßen werden, die die Luft, den Boden oder das Wasser verunreinigen. Verursacher von Emissionen sind technische Anlagen, wie Betriebe, Kraftwerke oder Autos. Durch gesetzliche Maßnahmen ist für viele Stoffe ihrer Schädlichkeit entsprechend die Höhe der zulässigen Emissionskonzentration festgelegt.

Erläutern Sie, welche Möglichkeiten die einzelnen Abteilungen Einkauf, Marketing/Vertrieb, Lager und Verwaltung haben, um wirksamen Umweltschutz im Unternehmen zu realisieren.

▸ **Einkauf**
Der Einkauf ist gefordert, einerseits umweltfreundliche Produkte und deren Lieferanten zu finden sowie Lieferanten aufzufordern, an umweltschützenden Konzepten mitzuwirken. Ferner ist der Einkauf angehalten, ökologisch vertretbare Produktverpackungen zu finden oder an deren Einsparung mitzuwirken.

▸ **Marketing/Vertrieb**
Diese Bereiche können darauf einwirken, umweltfreundliche Produkte besonders zu vermarkten. Die Marktforschung muss z. B. herausfinden, ob und in welchem Umfang der Markt bereit ist, umweltschonende Produkte aufzunehmen.

▸ **Lager**
Das Lager ist in dreifacher Weise an der Lösung von Umweltproblemen beteiligt: bei der Entwicklung von umweltfreundlichen Versandverpackungen, bei der Auswahl von energiesparenden Transportmöglichkeiten sowie beim Umgang mit den im Unternehmen entstehenden Abfällen.

▸ **Verwaltung**
Die Verwaltung kann daran mitwirken, Heizkosten sowie Energiekosten für Licht und Computersysteme zu senken und den Verbrauch von Papier zu reduzieren.

Nennen Sie konkrete Maßnahmen zur Senkung des Energieverbrauchs der wwh GmbH.

▸ Durch Infrarot-Aufnahmen werden an Gebäuden Wärmebrücken festgestellt. Diese Schwachstellen, an denen Wärme austritt, sind zu schließen.
▸ Die Gebäude werden nach einschlägiger Beratung besser gedämmt.
▸ Fenster werden zur Belüftung durch Sensoren geöffnet und geschlossen.
▸ Es werden Systeme eingesetzt, die gleichzeitig Heizungswärme und Strom erzeugen (Kraft-Wärme-Kopplung).
▸ Bei der Heizung der Geschäftsräume erfolgt eine Umstellung auf die Kopplung von Sonnenenergie und Holzheizanlagen.
▸ Für Computer wird die Stand-by-Funktion automatisch eingeschaltet, wenn ein Mitarbeiter länger als drei Minuten nicht den Rechner betätigt.
▸ Geräte mit Stand-by-Funktion werden nachts komplett vom Netz genommen.
▸ Bei Neuanschaffungen von Fahrzeugen werden diese primär unter dem Gesichtspunkt eines niedrigeren Verbrauchs ausgesucht.
▸ Auslieferungsfahrer und Außendienstler des Unternehmens nehmen an einem von ecodrive.org entwickelten Programm zur Optimierung ihrer Fahrweise teil mit dem Ziel, den Treibstoffverbrauch und den CO_2-Ausstoß zu senken.
▸ Im Verwaltungs- und auch Lagerbereich werden energiesparende Lampen und Lichtröhren eingesetzt.
▸ Die Beladung von Lkw wird optimiert, um zu verhindern, dass „Luft" transportiert wird. Dies gilt für den Beschaffungs- wie für den Auslieferungsbereich.
▸ Die Auslieferungsrouten werden durch geeignete Computerprogramme optimiert, um die Anzahl der gefahrenen Kilometer zu reduzieren.

Welche Maßnahmen lassen sich entwickeln, um die stetig wachsenden Müllberge zu vermeiden?

▸ **Abfallvermeidung**
Mehrwegverpackung zum Schutz der Waren und zum Transport (Paletten, Collicos, Kleincontainer), Nutzung von wiederverwendbaren Containern statt Pappe oder Folie als Verpackung, Vermeidung von zusätzlichen Umverpackungen bei unproblematischen Transporten

▸ **Abfallverminderung**
Verpackungssysteme können optimiert werden, wenn das Volumen der bereitgestellten Verpackung der zu versendenden Ware angepasst wird. Statt Standardgrößen zu verwenden, in denen viel „Luft" enthalten ist, können variable Umverpackungen oder Versandkartons verschiedener Größen bereitgestellt werden. Damit entfällt auch die umfangreiche Verwendung von Füllmaterial (z. B. Styroporkugeln). Die Versandmitarbeiter können durch Prämien auf Einsparungen zur Abfallverminderung angehalten werden.

▸ **Abfallumwandlung**
Alle wiederverwendbaren Materialien im Wareneingangslager wie Kartonagen, Altpapier, Folien, Glas etc. sind daraufhin zu untersuchen, ob sie durch Abfallumwandlung (Recycling) dem eigenen oder anderen Unternehmen wieder nutzbar gemacht werden können.

▸ **Abfallbeseitigung**
Der Abfall, der nicht wiederverwertet werden kann, sollte so beseitigt werden, dass die Umwelt möglichst gering belastet wird. Dies gilt z. B. für Kompostierung statt Verbrennung oder Deponierung. Es gilt also, den Müll zu sortieren, bevor er der Beseitigung zugeführt wird.

Ausgangssituation

Die wwh GmbH hat eine Kundenbefragung zu den wichtigsten Kaufentscheidungsfaktoren durchgeführt. Dabei ist folgendes Ergebnis herausgekommen:

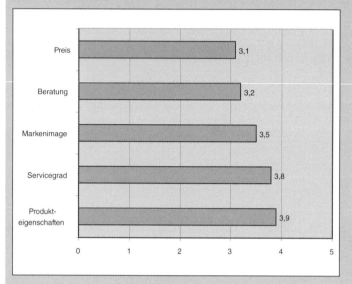

Servicegrad (Customerservice)

Aufgrund der immer kürzeren Innovationszyklen, der damit verbundenen zwangsläufigen Anpassung an neue Marktsituationen sowie der Auswirkungen der Globalisierung erhalten die Faktoren Zeit und Zuverlässigkeit entlang der **Wertschöpfungskette** eine immer größere Bedeutung. Kaufentscheidungen werden also immer stärker von folgenden Elementen beeinflusst:
▸ Flexibilität
▸ Lieferfähigkeit
▸ Lieferzeit
▸ Lieferqualität
▸ Liefertreue
▸ Informationsgrad
Aus diesem Grund wird dem **Supply Chain Management** und der konsequenten Nutzung der **Logistik** eine immer größere Bedeutung zukommen.

Erklären Sie den Begriff der Wertschöpfungskette am Beispiel eines Kühlschrankes.

Die Wertschöpfung ist die Summe aller in einem Unternehmen über eine gewisse Periode hin geschaffenen Werte. Als Wertschöpfungskette wird der Weg des gesamten Produktes oder der Dienstleistung vom Hersteller über den Großhändler und Einzelhändler bis zum Endverbraucher bezeichnet.

Früher galt es, nur die interne Wertschöpfungskette eines Unternehmens zu optimieren (von der Beschaffung bis zum Absatz). Mittlerweile ist man dazu übergegangen, ein Unternehmen über seine Grenzen hinweg zu betrachten und die Wertschöpfungskette vom Rohstofflieferanten bis zum Endkunden auszuweiten.
Aus diesem Grund verändert sich auch das Verhältnis zwischen Unternehmen:
Es konkurrieren nun kaum mehr einzelne Unternehmen, sondern ganze Netzwerke.
Das Wettbewerbsmodell „Unternehmen gegen Unternehmen" verliert an Bedeutung.

Die Wertschöpfungskette eines Kühlschrankes lässt sich wie folgt darstellen:
▸ Die Entwicklung des Kühlschrankes erfolgt in einem deutschen Planungsbüro.
▸ Die Produktion erfolgt in einem Produktionswerk in Tschechien.
▸ Das tschechische Unternehmen liefert den Kühlschrank an die wwh GmbH.
▸ Die wwh GmbH beliefert einen deutschen Supermarkt.
▸ Im Supermarkt kauft der Endverbraucher den Kühlschrank und holt ihn ab.
In jedem Glied der Wertschöpfungskette wird ein Mehrwert erzielt. Alle Mehrwerte ergeben schließlich den Gesamtwert des Kühlschrankes.

Beschreiben Sie das Konzept des Supply Chain Management (SCM).

Die Supply Chain (engl. für Lieferkette, Versorgungskette) ist ein Netzwerk von Lieferanten, Händlern, Kunden und Dienstleistern, welche kurz- oder langfristig und dauerhaft oder anlassbezogen zusammenarbeiten.

Ein Ziel des SCM ist es, auf dem Weg von der Herstellung bis zum Endverbraucher möglichst wenig Reibungsverluste und Kosten zu verursachen. Jeder Partner in der Kette konzentriert sich auf das, was er am besten kann (Kernkompetenz), um dem Endkunden das gewünschte Produkt in der gewünschten Qualität zur gewünschten Zeit am richtigen Ort und zum richtigen Preis liefern zu können.

Durch die integrierten Material-, Informations- und Geldflüsse werden Schranken beseitigt, Doppelarbeiten vermieden und ein durchgängiger Prozess erarbeitet, welcher nach Realisierung von Verbesserungspotenzialen letztendlich mehr Gewinn für jeden Teilnehmer der Supply Chain ermöglicht. Es ergibt sich eine Win-Win-Situation für alle Beteiligten, einschließlich des Endverbrauchers.

Im obigen Beispiel würde dies bedeuten, dass der Kühlschrank nicht mehrere Male transportiert und gelagert wird. Vielmehr könnte er aus dem tschechischen Werk gleich zum deutschen Einzelhändler durchgeleitet, im günstigsten Fall sofort an den Endverbraucher ausgeliefert werden.

Erläutern Sie den Begriff „Logistik".	Logistik bedeutet, dass die richtige Ware in der richtigen Menge und der richtigen Qualität zum richtigen Zeitpunkt am richtigen Ort zu den richtigen und optimalen Kosten zur Verfügung steht (als 6 „Rs" bezeichnet). Oft wird auch der Begriff der „integrierten Material-wirtschaft" verwendet.

Der logistische Kanal oder auch die logistische Kette (der Weg vom Hersteller bis zum Endkunden) wird durch Schnittstellen miteinander verbunden, die Grenzen darstellen und den logistischen Fluss behindern. Das Ziel der logistischen Kette ist es, diese Schnittstellen in Nahtstellen zu transformieren, indem sie durchgängig abgestimmt und Prozessabläufe systemübergreifend gesteuert werden.

Logistik umfasst somit die Koordination der Bereiche:
▸ Einkauf
▸ Disposition
▸ Materialbevorratung
▸ Produktionsplanung (in Industriebetrieben)
▸ Fertigwarenbevorratung
▸ Entsorgung
▸ Versand

Logistik ist demnach eine Querschnittsfunktion über das Entwickeln, Beschaffen, Vertreiben und Entsorgen von Waren und Abfällen. Die besonderen Merkmale der Logistik sind:
▸ durchgängige Auftrags- und Materialplanungssysteme
▸ Flussorientierung statt Funktionsorientierung
  – Senkung der Kapitalbindungskosten
  – Verkürzung der Durchlaufzeiten
  – Behandlung von Teilen nach Prioritäten
▸ angepasste Produktionsstrategien (in Industriebetrieben)
▸ Erhöhung der Planungssicherheit durch kürzere Durchlaufzeiten
▸ Zusammenführung der Lager- und Transportfunktionen
▸ gesamtheitlicher Denkansatz

Welche Teilbereiche der Logistik werden unterschieden?	Die **Beschaffungslogistik** befasst sich mit der Reduzierung der Zulieferer, dem Aufbau von Systemlieferanten, der Reduktion der Fertigungstiefe sowie dem Konzept der Just-in-time-Belieferung.

Die **Produktionslogistik** beinhaltet die Planung der Produktionsprozesse, die Koordination des Materialeinsatzes, das Lagermanagement, den innerbetrieblichen Transport und Outsourcing-Projekte als Aufgaben.

Die **Lagerlogistik** befasst sich damit, eigene und fremde Waren in Lagern aufzubewahren und zu verwalten. Durch die Lagerlogistik wird beschrieben und festgelegt, wie der Wareneingang ins Lager, der Warentransport innerhalb des Lagers, die Art der Lagerung im Lager und der Warenausgang aus dem Lager zu erfolgen hat.

Die **Distributionslogistik** ist gekennzeichnet durch Problemstellungen wie genaue Transportorganisation, hohe Lieferzuverlässigkeit und kurze Distributionszeiten.

Unter **Entsorgungslogistik** (oder Reverselogistik) versteht man sämtliche logistischen Maßnahmen zur Vorbereitung und Durchführung der Entsorgung. Der Begriff beinhaltet alle planenden und ausführenden Tätigkeiten, die sich auf die Verwendung, Verwertung und geordnete Beseitigung der Entsorgungsobjekte (z.B. Verpackungen, Produktionsab-fälle) beziehen.

Unterscheiden Sie die Begriffe „Logistik" und „Supply Chain Management".	Die Begriffe „Supply Chain Management" und „Logistik" werden oft gleich verwendet.

Gemeinsam ist ihnen die Gestaltung der Prozesskette (Güter, Informationen, Werte) zwischen Hersteller und Endverbraucher bei gleichzeitiger Effektivitätssteigerung (Kunden-nutzen) und Effizienzverbesserung (Kosten-Nutzen-Verhältnis).

Das Supply Chain Management bezieht jedoch im Gegensatz zur Logistik die Institution, d.h. alle am Wertschöpfungsprozess beteiligten unternehmerischen Bereiche, bei allen Fragestellungen mit ein.

Ausgangssituation

Die wwh GmbH bezieht große Mengen Handelswaren von Lieferanten, andererseits liefert sie verschiedenen Kunden die bestellte Ware „frei Haus". Aus diesem Grund sind ständig Entscheidungen über die Beförderung dieser Güter zu fällen.

Aktuell stehen Entscheidungen für folgende Beförderungsfälle an:
1. *Waren zu einem Kunden nach Dresden (480 km), Versandkarton mit Abmessungen: 120 × 60 × 80 cm, Gesamtgewicht 90 kg*
2. *dringende Warenlieferung von einem Lieferanten aus München (620 km), Versandkarton mit Abmessungen: 30 × 20 × 10 cm, Gewicht: 18 kg*
3. *15 000 l Heizöl von einem Lieferanten aus Hannover (100 km)*
4. *dringende Lieferung von Waren an einen Kunden in Karlsruhe (430 km) mit Abmessungen: Karton 60 × 60 × 40 cm, 40 kg*
5. *Maschine von einem Lieferanten aus Stuttgart (490 km), Spezialkiste mit Abmessungen: 150 × 80 × 100 cm, Gewicht: 500 kg*
6. *Warenprobe zu einem Kunden nach München, Versandtasche mit Abmessungen: 20 × 10 × 8 cm, Gewicht: 450 g*
7. *Warensendung an einen Kunden in Lübeck (280 km) (Inhalt: Leuchten aus Kristallglas), Versandkarton mit Abmessungen: 60 × 40 × 30 cm, Gewicht 19 kg, Lieferungsbedingung: Zahlung bei Warenübergabe*

Ihnen stehen folgende Informationen zur Verfügung:

Bahntarif Top-Trans
(Normaltarif: Zustellung innerhalb von 72 Std. innerhalb Deutschland und EU)

Gewicht bis/ Entfernung bis	50 kg	100 kg	150 kg	200 kg	250 kg	300 kg	400 kg	500 kg	600 kg	700 kg
200 km	30,10	45,20	60,30	75,40	90,50	105,60	120,70	135,80	150,90	166,00
300 km	36,05	54,20	72,35	90,50	108,65	126,80	144,95	163,10	181,25	199,40
400 km	42,00	63,20	84,40	105,60	126,80	148,00	169,20	190,40	211,60	232,80
500 km	47,95	72,20	96,45	120,70	144,95	169,20	193,45	217,70	241,95	266,20
600 km	53,90	81,20	108,50	135,80	163,10	193,45	217,70	245,00	272,30	299,60
700 km	59,85	90,20	120,55	150,90	181,25	211,60	241,95	272,30	302,65	333,00
800 km	65,80	99,20	132,60	166,00	199,40	232,80	266,20	299,60	333,00	366,40

TTP – Paketdienst von Haus zu Haus
(Inkassogebühr: 5,00 EUR – Höchstgewicht 100 kg)

Gewicht bis	Normal Deutschland (24–48 Std.)	Express Deutschland (24–48 Std.)	Express Europa (24–48 Std.)
10 kg	8,70	13,80	41,40
15 kg	11,25	16,35	49,05
20 kg	13,80	21,45	64,35
25 kg	16,35	26,60	79,80
30 kg	18,90	31,70	95,10
35 kg	22,50	37,85	113,55
40 kg	28,10	43,45	130,35
50 kg	33,20	53,70	161,10
60 kg	35,80	61,35	184,05
70 kg	40,90	71,60	214,80
80 kg	46,00	81,80	245,40
90 kg	51,10	92,00	276,00
100 kg	61,35	102,00	306,00

Lkw-Versand Deutschland
Auslieferung innerhalb von 36 Stunden – Inkasso kostenfrei möglich
Grundlage für die Abrechnung ist das Volumen der (ggf. verpackten) Sendung in Kubikmetern oder das Gewicht. Die Kennzahl wird wie folgt berechnet:

Volumen: (Länge in cm × Breite in cm × Höhe in cm) / 1 000 000 **oder Gewicht:** (angegebenes Gewicht) / 150

Zur Preisberechnung wird das jeweils höhere Ergebnis zugrunde gelegt.

Kennzahl bis	Netto-preis
0,10	38,57
0,20	49,16
0,30	59,75
0,40	70,34
0,50	80,93
1,00	117,20
1,50	154,38
2,00	205,84
2,50	257,30
3,00	308,74
3,50	360,20
4,00	411,65

IC-Kurierdienst DB
von Bhf. zu Bhf. in Deutschland

Gewicht	Tarif
bis 10 kg	99,00
11 bis 15 kg	113,00
16 bis 20 kg	127,00

DHL/Deutsche Post
Paketpreise (Onlineservice) Deutschland (Auslieferung zumeist innerhalb von 2 Tagen)

bis 5 kg	5,99
bis 10 kg	7,49
bis 31,5 kg	13,99

Sonstige

Päckchen Deutschland: (Abmessungen bis zu 60 × 30 × 15 cm)	3,90
Nachnahme Deutschland inkl. Geldübermittlung	4,90

Preise/Warensendung

	Kompakt	Maxi
Länge	10–35,3 cm	10–35,3 cm
Breite	7–30 cm	7–30 cm
Höhe	bis 15 cm	bis 15 cm
Gewicht	bis 50 g	bis 500 g
Preis	0,90 EUR	1,90 EUR

Von welchen Einflussfaktoren hängt die Wahl eines Transportmittels grundsätzlich ab? *Nennen Sie diese und verwenden Sie zur Veranschaulichung die genannten Beispiele.*	▸ **Art des Gutes:** Die Warenprobe ist leicht und kann per Briefpost versandt werden, für die schwere Maschine kommt im Inland nur die Bahn oder der Lkw infrage. ▸ **Transportdauer/Dringlichkeit:** Die dringende Warensendung an den Kunden in Madrid kann wohl nur per Luftpost befördert werden, d.h. mit einem Flugzeug, auch wenn der Tarif dafür wohl höher sein dürfte als ein Versand mit dem Lkw oder der Bahn. ▸ **Verfügbarkeit des Transportmittels:** Die Warensendung nach Madrid kann jedoch nur dann per Flugzeug versandt werden, wenn aktuell eine Maschine startet. Der Lieferant von Heizöl kann nur dann einen Lkw zu uns schicken, wenn er Kapazitäten frei hat. ▸ **Kosten:** Wenn die Dringlichkeit nicht ausschlaggebend ist, muss in jedem Fall auf die Kosten geachtet werden. So ist z.B. ein Preisvergleich bei der zu liefernden Maschine oder bei ständigen normalen Warensendungen erforderlich. ▸ **Beförderungsrisiko:** Die Kristallgläser für den Kunden in Lübeck sollten heil ankommen. Eine Versandart, bei der der Karton häufig umgeladen wird, sollte deshalb vermieden werden. ▸ **Umweltverträglichkeit:** Schiffe und die Bahn haben die beste Umweltverträglichkeit, Lkws verursachen hingegen die höchsten Schadstoffkonzentrationen in der Luft. Soweit möglich, sollte das Unternehmen Frachtführer auswählen, die eine im Verhältnis zur Lieferung niedrige Schadstoffemission aufweisen. So ist zu fragen, ob die Lieferung von Heizöl aus Hannover nach Bielefeld gebracht werden muss oder nicht etwa ein heimischer Lieferant beauftragt werden kann.
Nennen Sie für jede der genannten Sendungen unabhängig von Zeit und Kosten alle Möglichkeiten des Transports.	1. Stückgut per Bahn, Lkw, Paketdienst 2. IC-Kurierdienst, Pkw-Kurierdienst 3. nur eine Möglichkeit: Lkw des Mineralölhändlers 4. Luftfracht, Bahnexpress, Paketexpressdienst 5. Lkw, Bahnstückgut 6. Warensendung, Päckchen 7. Stückgut per Lkw, Bahn oder Paketdienst
Berechnen Sie – soweit dies möglich ist – nachvollziehbar die jeweils kostengünstigste Versandmöglichkeit.	1. Kennzahl Maße: $120 \times 60 \times 80/1\,000\,000 = 0{,}58$ Kennzahl Gewicht: $90 : 150 = 0{,}6$ Lkw-Tarif: bis Kennzahl 1,0 = 117,20 EUR TTP-Service: bis 90 kg = 51,10 EUR Bahntarif: bis 100 kg bis 500 km = 72,20 EUR<hr>2. Aufgrund der geforderten Schnelligkeit ist der IC-Kurierdienst vorzuziehen: Gewichtsklasse 16 bis 20 kg = 127,00 EUR.<hr>3. Der Transportpreis ist zumeist im Heizölpreis enthalten. Aus diesem Grund sollte die wwh GmbH recherchieren, ob in der unmittelbaren Region ein günstigerer Anbieter vorhanden ist.<hr>4. Kennzahl Maße: $60 \times 60 \times 40/1\,000\,000 = 0{,}144$ Kennzahl Gewicht: $40\ \text{kg} : 150 = 0{,}27$ Lkw-Tarif: 0,27 ist als Kennzahl entscheidend für den Lkw-Tarif = 59,75 EUR Bahntarif: bis 50 kg; bis 500 km = 47,95 EUR TTP: in der Normalkategorie bis 40 kg = 28,10 EUR<hr>5. Kennzahl Maße: $150 \times 80 \times 100/1\,000\,000 = 1{,}2$ Kennzahl Gewicht: $500\ \text{kg} : 150 = 3{,}3$ Lkw-Tarif: 3,3 ist als Kennzahl entscheidend für den Lkw-Tarif = 360,20 EUR TTP Paketservice transportiert nur bis maximal 100 kg. Bahntarif: bis 500 km; bis 500 kg = 217,70 EUR<hr>6. Warenprobe mit den Maßen 20 x 10 x 8 mit einem Gewicht bis 500 Gramm ergibt den Maxi-Tarif zu 1,90 EUR.<hr>7. Kennzahl Maße: $60 \times 40 \times 30/1\,000\,000 = 0{,}072$ Kennzahl Gewicht: $19\ \text{kg} : 150 = 0{,}13$ Lkw-Tarif: 0,13 ist als Kennzahl entscheidend für den Lkw-Tarif = 49,16 EUR Bahntarif: bis 50 kg; bis 300 km = 36,05 EUR TTP-Normal bis 20 kg = 13,80 + Inkassogebühr 5,00 EUR = 18,80 EUR DHL/Deutsche Post AG = bis 31,5 kg 13,99 + Nachnahme 4,90 EUR = 18,39 EUR
Vergleichen Sie die Tarife von Bahnstückgut, Lkw-Stückgut und Paketdienst.	Bei besonders schweren Sendungen liegt die Bahn im Vergleich vorne. Bei den Paketsendungen können die Paketdienste günstiger sein. Die Lkw-Stückgutfracht ist schneller und bei längeren Distanzen im Verhältnis zur Bahn günstiger, weil sie keine Distanzunterschiede innerhalb Deutschlands macht.

Ausgangssituation

Christa hat als neue Ausbildungsstation den Einkauf erreicht. Ihr Ausbilder bittet sie darum, die beiden Listen zu den Leuchtmitteln zu analysieren und dazu eine Reihe von Fragen zu beantworten, da sie nach eigener Aussage den Beschaffungsbereich in der Berufsschule schon besprochen haben.

Leuchtmittel 2012

Art.-Nr.	Stück	Einzelpreis
G020	6 000	4,00
G024	1 500	32,50
G028	500	20,00
G032	2 000	10,00
G036	3 000	5,00
G040	1 000	45,00
G044	200	5,00
G048	3 000	53,20
G052	12 500	1,50
G056	20 600	0,80
G060	400	40,00
G064	600	37,50
G068	17 500	3,00
G072	3 925	85,00

Absatzstatistik Leuchtmittel

	2009	2010	2011	2012
Absatz Glühlampen	80 500	68 425	58 161	49 437
Umsatz Glühlampen	281 750,00	239 488,00	203 564,00	150 627,00
DB Glühlampen	112 700,00	91 005,00	71 248,00	45 188,00
Absatz Energiesparlampen	10 600	13 780	17 914	23 288
Umsatz Energiesparlampen	159 000,00	206 700,00	268 710,00	349 323,00
DB Energiesparlampen	47 700,00	72 345,00	107 484,00	139 729,00

Erstellen Sie aus den Informationen der Leuchtmittelstatistik 2010 eine ABC-Analyse.

Art.-Nr.	Menge	% von Gesamt	Einzelpreis	Wert	% von Gesamt	Rang	ABC
G020	6 000	8,3	4,00	24 000,00	4,8	5	B
G024	1 500	2,1	32,50	48 750,00	9,8	3	A
G028	500	0,7	20,00	10 000,00	2,0	11	C
G032	2 000	2,8	10,00	20 000,00	4,0	6	B
G036	3 000	4,1	5,00	15 000,00	3,0	9	B
G040	1 000	1,4	45,00	45 000,00	9,0	4	A
G044	200	0,3	5,00	1 000,00	0,2	14	C
G048	3 000	4,1	53,20	159 600,00	31,9	1	A
G052	12 500	17,2	1,50	2 000,00	0,4	13	C
G056	20 600	28,3	0,80	9 600,00	1,9	12	C
G060	400	0,6	40,00	16 000,00	3,2	8	B
G064	600	0,8	37,50	18 000,00	3,6	7	B
G068	17 500	24,1	3,00	12 000,00	2,4	10	B
G072	3 925	5,4	85,00	119 000,00	23,8	2	A
Summe	72 725	100,00		499 950,00	100,0		

	A-Teile	B-Teile	C-Teile
Mengen in %	13,0	40,6	46,5
Wert in %	74,5	21,0	4,5

Interpretieren Sie die Ergebnisse.

▸ **A-Teile:** Die wwh GmbH macht mit 13 % der Menge der Leuchtmittel 74,5 % ihres Umsatzes und einen hohen Deckungsbeitrag. Sie sind deshalb hinsichtlich Lieferanten, Preis- und Mengenplanung und Lagerbestand bevorzugt zu behandeln.

▸ **B-Teile:** Mit den weiteren 40,6 % der Menge aller Leuchtmittel werden hingegen nur noch 21,0 % des gesamten Umsatzes gemacht. Es handelt sich um eine normale Verteilung.

▸ **C-Teile:** Sie gelten als relativ unbedeutend hinsichtlich des Wertes, da mit diesen Artikeln zwar 46,5 % des Mengenabsatzes im Leuchtmittelbereich gemacht werden, jedoch nur 4,5 % des Wertes (Umsatzes). Diese C-Teile können mithilfe der verbrauchsorientierten Beschaffungsplanung disponiert werden.

Analysieren Sie die Verkaufsstatistik der Jahre 2009 bis 2012 für die Leuchtmittel nach folgenden Gesichtspunkten:
▸ *Umsatzanteile am Gesamtumsatz,*
▸ *DB-Anteil am Gesamt-DB,*
▸ *Steigerungs- und Rückgangsraten*
unter dem Aspekt einer Veränderung der Sortimentsstruktur.

Welche möglichen Veränderungen für das Sortiment könnten sich daraus ergeben?

Für die Sortimentsplanung der folgenden Jahre muss beachtet werden, dass eine Veränderung der Sortimentsstruktur eingetreten ist.

Die klassischen Glühlampen hatten 2009 noch einen Anteil von 64 % am Umsatz. Dieser ist bis 2012 auf 33 % zurückgegangen. Das liegt daran, dass die Absatzzahlen um durchschnittlich 15 % pro Jahr gesunken sind. Gleichzeitig musste das Unternehmen Marktpreisreduzierungen hinnehmen.

Erfreulich verlief hingegen die Entwicklung bei den Energiesparlampen. Die Steigerungsraten beim Absatz betrugen kontinuierlich 30 % pro Jahr. Gleichzeitig konnten hier die Preise gehalten werden. Das Wachstum in diesem Segment ist offensichtlich auf die ständige Erhöhung der Strompreise zurückzuführen.

Bei einer weiteren Veränderung in diese Richtung wäre zu überlegen, einen Teil der Glühlampen – zumindest die Größen, die nur noch sehr wenig gehandelt werden – aus dem Sortiment zu nehmen (Sortimentsbereinigung) und das Sortiment um andere, Erfolg versprechende Produkte zu erweitern (Sortimentserweiterung).

Bei dem Artikel G032 ist für das kommende Jahr eine Menge von 2 400 Stück als Jahresverbrauchsmenge geplant. Die Beschaffungskosten (Bestell- und Abwicklungskosten) werden bei diesem Artikel auf 25,00 EUR geschätzt. An Lagerkosten fallen pro Stück und Jahr 1,50 EUR an.

Ermitteln Sie die optimale Bestellmenge.

Anzahl Bestellungen	Bestellmenge je Bestellung	Bestellkosten	durchschn. Lagerbestand	Lagerkosten	Gesamtkosten
1	2 400	25,00	1200	1 800,00	1 825,00
2	1 200	50,00	600	900,00	950,00
5	480	125,00	240	360,00	485,00
4	600	100,00	300	450,00	550,00
6	400	150,00	200	300,00	450,00
8	300	200,00	150	225,00	425,00
10	240	250,00	120	180,00	430,00
12	200	300,00	100	150,00	450,00
15	160	375,00	80	120,00	495,00
18	133	450,00	67	100,00	550,00
20	120	500,00	60	90,00	590,00
24	100	600,00	50	75,00	675,00
30	80	750,00	40	60,00	810,00
36	67	900,00	33	50,00	950,00

Es ist zu erkennen, dass bei acht Bestellungen pro Jahr die Summe aus Bestellkosten und Lagerkosten ein Minimum erreicht und anschließend wieder ansteigt.

Begründen Sie, unter welchen Bedingungen von dieser errechneten optimalen Bestellmenge abgewichen werden muss.

▸ saisonale Schwankungen und ggf. erhöhter oder geringerer Absatz
▸ abweichende Packungsgrößen
▸ Rabatt- oder Bonusanreize für eine höhere Menge
▸ fehlende Lagerkapazitäten

Für den Artikel G020 wurde die optimale Bestellmenge mit 480 Stück ermittelt. Pro Arbeitstag werden ca. 30 Stück verkauft. Die Lieferzeit beträgt 5 Tage. Es soll ein Mindestbestand für 3 Tage vorgehalten werden.
1. Berechnen Sie den Mindest-, Melde- und Höchstbestand.
2. In welchem Zeitabstand wird bei normalem Verbrauch bestellt?
3. An dem Tag, an dem die neue Lieferung eintrifft, steigt der tägliche Verbrauch vorübergehend auf 40 Stück. Nach wie vielen Tagen ist jetzt der Bestellpunkt erreicht?
4. Um wie viele Einheiten müsste in diesem Fall der Mindestbestand angegriffen werden?

1. Mindestbestand = 30 Stück · 3 Tage = 90 Stück
   Meldebestand/Bestellpunkt = (30 Stück · 5 Tage) + 90 Stück = 240 Stück
   Höchstbestand = 90 Stück + 480 Stück = 570 Stück

2. Zeitabstand, in dem bestellt wird = 480 : 30 Stück = 16 Arbeitstage

3. 570 Stück – 240 = 330 Stück, diese Menge ist nach 8 Arbeitstagen fast verbraucht. Am 9. Tag wird der Meldebestand unterschritten und somit eine Bestellung ausgelöst.

4. Nach dem 9. Tag sind nur noch 210 Stück vorhanden (570 – 360). Da die Lieferzeit 5 weitere Tage benötigt und täglich 40 Stück verbraucht werden, geht der Bestand bis zum Lieferdatum auf 10 Stück herunter.

Ausgangssituation

Überprüfen Sie folgende Anfrage und Gesprächsnotiz:

wwh GmbH
Elektrogroßhandel

wwh GmbH · Helene-Weber-Weg 9 · 33607 Bielefeld

Helene-Weber-Weg 9
33607 Bielefeld

Ellermann & Ellermann KG
Bruchwiesen 18
49143 Bissendorf

Tel.: 05207 801022
Fax: 05207 801013
Mobil: 0171 302560
E-Mail: wwh@t-online.de

Anfrage   24.08.20..

Sehr geehrte Damen und Herren,

für unsere diesjährige Herbstaktion planen wir den Verkauf von Laubsaugern.

Bitte senden Sie uns ein Angebot über

Laubsauger, Mindestleistung 1500 Watt.

Für diese Sonderveranstaltung benötigen wir 200 Stück.

Mit freundlichen Grüßen
wwh GmbH

A. Kagetöke

i. A.

Bankverbindung
Sparkasse Bielefeld   IBAN DE49 4805 0161 1324 5654 45 BIC GEOBDE45873 Geschäftsführerin: Uta Box
Commerzbank Bielefeld IBAN DE49 4805 3880 5666 6545 11 BIC RCFGDE45778

Sitz und Registergericht: Bielefeld HR B 1590

Steuernummer: 458/457/6555

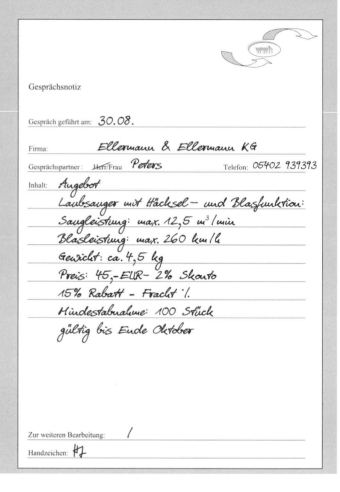

Gesprächsnotiz

Gespräch geführt am: **30.08.**

Firma: **Ellermann & Ellermann KG**

Gesprächspartner: ~~Herr~~/Frau **Peters**   Telefon: **05402 939393**

Inhalt: **Angebot**
Laubsauger mit Häcksel– und Blasfunktion:
Saugleistung: max. 12,5 m³/min
Blasleistung: max. 260 km/h
Gewicht: ca. 4,5 kg
Preis: 45,–EUR – 2% Skonto
15% Rabatt – Fracht i/.
Mindestabnahme: 100 Stück
gültig bis Ende Oktober

Zur weiteren Bearbeitung: **/**

Handzeichen: **HZ**

Erläutern Sie den Zweck der Anfrage.	Eine Anfrage dient der Informationsbeschaffung auf den Beschaffungsmärkten. Die wwh GmbH will feststellen, zu welchen Bedingungen Lieferer Laubsauger anbieten können.
Klären Sie die rechtliche Bedeutung der Anfrage.	Die wwh GmbH ist bei einer Anfrage rechtlich nicht gebunden. Aus diesem Grund kann die wwh GmbH bei verschiedenen Herstellern Anfragen stellen und so Informationen einholen.
Welche Formen von Anfragen kennen Sie? Um welche handelt es sich im Ausgangsfall?	▸ **Allgemeine Anfrage:** Diese Anfrage enthält die Bitte um Zusendung von Preislisten, Katalogen oder Mustern. Möglich ist auch die Bitte um einen Vertreterbesuch. ▸ **Spezielle Anfrage:** Hier werden genaue Angaben über die Art, Güte, Beschaffenheit und die gewünschte Ausführung der benötigten Güter oder Dienstleistungen gemacht. Wenn notwendig, werden bereits bei einer speziellen Anfrage gewünschte Liefertermine vorgegeben. Im Ausgangsfall handelt es sich um eine spezielle Anfrage für einen Laubsauger mit einer Mindestsaugleistung.
Handelt es sich bei dem Telefongespräch am 30.08. um ein verbindliches Angebot?	Telefonische Angebote sind Angebote unter Anwesenden. Sie haben grundsätzlich Gültigkeit, bis die Unterredung beendet wird. Im Ausgangsfall wurde jedoch während des Telefongespräches vereinbart, dass das Angebot bis Ende Oktober verbindlich ist. Es handelt sich um eine verbindliche Willenserklärung mit Fristsetzung.

Aufgrund von Anfragen bei anderen Lieferanten erhält die wwh GmbH weitere Angebote mit vergleichbaren Produkten.

Ermitteln Sie die Einkaufspreise pro Stück bei Abnahme von 200 Laubsaugern.

Angebot Hutmacher e. K.

Laubsauger	ab	50 Stück	= 50,00 EUR
	ab	100 Stück	= 47,00 EUR
	ab	150 Stück	= 45,00 EUR

Skonto:	3 %
Rabatt:	10 %
Frachtkostenpauschale:	50,00 EUR	**Listeneinkaufspreis: 45,00 EUR**

Angebot Jasbinzcek mbH

Laubsauger	ab	100 Stück	= 55,00 EUR
	ab	200 Stück	= 50,00 EUR
	ab	300 Stück	= 45,00 EUR

Skonto:	2 %
Rabatt	ab 100 Stück	= 20 %
	ab 200 Stück	= 25 %
	ab 300 Stück	= 30 %
Fracht: frei Haus		**Listeneinkaufspreis: 50,00 EUR**

Erstellen Sie einen Angebotsvergleich für 200 Laubsauger der drei Anbieter.

Angebot Ellermann & Ellermann KG

Listeneinkaufspreis	9 000,00 EUR
– Rabatt	1 350,00 EUR
= Zieleinkaufspreis	7 650,00 EUR
– Skonto	153,00 EUR
= Bareinkaufspreis	7 497,00 EUR
+ Bezugskosten	0,00 EUR
= Bezugspreis (Einstandspreis)	7 497,00 EUR

Angebot Hutmacher e. K.

Listeneinkaufspreis	9 000,00 EUR
– Rabatt	900,00 EUR
= Zieleinkaufspreis	8 100,00 EUR
– Skonto	243,00 EUR
= Bareinkaufspreis	7 857,00 EUR
+ Bezugskosten	50,00 EUR
= Bezugspreis (Einstandspreis)	7 907,00 EUR

Angebot Jasbinzcek mbH

Listeneinkaufspreis	10 000,00 EUR
– Rabatt	2 500,00 EUR
= Zieleinkaufspreis	7 500,00 EUR
– Skonto	150,00 EUR
= Bareinkaufspreis	7 350,00 EUR
+ Bezugskosten	0,00 EUR
= Bezugspreis (Einstandspreis)	7 350,00 EUR

Das günstigste Angebot für 200 Laubsauger ist das Angebot von der Jasbinzcek mbH.

Welche Überlegungen können Ihrer Meinung nach neben dem Preis für den Angebotsvergleich bedeutsam sein? Nennen Sie Beispiele.

▸ kurzfristige Lieferbereitschaft
▸ Qualität der Ware
▸ Abnahme von Mindestmengen
▸ großzügige Behandlung von Reklamationsfällen
▸ langjährige geschäftliche Zusammenarbeit

Wer trägt die Beförderungskosten, wenn keine Vereinbarung über die Fracht getroffen wurde?

Der Käufer trägt die Frachtkosten. Warenschulden sind Holschulden.

Nennen Sie Freizeichnungsklauseln.

Freizeichnungsklauseln:
▸ freibleibend
▸ ohne Obligo
▸ solange Vorrat reicht
▸ Preise unverbindlich
▸ Lieferung freibleibend

Ausgangssituation

Die wwh GmbH erhält eine Anfrage von der Stadt Bielefeld über 200 Pressglasreflektorlampen mit einem Ausstrahlungswinkel von 30 Grad und einer Wattleistung von 120. Für diesen Sonderauftrag hat der Einkauf folgende Angebote eingeholt:

Angebot A

Das Angebot A vom Hersteller aus Köln ist gültig bis Ende Mai.
Der Stückpreis beträgt 29,30 EUR, Rabatt 25 %, Skonto 2 % innerhalb von 14 Tagen, 30 Tage netto Kasse, Lieferung frei Haus.

Angebot B

Das Angebot B vom Hersteller aus Saarbrücken hat den Vermerk ohne Obligo. Der Preis staffelt sich wie folgt:
Der Rabatt beträgt 20 %, Skonto kann nicht gewährt werden,
bei Abnahme >   50 Stück = 28,00 EUR/je Stück
bei Abnahme > 150 Stück = 27,90 EUR/je Stück
bei Abnahme > 250 Stück = 27,80 EUR/je Stück
bei Abnahme > 350 Stück = 27,75 EUR/je Stück
Lieferung unfrei.

Angebot C

Informationen zum Angebot C entnehmen Sie bitte den Unterlagen aus dem Elektro-Installations-Technik-Katalog (Preise ohne USt). Der Hersteller hat seinen Sitz ebenfalls in Saarbrücken.

Die Mindestabnahmemenge beim Hersteller C beträgt 10 Stück, Skonto 3 % innerhalb von 14 Tagen, 30 Tage netto Kasse, Rabatt 30 %, Lieferung frachtfrei.

Informationen, die für alle Angebote Gültigkeit haben:

Rollgeld I	= 10,00 EUR bis 100 Stück
Rollgeld II	= 7,00 EUR bis 100 Stück
Frachtkosten	= 30,00 EUR bis 100 Stück
Rollgeld I	= 15,00 EUR bis 200 Stück
Rollgeld II	= 10,00 EUR bis 200 Stück
Frachtkosten	= 30,00 EUR bis 200 Stück

Katalogangebot des Herstellers C aus Saarbrücken

Artikel			Bestellnr.	Preis/EUR
Reflektorlampe				
DECOR COLOR SPOT				
Ausstrahlungswinkel	Leistung	Sockel		
35	40	E 14	55 667 13	27,20
35	40	E 14	55 667 14	28,30
35	40	E 14	55 667 15	28,50
30	120	E 27	55 667 16	29,00
80	120	E 27	55 667 17	29,20
Pressglasreflektorlampe				
CONCENTRA-PARLUX				
Ausstrahlungswinkel	Leistung	Sockel		
12	60	E 27	55 667 33	28,10
12	80	E 27	55 667 34	28,40
12	80	E 27	55 667 35	28,70
30	60	E 27	55 667 36	29,00
12	120	E 27	55 667 37	29,30
Pressglasreflektorlampe				
SUPERLUX KRYP				
Ausstrahlungswinkel	Leistung	Sockel		
12	60	E 14	55 700 33	30,00
12	80	E 14	55 700 34	31,00
12	80	E 14	55 700 35	32,00
30	60	E 14	55 700 36	33,00
12	120	E 27	55 700 37	34,00
Reflektorlampe				
CONCENTRA-SPOT				
Ausstrahlungswinkel	Leistung	Sockel		
40	30	E 14	12 667 13	19,50
30	80	E 14	12 667 14	21,50
80	80	E 14	12 667 15	23,50
35	60	E 14	12 667 16	25,50
35	120	E 27	12 667 17	27,50

Überprüfen Sie die Angebote. Sind die Hersteller an die abgegebenen Angebote gebunden?

Begründen Sie Ihre Meinung.

▶ **Angebot A**

Das Angebot A des Herstellers aus Köln ist eine rechtsverbindliche Willenserklärung und stellt einen gültigen Antrag dar. An dieses Angebot ist der Hersteller bis zum angegebenen zeitlichen Termin gebunden.

▶ **Angebot B**

An das Angebot B ist der Hersteller aus Saarbrücken nicht gebunden, da er eine Freizeichnungsklausel benutzte. „Ohne Obligo" bedeutet „ohne Verpflichtung".

▶ **Angebot C**

An das Katalogangebot C ist der Hersteller aus Saarbrücken ebenfalls nicht gebunden. Bei Katalogen handelt es sich um eine Aufforderung zur Abgabe einer Willenserklärung.

Wie könnte bei Angebot A ein Kaufvertrag zustande kommen?

Nennen Sie unterschiedliche Möglichkeiten.

Möglichkeiten	1. Willenserklärung (= Antrag)	2. Willenserklärung (= Annahme)
Die wwh GmbH bestellt innerhalb der Frist.	Angebot (jedoch zeitlich begrenzt)	Bestellung bis Ende Mai
Die wwh GmbH bestellt nach der Frist.	Bestellung (gilt als neuer Antrag)	Auftragsbestätigung des Herstellers
Die wwh GmbH bestellt nach Ablauf der Frist.	Bestellung (gilt als neuer Antrag)	Warenanlieferung des Herstellers (konkludentes Handeln)

Führen Sie aufgrund der Angaben der Hersteller A, B und C einen übersichtlichen Angebotsvergleich durch und ermitteln Sie den Einstandspreis für 200 Stück.	Angebotsvergleich	Angebot A/EUR	Angebot B/EUR	Angebot C/EUR
	Listeneinkaufspreis	5 860,00	5 580,00	5 860,00
	– Rabatt	1 465,00	1 116,00	1 758,00
	= Zieleinkaufspreis	4 395,00	4 461,00	4 102,00
	– Skonto	87,90	0,00	123,06
	= Bareinkaufspreis	4 307,10	4 464,00	3 978,94
	+ Bezugskosten	0,00	40,00	10,00
	= Bezugspreis (Einstandspreis)	4 307,10	4 504,00	3 988,94

Nennen Sie vier Gründe, die zu einer Entscheidung für den nicht preisgünstigeren Hersteller führen könnten.

▸ bessere Qualität
▸ Zuverlässigkeit in der Lieferzeit
▸ Anpassung an besondere Wünsche

▸ langjährige Geschäftsbeziehung
▸ positive Zukunftserwartungen
▸ örtliche Nähe

Aufgrund der Angebote bestellt die wwh GmbH am 15. Mai beim Hersteller A in Saarbrücken per Telefon 200 Pressglasreflektorlampen. Als Liefertermin wird der 6. Juni festgelegt. Nach Beendigung des Telefongespräches mit dem Hersteller A fragt die Stadt Bielefeld an, ob die Ware bereits Ende Mai geliefert werden kann. Kann die wwh GmbH die Bestellung beim Hersteller A noch widerrufen, um bei einem anderen Hersteller, der schneller liefern kann, zu bestellen?

Eine Willenserklärung wird nicht wirksam, wenn dem Empfänger vorher oder gleichzeitig ein Widerruf zugeht. Dies ist bei einem Telefongespräch, das bereits beendet wurde, nicht möglich. Also kann die wwh GmbH die Bestellung beim Hersteller A nicht mehr widerrufen.

Am 19. Mai erhält die wwh GmbH eine Auftragsbestätigung des Herstellers A mit dem Liefertermin 6. Juni. Welche rechtliche Bedeutung hat die Vereinbarung des Lieferdatums? Begründen Sie Ihre Meinung.

Bei der Vereinbarung „Liefertermin 6. Juni" handelt es sich um ein kalendermäßig genau festgelegtes Datum. Bei diesem Terminkauf (nicht Fixhandelskauf) kommt der Lieferer im Falle der Nicht-rechtzeitig-Lieferung ohne Mahnung in Verzug.

Am 8. Juni fragt der Verkaufsleiter der wwh GmbH in der Einkaufsabteilung an, ob die bestellten Lampen eingetroffen sind. Der Verkaufsleiter ist über die Nachricht der Nichtlieferung sehr aufgebracht, da er mit der Stadt Bielefeld einen Liefertermin vereinbart hat (10. Juni, fix). Der Verkaufsleiter schlägt vor, sofort bei einem anderen Lieferanten Ersatz zu besorgen. Nennen Sie allgemein die Rechte im Falle der Nicht-rechtzeitig-Lieferung.

Die Rechte bei der Nicht-rechtzeitig-Lieferung (Lieferungsverzug) sind:
▸ ohne Nachfristsetzung: Erfüllung des Vertrages oder Erfüllung des Vertrages und die Berechnung eines Verzugsschadens
▸ mit Nachfristsetzung: Ablehnung der Lieferung und Rücktritt vom Kaufvertrag oder/und Ablehnung der Lieferung und Schadenersatz wegen Nichterfüllung

---

Was schlagen Sie konkret in dem oben beschriebenen Fall vor? Berücksichtigen Sie dabei, dass es möglich ist, die Ware kurzfristig zu beziehen, sodass die Stadt Bielefeld noch rechtzeitig beliefert werden kann. Der Preis je Lampe beträgt jedoch 40,00 EUR.

Sinnvoll ist ein Anruf am 8. Juni beim Hersteller A. Wenn die Ware bereits unterwegs ist, kann die Stadt Bielefeld noch pünktlich beliefert werden, da der Fixtermin der 10. Juni ist.

Ist die Ware nicht unterwegs, so sollte auf die Dringlichkeit der pünktlichen Lieferung hingewiesen werden. Bei dem vereinbarten Liefertermin 8. Juni handelt es sich um einen kalendermäßig genau festgelegten Termin, bei dem die Mahnung entfällt, um den Hersteller in Verzug zu setzen. Ein Rücktritt vom Vertrag ist jedoch nur mit einer angemessenen Nachfristsetzung für die Lieferung möglich.

Um die Stadt Bielefeld als Kunden nicht zu verärgern, sollte kurzfristig Ersatz besorgt werden. Die Differenz zwischen dem Bezugspreis des Herstellers A (4 307,10 EUR : 200 = 21,54 EUR/Stück) und dem Preis von 40,00 EUR bei kurzfristiger Lieferung kann jedoch nicht dem Hersteller A in Rechnung gestellt werden. Dies wäre erst nach einer angemessenen Nachfrist mit Androhung des Rücktritts und Schadenersatzes wegen Nichterfüllung möglich. Die wwh GmbH hätte auch mit dem Hersteller einen Fixtermin aushandeln sollen.

Ausgangssituation

Für den Umbau in einer Bank müssen so schnell wie möglich Videokameras bestellt werden. Lesen Sie die Belege, beantworten Sie die unten stehenden Fragen und führen Sie die geforderten Berechnungen durch.

Gesprächsnotiz

Gespräch geführt am: 16.07.

Firma: Bredemeyer GmbH

Gesprächspartner: Herr/Frau Bredemeyer   Telefon:

Inhalt:
4 Videokameras sind auf Lager
Liefertermin: 23.07.
Preis: 740,– EUR je
14 Tg / 2% / 60 Tg
Fracht: frei Haus
Mengenrabatt: 10%

Zur weiteren Bearbeitung: Frau Herkenhoff
Handzeichen: HJ

wwh GmbH
Elektrogroßhandel

wwh GmbH · Helene-Weber-Weg 9 · 33607 Bielefeld

Helene-Weber-Weg 9
33607 Bielefeld

Bredemeyer GmbH
Otto-Hahn-Weg 53
65218 Wiesbaden

Tel.: 05207 801022
Fax: 05207 801013
Mobil: 0171 302560
E-Mail: wwh@t-online.de

Bestellung   16.07.20..

Sehr geehrter Herr Bredemeyer,

wie mit Ihnen heute Morgen telefonisch besprochen, bestelle ich folgende Artikel:

Anzahl	Bezeichnung der Ware	Einzelpreis	Gesamtpreis
4	Videokameras – Serie 777 in Weiß CCE-Bildaufnehmer CCIR-Standard Objektiv F 3,5/Brennweite 3,6 mm Lichtempfindlichkeit 1 Lux 90 x 90 x 45 mm	740,00 EUR	2 960,00 EUR

Der Rabatt beträgt 10 %. Die Rechnung ist zahlbar innerhalb von 14 Tagen unter Abzug von 2 % Skonto oder 60 Tagen netto Kasse.

Mit freundlichen Grüßen
wwh GmbH

A. Kageröke
i. A.

Bankverbindung
Sparkasse Bielefeld   IBAN DE49 4805 0161 1324 5654 45 BIC GEOBDE45873 Geschäftsführerin: Uta Box
Commerzbank Bielefeld IBAN DE49 4805 3880 5666 6545 11 BIC RCFGDE45778

Sitz und Registergericht: Bielefeld HR B 1590

Steuernummer: 458/457/6555

Ermitteln Sie den Einstandspreis für die bestellten Videokameras.

	Listeneinkaufspreis	2 960,00 EUR
–	Rabatt	296,00 EUR
=	Zieleinkaufspreis	2 664,00 EUR
–	Skonto	53,28 EUR
=	Bareinkaufspreis	2 610,72 EUR
+	Bezugskosten	0,00 EUR
=	**Bezugspreis (Einstandspreis)**	2 610,72 EUR

Ermitteln Sie den Überweisungsbetrag der vier Videokameras unter Ausnutzung von Skonto und unter Berücksichtigung von 19 % Umsatzsteuer.

	Listeneinkaufspreis	2 960,00 EUR
–	10 % Rabatt	296,00 EUR
=	Zieleinkaufspreis	2 664,00 EUR
+	19 % Umsatzsteuer	506,16 EUR
=	Rechnungspreis	3 170,16 EUR
–	2 % Skonto	63,40 EUR
=	**Überweisungsbetrag**	3 106,76 EUR

Welchen Zeitraum muss die wwh GmbH im Falle einer Zahlung mit Skonto vorfinanzieren?

Der kostenpflichtige Zielzeitraum wird wie folgt berechnet:

	Zahlungsziel	60 Tage
–	Skontozeitraum	14 Tage
=	**Kreditzeitraum**	46 Tage

Laut Auskunft der Hausbank der wwh GmbH beträgt der Zinssatz zurzeit 9,5 %. Berechnen Sie die zu zahlenden Zinsen im Falle einer Kreditaufnahme, um unter Abzug von Skonto zu zahlen.

Der zu überweisende Betrag an die Bredemeyer GmbH beträgt: 3 106,76 EUR.

$$z = \frac{K \cdot p \cdot t}{100 \cdot 360} = \frac{3\,106,76 \cdot 9,5 \cdot 46}{100 \cdot 360} = 37,71$$

Die Zinsen betragen 37,71 EUR.

Wie hoch ist der Finanzierungserfolg, der sich aufgrund der Skontoziehung ergibt?

Die wwh GmbH erzielt durch die vorzeitige Zahlung einen Skontoertrag. Aufwendungen sind durch die Kreditaufnahme entstanden.

Skontoertrag	63,40 EUR
− Zinsaufwendungen	37,71 EUR
= **Finanzierungserfolg**	25,69 EUR

Der Skontoertrag in Höhe von 63,40 EUR ist größer als die Zinsaufwendungen in Höhe von 37,71 EUR. Die wwh GmbH erzielt einen Finanzierungserfolg von 25,69 EUR.

Wie kann auf schnellere Weise überprüft werden, ob eine Rechnung unter Abzug von Skonto gezahlt werden sollte?

Es wird der Jahreszinssatz ermittelt, der der Skontobedingung des Lieferers entspricht. Ist dieser ermittelte Jahreszinssatz kleiner als der Fremdkapitalzinssatz, lohnt es sich, die Rechnung vorzeitig unter Ausnutzung von Skonto zu zahlen.

Für die Berechnung des Jahreszinssatzes, der der Skontobedingung des Lieferers entspricht, gibt es eine Überschlagsrechnung und eine mathematisch genaue Berechnung.

Führen Sie die Berechnungen durch.

Kaufmännische Überschlagsrechnung:

Der Jahreszinssatz für die Aufnahme des Kredites beträgt 9,5 %.
Die 2 % Skonto beziehen sich auf den kostenpflichtigen Zielzeitraum
(60 Tage − 14 Tage = 46 Tage).

46 Tage (Kreditzeitraum) − 2 %
360 Tage (ganzes Jahr)   − x %
x = 15,65 % (gerundetes Ergebnis)

Mathematisch genaue Berechnung:

Der Skontobetrag in Höhe von 63,40 EUR (2 %) wird auf die tatsächliche Zahlung in Höhe von 3 106,76 EUR bezogen. Die Berechnung erfolgt mit der nicht gerundeten Zahl 3 106,7568.

Zinsformel: $z = \dfrac{K \cdot p \cdot t}{100 \cdot 360}$

Zur Ermittlung des Effektivzinssatzes wird die kaufmännische Zinsformel umgestellt:

$$p = \frac{z \cdot 100 \cdot 360}{K \cdot t}$$

$$\text{Effektivzinssatz (p)} = \frac{\text{Skontoertrag (z)} \cdot 100 \cdot 360}{\text{Überweisungsbetrag (K)} \cdot \text{Kreditzeitraum (t)}}$$

$$= \frac{360 \cdot 100 \cdot 63,40}{3\,106,7568 \cdot 46} = 15,97\,\% \text{ oder}$$

$$= \frac{360 \cdot 100 \cdot 2}{98 \cdot 46} = 15,97\,\%$$

Der Skontoabzug lohnt sich, wenn die Fremdkapitalzinsen nicht höher als 15,97 % sind. Die kaufmännische Überschlagsrechnung ergibt einen Prozentsatz von 15,65 %.

Ausgangssituation

Der Mitarbeiter im Lager der wwh GmbH, Özcan Ferhan, hat folgende Bildschirmmasken aus dem Warenwirtschaftsprogramm vor sich:

Artikelstammblatt vom 29.03.20..

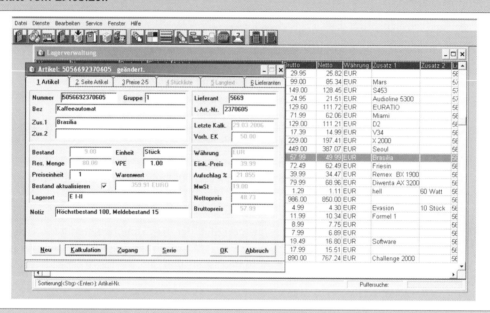

Bestellvorschlagsliste vom 29.03.20..					
Artikel-Nr. Warengruppe	Bezeichnung Zusatz	Lieferanten-Nr. Lief.-Art.-Nr.	Bestand	Höchstbestand	Bestellvorschlag
5056692370605 Gr. 1	Kaffeeautomat Brasilia	5569 2370605	9	100	91

Am 04.04. liefert die Elektro Bader KG die bestellten 91 Stück Kaffeeautomaten Brasilia. Nach der Annahme und Prüfung der Ware und dem Vergleich mit den Angaben des Lieferscheins gibt der Lagermitarbeiter Özcan Ferhan folgende Daten in das Warenwirtschaftssystem ein:

Wareneingangskontrolle

Lieferdatum		04.04.20..		Frachtführer	Spedition Roller, Leipzig
Lieferant		5569	Elektro Bader KG, Leipzig		
Äußere Prüfung			Verpackungsmängel/fehlende Packstücke		
1. Anschrift		√			
2. Anzahl		85	Stück	Es fehlen 6 St. Kaffeemaschinen.	
3. Verpackung			3 Verkaufsverpackungen waren defekt.		
Prüfung des Inhalts					
Menge	Lief.-Art.-Nr.		Mängel		
1 St.	2370605		Zubehör fehlt		
3 St.	2370605		Wegen der defekten Verpackungen haben die Maschinen leichte Kratzer.		

Auszug aus der Lagerstatistik

Art.-Nr.	5056692370605	Kaffeeautomat Brasilia
Lieferant	5569	Elektro Bader KG. Leipzig

	Aktuelles Jahr	Vorjahr	Änderung in %
Mindestbestand (St.)	5	5	+/–0,00 %
Meldebestand (St.)	15	20	–25,00 %
Höchstbestand (St.)	100	60	+66,67 %
Durchschnittlicher Lagerbestand (St.)	78	50	+56,00 %
Durchschnittlicher Lagerbestand (EUR)	3 120,00 EUR	1 900,00 EUR	+64,21 %
Wareneinsatz (EUR)	14 400,00 EUR	14 000,00 EUR	+2,86 %
Lagerumschlagshäufigkeit			
Durchschnittliche Lagerdauer (Tage)			

Zeigen Sie die Hauptprozesse auf, die im Lager eines Betriebes auftreten können.	▸ **Warenannahme und Prüfung** Annahme der gelieferten Waren und unverzügliche Prüfung ▸ **Einlagerung** Auszeichnung der Ware und Einsortierung in das Verkaufs- oder Reservelager ▸ **Warenpflege** Bei längerer Lagerzeit Überprüfung der fachgerechten Lagerung, um Qualitätseinbußen zu vermeiden ▸ **Lagerkontrolle** Überwachung der Lagerbestände
Erläutern Sie den Zusammenhang zwischen Meldebestand, aktuellem Bestand, Bestellvorschlag und Höchstbestand.	▸ **Meldebestand** Sobald dieser Bestand unterschritten wird, muss ein Bestellvorgang ausgelöst werden. ▸ **Höchstbestand** Da die Lagerkapazität begrenzt ist, muss für jeden Artikel ein Höchstbestand festgelegt werden, damit die maximale Lagerkapazität nicht überschritten wird. Außerdem soll die Kapitalbindung begrenzt werden. ▸ **Bestellvorschlag** Höchstbestand – aktueller Bestand = Bestellvorschlagsmenge
Welche Aufgaben ergeben sich aus den Daten des Artikelstammblattes und der Bestellvorschlagsliste für den Mitarbeiter im Lager?	▸ Feststellung, dass der Meldebestand des Artikels erreicht ist ▸ Eventuelle Überprüfung, ob der Sollbestand des Artikels mit dem tatsächlichen Bestand übereinstimmt ▸ Bei Abweichungen zum Sollbestand Korrektur des Bestandes im Warenwirtschaftssystem ▸ Information an die Abteilung Einkauf, um den Bestellvorgang einzuleiten

Erläutern Sie die Bedeutung der Wareneingangskontrolle.	▸ **Unverzügliche Prüfung** der eingehenden Ware auf
	  – Anschrift des Absenders und Empfängers,
	  – Übereinstimmung der gelieferten Waren mit den Daten des Lieferscheins und der Bestellung,
	  – Beschädigung der Verpackung,
	  – Anzahl der Versandstücke.
	▸ **Dokumentation** der eventuellen Schäden
	▸ **Bestätigung der Schäden** durch den Frachtführer
	▸ mögliche **Klärung über den Verursacher** der Schäden im Beisein des Frachtführers
	▸ **Weiterleitung** der Informationen an die Abteilung Einkauf

Ermitteln Sie die Lagerumschlagshäufigkeit und die durchschnittliche Lagerdauer in der oben aufgeführten Lagerstatistik.	▸ **Lagerumschlagshäufigkeit** (= Wareneinsatz/durchschnittlichen Lagerbestand) aktuelles Jahr: 4,62 – Vorjahr: 7,37 – Änderung in %: –37,3 % ▸ **Durchschnittliche Lagerdauer** (= 360/Lagerumschlagshäufigkeit) aktuelles Jahr: 77,9 Tage – Vorjahr: 48,8 Tage – Änderung in %: +59,6 %
Werten Sie die Statistik aus, erläutern Sie mögliche Ursachen der Veränderungen und zeigen Sie Lösungsmöglichkeiten auf.	▸ Die **Umschlagshäufigkeit** des Kaffeeautomaten hat sich in einem beträchtlichen Maß **verringert**. Dadurch **erhöht** sich die **durchschnittliche Lagerdauer** einer Kaffeemaschine von knapp 50 Tagen auf 78 Tage. ▸ Das führt dazu, dass das **Kapital**, welches für den Kauf der Waren eingesetzt wurde, **länger im Lager gebunden ist.** ▸ Mögliche **Ursachen:** Geringerer Abverkauf trotz gleichbleibendem Lagerbestand, Heraufsetzung des Höchstbestandes auf 100 St. unnötig ▸ **Lösungsmöglichkeit:** Verringerung des Lagerbestandes durch häufigere Bestellungen, Herabsetzung des Höchstbestandes

Ausgangssituation

Lesen Sie die abgebildeten Seiten und beantworten Sie die folgenden Fragen:

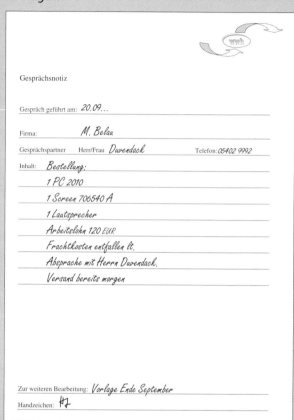

| **Wie kommt ein Kaufvertrag zustande?** | Ein Kaufvertrag kommt durch mindestens zwei übereinstimmende Willenserklärungen zustande. Die Willenserklärungen nennt man Antrag und Annahme. |

Welche Äußerungsformen von Willenserklärungen kennen Sie? Um welche handelt es sich in dem beschriebenen Fall?

Willenserklärungen können auf unterschiedliche Art und Weise abgegeben werden:

▶ **Ausdrückliches Handeln**
Hier eignen sich als Mittel der Willensäußerung die Schrift und die Sprache.
Beispiele: Beim Angebot von Manuel Belau handelt es sich um eine ausdrückliche Willenserklärung. Auch das geführte Telefongespräch am 20.09. zählt zu diesem Punkt.

▶ **Konkludentes/schlüssiges Handeln**
Bei dieser Form der Willensäußerung muss der Wille des Handelnden abzuleiten sein.
Beispiele: Der Käufer bestätigt das Angebot eines Verkäufers mit einem Handschlag. Der Verkäufer bestätigt die Bestellung des Kunden mit Kopfnicken. Der Verkäufer liefert die Ware aufgrund einer Bestellung.

▶ **Nichthandeln/Schweigen**
Dies gilt nur dann als Willensäußerung, wenn Schweigen als Erklärungszeichen vereinbart wurde oder der abweichende Wille nach Treu und Glauben hätte geäußert werden müssen.
Beispiele: Verkäufer und Käufer vereinbaren beim Kaufgespräch einen Kauf auf Probe mit einer Frist von 14 Tagen. Der Kunde meldet sich nicht innerhalb der vereinbarten Frist. Ein Kunde, der regelmäßig Lieferungen vom selben Lieferanten erhält, bekommt versehentlich eine zusätzliche Sendung des Lieferanten. Der Kunde meldet sich nicht. In diesem Fall gilt Schweigen als Willensäußerung und der Kaufvertrag kommt zustande.

Das Computerangebot vom 15.09.20.. enthält eine Frachtkostenpauschale in Höhe von 30,00 EUR. Ist eine solche Vereinbarung möglich?	Grundsätzlich trägt der Käufer die Frachtkosten, da Warenschulden Holschulden sind. Die Vereinbarung einer Pauschale widerspricht nicht gesetzlichen Vorschriften.
Wie lange ist Manuel Belau e.K. an das abgegebene Angebot gebunden?	Der Verkäufer ist bis zum 15.12.20.. an das Angebot gebunden. Bei einer Bestellung nach diesem Termin würde diese als neuer Antrag gelten und der Verkäufer müsste zustimmen, damit ein Kaufvertrag zustande käme.
Nennen Sie die Kaufmannseigenschaften der beteiligten Personen.	▶ Manuel Belau e.K. ist ein Istkaufmann, wenn er einen in kaufmännischer Weise eingerichteten Geschäftsbetrieb führt. Das Unternehmen ist ein Kannkaufmann, wenn es sich um ein Unternehmen handelt, das keinen in kaufmännischer Weise eingerichteten Geschäftsbetrieb benötigt (Kleingewerbe), sich jedoch aufgrund des Eintragungswahlrechts in das Handelsregister A hat eintragen lassen. Damit liegt eine Kaufmannseigenschaft vor. ▶ Die wwh GmbH ist ein Formkaufmann. Hier liegt eine Kaufmannseigenschaft allein schon aufgrund der Rechtsform vor.
Am 23.09.20.. liefert Manuel Belau den PC und den Screen. Der PC-Fuß hat erhebliche Kratzer. Um welche Kaufvertragsstörungen handelt es sich? Beschreiben Sie die Störungen.	Es liegt eine Schlechtleistung vor. Beim zerkratzten PC handelt es sich um einen Sachmangel (Qualitätsmangel). Da die Lautsprecher fehlen, liegt auch noch eine Zuweniglieferung (Quantitätsmangel) vor.
Welche Mängel hinsichtlich der Erkennbarkeit kennen Sie? Um welche handelt es sich hier?	▶ Offene Mängel sind sofort erkennbar, wie beim zerkratzen PC und der Zuweniglieferung. ▶ Versteckte Mängel sind nicht sofort erkennbar. ▶ Arglistig verschwiegene Mängel sind dem Verkäufer bekannt und wurden bewusst verschwiegen.
Welche Mängel kennen Sie?	**Sachmängel:** ▶ Mangel in der Beschaffenheit (Qualitätsmangel) ▶ Mangel in der Montage ▶ Mangel in der Menge (Quantitätsmangel) ▶ Mangel in der Montageanleitung ▶ Mangel in der Werbeaussage/Kennzeichnung ▶ Mangel in der Art (Gattungsmangel) Neben den Sachmängeln gibt es auch noch den **Rechtsmangel**.
Welche Rechte können Sie aufgrund der Mängel wahrnehmen?	Vorrangig kann die wwh GmbH das Recht der Nacherfüllung wahrnehmen. Dazu zählen die Nachbesserung oder die Ersatzlieferung. Eine Ersatzlieferung kann Manuel Belau ablehnen, wenn dies nur mit unverhältnismäßig hohen Kosten möglich ist. Erst wenn zwei Nachbesserungen fehlgeschlagen sind, kann auf Neulieferung im Falle dieses Gattungskaufes bestanden werden. Denkbar wäre jedoch auch, dass die wwh GmbH ein nachrangiges Recht wahrnimmt und mit dem Verkäufer eine Minderung des Kaufpreises aufgrund der Kratzer am PC vereinbart. Bei der Minderlieferung hat die wwh GmbH ein Recht auf Lieferung der fehlenden Menge.
Erläutern Sie die Verjährung der Mängelansprüche allgemein. Welcher Verjährungszeitraum liegt in dem beschriebenen Fall vor?	Die Verjährungsfristen sind wie folgt: ▶ Die Gewährleistungsansprüche des Kaufvertrages und des Werkvertrages verjähren nach zwei Jahren. ▶ Bei arglistigem Verschweigen und bei nicht körperlichen Werken gilt die Regelverjährungszeit von drei Jahren. ▶ Für Mängel bei Bauwerken gilt eine Frist von fünf Jahren. ▶ 30 Jahre beträgt die Verjährungsfrist bei Herausgabeansprüchen aus Eigentum und anderen dinglichen Rechten. ▶ Bei dem beschriebenen Fall handelt es sich um einen Kaufvertrag. Die Gewährleistungsansprüche verjähren nach zwei Jahren.
Wer muss im Falle einer Schlechtleistung beweisen, dass Mängel bestehen?	In den ersten sechs Monaten hat der Verkäufer Manuel Belau die Beweislast. Es wird davon ausgegangen, dass der Mangel bereits bei Gefahrübergang bestand. Nach Ablauf der sechs Monate muss der Käufer beweisen, dass der Sachmangel bereits bei Gefahrübergang bestand und nicht erst durch Nutzung oder falsche Behandlung entstanden ist.
Um welche Art von Kaufvertrag handelt es sich 1. aufgrund der beteiligten Personen, 2. aufgrund der Kaufgegenstände?	1. Verkäufer ist Manuel Belau e.K. und Käufer die wwh GmbH. Beide Vertragspartner sind Kaufleute. Aus diesem Grund handelt es sich um einen zweiseitigen Handelskauf. 2. Bei den Kaufgegenständen handelt es sich nicht um Spezieswaren, sondern um Gattungswaren. Es handelt sich um einen Gattungskauf.

Die Abteilung Rechnungswesen erhält am 03.04.20.. folgende Eingangsrechnungen:

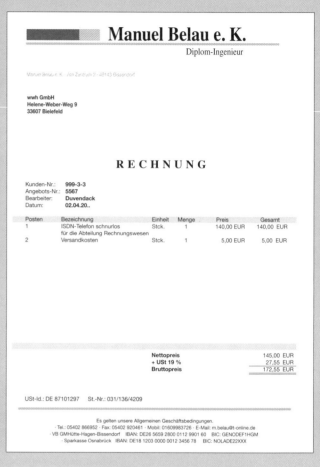

Welche Besonderheiten sind bei der Anschaffung von Gütern des Anlagevermögens zu beachten?

▶ **Aktivierungspflicht für Anschaffungsnebenkosten**
Zu den Anschaffungskosten gehören neben dem eigentlichen Kaufpreis alle Aufwendungen, die mit dem Erwerb oder der Inbetriebnahme des Gegenstandes verbunden sind.
Beispiele:
– *bei Grundstücken und Gebäuden: Grunderwerbsteuer, Gerichts- und Notariatsgebühren, Schätzkosten*
– *bei Geschäftsausstattung: Transportkosten, Montagekosten*
– *bei Fahrzeugen: Überführungskosten, Zulassungsgebühren*

Die Anschaffungsnebenkosten erhöhen den Wert, mit dem das Anlagegut bilanziert wird (Aktivierungspflicht). Dementsprechend sind Minderungen des Kaufpreises (Rabatte, Skonti) von den Anschaffungskosten abzuziehen.

▶ **Umsatzsteuer**
Die anteilige Umsatzsteuer gehört nicht zu den Anschaffungskosten.

▶ **Zu den Eingangsrechnungen der wwh GmbH:**
Die Anschaffungskosten für den Transporter betragen:

	Kaufpreis	50 000,00 EUR
+	Service-Paket	120,00 EUR
+	Überführung	1 000,00 EUR
	Gesamt	51 120,00 EUR

(Die Tankfüllung gehört nicht zu den einmaligen Anschaffungskosten.)
Die Anschaffungskosten für das Telefon betragen 145,00 EUR.

Wodurch entstehen Wertminderungen des Anlagevermögens?	Gegenstände des Anlagevermögens verlieren ihren ursprünglichen Wert im Laufe der Zeit durch ▸ Abnutzung, ▸ Überalterung, ▸ technischen Fortschritt (Wertminderungen des alten Wirtschaftsgutes durch Neuentwicklungen, die kostengünstiger und wirtschaftlicher sind). Die Wertminderungen werden im Rechnungswesen als Aufwand erfasst und als Abschreibungen bezeichnet. Der steuerliche Fachbegriff hierfür ist **A**bsetzung **f**ür **A**bnutzung = **AfA**.
Welche betriebswirtschaftliche Bedeutung haben die Abschreibungen?	▸ **Steuerliche Bewertung der Abschreibungen** Die Abschreibungen werden im Rechnungswesen als Aufwand gebucht und **vermindern** dementsprechend den **Unternehmensgewinn**. Diese auf den ersten Blick negative Auswirkung der Abschreibungen kann unter bestimmten Voraussetzungen betriebswirtschaftlich von Vorteil sein: Durch den verringerten Unternehmensgewinn fallen auch die **gewinnabhängigen Steuern geringer** aus. ▸ **Rückflussfinanzierung durch Abschreibungen** Die Abschreibungen werden in den Verkaufspreis einkalkuliert. Wenn der kalkulierte Verkaufspreis von den Kunden akzeptiert wird, werden auch anteilig die **finanziellen Mittel für den Ersatz** der abgenutzten Anlagegüter über den Verkaufserlös bereitgestellt.
Was sind „geringwertige Wirtschaftsgüter" und wie werden Wirtschaftsgüter mit Anschaffungskosten zwischen 150,00 EUR und 1 000,00 EUR buchhalterisch behandelt?	Bei Anschaffungen von Vermögensgegenständen muss Folgendes berücksichtigt werden: ▸ **Wirtschaftsgüter mit Anschaffungskosten bis 150,00 EUR:** Güter, die einen Nettowert von 150,00 EUR nicht übersteigen, können **sofort als Aufwand** über ein geeignetes Aufwandskonto gebucht werden. ▸ **Wirtschaftsgüter mit Anschaffungskosten zwischen 150,00 und 410,00 EUR:** Wahlmöglichkeit: a) Sofortabschreibung im laufenden Jahr als geringwertiges Wirtschaftsgut b) Abschreibung im Pool (siehe nachfolgende Erläuterung) ▸ **Wirtschaftsgüter mit Anschaffungskosten über 410,00 EUR bis 1 000,00 EUR:** Diese Güter werden auf einem Sammelkonto in einem „Pool" zusammengefasst und **gemeinsam** über fünf Jahre **mit jeweils 20 % abgeschrieben**.
Wie sind die beiden Eingangsrechnungen der wwh GmbH hinsichtlich der Abschreibungen zu beurteilen?	▸ Die betriebsgewöhnliche Nutzungsdauer **des Transporters** wird in der AfA-Tabelle der Finanzverwaltung ermittelt. Der Transporter wird während der Nutzungsdauer mit gleich hohen Abschreibungsbeträgen (= lineare Abschreibung) in jedem Jahr abgeschrieben. Außerdem muss berücksichtigt werden, dass der Anschaffungszeitpunkt den Abschreibungsbetrag im 1. Jahr beeinflusst. Es dürfen nur anteilig die Monate der Nutzung abgeschrieben werden. Es ergibt sich folgende Berechnung für die Abschreibung (Nutzungsdauer des Transporters = 9 Jahre): **Jährlicher Abschreibungsbetrag:** Anschaffungskosten : Nutzungsdauer = 51 150,00 EUR : 9 Jahre = **5 680,00 EUR** **Abschreibungsbetrag im 1. Jahr:** (Kauf im April: 9 von 12 Monaten) 5 680,00 EUR : 12 · 9 = **4 260,00 EUR** **Abschreibungsverlauf:** Anschaffungskosten 51 120,00 EUR – Abschreibungen 1. Jahr 4 260,00 EUR Restbuchwert 46 860,00 EUR – Abschreibungen 2. Jahr 5 680,00 EUR Restbuchwert 41 180,00 EUR … ▸ Das Telefon kann sofort bei der Anschaffung (am 02.04.20..) als Aufwand über ein geeignetes Aufwandskonto „abgeschrieben" werden.

Ausgangssituation

Für das 25-jährige Jubiläum der wwh GmbH sollen einige Sonderaktionen durchgeführt werden. Für die Vorbereitung und Durchführung ist ein dafür gebildetes „Kreativ-Team 25" zuständig. Dieses Kreativ-Team 25 ist berechtigt, Material in Höhe von 5 000,00 EUR anzufordern.

Die Einkaufsabteilung erhält u. a. folgende Anforderungen zur Konkretisierung der genehmigten Aktionen:

Beleg 1

Kreativ-Team 25

Bitte bestellen Sie

bei der Tischlerei Wilke eine Sperrholz-
kiste – siehe folgende Zeichnung –

Datum: *14.04...*   Handzeichen:

Beleg 2

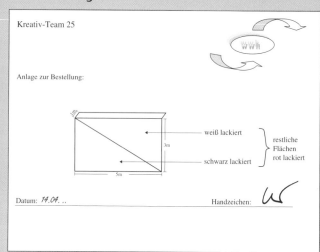

Kreativ-Team 25

Anlage zur Bestellung:

weiß lackiert
schwarz lackiert
restliche Flächen rot lackiert

Datum: *14.04. ..*   Handzeichen:

Beleg 3

Kreativ-Team 25

Bitte bestellen Sie

beim Einrichtungshaus Pieper aufgrund des vorliegenden
Gardinenmusters BL 304 30 m – 70 cm breit

Datum: *13.04. ..*   Handzeichen:

Beleg 4

Kreativ-Team 25

Bitte bestellen Sie

beim Gärtner Blattwerk zum 09.09. 100 Sonnenblumen im Keramiktopf
weiß – Ø 15 cm (Bestellnr. KT-15).
Die Lieferung muss an dem Morgen erfolgen.

Datum: *14.04. ..*   Handzeichen:

Aufgrund der Anforderung des Kreativ-Teams 25 (siehe Beleg 1 und Beleg 2) bestellt die Einkaufsabteilung bei der Tischlerei Wilke e. K. in Bünde die farbige Sperrholzkiste am 18.04.20.. schriftlich. Die Tischlerei Wilke e. K. bestätigt am 20.04.20.. die Bestellung telefonisch. Am 24.04.20.. erhält die wwh GmbH eine Auftragsbestätigung.

Ist ein Kaufvertrag zustande gekommen? Begründen Sie Ihre Meinung.

Der Kaufvertrag ist aufgrund zwei übereinstimmender Willenserklärungen zustande gekommen. Die erste Willenserklärung (Antrag) erfolgte von der wwh GmbH durch die schriftliche Bestellung. Die zweite übereinstimmende Willenserklärung (Annahme) wurde durch die Tischlerei Wilke e. K. per Telefon am 20.04.20.. ausgesprochen. Die schriftliche Auftragsbestätigung hat juristisch keine Bedeutung.

Bei der bestellten Sperrholzkiste handelt es sich um einen Stückkauf oder Spezieskauf. *Erklären Sie diese Kaufvertragsart.*	Handelt es sich bei dem Kaufgegenstand um eine nicht vertretbare Sache, so spricht man von einem Stückkauf oder Spezieskauf. Nicht vertretbare Sachen können nicht durch andere ausgetauscht werden und sind auch nicht nach allgemeinen Gattungsmerkmalen bestimmbar wie die Gattungswaren. Nicht vertretbare Sachen sind einmalig, wie diese nach Sondermaßen angefertigte Sperrholzkiste in den Farben schwarz, weiß und rot.
Um welche Art von Kaufvertrag handelt es sich hinsichtlich der rechtlichen Stellung der Vertragspartner?	Es liegt ein zweiseitiger Handelskauf vor, da beide Vertragspartner (wwh GmbH und Wilke e.K.) Kaufleute sind und als solche handeln.
Die wwh GmbH bestellt beim Einrichtungshaus Pieper GmbH in Rahden 30 m Gardinen lt. vorliegendem Muster. Das Einrichtungshaus Pieper bestätigt die Bestellung eine Woche danach. *Handelt es sich hierbei um einen Kauf* ▸ *auf Probe,* ▸ *zur Probe,* ▸ *nach Probe oder* ▸ *einen Spezifikationskauf?* *Begründen Sie Ihre Antwort und erklären Sie die nicht zutreffenden Kaufvertragsarten anhand eines von Ihnen gewählten Beispiels.*	▸ **Kauf nach Probe** Bei den bestellten Gardinen handelt es sich um einen Kauf nach Probe (Kauf nach Muster). Die Probe oder auch das Muster sind häufig kostenlos. Folgt eine Bestellung, so muss der Kaufgegenstand der Probe bzw. dem Muster entsprechen, d. h., die Eigenschaften durch die Probe oder das Muster müssen als zugesichert gelten. ▸ **Kauf auf Probe** Beim Kauf auf Probe oder auf Besicht kann der Käufer die Ware innerhalb einer vorher vereinbarten Frist zurückgeben. Überschreitet der Käufer diese Frist, so ist der Kaufvertrag durch Schweigen des Käufers zustande gekommen. *Beispiel: Die wwh GmbH darf 14 Tage lang einen neuen Hochleistungskopierer ausprobieren. Bei Nichtgefallen kann die wwh GmbH den Kopierer zurückgeben.* ▸ **Kauf zur Probe** Beim Kauf zur Probe wird nur eine geringe Menge gekauft. Dabei handelt es sich um einen Kaufvertrag, der durch zwei übereinstimmende Willenserklärungen zustande gekommen ist. Der Käufer gibt bei Bestellung der kleinen Menge zu erkennen, weitere Bestellungen aufzugeben, wenn die Ware den Erwartungen entspricht. *Beispiel: Die wwh GmbH bestellt 10 unterschiedliche Verpackungseinheiten, um zu testen, ob die Größen für das kommende Weihnachtsgeschäft sinnvoll sind.* ▸ **Spezifikationskauf** Der Spezifikationskauf wird auch Bestimmungskauf genannt, weil bei Vertragsabschluss der Käufer und der Verkäufer nur die Menge und die Warenart der Gattungsware festlegen. Der Käufer kann dann innerhalb einer vorher vereinbarten Zeit die zu liefernden Waren näher bestimmen, z.B. nach Form, Farbe, Größe. Versäumt der Käufer die Spezifizierung der vertretbaren Sache innerhalb der Frist, so kann der Verkäufer dem Käufer eine Nachfrist setzen. Ist auch diese verstrichen, so kann der Verkäufer selbst die genaue Bestimmung der Ware vornehmen. *Beispiel: Die wwh GmbH bestellt 200 Gartenlampen mit Fuß, behält sich aber vor, die Farbe nachträglich zu bestimmen.*
Die Einkaufsabteilung setzt sich aufgrund der Anforderung des Kreativ-Teams 25 mit dem einheimischen Gärtner Blattwerk e.K. telefonisch in Verbindung. Die Gärtnerei schickt ein Angebot. *Was sollte die wwh GmbH bei der Bestellung beachten, damit die Blumen mit den Töpfen auch genau am 09.09.20.. geliefert werden?*	Da die Sonnenblumen mit Keramiktopf genau am 09.09.20.. geliefert werden sollen, ist es angebracht, einen Fixkauf zu vereinbaren. Da die Lieferung morgens erfolgen soll, ist z.B. folgende Vereinbarung sinnvoll: „Lieferung der 100 Sonnenblumen am 09.09.20.. bis spätestens 11:00 Uhr."

Ausgangssituation

In der Debitorenbuchhaltung wurden neue Rollcontainer benötigt. Lesen Sie die folgenden Belege und beantworten Sie die unten stehenden Fragen.

wwh GmbH
Elektrogroßhandel

wwh GmbH · Helene-Weber-Weg 9 · 33607 Bielefeld

Helene-Weber-Weg 9
33607 Bielefeld

Schrimpex GmbH
Büromöbel
Stiepenweg 54
34414 Warburg

Tel.: 05207 801022
Fax: 05207 801013
Mobil: 0171 302560
E-Mail: wwh@t-online.de

21. September 20..

Bestellung

Sehr geehrter Herr Wolf,

wir bestellen zum nächstmöglichen Liefertermin:

Anzahl	Bezeichnung der Ware	Einzelpreis	Gesamtpreis
2	Rollcontainer –3er	157,20 EUR	314,40 EUR
2	Rollcontainer mit Hängeregister	186,40 EUR	372,80 EUR
Nettopreis		343,60 EUR	687,20 EUR
Umsatzsteuer			130,57 EUR
Bruttopreis			817,77 EUR

Mit freundlichen Grüßen
wwh GmbH

i. A. Hans Meyer

Bankverbindungen
Sparkasse Bielefeld   IBAN DE49 4805 0161 1324 5654 45 BIC GEOBDE45873
Commerzbank Bielefeld   IBAN DE49 4805 3880 5666 6545 11 BIC RCFGDE45778
Steuernummer: 458/4575/6555

Geschäftsführerin: Uta Box
Sitz und Registergericht
Bielefeld HR B 1590

Gesprächsnotiz

Gespräch geführt am: *28.09.*

Firma: *Schrimpex*

Gesprächspartner: Herr *Wolf*   Telefon: *314270*

Inhalt:

Anlieferung der Rollcontainer erfolgt am 5.10.

Zur weiteren Bearbeitung: *Busch*

Handzeichen:

Um welche Art von Kaufvertrag handelt es sich
1. aufgrund der beteiligten Personen,
2. aufgrund des Kaufgegenstandes?

1. Verkäufer ist die Schrimpex GmbH und Käufer die wwh GmbH. Da es sich in beiden Fällen um eine GmbH handelt, sind beide Unternehmen Formkaufleute (Kaufleute kraft Rechtsform). Aus diesem Grund liegt ein zweiseitiger Handelskauf vor.
2. Bei dem Kaufgegenstand handelt es sich um Rollcontainer, die zu den vertretbaren Sachen zählen, da sie nach den allgemeinen Gattungsmerkmalen bestimmbar sind (z. B. Farbe, Gewicht, Zahl, Größe).

Es handelt sich demzufolge um einen Gattungskauf.

In den allgemeinen Geschäftsbedingungen der Schrimpex GmbH steht u. a.: „Die Ware bleibt bis zur vollständigen Bezahlung unser Eigentum."
Erklären Sie diese Klausel.

Es handelt sich bei dieser Vereinbarung um den sogenannten „einfachen Eigentumsvorbehalt", d. h., die wwh GmbH wird erst mit Zahlung des Kaufpreises Eigentümer der Ware.

Welche Rechte hat die Schrimpex GmbH gegenüber der wwh GmbH, wenn die Zahlung des Kaufpreises nicht erfolgt?

Die Schrimpex GmbH hat bei nicht rechtzeitiger Bezahlung oder bei Nichtzahlung des Kaufpreises das Recht, vom Kaufvertrag zurückzutreten und die Herausgabe der Rollcontainer zu verlangen.

Welche Besonderheiten gelten im Fall
1. eines Insolvenzverfahrens,
2. einer Pfändung?

1. Im Fall eines Insolvenzverfahrens können die Rollcontainer ausgesondert werden.
2. Bei einer Pfändung durch den Gerichtsvollzieher kann die Schrimpex GmbH Freigabe durch eine Drittwiderspruchsklage verlangen.

Unter welchen Voraussetzungen erlischt der „einfache Eigentums-vorbehalt"?	Der „einfache Eigentumsvorbehalt" erlischt, ▸ wenn die wwh GmbH den Kaufpreis an die Schrimpex GmbH bezahlt, ▸ wenn die Ware an einen gutgläubigen Dritten weiterverkauft wurde, ▸ wenn die Ware vernichtet (verbraucht, verarbeitet) oder mit einer unbeweglichen Sache verbunden wurde.
Um welche Art von Eigentumsvor-behalt handelt es sich, wenn in den allgemeinen Geschäftsbedin-gungen der folgende Satz steht: „Die aus dem Weiterverkauf entstehende Forderung wird an uns abgetreten."	Hierbei handelt es sich um den sogenannten „erweiterten Eigentumsvorbehalt". Neben dem Eigentumsvorbehalt wird auch noch die Forderungsabtretung (Zession) vereinbart.
Die Überweisung für die vier Rollcontainer an den Lieferer wurde versehentlich nicht erledigt. Am 15.01. des folgenden Jahres mahnt der Lieferer den Rechnungs-betrag für die vier Rollcontainer an und bittet um sofortige Überwei-sung der Summe. *Befindet sich die wwh GmbH in Verzug?*	Aufgrund der Nicht-rechtzeitig-Zahlung und der Mahnung am 15.01. befindet sich die wwh GmbH in Verzug.
Handelt es sich bei der Mahnung der Schrimpex GmbH um eine Unterbrechung der Verjährung?	Eine Mahnung führt nicht zu einer Unterbrechung der Verjährung.
Welche Möglichkeiten haben der Verkäufer und der Käufer, damit die Verjährung wieder von Neuem zu laufen beginnt?	Der **Verkäufer** hat folgende Möglichkeit: ▸ Antrag auf Vornahme einer gerichtlichen Vollstreckungshandlung Der **Käufer** erreicht den Neubeginn der Verjährung durch Schuldanerkenntnishandlungen: ▸ Abschlagszahlung ▸ Sicherheitsleistung ▸ Zinszahlung ▸ Stundungsgesuch
Wann ist die Forderung des Lieferanten an die wwh GmbH verjährt? Begründen Sie Ihre Antwort.	Die Forderung verjährt nach drei Jahren. Begründung: Es handelt sich um zwei Kaufleute (wwh GmbH und die Schrimpex GmbH), für die die verkürzte Verjährungsfrist von drei Jahren Gültigkeit hat. Die verkürzten Verjährungsfristen beginnen mit Ablauf des Jahres, in dem die Forderung entstanden ist. Die Forderung entstand am 16.05. – Beginn der Verjährung: 31.12./Ende der Verjährung: + drei Jahre.
Erklären Sie den Unterschied zwischen Neubeginn und Hem-mung der Verjährung.	▸ **Neubeginn:** Die Verjährung beginnt mit dem Datum der Handlung von Neuem. ▸ **Hemmung:** Die Verjährung wird um den Zeitraum der Hemmung verlängert.
Nennen Sie Möglichkeiten, die zu einer Hemmung führen.	Gründe für die Hemmung der Verjährung sind: ▸ schwebende Verhandlungen über den Anspruch ▸ Rechtsverfolgung/Erhebung der Klage/Zustellung des Mahnbescheids/Bekanntgabe des Güteantrags/Geltendmachung der Aufrechnung des Anspruchs ▸ Leistungsverweigerungsrecht ▸ höhere Gewalt ▸ familiäre Gründe
Unter welchen Bedingungen kann die wwh GmbH die „Einrede der Verjährung" geltend machen?	Nach Ablauf des gesetzlich definierten Zeitraumes verliert die Schrimpex GmbH die Möglichkeit, den Anspruch gerichtlich durchzusetzen. Die wwh GmbH kann dann die Zahlung verweigern mit der Begründung der „Einrede der Verjährung".
Überprüfen Sie, ob die Verjährung einer Forderung auch gleichzeitig den Untergang der Forderung bewirkt.	Die Verjährung bewirkt nicht den Untergang des Anspruchs, jedoch kann die wwh GmbH die Zahlung verweigern. Somit kann die Schrimpex GmbH nicht mehr gerichtlich gegen die wwh GmbH vorgehen, weil die sogenannte „Einrede der Verjährung" geltend gemacht werden kann.

Ausgangssituation

Lesen Sie die beiden Schriftstücke und bearbeiten Sie die folgenden Fragen.

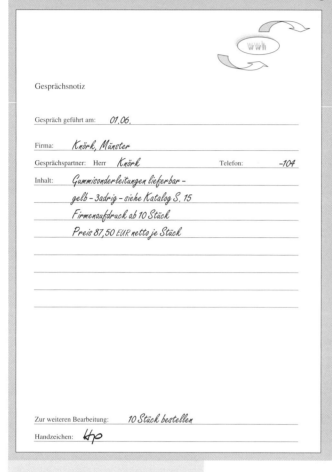

Gesprächsnotiz

Gespräch geführt am: *01.06.*

Firma: *Knörk, Münster*

Gesprächspartner: Herr *Knörk*   Telefon: *-104*

Inhalt: *Gummisonderleitungen lieferbar –*

gelb – 3adrig – siehe Katalog S. 15

Firmenaufdruck ab 10 Stück

Preis 87,50 EUR netto je Stück

Zur weiteren Bearbeitung: *10 Stück bestellen*

Handzeichen: *khp*

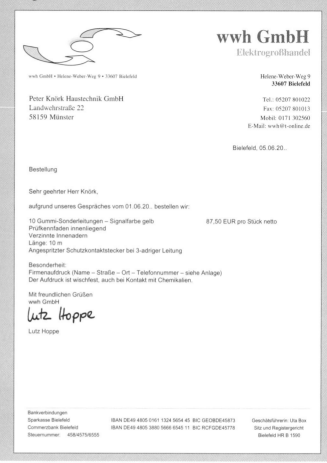

wwh GmbH
Elektrogroßhandel

wwh GmbH • Helene-Weber-Weg 9 • 33607 Bielefeld

Peter Knörk Haustechnik GmbH
Landwehrstraße 22
58159 Münster

Helene-Weber-Weg 9
33607 Bielefeld

Tel.: 05207 801022
Fax: 05207 801013
Mobil: 0171 302560
E-Mail: wwh@t-online.de

Bielefeld, 05.06.20..

Bestellung

Sehr geehrter Herr Knörk,

aufgrund unseres Gespräches vom 01.06.20.. bestellen wir:

10 Gummi-Sonderleitungen – Signalfarbe gelb   87,50 EUR pro Stück netto
Prüfkennfaden innenliegend
Verzinnte Innenadern
Länge: 10 m
Angespritzter Schutzkontaktstecker bei 3-adriger Leitung

Besonderheit:
Firmenaufdruck (Name – Straße – Ort – Telefonnummer – siehe Anlage)
Der Aufdruck ist wischfest, auch bei Kontakt mit Chemikalien.

Mit freundlichen Grüßen
wwh GmbH

Lutz Hoppe

Lutz Hoppe

Bankverbindungen
Sparkasse Bielefeld   IBAN DE49 4805 0161 1324 5654 45 BIC GEOBDE45873   Geschäftsführerin: Uta Box
Commerzbank Bielefeld   IBAN DE49 4805 3880 5666 6545 11 BIC RCFGDE45778   Sitz und Registergericht
Steuernummer: 458/4575/6555   Bielefeld HR B 1590

Die Peter Knörk Haustechnik GmbH schickt am 12.6.20.. die Auftragsbestätigung zur Bestellung.

Wann ist der Kaufvertrag zustande gekommen? Begründen Sie Ihre Entscheidung.

Nach der speziellen Anfrage vom 01.06.20.. bei der Peter Knörk Haustechnik GmbH erfolgte die erste verbindliche Willenserklärung der wwh GmbH mit der schriftlichen Bestellung vom 05.06.20.. .

Aufgrund der Auftragsbestätigung vom 12.06.20.. kommt der Kaufvertrag zustande, da eine übereinstimmende Willenserklärung von der Peter Knörk Haustechnik GmbH erfolgte.

Erläutern Sie die rechtliche Bedeutung und Form der Bestellungsannahme.

▶ **Rechtliche Bedeutung**

Die Bestellungsannahme, auch Auftragsbestätigung genannt, ist eine Willenserklärung des Verkäufers, Ware zu bestimmten Bedingungen zu liefern.

Erfolgte eine Bestellung ohne ein vorheriges verbindliches Angebot des Verkäufers (wie im Ausgangsfall), so ist die Bestellungsannahme notwendig, damit ein Kaufvertrag zustande kommt (1. Willenserklärung: Bestellung; 2. Willenserklärung: Bestellungsannahme).

Eine Bestellungsannahme ist rechtlich nicht erforderlich, wenn die Bestellung aufgrund eines gültigen Angebotes erfolgte (1. Willenserklärung: Angebot; 2. Willenserklärung: Bestellung).

▶ **Form**

Die Bestellungsannahme kann formlos erteilt werden. Um jedoch einen möglichen Irrtum auszuschließen, sollte die Bestellungsannahme schriftlich durch Brief, Fax, E-Mail, standardisierte Auftragsbestätigung oder durch konkludentes Handeln (Lieferung der Ware) erfolgen.

Am 26.06.20.. sind die zehn Gummi-Sonderleitungen mit Firmenaufdruck noch nicht geliefert worden. *Welche Maßnahmen schlagen Sie vor?*	In der Bestellung wurde kein Liefertermin bestimmt, sodass die Peter Knörk Haustechnik GmbH erst mit Mahnung in Verzug kommt. Gleichzeitig mit der Mahnung sollte auf die Dringlichkeit der Lieferung hingewiesen werden und ein Termin, z. B. bis zum 04.07.20.., für die Lieferung der Ware gesetzt werden.
Welche Rechte hat die wwh GmbH, wenn die Peter Knörk Haustechnik GmbH nach Fälligkeit der Lieferung nicht rechtzeitig liefert?	Die wwh GmbH hat folgende Rechte: ▸ Erfüllung des Vertrages (Lieferung der Gummi-Sonderleitungen) ▸ Erfüllung und Berechnung eines Verzugsschadens (Verzögerungsschadens) ▸ Rücktritt und/oder Schadenersatz statt Leistung ▸ Ersatz vergeblicher Aufwendungen
Nennen Sie zwei betriebswirtschaftliche Gründe, warum die wwh GmbH nach Mahnung und einer angemessenen Nachfristsetzung weiterhin auf Erfüllung des Vertrages besteht.	Weiterhin auf Lieferung zu bestehen ist sinnvoll, wenn 1. die Gummi-Sonderleitungen mit Firmenaufdruck bei anderen Lieferern nicht zu erhalten sind, 2. die Ware bei anderen Anbietern teurer ist.
Nennen Sie zwei betriebswirtschaftliche Gründe, warum die wwh GmbH nach Mahnung und einer Fristsetzung Schadenersatz statt Leistung verlangt.	Schadenersatz statt Erfüllung zu verlangen ist dann sinnvoll, wenn die wwh GmbH 1. die Ware bei einem anderen Lieferanten zu einem höheren Preis einkaufen muss. Der durch diesen Deckungskauf entstandene Schaden ist ein konkreter Schaden. 2. ein lohnendes Geschäft nicht durchführen konnte. Dies ist ein abstrakter Schaden.
Nennen Sie zwei betriebswirtschaftliche Gründe, warum die wwh GmbH nach Mahnung und einer angemessenen Nachfristsetzung Rücktritt vom Kaufvertrag verlangt.	Das Bestehen auf Nichtlieferung der Ware ist sinnvoll, wenn 1. die Ware von Mitanbietern günstiger oder preiswerter geliefert werden kann, 2. die Ware nicht mehr benötigt wird.
Anfang Juli erfolgt die Lieferung der Peter Knörk Haustechnik GmbH an die wwh GmbH. Bei Eingangskontrolle wird Folgendes festgestellt: Geliefert wurden neun Gummi-Sonderleitungen, fünf mit Firmenaufdruck, der Rest ohne. *Welche Mängel liegen vor? Welche Rechte nehmen Sie wahr?*	Es handelt sich bei der Zuweniglieferung um einen Quantitätsmangel. Die wwh GmbH hat das Recht auf Lieferung einer weiteren Gummi-Sonderleitung mit Firmenaufdruck, da zehn bestellt und nur neun geliefert wurden. Des Weiteren handelt es sich um einen Qualitätsmangel, da bei vier Gummi-Sonderleitungen der vereinbarte Firmenaufdruck fehlt. Die wwh GmbH kann aufgrund der Schlechtleistung Nacherfüllung verlangen, d. h., der Firmenaufdruck wird nachträglich angebracht (Nachbesserung). Der Verkäufer kann jedoch die gewählte Form der Nacherfüllung verweigern, wenn diese nur mit unverhältnismäßig hohen Kosten verbunden ist. In diesem Fall kann die Knörk Haustechnik GmbH auch eine Ersatzlieferung schicken.
Die Knörk Haustechnik GmbH schickt aufgrund der Mängelrüge Ende Juli fünf neue Gummi-Sonderleitungen mit Firmenaufdruck. Nach dem ersten Gebrauch Ende August ist der Firmenaufdruck nicht mehr zu erkennen, weil teilweise die Schriftzüge verwischt sind. *Wer muss den Mangel beweisen?*	Die gesetzlichen Gewährleistungsfristen sind einzelvertraglich nicht verkürzt worden. Da der Mangel am Kaufgegenstand innerhalb von sechs Monaten auftrat, muss der Verkäufer beweisen, dass er den Mangel nicht zu vertreten hat. Die wwh GmbH ist von der Beweislast entbunden. Nach Ablauf von sechs Monaten tritt die Beweislastumkehr ein und der Käufer muss beweisen, dass der Mangel bereits bei Gefahrübergang bestand.
Erläutern Sie die Verjährung der Mängelansprüche.	Die kauf- und werkvertraglichen Gewährleistungsansprüche verjähren nach zwei Jahren. Nur bei arglistigem Verschweigen des Mangels gilt die Regelverjährungszeit von drei Jahren.

Ausgangssituation

Der Ausbilder im Einkauf will Christa in das Warenwirtschaftssystem einarbeiten. Er legt ihr eine Grafik vor, in der die einzelnen Module des Systems dargestellt sind. Diese Grafik will er mit Christa besprechen und ihr auch schon ein paar Arbeitsaufträge dazu erteilen.

Modul Beschaffung	allgemeine Funktionen	Modul Lager
▸ Lieferantenstammdaten ▸ Warengruppenverwaltung ▸ Artikelrabatte ▸ Preisgruppen ▸ Wareneingangsrechnung ▸ Lieferantengutschrift ▸ Bestellvorschläge ▸ Projektverwaltung ▸ Lieferterminkontrolle	▸ Belegfunktionen ▸ elektronischer Rechnungsversand (Signatur) ▸ Artikel-, Positions- und Angebotskalkulation ▸ wiederkehrende Rechnungen/ Abo-Aufträge ▸ Datenim- und -export ▸ Onlinefrankierung	▸ Lagerbestandführung ▸ Inventur mit Bestandserfassung ▸ Lagerbewertung ▸ Artikelreservierung, Rückstandsverwaltung und Teillieferung

Warenwirtschaftssystem

Modul Vertrieb	Kassenmodul	Modul Auswertungen
▸ Kundenstammdaten ▸ Artikelstammdaten ▸ Angebotsverwaltung ▸ Kreditlimitverwaltung ▸ Mahnwesen ▸ Rechnungsausgangsbuch ▸ Anbindung an eShop	▸ Anbindung an Standard-POS-Kassensysteme ▸ mehrere Kassen möglich ▸ EC-, Kreditkarten-, Scheckzahlung ▸ Barcodeverwaltung ▸ Sperrfunktionen ▸ Kassenabschluss	▸ Umsatzstatistik ▸ Schnell- und Langsamdreherstatistiken ▸ kurzfristige Erfolgsrechnungen ▸ Buchungslisten ▸ Offene-Posten-Liste

Welche Bedeutung haben die Pfeile zwischen den einzelnen Modulen und dem zentralen Begriff der Warenwirtschaft?

Waren werden von Lieferanten zur wwh GmbH geschickt. Hier durchlaufen sie zunächst die Wareneingangskontrolle und gehen dann ins Lager. Von dort aus erfolgt die Kommissionierung im Versand und die Versendung der Ware an den Kunden. An diesem Warenstrom entlang läuft nun ein Informationsstrom. Dieser setzt sich aus einzelnen Daten zusammen und muss erfasst, verwaltet, verarbeitet und kommuniziert werden. Im Prinzip löst jede Warenbewegung eine Information aus, die registriert werden muss. Aber darüber hinaus gibt es auch Informationen, die entstehen, ohne dass Waren bewegt werden, z. B. bei Anfrage des Kunden und einer darauf folgenden Angebotserstellung.

So muss stets eine enge Verbindung zwischen den einzelnen Funktionsbereichen der wwh GmbH bestehen, denn wenn z. B. ein Artikel nicht auf Lager ist (Modul Lager), dann muss er vom Einkauf möglichst rasch beschafft werden (Modul Beschaffung), um dann für den Kunden ausgeliefert zu werden (Modul Vertrieb). Die zusammengefassten Informationen tauchen dann als Statistiken oder Übersichten im Modul Auswertungen auf.

Die Verwaltung der Daten erfolgt heute zumeist in Form einer Datenbank, die die Stammdaten und Bewegungsdaten mit folgender Datenbankstruktur verwaltet:
▸ Stammdaten sind die in Datensätzen verwalteten Objekte, vor allem Kunden, Lieferanten und Artikel.
▸ Bezogen auf diese Stammdaten werden die Bewegungsdaten, bei denen es sich um wirtschaftliche Transaktionen in Form von Werten (z. B. Eingangsrechnung, Angebot, Ausgangsrechnung usw.) und Waren (z. B. Lagereingang, Lagerbestand usw.) handelt, in eigenen Datensätzen erfasst.

Welche Vorteile bietet ein Warenwirtschaftssystem allgemein?

▸ Die Daten müssen nur einmal erfasst werden.
▸ Es gibt jederzeit aktuelle Informationen über Waren, Kunden, Lieferanten.
▸ Jede Stelle innerhalb des Unternehmens kann auf diese Daten zugreifen.
▸ Belege werden automatisch erstellt.
▸ Es gibt eine verbesserte Übersicht über den Warenfluss.
▸ Die Informationsbasis für Entscheidungen wird verbessert.
▸ Zeit und Kosten werden eingespart.

Erläutern Sie anhand konkreter Beispiele, wie das Warenwirtschaftssystem (WWS) den Mitarbeitern der wwh GmbH bei ihrer Arbeit behilflich sein kann.

1. Der Verkauf bearbeitet mit dem WWS eingehende Anfragen und Aufträge der Kunden, indem Angebote, Aufträge, Lieferscheine und Rechnungen erstellt werden. Erweiterte Funktionen sind z. B. Auftragsbestätigung, Ausgabebelege für das Lager, Kommissionierungslisten, Bereitstellung von Informationen zur Kundenpflege (Kundenbeziehungsmanagement, Customer Relationship Management) und Datenerfassung für den Außendienst. Alle Funktionen des Verkaufes dienen dazu, einen gültigen Kaufvertrag abzuschließen. Die Fakturierung sowie die Übergabe der Datensätze aller Rechnungen (Rechnungsausgangsbuch) in die Buchhaltung schließt den Verkaufsprozess ab. Die Debitorenbuchhaltung überwacht dann noch den Zahlungseingang vom Kunden, die Kreditorenbuchhaltung den zu den Lieferanten.

2. Der Einkauf benötigt Funktionen für die Beschaffung von Waren. Anhand der Daten des Verkaufs und der Lagerhaltung kann ein WWS automatisiert optimale Bestellmengen ermitteln bzw. eine Bestellung auslösen. Dazu werden automatisiert Angebotsvergleiche und Bestellvorschlagslisten ausgegeben. Der Einkauf kann die Bestellung auslösen, die hinsichtlich der Termineinhaltung automatisch überwacht wird.

3. Die Lagerhaltung überwacht im Warenwirtschaftssystem durch ein Modul für Lagerverwaltung die interne Bestandsführung. Damit die Bewegungsdaten, vor allem des Verkaufs (z. B. Auftragsbestätigungen, Lieferscheine), des Einkaufs (Bestellung, Wareneingang) und ggf. der internen Reservierung und Lagerentnahme, automatisch in die Lagerverwaltung übernommen werden, ist die moderne Lagerverwaltungssoftware ein integriertes Modul des WWS. Die Inventur der Waren wird dabei mit unterstützt. Lagerkennzahlen, die ein WWS mit unterstützt, sind z. B. der Mindestbestand, der Meldebestand und der Höchstbestand.

Nebenstehend ist ein Teil eines Lieferanten-Stammdatensatzes abgebildet.
1. *Erläutern Sie die Notwendigkeit der einzelnen Datenfeldgruppen.*
2. *Welche Datenfelder könnten für einen Lieferanten-Stammdatensatz noch sinnvoll sein?*

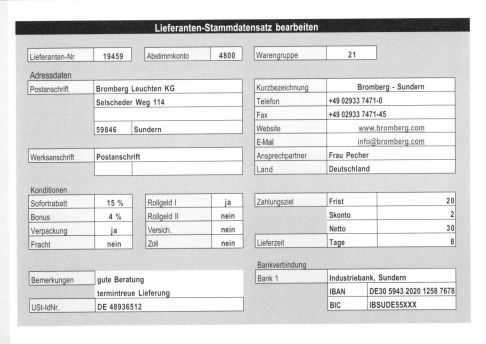

1. ▸ Adressdaten: für die Anschrift von Bestellungen oder Abrufaufträgen an das Werk
   ▸ Kommunikationsdaten: schneller Zugriff auf Daten, die den Kontakt mit dem Lieferanten auf allen Ebenen ermöglichen, einschließlich etwaiger Ansprechpartner
   ▸ Konditionen: erforderlich bei Angebotsvergleichen und Preisplanung
   ▸ Zahlungskonditionen und Bankverbindung: dienen der automatischen Bezahlung nach Einbuchung der Rechnung
   ▸ Bemerkungen: Hinweise für den qualitativen Lieferantenvergleich

2. ▸ Hinweise auf dauerhaft gelistete Artikel, Aktionen
   ▸ Verkehrszahlen der vergangenen Jahre (Umsatzdaten)
   ▸ Hinweise auf Ersatzlieferanten und Partnerunternehmen
   ▸ Datensätze für ausländische Lieferanten, wie z. B. fakturierte Währung, Incoterms®

Ausgangssituation

Die Auszubildende Christa ist zurzeit im Lager. Der Lagerleiter will 48 Kaffeemaschinen mit der Packungsgröße 400 × 300 × 200 versenden und fragt Christa, wie diese am besten auf eine international übliche Europool-Palette zu packen sind. Er überlässt ihr ein Merkblatt zur modularen Abstimmung von Verpackungsgrößen:

Flächenmodul: Das Flächenmodul in der Transportkette ist das Rechteck 600 mm × 400 mm.

Flächen-Multimodul: Als Flächen-Multimodul wird jedes Rechteck bezeichnet, das aus einem ganzzahligen Vielfachen des Flächenmoduls lückenlos gebildet werden kann. Hierzu gehört z. B. die international übliche Palettenabmessung von 800 mm × 1200 mm.

Teilflächen: Teilflächen erhält man, indem das Flächenmodul durch ganzzahlige Teilung in gleich große Flächen aufgeteilt wird. Je nach Größe des Packgutes sollte man die Verpackung so konzipieren, dass deren Außenmaße mit dem Flächenmodul oder einer Teilfläche identisch sind, damit z. B. die Stellfläche bei Paletten zu 100 % ausgenutzt wird. Bei Großteilen, wie z. B. Kühlschränken u. Ä., ist die Anpassung an das Modulsystem oft schwierig oder unmöglich. Einfacher ist es, Kleinteile modulgerecht zu verpacken.

Beschreiben Sie die verschiedenen Aufgaben, die die Verpackung im Rahmen der Logistik der wwh GmbH zu erfüllen hat.

Viele Produkte können ohne Verpackungen nicht gelagert, verteilt oder verkauft werden. Die Verpackung formt aus einer oder mehreren Produkteinheiten eine logistische Einheit (engl. Unit Load) und unterstützt damit Prozesse der Logistik und des Handels. Dazu muss sie verschiedene Funktionen erfüllen:

▸ **Schutzfunktion**
Die Verpackung soll die Ware selbst vor Beschädigungen, Verunreinigungen oder Feuchtigkeit schützen. Der Mensch, der mit den Waren hantiert, soll vor Verletzungen oder Emissionen geschützt werden. Daneben sollen das Transportmittel, die Umwelt und die anderen Waren vor Beschädigungen geschützt werden. Schließlich kann durch geeignete Verpackung (Verschlüsse, Versiegelung) ein verbesserter Schutz vor Diebstahl und Manipulation erreicht werden.

▸ **Lagerfunktion**
Jede Ware wird vom Zeitpunkt der Herstellung bis zu dem Zeitpunkt des Gebrauches oder Verbrauches mehrmals ein- und umgelagert. So ist eine Lagerung beim Hersteller oder Importeur, im Groß- und Einzelhandel, beim Spediteur oder Lagerhalter sowie beim Verbraucher möglich. Mithilfe einer geeigneten Verpackung lässt sich Ware leichter, sicherer und schneller lagern.

▸ **Lade- und Transportfunktion**
Während des Transportes soll die Verpackung verhindern, dass die Ware übermäßigen Beanspruchungen ausgesetzt ist. Dies kann durch einen mehrfachen Schutz (Karton + Palette) erfolgen. Außerdem führen genormte Verpackungen zu einem geringeren Raumbedarf auf den Transportmitteln.

Welche ökologischen Aspekte hat die wwh GmbH bei der Auswahl der Verpackungen zu beachten?

Gebrauchte Verpackungen, gleich ob für die einmalige oder die mehrmalige Verwendung bestimmt, gelten in Deutschland grundsätzlich nicht als Müll, sondern als Wertstoff, dessen Entsorgung, Verwertung und Wiederverwendung in der Verpackungsverordnung geregelt sind.

Einwegverpackungen aus privaten Haushalten, die mit dem Grünen Punkt gekennzeichnet sind, werden im Rahmen des Dualen Systems dem Wertstoffkreislauf zugeführt. Mehrwegverpackungen nehmen im Allgemeinen am Leih- und Rückgabeverkehr teil und werden zum Teil gegen Pfand abgegeben. Seit 2003 gilt in Deutschland eine Pfandpflicht auch bei Einwegverpackungen für Getränke.

Im Transportwesen werden die normierten Europool-Paletten (zum Teil auch „Colli" oder „Transportpalette" genannt) bei einer An- bzw. Auslieferung ausgetauscht.

Eine Alternative zu herkömmlichen Packstoffen sind Verpackungen aus kompostierbaren Materialien. Sie werden aus biologisch abbaubaren Kunststoffen hergestellt und bestehen teilweise oder komplett aus nachwachsenden Rohstoffen wie Stärke, Cellulose oder Polymilchsäure.

Erläutern Sie an geeigneten Beispielen den Unterschied zwischen
- *Verkaufsverpackungen,*
- *Umverpackungen,*
- *Transportverpackungen.*

▸ **Verkaufsverpackungen** sind nach der Verpackungsverordnung (VO) geschlossene oder offene Behältnisse und Umhüllungen von Waren, die vom Endverbraucher zum Transport oder bis zum Verbrauch der Waren verwendet werden. Sie verlieren erst beim Endverbraucher ihre Funktion.
Beispiele:
- *Pappschachteln für Glühbirnen*
- *Verpackung einer Kaffeemaschine*
- *Blisterpackungen für Batterien*

▸ **Umverpackungen** sind nach der VO solche Verpackungen, die dazu bestimmt sind, als zusätzliche Verpackung die Abgabe von Waren im Wege der Selbstbedienung zu ermöglichen oder die Möglichkeit des Diebstahls zu erschweren oder zu verhindern oder der Werbung zu dienen.
Beispiele:
- *Schachteln, in denen Reinigungsmittel in Tuben verpackt sind*
- *Schachteln, in denen mehrere Einzelgläser für Leuchten verpackt sind*

▸ **Transportverpackungen** sind nach der VO solche Verpackungen, die dazu dienen, Waren auf dem Weg vom Hersteller oder Großhändler bis zum Wiederverkäufer vor Schäden zu bewahren oder die Sicherheit des Transports zu gewährleisten. Im Gegensatz zu den Verkaufsverpackungen werden die Transportverpackungen nach dem Transport entfernt und die Ware ohne diese Verpackung an die Verbraucher oder Dritte weitergegeben.
Beispiele:
- *Kisten für Investitionsgüter, wie z. B. Maschinen, Motoren u. Ä.*
- *Schachteln und Folien, die als Verpackungsmaterial für Leuchten dienen*
- *Schachteln, in denen eine größere Stückzahl einer Ware zusammengefasst wird, wie z. B. Sicherungen, Kabel*

▸ **Besonderheiten zur Absicherung von Paletten auf dem Transport**
- Streckverpackung (Stretch-Verpackung): Eine Flachfolie wird mechanisch unter Spannung gebracht und wendelförmig um das Packgut gewickelt.
- Schrumpfverpackung: Das Packgut ist von einer Schrumpffolie (Flach- oder Schlauchfolie) umschlossen, an noch offenen Stellen verschweißt und von der Folienbahn getrennt oder mit einer Schrumpfhaube abgedeckt.

Geben Sie Beispiele für Einweg- und Mehrwegverpackungen und wägen Sie ab.

Beispiele für Einwegverpackungen:
- Blister (Pappe + Plastik)
- Kunststoffbecher
- Weißblechbehälter
- Holzkisten
- Wellpappschachteln
- Einwegpaletten

Beispiele für Mehrwegverpackungen:
- Kunststoffkisten
- Metallbehälter
- Mehrwegkisten aus Holz
- mit Klippverschlüssen zusammenlegbare Wellpappe/Holz-Verbundkonstruktionen

Einwegverpackungen belasten dann die Umwelt, wenn sie sich nicht recyceln lassen und zudem noch aus Stoffen bestehen, die nicht rückstandsfrei entsorgt werden können. Es wird sich nicht umgehen lassen, dass die meisten Verkaufsverpackungen Einwegverpackungen sein werden. Deshalb ist besonders dort darauf zu achten, dass diese leicht zu entsorgen oder wiederzuverwerten sind. Insbesondere bei Transportverpackungen sind Industrie und Handel gehalten, Konzepte zu entwickeln, die die Abfallquote auf ein erträgliches Maß herabschrauben.

Zurück zur Ausgangsfrage: Welche Möglichkeiten zur Verpackung auf der Palette hat Christa?

Größe des Packstücks (mm)	Anzahl der Packstücke je Lage	Anordnung	Alternative
300 × 200	16		
300 × 400	8		

Je nachdem, wie die Kaffeemaschinen gepackt werden (liegend oder stehend), können drei Lagen à 16 Stück oder sechs Lagen à acht Stück gepackt werden.

Ausgangssituation

Die Öffnungszeiten der wwh GmbH wurden geändert. Der Elektrogroßhandel ist durchgehend von 08:00 Uhr bis 20:00 Uhr geöffnet. In der Abteilung für Kleinartikel muss für samstags überprüft werden, wie hoch die Kundenfrequenz im Laufe des Tages ist, damit kein Engpass an den Kassen entsteht. Diese Untersuchung soll über drei Monate erfolgen.

Folgendes vorläufiges Ergebnis ergab sich aufgrund der Erhebungen an den letzten Samstagen:

Zeit	Anzahl der Kunden						
	02.02.	09.02.	16.02.	23.02.	02.03.	Summe	Mittelwert
08:00 bis 09:00	25	28	15	33	27	128	25,6
09:00 bis 10:00	20	30	45	45	21	161	32,2
10:00 bis 11:00	15	78	80	81	16	270	54,0
11:00 bis 12:00	112	120	125	150	100	607	121,4
12:00 bis 13:00	125	130	140	160	160	715	143,0
13:00 bis 14:00	210	200	180	210	200	1000	200,0
14:00 bis 15:00	100	98	160	98	102	558	111,6
15:00 bis 16:00	84	85	55	65	69	358	71,6
16:00 bis 17:00	23	45	54	55	26	203	40,6
17:00 bis 18:00	60	40	25	45	61	231	46,2
18:00 bis 19:00	68	55	45	15	66	249	49,8
19:00 bis 20:00	120	130	90	100	90	530	106,0
Summe	962	1039	1014	1057	938	5010	1002,0

Beantworten Sie die folgenden Fragen aufgrund der erhobenen Daten.

In welcher Zeit war die Kundenfrequenz am höchsten?	In der Zeit von 13:00 Uhr bis 14:00 Uhr waren die meisten Kunden im Elektrogroßhandel. Der Mittelwert sagt 200 aus.
Der Leiter der Abteilung rechnet damit, dass bei mehr als 50 Kunden eine zusätzliche Kraft eingesetzt werden muss. Auf welche Zeiträume trifft diese Entscheidung zu?	In der Zeit von 10:00 Uhr bis 16:00 Uhr und in der Zeit von 19:00 Uhr bis 20:00 Uhr ist eine zusätzliche Kraft einzusetzen.
In welchem Zeitraum ist die geringste Kundenfrequenz zu verzeichnen?	In der Zeit von 08:00 Uhr bis 09:00 Uhr sind die wenigsten Kunden im Warenhaus.
Pro Samstag wurde eine Auswertung der Kundenfrequenz erstellt (siehe Diagramm rechts). Leider wurde das Datum vergessen. Um welchen Tag handelt es sich?	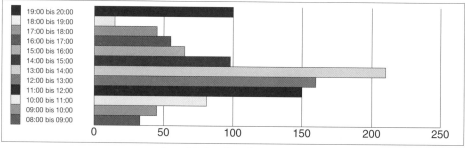 Es handelt sich um den 23.02.

Stellen Sie den Mittelwert der Erhebung durch ein Säulendiagramm dar.

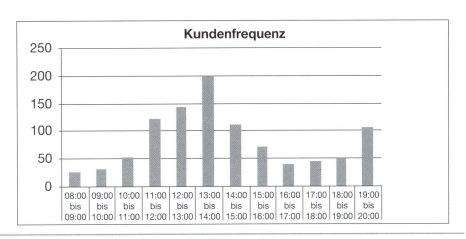

Für den Monat Februar wurde ein Kreisdiagramm erstellt. Handelt es sich um eine richtige Abbildung? Begründen Sie Ihre Antwort.

Die Abbildung ist falsch. Es handelt sich um die Darstellung aller bisher erfassten Daten, also einschließlich der Daten für den Monat März. Die richtige Darstellung für den Monat Februar sieht wie folgt aus:

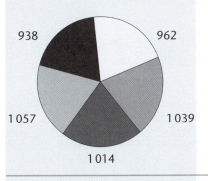

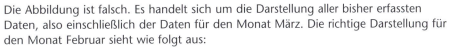

Bei einer solchen Erhebung ist es möglich, weitere Daten zu erfassen. Welche Vorschläge haben Sie?

Sinnvoll ist z. B. die Erfassung
▸ des durchschnittlichen Umsatzes pro Kunde,
▸ der durchschnittlichen Anzahl der gekauften Artikel pro Kunde,
▸ der Umsätze eines bestimmten Artikels,
▸ der Anzahl der Barzahlungen,
▸ der Anzahl der Kartenzahlungen.

Um welches Instrument der Marktforschung handelt es sich bei der oben beschriebenen Beschaffung von Informationen? Erklären Sie dieses Instrument und beschreiben Sie weitere Marktforschungsinstrumente anhand von Beispielen.

Bei der Befragung über mehrere Wochen handelt es sich um eine **Marktbeobachtung** (Zeitraumbetrachtung). Dabei wird die Entwicklung des Marktes über einen bestimmten Zeitraum untersucht.

Werden zu einem bestimmten Zeitpunkt Daten erfasst, so handelt es sich um eine **Marktanalyse** (Zeitpunktbetrachtung).

Beispiel:
Die wwh GmbH ermittelt zu einem bestimmten Zeitpunkt die Kundenstruktur mithilfe eines Fragebogens, um bei Werbemaßnahmen die Zielgruppe genau zu kennen. Umsatz- und Absatzstatistiken können zum Zwecke der Sortimentsoptimierung ausgewertet werden.

Ein weiteres Instrument ist die **Marktprognose**. Sie ist das Ergebnis der Marktanalyse und der Marktbeobachtung. Mithilfe dieser Daten werden Trends vorausgesagt.

Beispiel:
Aufgrund der Auswertung des Datenmaterials wird die Sortimentsgestaltung geändert.

Unterscheiden Sie Sekundär- und Primärerhebung.

Bei der **Sekundärerhebung** handelt es sich um die Aufbereitung und Auswertung von Daten, die bereits vorhanden sind. Es können betriebsinterne Quellen (Umsätze, Absätze, Anfragen, Reklamationen) oder betriebsexterne Quellen (statistische Jahrbücher, Veröffentlichungen) genutzt werden.

Bei der **Primärerhebung** werden durch Befragung, Beobachtung, Panel oder Experiment neue, bisher noch nicht vorhandene Daten ermittelt. Die Erhebung dieser Daten ist mit hohen Kosten verbunden.

Ausgangssituation

Die beiden Auszubildenden Paula und Nils erhalten die Aufgabe, einen Werbeplan zu erstellen. In der Weihnachtszeit möchte die wwh GmbH auf Sonderartikel für die Beleuchtung während der Weihnachtszeit aufmerksam machen.

Die beiden Auszubildenden sollen Lösungsvorschläge für die Fragestellungen einer Werbeplanung finden. Dafür stehen ihnen die folgenden „Bausteine" des Werbeplanes zur Verfügung, die behandelt werden sollen.

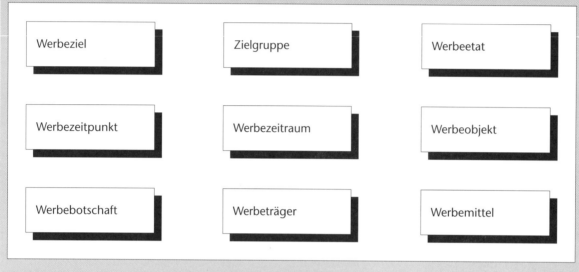

Werbeziel	Zielgruppe	Werbeetat
Werbezeitpunkt	Werbezeitraum	Werbeobjekt
Werbebotschaft	Werbeträger	Werbemittel

Erklären Sie die „Bausteine" und machen Sie Lösungsvorschläge.

„Baustein" Werbeziel	**Das Werbeziel soll die Frage beantworten, was mit der Werbung erreicht werden soll.**
	Durch das Lampensortiment am Haus sollen zusätzliche Umsätze in Höhe von 30 000,00 EUR, durch das Lampensortiment im Haus zusätzliche Umsätze in Höhe von 25 000,00 EUR sowie durch Spontan- und Zusatzkäufe auf das restliche Sortiment zusätzliche Umsätze in Höhe von 3 % erzielt werden.
	Durch diese Aktion sollen neue Kunden gewonnen und bisherige Kunden gebunden werden.
„Baustein" Zielgruppe	**Die Zielgruppe beantwortet die Frage, wer umworben werden soll. Die Zielgruppe wird auch Streukreis genannt.**
	Vorschlag:
	▸ Hauseigentümer ▸ Jugendliche
	Der Vorschlag, sich auf Unternehmen und öffentliche Träger zu konzentrieren, wird verworfen.
„Baustein" Werbeetat	**Der Werbeetat beantwortet die Frage, wie viel finanzielle Mittel für die Werbeaktion eingeplant werden.**
	Vorschlag:
	Es sollen 3 000,00 EUR für diese Sonderaktion zur Verfügung stehen.
„Baustein" Werbezeitpunkt	**Der Werbezeitpunkt beantwortet die Frage, wann geworben werden soll.**
	Vorschlag:
	Drei Wochen vor dem 1. Advent. Der genaue Zeitpunkt hängt vom Werbeträger und vom Werbemittel ab (z. B. wöchentliche Anzeigen in der Zeitung).

„Baustein" Werbezeit-raum	**Der Werbezeitraum beantwortet die Frage, wie lange geworben werden soll.** Vorschlag: Insgesamt fünf Wochen soll die Werbeaktion dauern (Beginn: drei Wochen vor dem 1. Advent, Ende: 3. Advent).

„Baustein" Werbeobjekt	**Das Werbeobjekt beantwortet die Frage, wofür geworben werden soll.**
	
	Vorschlag:
	
	Es soll geworben werden für:
	
	▸ „Outdoor-lights"
	  – Lichtervorhänge, Lichternetze, Lichter-stäbe, Lichtfiguren, Lichterschläuche, weihnachtliche Licht-motive
	  – Standfackeln, Wand-fackeln, Fensterfackeln
	  – Baumleuchten, Astnetze
	
	▸ „Indoor-lights"
	  – Lichtervorhänge
	  – Lichternetze
	  – festliche Lichtmotive
	  – Tannenbaumbehang
	  – Lichterketten
	
	▸ „Hits for kids"
	  – Lichterschläuche mit programmierbaren Buchstaben
	  – Buttons mit blinkenden Lichtmotiven Herz, Weihnachtsmann, Engel

„Baustein" Werbebot-schaft	**Die Werbebotschaft beantwortet die Frage, was der Zielgruppe mitgeteilt wird.** Mit den Aktionswochen zur Weihnachtszeit soll den Kunden mitgeteilt werden, dass das Sortiment sowohl in der Außenbeleuchtung als auch in der Innenraumbeleuchtung sehr umfangreich ist und auf den speziellen Anlass Weihnachten vorbereitet ist. Die besondere Betonung der „hits for kids" zeigt die Vielfalt der Produkte und spricht den Spieltrieb der Jugendlichen an.
„Baustein" Werbeträger	**Der Werbeträger beantwortet die Frage, wie die Werbebotschaft an die Zielgruppe herangetragen wird.** Vorschlag: ▸ Nutzung des vorhandenen Werbeleuchtspiegels ▸ Buttons ▸ Schaufenster ▸ Internet
„Baustein" Werbemittel	**Das Werbemittel beantwortet die Frage, was als Werbebotschaft verkörpert werden soll.** Vorschlag: ▸ vier Leuchtfelder für den Werbeleuchtspiegel ▸ Flyer und Prospekte zum Mitnehmen für die Kunden ▸ Plakate ▸ Leuchtbuttons für die Verkäufer ▸ Leuchtreklame im Schaufenster ▸ Handzettel für die einzelnen Haushalte ▸ Anzeigen in den Regionalzeitschriften ▸ Sonderseite im Internet
Nennen und beschreiben Sie die wichtigsten Werbegrundsätze, die berücksichtigt werden sollen.	Die wichtigsten Werbegrundsätze sind: ▸ **Wirksamkeit** Die gesetzten Werbeziele wie Umsatzerhöhung, Kundengewinnung, Kundenbindung sollen erreicht werden. ▸ **Wirtschaftlichkeit** Das angestrebte Werbeziel soll mit möglichst geringen Mitteln erreicht werden. ▸ **Wahrheit** Die Werbung soll immer richtig informieren und keine irreführenden Angaben verkünden. ▸ **Klarheit** Die Werbebotschaft soll für den Kunden klar und leicht verständlich sein.

Ausgangssituation

Herr Jordan ist Vertreter der wwh GmbH. Er ist seit drei Jahren dafür zuständig, Beleuchtungen für Industrieanlagen, Supermärkte, Krankenhäuser und öffentliche Einrichtungen zu verkaufen. Aufgrund der fristgerechten Kündigung von Herrn Jordan, der aufgrund privater Bindungen nach Süddeutschland ziehen wird, überlegt die Marketingleiterin Frau Pollert, einen Reisenden einzusetzen.

Sie bittet die Auszubildende um eine Gegenüberstellung dieser beiden Absatzmittler. Das Ergebnis ist wie folgt:

Reisender	Vergleich	Vertreter
Der Reisende ist kaufmännischer Angestellter.		Der Vertreter ist selbstständiger Kaufmann.
Artvollmacht Vermittlungs- oder Abschlussvollmacht		Vermittlungs- oder Abschlussvollmacht
Fixum + Provision vom erzielten Umsatz + Ersatz von Auslagen (Spesen)		Vermittlungs- oder Abschlussprovision + evtl. Inkassoprovision + evtl. Delkredereprovision
Ein Reisender hat die Aufgabe, für die wwh GmbH Geschäfte zu vermitteln oder abzuschließen.		Ein Vertreter vermittelt für die wwh GmbH Geschäfte oder schließt sie im eigenen Namen, aber auf Rechnung der wwh GmbH ab.
bei hohen Umsätzen günstiger		bei niedrigeren Umsätzen günstiger

Überprüfen Sie den Vergleich der beiden Absatzmittler. Begründen Sie falsche Aussagen.	Folgende Aussage zum Vertreter ist falsch: Er schließt nicht im eigenen Namen Geschäfte ab. Der Vertreter schließt immer im fremden Namen auf fremde Rechnung Geschäfte ab.
	Der Kommissionär ist ein Absatzmittler, der im eigenen Namen für Rechnung eines anderen Geschäfte abschließt.
Gegenwärtig erzielt der Handelsvertreter Herr Jordan monatlich einen Umsatz in Höhe von 75 000,00 EUR. Er erhält eine Provision von 9%. *Wie hoch ist seine Jahresprovision?*	Seine Jahresprovision beträgt 81 000,00 EUR. Rechnung: 75 000,00 EUR Umsatz · 9% = 6 750,00 EUR monatlich 6 750,00 EUR monatlich · 12 = 81 000,00 EUR Jahresprovision
Bei der Anstellung eines Reisenden geht die wwh GmbH davon aus, dass monatlich fixe Kosten von 5 600,00 EUR zu zahlen sind und eine Umsatzvergütung von 2%. *Wie hoch wären die Kosten in Euro pro Jahr, wenn der Reisende den Umsatz von 75 000,00 EUR erzielen würde?*	Die Kosten betragen für 12 Monate 85 200,00 EUR. Rechnung: 75 000,00 EUR Umsatz · 2% = 1 500,00 EUR monatlich · 12 = 18 000,00 EUR Jahresprovision 5 600,00 EUR Fixum monatlich · 12 = 67 200,00 EUR Jahresfixum 67 200,00 Jahresfixum + 18 000,00 EUR Provision = 85 200,00 EUR insgesamt

Die Marketingleiterin Frau Pollert möchte wissen, ab welchem Umsatz pro Monat es sich bei den genannten Bedingungen lohnt, einen Reisenden einzusetzen.

Begründen Sie Ihre Lösung rechnerisch.

Rechnerische Lösung:

der gesuchte Umsatz = x

Kosten Reisender	=	**Kosten Vertreter**	
5 600,00 EUR + 0,02 x	=	0,09 x	| – 0,02 x
5 600,00 EUR	=	0,07 x	| / 0,07
	x =	80 000,00 EUR	

Bei einem Umsatz von 80 000,00 EUR sind die Kosten für den Reisenden und den Vertreter gleich hoch.

Probe:
Kosten Reisender

5 600,00 EUR Fixum
<u>1 600,00 EUR Provision</u> (2 % von 80 000,00 EUR)
7 200,00 EUR gesamt

Kosten Vertreter

7 200,00 EUR Provision (9 % von 80 000,00 EUR)

Antwort: Bei einem Umsatz von mehr als 80 000,00 EUR pro Monat lohnt es sich, eigene Vertriebsorgane einzusetzen. Der Reisende ist kostenmäßig günstiger.

Stellen Sie die gefundene Lösung grafisch dar.

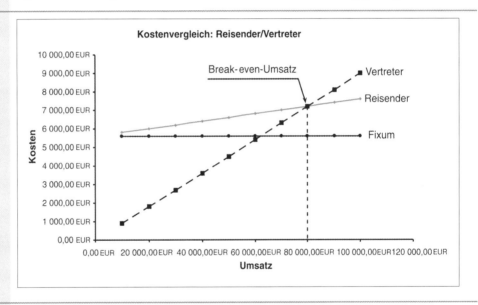

Die Auszubildenden haben in ihrem Vergleich der Absatzhelfer u. a. beim Vertreter verschiedene Provisionsarten aufgelistet.

Erläutern Sie diese.

▸ **Vermittlungs- oder Abschlussprovision**
Der Vertreter erhält im Rahmen seines Vertrages das Recht, Verträge im Namen der wwh GmbH zu vermitteln oder abzuschließen. Im ersteren Fall wird z. B. ein Kaufvertrag erst rechtsgültig, wenn die wwh GmbH dem vom Vertreter vermittelten Kaufvertrag zustimmt. Hat der Vertreter die Abschlussvollmacht, so kann er im Namen der wwh GmbH Verträge rechtsgültig abschließen. Für seine Tätigkeiten erhält er die entsprechenden Provisionsarten.

▸ **Delkredereprovision**
Der Vertreter erhält eine Delkredereprovision, wenn er sich vertraglich ausdrücklich verpflichtet, für die Leistungsfähigkeit seines Kunden einzustehen. Zahlt der Kunde nicht, so verliert der Vertreter seinen Provisionsanspruch und muss der wwh GmbH im vollen Umfang die nicht gezahlten Beträge des Vertragspartners ersetzen.

▸ **Inkassoprovision**
Wurde eine Inkassoprovision vereinbart, so erhält der Vertreter für die in bar einkassierten Verkaufserlöse eine Provision. Die Inkassoprovision wird auf Basis des erzielten Verkaufspreises berechnet.

Ausgangssituation

Die wwh GmbH möchte ihre Produktpalette im Heizplattenbereich erweitern. Bisher bot sie ihren Kunden Heizplatten ohne Digitaltechnik an. Nun möchte sie die auf der letzten Messe vorgestellten Geräte mit einer Sonderaktion auf den Markt bringen.

Der Bezugspreis für die Präzisionsheizplatten in Digitaltechnik – 300° bis 350 °C als Einbaugeräte – beträgt 1 783,81 EUR.

Ermitteln Sie den Listenverkaufspreis für die Präzisionsheizplatten XOX 100 unter Berücksichtigung von

5 %	Handlungskosten,
10 %	Gewinn,
2 %	Skonto,
30 %	Rabatt.

Berechnen Sie den Listenverkaufspreis auch mit Excel.

Der Listenverkaufspreis beträgt 3 003,36 EUR.

Ermittlung des Listenverkaufspreises mit Excel:

Kalkulationsschema		Berechnung	in Euro
	Bezugspreis	1 783,8100	1 783,81 EUR
+ 5 %	Handlungskosten	89,1905	89,19 EUR
	Selbstkostenpreis	1 873,0005	1 873,00 EUR
+ 10 %	Gewinn	187,3001	187,30 EUR
	Barverkaufspreis	2 060,3006	2 060,30 EUR
+ 2 %	Skonto	42,0470	42,05 EUR
	Zielverkaufspreis	2 102,3475	2 102,35 EUR
+ 30 %	Rabatt	901,0061	901,01 EUR
	Listenverkaufspreis	3 003,3536	3 003,36 EUR

Vereinfachen Sie die Rechnung und ermitteln Sie den Kalkulationszuschlag.

Begründen Sie Ihre Vorgehensweise.

Die Differenz zwischen Bruttoverkaufspreis und Bezugspreis beträgt 1 219,55 EUR. Die einmalige Berechnung des Kalkulationszuschlagsatzes ist wie folgt:

1 783,81 EUR	Bezugspreis	=	100 %
1 219,55 EUR	Kalkulationszuschlag	=	x %

$$x = \frac{100 \cdot 1\,219,55}{1\,783,81} = 68,3677\,\%$$

Ermittlung des Listenverkaufspreises für die Ware:

Bezugspreis	1 783,81 EUR
+ Kalkulationszuschlag (37,4451 %)	1 219,55 EUR
= Bruttoverkaufspreis	3 003,36 EUR

Sinnvoll ist die Berechnung mit einem Bezugspreis von 100,00 EUR. In diesem Fall beträgt der Listenverkaufspreis:

Kalkulationsschema		Berechnung	in Euro
	Bezugspreis	100,0000	100,00 EUR
+ 5 %	Handlungskosten	5,0000	5,00 EUR
	Selbstkostenpreis	105,0000	105,00 EUR
+ 10 %	Gewinn	10,5000	10,50 EUR
	Barverkaufspreis	115,5000	115,50 EUR
+ 2 %	Skonto	2,3571	2,36 EUR
	Zielverkaufspreis	117,8571	117,86 EUR
+ 30 %	Rabatt	50,5102	50,51 EUR
	Listenverkaufspreis	168,3673	168,37 EUR

Damit ist der Kalkulationszuschlag von 68,37 % sofort ablesbar.

Nennen Sie die Formel für die Ermittlung des Kalkulationszuschlages.	$\text{Kalkulationszuschlag} = \dfrac{(\text{Listenverkaufspreis} - \text{Bezugspreis}) \cdot 100}{\text{Bezugspreis}}$

Erklären und berechnen Sie den Kalkulationsfaktor.

Der Kalkulationsfaktor ist die Zahl, mit der der Bezugspreis multipliziert wird, um den Listenverkaufspreis zu ermitteln. Der Kalkulationsfaktor ist gleichzusetzen mit dem Listenverkaufspreis für 1,00 EUR Bezugspreis.

Der Kalkulationsfaktor beträgt 1,683677.

Nennen Sie die allgemeine Formel für den Kalkulationsfaktor.	$\text{Kalkulationsfaktor} = \dfrac{\text{Listenverkaufspreis}}{\text{Bezugspreis}}$

Der Verkaufsleiter Herr Wulff von der wwh GmbH hat Kontakt zu einem Großkunden, der bereit ist, für die neuen Präzisionsheizplatten 2 500,00 EUR zu zahlen.

Wie hoch darf der Bezugspreis höchstens sein, wenn die Bedingungen wie folgt sind:

5 % Handlungskosten
10 % Gewinn
2 % Skonto
15 % Rabatt

Der Bezugspreis darf höchstens 1 803,03 EUR betragen.

Berechnung mit Excel:

	Kalkulationsschema	Berechnung		in Euro
	Bezugspreis	1 803,0303	↑	1 803,03 EUR
+ 5 %	Handlungskosten	90,1515		90,15 EUR
	Selbstkostenpreis	1 893,1818		1 893,18 EUR
+ 10 %	Gewinn	189,3182		187,30 EUR
	Barverkaufspreis	2 082,5000		2 082,50 EUR
+ 2 %	Umsatzsteuer	42,5000		42,50 EUR
	Zielverkaufspreis	2 125,0000		2 125,00 EUR
+ 15 %	Rabatt	375,0000		375,00 EUR
	Listenverkaufspreis	2 500,0000		2 500,00 EUR

(Links: Kalkulationsschema; rechts: Berechnung)

Wie hoch ist die Handelsspanne für die Präzisionsheizplatten XOX 100, die Herr Wulff an den Großkunden verkaufen möchte?

Die Handelsspanne beträgt 27,8788 %.

Die Handelsspanne ist die Differenz (696,97 EUR) zwischen dem Listenverkaufspreis (2 500,00 EUR) und dem Bezugspreis (1 803,03 EUR), ausgedrückt in Prozenten des Listenverkaufspreises (= 100 %).

Zwei Monate nach Lieferung der Präzisionsheizplatten XOX 100 erhält die wwh GmbH von dem Großkunden ein Fax mit folgendem Inhalt:

Wir bestellen:
50 Präzisionsheizplatten XOX 100 zum Preis von 2 500,00 EUR, abzüglich 20 % Rabatt und 2 % Skonto.

Herr Wulff ist mit dem veränderten Rabattsatz einverstanden.

Ermitteln Sie, wie hoch der Gewinn in Prozent nach Änderung des Rabattsatzes ist. Berücksichtigen Sie den Bezugspreis von 1 783,81 EUR.

Der Gewinn beträgt 4,64 %.

	Kalkulationsschema	Berechnung	in Euro
	Bezugspreis	1 783,8100	1 783,81 EUR
+ 5 %	Handlungskosten	89,1905	89,19 EUR
	Selbstkostenpreis	1 873,0005	1 873,00 EUR
+ 4,6449 %	Gewinn	86,9995	87,00 EUR
	Barverkaufspreis	1 960,0000	1 960,00 EUR
+ 2 %	Skonto	40,0000	40,00 EUR
	Zielverkaufspreis	2 000,0000	2 000,00 EUR
+ 20 %	Rabatt	500,0000	500,00 EUR
	Listenverkaufspreis	2 500,0000	2 500,00 EUR

Ausgangssituation

Die wwh GmbH plant ab dem kommenden Quartal die Produktion einer Lichterkette mit einer 4-Farb-Auswahl. Am Markt soll ein Preis in Höhe von 60,00 EUR erzielt werden. Die variablen Kosten pro Stück werden mit 40,00 EUR kalkuliert und die fixen Gesamtkosten betragen 8 000,00 EUR.

Nehmen Sie die folgenden Berechnungen mit Excel vor.

Erfassen Sie die Daten in einer Tabelle.

Wie hoch ist der Deckungsbeitrag pro Stück?

Wie hoch sind die Erlöse, Fixkosten, variablen Kosten, Gesamtkosten bei einer Absatzmenge von 0, 100, 200, 300, 400, 500, 600, 700, 800?

Stellen Sie die Lösung grafisch dar.

Der Deckungsbeitrag pro Stück beträgt 20,00 EUR.

	A	B	C	D	E	F
1						
2		Preis pro Stück	60,00			
3		Variable Kosten pro Stück	40,00			
4		Fixe Gesamtkosten	8 000,00			
5		Deckungsbeitrag pro Stück	20,00			
6						
7		**Absatzmenge**	**Erlöse**	**Fixkosten**	**variable Kosten**	**Gesamtkosten**
8		0	0,00	8 000,00	0,00	8 000,00
9		100	6 000,00	8 000,00	4 000,00	12 000,00
10		200	12 000,00	8 000,00	8 000,00	16 000,00
11		300	18 000,00	8 000,00	12 000,00	20 000,00
12		400	24 000,00	8 000,00	16 000,00	24 000,00
13		500	30 000,00	8 000,00	20 000,00	28 000,00
14		600	36 000,00	8 000,00	24 000,00	32 000,00
15		700	42 000,00	8 000,00	28 000,00	36 000,00
16		800	48 000,00	8 000,00	32 000,00	40 000,00
17						
18		**Break-even-Point**	400	Stück		
19						
20						
21		Grafische Lösung: Break-even-Point				

Grafische Lösung: Break-even-Point

Formeln sichtbar:

	A	B	C	D	E	F
1						
2		Preis pro Stück	60,00			
3		Variable Kosten pro Stück	40,00			
4		Fixe Gesamtkosten	8 000,00			
5		Deckungsbeitrag pro Stück	=C2-C3			
6						
7		**Absatzmenge**	**Erlöse**	**Fixkosten**	**variable Kosten**	**Gesamtkosten**
8		0	=B8*$C$2	=$C$4	=B8*$C$3	=SUMME(D8:E8)
9		=B8+100	=B9*$C$2	=$C$4	=B9*$C$3	=SUMME(D9:E9)
10		=B9+100	=B10*$C$2	=$C$4	=B10*$C$3	=SUMME(D10:E10)
11		=B10+100	=B11*$C$2	=$C$4	=B11*$C$3	=SUMME(D11:E11)
12		=B11+100	=B12*$C$2	=$C$4	=B12*$C$3	=SUMME(D12:E12)
13		=B12+100	=B13*$C$2	=$C$4	=B13*$C$3	=SUMME(D13:E13)
14		=B13+100	=B14*$C$2	=$C$4	=B14*$C$3	=SUMME(D14:E14)
15		=B14+100	=B15*$C$2	=$C$4	=B15*$C$3	=SUMME(D15:E15)
16		=B15+100	=B16*$C$2	=$C$4	=B16*$C$3	=SUMME(D16:E16)
17						
18		**Break-even-Point**	=C4/(C2-C3)	Stück		

Welche Bedeutung hat der Break-even-Point?	Der Break-even-Point oder die Gewinnschwelle ist der Punkt, an dem die Kosten und die Erlöse gleich hoch sind. Bei Erreichen dieses Umsatzes wird weder ein Gewinn noch ein Verlust erwirtschaftet. Der Deckungsbeitrag aller abgesetzten Produkte entspricht den Fixkosten. Wenn die wwh GmbH mehr als 400 Stück verkauft, erzielt sie einen Gewinn.

Ermitteln Sie rechnerisch den Break-even-Point.

k_v = variable Stückkosten $\qquad$ x = Absatzmenge

K_f = Fixkosten $\qquad$ x_G = Gewinnschwelle

p = Preis pro Produkteinheit $\qquad$ db = Deckungsbeitrag

Gleichung:

$K(x) = k_v \cdot x + K_f$ $\qquad$ (Kostenfunktion)

$E(x) = p \cdot x$ $\qquad$ (Erlösfunktion)

$$XG = \frac{K_f}{p - k_v} = \frac{K_f}{db}$$

Berechnung:

$$xG = \frac{8\,000}{60 - 40} = 400 \text{ Stück}$$

Erstellen Sie eine Berechnung für acht Lichterketten/4-Farb-Auswahl und berücksichtigen Sie dabei folgende Bedingungen/Angaben:

▸ Text „Rechnung" erfassen
  – fett formatieren
  – Schriftgröße 10
▸ Aktuelles Datum einfügen
▸ Übersichtliche Tabelle erstellen:
  – Menge
  – Einzelpreis wie geplant einsetzen
  – Gesamtpreis ermitteln
▸ Frachtanteil berechnen:
  – bis 10 Lichterketten 30,00 EUR netto
  – mehr als 10 Lichterketten „frei Haus"
▸ 19% Umsatzsteuer berücksichtigen
▸ Gesamtpreis ermitteln

	A	B	C	D	E
1		**Rechnung**			15.06.20..
2					
3		Menge	Produkt	Einzelpreis	Gesamtpreis
4		8	Lichterkette/4-Farb-Auswahl	60,00	480,00 EUR
5					
6		Frachtkosten			30,00 EUR
7		Nettopreis			510,00 EUR
8		+ 19 % USt			96,90 EUR
9		Bruttopreis			606,90 EUR

Formeln sichtbar:

	A	B	C	D	E
1		Rechnung			=HEUTE()
2					
3		Menge	Produkt	Einzelpreis	Gesamtpreis
4		8	Lichterkette/4-Farb-Auswahl	60	=D4*B4
5					
6		Frachtkosten			=WENN(B4<10;30;"0,00 EUR")
7		Nettopreis			=SUMME(E4:E6)
8		+ 19 % USt			=E7*0,19
9		Bruttopreis			=SUMME(E7:E8)

Verändern Sie die Rechnung. Die bestellte Menge beträgt 14 Lichterketten/4-Farb-Auswahl.

	A	B	C	D	E
1		**Rechnung**			15.06.20..
2					
3		Menge	Produkt	Einzelpreis	Gesamtpreis
4		14	Lichterkette/4-Farb-Auswahl	60,00 EUR	840,00 EUR
5					
6		Frachtkosten			0,00 EUR
7		Nettopreis			840,00 EUR
8		+ 19 % USt			159,60 EUR
9		Bruttopreis			999,60 EUR

Ausgangssituation

Die Reisenden der wwh GmbH erzielten in der Abrechnungsperiode I folgende Umsätze:

Herr Reinköster = 120 000,00 EUR
Herr Schlacke   = 145 000,00 EUR
Herr Schröder   = 100 000,00 EUR

Die Reisenden werden leistungsbezogen bezahlt. Neben dem Fixum erhalten sie eine Provision, die abhängig ist vom erzielten Umsatz. Der Schlüssel ist wie folgt:

Provisionstabelle	
Umsatz ab ...	Provisionssatz
0,00 EUR	0 %
25 000,00 EUR	3 %
50 000,00 EUR	6 %
75 000,00 EUR	9 %
100 000,00 EUR	12 %
125 000,00 EUR	15 %
150 000,00 EUR	18 %

Erstellen Sie mit Excel eine Tabelle mit folgenden Spaltenüberschriften: Name, Umsatz, Provisionssatz, Provision.

Tragen Sie die Namen der Reisenden und deren Umsätze in die entsprechenden Spalten.

Erfassen Sie die in der Aufgabenstellung abgebildete Provisionstabelle. Das Wort „Provisionstabelle" steht in der mit B6 verbundenen Zelle A6.

Berechnen Sie den Provisionssatz und die Provision in EUR.

Nutzen Sie für die Lösung u. a. den SVERWEIS.

	A	B	C	D
1	Name	Umsatz	Provisionssatz	Provision
2	Reinköster	120 000,00 EUR	12 %	14 400 EUR
3	Schlacke	145 000,00 EUR	15 %	21 750 EUR
4	Schröder	100 000,00 EUR	12 %	12 000 EUR
5				
6		Provisionstabelle		
7	Umsatz ab ...	Provisionssatz		
8	EUR	0 %		
9	25 000,00 EUR	3 %		
10	50 000,00 EUR	6 %		
11	75 000,00 EUR	9 %		
12	100 000,00 EUR	12 %		
13	125 000,00 EUR	15 %		
14	150 000,00 EUR	18 %		

Formeln sichtbar:

	A	B	C	D
1	Name	Umsatz	Provisionssatz	Provision
2	Reinköster	120 000,00	=SVERWEIS(B2;$A$8:$B$18;2;WAHR)	=B2*C2
3	Schlacke	145 000,00	=SVERWEIS(B3;$A$8:$B$18;2;WAHR)	=B3*C3
4	Schröder	100 000,00	=SVERWEIS(B4;$A$8:$B$14;2;WAHR)	=B4*C4
5				
6		Provisionstabelle		
7	Umsatz - ab ...	Provisionssatz		
8	0	0		
9	=A8+25 000,00	0,03		
10	=A9+25 000,00	0,06		
11	=A10+25 000,00	0,09		
12	=A11+25 000,00	0,12		
13	=A12+25 000,00	0,15		
14	=A13+25 000,00	0,18		

Stellen Sie die erzielten Umsätze der drei Reisenden grafisch dar. Nutzen Sie dafür den Diagramm-Assistenten. Wählen Sie ein Säulendiagramm aus und ergänzen Sie die Titel „Umsatz" und „Namen der Reisenden".

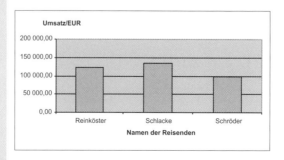

In der Abrechnungsperiode II wurden folgende Umsätze erzielt:

Herr Reinköster   =   70 000,00 EUR
Herr Schlacke   =   90 000,00 EUR
Herr Schröder   = 125 000,00 EUR

Herr Ruwe ist seit einigen Wochen als Reisender tätig und erreichte einen Umsatz von 40 000,00 EUR.

Ermitteln Sie mit Ihrer erstellten Exceltabelle die neuen Provisionssätze und die Höhe der jeweiligen Provision in EUR.

Fügen Sie vor der „Provisionstabelle" eine Zeile ein und ergänzen Sie die Tabelle um den Reisenden Herrn Ruwe.

	A	B	C	D
1	Name	Umsatz	Provisionssatz	Provision
2	Reinköster	70 000,00 EUR	6 %	4 200,00 EUR
3	Schlacke	90 000,00 EUR	9 %	8 100,00 EUR
4	Schröder	125 000,00 EUR	15 %	18 750,00 EUR
5	Ruwe	40 000,00 EUR	3 %	1 200,00 EUR
6				
7		Provisionstabelle		
8	Umsatz ab ...	Provisionssatz		
9	EUR	0 %		
10	25 000,00 EUR	3 %		
11	50 000,00 EUR	6 %		
12	75 000,00 EUR	9 %		
13	100 000,00 EUR	12 %		
14	125 000,00 EUR	15 %		
15	150 000,00 EUR	18 %		

Formeln sichtbar:

	A	B	C	D
1	Name	Umsatz	Provisionssatz	Provision
2	Reinköster	70 000,00	=SVERWEIS(B2;$A$9:$B$19;2;WAHR)	=B2*C2
3	Schlacke	90 000,00	=SVERWEIS(B3;$A$9:$B$19;2;WAHR)	=B3*C3
4	Schröder	125 000,00	=SVERWEIS(B4;$A$9:$B$15;2;WAHR)	=B4*C4
5	Ruwe	40 000,00	=SVERWEIS(B5;$A$9:$B$15;2;WAHR)	=B5*C5
6				
7		Provisionstabelle		
8	Umsatz - ab ...	Provisionssatz		
9	0	0		
10	=A9+25000	0,03		
11	=A10+25000	0,06		
12	=A11+25000	0,09		
13	=A12+25000	0,12		
14	=A13+25000	0,15		
15	=A14+25000	0,18		

Ändern Sie Ihre Tabelle wie folgt: Es gibt insgesamt vier Abrechnungsperioden. In den Abrechnungsperioden III und IV wurden folgende Umsätze erzielt:

Abrechnungsperiode III

Herr Reinköster   = 50 000,00 EUR
Herr Schlacke   = 30 000,00 EUR
Herr Schröder   = 70 000,00 EUR
Herr Ruwe   = 70 000,00 EUR

Abrechnungsperiode IV

Herr Reinköster   = 125 000,00 EUR
Herr Schlacke   = 140 000,00 EUR
Herr Schröder   = 105 000,00 EUR
Herr Ruwe   = 120 000,00 EUR

Ermitteln Sie in einer neu zu erstellenden Tabelle die Jahresprovision der vier Reisenden. Nutzen Sie folgende Spaltenüberschriften:

Name, Provision I, Provision II, Provision III, Provision IV, gesamt.

	A	B	C	D	E	F
1	Name	Umsatz I	Provisionssatz	Provision		
2	Reinköster	120 000,00 EUR	12 %	14 400,00 EUR		
3	Schlacke	145 000,00 EUR	15 %	21 750,00 EUR		
4	Schröder	100 000,00 EUR	12 %	12 000,00 EUR		
5						
6	Name	Umsatz II	Provisionssatz	Provision		
7	Reinköster	70 000,00 EUR	6 %	4 200,00 EUR		
8	Schlacke	90 000,00 EUR	9 %	8 100,00 EUR		
9	Schröder	125 000,00 EUR	15 %	18 750,00 EUR		
10	Ruwe	40 000,00 EUR	3 %	1 200,00 EUR		
11						
12	Name	Umsatz III	Provisionssatz	Provision		
13	Reinköster	50 000,00 EUR	6 %	3 000,00 EUR		
14	Schlacke	30 000,00 EUR	3 %	900,00 EUR		
15	Schröder	70 000,00 EUR	6 %	4 200,00 EUR		
16	Ruwe	70 000,00 EUR	6 %	4 200,00 EUR		
17						
18	Name	Umsatz IV	Provisionssatz	Provision		
19	Reinköster	125 000,00 EUR	15 %	18 750,00 EUR		
20	Schlacke	140 000,00 EUR	15 %	21 100,00 EUR		
21	Schröder	105 000,00 EUR	12 %	12 600,00 EUR		
22	Ruwe	120 000,00 EUR	12 %	14 400,00 EUR		
23						
24		Provisionstabelle				
25	Umsatz ab ...	Provisionssatz				
26		0 %				
27	25 000,00 EUR	3 %				
28	50 000,00 EUR	6 %				
29	75 000,00 EUR	9 %				
30	100 000,00 EUR	12 %				
31	125 000,00 EUR	15 %				
32	150 000,00 EUR	18 %				
33						
34	Name	Provision I	Provision II	Provision III	Provision IV	gesamt
35	Reinköster	14 400,00 EUR	4 200,00 EUR	3 000,00 EUR	18 750,00 EUR	40 350,00 EUR
36	Schlacke	21 750,00 EUR	8 100,00 EUR	900,00 EUR	21 000,00 EUR	51 750,00 EUR
37	Schröder	12 000,00 EUR	18 750,00 EUR	4 200,00 EUR	12 600,00 EUR	47 550,00 EUR
38	Ruwe	-	1 200,00 EUR	4 200,00 EUR	14 400,00 EUR	19 800,00 EUR

Ausgangssituation

Der Marketingleiter Herr Vollrath hat festgestellt, dass der Absatz des von der wwh GmbH angebotenen Produktes: „Funk-Rauchmelder RM 104" zum Preis von 55,00 EUR im letzten Jahr erheblich zurückgegangen ist. Die Konkurrenz bietet ein ähnliches Produkt für 45,00 EUR an. Ebenfalls bedenklich sind die Verkaufszahlen für das Produkt: „Video-Tür-Sprechanlage VTS 12". Die wwh GmbH bietet dieses Produkt für 150,00 EUR an und liegt mit 20,00 EUR über den Preisen der Mitanbieter.

Herr Vollrath bespricht mit der Einkaufsleiterin Frau Uhlmann diese Problemfälle. Während des Gespräches wird Folgendes vereinbart:

Wir sollten auf jeden Fall versuchen, für die beiden Produkte „Rauchmelder RM 104" und „Video-Tür-Sprechanlage VTS 12" die Preise zu senken. Optimal wäre es, wenn wir den „Rauchmelder RM 104" 5,00 EUR unter dem Konkurrenzpreis anbieten könnten. ①

Ich werde überprüfen, ob wir bei einer größeren Bestellung einen Listeneinkaufspreis erhalten, der unseren Kalkulationsvorgaben entspricht. Sie wissen, dass bei allen Produkten ein Gewinnaufschlag von 10 % erzielt werden muss. 3 % Skonto und 5 % Rabatt müssen wir auch einkalkulieren. ②

Herr Vollrath

Frau Uhlmann ④

Ja, versuchen Sie es bitte und informieren Sie mich.
Bei der „Video-Tür-Sprechanlage VTS 12" sollte der Listenverkaufspreis bei 130,00 EUR liegen. ③

Bei diesem Produkt sehe ich keine Schwierigkeiten, weil wir in der letzten Woche noch mit dem Hersteller vereinbaren konnten, dass er „frei Haus" anliefert. Ich informiere Sie schnellstmöglich. ④

Ermitteln Sie den „aufwendbaren" Listeneinkaufspreis für das Produkt: „Rauchmelder RM 104". Der bisherige Hersteller bietet 20 % Rabatt, aber keinen Skontoabzug an.

Die Handlungskosten werden mit 15 % kalkuliert.

Bezugskosten werden mit 2,00 EUR pro Stück kalkuliert.

Rechnen Sie mit fünf Stellen hinter dem Komma.

Rückwärtskalkulation „Rauchmelder RM 104"

①

		Listeneinkaufspreis	33,92292
– 20 %		Rabatt	6,78458
=		Zieleinkaufspreis	27,13834
– 0 %		Skonto	0,00000
=		Bareinkaufspreis	27,13834
+ 2 EUR		Bezugskosten	2,00000
=		Bezugspreis	29,13834
+ 15 %		Handlungskosten	4,37075
=		Selbstkosten	33,50909
+ 10 %		Gewinn	3,35091
=		Barverkaufspreis	36,86000
+ 3 %		Skonto	1,14000
=		Zielverkaufspreis	38,00000
+ 5 %		Rabatt	2,00000
=		Listenverkaufspreis	40,00000 ②

Der aufwendbare Listeneinkaufspreis beträgt 33,92 EUR.

Machen Sie mit der Tastenkombination „Strg-Taste und Raute-Taste" die Formeln in der Rückwärtskalkulation für den „Rauchmelder RM 104" in Excel sichtbar.

Vergleichen Sie die Ergebnisse mit der abgebildeten Darstellung.

Die Normalansicht erhalten Sie mit derselben Tastenkombination „Strg-Taste und Raute-Taste".

Sichtbare Formeln

		Listeneinkaufspreis	= E3+E2
– 20 %		Rabatt	= E3*B2/(100-B2)
=		Zieleinkaufspreis	= E5+E4
– 0 %		Skonto	= E5*B4/(100-B4)
=		Bareinkaufspreis	= E7-E6
+ 2 EUR		Bezugskosten	= B6
=		Bezugspreis	= E9-E8
+ 15 %		Handlungskosten	= E9*B8/(100+B8)
=		Selbstkosten	= E11-E10
+ 10 %		Gewinn	= B10*E11/(100+B10)
=		Barverkaufspreis	= E13-E12
+ 3 %		Skonto	= E13*B12/100
=		Zielverkaufspreis	= E15-E14
+ 5 %		Rabatt	= E15*B14/100
=		Listenverkaufspreis	40

Berechnen Sie mit Excel den Listeneinkaufspreis für die „Video-Tür-Sprechanlage VTS 12".
Scheiben Sie den Text „Listenein-kaufspreis" in Zelle D1, die Rabatt-, Skontosätze ohne Prozent in die Spalte B.
Berücksichtigen Sie notwendige Daten zur Berechnung aus der Ausgangssituation.
Der Hersteller bietet auf Nachfrage der Einkaufsleiterin Frau Uhlmann 3 % Skonto und 10 % Rabatt.

Rückwärtskalkulation „Video-Tür-Sprechanlage VTS 12"

	A	B	C	D	E
1				Listeneinkaufspreis	108,47606
2	–	10	%	Rabatt	10,84761
3	=			Zieleinkaufspreis	97,62846
4	–	3	%	Skonto	2,92885
5	=			Bareinkaufspreis	94,69960
6	+	0	EUR	Bezugskosten	0,00000
7	=			Bezugspreis	94,69960
8	+	15	%	Handlungskosten	14,20494
9	=			Selbstkosten	108,90455
10	+	10	%	Gewinn	10,89045
11	=			Barverkaufspreis	119,79500
12	+	3	%	Skonto	3,70500
13	=			Zielverkaufspreis	123,50000
14	+	5	%	Rabatt	6,50000
15	=			Listenverkaufspreis	130,00000

Der Listeneinkaufspreis für die „Video-Tür-Sprechanlage VTS 12" beträgt 108,47 EUR.

Machen Sie mit der Tasten-kombination „Strg-Taste und Raute-Taste" die Formeln in der Rückwärtskalkulation für die „Video-Tür-Sprechanlage VTS 12" in Excel sichtbar.
Vergleichen Sie die Ergebnisse mit der abgebildeten Darstellung.
Die Normalansicht erhalten Sie mit derselben Tastenkombination „Strg-Taste und Raute-Taste".

Sichtbare Formeln

	A	B	C	D	E
1				Listeneinkaufspreis	=E3+E2
2	–	10	%	Rabatt	=E3*B2/(100-B2)
3	=			Zieleinkaufspreis	=E5+E4
4	–	3	%	Skonto	=E5*B4/(100-B4)
5	=			Bareinkaufspreis	=E7-E6
6	+	0	EUR	Bezugskosten	=B6
7	=			Bezugspreis	=E9-E8
8	+	15	%	Handlungskosten	=E9*B8/(100+B8)
9	=			Selbstkosten	=E11-E10
10	+	10	%	Gewinn	=B10*E11/(100+B10)
11	=			Barverkaufspreis	=E13-E12
12	+	3	%	Skonto	=E13*B12/100
13	=			Zielverkaufspreis	=E15-E14
14	+	5	%	Rabatt	=E15*B14/100
15	=			Listenverkaufspreis	130

Frau Uhlmann erfährt aufgrund ihrer Nachfrage beim Hersteller, dass dieser die „Video-Tür-Sprech-anlage VTS 12" für 110,00 EUR anbieten kann. Die Vorgabe von 10 % Gewinn kann demzufolge nicht eingehalten werden.
Ermitteln Sie anhand der bekann-ten Kalkulationsunterlagen und -vorgaben, wie hoch der Gewinn in % unter diesen Bedingungen ausfallen würde.
Rechnen Sie den Gewinn mit fünf Stellen hinter dem Komma aus.

Differenzkalkulation

①		Listeneinkaufspreis	③	110,00000
–	④ 10 %	Rabatt		11,00000
=		Zieleinkaufspreis		99,00000
–	④ 3 %	Skonto		2,97000
=		Bareinkaufspreis		96,03000
+	④ 0 EUR	Bezugskosten		0,00000
=		Bezugspreis		96,03000
+	④ 15 %	Handlungskosten		14,40450
=		Selbstkosten		110,43450
+	8,47606 %	Gewinn ⟶ ⑧ ⟶		9,36050
=		Barverkaufspreis		119,79500
+	④ 3 %	Skonto		3,70500
=		Zielverkaufspreis		123,50000
+	④ 5 %	Rabatt		6,50000
=	Listenverkaufspreis	②	130,00000	

⑤ ① Aufstellen des Kalkula-tionsschemas
② Eintragen des vorgegebe-nen Listenverkaufspreises
③ Eintragen des vorgegebe-nen Listeneinkaufspreises
④ Einsetzen der gegebenen Prozentsätze bzw. Eurobeträge
⑤ Vorwärtskalkulation bis zu den Selbstkosten
⑦ ⑥ Rückwärtskalkulation bis zum Barverkaufspreis
⑦ Ermittlung der Differenz zwischen Selbstkosten und Barverkaufspreis
⑧ Ermittlung des Gewinnprozentsatzes (Selbstkosten = 100 %)

⑥

Der Gewinn beträgt unter diesen Bedingungen nur noch 8,47606 %.

Ausgangssituation

Der Personalleiter der wwh GmbH verschafft sich einen Überblick über die im Unternehmen erteilten Vollmachten. Im HGB findet er die passenden Paragrafen und notiert sich die wichtigsten Gesetzesauszüge:

§ 48 HGB
(1) Die Prokura kann nur von dem Inhaber des Handelsgeschäfts oder seinem gesetzlichen Vertreter und nur mittels ausdrücklicher Erklärung erteilt werden.
(2) Die Erteilung kann an mehrere Personen gemeinschaftlich erfolgen (Gesamtprokura).

§ 49 HGB
(1) Die Prokura ermächtigt zu allen Arten von gerichtlichen und außergerichtlichen Geschäften und Rechtshandlungen, die der Betrieb eines Handelsgewerbes mit sich bringt.
(2) Zur Veräußerung und Belastung von Grundstücken ist der Prokurist nur ermächtigt, wenn ihm diese Befugnis besonders erteilt ist.

§ 50 HGB
(1) Eine Beschränkung des Umfangs der Prokura ist Dritten gegenüber unwirksam.
(2) ...
(3) ...

§ 51 HGB
Der Prokurist hat in der Weise zu zeichnen, dass er der Firma seinen Namen mit einem die Prokura andeutenden Zusatz beifügt.

§ 52 HGB
(1) Die Prokura ist ohne Rücksicht auf das der Erteilung zugrunde liegende Rechtsverhältnis jederzeit widerruflich, unbeschadet des Anspruchs auf die vertragsmäßige Vergütung.
(2) Die Prokura ist nicht übertragbar.
(3) Die Prokura erlischt nicht durch den Tod des Inhabers des Handelsgeschäfts.

§ 53 HGB ...

§ 54 HGB
(1) Ist jemand ohne Erteilung der Prokura zum Betrieb eines Handelsgewerbes oder zur Vornahme einer bestimmten zu einem Handelsgewerbe gehörigen Art von Geschäften oder zur Vornahme einzelner zu einem Handelsgewerbe gehöriger Geschäfte ermächtigt, so erstreckt sich die Vollmacht (Handlungsvollmacht) auf alle Geschäfte und Rechtshandlungen, die der Betrieb eines derartigen Handelsgewerbes oder die Vornahme derartiger Geschäfte gewöhnlich mit sich bringt.
(2) Zur Veräußerung oder Belastung von Grundstücken, zur Eingehung von Wechselverbindlichkeiten, zur Aufnahme von Darlehen und zur Prozessführung ist der Handlungsbevollmächtigte nur ermächtigt, wenn ihm eine solche Befugnis besonders erteilt ist.
(3) Sonstige Beschränkungen der Handlungsvollmacht braucht ein Dritter nur dann gegen sich gelten zu lassen, wenn er sie kannte oder kennen musste.

§ 55 HGB
(1) Die Vorschriften des § 54 finden auch Anwendung auf Handlungsbevollmächtigte, die Handelsvertreter sind oder die als Handlungsgehilfen damit betraut sind, außerhalb des Betriebs des Prinzipals Geschäfte in dessen Namen abzuschließen.
(2) Die ihnen erteilte Vollmacht zum Abschluss von Geschäften bevollmächtigt sie nicht, abgeschlossene Verträge zu ändern, insbesondere Zahlungsfristen zu gewähren.
(3) Zur Annahme von Zahlungen sind sie nur berechtigt, wenn sie dazu bevollmächtigt sind.
(4) Sie gelten als ermächtigt, die Anzeige von Mängeln einer Ware, die Erklärung, dass eine Ware zur Verfügung gestellt werde, sowie ähnliche Erklärungen, durch die ein Dritter seine Rechte aus mangelhafter Leistung geltend macht oder sie vorbehält, entgegenzunehmen; sie können die dem Unternehmer (Prinzipal) zustehenden Rechte auf Sicherung des Beweises geltend machen.

§ 56 HGB
Wer in einem Laden oder in einem offenen Warenlager angestellt ist, gilt als ermächtigt zu Verkäufen und Empfangnahmen, die in einem derartigen Laden oder Warenlager gewöhnlich geschehen.

§ 57 HGB
Der Handlungsbevollmächtigte hat sich bei der Zeichnung jedes eine Prokura andeutenden Zusatzes zu enthalten; er hat mit einem das Vollmachtsverhältnis ausdrückenden Zusatz zu zeichnen.

§ 58 HGB
Der Handlungsbevollmächtigte kann ohne Zustimmung des Inhabers des Handelsgeschäfts seine Handlungsvollmacht auf einen anderen nicht übertragen.

Am 3. Januar erteilt der Geschäftsführer der GmbH seiner langjährigen Angestellten Elini Burokowski mündlich Prokura. Die Eintragung in das Handelsregister erfolgt am 20. Januar. In einem Schreiben vom 5. Januar werden die Geschäftspartner davon unterrichtet, dass Frau Burokowski Prokura erteilt wurde.

Wer kann die Prokura erteilen?	Da die wwh GmbH ein Formkaufmann ist, kann nur der gesetzliche Vertreter die Prokura erteilen. Das ist der Geschäftsführer.
Ab wann ist Frau Burokowski Prokuristin?	Frau Burokowski ist mit der ausdrücklichen Erteilung am 3. Januar Prokuristin. Die Eintragung in das Handelsregister hat deklaratorische Wirkung, d. h., das Recht bestand schon vor Eintragung.

Der Geschäftsführer der wwh GmbH ist erkrankt und am 12. Januar findet Frau Burokowski folgende Mitteilungen von der Sekretärin des Geschäftsführers auf ihrem Schreibtisch:

1. Bitte kaufen Sie das angebotene Grundstück der Fiesteler Str. 58 und klären Sie die Formalitäten.

2. Erteilen Sie Frau Rotkehl Handlungsvollmacht.

3. Entlassen Sie den Mitarbeiter Thorwesten.

4. Unterschreiben Sie die Steuererklärung.

Ist Frau Burokowski als Prokuristin dazu ermächtigt, diese Handlungen durchzuführen?

Erstellen Sie eine Übersicht und unterteilen Sie

▸ *Prokura,*
▸ *allgemeine Handlungsvollmacht,*
▸ *Artvollmacht,*
▸ *Einzelvollmacht.*

Klären Sie dann in Abhängigkeit von der Bevollmächtigung,

▸ *welche Handlungen gesetzlich verboten sind,*
▸ *für welche Handlungen eine besondere Vollmacht erforderlich ist,*
▸ *für welche Handlungen keine besondere Vollmacht erforderlich ist.*

1. Frau Burokowski ist zum Kauf des Grundstückes berechtigt. Nur für den Verkauf von Grundstücken besteht gemäß §54 Abs. 2 HGB eine Einschränkung. Dazu bedarf es einer besonderen Vollmacht.

2. Handlungsvollmachten müssen nicht wie die Prokura vom Geschäftsinhaber oder gesetzlichen Vertreter erteilt werden. Frau Burokowski ist ermächtigt, Frau Rotkehl Handlungsvollmacht zu erteilen. Diese Vollmacht wird nicht in das Handelsregister eingetragen.

3. Das Entlassen von Mitarbeitern gehört zu den Rechtshandlungen, die der Betrieb eines Handelsgewerbes mit sich bringt. Somit kann Frau Burokowski Herrn Thorwesten entlassen.

4. Die Steuererklärung darf Frau Burokowski als Prokuristin nicht unterschreiben.

Tätigkeiten	Prokura	allgemeine Handlungsvollmacht	Artvollmacht	Einzelvollmacht
Eid leisten für den Unternehmer				
Steuererklärung/Bilanz unterschreiben				
Handelsregisteranmeldung		*Eine Vollmacht ist gesetzlich verboten.*		
Insolvenz anmelden				
Geschäft verkaufen				
Prokura erteilen				
Gesellschafter aufnehmen				
Grundstücke belasten/verkaufen				
Grundstücke kaufen			*Eine besondere Vollmacht ist erforderlich.*	
Prozesse führen				
Darlehen aufnehmen				
Wechsel akzeptieren				
Zahlungen leisten		*Eine besondere Vollmacht ist nicht erforderlich.*		
Verkaufen				
Mitarbeiter entlassen/einstellen				
Einkaufen				
Unterschriftsformen	ppa. Burokowski	i.V. Rothehl	i.A. Sievert	

Ausgangssituation

Zum Leineweberfest in Bielefeld beteiligt sich die wwh GmbH mit einer besonderen Aktion und verkauft Leselampen an Endverbraucher.

Am Montagmorgen nach der Sonderveranstaltung erhält die Auszubildende Aenna vom Verkaufsleiter folgende Artikel zur Preisangabenverordnung (PAngV) und zwei weitere Belege.

(1) Waren, die in Schaufenstern, Schaukästen innerhalb oder außerhalb des Verkaufsraumes auf den Verkaufsständen oder in sonstiger Weise sichtbar ausgestellt werden, und Waren, die vom Verbraucher unmittelbar entnommen werden können, sind durch Preisschilder oder Beschriftung der Ware auszuzeichnen.
(2) Waren, die nicht unter den Voraussetzungen des Absatzes 1 im Verkaufsraum zum Verkauf bereitgehalten werden, sind entweder nach Absatz 1 auszuzeichnen oder dadurch, dass die Behältnisse oder Regale, in denen sich die Waren befinden, beschriftet werden oder dass Preisverzeichnisse angebracht oder zur Einsichtnahme aufgelegt werden.
(3) Waren, die nach Musterbüchern angeboten werden, sind dadurch auszuzeichnen, dass die Preise für die Verkaufseinheit auf den Mustern oder damit verbundenen Preisschildern oder Preisverzeichnissen angegeben werden.
(4) Waren, die nach Katalogen oder Warenlisten oder auf Bildschirmen angeboten werden, sind dadurch auszuzeichnen, dass die Preise unmittelbar bei den Abbildungen oder Beschreibungen der Waren oder in mit den Katalogen oder Warenlisten im Zusammenhang stehenden Preisverzeichnissen angegeben werden.
(5) Auf Angebote von Waren, deren Preise üblicherweise aufgrund von Tarifen oder Gebührenregelungen bemessen werden, ist § 5 Abs. 1 und 2 entsprechend anzuwenden.

Wer Letztverbrauchern gewerbs- oder geschäftsmäßig oder regelmäßig in sonstiger Weise Waren oder Leistungen anbietet oder als Anbieter von Waren oder Leistungen gegenüber Letztverbrauchern unter Angabe von Preisen wirbt, hat die Preise anzugeben, die einschließlich der Umsatzsteuer und sonstiger Preisbestandteile unabhängig von einer Rabattgewährung zu zahlen sind (Endpreise). Soweit es der allgemeinen Verkehrsauffassung entspricht, sind auch die Verkaufs- oder Leistungseinheit und die Gütebezeichnung anzugeben, auf die sich die Preise beziehen. Auf die Bereitschaft, über den angegebenen Preis zu verhandeln, kann hingewiesen werden, soweit es der allgemeinen Verkehrsauffassung entspricht und Rechtsvorschriften nicht entgegenstehen.

Zum 01.01.2003 ist die vierte Verordnung zur Änderung der Preisangabenverordnung (nach einer EU-Richtlinie) in Kraft getreten. Diese verpflichtet den Handel, neben dem Endpreis einer Ware auch den Preis für eine bestimmte Menge, z. B. ein Kilogramm oder einen Liter, anzugeben. Dieser „Grundpreis" ermöglicht einen besseren Vergleich.

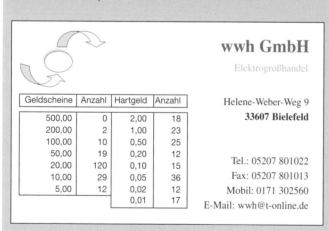

wwh GmbH

Elektrogroßhandel

Geldscheine	Anzahl	Hartgeld	Anzahl
500,00	0	2,00	18
200,00	2	1,00	23
100,00	10	0,50	25
50,00	19	0,20	12
20,00	120	0,10	15
10,00	29	0,05	36
5,00	12	0,02	12
		0,01	17

Helene-Weber-Weg 9
33607 Bielefeld

Tel.: 05207 801022
Fax: 05207 801013
Mobil: 0171 302560
E-Mail: wwh@t-online.de

wwh GmbH

Elektrogroßhandel

Helene-Weber-Weg 9
33607 Bielefeld

Finanzbericht

Barverkäufe	5 291,61 EUR	
Artikel	520	
Kunden	230	

Tel.: 05207 801022
Fax: 05207 801013
Mobil: 0171 302560
E-Mail: wwh@t-online.de

Ermitteln Sie den Nettopreis der Klemmleselampe Blue-light.

$$119\,\% = 3{,}20 \text{ EUR}$$
$$100\,\% = x \text{ EUR?}$$
$$= \frac{3{,}20 \cdot 100}{119} = 2{,}69 \text{ EUR}$$

Der Nettopreis der Klemmleselampe Blue-light beträgt 2,69 EUR.

Überprüfen Sie, ob das rechts abgebildete Preisschild den gesetzlichen Vorschriften entspricht.

Sonderaktion	**wwh GmbH**
	Elektrogroßhandel
	Helene-Weber-Weg 9
Klemmleselampe Blue-light	**33607 Bielefeld**
3,20 EUR	Tel.: 05207 801022
	Fax: 05207 801013
Bitte entsorgen Sie die leeren Batterien den gesetzlichen	Mobil: 0171 302560
Vorschriften entsprechend bei den örtlichen Sammelstellen.	E-Mail: wwh@t-online.de

Das oben abgebildete Preisschild entspricht den gesetzlichen Vorschriften für den Einzelhandel, wenn es sich bei dem angegebenen Preis um den Endpreis handelt. Der Preis ist einschließlich Umsatzsteuer anzugeben.

Eine besondere Warenkennzeichnung ist nicht notwendig.

Ermitteln Sie den Istbestand am Geschäftsschluss. Nutzen Sie für die Rechnung das abgebildete Formular auf der rechten Seite.

Kassenabrechnung – Bestand Hartgeld und Scheine

	x	0,01 EUR =	
	x	0,02 EUR =	
	x	0,05 EUR =	
	x	0,10 EUR =	
	x	0,20 EUR =	
	x	0,50 EUR =	
	x	1,00 EUR =	
	x	2,00 EUR =	
	x	5,00 EUR =	
	x	10,00 EUR =	
	x	20,00 EUR =	
	x	50,00 EUR =	
	x	100,00 EUR =	
	x	200,00 EUR =	
	x	500,00 EUR =	

Bestand   Geschäftsschluss   ☐

Berücksichtigen Sie folgende Informationen für die vollständige Kassenabrechnung:

▸ *Für Paketzustellungen wurden 54,00 EUR aus der Kasse entnommen.*
▸ *Der Einkaufsleiter hat eine Quittung über eine Bargeldentnahme von 300,00 EUR unterschrieben.*
▸ *Wechselgeld in Höhe von 250,00 EUR war vorhanden.*

Nutzen Sie für die Berechnung das abgebildete Formular auf der rechten Seite.

Kassen-Schlussbestand   ☐

+ Ausgaben   ☐
– Wechselgeld   ☐
= Barverkäufe   ☐
 (Istbestand)

– Barverkäufe   ☐
 (Sollbestand)

Kassendifferenz
– Fehlbetrag   ☐
+ Überschuss   ☐

Die Kassenabrechnung ergibt eine Kassendifferenz. Der Fehlbetrag beträgt 10,00 EUR.

Rechnung: Kassen-Schlussbestand: 5 177,61 EUR + Ausgaben für Paketzustellungen und Bargeldentnahmen in Höhe von 354,00 EUR. Das Wechselgeld wird subtrahiert, daraus ergeben sich Barverkäufe in Höhe von 5 281,61 EUR. Die Differenz zu dem Sollbestand der Barverkäufe beträgt 10,00 EUR (Fehlbetrag).

Ausgangssituation

Aufgrund der Urlaubszeit und des damit begründeten Umsatzrückgangs ist das Geschäftsbankkonto der wwh GmbH beim Bankhaus Witte überzogen worden. Der für die Zahlungen von Lieferantenrechnungen zuständige Mitarbeiter, Herr Windeck, muss eine Entscheidung treffen: Ist es günstiger, das Zahlungsziel von 30 Tagen abzuwarten oder die Rechnung der Brickmann AG innerhalb der Skontofrist unter Abzug von Skonto zu bezahlen? Dafür müsste allerdings der Kontokorrentkredit weiter ausgeschöpft werden.

Bankhaus Witte
Ihr zuverlässiger Partner in Finanzfragen

Bankhaus Witte · Am Rathaus 22 · 33605 Bielefeld

Am Rathaus 22
33607 Bielefeld

wwh GmbH
Helene-Weber-Weg 9
33607 Bielefeld

Tel.: 0521 6300-10
Fax: 0521 63600
E-Mail: info@bankhaus-witte.de

Bielefeld, 22.07.20..

Bestätigung über die Höhe des Kontokorrentzinssatzes

Sehr geehrte Damen und Herren,

wir bestätigen unser heutiges Telefonat mit dem Abteilungsleiter Geschäftskunden, Herr Westermann, dass der Zinssatz für kurzfristige Kredite auf Ihrem Geschäftsbankkonto Nr. 1240066754 auf

10,0 % p. a.

abgeändert wurde.

Wir freuen uns, dass unsere Geschäftsbeziehungen weiterhin so positiv verlaufen wie bisher.

Mit freundlichem Gruß

i. A.

Schmidt

Bankhaus Witte AG
Amtsgericht Bielefeld, HRB 2352

IBAN DE49 4409 0000 1324 5654 45   BIC GCZBDE4885
Internet: www.bankhaus-witte.de

Brickmann AG

Brickmann AG · Ringstraße 22–30 · 32052 Herford

wwh GmbH
Helene-Weber-Weg 9
33607 Bielefeld

R E C H N U N G

Kunden-Nr.:   24021
Rechnungs-Nr.:   2006083444
Auftrags-Nr.:   1300-6659
Datum: 01.06.20..

Posten	Bezeichnung	Einheit	Menge	Preis	Gesamt
1	Küchenmaschine	St.	150	60,00 EUR	9 000,00 EUR
2	Staubsauger	St.	80	160,00 EUR	12 800,00 EUR

Nettopreis	21 800,00 EUR
+ USt 19%	4 142,00 EUR
Gesamtpreis	25 942,00 EUR

Zahlbar innerhalb von 8 Tagen mit 2% Skonto; 30 Tage netto Kasse
USt-Id.: DE 17926501 · St.-Nr.: 257/601/7532

Es gelten unsere allgemeinen Geschäftsverbindungen.
· Tel.: 05221920000 · Fax: 05221920100 · E-Mail: info@brickmann.de
· Sparkasse Herford · IBAN DE42 7012 0400 8472 8450 00   BIC DABBDEMMXXX
· Deutsche Bank AG · IBAN DE49 4944 0000 5666 6545 11   BIC RBFGDE45999

Für welchen Zeitraum müsste die wwh GmbH einen zusätzlichen Kredit aufnehmen?

Grundsätzlich wird der Zahlungsspielraum vollständig ausgenutzt, weil zwischenzeitlich mit den zur Verfügung stehenden finanziellen Mitteln weitergearbeitet werden kann. Das bedeutet, dass die wwh GmbH die Skontofrist bzw. das Zahlungsziel vollständig ausschöpfen wird und erst am letzten Tag der Skontofrist zahlt.

	Zahlungsziel	30 Tage
−	Skontozeitraum	8 Tage
=	**Kreditzeitraum**	**22 Tage**

Berechnen Sie den Überweisungsbetrag an die Brickmann AG unter Abzug von Skonto.

	Brutto-Rechnungsbetrag	25 942,00 EUR
−	2% Skonto	518,84 EUR
=	**Überweisungsbetrag**	**25 423,16 EUR**

Wie hoch wären die Zinsen, die durch die Aufnahme des zusätzlichen Kredites anfallen würden?

Der zusätzliche Kreditbetrag wäre der zu überweisende Betrag (= 25 423,16 EUR). Mithilfe der kaufmännischen Zinsformel ergeben sich folgende Zinsen:

$$z = \frac{K \cdot p \cdot t}{100 \cdot 360} = \frac{25\,423,16 \cdot 10 \cdot 22}{100 \cdot 360} = 155,36$$

Die Zinsen betragen 155,36 EUR.

Berechnen Sie den Finanzierungs-erfolg, der sich aus der Zahlung unter Abzug von Skonto und der Aufnahme des Kredites ergibt.	Die wwh GmbH erzielt durch die frühzeitige Zahlung einen Skontoertrag. Demgegenüber stehen die Zinsaufwendungen für den Kredit.

$$
\begin{array}{ll}
\text{Skontoertrag} & 518{,}84\,\text{EUR} \\
-\ \text{Zinsaufwendungen} & 155{,}36\,\text{EUR} \\
=\ \textbf{Finanzierungserfolg} & \textbf{363{,}48\,EUR}
\end{array}
$$

Wenn die wwh GmbH für die Bezahlung der Rechnung einen zusätzlichen Kredit aufnehmen müsste, wäre in diesem Fall der Skontoertrag größer als der Zinsaufwand. Der zuständige Mitarbeiter, Herr Windeck, sollte demnach den Kontokorrentkredit in Anspruch nehmen.

Wie kann man auf schnellere Weise überprüfen, ob eine Rechnung trotz Aufnahme eines Kredites unter Abzug von Skonto gezahlt werden sollte?

Es wird eine Überschlagsrechnung durchgeführt:
▸ Der Jahreszinssatz für die Aufnahme des Kredites beträgt 10 %.
▸ Dieser Jahreszinssatz für den Kredit wird verglichen mit dem **Skontoertrag in Prozent**, der auch auf **ein Jahr umgerechnet wird**. Dabei gilt folgende Überschlagsrechnung mithilfe des Dreisatzes:

$$
\begin{array}{ll}
22\ \text{Tage (Kreditzeitraum)} & -\ 2\,\% \\
360\ \text{Tage (ganzes Jahr)} & -\ x\,\%
\end{array}
$$

x = 32,73 % (gerundetes Ergebnis)

In den Fällen, in denen dieser Prozentsatz über dem Jahreszinssatz für Kredite (im Beispiel 10 %) liegt, lohnt es sich, für die Rechnung einen Kredit aufzunehmen, um damit die Rechnung unter Abzug von Skonto begleichen zu können.

Berechnen Sie den Effektivzinssatz für die Skontogewährung unter Berücksichtigung aller Faktoren (genauestens mögliche Berechnung).

Bei der Überschlagsrechnung wird unterstellt, dass ein Kredit über den gesamten Rechnungsbetrag aufgenommen werden muss. Da der Überweisungsbetrag aber wegen des Skontoabzugs niedriger ausfällt, muss der um den Skontobetrag verringerte Betrag als Kredit angesetzt werden.

Für die Ermittlung des Effektivzinssatzes wird die kaufmännische Zinsformel nach p (Zinssatz) umgestellt:

$$
p = \frac{z \cdot 100 \cdot 360}{k \cdot t}
$$

Dabei werden für die Berechnung des Effektivzinssatzes der Skontogewährung folgende Begriffe eingesetzt:

$$
\textbf{Effektivzinssatz (p)} = \frac{\textbf{Skontoertrag (z)} \cdot \textbf{100} \cdot \textbf{360}}{\textbf{Überweisungsbetrag (k)} \cdot \textbf{Kreditzeitraum (t)}}
$$

im Beispiel:

$$
p = \frac{518{,}84 \cdot 100 \cdot 360}{25\,423{,}16 \cdot 22} = \textbf{33{,}40\,\%}\ \text{(aufgerundet)}
$$

alternative Berechnung mit Prozentsätzen
(Überweisungsbetrag = 100 % – 2 % Skonto):

$$
p = \frac{2 \cdot 100 \cdot 360}{98 \cdot 22} = \textbf{33{,}40\,\%}\ \text{(aufgerundet)}
$$

Sie sind Mitarbeiter in der Verkaufsabteilung der wwh GmbH, in der folgender Auftrag eingeht:

Heinz Blocher KG – Elektrofachhandel – Hamm

Heinz Blocher KG - Mozartstraße 21 – 59065 Hamm

wwh GmbH
Helene-Weber-Weg 9
33607 Bielefeld

Ihr Zeichen/Ihre Nachricht vom	Unser Zeichen	Telefon/Name	Datum
13.03. ..	pb-ho	02381 46874 Frau Blocher	18.03. ..

Bestellung Nr. 12-346

Sehr geehrte Damen und Herren,

hiermit bestellen wir aus Ihrem umfangreichen Prospekt zur Sonderaktion „Mit uns in den Umsatzfrühling" wie folgt:

Artikel-Nr.	Bezeichnung	Menge	Einzelpreis
45-349	Protronic Popcornmaschine	25	24,80
23-467	Casio T33 Folienschweißgerät	30	45,18
13-487	Trifol BBQ Largo Komfort Elektrogrill	15	75,00

Wir würden die bezeichneten Produkte gerne am 01.04. .. für unsere Aktion zum verkaufsoffenen Sonntag in der Hammer City zur Verfügung haben. Bitte teilen Sie uns deshalb möglichst rasch mit, ob und wann Sie liefern können.
Auf die von Ihnen im Prospekt angegebenen Preise erwarten wir einen Neukundenrabatt von 10 %. Ferner bitten wir um Lieferung frei Haus. Üblicherweise zahlen wir innerhalb von 14 Tagen nach Lieferung unter Abzug von 3 % Skonto.

Mit freundlichen Grüßen

Heinz Blocher KG

i. V. *S. Blocher*

Sabine Blocher
Einkauf

Geben Sie einen Überblick über die ersten Schritte, die nun unternommen werden müssen, um den Auftrag zu bearbeiten.

Prüfung der Lieferwilligkeit
Handelt es sich um einen neuen Kunden, muss zunächst dessen Bonität geprüft werden (s. u.). Handelt es sich um einen bestehenden Kunden, muss geprüft werden, ob dieser seinen bisherigen Zahlungsverpflichtungen nachgekommen ist oder ob es noch umfangreiche offenstehende Rechnungen gibt. Erst wenn die Bonität geprüft ist und das Rechnungswesen keine Bedenken hat, kann der Kunde beliefert werden, da sonst das Risiko eines Forderungsausfalles besteht.

Prüfen der Lieferfähigkeit
Der Auftrag muss nun geprüft werden in Bezug auf
- das Produkt: Befindet sich das gewünschte Produkt in unserem Sortiment?
- die Menge: Können wir die bestellten Mengen liefern?
- die Zeit: Können wir in der angegebenen Zeit liefern?
- den Preis: Können wir zu den anvisierten Preisen liefern?
- die Konditionen: Können wir uns auf die vom Kunden gewünschten Lieferungs- und Zahlungsbedingungen einlassen?

Welche Möglichkeiten haben Sie, die Bonität der Firma Blocher KG zu prüfen?

Die Bonität drückt die Kreditwürdigkeit eines Kunden aus. Je besser die Bonität von Dritten beurteilt wird, desto eher ist die Lieferwilligkeit gegenüber der Firma Blocher KG gegeben.

▶ Bei der **persönlichen Kreditwürdigkeit** wird die Zuverlässigkeit des Geschäftsinhabers bewertet. Hier sind die beruflichen und fachlichen Qualifikationen von Interesse. Auch die „Vergangenheit" des möglichen Kunden wird beachtet.
▶ Bei der **wirtschaftlichen Kreditwürdigkeit** geht es um die wirtschaftlichen Fähigkeiten, offene Rechnungen auszugleichen, also Liquidität, Verschuldungsgrad und Zahlungsmoral gegenüber anderen Lieferanten.

Um sich ein Bild über die Kreditwürdigkeit zu verschaffen, kann die wwh GmbH Auskünfte von einer Wirtschaftsauskunftei, über ihre Hausbank oder eine SCHUFA-Auskunft einholen.

Erläutern Sie am vorliegenden Fall, welche Kundendaten Sie generell für eine Auftragsbearbeitung zusammenstellen und prüfen müssen.

▶ **Auftragshöhe:** Der Auftrag hat einen Gesamtwert von 3 100,40 EUR. Darauf erwartet der Kunde einen Rabatt von 10 % = 310,04 EUR.
▶ **Bonität:** s. o.
▶ **Zahlungsmoral:** Kunden, die stets unter Abzug von Skonto zahlen, sind unproblematisch. Bei den anderen bestehenden Kunden ist darauf zu achten, dass die Außenstände nicht zu hoch werden. Kunden mit Außenständen, die bereits zweimal gemahnt wurden, sollten nur noch gegen Vorauskasse oder unter Eigentumsvorbehalt beliefert werden.
▶ **Marktstellung:** Hierunter fallen Informationen über den Ort (Hamm) des Kunden (z. B. hinsichtlich Kaufkraft und Bevölkerungsdichte), den Marktanteil der Firma Blocher KG, ihre Position und Lage in Hamm sowie das mögliche Marktpotenzial und die Konkurrenzsituation.
▶ **Unternehmensgröße:** Handelt es sich bei der Blocher KG um ein Unternehmen, das an mehreren Standorten vertreten ist oder mit anderen Unternehmen kooperiert, oder ist es ein kleines Elektrofachgeschäft, das u. U. von der Schließung bedroht ist?

Die von der Blocher KG bestellten Protronic Popcornmaschinen sind aufgrund hoher Nachfrage bereits komplett vordisponiert.

Wie können Sie reagieren, um den Auftrag und einen möglicherweise guten Neukunden nicht zu verlieren?

Der Kunde hat sich von der Lieferung der Protronic Popcornmaschine etwas versprochen: entweder einen guten Deckungsbeitrag und damit ein gutes Geschäft oder eine bestimmte Attraktion bei seiner Aktion, weil das Produkt im Moment vielleicht in Mode ist. Auf diese Bedürfnisse müssen wir eingehen. In einem Telefongespräch können dem Kunden folgende Angebote gemacht werden:

▶ Ein ähnliches Produkt wird geliefert.
▶ Ein anderes Produkt, das auch eine hohe Marktattraktivität hat, wird angeboten.
▶ Dem Kunden wird ein Sonderrabatt bei den anderen Artikeln als „Trostpflaster" eingeräumt.

Sie haben sich mit dem Kunden auf ein Ersatzprodukt geeinigt. Die Lieferfähigkeit und die Lieferwilligkeit sind damit gegeben.

Welche Schritte müssen Sie nun in die Wege leiten, um den Auftrag abzuwickeln?

▶ Die Bestellung wird mit dem Auftrag/Prospekt/Katalog inhaltlich abgeglichen, also in Bezug auf Preise, Lieferzeiten, Konditionen.
▶ Bei Neukunden wird ein neuer Datensatz mit den Stammdaten des Kunden angelegt.
▶ Der Auftrag wird erfasst und eine Auftragsnummer vergeben.
▶ Eine Auftragsbestätigung wird ausgestellt und dem Kunden übermittelt.
▶ Der Lieferschein wird erstellt (2-fach).
▶ Der Auftrag wird im Lager kommissioniert, d. h., die Ware wird aus dem Lager entnommen und zu einer Lieferung zusammengestellt.
▶ Der Lagerabgang wird erfasst und gebucht.
▶ Die Lieferung wird versandfertig gemacht (z. B. palettiert, verpackt) und zur Abholung/Auslieferung bereitgestellt.
▶ Die Auslieferung an den Kunden erfolgt.
▶ Auf Basis der Daten des Lieferscheins wird eine Ausgangsrechnung erstellt und dem Kunden übermittelt.
▶ Dies ist notwendig, da auf der im Unternehmen verbliebenen Ausfertigung des Lieferscheines vom Versand vermerkt worden ist, ob alle aufgeführten Waren versandt worden sind oder ob es Minderlieferungen gegeben hat.
▶ Die Ausgangsrechnung wird per Schnittstelle an die Buchhaltung übergeben und dort als offener Posten in der Debitorenbuchhaltung gebucht.

Ausgangssituation

Es ist Montagvormittag, geschäftiges Treiben in der Warenannahme der wwh GmbH. Ein Spediteur liefert eine Reihe von Kartons und Paletten ab. Der Fahrer befördert mithilfe eines Hubwagens alle Packstücke auf die Rampe. Danach verlangt er von Ihnen als Mitarbeiter in der Warenannahme eine Unterschrift, mit der Sie den Empfang bestätigen sollen. Er habe es eilig, meint er, und es sei doch wohl so alles in Ordnung.

wwh GmbH

Elektrogroßhandel

Helene-Weber-Weg 9
33607 Bielefeld

Telefon:	0 52 07 80 10 22
Fax:	0 52 07 80 10 13
E-Mail:	wwh@t-online.de

Althoff Import KG
Am Elbhafen 21
20457 Hamburg

Ihr Angebot   3364-05

Bestellung Nr.   12-658-06   Datum/Zeichen: 02.06. .. / ko

Sehr geehrter Herr Schweppe,

vielen Dank für Ihr Angebot vom 30.05. ..
Liefern Sie uns bitte:
20 Stück Durchlauferhitzer Energo Delta ED-435, weiß, LP 228,00 EUR
30 Stück Mini-Kühlschränke Exquisit SK 612, LP 18,45 EUR
60 Stück Hansen Akku-Ladegeräte inkl. 4 Akkus HA 431, LP 28,15 EUR
40 Sparta Power Mobile Charger mit LED-Anzeige, LP 14,95 EUR

Einkaufsrabatt: 10 %
Zahlungsbedingungen: 14 Tage mit 2 % Skonto, 30 Tage netto
Lieferungsbedingungen: Lieferung erfolgt frei Haus per Spedition
Lieferzeit: 14 Tage

Mit freundlichen Grüßen
wwh GmbH

i.V. Kossiek

Absender:

Althoff Import KG
Am Elbhafen 21
20457 Hamburg

Empfänger:

wwh GmbH Elektrogroßhandel
Helene-Weber-Weg 9
33607 Bielefeld

Ihre Bestellung vom:	02.06. ..
Ihre Bestell-Nr.:	12-658-06
Versandart:	Spedition
Lieferungsbedingung:	frei Haus
Gepackt am/vom:	14.06. .. gd
Kontrolle:	Pfeiffer

Lieferschein   Nr. 7895   Datum: 14.06. ..

Menge	Transport-Verpackung	Inhalt	Stück
1	Palette	Durchlauferhitzer Energo Delta, sensorgesteuert, silber, ED-536	20
3	Palette	Mini-Kühlschränke Exquisit, Temperaturvorwahl, SK-612	30
2	Karton	Hansen Akku-Ladegeräte inkl. 4 Akkus, HA-798	50
1	Karton	Sparta Power Mobile Charger mit LED-Anzeige, SP-594	60

Lieferung erhalten:	Beanstandungen/Anmerkungen:
Datum / Unterschrift Empfänger	Unterschrift Frachtführer

Was müssen Sie als Mitarbeiter der wwh GmbH tun, wenn Waren angeliefert werden?

Die folgenden Kontrollen sind in Gegenwart der anliefernden Person sofort vorzunehmen:

▸ Zunächst müssen die vom Spediteur vorgelegten Papiere überprüft werden. Dazu gehört, zunächst die auf Lieferschein und/oder Frachtbrief angegebenen Absender- und Empfängeranschriften zu kontrollieren.

▸ Ggf. müssen die Anschriften auf Frachtbrief und Lieferschein miteinander verglichen werden.

▸ Die einzelnen Packstücke und Verpackungen müssen von allen Seiten auf Beschädigungen (z. B. Dellen, Risse, abgerissenes Packpapier, lose Verpackungsbänder) überprüft werden.

▸ Die Packstücke müssen nach Art (Palette/Karton/Colli), nach jeweiliger Anzahl und nach dem Gewicht kontrolliert werden. Die auf dem Lieferschein bzw. dem Frachtbrief notierten Daten müssen mit der Wirklichkeit übereinstimmen.

Sind alle Prüfungen ohne Beanstandungen beendet, kann der Empfang der Packstücke bestätigt werden. Allerdings sollte darauf geachtet werden, die Annahme mit dem Vermerk „Vorbehaltlich der noch nicht abgeschlossenen Wareneingangsprüfung" zu bestätigen.

Was ist zu tun, wenn es Beanstandungen gibt?	▶ Ist ein anderer Empfänger angegeben, muss der Frachtführer darauf hingewiesen werden. Die Lieferung ist abzulehnen. ▶ Auffällige Schäden an den Packstücken müssen auf dem Frachtbrief vermerkt, ggf. fotografiert, vom Spediteur gegengezeichnet werden. Eventuell ist ein Schadensprotokoll anzufertigen. Sind die Schäden besonders gravierend, ist nach Rücksprache mit dem Einkauf die gesamte Lieferung abzulehnen. ▶ Gleiches gilt für Abweichungen zwischen den auf dem Frachtbrief vermerkten Arten, Maßen, Gewichten und Mengen der Packstücke. Abweichungen müssen notiert und von der anliefernden Person quittiert werden.
Welche weiteren Kontrollen müssen Sie nun noch durchführen und wann haben diese zu erfolgen?	Die genaue Wareneingangskontrolle hat unverzüglich, d. h. ohne schuldhaftes Zögern, zu erfolgen. Hierbei sind zu überprüfen: ▶ die Art der Ware (richtiger Artikel, richtige Artikelnummer, richtige Farbe und Größe) ▶ die gelieferte Menge ▶ die Qualität und Beschaffenheit der Ware (auf Funktionsfähigkeit, Lackschäden, Kratzer, Vollständigkeit der Teile in einer Verpackungseinheit)
Vergleichen Sie die abgebildete Bestellung und den Lieferschein. Was fällt Ihnen auf?	▶ Bei den Durchlauferhitzern ist u. U. ein falscher Artikel geliefert worden. Darauf deutet die Angabe einer anderen Artikelnummer als auf der Bestellung. ▶ Von den 60 Hansen Akku-Ladegeräten sind nur 50 Stück geliefert worden, also 10 Stück zu wenig. ▶ Von den bestellten 40 Stück Sparta Power Mobile Chargern wurden hingegen 60 Stück geliefert, also 20 zu viel.
Was hat die wwh GmbH generell zu tun, wenn Sie bei der Prüfung der Waren Mängel feststellt?	Dem Lieferanten muss unverzüglich eine Mängelrüge geschickt werden, in der die wwh GmbH ihre Rechte geltend macht. Falsch gelieferte Waren und fehlerhafte Waren werden für den Rückversand oder zur Abholung bereitgestellt.
Welche Optionen hat die wwh GmbH in Bezug auf die oben festgestellten Mängel neben den ihr nach dem BGB zustehenden Rechten und wie sollten diese ausgeübt werden?	▶ Durchlauferhitzer: Wenn es sich nur um eine andere Produktausführung handelt, kann bei der Althoff KG versucht werden, einen nachträglichen Rabatt zu bekommen und den Durchlauferhitzer als Aktionsware zu verkaufen. ▶ Hansen Akku-Ladegeräte: Die nächste Bestellung vorziehen und die 10 Stück dann nachliefern lassen. ▶ Sparta Power Mobile Charger: Auch hier sollte nach einer pragmatischen Lösung gesucht werden, z. B. einen zusätzlichen Rabatt gewähren, um unnötige Handlings- und Versandkosten zu vermeiden.
Welche weiteren Tätigkeiten müssen im Rahmen der Warenannahme erledigt werden?	▶ Die Ware muss im Warenwirtschaftssystem erfasst werden (scannen oder erfassen über Tastatur). ▶ Die Ware muss aus der Transportverpackung ausgepackt und – entweder für einen aktuellen Verkauf kommissioniert werden oder – im Lager eingelagert werden.
Welche Einlagerungsarten stehen der wwh GmbH grundsätzlich zur Verfügung?	▶ Die **systematische Einlagerung** nach Artikelgruppen (Festplatzsystem): Dabei werden zusammengehörende Artikel räumlich neben- oder übereinander gelagert. ▶ Die **chaotische Lagerhaltung:** Hierbei werden – zumeist in einem Hochregallager, in dem vertikal und horizontal Palettenplätze angeordnet sind – für neu ankommende Waren immer die Lagerplätze vergeben, die im System als frei gemeldet sind. Nur der Rechner hat die Information, wo sich die Ware befindet. Wenn diese benötigt wird, greift das System aufgrund der Information automatisch auf die Ware zu.

Herr Kiene, der Lagerleiter der wwh GmbH, schreibt folgende interne Mitteilung an die Unternehmensleitung:

Interne Mitteilung

von:
Lagerleitung

an:
Geschäftsleitung
Vertriebsleitung
Controlling

Datum: 10.05. ..

Sehr geehrte Damen und Herren,

ich erinnere noch einmal an die ausstehende Entscheidung in Bezug auf unsere Lagersituation: Ich hatte bereits mehrmals angemerkt, dass die Verhältnisse im Lagerbereich zunehmend beengt sind. Dies ist auf das rasche Umsatzwachstum im vergangenen Jahr zurückzuführen. Das Lager „platzt" aus allen Nähten. Deshalb stelle ich noch einmal die zu klärenden Fragen zusammen:

1. Wir müssen unsere Lagerkapazitäten erhöhen. Sollen wir zu diesem Zweck unser Eigenlager – wie angedacht – umbauen und großzügig erweitern oder auf fremde Lagerkapazitäten ausweichen? Die Abteilung Controlling hat bereits die folgenden Zahlen zusammengestellt:

- Kosten pro Palette im Fremdlager: 33,00 EUR pro Monat
- feste Kosten bei Umbau und Erweiterung des eigenen Lagers: 126 000,00 EUR pro Jahr für eine Lagerkapazität von maximal 800 Palettenstellplätzen
- variable Kosten pro eingelagerter Palette im eigenen Lager: 18,00 EUR pro Monat
- gegenwärtig benötigte durchschnittliche Lagerkapazität: 650; im folgenden Jahr werden voraussichtlich 720 Plätze benötigt

2. Es ist allseitig bekannt, dass es gute Gründe dafür gibt, die gesamte Ein- und Auslagerung sowie die Kommissionierung und den Versand an einen externen Dienstleister zu übergeben. Hier sollte noch einmal die Diskussion angestoßen werden.

3. Sollte die Einrichtung von zwei Filialen in Osnabrück und Hamm weiter in Erwägung gezogen werden, müssen wir klären, wie wir zu der Frage eines zentralen oder dezentralen Lagers stehen.

Um diese Fragen zu klären, bitte ich um Rücksprache.

Mit freundlichen Grüßen

Franz Kiene
Lagerleiter

Berechnen Sie die Kosten für die Eigen- und die Fremdlagerung für die angegebenen Mengen für dieses und nächstes Jahr pro Jahr und kommentieren Sie das Ergebnis.

		lfd. Jahr		Folgejahr
Eigenlagerung				
Fixkosten		126 000,00		126 000,00
variable Kosten	18 · 650 · 12	140 400,00	18 · 720 · 12	155 520,00
Gesamtkosten		**266 400,00**		**281 520,00**
Fremdlagerung	33 · 650 · 12	**257 400,00**		**285 120,00**

Die Kosten der Fremdlagerung wären im laufenden Jahr noch niedriger als bei der Eigenlagerung. Das hängt mit der aktuell noch niedrigen Kapazitätsauslastung zusammen. Aber bereits im nächsten Jahr wird bei einem gestiegenen Bedarf an Lagerplätzen die Zahlensituation anders aussehen: Die Kosten der Eigenlagerung sind dann – unter sonst gleichen Bedingungen – um 3 600,00 EUR niedriger als bei Fremdlagerung.

Ab welcher Menge genau wird die Eigenlagerung günstiger als die Fremdlagerung?

Um dies auszurechnen, muss man den Unterschied in den variablen Kosten betrachten:

	Kosten der Fremdlagerung pro Palette	33,00 EUR
–	Kosten der Eigenlagerung pro Palette	18,00 EUR
=	Kostendifferenz der variablen Kosten	15,00 EUR

Teilt man nun die fixen Kosten bei Eigenlagerung durch diesen Kostenvorteil, kommt man auf die „kritische Menge", also die Menge, ab der die Eigenlagerung günstiger ist:

126 000 : 15 = 8 400 (Palettenstellplätze für ein Jahr)
Dieser Wert geteilt durch 12 ergibt die kritische Menge pro Monat: 8 400 : 12 = 700

Dies bedeutet, dass ab einer Menge von 700 eingelagerten Paletten pro Monat die Kosten für das Eigenlager günstiger werden.

Stellen Sie den Zusammenhang grafisch dar.

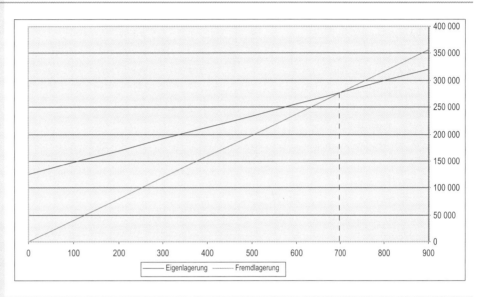

Herr Kiene spricht von einem neuen Lager, das gebaut werden soll, bzw. von einer Erweiterung. Welche Gesichtspunkte sollten generell bei der Neukonzeption eines Lagers berücksichtigt werden?

▸ **Warenart:** Kleinteile in Regalen und Behältern, Großteile gestapelt
▸ **Warenwert:** Sicherheitsgrad steigt mit dem Wert der Ware
▸ **Zugriffshäufigkeit:** bestimmt den Lagerort; häufig verkaufte Waren in Nähe der Kommissionierungszone, selten verlangte Waren entsprechend entfernt
▸ **Transporteigenschaften:** Zugangsmöglichkeiten für Transportmittel wie Gabelstapler/ Hubwagen; leichte Waren oben, schwere Waren unten lagern
▸ **Reihenfolge der Warenausgabe:** Fifo-Prinzip (First in first out) bedeutet, dass zuerst eingelagerte Ware zuerst entnommen wird (Regelfall); Lifo-Prinzip (Last in first out) bedeutet, dass zuletzt eingelagerte Ware zuerst ausgelagert wird (Ausnahme)

Stellen Sie die Vorteile und die Nachteile einer Eigenlagerung außerhalb der Kostensituation gegenüber.

Vorteile der Eigenlagerung	Nachteile der Eigenlagerung
▸ direkter und eigener Zugriff	▸ hohe Kapitalbindung
▸ bessere Kontrolle	▸ geringere Flexibilität
▸ bessere Disposition	▸ Risiko der geringen Auslastung

Welche Gründe sprechen für ein zentrales Lager, welche dagegen?

Argumente für ein zentrales Lager	Argumente gegen ein zentrales Lager
▸ gute Übersicht, bessere Kontrolle	▸ längere Transportwege
▸ einfache Verwaltung	▸ höhere Beförderungskosten
▸ geringere Kosten (Raum/Personal)	▸ längere Lieferzeiten

Beschreiben Sie weitere Zielkonflikte, die im Zusammenhang mit einem neuen Lager unter Umständen gelöst werden müssen.

▸ Sicherheitsvorschriften, z. B. maximale Stapelhöhen, stehen gegen optimale Lagerraumausnutzung.
▸ Umweltschutzmaßnahmen, z. B. Sortierung von Abfällen, stehen gegen das Ziel einer schnellen Umschlagshäufigkeit.
▸ Sicherheitsauflagen stehen gegen das Ziel niedriger Personalkosten.

Ausgangssituation

Nach der Inventur bei der wwh GmbH werden die Istbestände mit den Sollbeständen der Artikel verglichen:

Inventurliste vom 31.12.20..

Artikel-Nr. Warengr.	Bezeichnung Zusatz	Bestand in St.	Warenwert in EUR
50566923701	Kaffeeautomat Brasilia	29	1 159,71
50566923701	Kaffee-/Tee-automat Friesin	10	499,90
5056691831	Tischventilator V34	10	119,90
57567723701	Waschmaschine lean 400	27	18 360,00
50566925331	Dampfbügeleisen Remex BX 1900	28	772,24
50566942011	Glühbirne hell	330	293,70
60056701843	DVD-Rohlinge Evasion	981	1 746,18
87561237064	XBOX 1200 Spielkonsole	124	10 850,00
93502325331	Akku-Zahnbürste Demex OC Clean	48	1 817,28
93502334561	Akku-Zahnbürste Z5	17	268,43

Bestandsliste lt. Warenwirtschaftssystem

Artikel-Nr. Warengr.	Bezeichnung Zusatz	Bestand in St.
50566923701	Kaffeeautomat Brasilia	29
50566923701	Kaffee-/Tee-automat Friesin	10
50566918311	Tischventilator V34	9
57567723701	Waschmaschine Clean 400	27
50566925331	Dampfbügeleisen Remex BX 1900	30
50566942011	Glühbirne hell	350
60056701843	DVD-Rohlinge Evasion	1 020
87561237064	XBOX 1200 Spielkonsole	124
93502325331	Akku-Zahnbürste Demex OC Clean	46
93502334561	Akku-Zahnbürste Z5	17

Welche Auswirkungen haben Lagerkosten, Lagerrisiko und Umschlagshäufigkeit auf den Geschäftserfolg?	Die Lagerhaltung muss auf Wirtschaftlichkeit hin überprüft werden. Das bedeutet, dass folgende Maßnahmen berücksichtigt werden müssen: ▸ Einsparung von Lagerkosten ▸ Verringerung der Kapitalbindung im Lager ▸ Verminderung des Lagerrisikos durch – Veralterung der Waren – technische Weiterentwicklung der Produkte – Modewechsel – jahreszeitlich bedingte Verkaufszahlen
Welche Bedeutung hat die Inventur?	Jeder Betrieb ist dazu verpflichtet, mindestens einmal pro Jahr eine körperliche Inventur durchzuführen. Dabei wird überprüft, ob der tatsächliche Bestand (Istbestand) mit dem Bestand, der im Warenwirtschaftssystem vorhanden ist (Sollbestand), übereinstimmt. Die Inventurdifferenzen müssen durch Korrekturbuchungen im Warenwirtschaftssystem ausgeglichen werden.

Ermitteln Sie die Inventurdifferenzen in den Listen der wwh GmbH (siehe oben) und zeigen Sie auf, welche Gründe dafür vorgelegen haben können.	**Sollbestand > Istbestand** ▸ Dampfbügeleisen Remex ▸ Glühbirne ▸ DVD-Rohlinge **Gründe** ▸ Diebstahl ▸ Bruch ▸ Schwund ▸ Eingabe- oder Buchungsfehler im Warenwirtschaftssystem

Sollbestand < Istbestand
▸ Tischventilator
▸ Akku-Zahnbürste Demex

Gründe
▸ Eingabe- oder Buchungsfehler im Warenwirtschaftssystem

Ausgangssituation

Das Warenwirtschaftssystem der wwh GmbH bietet unter anderem auch folgende Auswertungen für das Controlling:

Auszug aus der Rennerliste nach Absatz

Artikelnummer	Bezeichnung	Warengruppe	Verkaufspreis (netto)	Absatz in Stück	Wochenumsatz
5056692370612	Kaffee-/Teeautomat	1	62,49 EUR	15	937,35 EUR
5056692899229	Dampfbügeleisen	1	75,96 EUR	13	987,48 EUR
5756772370630	Waschmaschine Clean 400	1	850,00 EUR	4	3 400,00 EUR
5056691849997	Ruby Fernsehgerät	2	320,66 EUR	4	1 282,64 EUR
5056691846668	Sany HiFi-Kompaktanlage	2	197,41 EUR	2	394,82 EUR

Auszug aus der Rennerliste nach Umsatz

Artikelnummer	Bezeichnung	Warengruppe	Verkaufspreis (netto)	Absatz in Stück	Wochenumsatz
5756772370630	Waschmaschine Clean 400	1	850,00 EUR	4	3 400,00 EUR
5056691849997	Ruby Fernsehgerät	2	320,66 EUR	4	1 282,64 EUR
5056692899229	Dampfbügeleisen	1	75,96 EUR	13	987,48 EUR
5056692370612	Kaffee-/Teeautomat	1	62,49 EUR	15	937,35 EUR
5056691846668	Sany HiFi-Kompaktanlage	2	197,41 EUR	2	394,82 EUR

Auszug aus der Statistik „Umsatz im Verhältnis zur Verkaufsfläche"

Warengruppe	Verkaufsfläche in m^2	Umsatz Monat Mai 20..	Umsatz pro m^2 Verkaufsfläche
1 Haushaltsgeräte	200	65 000,00 EUR	325,00 EUR
2 Radio/TV/Computer	350	22 000,00 EUR	62,86 EUR
3 Haushaltswaren	120	17 000,00 EUR	141,67 EUR
4 Herren-Bekleidung	200	40 000,00 EUR	200,00 EUR
5 Damen-Bekleidung	480	80 000,00 EUR	166,67 EUR

Zeigen Sie die Bedeutung der Renner-Penner-Liste als Beispiel qualitätssichernder Maßnahmen auf.

Anhand dieser Auswertung können
▸ „Renner" = Artikel mit hoher Umschlagshäufigkeit (Artikel, die schnell verkauft werden) und
▸ „Penner" = Artikel mit geringer Umschlagshäufigkeit (Artikel, die lange Lagerzeiten haben)
ermittelt werden.

So lassen sich die Verkaufszahlen der einzelnen Artikel innerhalb eines ausgewählten Zeitraumes leichter überblicken, ggf. können marktpolitische Maßnahmen ergriffen werden, wie z.B. Sortimentsbereinigung (Herausnahme einzelner Artikel aus dem Verkaufsprogramm) oder besondere Werbeaktionen für Artikel mit geringer Umschlagshäufigkeit.

Erläutern Sie, welche Informationen zur Renner-Penner-Liste erforderlich sind.

▸ Die Renner-Penner-Liste nach der Höhe des Absatzes geordnet benötigt nur die verkaufte Stückzahl der einzelnen Artikel. Diese Auflistung ist nur aussagekräftig bei Artikeln, die vergleichbar sind.
▸ Eine Auflistung, die alle Artikel sämtlicher Warengruppen vergleichbar macht, ist die Renner-Penner-Liste nach Umsatz. In dieser wird nach der Höhe des Umsatzes gelistet. Hier können auch Artikel, die eine etwas geringere Umschlagshäufigkeit haben, wegen des höheren Preises durchaus zu einem großen Anteil am Gesamtumsatz beitragen.

Nennen Sie weitere Möglichkeiten der Steuerung und Kontrolle der Warenbewegungen im Lager.

▸ Statistik über Umsatz im Verhältnis zur Verkaufsfläche (siehe Beispiel oben)
▸ Umsatz im Verhältnis zum Wohnort des Käufers anhand der Postleitzahl
▸ Deckungsbeitragsrechnung und -analyse
▸ ABC-Analyse der Waren
▸ optimale Bestellmenge

Ausgangssituation

Die Auszubildende Christa hat ihren ersten Arbeitstag in ihrer neuen Ausbildungsstation, im Warenausgang. Um sie mit der Problematik von Auslieferungen vertraut zu machen, stellt der Versandleiter ihr die folgende Aufgabe:
Ein Auslieferungsfahrzeug soll an einem Tag die Kunden wie unten stehend anfahren. Die Reihenfolge, in der die Kunden aufgesucht werden, ist beliebig. Die Angaben in der Matrix geben die Entfernungen zwischen der wwh GmbH und den einzelnen Kunden an. Ziel ist es, die gefahrenen Kilometer und damit die Kosten zu minimieren.

	wwh GmbH	Neumann	Fentler	Peters	Grohe	Harms
wwh GmbH	–	18	16	7	5	15
Neumann	18	–	14	8	12	13
Fentler	16	14	–	9	18	18
Peters	7	8	9	–	14	17
Grohe	5	12	18	14	–	21
Harms	15	13	18	17	21	–

Beschreiben Sie die Aufgabe der Tourenplanung.	Unter Tourenplanung versteht man das Problem, eine möglichst gute Zuordnung von Aufträgen zu Fahrzeugen und für jedes Fahrzeug eine optimale Reihenfolge der zu bedienenden Auftragsstandorte zu finden. Ein Auftrag besteht meist darin, eine bestimmte Anzahl Einheiten einer Sendung aus dem Lager der Großhandlung zum Lager bzw. Geschäft des Kunden zu bringen.

Die Lösung eines Tourenplanungsproblems muss deshalb immer die beiden folgenden Gesichtspunkte berücksichtigen:
▸ Die Clusterung gibt an, welche Aufträge zu einer Tour zusammengefasst werden.
▸ Das Routing definiert, in welcher Reihenfolge die Punkte innerhalb einer Tour bedient werden.

Welche Ziele verfolgt die Tourenplanung und wie löst sie das Problem?	Zielsetzung der Tourenplanung ist die Minimierung

▸ der Anzahl der eingesetzten Fahrzeuge,   ▸ der benötigten Einsatzzeiten und
▸ der zurückzulegenden Strecken,   ▸ der Kosten der Auslieferung.

Beim Standardproblem der Tourenplanung liegen alle Start- oder Zielpunkte in einem Depot und es stehen dort eine begrenzte oder unbegrenzte Zahl von nahezu identischen Fahrzeugen mit begrenzter Kapazität zur Verfügung.

Meistens wird die Aufgabenstellung jedoch durch viele Nebenbedingungen (Restriktionen) erweitert. So kann man z. B. mehrere Depots, einen Fuhrpark mit unterschiedlichen Fahrzeugen oder Vorrangbeziehungen zwischen Aufträgen betrachten. Eine andere mögliche Zusatzaufgabe ist die Betrachtung von Zeitfenstern, in deren Grenzen ein Fahrzeug beim Kunden eintreffen muss, sowie Rahmenbedingungen für Fahrzeuge, wie zulässiges Gesamtgewicht oder Durchfahrthöhe.

Welche Hilfe bietet eine Tourenplanungssoftware, die in das Warenwirtschaftssystem integriert ist?	Zur optimalen Tourenplanung wird i. d. R. eine Software eingesetzt, um die anfallenden Touren zusammenzustellen und anhand von Kriterien, wie z. B. der Einhaltung von Zeitvorgaben oder Gewichtsschranken sowie Transportkosten, zu optimieren. Die Software benötigt als Datenbasis vor allem

▸ ein digitales Straßennetz,
▸ die Daten der Kundenstammdatei,
▸ die Daten der Fahrzeuge,
▸ eine Fahrerliste,
▸ die aktuelle Auftragsliste mit allen Kunden-, Volumen- und Gewichtsangaben.

Entfernungen und Fahrzeiten können nun mithilfe von Koordinaten der Kundenadressen ermittelt oder aus einem Entfernungswerk entnommen werden.
Die Optimierung geschieht, indem der Transportbedarf einer Anzahl Kunden zu einer oder mehreren Touren derart zusammengefasst wird, dass zeitliche Vorgaben der Kunden, Lasten und Kapazitäten der Fahrzeuge, Pausen- und Arbeitszeiten der Fahrer und Wartungszyklen der Fahrzeuge eingehalten werden, während die anfallenden Transportkosten minimiert werden. Die Transportkosten bestehen aus den Kosten für Fahrer, Disponent und Fahrzeug sowie den variablen Fuhrparkkosten, bestehend aus Verbrauchskosten, Mautkosten, Wartung und Instandhaltung, Arbeitszeit und Überstunden.

Nennen Sie die Vor- und Nachteile eines werkseigenen bzw. unternehmenseigenen Güterverkehrs.	**Vorteile eines eigenen Fuhrparks**	**Nachteile eines eigenen Fuhrparks**
	▸ variable Lieferfähigkeit ▸ Unabhängigkeit von Transportunternehmen und deren Kapazitätsauslastung ▸ Werbung auf eigenen Lkw möglich ▸ optimaler Kundenservice, da schnelle und flexible Reaktion möglich	▸ Unternehmen trägt das Auslastungsrisiko für den Fuhrpark ▸ hohe Personal- und Sachkosten ▸ hoher Fixkostenanteil ▸ u. U. hoher Anteil von Leerfahrten, da auf dem Rückweg keine Ware mehr an Bord

---

Welche Unterlagen müssen im Lager für den Warenausgang zusammengestellt werden?

▸ **Lieferschein:** Er enthält alle Positionen des Kundenauftrages nach Art und Menge sowie administrative Daten wie Kundendaten, Auftragsnummer etc.
▸ **Versandanzeige:** Die Versandanzeige ist insbesondere im Außenhandel erforderlich, wird aber u. U. auch von Unternehmen im Inland verlangt. Sie enthält die Bestellnummer/Auftragsnummer des Kunden, die Ablieferstelle, die Stückzahl sowie Einzel- und Gesamtgewichte der Liefergegenstände/Packstücke und wird dem Kunden zwecks Vorbereitung der Anlieferung vor der Auslieferung übermittelt.
▸ **Pickliste:** Die Pickliste ist eine nach bestimmten Sortierkriterien zusammengestellte Liste mit den Entnahmepositionen. Die Pickliste kann identisch sein mit dem Lieferschein. Im Allgemeinen ist aber die Pickliste eine nach speziellen Gesichtspunkten aufbereitete Liste (z. B. Sortierung nach Laufwegen, nach Kommissionierbereichen) einschließlich ergänzender Angaben, z. B. zu Lagerplatz oder Kunden.
▸ **Entnahmeschein:** Er wird benötigt, um die Warenentnahme zu dokumentieren und dient dem Lager für die Lagerbuchführung, sofern keine automatische Warenbestandsfortschreibung erfolgt.
▸ **Packzettel:** Der Packzettel wird am Packstück befestigt, er kann codiert sein und enthält Maße, Gewichte, Kundenangaben u. Ä.

Beschreiben Sie den Prozess des Warenausgangs mit seinen einzelnen Teilvorgängen.

▸ Der Disponent erhält vom Warenwirtschaftssystem die Meldung, dass die Waren für den Kundenauftrag komplett zur Verfügung stehen.
▸ Er leitet die Warenauslagerung ein, indem er die erforderlichen Papiere zum Druckauftrag gibt.
▸ In der Auftragsannahme werden die Papiere sortiert und die Mitarbeiter im Lager beauftragt, die Kommissionierung vorzunehmen.
▸ In der Bereitstellungszone wird ein Platz für das Packstück oder die Palette reserviert.
▸ Die Mitarbeiter im Lager kommissionieren anhand der Lieferscheine und der Warenentnahmescheine die Waren über Förderanlagen bzw. Flurfördermittel und bringen sie zum Bereitstellungsplatz.
▸ Die Ware wird gepackt/palettiert, mit den Lieferpapieren versehen und codiert.
▸ Der zuständige Lkw wird mit einem Flurfördermittel beladen. Dabei wird die Palette, das Packstück noch einmal gescannt, sodass gesichert ist, dass die Palette im richtigen Fahrzeug bzw. auf der richtigen Tour gelandet ist.
▸ Der Auftrag kann jetzt im WWS als ausgeliefert vermerkt werden.

Was versteht man im Rahmen der Kommissionierung unter den Begriffen „Person-zur-Ware-System" und „Ware-zum-Person-System"?

▸ **Person-zur-Ware-System**
Kommissionierungs-Strategie, bei welcher die kommissionierende Person zur Ware geht oder mit einem Kommissionierungsfahrzeug fährt, die Ware aus dem Lagerbehälter nimmt und diese dann zum Bereitstellungsplatz bringt.
▸ **Ware-zur-Person-System**
Kommissionierungs-Strategie, bei der ein computergestütztes System die Ware mithilfe der Regalbedienungsgeräte (RBG) in Lagerbehältern oder Paletten zur Bedienperson in der Bereitstellungszone heranführt. Die RBG werden automatisch gesteuert, wenn in der Vorzone kommissioniert wird.

Zurück zur Ausgangssituation: Welches ist der kürzeste Weg für eine Auslieferungstour zwischen der wwh GmbH und ihren Kunden?

Die Strecke wwh GmbH – Grohe – Neumann – Peters – Fentler – Harms – wwh GmbH ist die kürzeste. Sie beansprucht 67 km.

Man ermittelt dies, indem man in jeder Zeile jeweils die kürzeste Distanz sucht. Der erste Anlaufpunkt in der Zeile der wwh GmbH ist Grohe, danach kommt in der Zeile Grohe die kürzeste Verbindung zu Neumann usw.

Ausgangssituation

Die wwh GmbH arbeitet mit einem EDV-gestützten Warenwirtschaftssystem. Ihnen wird die folgende Monatsauswertung für die Sortimentsgruppe Küchengeräte vorgelegt:

Art.-Nr.	Bezeichnung	Verkaufs-preis	Anfangs-bestand	Bestell-menge	Monats-absatz	End-bestand	Monats-umsatz	Roh-gewinn	Lager-umschlag
8456	Eismaschine	149,00	45	100	65	85	9 685,00	1 937,00	1,00
8459	Handrührgerät Z22	27,99	60	200	245	15	6 857,55	244,12	6,53
8462	Handrührgerät G-23	24,80	82	200	234	48	5 803,20	1 160,64	3,60
8465	Küchenwaage	14,30	63	90	98	55	1 401,40	280,28	1,66
8468	Allesschneider	19,75	47	50	20	77	395,00	59,00	0,32
8474	Fritteuse	98,75	95	150	155	90	15 306,25	5 465,23	1,68
8477	Toaster	24,00	45	20	35	30	840,00	168,00	0,93
8480	Elektromesser	26,30	82	80	45	117	1 183,50	318,60	0,45
8483	Eierkocher	14,95	63	400	305	158	4 559,75	911,95	2,76
8486	Mixer	44,75	87	100	168	19	7 518,00	1 503,60	3,17
8489	Brötchenbacker	32,40	15	400	304	111	9 849,60	1 969,92	4,83
8492	Eierkocher	19,25	20	200	182	38	3 503,50	189,23	6,28
8495	Gemüseschneider	49,98	15	40	21	34	1 049,58	109,92	0,86

Nach welchem Gesichtspunkt müsste die Liste sortiert werden, wenn es eine Renner-Liste sein sollte?	Die Liste müsste nach dem Gesichtspunkt Lagerumschlag in absteigender Reihenfolge sortiert werden, weil dann daraus ersichtlich wäre, welche Produkte sich am schnellsten umschlagen. Die „Schnelldreher" (= „Renner") stehen in dieser Liste am Anfang, die „Langsamdreher" (= „Penner") stehen dagegen am Ende der Liste.
Wie wird die letzte Spalte der Tabelle, der Lagerumschlag, berechnet? *Vollziehen Sie dies am Beispiel des Handrührgerätes Z22 nach.*	Der Lagerumschlag errechnet sich aus der Formel: Absatz : Ø Lagerbestand Der Ø Lagerbestand errechnet sich wie folgt: (Anfangsbestand + Endbestand) : 2 Für das Beispiel Handrührgerät ergeben sich folgende Werte: Ø Lagerbestand = (60 + 15) : 2 = 37,5 Lagerumschlag = 245 : 37,5 = 6,53 Das bedeutet, dass sich der Lagerbestand der Position Handrührgerät im abgebildeten Monat 6,53-mal umgeschlagen hat.
Welche Produkte sollten aus dem Sortiment herausgenommen werden? Begründen Sie Ihre Aussage.	Gemüseschneider (8495) und Allesschneider (8468), weil diese Produkte gleich mehrere negative Merkmale aufweisen: ▸ einen niedrigen Rohgewinn absolut und in Prozent ▸ einen niedrigen Abverkauf in Stück ▸ eine niedrige Lagerumschlagshäufigkeit Insoweit man diese Produkte als „Exoten" bezeichnen kann, sollte eine Sortimentsbereinigung stattfinden und sie sollten aus dem Sortiment entfernt werden.
Finden Sie Argumente, die erklären, warum man die Eismaschine, das Elektromesser und den Toaster nicht aus dem Sortiment streichen sollte.	Alle drei Produkte weisen zwar eine geringe Lagerumschlagshäufigkeit auf, sie gehören jedoch im Sortiment von Haushaltsgeräten zum Kernsortiment. Diese Produkte werden von den Einzelhändlern also in der einen oder anderen Form erwartet. Die Eismaschine weist zudem einen hohen Rohgewinn aus. Sie müsste also nur entsprechend gefördert werden.

Was versteht man unter dem Begriff „Reichweite"? Bei welchen Artikeln ist eine relativ hohe Reichweite gegeben?	Als Reichweite bezeichnet man das Verhältnis von Monatsabsatz zu aktuellem Lagerbestand. Wenn damit zu rechnen ist, dass der letzte Monatsabsatz auch in den kommenden Monaten so sein wird, dann reichen die Bestände der Artikel Allesschneider und Elektromesser noch für zwei bis drei Monate aus.
Erläutern Sie drei Nachteile, die durch zu hohe Lagerbestände entstehen können.	▸ Die Artikel können überaltern, z. B. durch neue Trends aus der Mode kommen. ▸ Verfallgefährdete Waren (z. B. Lebensmittel) sind dem Verderb ausgesetzt. ▸ Es entstehen hohe Lagerkosten und -zinsen. ▸ In hohen Warenbeständen ist Kapital gebunden, das die Liquidität einschränkt.
Wenn Sie hohe Bestände möglichst schnell verringern wollen: Mit welchen Maßnahmen wäre dies möglich?	Grundsätzlich sind folgende Maßnahmen denkbar: ▸ Preissenkungen, um das Preis-Leistungs-Verhältnis für den Konsumenten zu verbessern ▸ Aktionen, in denen die Waren z. B. durch „Bundling", d. h. durch Bindung verschiedener Artikel, besonders attraktiv gemacht werden
Bei der Monatsinventur (Stichproben) wurde festgestellt, dass bei dem Artikel 8459 der Istbestand um fünf Stück niedriger als der Sollbestand war (negative Inventurdifferenz). Welche Gründe können hierfür verantwortlich gemacht werden?	Wenn Istbestand < Sollbestand, so kann das folgende Ursachen haben: ▸ Diebstahl ▸ nicht erfasste Rücksendungen an den Lieferanten ▸ nicht erfasste Warenaussonderungen
Welche Gründe sind verantwortlich, wenn der Istbestand größer ist als der Sollbestand (positive Inventurdifferenz)?	Wenn Istbestand > Sollbestand, hat das u. U. folgende Ursachen: ▸ Zugänge aufgrund von Warenlieferungen des Lieferanten sind nicht erfasst. ▸ Rücksendungen vom Kunden sind nicht erfasst.

Weisen Sie am Beispiel der Eismaschine nach, dass durch eine Erhöhung der Umschlagshäufigkeit auf drei bei Beibehaltung des Jahresabsatzes von 780 Stück der Gewinn durch Senkung der Lagerkosten verbessert werden kann.
Weitere erforderliche Zahlen: angenommener Marktzins: 8 % p. a.
Lagerkostensatz: 10 % p. a.

	1	3
Umschlagshäufigkeit	1	3
Umsatz	9 685,00	9 685,00
– Rohgewinn	1 937,00	1 937,00
= Wareneinsatz	7 748,00	7 748,00
Einstandspreis (WE : Absatz)	119,20	119,20
Ø Lagerbestand in Stück	65,00	21,70
Ø Lagerbestand in EUR	7 748,00	2 586,64
Zinsen + Lagerkosten in EUR (18 %)	1 394,64	465,60
Einsparung in EUR		929,04
Jahresabsatz in Stück		780
Erhöhung des Stückgewinns in EUR		1,19

Weisen Sie am Beispiel des Elektromessers nach, dass durch die Erhöhung der Umschlagshäufigkeit auf zwei bei gleichbleibendem Lagerbestand der Rohgewinn nennenswert erhöht wird.

Ø Lagerbestand in Stück	99,50	99,50
Ø Lagerbestand in EUR	1 912,39	1 912,39
Umschlagshäufigkeit	0,45	2,00
Wareneinsatz	864,90	3 824,78
Warenumsatz	1 183,50	5 233,70
Rohgewinn	318,60	1 408,92
Erhöhung des Gewinns pro Monat		1 090,32

Ausgangssituation

Der Ausbildungsleiter überträgt der Auszubildenden Anna die Aufgabe, sich mit dem folgenden Fall auseinanderzusetzen.

Bedingungen: Die wwh GmbH soll an den Kunden Hat-Seg Ltd. in Boston Waren im Wert von 32 000,00 EUR liefern. Es handelt sich um eine Erstbestellung. Da die wwh GmbH mit der Hat-Seg Ltd. bisher noch keinerlei Erfahrungen gemacht hat und die wwh GmbH auch keine Informationen über die Bonität des neuen Kunden besitzt, hat der Verkäufer Herr Dieter Pollert u. a. ein bestätigtes Dokumentenakkreditiv mit dem Kunden vereinbart.

Wie sind die Rechtsbeziehungen beim bestätigten Dokumentenakkreditiv?

Stellen Sie dies übersichtlich in einem Schaubild dar.

Bestätigtes Akkreditiv

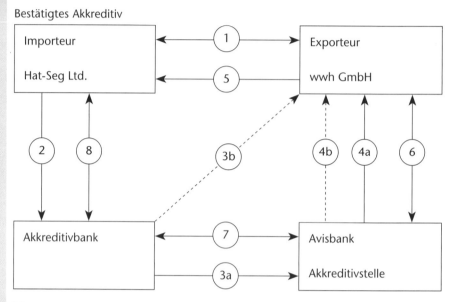

Lösung:

1. Kaufvertrag mit der Zahlungsbedingung Dokumentenakkreditiv (letter of credit L/C)
2. Auftrag zur Akkreditiveröffnung
3a. Akkreditiveröffnung
3b. abstraktes Zahlungsversprechen
4a. Avisierung
4b. Bestätigung des Zahlungsversprechens
5. Warenversand
6. Dokumenteneinreichung/Zahlung
7. Dokumentenweiterleitung/Verrechnung
8. Dokumentenaushändigung/Belastung

Nennen Sie wichtige Dokumente im Rahmen eines Dokumentenakkreditivs.

▸ Ursprungszeugnis (Certivicate of Origin)
▸ Versicherungszertifikat (insurance policy)
▸ Handelsrechnung (commercial invoice)
▸ Packliste (packing-list)
▸ Gewichtsliste (weight-list)
▸ Konnossement (Bill of Lading)
▸ Luftfrachtbrief
▸ Bahn-Duplikatsfrachtbrief
▸ CMR-Frachtbrief
▸ Kurierempfangsbestätigung/Posteinlieferungs-/Postempfangsschein oder Postversandnachweis
▸ Spediteurübernahmebescheinigung

Warum gilt das Dokumenten-akkreditiv als Sicherungs- und Finanzierungsinstrument?

Klären Sie die Vorteile für die Beteiligten.

Das Akkreditiv ist ein abstraktes Zahlungsversprechen der eröffnenden Bank (Import-bank) an den Exporteur. Ebenso ist die bestätigende Bank (Bank des Exporteurs) unabhängig von der ordnungsgemäßen Erfüllung des Kaufvertrages im Falle des bestätigten Akkreditivs zur Zahlung verpflichtet, wenn akkreditivkonforme Dokumente vorliegen. Die wwh GmbH erhält somit den vereinbarten Kaufpreis von der avisieren-den Bank, sobald die vereinbarten Dokumente vorliegen.

Daraus ergeben sich die Vorteile, dass die wwh GmbH als Exporteur erst die Ware verschickt, wenn das Akkreditiv eröffnet worden ist und damit ein abstraktes Zahlungs-versprechen vorliegt. Dadurch sichert die wwh GmbH ihre Forderung ab.

Die Hat-Seg Ltd. hat als Importeur den Vorteil, dass sie sicher sein kann, dass die Zahlung nur erfolgt, wenn die Erfüllung aller Akkreditivbedingungen anhand von Dokumenten nachgewiesen wurde.

Beschreiben Sie die einzelnen Schritte 1 bis 8 (siehe linke Seite Schaubild).

(1) Als Erstes schließen der Importeur (Hat-Seg Ltd.) und der Exporteur (wwh GmbH) einen Kaufvertrag mit der Vereinbarung eines Dokumenten-akkreditivs. Die Akkreditivklausel könnte lauten: „Zahlung der Kaufsumme aus einem bei der Bank des Importeurs zu eröffnenden unwiderruflichen, von der avisierenden Bank zu bestätigenden Akkreditivs zugunsten des Exporteurs gegen Vorlage folgender benannter Dokumente". Es wird sehr genau festge-legt, welche Dokumente vorgelegt werden müssen.

(2) Der Importeur beantragt bei seiner Bank (Akkreditivbank), das Akkreditiv zu eröffnen. Dies setzt voraus, dass die Hat-Seg Ltd. mit der Bank bereits geklärt hat, ob aus einem vorhandenen Guthaben bezahlt werden soll oder andere Finanzierungsformen Anwendung finden.

(3) Die Akkreditivbank sendet eine Akkreditivöffnungsanzeige an die Akkreditiv-stelle oder Avisbank (Korrespondenzbank in Deutschland). Günstigerweise ist diese Bank die Hausbank der wwh GmbH, die den Akkreditivbetrag auszahlen wird.

(4) Die Avisbank teilt dann der wwh GmbH die Akkreditiveröffnung mit. Die wwh GmbH sollte sehr genau überprüfen, ob die Akkreditivbedingungen korrekt sind.

(5) Sind alle Bedingungen korrekt, wird die wwh GmbH die Waren an die Hat-Seg Ltd. wie vereinbart verschicken und erhält die geforderten Versand-und Versicherungspapiere sowie sonstige Handels- und Zollpapiere.

(6) Die wwh GmbH reicht nun die Dokumente bei ihrer Bank ein. Die Bank überprüft die Unterlagen auf Form und Inhalt. Bei der Kontrolle werden strenge Maßstäbe an die Akkreditivkonformität gelegt. Selbst eine kleine Abweichung oder ein Tippfehler in der Warenbezeichnung können eine Zahlungsverweigerung verursachen. Sind alle Bedingungen erfüllt, zahlt die Avisbank die Akkreditivsumme aus.

(7) Die Avisbank leitet die überprüften Dokumente an die Akkreditivbank weiter und belastet diese mit dem an die wwh GmbH ausgezahlten Betrag.

(8) Die Akkreditivbank händigt der Hat-Seg Ltd. in Boston die Dokumente nach Überprüfung aus und belastet den Importeur mit dem entsprechenden Betrag.

Hinsichtlich der Auszahlung und Einzahlung der fälligen Beträge sind andere Vorgehensweisen möglich.

Was verstehen Sie unter einem Konnossement?

Ein Konnossement (Bill of Lading) ist ein Versandpapier, das der Verfrachter dem Expor-teur (wwh GmbH) direkt oder dem beauftragten Spediteur/Frachtführer ausstellt. Darin wird der Empfang der Ware dokumentiert und die Verpflichtung zur Beförderung an einen dazu berechtigten Empfänger (Hat-Seg Ltd. oder an einen von der Hat-Seg Ltd. legitimierten Empfänger der Ware).

Einführung

Auswahl, Aufbau und Aufbereitung der Lerninhalte berücksichtigen den Stoffkatalog der Aufgabenstelle für die kaufmännischen Abschlussprüfungen (AkA/IHK).

Den neuen Anforderungen entsprechend können nicht alle Bereiche der „Geschäftsprozesse im Einzelhandel" in Form von formulierten komplexen Ausgangssituationen behandelt werden.

Aus diesem Grund folgt nach den Doppelseiten mit Ausgangsfall eine systematische Darstellung des Kernwissens.

Prüfungsfach		Stichwort
Offene Fragestellung/Arbeitsauftrag zum Themenbereich		
Hauptpunkt	Lösung	
Hauptpunkt	Lösung	
Offene Fragestellung/Arbeitsauftrag zum Themenbereich		
Hauptpunkt	Unterpunkt	Lösung
	Unterpunkt	Lösung

		Stichwort
Offene Fragestellung/Arbeitsauftrag zum Themenbereich		
Hauptpunkt	Lösung	
Hauptpunkt	Unterpunkt	Lösung
	Unterpunkt	Lösung
	Unterpunkt	Lösung
	Unterpunkt	Lösung
Offene Fragestellung/Arbeitsauftrag zum Themenbereich		
Hauptpunkt	Lösung	

Einzelseite mit Kernwissen

Nennen und beschreiben Sie die Aufgaben des Großhandels.

Raumüber-brückung	Der Großhandel überbrückt die räumliche Distanz zwischen dem Hersteller eines Produkts und dem Einzelhändler. Der Hersteller muss nicht mit einer Vielzahl von Einzelhändlern in Kontakt treten, sondern nur mit einigen ausgewählten Großhändlern.
Zeitüberbrückung	Herstellung und Verbrauch von Produkten liegen zeitlich zum Teil erheblich auseinander. Das gilt nicht nur für Produkte, deren Konsum gleichbleibend ist (z. B. Obst- und Gemüsekonserven), sondern auch umgekehrt für Produkte, deren Verbrauch starken Schwankungen unterliegt (z. B. Skischuhe). Die Überbrückung der zeitlichen Abweichung zwischen Produktion und Verbrauch übernimmt der Großhandel.
Mengenausgleich	Die kostengünstige Herstellung von Produkten erfordert in den Industriebetrieben die Auflage großer Stückzahlen, während der Verbrauch hinsichtlich der Menge gegenläufigen Schwankungen unterliegt oder gleichbleibend erfolgt. Der Großhandel hat hier die Aufgabe der mengenmäßigen Umschichtung.
Sortimentsbildung	Großhandelsunternehmen haben im Rahmen des Marketingkonzeptes die Aufgabe, das Sortiment (Gesamtheit aller zum Verkauf stehenden Artikel) den Kundenwünschen entsprechend zu strukturieren. Dabei ist es notwendig, permanent das zur Verfügung stehende Sortiment zu kontrollieren und unrentable Artikel aus dem Sortiment zu nehmen (Sortimentsbereinigung). Bei geändertem Kaufverhalten der Kunden kann durch eine Sortimentserweiterung (Aufnahme neuer Artikel in das Sortiment) der Absatz gesichert werden.
Veredelung	Der Lagerungsprozess kann für bestimmte Warengruppen dazu genutzt werden, die Qualität/Güte der Waren zu optimieren. Insbesondere für einige Nahrungs- und Genussmittel (z. B. Wein) führt die Lagerung zu einem gewünschten Reifegrad der Ware. Zu dieser Aufgabe gehört im weitesten Sinne auch das Umpacken, Umfüllen oder Sortieren der gelieferten Waren zu handelsüblichen Abnahmemengen.
Service	Die Serviceleistungen des Großhändlers unterstützen das Ziel, die Kunden langfristig an das Unternehmen zu binden bzw. Kunden neu zu gewinnen. Zu den Serviceleistungen, die dem Kunden i. d. R. nicht in Rechnung gestellt werden, gehören u. a. die Beratung und Betreuung, Schulungsmaßnahmen, Reparaturen, Garantieverpflichtungen und die Zustellung der Waren.
Markterschließung	Ein wichtiges Ziel des Großhändlers ist die Erhaltung bzw. Erweiterung des Absatzes. Durch den zunehmenden Wettbewerb sind viele Märkte gesättigt, sodass es erforderlich ist, sich um neue Absatzgebiete zu bemühen. Das Erschließen neuer Märkte kann nicht nur durch Erweiterung des Absatzgebietes erfolgen, sondern auch durch die Aufnahme neuer Produkte in das Sortiment.
Absatz-finanzierung	Falls es die Liquidität des Großhandelsunternehmens zulässt, wird den finanzschwächeren Kunden durch entsprechende Zahlungsbedingungen (erweitertes Zahlungsziel) ein Lieferantenkredit angeboten. Das ermöglicht den Einzelhändlern die Präsentation eines entsprechenden Warensortimentes im Verkaufsraum ohne Aufnahme eines teuren Kredites bei einem Kreditinstitut. Ebenso ist damit auch die Absatzfinanzierung des Herstellers durch das Großhandelsunternehmen gemeint. Der Hersteller braucht nicht zu warten, bis seine Produkte von den einzelnen Endverbrauchern nachgefragt werden. Der Großhandel nimmt dem Hersteller große Mengen ab und ermöglicht dem Hersteller die sofortige Finanzierung seines Absatzes.

Welche Arten des Großhandels werden unterschieden?

Aufkauf-großhandel	Er kauft kleinere Mengen von unterschiedlichen Anbietern und hält sie zum Verkauf in größeren Mengen bereit. Dabei handelt es sich um Waren wie z. B. landwirtschaftliche Erzeugnisse, Metalle, Schrott oder Industrieabfälle.
Produktionsver-bindungsgroß-handel	Er übernimmt den Ankauf von halb fertigen oder fertigen Erzeugnissen der Hersteller und verkauft sie unbearbeitet weiter, vor allem an die Industrie und Handwerksbetriebe. Er verbindet so nachgelagerte Produktionsstufen (Beispiel: Kauf von kunststoffbeschichtetem Holz und Weiterverkauf an kleinere Tischlereien).
Absatzgroßhandel	Hierbei handelt es sich um die typische Form eines Großhandelsbetriebes, der in großen Mengen beim Hersteller einkauft und in kleineren, für den Einzelhandel üblichen Mengen wieder verkauft (z. B.: Großhandelsbetriebe der Textilbranche oder der Nahrungsmittelbranche).
Außenhandels-großhandel	Großhandelsbetriebe, die sich darauf spezialisiert haben, Waren aus dem Ausland zu importieren oder in das Ausland zu exportieren.

Welche Ziele werden mit der Kooperation im Großhandel verfolgt?

Kooperation bedeutet, dass rechtlich selbstständige Unternehmen durch freiwillige Vereinbarungen zusammenarbeiten, um daraus Vorteile auf dem Markt zu erzielen, die sie ohne diese Zusammenarbeit nicht hätten.

Kosten-senkung	Durch die Zusammenarbeit der Kooperationspartner können Kostensenkungen in allen Funktionsbereichen der Unternehmen (Beschaffung, Lagerung, Transport, Absatz oder Verwaltung) erzielt werden. So kann z.B. im Beschaffungsbereich die Bündelung der Einzelaufträge zu größeren Mengenrabatten bei den Lieferanten oder der gemeinsame Transport der Waren zu großen Auslastungsgraden der Transportmittel führen.
Absatzsicherung/ Absatzsteigerung	Der hart umkämpfte Absatzmarkt führt dazu, dass größere Anstrengungen im Vertriebsbereich erforderlich sind, um den Kundenstamm zu halten bzw. neue Kundenschichten anzusprechen. Gemeinschaftswerbung ermöglicht es auch z.B. kleineren Großhandelsunternehmen, diesem Anspruch gerecht zu werden. Ebenso können Vertriebsschulungen und -fortbildungen gemeinschaftlich organisiert werden, um die Gesamtkosten auf ein erträgliches Maß aufzuteilen.
Risikominderung	Die Zusammenarbeit mehrerer Großhandelsunternehmen kann auch bedeuten, dass z.B. Produkte, die im Sortiment eines Großhändlers nicht angenommen werden, anschließend bei einem kooperierenden Großhandelsunternehmen in einem anderen Absatzgebiet schneller verkauft werden können. Dadurch verringert sich das Risiko, Verluste durch zu große Lagerbestände zu erzielen.

Erläutern Sie die Möglichkeiten einer horizontalen Kooperation.

Sortiments-kooperation	Zwei oder mehrere Großhändler führen ein gemeinsames Sortiment, ohne dabei gegenseitig in Konkurrenz zu treten. Das Kernsortiment des einen ist das Randsortiment des anderen Großhandelsunternehmens. Fehlende Produkte werden jeweils vom anderen Großhändler geliefert. Dieses wird durch Weiterleitung des Kundenauftrages oder durch den Hinweis auf das kooperierende Großhandelsunternehmen veranlasst.
Einkaufsverbände	Mehrere kleinere, rechtlich selbstständige Großhandelsunternehmen schließen sich zusammen, um die Vorteile eines Großabnehmers nutzen zu können. Diese Zusammenschlüsse, die auch als Einkaufskontore bezeichnet werden, haben die Aufgabe, die Bestellungen der einzelnen Großhändler zu sammeln und sie gebündelt an die Lieferanten weiterzugeben. Somit werden nicht nur höhere Mengenrabatte erzielt, sondern auch der Einfluss des Einkaufsverbandes auf die Lieferanten wird vergrößert (z.B. Edeka).
Standortverbund	Großhandelsunternehmen mit unterschiedlichen, auf bestimmte Bereiche spezialisierten Sortimenten können gemeinsame Verkaufs- und Lagerräume nutzen, um auf der einen Seite ein breites Warensortiment anzubieten, auf der anderen Seite aber die Raumkosten zu minimieren (z.B. Großmärkte und Handelshöfe).

Beschreiben Sie die Möglichkeiten einer vertikalen Kooperation.

Vertriebsbindungs-systeme	Darunter versteht man ein Vertragssystem zwischen Hersteller und Großhändler, mit dem der Hersteller den Vertrieb seiner Produkte nur einzelnen Großhändlern erlaubt und ihnen somit Gewähr leistet, alleiniger Anbieter eines ausgewählten Absatzgebietes zu sein. Die Beschränkung kann sich dabei nicht nur auf das Absatzgebiet, sondern auch auf bestimmte Vertriebszeiträume beziehen. Bei den Vertriebsbindungssystemen müssen aber jeweils die Bestimmungen des Gesetzes gegen Wettbewerbsbeschränkungen (Kartellgesetz, GWB) eingehalten werden. Preis- und Konditionenbindungen sind demnach nicht erlaubt.
Freiwillige Handelsketten	Viele Einzelhändler und ein Großhändler schließen sich zu einer Arbeitsgemeinschaft zusammen, wobei die Einzelhandelsbetriebe rechtlich selbstständig bleiben. Die Kooperation besteht darin, dass organisatorische Abläufe wie z.B. ein gemeinsames Bestell- und Abrechnungsverfahren oder Werbemaßnahmen und Verkaufsschulungen vereinheitlicht werden (z.B. Deutsche Sparzentrale Handelshof GmbH – Spar).
Rack Jobbing (Regalgroßhandel)	Bei dieser Zusammenarbeit zwischen Großhändler und Einzelhändler mietet der Großhändler (Rack Jobber) einen Teil der Verkaufsregale des Einzelhändlers und füllt selbstständig die Regale auf. Nicht verkaufte Produkte werden vom Großhändler zurückgenommen. Der Einzelhändler erhält vom Rack Jobber eine entsprechende Provision.
Franchising	Der sogenannte Franchisegeber (Hersteller) bietet dem Franchisenehmer eine langfristige Kooperation an. Dem Franchisenehmer wird das Recht eingeräumt, die Waren oder Dienstleistungen unter Verwendung des Markennamens und des Verkaufskonzeptes anzubieten. Als Gegenleistung wird ein angemessener Anteil am Umsatzerlös verlangt (Beispiele: McDonald's, Wienerwald, Nordsee).

Erklären Sie die wesentlichen Begriffe des aufbauorganisatorischen Gefüges eines Unternehmens.

Betriebshierarchie	Durch Stellen- und Abteilungsbildung werden gleichzeitig auch Über- bzw. Unterordnungsverhältnisse in einem Betrieb vorgegeben. Die Betriebshierarchie zeigt die Einordnung von Stellen in das Weisungssystem eines Unternehmens.
Leitungssystem	Ein Leitungssystem beschreibt die Weisungsbeziehungen der übergeordneten zu den untergeordneten Stellen sowie die Berichtswege der untergeordneten zu den übergeordneten Stellen für die Kontrollinformationen.
Stellenbildung	Je nach Größe des Unternehmens werden Haupt- oder Teilaufgaben sinnvoll zusammengefasst und einer Stelle zugeordnet. Stellen sind die kleinsten Organisationseinheiten eines Betriebes. Damit die Aufgaben einer Stelle auch bei Einarbeitung eines neuen Stelleninhabers klar erkennbar sind, wird als Hilfsmittel die Stellenbeschreibung verwendet. Sie legt folgende Punkte fest: ▸ Bezeichnung der Stelle ▸ instanzielle Eingliederung ▸ Stellenvertretung ▸ Ziele der Stelle ▸ Aufgaben, Verantwortlichkeiten und Kompetenzen ▸ persönliche Anforderungen an den Stelleninhaber

Beschreiben Sie die unterschiedlichen Leitungssysteme.

Einliniensystem	Jeder Mitarbeiter erhält seine Weisungen nur von einem Vorgesetzten, der ihm gegenüber weisungsbefugt ist. Dieser Organisationsform liegt das Prinzip der „Einheitlichkeit der Auftragserteilung" zugrunde: Ein einheitlicher Weisungsweg läuft von oben nach unten, ein einheitlicher Berichtsweg von unten nach oben. ▸ *Vorteile:* klare Abgrenzungen der Zuständigkeiten, übersichtlicher Aufbau, keine Kompetenz-Überschneidungen ▸ *Nachteile:* fachliche und mengenmäßige Überlastung der Instanzen, schwerfälliger Dienstweg	
Mehrliniensystem	Die untergeordneten Stellen erhalten von mehreren Instanzen Weisungen. Der Nachteil der starken Überbeanspruchung der Entscheidungsträger im Einliniensystem wird dadurch ausgeglichen, dass die Weisungsbefugnis in fachlicher und personaler Hinsicht geteilt wird. ▸ *Vorteile:* große Sachkenntnis der Vorgesetzten, flexibler Einsatz der Untergebenen, kurze Informationswege ▸ *Nachteile:* Überschneidungen von Anweisungen, Koordinierungsprobleme, Kompetenzstreitigkeiten	
Stab-Linien-System	Der straffe Befehlsweg von oben nach unten wird beibehalten. Den Instanzen sind Stabsstellen zugewiesen, die ihnen wichtige Informationen liefern und sie bei Entscheidungen beraten. Die Stabsstellen haben selbst keine Weisungsbefugnis und arbeiten nur für die zugewiesene Instanz. *Vorteile:* einheitliche Befehlswege, Entlastung der Instanzen, Entscheidungssicherheit infolge Beratung *Nachteile:* Abstimmungsschwierigkeiten zwischen Linie/Stab, gute Vorschläge können von Linienmitarbeitern abgeblockt werden, „Macht der Experten"	
Sparten-organisation (Divisional System)	Das Unternehmen wird nach dem Objektprinzip in Sparten (Divisionen) aufgeteilt (Busse, Lkw und Pkw in einer Autofirma). Für alle Sparten sind Zentralabteilungen zuständig, die nach dem Verrichtungsprinzip gebildet werden (z. B. Beschaffung, Rechnungswesen und Vertrieb). *Vorteile:* große Marktnähe der einzelnen Divisionen, Vorgesetzte werden durch Spezialisten beraten und dadurch entlastet, fundierte Sachentscheidungen *Nachteile:* Gefahr der Doppelverrichtungen (z. B. in der Forschung), Unternehmensleitung verliert u. U. den Überblick über die Sparten	
Matrixorganisation	Es existieren zwei Hierarchien, und zwar eine Hierarchie nach Funktionen (konstruieren, beschaffen, fertigen usw.) und eine Hierarchie nach Sparten (Pkw, Lkw, landwirtschaftliche Fahrzeuge usw.). ▸ *Vorteile:* verbesserte Problemlösung durch den kombinierten Einsatz verschiedener Fachspezialisten, Betonung der Teamarbeit, Entlastung der Unternehmensspitze ▸ *Nachteile:* Kompetenzprobleme, zeitaufwendig, großer Kommunikationsbedarf	

Erläutern Sie Arten, Ziele und Aufgaben wichtiger berufsständischer Organisationen.

Art der Betriebe/ Branche	Berufsständische Organisation	Ziele und Aufgaben	Mitglied-schaft	Dachverband auf Bundes-ebene
Betriebe der gewerblichen Wirtschaft (Industrie, Handel, Dienstleistung)	Industrie- und Handels-kammer = Interessen-vertretung für die gewerbliche Wirtschaft	▸ betreut alle in ihrem Bereich liegenden Gewerbebetriebe, die Pflichtbeiträge zahlen ▸ berät und fördert die gewerbliche Wirtschaft ▸ überwacht die Berufsausbildung, führt das Verzeichnis der Ausbildungsbetriebe und nimmt Prüfungen ab	Pflicht	Deutscher Industrie- und Handelskammer-tag DIHK
	Wirtschaftsfachverband = Interessenvertretung des jeweiligen Wirtschafts-zweiges	▸ fördert den jeweiligen Wirtschaftszweig (z.B. Fachverband des Schrauben-Großhandels e.V.) ▸ berät seine Mitglieder ▸ gibt branchenbezogene Informationen und Statistiken für die Mitglieder heraus ▸ gibt Stellungnahmen zu aktuellen wirt-schaftspolitischen Themen ab ▸ versucht, Einfluss auf die Gesetzgebung zu nehmen, sofern diese den Wirtschaftszweig betrifft (Lobby)	freiwillig	▸ Bundesverband des entspre-chenden Wirtschafts-zweiges (z.B. BDI, BGA) ▸ Bundesverband der deutschen Arbeitgeberver-bände (BDA)
Handwerks-betriebe	Handwerksinnung = Zusammenschluss selbstständiger Handwer-ker einer Berufsgruppe	▸ regelt und überwacht die Berufsausbildung ▸ nimmt Gesellenprüfungen ab ▸ vermittelt zwischen Kunden und Betrieb ▸ richtet Unterstützungs- und Krankenkassen ein	Ausbil-dungsbe-triebe Pflicht freiwillig	Bundesinnungs-verbände
	Kreishandwerkerschaft = Zusammenschluss aller oder mehrerer Handwerksinnungen eines Stadt- oder Landkreises	▸ nimmt die gemeinschaftlichen Interessen des Handwerks auf Bezirksebene wahr ▸ schafft überbetriebliche Ausbildungsstätten und Schlichtungsstellen ▸ erteilt Auskünfte und Rechtsberatungen ▸ betreut die Auszubildenden gemeinsam mit den Lehrlingswarten der Kammern	Pflicht	▸ Bundesvereini-gung der Fachverbände ▸ Zentralverband des deutschen Handwerks (ZDH)
	Handwerkskammer = Interessenvertretung des Handwerks und Organ der handwerklichen Selbstverwaltung	▸ berät ihre Mitglieder ▸ führt die Handwerksrolle, in der jeder Betrieb verzeichnet ist ▸ überwacht die Ausbildung ▸ nimmt die Meisterprüfung ab	Pflicht	Deutscher Handwerkskam-mertag (DHKT)

Nennen Sie weitere wichtige Einrichtungen und Institutionen und erklären Sie deren Zuständigkeiten.

Finanzamt	Das Finanzamt ist die unterste Behörde der Finanzverwaltung, die als örtliche Dienststelle der Bundesländer die Besteuerung durchführt. Es verrichtet die dazu notwendige Verwaltungsarbeit, ermittelt die Steuerpflich-tigen, veranlagt und erhebt die Steuern und führt Kontrollen oder Fahndungen durch. Finanzämter werden durch die für ihren Bezirk zuständigen Oberfinanzdirektionen überwacht.
Arbeitsagentur	Die Arbeitsagentur ist vor Ort die unterste Behörde der Bundesagentur für Arbeit (BA). Wichtigste Aufgabe der Arbeitsagentur ist es, Arbeitsuchende und Arbeitgeber mit offenen Stellen für einen bestimmten Arbeitsagenturbezirk zusammenzuführen. Die Arbeitsagenturen erbringen Leistungen, die im Arbeitsförde-rungsgesetz (Sozialgesetzbuch II. und III. Buch) geregelt sind: Arbeitsvermittlung, Arbeits- und Berufsberatung, berufliche Weiterbildung, Umschulungen sowie Arbeitsbeschaffungsmaßnahmen. Diese Leistungen sind unentgeltlich. Auch die Beantragung und Zahlung von Arbeitslosengeld I und II gehört zu den Aufgaben.
Gewerbeaufsicht	Die Gewerbeaufsicht (oder: Amt für Arbeitsschutz) ist die zuständige Behörde für die Einhaltung von Vorschriften des Arbeits-, Umwelt- und Verbraucherschutzes. Ihr obliegt die Überwachung von Betrieben und die Erteilung von Genehmigungen. Nicht zu verwechseln mit Ordnungsamt oder Gewerbeamt.
Kommunalverwal-tung (Stadt- bzw. Gemeindeverwal-tung)	Das Grundgesetz legt in Artikel 28, Absatz 2 die Eigenverantwortung der Gemeinden „im Rahmen der Gesetze" fest. Die Eigenverantwortung bezieht sich auf Personal-, Gebiets-, Planungs- und Rechtsetzungs-hoheit. Die Kommunalverfassungen selber sind Sache der Ländergesetzgebung. Die konkrete Ausgestaltung der Kommunalverwaltungen unterscheidet sich daher je nach Landesgesetz. Sie betreffen vornehmlich das Verhältnis von gewählter, ehrenamtlicher Vertretung (Stadtrat, Kreisrat) und der hauptamtlichen Verwal-tungsspitze (Bürgermeister, Gemeinde- oder Oberstadtdirektor).
Arbeitsgericht	Arbeitsgerichte sind die Anlaufstellen für Streitigkeiten, die von der Arbeitsgerichtsbarkeit geklärt werden müssen. Die Arbeitsgerichte sind u.a. zuständig für Rechtsstreitigkeiten zwischen Arbeitgebern und Arbeitnehmern und zwischen Tarifvertragsparteien, wie Gewerkschaften und Arbeitgeberverbänden.

Erläutern Sie die Notwendigkeit, die Verantwortung sowie die Rechtsgrundlagen zur Vermeidung der Gefährdung von Sicherheit und Gesundheit am Arbeitsplatz.

Notwendigkeit des Arbeitsschutzes	Der Arbeitnehmer hat ständig mit technischen Einrichtungen zu tun und ist in Produktionsverfahren eingegliedert, die seine Gesundheit bedrohen können. Dem Schutz vor diesen Gefahren dienen zahlreiche Vorschriften zur Arbeitssicherheit und zum Gesundheitsschutz.
Verantwortung für den Arbeitsschutz	▸ Der **Arbeitgeber** ist dafür verantwortlich, dass die Schutzbestimmungen in seinem Betrieb beachtet werden. Bei Nichteinhaltung der Arbeitsschutzvorschriften durch den Arbeitgeber hat der Arbeitnehmer u. U. ein Recht auf Arbeitsverweigerung. ▸ Jeder **Arbeitnehmer** ist verpflichtet, die Unfallverhütungs- und Sicherheitsvorschriften zu befolgen. ▸ Der **Betriebsrat** hat darüber zu wachen, dass die Unfallverhütungsmaßnahmen durchgeführt werden. Er hat mitzubestimmen über Regelungen zur Verhütung von Arbeitsunfällen und Berufskrankheiten sowie über den Gesundheitsschutz im Rahmen der gesetzlichen Vorschriften.
Rechtsgrundlagen des Arbeitsschutzes	▸ Die **Arbeitsstättenverordnung** legt allgemeine Anforderungen an Betriebsräume und Arbeitsstätten fest hinsichtlich Belüftung, Temperatur, Beleuchtung, Lärm usw. ▸ Das **Arbeitsschutzgesetz** enthält Vorschriften, die geeignet sind, die Sicherheit am Arbeitsplatz zu erhöhen und die medizinische Betreuung im Betrieb sicherzustellen. Zu einzelnen Vorschriften gibt es sogenannte „Arbeitsstättenregeln", die genauere Definitionen und Auslegungen enthalten. Diese werden auch als „Technische Regeln für Arbeitsstätten" bezeichnet und regeln Einzelheiten zu Themen wie: Lüftung, Raumtemperaturen oder Beleuchtung. ▸ Die **Unfallverhütungsvorschriften** der Berufsgenossenschaften beinhalten Verhütungsmaßnahmen zur Vermeidung von Arbeitsunfällen sowie Vorschriften für die Gestaltung von Einrichtungen und erforderliche Anordnungen. Diese Vorschriften sind im Betrieb an sichtbarer Stelle auszuhängen und die Mitarbeiter sind darüber genau zu unterrichten. ▸ Zu den **„allgemein anerkannten Regeln der Technik"** gehören die DIN-Normen des Deutschen Institutes für Normung, die VDE-Bestimmungen des Verbandes deutscher Elektrotechniker sowie die VDI-Richtlinien des Verbandes deutscher Ingenieure.

Welche Maßnahmen muss ein Betrieb vorsehen, um die Sicherheit am Arbeitsplatz zu gewährleisten?

Technische Maßnahmen	Dazu gehören die Verwendung technischer Geräte mit dem GS- oder CE-Zeichen (= geprüfte Sicherheit), Installation von Schnellstopp-Einrichtungen sowie akustischer und optischer Warnanlagen. Ferner muss der Arbeitgeber dem Arbeitnehmer für die manuelle Handhabung von Lasten (Ziehen, Heben, Schieben, Tragen und Bewegen einer Last) geeignete mechanisierte und maschinisierte Ausrüstungen bereitstellen, z. B. Hubwagen, Laufkran, Gabelstapler.			
Organisatorische Maßnahmen	Hierunter sind vor allem Arbeitsanweisungen zu fassen, die die Verwendung von Sicherheitsschuhen, angemessener Kleidung sowie ggf. Atemschutzgeräten beinhalten. Ferner beziehen sich die Anweisungen auf den Umgang mit schweren Lasten.			
Sicherheitszeichen	Warnzeichen	Gebotszeichen	Verbotszeichen	Rettungszeichen
Sicherheitsbeauftragter	In Unternehmen mit mehr als 20 Beschäftigten hat der Unternehmer einen oder mehrere Sicherheitsbeauftragte zu bestellen. Dieser hat den Unternehmer bei der Durchführung des Unfallschutzes zu unterstützen, u. a. sich laufend von der ordnungsgemäßen Benutzung der vorgeschriebenen Schutzvorrichtungen zu überzeugen. Der Sicherheitsbeauftragte ist Mitglied des Arbeitsschutzausschusses.			
Gewerbeaufsicht	Die Gewerbeaufsicht hat zu überwachen, dass in Betrieben die Schutzvorschriften befolgt werden. Gewerbeaufsichtsbeamte haben das Recht, jederzeit – auch nachts – ohne vorherige Anmeldung die Betriebsanlagen zu kontrollieren; sie können Verbote und Auflagen bezüglich gefährlicher Anlagen erlassen.			
Gestaltung von Bildschirmarbeitsplätzen	Für alle Computerarbeitsplätze sind durch eine EU-Richtlinie Mindeststandards zum Gesundheitsschutz für die Gestaltung von Bildschirmarbeitsplätzen einzuhalten. Diese Richtlinie beinhaltet Vorschriften, um die mögliche Gefährdung des Sehvermögens sowie die körperliche und psychische Belastung der Arbeitnehmer am Bildschirm zu vermeiden. Die Arbeitnehmer sind auf diese Belastungen hinzuweisen und ggf. durch eine qualifizierte Person zu unterweisen.			
Maßnahmen zum Brandschutz	Die Entstehung von Bränden kann vorbeugend durch Brandschutzmaßnahmen verhindert werden: ▸ Bauliche Einrichtungen sind Brandschutztüren und -wände, Notausgänge und Rettungswege für Mitarbeiter sowie Rauchverbot in gefährdeten Zonen (z. B. Lager). ▸ Brandmeldeanlagen sind an gefährdeten Stellen zu installieren (z. B. automatische Brandmelder). ▸ Feuerlöscheinrichtungen sind dort anzubringen, wo besonders leicht Brände entstehen können oder gefährdete Waren oder Einrichtungen vorhanden sind (z. B. Holzregale, Papier, Benzin etc.). Zu diesen Einrichtungen zählen z. B. Sprinkleranlagen, Handfeuerlöschgeräte und Äxte. ▸ Organisatorische Maßnahmen beinhalten die Unterweisung des Personals im betrieblichen Brandschutz und regelmäßige Brandschutzübungen in gefährdeten Bereichen sowie das Aushängen der Vorschriften und Regeln zur Brandverhütung und Brandbekämpfung.			

Nennen und erläutern Sie wichtige ökologische Ziele, die in einem Unternehmen verfolgt werden sollten.

Kreislaufwirt-schaftsgesetz		Nach dem „Kreislaufwirtschafts- und Abfallgesetz" vom 27.09.1994 sollen die Erzeugung, die Verteilung, der Verbrauch und die Entsorgung von Gütern als geschlossenes System betrachtet werden. Dies bedeutet, dass Probleme der Abfallbehandlung bereits während des Produktionsvorgangs berücksichtigt werden. Abfälle sind in erster Linie zu vermeiden und erst in zweiter Linie zu verwerten. Nicht wieder verwertbare Abfälle müssen zur Energieerzeugung verwendbar oder umweltverträglich zu entsorgen sein.
Allgemeine ökologische Ziele	Einsparung von Rohstoffen	Die Welt-Rohstoffvorräte nehmen ständig ab. So ist bekannt, dass einige Rohstoff-reserven, wie Zink, Kupfer, Erdöl oder Silber, bei gleicher Abbaumenge wie heute nur noch maximal 40 bis 50 Jahre reichen. Aus diesem Grunde muss es das Ziel aller sein, bei der Herstellung und dem Vertrieb von Waren den Verbrauch von Rohstoffen mög-lichst gering zu halten.
	Einsparung von Energie	Die Einsparung von Energie hat als Hintergrund die Überlegung, dass weniger fossile Brennstoffe verwendet werden. Das gilt vor allem für die kohlenstoffreichen Brenn-stoffe wie Kohle und schweres Heizöl. Dies sind die Brennstoffe mit dem höchsten Gehalt an Schwefel, der zusammen mit Stickstoff bei der Verbrennung saure Emissio-nen erzeugt, die wiederum den sauren Regen verursachen. Ferner verursacht jede Verbrennung fossiler Energien Kohlendioxid, das als Verursacher für die Aufheizung der Erdatmosphäre gilt.
	Vermeidung von Emissionen	Emission bedeutet, dass gasförmige oder feste Stoffe ausgestoßen werden, die die Luft, den Boden oder das Wasser verunreinigen. Verursacher von Emissionen sind technische Anlagen, wie Betriebe, Kraftwerke oder Autos. Durch gesetzliche Maßnah-men ist für viele Stoffe ihrer Schädlichkeit entsprechend die Höhe der zulässigen Emissionskonzentration festgelegt.

Nennen Sie konkrete Maßnahmen zum Umweltschutz im Lager und geben Sie dafür Beispiele.

Abfallvermeidung	▸ Mehrwegverpackung zum Schutz der Waren und zum Transport (Paletten, Collicos, Kleincontainer) ▸ Nutzung von wiederverwendbaren Containern statt Pappe oder Folie als Verpackung ▸ Vermeidung von zusätzlichen Umverpackungen bei unproblematischen Transporten
Abfallverminde-rung	Verpackungssysteme können optimiert werden, wenn das Volumen der bereitgestellten Verpackung der zu versendenden Ware angepasst wird. Statt Standardgrößen zu verwenden, in denen viel „Luft" enthalten ist, können variable Umverpackungen oder Versandkartons verschiedener Größen bereitgestellt werden. Damit entfällt auch die umfangreiche Verwendung von Füllmaterial (z. B. Styroporkugeln). Die Versandmitarbeiter können durch Prämien auf Einsparungen zur Abfallverminderung angehalten werden.
Abfallumwandlung	Alle wiederverwendbaren Materialien im Wareneingangslager wie Kartonagen, Altpapier, Folien, Glas etc. sind daraufhin zu untersuchen, ob sie durch Abfallumwandlung (Recycling) dem Unternehmen wieder nutzbar gemacht werden können.
Abfallbeseitigung	Der Abfall, der nicht wieder verwertet werden kann, sollte einer Beseitigung zugeführt werden, deren Verfahren die Umwelt möglichst nur gering belasten. Dies gilt z. B. für Kompostierung statt Verbrennung oder Deponierung. Es gilt also, den Müll zu sortieren, bevor er der Beseitigung zugeführt wird. Außerdem spart dies Kosten, denn gemischter Abfall, der zumeist auch als Sondermüll gilt, kostet in der Entsorgung je m^3 mehr als sortierter Abfall.
Einsparung von Energie	Wärmedämmung der Lagerräume, verbrauchsarme Fahrzeuge, Systeme, die gleichzeitig Heizungswärme und Strom erzeugen (Kraft-Wärme-Kopplung), Heizungsanlagen mit einem hohen Wirkungsgrad
Umwelt-beauftragter	Viele Betriebe gehen dazu über, Mitarbeiter als Umweltbeauftragte zu ernennen, die dann die Mitarbeiter schulen und den Entsorgungsmarkt hinsichtlich möglicher Kostensenkungen genau beobachten.

Welche Umweltfaktoren müssen bei der Gestaltung von Arbeitsräumen beachtet werden?

Licht	▸ Die Beleuchtungsstärke sollte zwischen 500 und 1 200 Lux liegen. ▸ Der Raum sollte gleichmäßig ausgeleuchtet sein. Es sollten Leuchtstoffröhren verwendet werden. Leuchtbänder sollten parallel zur Fensterfront angebracht werden und reflexfrei abgeschirmt sein. ▸ Die Beleuchtung muss blendfrei sein und das Licht sollte von links oben auf den Arbeitsplatz fallen.
Geräusche	Im Büro sollte der Schallpegel 55 bis 60 dB nicht überschreiten. Im Lager und Versand sollte ein Schallpegel von 90 bis 95 dB nicht überschritten werden. Der Lärmpegel kann durch Teppichboden, Decken- und Wandverkleidungen, Stellwände, Isolierverglasung usw. gesenkt werden.
Luft	Die Lufttemperatur sollte 20 bis 22 Grad Celsius und die Luftfeuchtigkeit 40 bis 60 % betragen. Durch Klimaanlagen können diese Werte gehalten werden.
Farben	Grüntöne wirken beruhigend. Sie sind daher für Räume mit Publikumsverkehr geeignet. Große Farbkont-raste wirken belebend. Sie sind für Räume geeignet, in denen monotone Arbeiten ausgeführt werden. Helle Farben regen an, grelle Farben machen aggressiv, dunkle Farben wirken bedrückend.

Erläutern Sie Notwendigkeit, Begriff, Aufgaben und Ziele eines Warenwirtschaftssystems.

Notwendigkeit	‣ Eine starke Erweiterung der Sortimente hat zu einer nahezu unübersichtlichen Anzahl von Artikeln geführt. *Beispiel: 50 000 Artikel bei einem Großhandel für Verbindungselemente* ‣ Schnelle Veränderungen im Konsumentenverhalten führen zu immer kürzeren Intervallen bei den Änderungen des Sortiments und seiner Struktur. ‣ Der Wettbewerb wird durch eine ständig zunehmende Konzentration im Handel verschärft. Dies erfordert, dass der Betrieb in seiner Preispolitik flexibel sein muss, z.B. in Form von kurzfristigen Preiszugeständnissen.
Begriff „Warenwirtschaft"	Die Warenwirtschaft hat in einem Großhandelsbetrieb die Aufgabe, den physischen Warenfluss von der Warenannahme bis zum Warenausgang und den Datenfluss, der diese Bewegungen begleitet, zu planen, zu steuern und zu kontrollieren. Dabei ist es unerheblich, ob dies manuell erfolgt oder durch Maschinen, Transportmittel und EDV-Anlagen unterstützt wird.
Ziele	Ziel eines Warenwirtschaftssystems ist es, die richtige Ware zur richtigen Zeit am richtigen Ort in der vom Kunden gewünschten Qualität zum attraktiven Preis zur Verfügung zu stellen. Dazu gehören ‣ die Sortimentsoptimierung, ‣ die Minimierung der Kapitaldeckung, ‣ die Bestandsoptimierung, ‣ die Kostenminimierung, ‣ die Bestandsüberwachung, ‣ die termingerechte Versorgung nach Art und Menge.
Aufgaben	Ein Warenwirtschaftssystem muss folgende Aufgaben erfüllen: ‣ bedarfsgerechtes **Dispositions- und Bestellwesen** ‣ zeitnahe Ermittlung der **Warenbewegungsdaten** ‣ Ermittlung und Fortschreibung der **Warenbestandsdaten** ‣ **Rechnungsprüfung** ‣ empfängerorientierte **Aufbereitung der Daten**, d.h. Erstellung aktueller Statistiken des Absatzes (**Absatzstatistik**), des Wareneingangs (**Wareneingangsstatistik**) und des Lagerbestandes (**Lagerstatistik**) ‣ **Überwachung des Warenflusses**

Wie unterscheiden sich herkömmliche und EDV-gestützte Warenwirtschaftssysteme (WWS)?

Herkömmliche WWS	Herkömmliche Warenwirtschaftssysteme sind manuelle Systeme, in denen die gesamten Informationen mit der Hand oder Schreibmaschine erstellt werden. Tabellen und Belege müssen deshalb häufig vervielfältigt, ergänzt und dann neu geschrieben werden. Diese Systeme sind deshalb veraltet und kommen in der Praxis so gut wie nicht mehr vor.	
EDV-gestützte WWS	Der Durchbruch bei den Warenwirtschaftssystemen erfolgte durch die Einführung und konsequente Anwendung der EDV in den Betrieben. Warenwirtschaftliche Informationen können wesentlich schneller und genauer verarbeitet werden. Dennoch gibt es auch hier Unterschiede:	
	Offene WWS	Hierbei wird nur ein Teil der warenwirtschaftlichen Aufgaben durch EDV unterstützt. Das bedeutet, dass ein Teil der Informationen noch manuell verarbeitet wird. Dies verursacht vor allem an den Schnittstellen Engpässe und Fehlermöglichkeiten, weil der elektronische Informationsfluss ständig unterbrochen wird.
	Geschlossene WWS	Hierbei erfolgt eine nahtlose Erledigung aller Aufgaben im Zusammenhang mit warenwirtschaftlichen Vorgängen sowie die entsprechende Verarbeitung der Informationen mithilfe der EDV. An den Schnittstellen zwischen den verschiedenen Aufgabenbereichen werden die Daten von einem Bereich an den anderen Bereich übergeben und lediglich weiterverarbeitet. Die Vorteile liegen auf der Hand: Alle Informationen sind für alle Mitarbeiter leichter zugänglich und schneller verfügbar, weil alle eingegebenen Daten in der Regel sofort weiterverarbeitet werden.

Beschreiben Sie verschiedene Artikelnummernsysteme als organisatorische Voraussetzungen für ein EDV-gestütztes Warenwirtschaftssystem.

Klassifizierende Nummernsysteme	Sie beschreiben anhand der Zuweisung von einzelnen Ziffern der Nummern zu bestimmten Ordnungskriterien des Artikels einen Artikel bis in Details.
	Beispiel:
	1 2 3 4 5
	    Sortimentsbereich: Lebensmittel
	    Hauptwarengruppe: Frischwaren
	    Warengruppe: Wurst
	    Untergruppe: Schnittwurst, abgepackt
	    Ware: Italienische Salami
	Mit den ersten Stellen einer Artikelnummer ist ein Artikel bereits relativ eindeutig beschrieben. Weitere Stellen geben zusätzlich Auskunft über den Hersteller, das Modell, seinen Einkaufspreis, Lieferzeit, Kalkulationsaufschlag und andere Informationen.

Identifizierende Nummernsysteme	Sie ordnen Sachinformationen über den Artikel eindeutig einer bestimmten Nummer zu. Der Artikel kann so anhand seiner Nummer identifiziert werden. Voraussetzung dafür ist, dass dem Artikel in der Artikelstammdatei eine Artikelnummer eindeutig zugeordnet ist. Es handelt sich hier nicht um „sprechende" Nummernsysteme.

Welche Basisdaten werden in einem Warenwirtschaftssystem benötigt?

Artikeldatei (Summe aller Artikeldatensätze)	Sie enthält alle Informationen über die einzelnen Artikel. Dazu gehören die Artikelnummer, die Bezeichnung, der Einkaufs- und Verkaufspreis, verschiedene Kalkulationsangaben, Hinweise auf Lieferer, Substitutionsartikel, Limitierungen.
Lieferantendatei	Sie enthält alle Lieferantenstammdaten, wie Name, Anschrift, bundeseinheitliche Betriebsnummer, Zahlungs- und Lieferungsbedingungen, Rabattstaffeln, Daten für den Zahlungsverkehr, Lieferantenumsätze sowie Bestell- und Kreditlimits.
Kundendatei	Die Kundendatei enthält die Informationen über jeden einzelnen Kunden. Jeder Datensatz enthält Datenfelder wie Kundennummer, Name, Anschrift, Telefon, Telefax, E-Mail-Adresse, Ansprechpartner, Konditionen (Rabatt, Bonus, Skonto, Liefer- und Zahlungsbedingungen), Umsätze, Debitorennummer, offene Posten, Bankverbindung, zuständiger Außendienstmitarbeiter.
Auftragsdatei	Die Auftragsdatei enthält die Informationen über alle in einem Geschäftsjahr abgewickelten Aufträge. Jeder Datensatz enthält die Informationen, die für die Abwicklung des Auftrages erforderlich waren bzw. sind. Dazu gehören die interne Auftragsnummer, Kundendaten, Artikelnummer und -bezeichnung sowie die Menge der bestellten Artikel, Eingangsdatum des Auftrages, Versanddatum des Auftrages, Rechnungsdatum.

Welche Leistungen bietet ein geschlossenes Warenwirtschaftssystem für den Großhändler?

Bestellungen	▸ artikelgenaue Erfassung am Computerarbeitsplatz ▸ Zusammenfassung der Bestellpositionen zu Aufträgen nach Lieferanten ▸ Abspeicherung der Bestelldaten in der **Bestelldatei** ▸ Speicherung der bestellten Artikel in der **Dispositionsdatei**
Wareneingang	▸ Eingang der Artikelnummern und der Menge der Waren, die angeliefert werden ▸ Bestelldatenabgleich der gelieferten Positionen mit den bestellten Positionen und Übertragung der Einzelpositionen bzw. des gesamten Auftrags in die **Wareneingangsdatei** ▸ Löschen der Bestellvermerke in der Dispositionsdatei und Übergabe der Daten an die Buchhaltung, Rechnungsprüfung und Kalkulation ▸ Ausdruck optisch lesbarer Etiketten
Rechnungsprüfung und Kalkulation	▸ Prüfung der sachlichen und rechnerischen Richtigkeit der Rechnung des Lieferanten und automatischer Abgleich der dort ausgewiesenen Einzelpositionen und Summen mit der Bestellung und dem Wareneingangsjournal ▸ Überprüfung des Einstandspreises anhand der Wareneingangsdaten und der Fracht- und Zollabrechnungen ▸ automatische Berechnung des Verkaufspreises anhand der gespeicherten **Kalkulationszuschläge**
Verkaufsstatistiken	▸ **Sofortinformation:** Sie enthält die bis zum Zeitpunkt des Abrufes getätigten Umsätze, aufgegliedert nach Warengruppen und Kunden, bei Bedarf auch nach einzelnen Artikeln. ▸ **Umsatzstatistik:** Sie weist die Mengen und Werte der Verkäufe nach Warengruppen, Kunden und nach Artikeln aus. ▸ **Schnell- und Langsamdreher-Statistiken:** Renner- und Penner-Listen sind Auswertungen, die auf den einzelnen Artikel abstellen und dessen Umschlagshäufigkeit, Deckungsbeitrag und Rentabilität ausweisen. ▸ **Preislagenstatistik:** Sie ist eine Sonderauswertung der Umsatzstatistik und liefert Informationen darüber, welche Preislagen in welcher Warengruppe von den Kunden am häufigsten gekauft werden. Aus diesen Informationen lassen sich wichtige Rückschlüsse für die Sortimentspolitik ziehen. ▸ **Verkäuferstatistiken:** Sie zeichnen pro Verkäufer den Umsatz, den Anteil der Kundenretouren, die Zahl der bedienten Kunden usw. auf.
Kurzfristige Erfolgsrechnungen (KER)	Sie weisen pro Warengruppe folgende Werte aus: den Umsatz (Menge und Preis), den Wareneinsatz (Menge und Preis), den Rohertrag (Bruttogewinn), die Handelsspanne, die Lagerumschlagshäufigkeit und die Anteile der Warengruppen am Umsatz. Arbeitet das Unternehmen mit Planzahlen und entsprechenden Vorgaben, kann ein Soll-Ist-Vergleich erfolgen. Zumindest kann ein Vergleich mit Vorperioden erfolgen.
Bestandsführung	Die Anfangsbestände der Waren werden aufgrund der gespeicherten Zugänge und der artikelgenau erfassten Verkäufe fortgeschrieben. Die Bestandsfortschreibung ist die Grundlage für die Einkaufsdisposition.
Einkaufsdisposition	▸ **Bestellvorschlagsliste:** Aus den Daten der Bestandsführung liefert das System nach internem automatischen Angebotsvergleich für jeden Artikel einen Bestellvorschlag. ▸ **Limitplanung/Limitkontrolle:** Errechnete Limits geben den Einkäufern die maximale Höhe des Wareneinkaufs an, damit das Lagerbestandsrisiko begrenzt wird.
Inventur	Bei der Durchführung einer permanenten Inventur wird zum Bilanzstichtag auf die Soll-Werte zurückgegriffen. Diese müssen jedoch zumindest einmal im Jahr pro Artikelposition mit den Ist-Werten verglichen werden.

Erläutern Sie die Bestimmungsgründe für die Wahl eines Transportmittels anhand von Beispielen.

Bestimmungsgrund	Beispiele
Art der Güter	▸ Binnenschiffe für schwere, aber niederwertige Ware ▸ Spezialtransportmittel für Tiefkühlkost
Verfügbarkeit des Transportmittels	▸ begrenzter Wirkungskreis bei Transportmitteln, die an bestimmte Verkehrswege oder Entladepunkte gebunden sind (Bahnhöfe, Häfen, Flughäfen) ▸ flexible Transportmittel sind Lkw
Kosten	Fracht, ein möglicher Straßenvor- und -nachlauf, Rollgeld 1 und 2, Umladungen und Einlagerungen, ggf. zusätzlich erforderliche Transportversicherungen
Transportdauer	▸ langsamer Transport mit Schiffen ▸ relativ schneller Transport mit Lkw und Bahn
Beförderungsrisiko	▸ hohes Risiko beim Lkw-Transport ▸ Risiken durch häufiges Umladen bei der Bahn
Umwelt- verträglichkeit	▸ Lkw: größter Verursacher von Schadstoffkonzentrationen in der Luft ▸ Schiff und Bahn: niedrigste Umweltbelastung

Erläutern Sie wichtige Transportdokumente und ihre Aufgaben.

Frachtbrief	Der Frachtführer kann die Ausstellung eines Frachtbriefs verlangen. Nach dem HGB soll dieser folgende Angaben machen: ▸ Ort und Tag der Ausstellung ▸ Name und Anschrift des Absenders ▸ Name und Anschrift des Frachtführers ▸ Stelle und Tag der Übernahme des Gutes sowie die für die Ablieferung vorgesehene Stelle ▸ Name und Anschrift des Empfängers und eine etwaige Meldeadresse ▸ übliche Bezeichnung der Art des Gutes und die Art der Verpackung ▸ Rohgewicht oder die andere angegebene Menge des Gutes ▸ vereinbarte Fracht und die bis zur Ablieferung anfallenden Kosten ▸ Vermerk über die Frachtzahlung („Wer zahlt die Fracht?") ▸ Betrag einer bei der Ablieferung des Gutes einzuziehenden Nachnahme ▸ Weisungen für die zoll- und sonstige amtliche Behandlung des Gutes In den Frachtbrief können weitere Angaben eingetragen werden, die die Parteien für zweckmäßig halten. Der Frachtbrief wird in drei Originalausfertigungen ausgestellt, die vom Absender unterzeichnet werden. Der Absender kann verlangen, dass auch der Frachtführer den Frachtbrief unterzeichnet. Nachbildungen der eigenhändigen Unterschriften durch Druck oder Stempel genügen. Eine Ausfertigung ist für den Absender bestimmt, eine begleitet das Gut, eine behält der Frachtführer.
Luftfrachtbrief/ Airway Bill	Der Luftfrachtbrief dokumentiert den Abschluss und den Inhalt des Frachtvertrages, weist den Empfang der Ware durch die Unterschrift des Empfängers nach und ist Warenbegleitpapier und Beweisurkunde.
Konnossement/ Ladeschein	Der Ladeschein ist in der Binnen- und Seeschifffahrt das übliche Versanddokument. Er verpflichtet den Frachtführer, die Güter nur an den rechtmäßigen Besitzer des Ladescheins auszuliefern. Damit ist es nicht nur Beweisurkunde, sondern zusätzlich auch Warenwertpapier. Der Ladeschein kann somit für die Besitzübertragung, für die Eigentumsübertragung und die Kreditsicherung verwendet werden.

Zeigen Sie Möglichkeiten und Bedingungen der Zustellung von Ware durch die Deutsche Post AG auf.

Sendungsart	zulässig für	Höchstgewicht	zu beachten:
DHL-Päckchen	Gegenstände aller Art	2 kg	▸ Höchstmaße 60 × 30 × 15 cm ▸ Vermerk „Päckchen"
DHL-Paket	Gegenstände aller Art	31,5 kg	▸ Höchstmaße 120 × 60 × 60 cm ▸ regelmäßige Abholung montags bis samstags ▸ Haftung bis 500,00 EUR ▸ Sendungsverfolgung möglich ▸ Zollabwicklung zusätzlich buchbar ▸ Versand weltweit möglich
Warensendung	Proben, Muster, kleine Waren	0,5 kg	▸ Verpackung muss von der Post zu öffnen sein ▸ Vermerk „Warensendung" ▸ Drucksachen/Rechnungen dürfen beiliegen
Büchersendung	Bücher, Noten, Broschüren, Landkarten	1 kg	▸ Verpackung muss von der Post zu öffnen sein ▸ Vermerk „Büchersendung"

Welche Leistungen erbringen private Paketdienste?

Begriff	Private Paketdienste schließen Verträge mit gewerblichen Versendern (z. B. Versandhäusern) ab, holen die Pakete werktäglich ab und stellen sie innerhalb einer garantierten Frist (ein bis zwei Tage) zu. *Beispiele für Anbieter: United Parcel Service (UPS), Deutscher Paketdienst (DPD), Hermes Logistik*
Leistungen	Es werden Pakete mit einem Gewicht bis zu 30 kg versendet. Die Tarife sind abhängig von Maß, Gewicht und Entfernung und es wird ein günstiger Abholservice geboten.

Beschreiben Sie den Versand von Gütern auf der Schiene.

Bedeutung	Der Eisenbahngüterverkehr wird in der Bundesrepublik Deutschland durch die Deutsche Bahn AG, die ABX Logistics, Railion und andere Anbieter durchgeführt. Es besteht Beförderungspflicht, soweit die Güter und die vorgesehene Transportmöglichkeit den Bestimmungen entsprechen.
Versandformen	▸ **Stückgüter** sind Einzelsendungen, verpackt in Kisten, Kartons, Flaschen u. a., die nicht die volle Ladekapazität eines Güterwagens ausmachen. Der Stückgutverkehr wird u. a. von der ABX Logistics durchgeführt. ▸ **Wagenladungen** bestehen aus Massengütern wie z. B. Erze, Getreide oder Pkw. Sie werden vom Versender auf Großraumgüterwagen (Waggons) geladen. Der Ladungsverkehr ganzer Wagenladungen wird u. a. von der Railion Deutschland durchgeführt.
Fracht	Die Frachthöhe hängt vom Gewicht der Sendung, der Entfernung und der Schnelligkeit der Beförderung ab. Sie setzt sich zusammen aus der Bahnfracht, der Stückguthausfracht für den Straßenvor- und -nachlauf oder Rollgeld bei Expressgutsendungen. Die Zahlung der Fracht kann durch den Absender oder Empfänger erfolgen. Der Absender entscheidet durch einen Zahlungsvermerk im Frachtbrief, wer bezahlen soll. „Frei" bedeutet, dass der Absender die Sendung bezahlt, „unfrei", dass der Empfänger zahlt.
Haftung des Frachtführers	Der Frachtführer haftet bei Beschädigung oder Verlust, sofern die Schäden nicht durch höhere Gewalt oder durch den Absender verursacht worden sind.
Versandbehälter	Die Anbieter stellen ihren Kunden zahlreiche Versandbehälter zur Verfügung. Dazu gehören Klein- und Großcontainer, Collicos und Paletten.

Erläutern Sie die Besonderheiten des Stückgutversandes.

Stückfracht	Stückgut wird mit Güterzügen und/oder Lkw über Nacht von Haus zu Haus zwischen dem Absender und dem Empfänger befördert. Die Stückgutfracht geht sowohl beim Gewicht als auch bei den Maßen weit über die bei Paketen üblichen Werte hinaus. So können Paletten, kleine Container, sperrige Güter etc. mit Stückfracht bequem versandt werden.
Beförderungs-dauer	▸ Im Normalfall liegt die Beförderungsdauer im Inland zwischen 24 und 48 Stunden. ▸ Im europäischen Raum kann der Transport bis zu vier Tagen dauern.
Express	▸ Im Inland kann die Sendung garantiert innerhalb von 18 bis 24 Stunden beschleunigt ausgeliefert werden. ▸ Im internationalen Stückgutverkehr kann die Sendung im Notfall je nach Land und notwendiger Zollabfertigung innerhalb von 24 bis 48 Stunden zugestellt werden.
IC-Kurierdienst	Bei diesem Dienstleistungsangebot der Bahn werden Sendungen bis zu einem Gewicht von 20 kg befördert und mit IC- bzw. ICE-Zügen transportiert. Diese Züge fahren im Ein-Stunden-Takt.

Welche Gesichtspunkte sind bei der firmeneigenen Zustellung von Waren zu beachten?

Werksverkehr	Der Gütertransport durch firmeneigene Fahrzeuge wird als Werksverkehr bezeichnet. Er ist bei einer Nutzlast von mehr als 4 t beim Bundesamt für Güterverkehr anzumelden.
Tourenplanung	Nach der Zusammenstellung der für den Tag und Kunden auszuliefernden Waren (Kommissionen) müssen diese den Stellplätzen der Auslieferungsfahrzeuge (Tourenplätze) zugeführt werden und für jedes Fahrzeug muss dem Fahrer ein Tourenplan übergeben werden. Diese Tourenplanung liefert i. d. R. das Warenwirtschaftssystem, in dem alle Zielorte (Auslieferungsanschriften) gespeichert sind. Das System berechnet die Tour in der Weise, dass Auslieferungsorte und -zeiten optimal miteinander verbunden werden, um möglichst geringe Fahr- und Wartezeiten des Fahrers zu erreichen.
Transportpapiere	Als Transportpapiere werden bei der werkseigenen Auslieferung nur der Ladeschein für das Fahrzeug (enthält die Kommissionen) sowie der Lieferschein für den Kunden erstellt.
Haftung	Der Verkäufer haftet bei der Lieferung mit werkseigenen Fahrzeugen für Verlust und Beschädigung der Ware bis zur Übergabe an den Kunden.
Vorteile	▸ Die Kunden können kundenorientiert, schnell und flexibel beliefert werden. ▸ Die Fahrzeuge können für speziellen Bedarf ausgerüstet werden (z. B. Tiefkühlfahrzeuge). ▸ Firmeneigene Fahrzeuge und Auslieferungspersonen sind u. U. werbewirksam.

Erläutern Sie die Möglichkeiten der Warenzustellung mit dem gewerblichen Güterkraftverkehr.

Begriff	Der gewerbliche Güterkraftverkehr übernimmt die entgeltliche Beförderung von Gütern mit Kraftfahrzeugen ab einem Gesamtgewicht von 3,5 t. Die Erlaubnis hierfür wird von der zuständigen Kraftfahrtbehörde des jeweiligen Bundeslandes erteilt.
Versandarten	▸ Stückgut besteht aus einzelnen Kisten, Säcken oder Paletten, die entweder vom Frachtführer direkt abgeholt werden oder zur Verladung dorthin gebracht werden müssen. ▸ Ladungsgut besteht aus einer Warensendung mit einem Mindestfrachtgewicht von 5 t, die auf einen vorher bestellten Lkw geladen wird oder aus einem Container, der abgeholt wird.
Sammelladung	Hierbei werden Stückgüter mit unterschiedlichem Absender und/oder Empfänger gemeinsam befördert und auf i. d. R. regelmäßigen Touren des Frachtführers ausgeliefert.
Haftung	Der Frachtführer haftet bei Verschulden nur für den Schaden, der durch Verlust oder Beschädigung während des Transports entstanden ist.

Beschreiben Sie die Versendung von Waren mit der Binnenschifffahrt.

Betriebsformen	Die Binnenschifffahrt wird betrieben von ▸ **Partikulieren** als selbstständigen Einzelschiffern, die zumeist nur ein Schiff betreiben, ▸ **Reedereien**, die über eine eigene Flotte und angestellte Schiffer verfügen, ▸ der **Werksschifffahrt**, die den versendenden Unternehmen angegliedert sind.
Beförderte Güter	Die Binnenschifffahrt eignet sich besonders gut für Güter, die besonders schwer, sperrig und gefährlich sind. Dazu gehören z. B. Baustoffe, wie Sand und Kies, Düngemittel, Kohle, Recyclingstoffe.
Verkehrsmittel	▸ Motorschiffe sind Binnenschiffe mit eigenem Schiffsantrieb. ▸ Schleppkähne sind Fahrzeuge, die von einem gesonderten Schlepper gezogen werden. ▸ Schubverbände sind mehrere antriebslose unbemannte Schubleichter, die von einem Schubboot geschoben werden.
Haftung	Der Binnenschiffer haftet bei Verschulden für Verlust, Beschädigung und verspätete Lieferung.

Erläutern Sie die Möglichkeiten, Ware per Luftfracht zu versenden.

Beförderte Güter	Für die Luftfracht eignen sich besonders hochwertige, empfindliche und verderbliche Güter sowie solche Güter, die sehr schnell ihren Bestimmungsort erreichen müssen. *Beispiele: Schnittblumen, hochwertiger Fisch, dringend benötigte Ersatzteile, Reitpferde, Edelmetalle*
Beförderung	Die Beförderung im Luftfrachtgeschäft übernehmen nahezu alle Fluggesellschaften im In- und Ausland. Die Güter werden entweder in speziellen Frachtmaschinen oder auf regulären Passagierflügen befördert.
IATA-Tarif	Die Frachtentgelte werden auf IATA-Konferenzen zwischen den angeschlossenen Fluggesellschaften ausgehandelt und vereinbart und von den Regierungen der beteiligten Länder genehmigt. Die IATA (International Air Transport Association mit Sitz in Genf) ist ein Zusammenschluss vieler namhafter Fluggesellschaften.
Haftung	Bei Verschulden ist der Luftfrachtführer ersatzpflichtig für Beschädigung, Verlust, Zerstörung und Vermögensschäden, die durch verspätete Auslieferung entstanden sind.

Unterscheiden Sie Verpackungen nach ihrer Funktion.

Verkaufs-verpackung	Verkaufsverpackungen umhüllen unmittelbar die verpackten Güter und erfüllen damit ihre Schutz- und Werbeaufgabe bis zum Verbrauch der Ware durch den Endverbraucher. *Beispiele: Umhüllung eines Schokosnacks, Milchtüte, Weinflasche*
Umverpackung	Hierzu zählen zusätzliche Verpackungen um jeweils eine bestimmte Menge von Verkaufsverpackungen. Ihre Hauptaufgabe leisten sie am Verkaufsort, indem sie die Abgabe von Verkaufsverpackungen erlauben, die Diebstahlgefahr reduzieren und als Werbeträger fungieren. *Beispiele: Pappkarton für 50 Schokosnacks, 20 Milchtüten oder 6 Weinflaschen*
Transport-verpackung	Transportverpackungen sind nach der Verpackungsverordnung Verpackungen, die den Transport von Waren erleichtern, die Waren auf dem Transport vor Schäden bewahren oder die aus Gründen der Sicherheit des Transports verwendet werden und beim Vertreiber anfallen: ▸ Kisten aus Holz oder Kunststoff für Investitionsgüter, wie z. B. Maschinen, Motoren etc., ▸ Packstücke, in denen eine größere Stückzahl einer Ware zu Sammelgut zusammengefasst wird, wie z. B. Zahnpastatuben, Konserven, ▸ Spezialbehälter wie z. B. Collicos und Kleincontainer, ▸ Paletten sind genormte Plattformen als Untergrund gestapelter Güter, die mit Gabelstaplern umgeschlagen werden. Hersteller und Vertreiber sind verpflichtet, Transportverpackungen nach Gebrauch zurückzunehmen. Im Rahmen wiederkehrender Belieferungen kann die Rücknahme auch bei der nächsten Anlieferung erfolgen.

Geben Sie einen Überblick über die Beschaffungsplanung des Großhändlers.

Bedarfsermittlung	Die richtige Ermittlung des Bedarfs nach Art, Güte, Menge und Zeitpunkt ist die wichtigste Voraussetzung für den richtigen Einkauf. Quellen der Bedarfsermittlung sind die Umsatzstatistik vergangener Perioden, Markt- und Börsenberichte sowie die vom Verkauf erhobenen Erwartungen der Kunden. Für die Planung der Gesamtbedarfsmengen einer Periode gilt folgende Grundregel: Absatzmenge der Vergangenheit zuzüglich oder abzüglich der vermuteten Mengenänderung für die Planperiode (z.B. durch Trends etc.).
Beschaffungs- konzept	▶ Die **Beschaffungsmarktforschung** hat die Aufgabe, systematisch Informationen über den Beschaffungs- markt zu sammeln, um durch Markttransparenz einen effektiven Einkauf zu ermöglichen. ▶ Die **Beschaffungspolitik** betreibt eine aktive Gestaltung der Beziehungen zu den Lieferanten. Dazu gehören die Einflussnahme auf die Produkt- und Verpackungsgestaltung des Lieferanten, eine aktive Qualitätssicherung sowie die Gestaltung der Kontrakte, d.h. langfristige Beziehungen zu Lieferanten.
Mengenplanung	▶ **Einflussfaktoren der Mengenplanung** sind die Preise der Güter, die Lieferungs- und Zahlungsbedingun- gen, die Transportkosten, die Lagerhaltungskosten sowie die Kosten der Beschaffung. ▶ **Grundlagen der Mengenplanung** sind entweder Kundenaufträge, d.h., die Bestellung wird immer dann ausgelöst, wenn der Kundenauftrag bearbeitet wird, oder Lageraufträge, d.h., der Betrieb stellt die Güter für einen Markt bereit, der eine ständige Lieferbereitschaft erfordert. ▶ Die **optimale Bestellmenge** ermittelt für einen bekannten Jahresbedarf eines Materials die kosten- günstigste Aufteilung in jeweils gleich große Bestellmengen. Die optimale Bestellmenge liegt dort, wo die Summe aus Lager und Beschaffungskosten am niedrigsten ist. Die Abweichungen von den Annahmen dieses Rechenmodells (z.B. kontinuierlicher Lagerabgang, konstanter Einstandspreis, bekannte Jahres- verbrauchsmenge) führen in der Praxis häufig zu abweichenden Bestellmengen.
Zeitplanung	▶ **Einflussfaktoren für die Zeitplanung** sind die Beschaffungszeit (= betriebsübliche Bestellzeit, Bearbeitungs- zeit durch den Lieferanten und die reine Lieferzeit), Lagerkapazitäten (ein kleines Lager macht häufigere Beschaffungsintervalle notwendig als ein großes Lager), die Lagerfähigkeit der Ware (verfallgefährdete oder modische Artikel können nicht in großem Umfang eingelagert werden) und der Zeitpunkt des Warenange- bots (bestimmte Waren sind im Jahresablauf zeitlich nur begrenzt erhältlich, z.B. Hopfen, Gemüse). ▶ **Bestellpunktverfahren:** Bei Unterschreiten eines vorgegebenen Meldebestandes (Bestellpunkt) wird eine Bedarfsmeldung an den Einkauf ausgelöst. Dieses Verfahren setzt voraus, dass für die betreffenden Warenposi- tionen jeweils ein Meldebestand fixiert wird. Der Vorteil dieses Verfahrens liegt in den niedrigen Lagerkosten. ▶ **Bestellrhythmusverfahren:** Die Bestellzeitpunkte des Einkaufs sind an festgelegte Beschaffungsrhythmen gebunden. Je nach Warenposition können die Zeitintervalle zwischen den Bestellzeitpunkten unterschied- lich lang sein. Der Vorteil dieses Verfahrens liegt darin, dass sämtliche Teile berücksichtigt und regelmäßig bestellt werden.
ABC-Analyse	Die ABC-Analyse ist ein Verfahren zur Schwerpunktbildung der zu beschaffenden Güter: A = wichtig, dringend; B = weniger wichtig; C = unwichtig, nebensächlich. Die ABC-Analyse arbeitet dabei mit dem Mengen-Wert-Verhältnis der Materialien. A-Teile = geringer mengenmäßiger Anteil, hoher Wertanteil; B-Teile = mittlerer mengenmäßiger Anteil, mittlerer Wertanteil; C-Teile = hoher mengenmäßiger Anteil, geringer Wertanteil. Die Beschaffung muss sich vor allem auf die A-Güter konzentrieren.

Erläutern Sie die wesentlichen Aspekte der Sortimentsplanung.

Sortimentsbegriff	Das Sortiment ist die Gesamtheit der angebotenen Warengruppen und -arten, die ein Einzelhändler anbietet. Alle Maßnahmen, die die Sortimentsbildung (-zusammensetzung) unmittelbar beeinflussen, bezeichnet man als Sortimentspolitik.
Sortimentsteile	▶ **Kernsortiment:** typisches Branchensortiment des jeweiligen Großhändlers (Hauptumsatzträger) ▶ **Randsortiment:** Artikel anderer Sortimente, die das Kernsortiment abrunden und ergänzen sollen
Markenartikel	Markenartikel sind Konsumgüter, die mit einer individuellen Kennzeichnung („Markenlogo") von Herstellern (= Herstellermarke) oder Handelsgruppen (= Handelsmarken) vertrieben werden. Markenartikel zeichnen sich durch folgende Merkmale aus: gesetzlicher Schutz, gleichbleibende Qualität, hoher Wiedererkennungswert, zumeist hoher Bekanntheitsgrad ▶ **Herstellermarken:** Produkt wird unter Nennung des Herstellers, z.B. Ferrero, oder einer bestimmten Produktfamilie, z.B. Nivea, vertrieben. ▶ **Handelsmarken:** Produkte des täglichen Bedarfs werden unter dem Dach einer Handelsgruppe, z.B. „Ja" (REWE), mit einheitlichem Markenlogo vertrieben. ▶ **No-Name-Produkte** („Weiße Ware"): Produkte des täglichen Bedarfs werden ohne aufwändige Ver- packung und ohne Werbung zu extrem niedrigen Preisen von Handelsketten angeboten.

Sortimentsbreite und -tiefe	▶ Die **Sortimentsbreite** wird durch die Anzahl der Warenarten bzw. Warengruppen bestimmt:
	  – breites Sortiment: viele unterschiedliche Warenarten werden geführt
	  – schmales Sortiment: einige wenige Warenarten werden geführt
	▶ Die **Sortimentstiefe** wird durch die Anzahl der unterschiedlichen Artikel pro Warenart bestimmt:
	  – tiefes Sortiment: pro Warengruppe wird eine große Auswahl unterschiedlicher Artikel angeboten
	  – flaches Sortiment: pro Warenart wird nur eine begrenzte Anzahl verschiedener Artikel angeboten

Nennen Sie Möglichkeiten der Bezugsquellenermittlung.

Waren, bei denen die Bezugsquellen bisher nicht bekannt sind	Waren, bei denen aufgrund früherer Lieferungen die Bezugsquellen bekannt sind

Mögliche Informationsquellen:
▸ Suchverzeichnisse im Internet
▸ Branchenverzeichnisse („Wer liefert was?", „ABC der deutschen Wirtschaft"); Gelbe Seiten
▸ Anzeigen in Fachzeitschriften
▸ Messen/Ausstellungen
▸ Besuche von Vertretern/Reisenden
▸ Kataloge, Prospekte, Mustersendungen
▸ Industrie- und Handelskammern oder Verbände erteilen Auskünfte über Bezugsquellen und bieten ihr überregionales Informationssystem an.
▸ Auslandsvertretungen und Banken können Bezugsquellen für Importwaren angeben.
	Mögliche Informationsquellen:
	▸ Herkömmliche Bezugsquellenkartei, die handschriftlich geführt wird:
	  – Die Artikelkartei kann so aufgebaut sein, dass sie die für einen Artikel infrage kommenden Lieferanten enthält.
	  – Lieferantenkartei: Jedes Unternehmen hat einen Stamm von Lieferern, sodass bei Bestellungen nur die vorhandenen Lieferunterlagen herangezogen werden müssen.
	▸ Gesammelte Prospekte, Angebote, Preislisten werden nach den Artikeln geordnet abgelegt.
	▸ Warenwirtschaftssystem (Auflistung von Lieferanten oder Artikelstammdatei)

Wie wird ein Angebotsvergleich durchgeführt?

Begriff	In einem Angebotsvergleich werden die unterschiedlichen Konditionen sowie unterschiedliche Rabattsätze berücksichtigt und der Bezugspreis der Ware ermittelt, um die Angebote vergleichbar zu machen. Der Bezugspreis gibt an, wie viel der Betrieb für ein Gut zu zahlen hat, wenn es auf der Rampe des Betriebes angekommen ist.

Beispiel	(Werte in EUR)		Lieferant A		Lieferant B
	Listenpreis (100 Stück)		4 200,00		3 800,00
	− Rabatt (%)	(10)	420,00	(−)	0,00
	= Zieleinkaufspreis		3 780,00		3 800,00
	− Skonto (%)	(2)	75,60	(3)	114,00
	= Bareinkaufspreis		3 704,40		3 686,00
	+ Bezugskosten je 100 St.		60,00		120,00
	= Bezugspreis je 100 St.		3 764,40		3 806,00
	günstigster Lieferant		(1.)		(2.)

Beschreiben Sie die störungsfreie Abwicklung einer Bestellung unter Einbeziehung des Warenwirtschaftssystems.

Planung	▸ Bedarfsmeldung: Tägliche Meldung über Bildschirm/Drucker, bei welchen Positionen aufgrund der Entnahmen der Meldebestand unterschritten ist. ▸ Übergabe der Daten vom Lager an den Einkauf online oder in Form einer EDV-Liste. ▸ Erfassung der Daten der Bedarfsanforderung oder Bearbeitung der online erhaltenen Daten. Das System greift auf die bestehenden Dateien (Lieferantendatei, Artikeldatei) zurück, führt automatisch den Angebotsvergleich durch und gibt über Bildschirm oder Drucker Bestellvorschläge aus.
Durchführung	▸ Eingabe der Bestelldaten oder Bestätigung des vom System ermittelten Bestellvorschlages, Ausdruck der Bestellung. ▸ Übernahme der Bestelldaten in die Bestelldatei und in die Dispositionsdatei. Aus der Bestelldatei lassen sich die offenen Bestellungen jederzeit abrufen. Bei Bestätigung des Auftrages werden Dispositionsdatei und Bestelldatei durch Eingabe der notwendigen Daten (z. B. Liefertermin, Menge) fortgeschrieben.
Kontrolle	▸ Wird ein Liefertermin überschritten, löst das System automatisch eine Mahnung aus, die ausgedruckt wird. ▸ Bei Lieferung ruft die Warenannahme auf dem Bildschirm die Bestelldaten auf und bestätigt den richtigen Eingang der Waren oder gibt die tatsächlich gelieferten Warenpositionen ein. ▸ Das System schreibt die Bestandsdatei fort, löscht die entsprechenden Daten in der Bestelldatei und druckt den Wareneingangsschein sowie den Materialeingangsbeleg aus. Sodann wird die Ware auf dem zuständigen Lagerplatz einsortiert. Die Lagerplatznummer kann bei Bedarf im System gespeichert werden. ▸ Erfassung der Eingangsrechnung in der Rechnungsprüfung. Anhand des Bestelldatensatzes und des Lieferscheines kann die Rechnungsprüfung durchgeführt werden. ▸ In der Buchhaltung wird die Verbindlichkeit gebucht oder der in der Rechnungsprüfung bereits erfasste Datensatz kann übernommen werden. Der Zahlungstermin und die Zahlungsbedingungen werden im System gespeichert. ▸ Bei Fälligkeit erfolgt der Ausdruck der Überweisungsträger und die Buchung des Zahlungsausganges.

Nehmen Sie Stellung zur rechtlichen Bedeutung, zur Form und zum Widerruf der Bestellung.

Rechtliche Bedeutung	Die Bestellung ist eine empfangsbedürftige Willenserklärung des Käufers an den Verkäufer, Ware zu bestimmten Bedingungen zu kaufen. Die Bestellung kann Antrag oder auch Annahme sein.
Form	Die Bestellung kann formlos erteilt werden. Um jedoch einen möglichen Irrtum auszuschließen, sollten mündliche oder fernmündliche Bestellungen schriftlich bestätigt werden.
Widerruf	Die Bestellung wird mit Zugang beim Verkäufer wirksam. Der Widerruf muss vorher oder gleichzeitig mit der Bestellung eintreffen.

Erläutern Sie die rechtliche Bedeutung und Form der Bestellungsannahme.

Rechtliche Bedeutung	Die Bestellungsannahme, auch Auftragsbestätigung genannt, ist eine Willenserklärung des Verkäufers, Ware zu bestimmten Bedingungen zu liefern. ▸ Erfolgte eine Bestellung ohne ein vorheriges verbindliches Angebot des Verkäufers, so ist die Bestellungsannahme notwendig, damit ein Kaufvertrag zustande kommt (1. Willenserklärung: Bestellung, 2. Willenserklärung: Bestellungsannahme). ▸ Eine Bestellungsannahme ist rechtlich nicht erforderlich, wenn die Bestellung aufgrund eines gültigen Angebotes erfolgte (1. Willenserklärung: Angebot, 2. Willenserklärung: Bestellung).
Form	Die Bestellungsannahme kann formlos erteilt werden. Um jedoch wie bei einer mündlichen Bestellung einen möglichen Irrtum auszuschließen, sollte die Bestellungsannahme schriftlich durch Brief, standardisierte Auftragsbestätigungen oder durch konkludentes Handeln (Lieferung der Ware) erfolgen.

Was sind Allgemeine Geschäftsbedingungen (AGB)? Welche Bedeutung haben sie?

Begriff	Allgemeine Geschäftsbedingungen sind alle für eine Vielzahl von Verträgen vorformulierten Vertragsbedingungen, die eine Vertragspartei (Verwender) der anderen Vertragspartei bei Abschluss eines Vertrages stellt.
Bedeutung	▸ **Rationalisierung:** Die Vertragsfreiheit wird häufig durch AGB eingeschränkt, da an die Stelle des ausgehandelten Vertrages in vielen Fällen der durch vorformulierte AGB standardisierte Vertrag getreten ist. Dadurch wird der auf Massenvertrag ausgerichtete Geschäftsverkehr rationalisiert. ▸ **Risikoabwälzung:** Praktisch alle AGB sind von dem Bestreben geprägt, die Rechtsstellung des Verwenders zu stärken und die Rechte des Käufers zu schmälern. Der Unternehmer bestimmt im Wesentlichen einseitig die Vertragsgestaltung, indem die AGB auf der Rückseite der Bestellung oder Auftragsbestätigung abgedruckt sind („Kleingedrucktes").

Erläutern Sie die Regelungen der Allgemeinen Geschäftsbedingungen (AGB für Verbraucherverträge).

Ziel	Ziel der Regelungen ist der Schutz des wirtschaftlich Schwächeren. Sie finden keine Anwendung beim zweiseitigen Handelskauf (Ausnahmen: Post, Telekommunikation, Bereich Personenbeförderung).
Unwirksame Klauseln (Klauselverbote ohne Wertungsmöglichkeit)	Hierzu zählen die im Gesetz konkretisierten Klauselverbote. Werden diese Klauseln (obwohl sie verboten sind) in AGB bei Verträgen verwendet, sind sie unwirksam. Der Vertrag selbst wird nicht unwirksam. *Beispiele:* ▸ Preiserhöhungen innerhalb von vier Monaten nach Vertragsabschluss ▸ Bestimmungen, durch die der Verwender von der gesetzlichen Obliegenheit freigestellt wird, zu mahnen oder für die Leistung oder Nacherfüllung eine Frist zu setzen ▸ Ausschluss oder Begrenzung der Haftung für einen vorsätzlich oder grob fahrlässig herbeigeführten Schaden ▸ Beschränkung der Gewährleistungsansprüche auf Nachbesserung ▸ Bestimmungen, die Aufwendungen für die Nachbesserung zu tragen ▸ Verkürzung der gesetzlichen Gewährleistungsfristen ▸ Ausschluss der Haftung für zugesicherte Eigenschaften
Bedingt unwirksame Klauseln (Klauselverbote mit Wertungsmöglichkeit)	Hierbei handelt es sich um Klauselverbote, die nicht generell unwirksam sind, sondern eine richterliche Wertung erfordern. *Beispiele:* ▸ unangemessen lange oder nicht hinreichend bestimmte Fristen für die Annahme oder Ablehnung eines Angebotes oder die Erbringung der Leistung ▸ Vorbehalt einer unangemessen langen oder nicht hinreichend bestimmten Nachfrist ▸ Vorbehalt des Rücktrittsrechts für die Leistungspflicht durch den Verwender der AGB ohne sachlichen Grund ▸ Vorbehalt des Verwenders, eine versprochene Leistung zu ändern oder davon abzuweichen ▸ Vereinbarungen über unangemessen hohe Nutzungsgebühren oder Ersatz von Aufwendungen, sofern der Vertragspartner vom Vertrag zurücktritt oder den Vertrag kündigt
Generalklausel	Die Bestimmungen der AGB sind unwirksam, wenn sie den Käufer entgegen den Geboten von Treu und Glauben unangemessen benachteiligen.

Was verstehen Sie unter Marktforschung?
Klären Sie die Begriffe „Marktanalyse", „Marktbeobachtung" und „Marktprognose".

Marktforschung	Die Marktforschung ist im Gegensatz zur Markterkundung eine systematische Untersuchung des Marktes zur Beschaffung und Auswertung von Informationen für Marketingentscheidungen.
Marktanalyse	Die Marktanalyse ist eine einmalige Untersuchung des Marktes (Zeitpunktbetrachtung). Es handelt sich um eine statistische Betrachtung, vergleichbar mit einer Momentaufnahme, mit einem Foto.
Marktbeobachtung	Die Marktbeobachtung ist eine fortlaufende Untersuchung der Entwicklung des Marktes (Zeitraumbetrachtung). Es handelt sich um eine dynamische Betrachtung, vergleichbar mit einem Film, in dem Veränderungen im Zeitablauf erkennbar werden.
Marktprognose	Die Marktprognose ergibt sich aus der Verarbeitung der Ergebnisse der Marktanalyse und Marktbeobachtung und ist eine Vorhersage zukünftiger Entwicklungen.

Erläutern Sie die Methoden der Marktforschung.

Primärforschung	Bei der Primärforschung (Feldforschung) werden neue, bisher noch nicht erhobene Marktdaten ermittelt. Diese Gewinnung von Daten kann durch eine Vollerhebung (alle Mitglieder der Grundgesamtheit werden befragt) oder eine Teilerhebung (eine Auswahl aus der Grundgesamtheit wird befragt) erfolgen.	
Methoden der Primärerhebung	Befragung	Die Befragung kann mündlich, telefonisch oder schriftlich erfolgen. Besondere Befragungsstrategien (standardisiertes Interview, freies Gespräch) und Befragungstaktiken (direkte Frage, indirekte Frage) sollen den Erfolg einer Befragung erhöhen.
	Beobachtung	Die Beobachtung wird nonverbal durchgeführt und untersucht Verhaltensweisen und Gefühle. Wichtige Untersuchungsgebiete sind z. B. die Beobachtung des Kaufverhaltens, des Ausdrucks, der Stimmenfrequenz, der Blickregistrierung.
	Panel	Beim Panel werden ausgewählte Personen über einen längeren Zeitraum über bestimmte Sachverhalte wiederholt befragt bzw. beobachtet. Beim Haushaltspanel führen die Teilnehmer wöchentlich ein „Tagebuch" über ihre Einkäufe. Beim Einzelhandelspanel werden in einem zweimonatlichen Rhythmus die Warenbestände kontrolliert.
	Experiment/Test	Beim Experiment/Test wird versucht, durch Veränderung eines Merkmals oder auch mehrerer Merkmale die Auswirkungen aus diesen Veränderungen aufzuzeigen. Wichtige Aussagen erhält man z. B. über Produkttests, Plakattests, Namenstests.
Sekundärforschung	Bei der Sekundärforschung werden bereits vorhandene Unterlagen ausgewertet. Dieses Verfahren wird auch als Schreibtischforschung bezeichnet.	
Methoden der Sekundärforschung	betriebsinterne Quellen	Als betriebsinterne Quellen eignen sich Statistiken und Aufstellungen über Umsätze, Absätze, Anfragen, Reklamationen, Werbekosten, Reparaturen, aber auch Berichte von Außendienstmitarbeitern, Aufstellungen von Lagerbeständen und Rohstoffpreisen.
	betriebsexterne Quellen	Betriebsexterne Quellen sind z. B. statistische Jahrbücher, Veröffentlichungen von Industrie- und Handelskammern und Verbänden, Kataloge, Prospekte, Preislisten anderer Unternehmen, Veröffentlichungen in Zeitungen und Zeitschriften.

Erläutern Sie die Begriffe „Marktpotenzial", „Marktvolumen", „Marktanteil".

Marktpotenzial	Das Marktpotenzial gibt an, wie viel von dem Produkt oder der angebotenen Dienstleistung auf dem Markt abgesetzt werden kann, unter der Voraussetzung, dass alle Käufer das erforderliche Einkommen haben und ein Kaufbedürfnis entwickelt haben.
Marktvolumen	Das Marktvolumen ist die realisierte oder prognostizierte Absatzmenge der Produkte oder der angebotenen Dienstleistung pro Zeitabschnitt in einem bestimmten Markt.
Marktanteil	Der Marktanteil ist der prozentuale Anteil eines Unternehmens an dem gesamten Marktvolumen eines Marktes. Es können Mengen- oder Werteinheiten verglichen werden.

Erläutern Sie stichwortartig die absatzpolitischen Instrumente.

Absatzpolitische Instrumente	Neben den Instrumenten der Marktforschung (Informationsseite) sind die Instrumente der Marktanpassung und Marktgestaltung (Aktionsseite) von wesentlicher Bedeutung. Man bezeichnet diese als absatzpolitische Instrumente.	
	Produktpolitik	Suche nach neuen Produktideen, Entwicklung und Markteinführung neuer Produkte, Produktgestaltung, Strategien wie Produktelimination, Produktvariation, Produktinnovation, Differenzierung und Diversifikation; für den Handel insbesondere die Sortimentspolitik, Kundendienstleistungen und Garantieleistungen sowie Kreditpolitik
	Distributionspolitik	Entscheidungen über die innere Organisation und äußere Organisation wie direkter oder indirekter Absatz, Güterversand
	Kommunikationspolitik	Entscheidungen im Rahmen der Absatzwerbung, wie Arten, Ziele, Werbemittel, Werbeträger und Verkaufsförderung
	Kontrahierungspolitik	Probleme der Preispolitik in Abhängigkeit von den Marktformen, Preiselastizitäten, Preistheorien, Preisdifferenzierung sowie die Gestaltung der Lieferungs- und Zahlungsbedingungen

Was verstehen Sie unter Marketing-Mix?

Marketing-Mix	Die einzigartige Art und Weise, wie ein Unternehmen seine Marketinginstrumente einsetzt und kombiniert, prägt das eigenständige Image des Unternehmens. Die jeweilige Kombination der absatzpolitischen Instrumente bezeichnet man als Marketing-Mix.
	Der optimale Marketing-Mix wird bestimmt durch das ökonomische Prinzip, d. h., ein bestimmtes Ziel soll mit den geringsten Mitteln erreicht werden.

Grundlage von Absatzstrategien sind der Produktzyklus und die Portfolio-Matrix. Erläutern Sie diese.

Produktzyklus	Das Modell des Produktzyklus versucht, den Lebensweg eines Produktes von der Einführung bis zum Ausscheiden anhand von Umsatz, Umsatzveränderungen, Gewinn oder Verlust zu beschreiben.	
	Einführungsphase	In der Einführungsphase werden nur geringe Umsätze getätigt. Der Ausbau des Vertriebs, die Kosten für Werbung und Absatzförderung verursachen Verluste.
	Wachstumsphase	Mit dem Überschreiten der Gewinnschwelle wird die Wachstumsphase erreicht. Der Umsatz steigt stark an.
	Reifephase	In der Reifephase steigt der Umsatz weiter und erreicht sein Maximum. Durch den starken Wettbewerb kommt es zu Preissenkungen, da die Nachfrage auf Preisänderungen sehr elastisch reagiert.
	Sättigungsphase	In der Sättigungsphase sinkt der Umsatz und der Gewinn nimmt ab. Durch den Einsatz produktpolitischer Instrumente wird versucht, dem rückläufigen Umsatz entgegenzuwirken.
	Rückgangsphase	In der Rückgangsphase sinkt der Umsatz sehr stark und Gewinne werden nicht mehr erzielt. Es kommt zur Elimination des Produktes.
Portfolio-Matrix	Um ein Bild von der aktuellen Situation des Marktanteils im Verhältnis zum Marktwachstum zu erhalten, werden vier Bereiche gebildet.	
	Question Marks	Marktanteil niedrig, Marktwachstum hoch. Sorgfältige Beobachtung des „Nachwuchses" ist notwendig, um die richtige Marketingstrategie zu wählen.
	True Stars	Marktanteil: hoch, Marktwachstum: hoch. Förderung der „Stars" ist notwendig.
	Poor Dogs	Marktanteil: niedrig, Marktwachstum: niedrig. Produkte, die „Probleme" haben, sollten aus dem Markt genommen werden.
	Cash Cows	Marktanteil: hoch, Marktwachstum: niedrig. Die „Cash Cows" erzielen einen hohen Cashflow.

Welche Aufgabe hat die Produkt- und Sortimentspolitik? Erläutern Sie den Begriff „Sortiment".

Produkt- und Sortimentspolitik	Unter der Produkt- und Sortimentspolitik versteht man alle Maßnahmen, die darauf ausgerichtet sind, das Angebot der Marktleistungen des Betriebes den sich wandelnden Bedürfnissen der Käufer anzupassen.
Produktgestaltung	Produktgestaltung ist die Festlegung der Erscheinungsform eines Produktes hinsichtlich Form, Qualität, Verpackung und Markierung in Abhängigkeit von der Produktart.
Sortiment	Das Sortiment stellt das Absatzprogramm eines Betriebes dar und ist durch verschiedene Dimensionen gekennzeichnet.

Dimensionen des Sortiments	Die **Sortimentsbreite** gibt die Anzahl der verschiedenen Produktgruppen an.	Die **Sortimentstiefe** nennt die Anzahl der Sorten je Produktgruppe.	Der **Sortimentsumfang** gibt die Gesamtanzahl der verschiedenen Artikel an.

Welche Maßnahmen kann ein Betrieb im Rahmen der Produktinnovation ergreifen?

Produktdifferenzierung	Das bisherige Sortiment wird durch die Erweiterung von Produktgruppen differenzierter und damit vervollständigt. Die Differenzierung erfolgt in technischer, materialmäßiger oder ästhetischer Hinsicht. *Beispiel: Eine Molkerei erweitert die Produktgruppe Joghurt um einen trinkbaren Fruchtjoghurt.*	
Diversifikation	Dem Sortiment werden Produkte hinzugefügt, die keine oder nur eine geringe Verwandtschaft zu den bisherigen Produkten haben. Die Diversifikation ist damit ein Mittel der Wachstums- und Risikopolitik des Unternehmens. *Beispiel: Eine Molkerei erweitert das Sortiment um neue Produktarten.*	
	Horizontal	Ausdehnung des Absatzprogramms auf Produkte bzw. Produktgruppen der gleichen Wirtschaftsstufe. Das neue Produkt weist einen engen Zusammenhang zum bisherigen Sortiment auf. *Beispiel: Die Molkerei bietet Crème fraîche an.*
	Vertikal	Ausdehnung der Leistungstiefe des Absatzprogramms. Es werden Produkte bzw. Produktgruppen der vor- oder nachgelagerten Produktionsstufe angeboten. *Beispiel: Die Molkerei stellt Magermilchpulver her.*
	Diagonal	Das neue Produkt steht in keinem Zusammenhang zum bisherigen Sortiment. Das Unternehmen dringt mit den angebotenen Produkten in völlig neue Marktbereiche ein. *Beispiel: Die Molkerei bietet Rezeptbücher an.*

Was ist unter Produktvariation zu verstehen? Welche Gestaltungselemente können eingesetzt werden?

Begriff	Die Produktvariation beinhaltet eine Veränderung von verschiedenen Eigenschaften bei den bereits am Markt verkauften Produkten, ohne die Absatzprogrammtiefe zu verändern.
Veränderte Eigenschaften	▸ physikalische: Austausch und/oder Veränderung bisher verwendeter Materialien *Beispiel: Verpackungsmaterial aus (Recycling-)Altpapier statt PVC* ▸ funktionale: Vereinfachung der Handhabung; Erhöhung des Bedienungskomforts *Beispiel: Vereinfachung der Programmierbarkeit von DVD-Playern* ▸ ästhetische: Aktualisierung der Form, der Farben, des Stils und des Geschmacks *Beispiel: neuer Becher für Joghurt* ▸ Gesamtnutzen: Verschaffung von Zusatznutzen; Verlängerung der Garantiezeit *Beispiel: Verpackung kann als Tiefkühldose wiederverwendet werden.* ▸ Produktnamen: Anpassung der Marke an den Zeitgeist; Neugestaltung des Firmenlogos

Welche Maßnahmen und Überlegungen spielen bei der Produktelimination eine Rolle?

Begriff	Die endgültige Herausnahme einzelner Produkte oder Produktgruppen aus dem Sortiment bezeichnet man als Produktelimination.	
Arten	**Sortenreduktion**	Einzelne Produktsorten werden aus dem Sortiment genommen. Die Absatzprogrammtiefe verringert sich. *Beispiel: Eine Fahrradfabrik verringert die Anzahl der angebotenen Herren-Tourenräder.*
	Spezialisierung	Eine oder mehrere Artikelgruppen werden aus dem Sortiment genommen. Die Absatzprogrammbreite verringert sich. *Beispiel: Die Fahrradfabrik verzichtet auf die Herstellung von Tourenrädern und stellt nur noch Mountainbikes und Rennräder her.*

Wie kann der Absatz eines Betriebes organisiert werden?

Begriff	Die Absatzorganisation des Betriebes umfasst die Gestaltung des Aufbaus der Verkaufsabteilung und der Anordnung der Absatzorgane.
Innere Organisation	Die innere Organisation des Absatzes beschreibt die Aufbauorganisation der Verkaufsabteilung. Sie kann nach folgenden Gesichtspunkten erfolgen: ▸ Raum (z. B. Inland, Ausland), ▸ Produkt (z. B. Rennräder, Tourenräder, Kinderräder), ▸ Kundengruppen (z. B. Kaufhäuser, Supermärkte, Filialisten), ▸ Funktionen (z. B. Angebote, Auftragsabwicklung, Reklamationen).
Äußere Organisation	Die äußere Organisation des Absatzes beschreibt die Anordnung der Absatzorgane: ▸ **zentraler Absatz:** räumliche Zusammenfassung (z. B. im Stammwerk), ▸ **dezentraler Absatz:** räumliche Verteilung (z. B. auf Geschäftsstellen).

Auf welchen Absatzwegen kann ein Betrieb seine Produkte vertreiben?

Begriff	Der Absatzweg gibt an, auf welchem Weg eine Ware oder Dienstleistung über die Glieder der Absatzkette den Letztverbraucher erreichen soll. Letztverbraucher sind bei Produktivgütern Betriebe, bei Konsumgütern die Haushalte.	
Einflussfaktoren	▸ verkauftes Produkt (Spezialmaschine oder Kaugummi) ▸ Kaufgewohnheiten der Letztverbraucher ▸ Absatzrisiko (aktuelle Mode oder Standardprodukt) ▸ Marktstellung des Verkäufers und des Abnehmers ▸ Art der Produktion (Einzel- oder Massenfertigung) ▸ Intensität der Nachfrage (zeitlich und mengenmäßig) ▸ Kosten des Absatzweges	
Arten	**Direkter Absatz**	**Indirekter Absatz**
	Er liegt vor, wenn der Betrieb seine Leistungen bis zum Letztabnehmer in eigener Regie durchführt.	Bei dieser Art des Absatzes werden zwischen dem Betrieb und den Letztverbrauchern fremde Absatzorgane eingeschaltet.
Vorteile	▸ Unabhängigkeit und Gestaltungsfreiheit der Kundenkontakte ▸ Preiskontrolle bis zum Letztverbraucher ▸ direkter Kontakt zum Kunden ▸ direkter Einfluss auf die Absatzorgane	▸ Nutzung des Verkaufs-Know-hows fremder Absatzorgane ▸ Verminderung der eigenen Lagerhaltung ▸ Verlagerung des Absatzrisikos ▸ große Absatzdichte (Distributionsgrad)

Was ist ein Vertriebssystem? Welche Vertriebssysteme werden unterschieden?

Das Vertriebssystem legt unter Berücksichtigung der Entscheidung über den zentralen oder dezentralen Absatz sowie die Klärung des direkten oder indirekten Absatzes fest, in welchem Umfang der Hersteller einer Ware oder Dienstleistung Einfluss auf den Kontakt mit den Abnehmern seiner Produkte nehmen will.	
Werkseigenes Vertriebssystem	Bei diesem Vertriebssystem werden die Produkte an den Handel oder den Letztverbraucher über eigene Angestellte abgesetzt (Geschäftsleitung, Verkaufsabteilung, Reisende, Niederlassungen, Geschäftsstellen).
Werksgebundenes Vertriebssystem	Dieses Vertriebssystem setzt sich aus rechtlich selbstständigen, wirtschaftlich und organisatorisch aber abhängigen Kaufleuten zusammen (Vertragshändler, Einfirmenvertreter, Franchisenehmer).
Werksfremdes Vertriebssystem	In diesem Vertriebssystem werden rechtlich und wirtschaftlich selbstständige Kaufleute für den Betrieb tätig. Diese sind zwar vertraglich gebunden, werden jedoch für mehrere Betriebe tätig (Mehrfirmenvertreter, Makler).

Was sind Absatzorgane? Welche Arten werden unterschieden?

Begriff	Absatzorgane sind die Personen, Firmen und Einrichtungen, derer sich der Betrieb bedient, um den Absatz seiner Waren oder Dienstleistungen zu vollziehen. Sie richten sich nach dem Absatzweg, dem Vertriebssystem und der Absatzorganisation.	
Arten	**Betriebseigene Absatzorgane**	**Betriebsfremde Absatzorgane**
	▸ Geschäftsleitung ▸ Verkaufssachbearbeiter ▸ Verkaufsniederlassungen ▸ Reisende	▸ Handelsvertreter ▸ Kommissionäre ▸ Handelsmakler

Vergleichen Sie die Absatzorgane Reisender, Handelsvertreter, Kommissionär und Handelsmakler

Absatzorgane	Reisender	Handelsvertreter	Kommissionär	Handelsmakler
Begriff	Reisender ist, wer als Angestellter mit der Artvollmacht ausgestattet ist, um außerhalb des Betriebes des Dienstherrn Geschäfte zu vermitteln oder abzuschließen.	Der Handelsvertreter ist ständig damit betraut, für einen anderen Unternehmer Geschäfte zu vermitteln oder in dessen Namen abzuschließen. Er arbeitet in fremdem Namen für fremde Rechnung.	Der Kommissionär übernimmt es gewerbsmäßig, Waren oder Wertpapiere für Rechnung eines anderen (den Kommittenten) im eigenen Namen zu kaufen oder zu verkaufen.	Der Handelsmakler übernimmt es gewerbsmäßig, für andere Personen die Vermittlung von Verträgen über Anschaffung oder Verkauf von Waren oder Dienstleistungen zu organisieren.
Rechtsstellung	kaufmännischer Angestellter im Rahmen des Dienstvertrages	selbstständiger Kaufmann	selbstständiger Kaufmann	selbstständiger Kaufmann
Vertretungsmacht	Vermittlungs- oder Abschlussvollmacht (je nach Vertrag)	Vermittlungs- oder Abschlussvollmacht (je nach Vertrag)	Abschlussvollmacht	Vermittlungsvollmacht
Dauer der Tätigkeit	Zeitdauer, für die ein Arbeitsvertrag besteht	Zeitdauer, für die ein Handelsvertretervertrag besteht	von Fall zu Fall oder ständig (je nach Vertragsinhalt)	von Fall zu Fall
Rechte	‣ Vergütung ‣ Ersatz von Auslagen (Spesen) ‣ sonstige Rechte eines kaufmännischen Angestellten	‣ Überlassung von Verkaufsunterlagen ‣ Benachrichtigung über die vermittelten Geschäfte ‣ Provision ‣ Ausgleichsanspruch	‣ Provision und Ersatz der Aufwendungen ‣ gesetzliches Pfandrecht ‣ Selbsteintrittsrecht	‣ Informationsrecht über die zu verkaufende Sache ‣ Maklergebühr (Courtage)
Pflichten	‣ pflichtgemäßes Bemühen ‣ Mitteilung über Geschäftsabschlüsse ‣ Abfassung der Reisendenberichte ‣ sonstige Pflichten eines kaufmännischen Angestellten	‣ pflichtgemäßes Bemühen und Vertretung der Interessen des Unternehmers ‣ Benachrichtigung über alle Vermittlungen oder Abschlüsse ‣ Wettbewerbsverbot, soweit es sich um einen Einfirmenvertreter handelt	‣ Sorgfaltspflicht ‣ Gehorsamspflicht ‣ Schadenersatzpflicht bei Abweichen von den Weisungen ‣ Anzeigepflicht für die Ausführung des Geschäftes ‣ Rechenschaftspflicht über das getätigte Geschäft ‣ Delkrederehaftung, sofern im Vertrag vereinbart	‣ Ausstellung einer Schlussnote über das zustande gekommene Geschäft ‣ Führung eines Tagebuches ‣ Aufbewahrung von Proben (z. B. bei Baumwolle, Kaffee) ‣ Schadenersatzpflicht bei schuldhaftem Verhalten
Vergütung	Fixum zuzüglich einer Provision für jeden erzielten Umsatz	‣ Vermittlungs- oder Abschlussprovision ‣ Inkassoprovision ‣ Delkredereprovision nur, wenn der Handelsvertreter die Haftung für den Eingang der Zahlungen übernommen hat	‣ Provision als fester Prozentsatz vom vereinbarten Preis ‣ Delkredereprovision, sofern vereinbart ist, dass der Kommissionär für die Zahlung des Käufers haftet	Maklergebühr (Courtage); sofern nichts anderes vereinbart ist, trägt jede Partei die Gebühr zur Hälfte. Für die Vermietung von Wohnungen und Häusern gilt das „Bestellerprinzip", d. h. der Auftraggeber bezahlt den Makler.

Welche Bedeutung haben die Absatzorgane für die Unternehmen?

‣ **Reisende** werden eingesetzt, wenn die Kontrolle der Verkaufsorgane wichtig ist.
‣ **Handelsvertreter** werden zumeist von kleineren Firmen eingesetzt, die sich keinen eigenen Außendienst leisten können.
‣ **Kommissionäre** haben Marktkenntnis – tragen jedoch nicht das Warenrisiko.
‣ **Handelsmakler** sind aufgrund der Marktkenntnis wichtig als Effekten-, Waren-, Versicherungs- und Schiffsmakler.

Was verstehen Sie unter Public Relations (PR)? Welche Möglichkeiten kennen Sie?

Public Relations	Public Relations sind eine Art von Vertrauenswerbung, die versucht, ein positives Image eines Unternehmens in der Öffentlichkeit aufzubauen und zu pflegen. Diese Meinungswerbung hat mit der Werbung eines Produktes direkt nichts zu tun, aber es gehen werbliche Nebenwirkungen von ihr aus, wenn eine positive Einstellung gegenüber dem Unternehmen erzeugt oder gefestigt wurde. Unternehmen sind daran interessiert, ▸ den Nachweis zu bringen, dass sie einen Beitrag zum technischen, wirtschaftlichen und gesellschaftlichen Fortschritt leisten, ▸ zu dokumentieren, dass sie sich auch kultureller und karitativer Verpflichtungen bewusst sind, ▸ dass sie in der Öffentlichkeit ein positives Image haben.
	Public Relations = „Tue Gutes – und rede darüber!"
Möglichkeiten	▸ Tage der offenen Tür ▸ Betriebsbesichtigungen durch Schulklassen ▸ Ausstellungen ▸ Jubiläumsfeiern ▸ Bericht in Werkzeitschriften, Kundenzeitschriften und Tageszeitungen ▸ finanzielle Unterstützung in Forschung, Wissenschaft, Kunst und Sport ▸ PR-Anzeigen, z.B. in Abhängigkeit von der jeweiligen Zielgruppe, wie Mitarbeiter, Lieferer, Kapitalgeber, Kunden

Was verstehen Sie unter Absatzwerbung?

Begriff	Absatzwerbung ist ein Marketinginstrument, das durch den Einsatz von bestimmten Kommunikationsmitteln versucht, bei der Zielgruppe eine Kaufentscheidung für die Produkte oder Leistungen des Unternehmens zu erzeugen.

Sortieren und erklären Sie die Absatzwerbung nach möglichen Unterscheidungsmerkmalen.

Unterscheidungs-merkmale der Absatzwerbung	Zahl der Werbenden	▸ **Einzelwerbung** liegt vor, wenn ein Anbieter für seine Produkte oder Leistungen Werbung betreibt. ▸ **Sammelwerbung** liegt vor, wenn mehrere Anbieter mit Firmenangabe gemeinsam für ihre Produkte werben. ▸ **Gemeinschaftswerbung** liegt vor, wenn mehrere Anbieter ohne Angabe des Firmennamens gemeinsam werben, z.B. für ein Produkt, ein Einkaufszentrum, eine Produktpalette.
	Stellung des Werbetreibenden	▸ **Herstellerwerbung** liegt vor, wenn der Hersteller für sein Produkt wirbt. ▸ **Einzelhandelswerbung** liegt vor, wenn der Einzelhandel zum Ziele der kurzfristigen Umsatzsteigerung Werbung für ein von ihm verkauftes Produkt betreibt.
	Primäre Ziele	▸ **Einführungswerbung** liegt vor, wenn für ein neues Produkt Werbung betrieben wird. Sie soll das Produkt bei der Zielgruppe bekannt machen. ▸ **Expansionswerbung** liegt vor, wenn bei schon eingeführten Produkten der Marktanteil erhöht werden soll. Dies geschieht eventuell auch durch Abwerben von Kunden bei der Konkurrenz. Der Bekanntheitsgrad und der Umsatz des Produktes sollen erhöht werden. ▸ **Stabilisierungswerbung** dient zur Abwehr von Konkurrenten, die aggressiv das Ziel verfolgen, eigene Marktanteile zu vergrößern. ▸ **Erhaltungswerbung** (Erinnerungswerbung) liegt vor, wenn der bisherige Bekanntheitsgrad, der Umsatz des Produktes beibehalten werden soll.
	Werbegegenstand	▸ **Produktwerbung** liegt vor, wenn ein Einzelprodukt herausgestellt wird. ▸ **Sortimentswerbung** liegt vor, wenn die Werbung auf ein ganzes Sortiment oder auch auf eine Warengruppe abgestellt ist.

Nennen Sie wichtige Werbemittel und Werbeträger.

Werbemittel	Werbemittel sind die verkörperten Werbebotschaften. Zu den Werbemitteln zählen: Anzeigen, Fernsehspots, Flugblätter, Prospekte, Plakate, Warenproben, Beilagen, Schaufensterwerbung, Werbefilme, Werbedias, Preisausschreiben.
Werbeträger	Werbeträger sind die personellen und stofflichen Streumittel, die die Botschaft (Inhalt der Werbemittel) an die Zielgruppe herantragen. Zu den Werbeträgern zählen: Zeitungen, Zeitschriften, Fernseher, Adressbücher, Litfaßsäulen, Hörfunk, T-Shirts, Hauswände, Vitrinen, Messen, Verkehrsmittel.

Nennen Sie wichtige Werbegrundsätze.

Wirksamkeit	Das definierte Werbeziel soll erreicht werden. Dafür ist es notwendig, dass die Werbung genau geplant wird und folgende Fragekomplexe berücksichtigt werden: „Wer soll umworben werden, wo, wie, womit soll geworben werden?"
Wirtschaftlichkeit	Auch Entscheidungen im Rahmen der Werbung unterliegen dem ökonomischen Prinzip, d. h., das angestrebte Werbeziel soll mit möglichst geringem Einsatz erreicht werden.
Wahrheit	Die Werbung soll sachlich richtig informieren und nicht falsche oder irreführende Angaben verkünden. Zum einen ist es ein Verstoß gegen das Gesetz gegen den unlauteren Wettbewerb, zum anderen kann von enttäuschten Kunden langfristig ein Schaden ausgehen, der größer ist als der kurzfristige Erfolg durch unwahre Angaben.
Klarheit	Die Werbebotschaft muss für die Empfänger klar und leicht verständlich sein.

Erläutern Sie, über welche Punkte im Rahmen einer Werbeplanung sich ein Werbetreibender Klarheit verschaffen muss. Erklären Sie die Werbeerfolgskontrolle.

Zielgruppe		Aus der Allgemeinheit wird eine Teilgruppe ausgewählt, an die sich die Werbung richtet. Die Entscheidung, wer zu dieser Zielgruppe zählt, orientiert sich an den Werbezielen, die optimal erfüllt werden sollen. Zielgruppen können z. B. sein: Sportler, Hausbesitzer, Weintrinker, Gewerbetreibende.
Werbegebiet		Das Werbegebiet (Streugebiet) hängt ab von dem Wohnort der Zielgruppe, der Höhe der Werbekosten, den Möglichkeiten der Distribution. Für einen Einzelhändler z. B. genügt die Anzeige in einer Lokalzeitung. Ein Reiseveranstalter für Kreuzfahrten muss überregionale Werbung betreiben.
Werbezeitraum		Die Festlegung der Werbezeit (Streuzeit) kann unterschiedlich sein; so ist die Entscheidung für eine einmalige Werbeaktion denkbar, aber auch für ständige oder unregelmäßige Werbeaktionen.
Werbeetat		Die für die Werbung geplanten Ausgaben können sich nach verschiedenen Kriterien richten, z. B. ▶ Ausrichtung am erwirtschafteten Gewinn des Vorjahres: Man spricht von **prozyklischer Werbung**, wenn höhere Gewinne = höhere Werbeausgaben, niedrigere Gewinne = niedrige Werbeausgaben bedingen. Man spricht von **antizyklischer Werbung**, wenn höhere Gewinne = niedrige Werbeausgaben, niedrigere Gewinne = höhere Werbeausgaben bedingen. ▶ Ausrichtung an den Werbemaßnahmen der Konkurrenz ▶ Ausrichtung an den Werbezielen ▶ Ausrichtung an der Finanzlage
Werbeerfolgs-kontrolle	Ökonomischer Werbeerfolg	Der ökonomische Werbeerfolg ist für die Überprüfung der Werbeaktion wichtig, jedoch in der Praxis sehr schwierig. So kann z. B. die Steigerung des Umsatzes, die Erhöhung des Marktanteils auch durch andere Faktoren wie Produktverbesserung, Geschmackswandel, Konjunkturaufschwung etc. bedingt sein.
	Außerökonomischer Werbeerfolg	Der außerökonomische Werbeerfolg hat das Verhalten der Umworbenen als Untersuchungsgegenstand. Ein Stufenmodell, das die Wirksamkeit der Werbemaßnahme überprüft, ist die sogenannte AIDA-Formel. Attention: Die Aufmerksamkeit soll auf das Produkt gelenkt werden. Das Produkt muss bekannt gemacht werden, damit die Käufer von seiner Existenz wissen. Interest: Das Interesse an dem Produkt soll geweckt werden. Die interessierten Käufer müssen weitere Informationen über das Produkt erhalten. Desire: Es soll der Wunsch geweckt werden, das Produkt zu besitzen. Die Werbung soll erreichen, dass das Produkt aufgrund der Produktinformationen positiv bewertet wird. Action: Es soll eine Kaufhandlung ausgelöst werden. Die Schaffung des positiven Produktimages soll dazu führen, dass das Produkt bei Bedarf gekauft wird.

Was verstehen Sie unter Verkaufsförderung?

Verkaufsförderung	Der Begriff Verkaufsförderung wird häufig mit dem amerikanischen Begriff „Salepromotion" gleichgesetzt und beinhaltet die Motivation, Unterstützung und Beratung aller Personen, die am Absatzprozess beteiligt sind, mit dem Ziel, den Absatz zu steigern. Es lassen sich daraus drei Maßnahmen ableiten: ▸ Außendienstpromotion ▸ Händlerpromotion ▸ Verbraucherpromotion

Was verstehen Sie unter Außendienstpromotion? Geben Sie Beispiele.

Außendienst-promotion-Maßnahmen	Durch Maßnahmen der Außendienstpromotion soll die Leistungsfähigkeit erhöht werden.	
	Schulung	▸ Sie hat das Ziel, die Kenntnisse über die angebotenen Produkte, das Unternehmen, den Markt oder neue Gesetzgebungen zu verbessern. ▸ Sie soll erreichen, dass Verkaufsgespräche erfolgreich geführt werden.
	Verkaufs-unterlagen	Zur Unterstützung können Preislisten, Kataloge, Proben, Muster, Prospekte, Fachaufsätze, Tonbildschauen, Dias und Filme den Außendienstmitarbeitern zur Verfügung gestellt werden und ihre Arbeit erleichtern.
	Motivation	▸ Durch finanzielle Anreize können die Außendienstmitarbeiter zu höheren Leistungen motiviert werden, z.B. durch Zahlung von Umsatzprovision. ▸ Durch Verkaufstreffen (sales meeting) kann ebenfalls eine Motivation zur Steigerung der Leistungen erfolgen.

Was verstehen Sie unter Händlerpromotion? Nennen Sie Beispiele.

Händlerpromotion	Aufgabe der Händlerpromotion ist es, die Produkte in den Handel „hineinzuverkaufen".	
	Information	Die Händler können durch Zeitschriften, regelmäßige Treffen, Tagungen, Kundendienstinformationen, Schulung und Ausbildung der Verkäufer des Handels unterstützt werden.
	Beratung	▸ Zur Beratung bei der Ausgestaltung der Verkaufsräume gehört z.B. das Aufstellen von Displays (Regalattrappen, Bodenaufsteller, Schaufensterstreifen). Eine Beratung bei der Warenplatzierung, der Lagerung, der Verpackung der Ware kann in vielfältiger Weise geschehen. ▸ Die Beratung bei der Preisgestaltung kann durch Kalkulationshilfen und Verkaufsaktionen (Einführungspreise, Naturalrabatte) erfolgen. ▸ Die Beratung beim Aufbau eines EDV-Kommunikationsnetzes bei der Standardisierung von Organisationsabläufen durch Fachleute ist eine sinnvolle Hilfe.
	Motivation	Eine Motivation der Händler zur Erhöhung des Umsatzes kann geschehen durch: Händlerpreisausschreiben, Produktdemonstrationen, Schaufensterwettbewerb, finanzielle Unterstützung bei Einstellung von Mitarbeitern.

Was verstehen Sie unter Verbraucherpromotion? Geben Sie Beispiele.

Verbraucher-promotion	Aufgabe der Verbraucherpromotion ist es, die Produkte aus dem Handel „herauszuverkaufen". Man spricht vom Push-and-pull-System, wenn der Zusammenhang von Händlerpromotion, Werbung und Verbraucherpromotion beschrieben wird. Die Push-Maßnahmen beinhalten die Aufgaben der Händlerpromotion, die Pull-Maßnahmen die der Werbung und Verbraucherpromotion.	
	Beispiel	*Sonderpreisaktionen wie Sonderangebote, Wertgutscheine, Großverpackungen, aber auch Zugaben, Gewinnspiele und Gebrauchsanweisungen, Verkauf durch Propagandisten und vieles mehr*

Erläutern Sie den wesentlichen Inhalt des Gesetzes gegen den unlauteren Wettbewerb (UWG).

Zweck und Grundsatz	Dieses Gesetz dient dem Schutz aller Marktteilnehmer vor unlauterem Wettbewerb und dem Interesse der Allgemeinheit an einem unverfälschten Wettbewerb. Unlautere Wettbewerbshandlungen sind unzulässig.
Irreführende Werbung	▸ Irreführend sind falsche Angaben über – die Merkmale der Waren oder Dienstleistungen wie Verfügbarkeit, Art, Ausführung, Zusammensetzung, Verfahren und Zeitpunkt der Herstellung oder Erbringung, die Zwecktauglichkeit, Verwendungsmöglichkeit, Menge, Beschaffenheit, die geografische oder betriebliche Herkunft oder die von der Verwendung zu erwartenden Ergebnisse oder die Ergebnisse und wesentlichen Bestandteile von Tests der Waren oder Dienstleistungen; – den Anlass des Verkaufs und den Preis oder die Art und Weise, in der er berechnet wird; – die geschäftlichen Verhältnisse des Werbenden. ▸ Irreführend ist die Herabsetzung eines Preises für eine unangemessen kurze Zeit. ▸ Irreführend ist die Werbung für eine Ware, die nicht in angemessener Menge vorhanden ist. Angemessen ist im Regelfall ein Vorrat für zwei Tage.
Vergleichende Werbung	Vergleichende Werbung ist verboten, wenn der Vergleich ▸ sich nicht auf Waren oder Dienstleistungen für den gleichen Bedarf oder dieselbe Zweckbestimmung bezieht; ▸ nicht objektiv auf eine oder mehrere wesentliche, relevante, nachprüfbare und typische Eigenschaften oder den Preis dieser Waren oder Dienstleistungen bezogen ist; ▸ im geschäftlichen Verkehr zu Verwechslungen zwischen dem Werbenden und einem Mitbewerber oder zwischen den von diesen angebotenen Waren oder Dienstleistungen oder den von ihnen verwendeten Kennzeichen führt; ▸ die Wertschätzung des von einem Mitbewerber verwendeten Kennzeichens in unlauterer Weise ausnutzt oder beeinträchtigt; ▸ die Waren, Dienstleistungen, Tätigkeiten oder persönlichen oder geschäftlichen Verhältnisse eines Mitbewerbers herabsetzt oder verunglimpft; ▸ eine Ware oder Dienstleistung als Imitation oder Nachahmung einer unter einem geschützten Kennzeichen vertriebenen Ware oder Dienstleistung darstellt.
Unzumutbare Belästigungen	Eine unzumutbare Belästigung ist insbesondere anzunehmen ▸ bei einer Werbung, obwohl erkennbar ist, dass der Empfänger diese Werbung nicht wünscht; ▸ bei einer Werbung durch Telefonanrufe gegenüber Verbrauchern; ▸ bei einer Werbung unter Verwendung von automatischen Anrufmaschinen, Faxgeräten oder elektronischer Post, ohne dass eine Einwilligung der Adressaten vorliegt; ▸ bei einer Werbung mit Nachrichten, bei der die Identität des Absenders verschleiert oder verheimlicht wird oder bei der keine gültige Adresse vorhanden ist, an die der Empfänger eine Aufforderung zur Einstellung solcher Nachrichten richten kann, ohne dass hierfür andere als die Übermittlungskosten nach den Basistarifen entstehen.

Welchen Rechtsschutz genießen Erzeugnisse und Marken?

Ziel	Der Rechtsschutz der Erzeugnisse beinhaltet den Schutz von Herstellern vor Nachahmungen von Produkten durch Konkurrenten.
Patentschutz (Patentgesetz)	▸ **Begriff:** Schutzrecht für Produkte und/oder Herstellungsverfahren, die absolut neu sind ▸ **Voraussetzung:** Erfindung neuer Erzeugnisse, die eine Neuheit mit gewerblicher Verwertungsmöglichkeit darstellen (z. B. Laser-Disc-Bildplatte)
Gebrauchsmusterschutz (Gebrauchsmustergesetz)	▸ **Begriff:** Schutzrecht zur alleinigen gewerblichen Ausnutzung bei Arbeitsgeräten und Gebrauchsgegenständen ▸ **Voraussetzung:** Erfindung von Gegenständen, deren Funktion durch eine neue Gestaltung, Anordnung oder Vorrichtung verbessert ist (z. B. ergonomischer Stuhl)
Geschmacksmuster (Geschmacksmustergesetz)	▸ **Begriff:** Schutzrecht zur alleinigen gewerblichen Ausnutzung für den Urheber eines Musters oder Modells ▸ **Voraussetzung:** Schaffung eines Musters oder Modells, das ästhetisch wirkt, neu und eigentümlich ist (z. B. Tapetenmuster, Geschirrdesign) ▸ **Eintragung:** Musterregister beim Patentamt in München
Warenzeichen	▸ **Begriff:** Kennzeichen, das dazu dient, die Waren eines Gewerbetreibenden von den Waren anderer zu unterscheiden (Wort-, Bild- oder kombinierte Zeichen) ▸ **Voraussetzung:** Unverwechselbarkeit gegenüber sämtlichen bereits bestehenden Warenzeichen
Gütezeichen	▸ **Begriff:** Kennzeichen, um eine Gruppe von Waren mit gleichen Merkmalen von anderen Waren abzugrenzen und damit eine bestimmte Warengüte zu garantieren ▸ **Voraussetzung:** Festlegung von Merkmalen wie Werkstoffen oder Herstellungsverfahren durch eine Gruppe von Herstellern oder den Gesetzgeber (z. B. Umweltengel)

Geben Sie einen Überblick über die Maßnahmen der Preispolitik eines Unternehmens.

Begriff	Die Preispolitik umfasst alle Maßnahmen zur ▸ Bildung und Veränderung eines Preises, ▸ Preisstellung und Differenzierung von Preisen, ▸ Festlegung von Verkaufskonditionen, ▸ Entwicklung von Kundendienstleistungen.
Einflussfaktoren	Auf die betriebliche Preisgestaltung wirken sich folgende Einflussfaktoren aus: ▸ betriebliche Ziele, z. B. Gewinnmaximierung, Kostendeckung, Marktbeherrschung; ▸ Kosten als Einflussgröße, z. B. langfristige Deckung der Selbstkosten oder kurzfristige Deckung der variablen Kosten (kurzfristige Preisuntergrenze); ▸ Verhalten der Nachfrager, z. B. Preis-Nutzen-Relation des Verbrauchers; ▸ Verhalten der Konkurrenz, z. B. im Oligopol oder Monopol.

Welche Möglichkeiten der Preisgestaltung hat ein Betrieb? Welche Rolle spielen dabei die Verkaufskonditionen?

Preisstellung		Der Anbieter kann seine Preise netto oder brutto angeben.
Arten	Nettosystem	Dem Kunden werden die Nettopreise (Barverkaufspreise) mitgeteilt. Diese lassen keine Möglichkeit mehr für Rabatte zu.
	Bruttosystem	Der Betrieb teilt seinen Kunden die Preise in Form einer Preisliste mit, auf die es je nach Kunde und Auftragshöhe unterschiedliche Rabatte gibt.
Preisnachlässe	Rabatt	Der Rabatt ist ein Nachlass, der einem Abnehmer aus verschiedenen Gründen gewährt wird. In der Regel wird er auf der Rechnung unmittelbar vom Listenverkaufspreis abgezogen.
	Bonus	Er wird gewährt, wenn bestimmte Jahresabnahmemengen überschritten werden. Er ist allerdings kein Sofortrabatt wie die anderen Rabatte, sondern wird als Jahresrückvergütung vom Umsatz gewährt.
	Skonto	Skonto ist ein Nachlass auf den Rechnungsbetrag, der für die vorzeitige Bezahlung innerhalb einer bestimmten Frist gewährt wird.
Verkaufskonditionen		Verkaufskonditionen beinhalten alle Bedingungen, zu denen ein Betrieb seine Produkte an den Kunden verkauft. Sie gehören zu den Handlungsmöglichkeiten der Preispolitik, weil sie den Endpreis für den Abnehmer beeinflussen: ▸ Lieferungsbedingungen, z. B. Übernahme der Transport- und Verpackungskosten; ▸ Finanzierungshilfen, z. B. direkte Kreditierung oder Leasingangebote; ▸ Zahlungsbedingungen, z. B. Zahlung mit Wechsel oder Gewährung von Skonto; ▸ Garantieleistungen, z. B. Werkgarantien über die gesetzliche Gewährleistungsfrist hinaus.

Welche Möglichkeiten der Preisdifferenzierung hat ein Betrieb?

Begriff	Ein Betrieb verkauft gleiche Produkte (Sachgüter oder Dienstleistungen) an unterschiedliche Kunden/Kundengruppen zu unterschiedlichen Preisen.
Arten	▸ **räumlich:** unterschiedliche Preise nach Regionen *Beispiel: Arzneimittel im In- und Ausland* ▸ **persönlich:** unterschiedliche Preise nach Personengruppen *Beispiel: Seniorenpass der Bundesbahn* ▸ **zeitlich:** unterschiedliche Preise nach Zeiten getrennt *Beispiele: Tages- und Nachtstrom, Skischuhe im Sommer* ▸ **sachlich:** unterschiedliche Preise nach Aufmachung *Beispiel: die gleiche Schokolade als Marken- und No-Name-Produkt*

Was sind Kundendienstleistungen? Welche Arten werden unterschieden?

Begriff	Kundendienstleistungen stellen freiwillige Leistungen des Herstellers oder Händlers dar, die er seinen Kunden vor, während oder nach dem Kauf gewährt.	
Arten	**Kaufmännische Kundendienstleistungen**	**Technische Kundendienstleistungen**
	▸ kaufmännische Beratung ▸ Information ▸ Besuche ▸ Anwenderseminare	▸ Ersatzteillieferungen ▸ Reparatur- und Wartungsdienst ▸ technische Beratung ▸ Pflegeservice

Erläutern Sie die Bezugskalkulation (Einkaufskalkulation).

Ziel	Ziel der Bezugskalkulation ist es, den Bezugspreis (auch Einstandspreis genannt) der eingekauften Waren zu ermitteln. Preisabzüge und Bezugskosten sind zu berücksichtigen.	
Bezugskalkulation	Kalkulationsschema	Erklärungen

	① **Listeneinkaufspreis** netto
	② – Rabatt (v. H.)
	
	③ = **Zieleinkaufspreis**
	④ – Skonto (v. H.)
	
	  = **Bareinkaufspreis**
	⑤ + Bezugskosten
	
	  = **Bezugspreis** (Einstandspreis)
		① Der Listeneinkaufspreis wird in der Kalkulation immer netto berücksichtigt. Die Umsatzsteuer hat keinen Kostencharakter, da sie als Vorsteuer abziehbar ist.
		② Der Abzug des Rabattes erfolgt immer vor dem Skontoabzug. Er wird in Prozent vom Listenpreis berechnet.
		③ Diesen Preis muss der Käufer zahlen, wenn er die Ware „auf Ziel" kauft, d. h. keine Möglichkeit des Abzuges bei Barzahlung nutzt.
		④ Skonto wird in Prozent vom Zieleinkaufspreis berechnet.
		⑤ Die Bezugskosten können als Betrag oder in Prozent vereinbart werden. Ausgangsbasis ist der Bareinkaufspreis.

	Beispiel	Lösung
	Ein Großhändler bezieht 150 kg einer Ware zum Listenpreis von 12,50 EUR je kg. Der Hersteller gewährt 5 % Rabatt und bei Zahlung innerhalb von 14 Tagen 3 % Skonto. Die Fracht beträgt 2,40 EUR je 10 kg, zzgl. 20,00 EUR Verpackung. Ermitteln Sie den Bezugspreis für diese Ware.	**Listeneinkaufspreis** 1 875,00 EUR – Rabatt 93,75 EUR = **Zieleinkaufspreis** 1 781,25 EUR – Skonto 53,44 EUR = **Bareinkaufspreis** 1 727,81 EUR + Bezugskosten 56,00 EUR = **Bezugspreis** 1 783,81 EUR

Bezugskosten	Werden mehrere Warenarten gemeinsam bezogen, dann fallen auch die Bezugskosten gemeinsam an.
	▸ Gewichtsabhängige Kosten (Gewichtsspesen) werden nach dem Bruttogewicht der einzelnen Waren aufgeteilt.
	  Beispiele: Fracht, Rollgeld, Gewichtszoll, Auslade- und Wiegekosten, Umschlagkosten
	▸ Wertspesen werden nach dem Einkaufspreis der einzelnen Waren aufgeteilt.
	  Beispiele: Versicherungsprämie, Provision, Bankspesen	

Erklären Sie die Angebotskalkulation (Verkaufskalkulation).

Ziel	Der kalkulierte Listenverkaufspreis soll die Kosten des Unternehmens decken und einen angemessenen Gewinn mitberücksichtigen. Der tatsächliche Marktpreis kann jedoch höher oder niedriger sein.	
Verkaufs-kalkulation	Kalkulationsschema	Erklärungen
	① **Bezugspreis** ② + Handlungs(gemein)kosten (v. H.) ③ = **Selbstkostenpreis** ④ + Gewinn (v. H.) ⑤ = **Barverkaufspreis** ⑥ + Skonto (i. H.) ⑦ = **Zielverkaufspreis** ⑧ + Rabatt (i. H.) ⑨ = **Listenverkaufspreis**	① Der Bezugspreis ist der Ausgangspunkt der Verkaufskalkulation. ② Die Handlungskosten sind die anteiligen Gemeinkosten. Dazu zählen u. a. die Lagerkosten (Gehälter, Löhne, Lagerzinsen, Abschreibungen), Verkaufskosten (Gehälter, Ausgangsfrachten, Werbekosten) und allgemeine Verwaltungskosten (Gehälter, Raumkosten). ③ Die Selbstkosten decken alle Kosten, die mit dem Ein- und Verkauf der Waren zusammenhängen. Sie stellen die unterste Grenze des Verkaufspreises einer Ware dar. ④ Der Gewinn beinhaltet die Kapitalverzinsung, eine Risikoprämie als Vergütung für die Bereitschaft, den Verlust des eingesetzten Kapitals zu riskieren und den Unternehmerlohn als Vergütung für die Mitarbeit im eigenen Unternehmen. ⑤ Preis, den der Unternehmer erhält, wenn der Kunde alle Abzüge nutzt. ⑥ Kundenskonto muss in einer Im-Hundert-Rechnung berücksichtigt werden, da der Kunde Skonto von „seinem" Zieleinkaufspreis (Zielverkaufspreis in der Verkaufskalkulation) abzieht. ⑦ Preis, der erzielt wird, wenn der Kunde nur Rabatt abzieht und nicht Skonto nutzt. ⑧ Kundenrabatt muss wie Kundenskonto in einer Im-Hundert-Rechnung berücksichtigt werden, d. h., bei einem Rabatt von 10 % ist der Zielverkaufspreis = 90 % und der Listenverkaufspreis = 100 %. ⑨ Der Listenverkaufspreis ist der Angebotspreis ohne Umsatzsteuer.

Erläutern Sie den Kalkulationszuschlag und den Kalkulationsfaktor.

Begründung	Die Zuschlagssätze in der Verkaufskalkulation für Handlungsgemeinkosten, den Gewinn, Verkaufsskonto und -rabatt bleiben bei vielen angebotenen Waren für längere Zeit gleich. Aus Vereinfachungsgründen fasst man deshalb diese Einzelzuschläge zu einem Gesamtzuschlag zusammen.
Kalkulations-zuschlag	Der Kalkulationszuschlag ist die Differenz zwischen dem Bezugspreis und dem Listenverkaufspreis. Er wird ausgedrückt in Prozent des Bezugspreises (= 100%).

Beispiel aus der Verkaufskalkulation	Vereinfachung durch Kalkulationszuschlag
Bezugspreis ① + 5 % Handlungskosten 89,19 EUR = Selbstkostenpreis 1 873,00 EUR ② + 10 % Gewinn 187,30 EUR = Barverkaufspreis 2 060,30 EUR ③ + 2 % Skonto 42,05 EUR = Zieleinkaufspreis 2 102,35 EUR ④ + 30 % Rabatt 901,01 EUR = **Listenverkaufspreis** 3 003,36 EUR Sinnvoll ist auch die Berechnung mit einem Bezugspreis von 100,00 EUR. In diesem Fall beträgt der Listenverkaufspreis 168,3677 EUR. Damit ist der Kalkulationszuschlag von 68,3677% sofort ablesbar.	Die Positionen a bis d ergeben 1 219,55 EUR. Einmalige Berechnung des Kalkulationszuschlagssatzes: Bezugspreis 1 783,81 EUR = 100 % Kalkulationszuschlag 1 219,55 EUR = x % $x = \dfrac{1\,219,55 \cdot 100}{1\,783,81} = 68,3677\,\%$ Ermittlung der Listenverkaufspreise für die Waren **Bezugspreis** 1 783,81 EUR + **Kalkulationszuschlag** 68,3677 % 1 219,55 EUR = **Listenverkaufspreis** 3 003,36 EUR

$$\text{Kalkulationszuschlag} = \frac{(\text{Listenverkaufspreis} - \text{Bezugspreis}) \cdot 100}{\text{Bezugspreis}}$$

Kalkulationsfaktor	Der Kalkulationsfaktor ist die Zahl, mit der der Bezugspreis multipliziert wird, um den Listenverkaufspreis zu ermitteln. Der Kalkulationsfaktor ist gleichzusetzen mit dem Listenverkaufspreis für 1,00 EUR Bezugspreis.

Beispiel aus der Verkaufskalkulation	Vereinfachung durch Kalkulationsfaktor
Bezugspreis 1 783,81 EUR Listenverkaufspreis 3 003,36 EUR	$x = \dfrac{3\,003,36}{1\,783,81} = 1,683677$

$$\text{Kalkulationsfaktor} = \frac{\text{Listenverkaufspreis}}{\text{Bezugspreis}} \qquad \text{Bezugspreis} \cdot \text{Kalkulationsfaktor} = \text{Listenverkaufspreis}$$

Erklären Sie die Handelsspanne.

Handelsspanne	Die Handelsspanne ist die Differenz zwischen dem Listenverkaufspreis und dem Bezugspreis, ausgedrückt in Prozent des Listenverkaufspreises (= 100%).

Beispiel	Kalkulationsschema aufstellen und rückwärts rechnen:
Ein Großhändler möchte einen Artikel zum Preis von 120,00 EUR in sein Sortiment aufnehmen. Wie hoch darf der Bezugspreis höchstens sein, wenn mit 20% Handlungskosten, 15% Gewinn, 3% Skonto und 30% Rabatt kalkuliert wird? (Spalte A) Wie hoch ist die Handelsspanne bei einem unbekannten Listenverkaufspreis? (Spalte B)	① Spalte A Spalte B Bezugspreis 59,04 EUR 49,20 EUR + 20 % Handlungskosten 11,81 EUR 9,84 EUR = Selbstkostenpreis 70,85 EUR 59,04 EUR + 15 % Gewinn 10,63 EUR 8,86 EUR = Barverkaufspreis 81,48 EUR 67,90 EUR + 3 % Skonto 2,52 EUR 2,10 EUR = Zieleinkaufspreis 84,00 EUR 70,00 EUR + 30 % Rabatt 36,00 EUR 30,00 EUR = Listenverkaufspreis 120,00 EUR 100,00 EUR ② Die Differenz zwischen Listenverkaufspreis und Bezugspreis beträgt ▸ im Fall A 60,96 EUR. Bezogen auf den Listenverkaufspreis (= 100%) sind das 50,8%. ▸ im Fall B 50,80 EUR. Bezogen auf den Listenverkaufspreis von 100,00 EUR sind das 50,8%.

$$\text{Handelsspanne} = \frac{(\text{Listenverkaufspreis} - \text{Bezugspreis}) \cdot 100}{\text{Listenverkaufspreis}}$$

$$\text{Handelsspanne} = \frac{\text{Kalkulationszuschlag}}{\text{Kalkulationsfaktor}}$$

Erläutern Sie die Rückwärtskalkulation.

Begründung	Liegt der Listenverkaufspreis aufgrund der gegebenen Marktsituation fest, so ist es für den Unternehmer notwendig, den Listeneinkaufspreis zu ermitteln, den er aufwenden kann, damit ihm ein angemessener Gewinn bleibt.
Beispiel	Aus Konkurrenzgründen muss der Listenverkaufspreis für ein Produkt auf 880,00 EUR gesenkt werden. Wie hoch darf der Listeneinkaufspreis sein, wenn die Kosten gedeckt und der Gewinn erwirtschaftet werden sollen? Der Lieferant gewährt 20% Rabatt und 2% Skonto, die Bezugskosten betragen 12,00 EUR je Stück, Handlungskosten 15%, Gewinn 10%, Kundenskonto 3%, Kundenrabatt 5%.
Rechenweg	① Aufstellen des Kalkulationsschemas ② Eintragen der vorgegebenen Prozentsätze und Eurobeträge ③ Eintragen des Listenverkaufspreises ④ Von „unten" nach „oben" rechnen. Es muss genau überlegt werden, ob es eine Rechnung „im Hundert", „vom Hundert" oder „auf Hundert" ist. ⑤ Überprüfung des Ergebnisses durch Vorwärtskalkulation

Kalkulations-
schema
	①
	
	   Listeneinkaufspreis 802,34 EUR 100% ↑
	  − Rabatt 20% 160,47 EUR 20%
	  = Zieleinkaufspreis 641,87 EUR 100% ↑ 80% (i. H.)
	  − Skonto 2% 12,84 EUR 2%
	  = Bareinkaufspreis 629,04 EUR x EUR ↑ 98%
	  + Bezugskosten 12,00 EUR − EUR
	  = Bezugspreis 641,04 EUR 100% ↑ x EUR
	  + Handlungskosten 15% 96,16 EUR 15%
	  = Selbstkosten 737,20 EUR 100% ↑ 115% (a. H.)
	  + Gewinn 10% 73,72 EUR 10%
	  = Barverkaufspreis 810,92 EUR 97% ↑ 110%
	  + Skonto 3% 25,08 EUR 3%
	  = Zielverkaufspreis 836,00 EUR 75% ↑100% (v. H.)
	  + Rabatt 5% 44,00 EUR 5%
	  = Listenverkaufspreis 880,00 EUR 100% ②
	
	Der Listeneinkaufspreis darf 802,34 EUR nicht überschreiten.
	Bei der Berechnung des „aufwendbaren Listeneinkaufspreises" wird von dem vorgegebenen Listenverkaufspreis ausgegangen und in einer Rückrechnung der Listeneinkaufspreis ermittelt.

Erklären Sie die Differenzkalkulation.

Begründung	Mit der Differenzkalkulation bzw. Gewinnkalkulation wird geprüft, ob bei feststehendem Listenverkaufspreis aufgrund der gegebenen Marktlage und vorgegebenem Listeneinkaufspreis noch ein Gewinn erzielt wird.
Beispiel	Aus Konkurrenzgründen muss die Ware für 880,00 EUR angeboten werden. 5% Rabatt und 3% Skonto werden dem Kunden gewährt. Die Handlungskosten betragen 10%, die Bezugskosten müssen mit 50,00 EUR angesetzt werden. Der Lieferant gewährt 30% Rabatt und 3% Skonto. Der Listeneinkaufspreis beträgt 720,00 EUR.

Rechenweg und
Kalkulations-
schema
	① Aufstellen des Kalkulationsschemas
	② Eintragen des vorgegebenen Listenverkaufspreises
	③ Eintragen des vorgegebenen Listeneinkaufspreises
	④ Einsetzen der gegebenen Prozentsätze bzw. Eurobeträge
	⑤ Vorwärtskalkulation bis zu den Selbstkosten
	⑥ Rückwärtskalkulation bis zum Barverkaufspreis
	⑦ Ermittlung der Differenz zwischen Selbstkosten und Barverkaufspreis
	⑧ Ermittlung des Gewinnprozentsatzes (Selbstkosten = 100%)
	
	①
	  Listeneinkaufspreis ③ 720,00 EUR ⑤
	  − Rabatt 30% ④ 216,00 EUR
	  = Zieleinkaufspreis 504,00 EUR
	  − Skonto 3% ④ 15,12 EUR
	  = Bareinkaufspreis 488,88 EUR
	  + Bezugskosten ④ 50,00 EUR
	  = Bezugspreis 538,88 EUR
	  + Handlungskosten 10% ④ 53,89 EUR
	  = Selbstkosten 592,77 EUR ↓
	
	  + Gewinn 36,802% ◄ ⑧ ► **218,15 EUR** ⑦
	
	  = Barverkaufspreis 810,92 EUR ↑
	  + Skonto 3% ④ 25,08 EUR
	  = Zielverkaufspreis 836,00 EUR
	  + Rabatt 5% ④ 44,00 EUR
	  = Listenverkaufspreis ② 880,00 EUR ⑥

Welche Tätigkeiten sind im Rahmen der Bearbeitung einer Kundenanfrage zu bearbeiten?

Anfrage eines bekannten Kunden	1. Prüfung, ob die angeforderten Artikel geliefert werden können 2. Prüfung, ob die Lieferung in der angefragten Zeit erfolgen kann 3. Prüfung, ob der Kunde bisher seinen Verpflichtungen nachgekommen ist 4. Prüfung, welche Artikel der Kunde in welchem Umfang bisher bestellt hat und ob ihm ggf. Sonderangebote unterbreitet werden können 5. Erstellen des Angebotes (brieflich, per Fax, telefonisch)
Anfrage eines neuen Kunden	Punkte 1., 2. und 5. wie oben. 3. Prüfung, ob der Kunde kreditwürdig ist (hierzu ist ggf. eine Bankauskunft oder eine Auskunft bei einem Wirtschaftsinformationsdienst einzuholen, z.B. Schufa) 4. Prüfung, ob dem Kunden je nach in Aussicht gestelltem Auftragsvolumen in Bezug auf Konditionen oder Sonderanfertigungen entgegengekommen werden kann

Welche Daten benötigt die Verkaufsabteilung bei der Abwicklung eines Auftrages?

Artikeldatei	Artikelnummer, Artikelbezeichnung, Mengeneinheit, Gewicht, Abmessungen, Preis sowie artikelabhängige Zuschläge und Abschläge (z.B. Leckage, Mindermengenzuschläge), Lagerort, fortgeschriebener aktueller Lagerbestand, Mindestbestand, Höchstbestand, Meldebestand, fortgeschriebene Absatzzahlen, fortgeschriebener Umsatz
Kundendatei	Kundennummer (kann zugleich auch die Debitorennummer sein), Firma, Anschrift, Lieferungsbedingungen, Zahlungsbedingungen, zuständiger Vertreter, Ansprechpartner beim Kunden, fortgeschriebene Summe der offenen Posten, Kreditlimit, fortgeschriebener Umsatz (wichtig für Kundenbonus)
Vertreterdatei	Vertreternummer, Name und Anschrift, Provisionssätze, fortgeschriebener Umsatz, fortgeschriebene Provision
Auftragsdatei	Auftragsnummer, Kundennummer, Position, Artikelnummern, Mengen, Termine, besondere Vorschriften für Verpackung und Versand

Erläutern Sie den betrieblichen Ablauf einer Auftragsbearbeitung an einem Beispiel.

Verkauf

Ein Kunde bestellt am 08.03. 200 Mountainbikes, Art.-Nr. 34-57. Lieferzeit: vier Wochen (Auslieferung beim Kunden soll am 05.04. erfolgen).
Der Auftrag erhält eine Auftragsnummer, wird erfasst und an die Disposition weitergeleitet.
Dabei prüft der Verkaufssachbearbeiter gleichzeitig, ob der Kunde seine Rechnungen bisher alle bezahlt hat. Stehen noch Rechnungen in größerem Umfang aus und ist das Kreditlimit erreicht oder überschritten, darf vorerst nicht ausgeliefert werden.

Disposition

Die Disposition prüft, ob die Fahrräder am Lager sind oder bis zum 03.04. am Lager sein werden. Der Bereitstellungstermin ergibt sich aus dem Auslieferungstermin abzüglich der Frachtdauer von zwei Tagen.
Der Disponent ruft den Datensatz 34-57 auf und sieht sich die Lagerbewegungen bis zum geplanten Bereitstellungstermin an. Für den 03.04. sind noch 250 Fahrräder verfügbar. Wären sie es nicht, müsste der Disponent eine Bestellung auslösen.

Versand

Am 03.04. werden die 200 Mountainbikes im Versand zur Auslieferung bereitgestellt. Der Versanddisponent hat für diesen Tag einen Lkw bei einer Spedition reserviert. Aus dem gespeicherten Auftragsdatensatz und dem Kundenstammsatz werden die erforderlichen Daten abgerufen, um folgende Versandpapiere zu erstellen:
▸ Lieferschein
▸ Frachtbrief
▸ Aufkleber/Anhänger mit Barcode
Nachdem die Sendung vom Spediteur abgeholt wurde, zeichnet der verantwortliche Mitarbeiter im Versand den Lieferschein ab und leitet diesen zusammen mit dem vom Fahrer der Spedition abgezeichneten Frachtbriefdoppel an die Verkaufsabteilung weiter.

Fakturierung

Die Ausgangsrechnung an den Kunden wird nach dem vom Versand abgezeichneten Lieferschein erstellt.
Die Fakturierung übernimmt hierzu den Datensatz aus der Auftragsdatei und prüft, ob alle Artikel des Auftrages ausgeliefert worden sind. Sind noch Restmengen auszuliefern, wird dies im Auftragsdatensatz hinterlegt. Die Rechnung wird unter Verwendung der im Auftragsdatensatz hinterlegten Daten und der in der Artikelstammdatei hinterlegten Daten erstellt, ausgedruckt und an den Kunden geschickt.

Rechnungswesen

Die erforderlichen Daten werden von der Fakturierung über eine Schnittstelle übernommen und als Debitorendaten aufbereitet. Dabei wird zu jeder Rechnung ein „offener Posten" mit den vereinbarten Zahlungsbedingungen angelegt. Die Umsatzerlöse und die auf der Rechnung ausgewiesene Mehrwertsteuer werden bei diesem Vorgang automatisch gebucht.
Die Liste der offenen Posten gibt täglich Auskunft über die Außenstände. Je nach Anforderung können nun täglich, wöchentlich oder monatlich die überfälligen Zahlungen angemahnt werden.
Nach Eingang der Zahlung wird diese gebucht und der entsprechende offene Posten gelöscht. Der Auftrag ist damit abgeschlossen, sofern keine Reklamationen vom Kunden eingehen.

Erläutern Sie die Aufgaben der Lagerhaltung im Großhandel.

Sicherung der Verkaufsbereitschaft	Der Großhändler muss ständig einen Vorrat an Waren zur Verfügung haben, damit er die Wünsche des Kunden sofort erfüllen kann. Ist diese Verkaufsbereitschaft nicht gegeben, besteht die Gefahr des Umsatzverlustes, da die Kunden sich zur Konkurrenz hin orientieren.
Zeitüberbrückungsfunktion	Die Lagerhaltung dient dazu, die Zeit zwischen der Produktion von Waren und dem Kauf durch den Kunden auszugleichen und um Lieferverzögerungen beim Produzenten zu überbrücken.
Ausnutzung von Preisvorteilen	Die jahreszeitlichen Preisschwankungen für Waren, die sich z.B. durch Mengenrabatte des Herstellers ergeben, sollten bei der Einkaufsplanung berücksichtigt werden. Das Lager muss demnach so beschaffen sein, dass es einen kurzfristigen Mehrbedarf an Raum decken kann.
Sortimentsbildungsfunktion	Der Großhandel hat in vielen Bereichen die Aufgabe, ein breites und tiefes Sortiment für seine Abnehmer bereitzuhalten. Dies gilt vor allem für den Produktionsverbindungsgroßhandel und den Absatzgroßhandel. Nicht selten haben Großhändler 50 000 und mehr verschiedene Artikel im Sortiment.
Umformung und Veredelung	Manche Waren müssen vorbeugend behandelt werden (Warenmanipulation), um die Haltbarkeit zu verlängern und den Handelswert zu erhöhen (z.B. Reinigen, Austrocknen, Sortieren, Mischen, Reifen) oder eine bessere Verkaufseinheit zu schaffen (handliche Verpackung, Montage der Einzelteile).

Nach welchen Gesichtspunkten lassen sich Lager unterscheiden?

Baulichkeiten	▸ Das **Freilager** nimmt Waren auf, die witterungsunempfindlich sind, z.B. Kies, Sand. **Geschlossene Lager** dienen der Aufnahme von Waren, die Schutz gegen Witterungseinflüsse benötigen. ▸ **Eingeschossige Lager** (Flachlager) sind ebenerdig, max. 7 m hoch und eignen sich für schwere und unhandliche Waren, z.B. Maschinen, Holz, Stahl. **Mehrgeschossige Lager** (Etagenlager) sind dagegen auf mehreren Ebenen eingerichtet. Für sie müssen technische Einrichtungen des vertikalen Transports geschaffen werden, z.B. Lastenaufzüge. Dafür nutzen sie weniger Grundstücksfläche. ▸ **Stapellager** werden mit Waren bestückt, die in mehreren Schichten übereinander gestapelt werden können und sich zumeist auf Paletten befinden. Diese Lager müssen über entsprechende Stapelfahrzeuge oder Laufkräne verfügen. **Hochregallager** haben Höhen von mehr als 12 m, benötigen eine entsprechende Automatisierungstechnik sowie Regalförderfahrzeuge.
Lagerstandort	▸ Ein **zentrales Lager** nimmt alle Waren des Großhändlers an einem Ort auf. Die An- und Auslieferung kann dabei zentral abgewickelt werden. Nachteilig wirkt sich u.U. die fehlende Kundennähe aus. ▸ **Dezentrale Lager** werden großräumig über die Distributionsfläche verteilt und haben den Vorteil der Kundennähe. Nachteilig wirken sich höhere Kosten und ein höherer Organisationsbedarf aus.
Eigentumsverhältnisse	▸ **Eigenlager** sind in den eigenen Geschäftsräumen untergebracht. Sie bieten den Vorteil des direkten Zugriffs und bessere Gestaltungsmöglichkeiten. ▸ **Fremdlager** sind Räumlichkeiten eines fremden Lagerhalters. Der Vorteil besteht in geringeren Kosten (je nach Beanspruchung) und einem geringen Investitionsrisiko. Speziallagerhäuser (z.B. für Tiefkühlkost) sind zumeist Fremdlager.

Welche Anforderungen sollten Ihrer Meinung nach an ein gut funktionierendes Lager gestellt werden?

Allgemeine Gesichtspunkte	▸ **Geräumigkeit:** Das Lager soll so beschaffen sein, dass es Spitzenbelastungen standhält und der innerbetriebliche Transport nicht gefährdet wird. ▸ **Übersichtlichkeit:** Das Lager muss so aufgeteilt sein, dass häufig benutzte Güter am Anfang lagern und auch wenig benutzte Güter schnell greifbar sind. ▸ **Sicherheit:** Durch geeignete Sicherungsmaßnahmen muss sichergestellt werden, dass die Gefahr von Bränden, Unfällen oder Diebstählen gemindert wird. ▸ **Zweckmäßigkeit:** Entscheidend für die Art der Lagerung ist das zu lagernde Produkt. Das Lager muss deshalb der Art, der Güte und dem Wert der Waren entsprechen. ▸ **Wirtschaftlichkeit:** Lagerhaltung ist teuer. Um Kosten zu senken oder zu vermeiden, sollten sowohl die zu lagernde Menge, der Verwaltungsaufwand und die Lagerdauer möglichst gering sein.
Organisatorische Anforderungen	▸ kurze Wege für umsatzstarke Waren („Schnelldreher") und direkte Einlagerung der Ware ▸ kreuzungsfreie und ausreichend breite Förderwege sowie kurze Wege bei der Entsorgung ▸ strikte Beachtung der Vorschriften zum Gesundheitsschutz und zur Unfallverhütung ▸ Einrichtung von Sicherheitsanlagen (Fluchtwege, Sprinkleranlagen) sowie Diebstahlsicherungen ▸ Erstellung eines Lagerplans, um insbesondere in größeren Lagerräumen ein schnelles Auffinden der Ware zu gewährleisten und neuen Mitarbeitern die Einarbeitung zu erleichtern

Lagereinrichtung	Einrichtungsgegenstände	Fördermittel	Vorrichtungen
	▸ Regale ▸ Schränke, Ständer ▸ Tanks ▸ Kisten, Paletten ▸ Klimaeinrichtungen	▸ horizontal: Rollenbahnen, Band ▸ vertikal: Aufzüge, Kräne ▸ horizontal und vertikal: Gabelstapler, Hubwagen	▸ Informationseinrichtungen, z.B. PC, Telefon ▸ Sicherungseinrichtungen ▸ Zähl-, Mess- und Wiegevorrichtungen

Beschreiben Sie die Aufgaben im Zusammenhang mit der Warenannahme und Wareneinlagerung.

Warenannahme	Die Mitarbeiter nehmen die vom Frachtführer angelieferten Packstücke, Container etc. in der Anlieferzone der Großhandlung in Empfang und prüfen, ob ▶ die Sendung überhaupt für den Betrieb bestimmt ist (Anschrift), ▶ die Anzahl der Packstücke und ggf. das Gewicht mit dem Frachtbrief übereinstimmt, ▶ die Packstücke unversehrt sind. Ist dies nicht der Fall, lassen sich die Mitarbeiter fehlende Packstücke und Beschädigungen vom Fahrer des Frachtführers auf dem Frachtbrief bestätigen.
Warenprüfung	Beim Auspacken der Packstücke ist zu prüfen, ob der Inhalt nach Art, Beschaffenheit, Güte und Menge mit dem Lieferschein übereinstimmt. Bei Bedarf ist die Abweichung auf dem Lieferschein zu vermerken.
Einlagerung	Schließlich ist die Ware auf Basis des Lagerplans und nach den Grundsätzen ordnungsgemäßer Lagerhaltung (siehe unten) dem entsprechenden Lagerplatz zuzuführen.
Erfassung	Der ggf. korrigierte Lieferschein ist die Grundlage für die Erfassung des Wareneingangs. Im Warenwirtschaftssystem sind unter Angabe des Datums und der Artikelnummer die eingegangenen Mengen einzugeben. Das System erstellt eine Wareneingangsmeldung, die zusammen mit dem Lieferschein dem Einkauf als Grundlage für die Rechnungsprüfung oder ggf. eine Mängelrüge dient.

Erläutern Sie die üblichen Lagerplatzsysteme.

Ziele	Ziel der optimalen Lagerplatzzuordnung ist es, den Artikeln den Lagerplatz zuzuordnen, der einen schnellen Zugriff bei Ein- und Auslagerung ermöglicht und der die Kosten der Lagerhaltung und die Kosten des Warenflusses zwischen Warenein- und -auslagerung minimiert.		
Arten	**Beschreibung**	**Voraussetzungen**	**Vorteile/Nachteile**
Systematische Lagerplatzzuordnung (Festplatzsystem)	Die Waren werden nach einem vorgegebenen System an gleichbleibenden Plätzen eingeordnet. Jeder Artikel verfügt damit über einen festen Platz. Dieser Lagerort ist im WWS im Artikelstammsatz gespeichert.	Für jeden Lagerplatz wird eine „sprechende" Lagernummer oder Lageradresse vergeben, aus der der Lagerort ersichtlich ist. Beispiel: Der Lagerort C-4-63 befindet sich in Gang C, Zone 4, Fach 63.	▶ große Übersichtlichkeit und Zugriffssicherheit (auch bei Ausfall der EDV) ▶ hoher Lagerplatzbedarf, weil für jeden Artikel der Platz für den Höchstbestand reserviert sein muss
Chaotische Lagerplatzzuordnung	Dieses System, das vorwiegend in Hochregallagern verwendet wird, vergibt für neu ankommende Ware immer die Lagerplätze, die gerade frei sind. Unter Umständen kann damit ein Artikel auf mehreren verschiedenen Lagerplätzen verteilt sein.	Ein fehlertolerantes EDV-System (= doppelte Speicherung der Daten) überwacht mit 100%iger Genauigkeit die Ein- und Auslagerung, weist freie Plätze zu und speichert belegte Plätze. Dies erfordert im System eine ständige Neuzuordnung von Lagerplatz und Artikel.	▶ geringer Platzbedarf für das gesamte Lager und damit erhebliche Kostenvorteile ▶ hohes Risiko bei falscher Datenerfassung oder Systemabsturz

Welche Gesichtspunkte sind für eine warengerechte Einlagerung zu beachten?

Warenart	▶ Gleichartige Waren sollten möglichst zusammen, d.h. in gleichen Lagerzonen, gelagert werden. ▶ Die Art der Warenlagerung ist der Art der Ware anzupassen. Beispiel: großvolumige Ware in Stapellagerung, kleinvolumige Ware in Aufbewahrungsbehältern im Regal.
Warenwert	▶ Hochwertige Waren sollten unter Verschluss oder an übersichtlichen Stellen gelagert werden. ▶ Niedrigpreisige Ware kann offen und an den weniger übersichtlichen Stellen eingelagert werden.
Zugriffshäufigkeit	▶ Um die Kommissionierungswege zu optimieren, sollten Artikel, die sehr häufig verlangt werden (Schnelldreher, Renner, A-Teile), in der Nähe der Auslieferungszone und/oder in Griff- und Augenhöhe gelagert werden. ▶ C-Teile bzw. Langsamdreher können im hinteren Teil des Lagers gelagert werden.
Transporteigenschaften	▶ Um sowohl den Sicherheitsaspekten als auch den ergonomischen Ansprüchen zu genügen, sollten leichte Waren oben und schwere Waren im unteren Bereich gelagert werden. ▶ Sperrige Güter sollten für die Transportmittel (Hubwagen, Gabelstapler) leicht zugänglich sein.
Reihenfolge der Warenausgabe (Verbrauchsfolge)	▶ **Fifo (first in – first out):** Bei diesem System wird die zuerst eingelagerte Ware auch zuerst ausgegeben. Neue Ware wird also immer hinter der alten Ware eingelagert. Manche Regalsysteme erlauben dies, indem von der einen Seite eingelagert, von der anderen ausgelagert wird. Der Vorteil dieses Systems liegt darin, dass die gelagerte Ware nicht überaltern kann. ▶ **Lifo (last in – first out):** Dieses System der Lagerhaltung ist eher die Ausnahme. Sie entsteht zwangsläufig bei Ware, die in einem Behälter oder in einem bestimmten Bereich gelagert wird, wobei die zuletzt eingetroffene Ware auf die vorhandene Ware gestapelt oder geschüttet wird und folglich zuerst wieder weggenommen wird. *Beispiel: Schüttgut in einer Baustoffgroßhandlung, Kohle in einer Brennstoffgroßhandlung.*

Erläutern Sie die Aufgaben, die zu erledigen sind, während sich die Ware am Lager befindet.

Warenpflege	Hierzu gehören alle Aufgaben, die die Waren erhalten und in einen verkaufsfähigen Zustand versetzen. Im Wesentlichen sind dies die Sauberhaltung der Lagerräume und der Ware, die Kontrolle der installierten Mess- und Regelsysteme (z.B. im Kühlhaus, im Weinkeller) oder der Ware selbst anhand von Stichproben.
Manipulation	Zur Manipulation gehören alle Tätigkeiten, die erforderlich sind, um die Verwendungsreife der Ware herzustellen (z.B. Trocknung bei Holz oder Tabak), zu erhalten (z.B. gleichbleibende Temperatur bei Tiefkühlkost) oder zu erhöhen (z.B. durch Reifung bei Wein). Ebenso gehören dazu alle verkaufsvorbereitenden Tätigkeiten, wie Etikettierung und Sonderverpackung.

Nennen Sie Beispiele für Verpackungssymbole sowie Warn- und Hinweiszeichen nach DIN ISO 7000

Oben	Zerbrechliches Packgut	Vor Nässe schützen	Vor Hitze (Sonneneinstrahlung) schützen	Keine Handhaken verwenden
Schwerpunkt	Stechkarre hier nicht ansetzen	Hier klammern	Gabelstapler hier nicht ansetzen	Zulässige Stapellast

Welche Aufgaben sind im Rahmen der Erledigung eines Kundenauftrages zu erfüllen?

Kommissionierung	Die Kommissionierung (Kommission = Auftrag) beinhaltet die Zusammenstellung eines Kundenauftrages anhand eines Kommissionierungsbeleges zu einer Lieferung. Die Waren müssen gesammelt und zur Bereitstellungszone transportiert werden. Bei der automatischen Kommissionierung laufen die Kommissionsbehälter den entsprechenden Lagerplatz an und werden dort mit den verlangten Waren beschickt. Da die Warenzusammenstellung durch hohen Personal- und/oder Sachmitteleinsatz sehr kostenintensiv ist und eine möglichst hohe Kundenzufriedenheit nur durch fehlerloses Kommissionieren erreicht wird, ist auf diesen Teil der Lagertätigkeit ein hohes Maß an Aufmerksamkeit zu richten.
Warenauslagerung	Nach der Kommissionierung in der Bereitstellungszone werden die Waren in die Auslieferungszone gebracht. Die Waren dürfen das Lager allerdings erst verlassen, wenn die Warenentnahme entweder manuell (auf dem Kommissionierungsbeleg) oder elektronisch (durch Scannen der Artikelnummern) festgehalten bzw. bestätigt wurde.
Verpackung und Größe	In der Auslieferungszone werden die Kundenaufträge zu Transporteinheiten zusammengefasst (palettiert, in Container verpackt etc.) und dann entweder auf dem eigenen Fahrzeug verladen oder dem Frachtführer übergeben. Die erforderlichen Lieferscheine und Transportpapiere sind der Sendung beizulegen.

Beschreiben Sie die üblichen Kommissionierungssysteme.

Serielle Kommissionierung	Hierbei wird ein Kundenauftrag seriell, d.h. der Reihe der Warenpositionen nach, erledigt.	
	Hauptgangverfahren Hierbei werden die zumeist in langen Lagergängen (Hauptgänge) organisierten Lagerplätze mit der Kommissionierungshilfe (Container, Rollbehälter) abgefahren, um den Kundenauftrag zusammenzustellen. Vorteile liegen in der Systematik. Nachteilig wirken sich die langen, häufig unnützen Wege aus.	**Hauptgang-/Stichgangverfahren** Das Lager ist in Hauptgänge eingeteilt, von denen Stichgänge abgehen. In den Hauptgängen sind die A-Artikel platziert, in den Stichgängen die B- und C-Artikel. Der Lagermitarbeiter braucht damit nicht jeden Stichgang und nicht jedes Mal die volle Tiefe des Stichgangs anzusteuern. Damit werden die Kommissionierungswege gegenüber dem Hauptgangverfahren erheblich reduziert.
Parallele Kommissionierung	Der Kundenauftrag wird in Teilaufträge zerlegt und diese Teilaufträge werden parallel, d.h. gleichzeitig, zusammengestellt. Der Lagerort ist für die Aufteilung maßgeblich.	
	Lagerbereichsverfahren Jeder für einen bestimmten Lagerbereich zuständige Mitarbeiter bekommt den Teil des Auftrages, dessen Artikel in seinem Bereich lagern, und stellt diese Teilkommission zusammen. Die Auftragszusammenführung erfolgt in einem besonderen Bereich (Bereitstellungszone). Der zusammengeführte Auftrag wird dann zur Auslieferungszone transportiert.	**Lagergangverfahren** Die Lagermitarbeiter sind nicht einem Lagerbereich, sondern einem Teil eines Lagergangs zugeordnet. Da sie diesen Bereich gut kennen, können sie die Artikel, die zu mehreren Kundenaufträgen gehören, relativ schnell zusammenstellen.

Welche Kosten verursacht das Lager?

Kapitalkosten	In den Lagereinrichtungen sowie in den Lagerbeständen ist hohes Kapital gebunden. Dieses muss refinanziert werden. Die dafür entstehenden Zinsen bilden einen hohen Kostenfaktor.
Abschreibungen	Sowohl die Lagergebäude als auch die Einrichtungen für das Lager verlieren mit der Zeit an Wert und müssen abgeschrieben werden. Auch auf die Lagerbestände sind u. U. Abschreibungen erforderlich, wenn z. B. Ware verdorben oder veraltet ist.
Personalkosten	Die Bruttolöhne und -gehälter sowie die Lohnnebenkosten der im Lager beschäftigten Mitarbeiter stellen die Personalkosten dar.
Raumkosten	In diese Kategorie fallen Fremdmieten oder kalkulatorische Mieten für die Räumlichkeiten, ferner die Kosten für den Energieverbrauch (Strom, Gas), die Instandhaltung der Lagereinrichtung, Reinigung und Klimatisierung.
Versicherungen	Sowohl die Lagereinrichtung, das Gebäude als auch die Lagerbestände müssen vor verschiedenen Risiken (Feuer, Einbruch, Diebstahl, Leitungswasser- und Stromschäden) versichert sein. Die jährlichen oder vierteljährlichen Beiträge stellen die Versicherungskosten dar.
Kraftfahrzeug-kosten	Eigene Fahrzeuge oder geleaste Fahrzeuge (sowohl Flurförderfahrzeuge als auch Lkw) verursachen verschiedene Kosten (Abschreibung, Versicherung, Energie, Steuern.)
Sonstige Kosten	In diese Kategorie fallen besondere Kosten je nach Eigenheiten eines Lagers, z. B. Bewachung, spezielle Sicherungseinrichtungen.

Welche Risiken birgt ein zu großer oder ein zu kleiner Lagerbestand?

Hohe Lagerbestände verursachen hohe Lagerkosten. Niedrige Lagerbestände können wegen mangelnder Verkaufsbereitschaft zu Umsatzeinbußen, entgangenem Gewinn, Kundenverlusten oder zu Kosten für evtl. Vertragsstrafen führen. Zwischen diesen beiden gegenläufigen Auswirkungen eines zu hohen und eines zu niedrigen Lagerbestandes muss ein Ausgleich gefunden werden.

Nachteile eines zu kleinen Lagerbestandes:	Nachteile eines zu großen Lagerbestandes:
▸ verringerte Verkaufsbereitschaft ▸ kein vollständiges Sortiment ▸ Kundenverluste ▸ Mengenrabatte des Lieferanten werden nicht ausgenutzt	▸ hohe Lagerkosten (Raum-, Einrichtungs- und Personalkosten) ▸ gebundenes Kapital, das dem Betrieb flüssige Mittel entzieht ▸ Risikozunahme durch Veralten, Modewechsel, Verderb, Diebstahl

Beschreiben Sie mögliche Maßnahmen zur Kontrolle des Lagers.

Notwendigkeit der Lagerhaltung	Eine umfassende und ständige Lagerkontrolle ist aufgrund der im Lager befindlichen hohen Werte unumgänglich. Sie wird ermöglicht durch verschiedene Maßnahmen.
Lagerkarten	Auf Lagerkarten wird jede Bewegung handschriftlich oder maschinenschriftlich eingetragen, sofern der Betrieb noch nicht auf EDV umgestellt ist. Eingetragen werden: Datum der Warenbewegung, Eingänge, Bestände, Art und Nummer des Belegs, Ausgänge, Bestellungen. Dieses Instrument der Lagerkontrolle wird heute aufgrund der fortgeschrittenen Digitalisierung von Lagerdaten kaum noch verwendet.
Lagerbuchführung	Die Lagerbuchführung als Nebenbuch zu den Warenkonten der Hauptbuchhaltung hält sämtliche Warenein- und -ausgänge fest und schreibt den jeweils aktuellen Lagerbestand fort. Alle Lagerbewegungen sind auf diese Weise jederzeit feststellbar und können nachgeprüft werden. Auch können die tatsächlichen Bestände (= Istbestände) mit den gebuchten Beständen (= Sollbestände) verglichen werden. Die Lagerbuchführung ist gesetzlich vorgeschrieben. In den meisten Unternehmen werden die Bestände und Lagerbewegungen durch ein EDV-basiertes Warenwirtschaftssystem geführt, dabei werden sämtliche Lagerbewegungen in Dateien gespeichert. Bei Bedarf können die fortgeschriebenen Sollbestände ausgedruckt oder mithilfe des Bildschirmterminals abgerufen werden, sodass die Sollbestände jederzeit abrufbar sind.
Inventur	Die Inventur ist ein Kontrollinstrument, das zumindest am Ende des Geschäftsjahres eingesetzt wird. Jeder Kaufmann ist verpflichtet, als Grundlage der Aufstellung des Jahresabschlusses eine Inventur durchzuführen und die darin ermittelten Bestände mit Preisen bewertet in einem Inventar festzuhalten. Das Ergebnis der Inventur sind Istbestände.
Inventurdifferenzen	Auftretende Inventurdifferenzen können verschiedene Ursachen haben. So können negative Differenzen aufgrund von Diebstahl, Schwund oder unterlassenen Buchungen von Warenabgängen, positive Differenzen dagegen aufgrund von unterlassenen Buchungen von Warenzugängen entstehen. Die Inventurdifferenzen werden als außerordentlicher Ertrag oder Aufwand ausgebucht.

Erläutern Sie die unterschiedlichen Lagerbestandsarten.

Grafische Darstellung	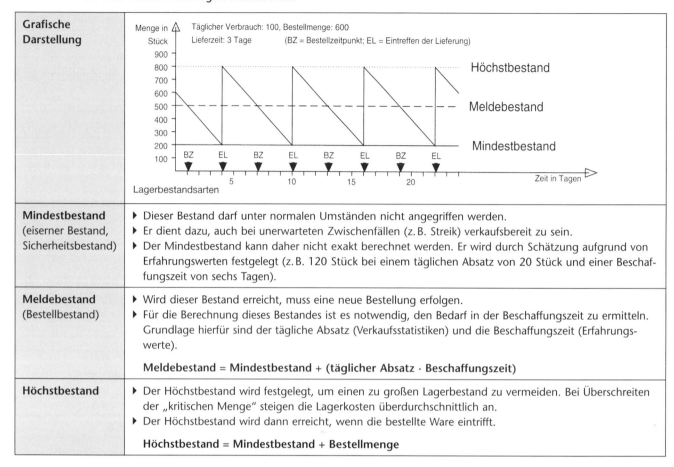
Mindestbestand (eiserner Bestand, Sicherheitsbestand)	▸ Dieser Bestand darf unter normalen Umständen nicht angegriffen werden. ▸ Er dient dazu, auch bei unerwarteten Zwischenfällen (z. B. Streik) verkaufsbereit zu sein. ▸ Der Mindestbestand kann daher nicht exakt berechnet werden. Er wird durch Schätzung aufgrund von Erfahrungswerten festgelegt (z. B. 120 Stück bei einem täglichen Absatz von 20 Stück und einer Beschaffungszeit von sechs Tagen).
Meldebestand (Bestellbestand)	▸ Wird dieser Bestand erreicht, muss eine neue Bestellung erfolgen. ▸ Für die Berechnung dieses Bestandes ist es notwendig, den Bedarf in der Beschaffungszeit zu ermitteln. Grundlage hierfür sind der tägliche Absatz (Verkaufsstatistiken) und die Beschaffungszeit (Erfahrungswerte). **Meldebestand = Mindestbestand + (täglicher Absatz · Beschaffungszeit)**
Höchstbestand	▸ Der Höchstbestand wird festgelegt, um einen zu großen Lagerbestand zu vermeiden. Bei Überschreiten der „kritischen Menge" steigen die Lagerkosten überdurchschnittlich an. ▸ Der Höchstbestand wird dann erreicht, wenn die bestellte Ware eintrifft. **Höchstbestand = Mindestbestand + Bestellmenge**

Mit welchen Lagerkennziffern kann eine Kontrolle des Lagers erfolgen?

	Die folgenden Kennziffern dienen der Überprüfung einer effektiven Lagerhaltung von einzelnen Waren, Warengruppen oder des gesamten Warenlagers. Durch Vergleich mit den eigenen Werten, die in den Vorjahren ermittelt wurden, oder mit Kennziffern des Branchendurchschnitts lassen sich Schwachstellen in der Lagerhaltung aufspüren.
Durchschnittlicher Lagerbestand	▸ Dieser Wert gibt an, wie viel im Durchschnitt in die Warenvorräte investiert wird. Für die Berechnung werden die Daten aus der Inventur verwendet. ▸ Berechnung bei Jahresinventur $= \dfrac{\text{Jahresanfangsbestand + Jahresendbestand}}{2}$ ▸ Berechnung bei Monatsinventuren $= \dfrac{\text{Jahresanfangsbestand + 12 Monatsendbestände}}{13}$
Lagerumschlagshäufigkeit	▸ Die Umschlagshäufigkeit zeigt an, wie oft der durchschnittliche Lagerbestand in einem Jahr umgesetzt wird. ▸ Die Berechnung kann mit Wertangaben (in Euro) bzw. mit Mengenangaben (in Stück) erfolgen. Dabei ist jedoch zu beachten, dass sowohl im Zähler als auch im Nenner gleiche Einheiten verwendet werden. $= \dfrac{\text{Wareneinsatz}}{\text{durchschnittlicher Lagerbestand}}$
Durchschnittliche Lagerdauer	Sie gibt an, wie viele Tage die Ware im Durchschnitt lagert, bevor sie verkauft wird. $= \dfrac{360 \ \text{(Tage)}}{\text{Lagerumschlagshäufigkeit}}$
Lagerzinssatz	Dieser Wert zeigt an, wie viel Prozent vom Wareneinsatz für Lagerzinsen aufgewendet wurden. $= \dfrac{\text{Jahreszinssatz · durchschnittliche Lagerdauer}}{360}$

Welche Voraussetzungen müssen bei Erfassung und Aufbereitung der Daten in einem WWS erfüllt sein?

Arten von Daten	Stammdaten	Stammdaten bleiben über einen längeren Zeitraum oder völlig unverändert. *Beispiele: Kundenname, Kundenanschrift, Listenpreis*
	Bewegungsdaten	Bewegungsdaten müssen stets neu erfasst werden, da sie nur einmalig auftreten. *Beispiele: Bestellmenge, Auslieferungsdatum, Bestand am 12.03.*
Datenerfassung		Datenerfassung ist die Aufbereitung und Zuführung der betrieblichen Daten in das System zum Zweck der elektronischen Verarbeitung. Die Datenerfassung sollte immer aktuell erfolgen, damit jederzeit ein Zugriff auf den aktuellen Datenbestand erfolgen kann. In einer Großhandlung ist die Aktualität der Daten für die effiziente Steuerung des Warenflusses durch ein WWS absolute Voraussetzung. *Beispiele: Erfassung der Auftragsdaten, der Bestelldaten, der Warenbereitstellung (Kommissionierung) und der Auslieferung* Die Erfassung dieser Daten kann entweder per Eingabe über die Tastatur an einem Bildschirmarbeitsplatz erfolgen, durch das Scannen des Barcodes (Balkencode) oder durch Spracheingabe.
Datenpflege		Die Datenpflege beinhaltet alle Tätigkeiten, die erforderlich sind, um den Bestand an Stammdaten auf dem Laufenden zu halten. Jede bekannt gewordene Veränderung in Bezug auf Kunden, Lieferanten, Lagerplätze und Artikel muss in den Datenbeständen sofort erfasst werden. *Beispiele: Listenpreise des Lieferanten, Auslieferungsanschrift, Bestände von Waren*

Erläutern Sie die Dienste, die ein WWS für die Lagerhaltung bieten kann.

Wareneinlagerung	Bei Eintreffen von Waren werden diese nach Art und Menge und je Lieferant erfasst. Damit ist gewährleistet, dass die Bestände sofort aktualisiert sind und bei Kundenanfragen der Verkaufsmitarbeiter bereits über die eingetroffenen Mengen verfügen kann.
Lagerplatz-verwaltung	▶ Beim **Festplatzsystem** sind alle Lagerplätze im WWS gespeichert. Das System kann bei Eingabe der gelieferten Artikel auf der auszudruckenden Wareneingangsmeldung die zutreffenden Lagerplätze angeben, nach denen die Lagermitarbeiter die Ware einlagern. ▶ Beim **chaotischen Lagerplatzsystem** übernimmt es das System, einen Lagerplatz vorzuschlagen, der gerade frei ist. Bestätigt der Mitarbeiter am Terminal diesen Platz, gibt das System ein Barcode- oder Markierungsetikett aus, das am Transportbehälter befestigt werden muss. Bestätigt der Mitarbeiter die Einlagerungsmenge, befördert das System mit automatischen Regalfördersystemen den Behälter in das entsprechende Lagerfach. Dieser Lagerplatz bleibt im System gespeichert und ist jederzeit abrufbar.
Lagerbestands-führung	Die artikelgenaue aktuelle Bestandsführung im Großhandel ist eine grundlegende Voraussetzung für eine schnelle und vollständige Belieferung des Kunden. Die Bestandsführung setzt eine sofortige Erfassung folgender Daten voraus: ▶ Wareneingänge (Erhöhung des Lagerbestandes, Verminderung des Bestellbestandes) ▶ Reservierungen (Verringerung des verfügbaren Bestandes) ▶ Warenabgänge (Verringerung des aktuellen Bestandes) ▶ Retouren (Erhöhung des verfügbaren und aktuellen Lagerbestandes, sofern ohne Mängel) Die aktuelle Bestandsfortschreibung bietet zahlreiche Vorteile: ▶ Der Verkauf kann sich jederzeit einen Überblick über verfügbare Ware verschaffen. ▶ Dem Rechnungswesen bietet sich der Vorteil der Übernahme der Bestände am Bilanzstichtag (permanente Inventur). ▶ Der Einkauf hat, sofern entsprechende Meldebestände registriert sind, täglich eine Liste der zu beschaffenden Waren mit Bestellvorschlag als Arbeitsgrundlage.
Warenausgang	Sind alle Aufträge zeitnah erfasst, erstellt das WWS sämtliche Daten und Belege, die zur Bewältigung der Auftragsabwicklung erforderlich sind. Dazu gehören die Ausgabe ▶ der Kommissionierungsbelege bzw. Pickliste für die Lagermitarbeiter, ▶ der Lieferscheine für den Kunden, ▶ der Ladelisten und der Tourenplanung für den eigenen Fuhrpark, ▶ der Frachtbriefe für den Frachtführer und sonstige Begleitpapiere, ▶ der Ausgangsrechnungen für den Kunden und die eigene Buchhaltung.

Welche Daten benötigt das WWS für die Erstellung der Tourenplanung?

Kundenstamm-daten	Aus den Kundenstammdaten benötigt die Tourenplanung die Kundennummer, die Anlieferadresse, Restriktionen in Bezug auf Lieferzeit und Lieferfahrzeug (z. B. Durchfahrtshöhe).
Planungsraum-daten	Jeder Kundenstandort wird durch die Anlieferadresse im Planungsraum definiert. Die Software liefert dazu die Entfernung, die Fahrtzeit und ggf. Restriktionen.
Auftragsdaten	Aus den Auftragsdaten werden die anzusteuernden Kunden, deren Liefermengen und -zeiten ermittelt.
Fuhrparkstamm-daten	Die in der Fuhrparkdatei gespeicherten Daten enthalten Informationen über die maximale Zuladung, Volumenangaben, Höhe und Breite der Fahrzeuge sowie deren Verfügbarkeit und Status.
Personaldaten	Die Daten der infrage kommenden Fahrer lassen sich in Bezug auf vereinbarte Arbeitszeiten, geplante Fehlzeiten (z. B. Urlaub) und tatsächliche Fehlzeiten aus der Personaldatei zuführen.

Erläutern Sie die wesentlichen Bestimmungen über den Frachtführer.

Frachtführer	Frachtvertrag	Grundlage der Tätigkeit eines Frachtführers ist stets ein Frachtvertrag. Er wird zwischen dem Frachtführer und dem Versender abgeschlossen. Eine Form ist nicht vorgeschrieben. Durch den Frachtvertrag wird der Frachtführer verpflichtet, das Gut zum Bestimmungsort zu befördern und dort an den Empfänger abzuliefern. Der Absender wird verpflichtet, die vereinbarte Fracht zu zahlen.
	Rechte des Frachtführers	▸ Ausstellung des Frachtbriefes durch den Versender ▸ Zahlung der vereinbarten Vergütung
	Pflichten des Frachtführers	▸ Ausführung des Auftrages mit der Sorgfalt eines ordentlichen Kaufmannes ▸ Beförderung innerhalb der vereinbarten Zeit ▸ Auslieferung an dem benannten Ort ▸ Haftung für von ihm verursachte Schäden
	Erfüllung	Aushändigung des Versandgutes und des Frachtbriefs an den Empfänger
	Pfandrecht	Der Frachtführer hat an den zu befördernden Gegenständen ein gesetzliches Pfandrecht zur Sicherung seiner Forderungen.

Welche Aufgaben hat der Spediteur? Nennen Sie Rechte, Pflichten und Besonderheiten.

Spediteur	Speditionsvertrag	Grundlage der Tätigkeit ist ein Speditionsvertrag, der sich nach den „Allgemeinen Deutschen Spediteursbedingungen" richtet. Durch den Speditionsvertrag wird der Spediteur verpflichtet, die Versendung des Gutes zu besorgen. Der Versender wird verpflichtet, die vereinbarte Vergütung zu zahlen.
	Rechte und Pflichten des Spediteurs	Der Spediteur hat ähnliche Rechte und Pflichten wie der Frachtführer. Hinzu kommen noch besondere Pflichten, die sich aus seiner Vermittlerrolle ergeben, wie z.B. die Treuepflicht, die Pflicht zur Wahrung der Rechte seines Auftraggebers und die Prüfungspflicht für die Verpackung.
	Spezialisierung	Die Arbeitsteilung hat sich auch in diesem Gewerbe ausgewirkt. Neben den internationalen Speditionen gibt es Spediteure, die sich z.B. auf Warengruppen, Regionen oder besonderen Service spezialisiert haben.
	Bedeutung	Spediteure sind besonders wichtig für kleine und mittlere Unternehmen, die nicht über Kenntnisse im internationalen Güterverkehr verfügen.

Erläutern Sie die wichtigsten Bestimmungen über den Lagerhalter.

Lagerhalter	Lagervertrag	Durch den Lagervertrag wird der Lagerhalter verpflichtet, das Gut zu lagern und aufzubewahren. Der Einlagerer wird verpflichtet, die vereinbarte Vergütung zu zahlen.
	Lagerschein	Der Lagerhalter hat für die eingelagerte Ware einen Lagerschein auszustellen. Dieser stellt ein Warenwertpapier dar, da jeder rechtmäßige Besitzer des Scheins auch über die Ware verfügen kann.
	Rechte des Lagerhalters	▸ Anspruch auf die vereinbarte Vergütung und Auslagenersatz ▸ Recht zur Kündigung des Einlagerungsvertrages ▸ gesetzliches Pfandrecht zur Sicherung seiner Ansprüche
	Pflichten des Lagerhalters	▸ Sorgfaltspflicht eines ordentlichen Kaufmanns ▸ Haftungspflicht für die eingelagerte Ware ▸ Herausgabepflicht, sofern der Lagerschein vorgelegt wird
	Bedeutung	Lagerhalter stellen ihre Lagerhäuser zur Verfügung, die von Spediteuren und Frachtführern sowie Versendern in Anspruch genommen werden, um Waren vor und nach dem Versand zwischenzulagern. Lagerhalter mit entsprechenden Lagerkapazitäten gibt es an allen größeren Orten, vor allem aber an den Hauptumschlagplätzen von Waren, wie Seehäfen, Flughäfen und großen Güterbahnhöfen.

Was verstehen Sie unter Außenhandel? Nennen Sie wichtige Institutionen.

Außenhandel	Außenhandel im engeren Sinne beinhaltet den Austausch von Gütern und Dienstleistungen zwischen unabhängigen Volkswirtschaften. Nicht dazu zählen demzufolge die EU und EFTA.
Wichtige Institutionen	▸ **Industrie- und Handelskammern** (IHK) sind Körperschaften des öffentlichen Rechts, in denen alle Industrie- und Handelsunternehmen eines Gebietes Pflichtmitglieder sind. Aufgaben: Beratung, Information und Hilfestellung auf wirtschaftlichen, rechtlichen und steuerlichen Gebieten *Beispiele: Zollwesen, Außenwirtschaftsrecht, Ausschreibungen, Ausstellung Ursprungszeugnis, Beglaubigung von Dokumenten, Wettbewerbsrecht* ▸ **Außenhandelskammern** sind privatrechtliche freiwillige Zusammenschlüsse von Unternehmen, Organisationen und Privatpersonen aus der Bundesrepublik Deutschland und dem jeweiligen Partnerland. Aufgaben: wechselseitige Förderung des bilateralen Handels ▸ **Internationale Handelskammer** (International Chamber of Commerce = ICC) in Paris ist eine privatrechtliche Institution. Aufgaben: Förderung des Welthandels in allen Bereichen, wie Industrie, Handel, Banken- und Versicherungswesen, Verkehrswesen und anderen Dienstleistungswesen ▸ **Kreditinstitute** haben die Aufgabe, den internationalen Zahlungs- und Kreditverkehr abzuwickeln. Sie bieten aber auch weitere betriebs- und volkswirtschaftliche Hilfen. ▸ **Deutsche Auslandsvertretungen** leisten Unterstützung bei Großobjekten. ▸ **Welthandelsorganisation** (World Trade Organisation = WTO) Aufgaben: Informationen über Auslandsmärkte, Rechtsfragen, die den Außenhandel betreffen, Ausschreibungen

Nennen Sie wesentliche Risiken des Außenhandelsgeschäftes.

Währungsrisiko	Bei Veränderung der Austauschrelationen zwischen den verschiedenen Währungen ist die Gefahr vorhanden, Verluste zu erzielen. Soll die Zahlung in fremder Währung erfolgen, besteht ein Kursrisiko. *Beispiel: Bezieht ein Importeur Waren aus den USA und sinkt der Wert seiner Landeswährung (Euro) im Verhältnis zur fakturierten Währung ($), so muss der Importeur bei Bezahlung mehr Geld in der Landeswährung aufbringen als bei Vertragsabschluss.*	
	Absicherung	▸ Abschluss des Kaufvertrages in inländischer Währung. Dies ist jedoch nur ein Vorteil für einen Vertragspartner. ▸ Kreditaufnahme in der fakturierten Währung ▸ Exporteur und Importeur schaffen sich eine feste Kalkulationsbasis durch den Abschluss von Devisentermingeschäften, indem heute zu einem festen Kurs der Abschluss erfolgt, die Ausführung jedoch zu einem späteren Termin.
Transportrisiko	Mit dem Transport der Ware sind weitere Risiken verbunden, die wie folgt eingeteilt werden können: ▸ **Örtliches Transportrisiko:** Die Ware wird an einen anderen Ort verschickt, als vertraglich vereinbart wurde. ▸ **Zeitliches Transportrisiko:** Aufgrund der großen Entfernungen können Verzögerungen z. B. durch Stau, Sperrungen etc. entstehen. ▸ **Quantitatives/qualitatives Transportrisiko:** Durch Unfall, Diebstahl, Havarie, Krieg oder andere Ereignisse können Verschlechterung, Beschädigungen oder Verluste entstehen.	
	Absicherung	Eine Absicherung kann in diesen Fällen durch den Abschluss von Transportversicherungen (See-, Binnen- und Lufttransportversicherungen) erfolgen.
Politisches Risiko	Innenpolitische Entscheidungen und Situationen im Schuldnerland (Krieg, Streik) können zu Problemen im Außenhandel führen. Ebenso können zahlungswillige und zahlungsfähige Schuldner an der Erfüllung ihrer vertraglichen Verpflichtungen durch Zahlungsverbote des Staates gehindert werden, ebenso durch Bestimmung eines Zahlungsaufschubs (Moratorium). Ein Konvertierungsrisiko liegt vor, wenn der Staat den Umtausch der Inlandswährung in die gewünschte Währung nicht mehr gewährleistet.	
	Absicherung	Diese politischen Risiken werden von privaten Versicherungsgesellschaften nicht getragen. Da der deutsche Staat jedoch den Export fördern möchte, bietet die Hermes-Kreditversicherungs-AG im Auftrag des Bundes die Risikoabsicherung im politischen und wirtschaftlichen Bereich an.

Was verstehen Sie unter Incoterms? Welche wesentlichen Inhalte werden darin geregelt?

INCOTERMS® 2010	Die Incoterms (**I**nternational **Co**mmercial **Terms**) sind Handelsbräuche, die von der Internationalen Handelskammer (ICC) herausgegeben und fortentwickelt werden. Sie enthalten einheitliche Regelungen der wesentlichen Käufer- und Verkäuferpflichten für die im internationalen Handel gebräuchlichen Lieferverträge. Die Klauseln sind international anerkannt und können somit Missverständnisse vermeiden. Neu bei den INCOTERMS® 2010 ist, dass sie auch zu nationalen Handelsklauseln erklärt wurden.
Inhalte	Zu den Inhalten der INCOTERMS® 2010 zählen: ▸ **Lieferort** An diesen genau bestimmten Ort hat der Verkäufer zu liefern. ▸ **Gefahrenübergang** Hier geht das Risiko vom Verkäufer auf den Käufer über. Der Käufer ist ab dem Gefahrenübergang zur Zahlung des vereinbarten Kaufpreises verpflichtet, auch wenn eine Verschlechterung oder der Untergang der Ware eingetreten ist. ▸ **Kostenübergang** Dies ist der Ort, an dem die Kosten (z.B. Transport, Zölle, Steuern) vom Verkäufer auf den Käufer übergehen. ▸ **Export- und Importfreimachung** Geregelt werden müssen die Kostenübernahme für die Ausfuhrabfertigung im Exportland und die Kostenübernahme für die Einfuhrabfertigung im Importland. ▸ **Transportversicherung** Der Abschluss einer Transportversicherung ist zu Gunsten des Käufers auf Kosten des Verkäufers nur möglich bei den Klauseln CIF und CIP. Die Mindestversicherung muss in dem Fall den Kaufpreis zuzüglich 10 % decken und in der Währung des Kaufvertrages abgeschlossen sein.

Erläutern Sie die INCOTERMS® 2010.

Incoterms[1]	Definition/Lieferort	Gefahrübergang	Kostenübergang
Klauseln, die für alle Transportarten vereinbart werden können:			
EXW (ex works)	Ab Werk .../benannter Lieferort (z.B. Lager, Werk)	Lieferort	
FCA (free carrier)	Frei Frachtführer .../benannter Lieferort (Übergabe an den ersten Frachtführer)	Lieferort	
CPT (carrigage paid to)	Frachtfrei .../benannter Bestimmungsort (Ort der Übergabe an den ersten Frachtführer)	Lieferort (Übergabe an den ersten Frachtführer)	Bestimmungsort
CIP (carriage and insurance paid to)	Frachtfrei versichert .../benannter Bestimmungsort (Ort der Übergabe an den ersten Frachtführer)	Lieferort (Übergabe an den ersten Frachtführer)	Bestimmungsort
DAT (delivered at terminal)	Geliefert Terminal .../benannter Terminal im Bestimmungshafen/-ort (z.B. Kai, Containerdepot, Luftfrachtterminal, Lagerhalle)	Terminal Bestimmungshafen/-ort (Ware ist entladen)	
DAP (delivered at place)	Geliefert .../benannter Bestimmungsort	Bestimmungsort (Ware ist entladebereit)	
DDP (delivered duty paid)	Geliefert verzollt .../benannter Bestimmungsort	Bestimmungsort (Ware ist entladebereit)	
Klauseln für den See- und Binnenschifftransport:			
FAS (free alongside ship)	Frei Längsseite Schiff .../benannter Verschiffungshafen	Verschiffungshafen	
FOB (free on board)	Frei an Bord .../benannter Verschiffungshafen	An-Bord-Lieferung	
CFR (cost and freight)	Kosten und Fracht .../benannter Bestimmungshafen	An-Bord-Lieferung	Bestimmungshafen
CIF (cost, insurance and freight)	Kosten, Versicherung und Fracht .../benannter Bestimmungshafen	An-Bord-Lieferung	Bestimmungshafen

[1] Wenn die Incoterms®-Regeln in einen Vertrag einbezogen werden, sollte der ausführliche Originaltext zu den Klauseln bekannt sein. Dieser kann über ICC Germany bezogen werden: www.iccgermany.de

Erläutern Sie das Dokumenteninkasso. Stellen Sie die Abwicklung grafisch dar.

Dokumenten-inkasso	Beim Dokumenteninkasso beauftragt der Exporteur seine Hausbank, den Gegenwert für bestimmte einge-reichte Dokumente beim Zahlungspflichtigen oder einer Bank in dessen Land einzuziehen (Zahlungsinkasso) oder gegen Akzeptleistung des Importeurs diese Dokumente auszuhändigen (Akzept- oder Wechselinkasso). Rechtsgrundlage dieses Zug-um-Zug-Geschäftes sind die „Einheitlichen Richtlinien für Inkassi von Handels-papieren (ERI)" der IHK in Paris. Die „Ware" wird nur bei Gegenleistung in Form von Geld (d/p inkasso = document against payment – „Dokumente gegen Kasse") oder Akzept (d/a inkasso = document against acceptance – „Dokumente gegen Akzept") ausgehändigt.
d/p inkasso – „Dokumente gegen Kasse"	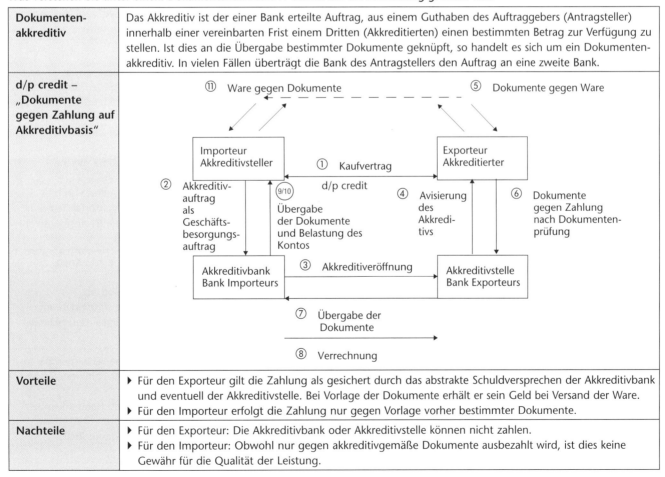
d/a inkasso – „Dokumente gegen Akzept"	Hier verpflichtet sich der Importeur, im Zug-um-Zug-Geschäft gegen Übergabe der Dokumente einen Wechsel zu akzeptieren. In diesem Fall räumt der Exporteur ein wechselgesichertes Zahlungsziel ein. Der Wechsel kann diskontiert werden, jedoch entfällt die frühere Möglichkeit der guten Rediskontierung durch die Deutsche Bundesbank. Der Importeur hat den Vorteil, die Ware vor Bezahlung weiterverkaufen zu können.

Was verstehen Sie unter einem Dokumentenakkreditiv? Stellen Sie die Abwicklung grafisch dar.

Dokumenten-akkreditiv	Das Akkreditiv ist der einer Bank erteilte Auftrag, aus einem Guthaben des Auftraggebers (Antragsteller) innerhalb einer vereinbarten Frist einem Dritten (Akkreditierten) einen bestimmten Betrag zur Verfügung zu stellen. Ist dies an die Übergabe bestimmter Dokumente geknüpft, so handelt es sich um ein Dokumenten-akkreditiv. In vielen Fällen überträgt die Bank des Antragstellers den Auftrag an eine zweite Bank.
d/p credit – „Dokumente gegen Zahlung auf Akkreditivbasis"	
Vorteile	▸ Für den Exporteur gilt die Zahlung als gesichert durch das abstrakte Schuldversprechen der Akkreditivbank und eventuell der Akkreditivstelle. Bei Vorlage der Dokumente erhält er sein Geld bei Versand der Ware. ▸ Für den Importeur erfolgt die Zahlung nur gegen Vorlage vorher bestimmter Dokumente.
Nachteile	▸ Für den Exporteur: Die Akkreditivbank oder Akkreditivstelle können nicht zahlen. ▸ Für den Importeur: Obwohl nur gegen akkreditivgemäße Dokumente ausbezahlt wird, ist dies keine Gewähr für die Qualität der Leistung.

Erläutern Sie die Ein- und Ausfuhrverfahren.

Grundsatz	Nach dem deutschen Außenwirtschaftsgesetz ist der Warenverkehr mit dem Ausland grundsätzlich frei – doch eine Reihe von Ausnahmen bestätigen diese Regel.
Genehmigungs-freie Einfuhr	Es genügt i. d. R. die statistische Einfuhranmeldung in Verbindung mit dem Zollantrag. Für bestimmte Waren wie Eisen- und Stahlerzeugnisse, einige Agrarprodukte oder Güter aus Staatshandelsländern sind Einfuhrkontrollmeldungen notwendig. Für Textilien z. B. ist eine Einfuhrerklärung vor der Zollabfertigung beim Bundesamt für gewerbliche Wirtschaft einzureichen.
Genehmigungs-bedürftige Einfuhr	Aus der Einfuhrliste (= Anlage zum Außenwirtschaftsgesetz AWG) ist zu ersehen, welche Waren der genehmigungsbedürftigen Einfuhr unterliegen. Für diese Waren muss beim Bundesamt für gewerbliche Wirtschaft bzw. beim Bundesamt für Ernährung und Forstwirtschaft eine Einfuhrgenehmigung beantragt werden.
Genehmigungs-freie Ausfuhr	Grundsätzlich ist eine Ausfuhrerklärung (AE) bei der zuständigen Zollstelle einzureichen (i. d. R. Versandzollamt). Ist der Exporteur nicht gleichzeitig Ausführer, so ist an Stelle der Ausfuhrerklärung die Versandausfuhrerklärung (VAE) zu verwenden. Für Sendungen mit niedrigen Werten ist eine Klein-Ausfuhrerklärung (Klein-AE) vorgesehen. Diese muss erst bei der Ausgangszollstelle vorgelegt werden.
Genehmigungs-bedürftige Ausfuhr	Aus der Ausfuhrliste (= Anlage der Außenwirtschaftsverordnung AWV) ist zu ersehen, welche Waren der genehmigungsbedürftigen Ausfuhr bedürfen. Dabei handelt es sich um Waren, über die eine Kontrollfunktion ausgeübt werden soll (Negativliste), wie z. B. Waffen, Munition, elektronische Geräte mit strategischer Bedeutung, aber auch Rohmetalle oder Chemieanlagen.

Erläutern Sie das Zollverfahren.

Normalverfahren	Für Gemeinschaftswaren der EU-Mitgliedstaaten gilt generell der Wegfall aller früher erforderlichen Zollformalitäten. Nicht-Gemeinschaftsware erhält durch die Überführung in den zollrechtlich freien Verkehr die zollrechtliche Natur einer Gemeinschaftsware.
Vereinfachte Verfahren	Bei der unvollständigen Zollanmeldung (UZA) handelt es sich um eine Vereinfachung für einen Fall. Es bedarf keiner vorherigen besonderen Bewilligung. Bei dem vereinfachten Anmeldeverfahren (VAV) und dem Ausschreibeverfahren (ASV) bedarf es der vorherigen Bewilligung.
Zollwertanmelder	Wer in der Zollwertanmeldung den Zollwert angibt, ist Zollwertanmelder und auch Steuerpflichtiger. Grundsätzlich ist dies der Käufer. Die Zollwertanmeldung wird von der Einfuhrzollstelle verlangt, bei der Drittlandswaren, die dem Wertzoll unterliegen, zum freien Verkehr abgefertigt werden sollen.

Erklären und systematisieren Sie die wichtigsten Dokumente im Außenhandel.

Transport-dokumente	▸ Das **Konnossement** (Bill of Lading) ist ein Wertpapier, in dem der Verfrachter dem Exporteur den Empfang der Ware bestätigt. Weiterhin beinhaltet es die Verpflichtung zur Beförderung der Ware und Aushändigung an einen berechtigten Empfänger. Dieses gekorene Orderpapier ist mit Orderklausel durch Indossament übertragbar. Der rechtmäßig ausgewiesene Inhaber des Konnossementes ist mittelbarer Besitzer der Ware. Es ist ein Traditionspapier und verkörpert die Ware. ▸ In der Binnenschifffahrt wird der **Ladeschein** benutzt (Flusskonnossement). Dieser hat die gleiche Wirkung wie das Konnossement. ▸ Der **Frachtbrief** ist eine Beweisurkunde, die vom Absender ausgestellt wird und den Auftrag an den Frachtführer bescheinigt, die Ware an den benannten Empfänger auszuliefern. Der Frachtbrief begleitet die Ware. Solange die Ware noch nicht beim Empfänger ist, ist mit dem Frachtbrief ein Dispositionsrecht verknüpft. Der Frachtbrief ist jedoch kein Traditionspapier wie z. B. das Konnossement.
Versicherungs-dokumente	▸ Versicherungsabschlüsse sind notwendig, um die gesetzlichen Haftungsausschlüsse wie z. B. Krieg, Havarie, Streik etc. abzudecken. ▸ Die **Einzelpolice** ist ein gekorenes Orderpapier und deckt den einzelnen Warentransport ab. ▸ Die **Generalpolice** wird genutzt, wenn wiederkehrende gleichartige Warentransporte stattfinden. Im Versicherungszertifikat wird auf die Generalpolice hingewiesen. Das Versicherungszertifikat unterscheidet sich aber inhaltlich nicht viel von der Einzelpolice.
Zolldokumente	▸ Die **Handelsrechnung** (Commercial Invoice) ist eine wichtige Beweisurkunde über die Vertragserfüllung. ▸ Die **Zollfaktura** (Customs Invoice) ist vom Exporteur und ggf. einem Zeugen zu unterschreiben. Sie ist ein wichtiges Wert- und Ursprungszertifikat. ▸ Das **Ursprungszeugnis** (Certificate of Origin) wird von der inländischen Industrie- und Handelskammer ausgestellt und bestätigt die Herkunft der Ware. ▸ **Sonstige Warenbegleitdokumente** können sein: Gewichts- und Verpackungslisten, Gesundheits-, Inspektions-, Analysen- und Wiegezertifikate.

Was verstehen Sie unter Kooperation? Erläutern Sie wesentliche Arten.

Kooperation	Unter Kooperation versteht man die Zusammenarbeit von Unternehmen, die ihre rechtliche Selbstständigkeit beibehalten. Die wirtschaftliche Selbstständigkeit wird in den Bereichen der Zusammenarbeit aufgegeben, bleibt aber in den nicht unterworfenen Bereichen weiterhin erhalten.

Kartelle	**Grundsatz**
	Verboten sind alle Vereinbarungen, Beschlüsse und aufeinander abgestimmte Verhaltensweisen zwischen Unternehmern, die den Wettbewerb negativ beeinflussen (Kartelle), und gelten für Horizontal- sowie Vertikalvereinbarungen. Die Vorschriften sind im „Gesetz gegen Wettbewerbsbeschränkungen" geregelt. Somit ist das deutsche Kartellrecht an die EU-Regelungen angepasst worden.
	
	Verbotene Kartelle
	▸ Preiskartelle
	 Verboten ist die Festsetzung der An- oder Verkaufspreise und der Geschäftsbedingungen.
	▸ Quotenkartelle
	 Verboten sind Absprachen über die Einschränkung oder Kontrolle der Erzeugung, des Absatzes, der technischen Entwicklung oder der Investitionen.
	▸ Gebietskartelle
	 Verboten ist die Aufteilung der Märkte oder Versorgungsquellen.
	▸ Empfehlungskartelle
	 Verboten sind Empfehlungen zur Einhaltung bestimmter Preise, Preisgrenzen, Kalkulationsrichtlinien, Handelsspannen oder Rabatte – es sei denn, die Empfehlungen sind unverbindlich und es wird kein wirtschaftlicher oder gesellschaftlicher Druck ausgeübt.
	
	Ausnahmen
	▸ Freigestellte Vereinbarungen
	 Nach den neuen Vorschriften müssen die Unternehmen nun selbst prüfen, ob ihr Verhalten kartellrechtlich zulässig ist oder nicht.
	▸ Mittelstandskartelle
	 Die Rationalisierung wirtschaftlicher Vorgänge durch zwischenbetriebliche Zusammenarbeit ist erlaubt, wenn
	 1. dadurch der Wettbewerb auf dem Markt nicht wesentlich beeinträchtigt wird und
	 2. die Vereinbarung oder der Beschluss dazu dient, die Wettbewerbsfähigkeit kleiner oder mittlerer Unternehmen zu verbessern.
	▸ Sonderregeln für bestimmte Wirtschaftsbereiche
	 – Erlaubt ist die Preisbindung seitens der Verlage für Bücher, Kunstdrucke, Zeitschriften und Zeitungen sowie Vereinbarungen und Beschlüsse in der Landwirtschaft.
	 – Erlaubt sind Absprachen über
	  1. die Erzeugung oder den Absatz landwirtschaftlicher Erzeugnisse oder
	  2. die Benutzung gemeinschaftlicher Einrichtungen für die Lagerung, Be- oder Verarbeitung landwirtschaftlicher Erzeugnisse, sofern sie keine Preisbindung enthalten und den Wettbewerb nicht ausschließen.

Interessen-gemeinschaft	▸ Gewinn- und Verlustgemeinschaften (Pool) liegen vor, wenn die Unternehmen ihren Erfolg nach einem bestimmten Schlüssel aufteilen. ▸ Sonstige Interessengemeinschaften können z. B. der gemeinsamen Entwicklung, Forschung, Verwaltung oder Patentauswertung dienen.
Gelegenheits-gesellschaften	▸ Arbeitsgemeinschaften finden sich insbesondere im Baugewerbe, um gemeinschaftlich Verträge zu erfüllen. ▸ Konsortien werden häufig von Banken gebildet, die die Übernahme und Veräußerung von Aktien oder Schuldverschreibungen bei Gründung einer AG oder auch Kapitalerhöhung gemeinsam durchführen.

Erläutern Sie den Begriff Konzentration. Nennen Sie wesentliche Arten.

Begriff	Eine Konzentration liegt vor, wenn Unternehmen ihre wirtschaftliche Selbstständigkeit aufgeben und ihre rechtliche Selbstständigkeit behalten (Konzern) oder aufgeben (Fusion).
Konzern	▸ Der Unterordnungskonzern entsteht durch Erwerb der Kapital- oder Stimmenmehrheit (Mutter- und Tochtergesellschaften). ▸ Der Gleichordnungskonzern beinhaltet die einheitliche gemeinsame Leitung, ohne dass ein Unternehmen von dem anderen abhängig ist.
Fusion	▸ Eine Verschmelzung durch Neubildung liegt vor, wenn sich die beteiligten Unternehmen rechtlich zu einem noch nicht bestehenden Unternehmen vereinigen. Die alten Gesellschaften erlöschen. ▸ Bei der Verschmelzung durch Aufnahme überträgt ein Unternehmen sein Vermögen auf ein anderes bestehendes Unternehmen. Nach der Fusion existiert nur noch das übernehmende Unternehmen.

Einführung

Auswahl, Aufbau und Aufbereitung der Lerninhalte berücksichtigen den Stoffkatalog der Aufgabenstelle für die kaufmännischen Abschluss- und Zwischenprüfungen (AkA/IHK).

Den neuen Anforderungen entsprechend werden die Bereiche „Kaufmännische Steuerung und Kontrolle, Organisation" und „Wirtschafts- und Sozialkunde" anhand von geschlossenen Fragestellungen überprüft.

Aus diesem Grund folgt auf der linken Seite eine systematische Darstellung des Kernwissens, auf der rechten Seite finden Sie die geschlossenen Fragen.

Doppelseite mit Kernwissen und geschlossenen Fragen

Wie ist der Kontenrahmen für den Groß- und Außenhandel aufgebaut?

Kontenklasse 0	Kontenklasse 1	Kontenklasse 2
Anlage- und Kapitalkonten	Finanzkonten	Abgrenzungskonten

00 Ausstehende Einlagen
01 Immaterielle Vermögensgegenstände
02 Grundstücke und Gebäude
    021 Grundstücke
    023 Bauten auf eigenen Grundstücken
03 Anlagen, Maschinen, Betriebs- und Geschäftsausstattung
    031 Technische Anlagen und Maschinen
    033 Betriebs- und Geschäftsausstattung
    034 Fuhrpark
    037 Sammelkonto 20..
04 Finanzanlagen
05 Wertberichtigungen
06 Eigenkapital
    060 Eigenkapital
07 Sonderposten mit Rücklageanteil und Rückstellungen
    072 Rückstellungen
    073 Steuerrückstellungen
    074 Sonstige Rückstellungen
08 Verbindlichkeiten
    082 Verbindlichkeiten gegenüber Kreditinstituten (Darlehen)
09 Rechnungsabgrenzungsposten
    091 Aktive Rechnungsabgrenzung
    093 Passive Rechnungsabgrenzung
	10 Forderungen
	    101 Forderungen a. LL
	    102 Zweifelhafte Forderungen
	11 Sonstige Vermögensgegenstände
	    113 Sonstige Forderungen
	    116 SV-Beitragsvorauszahlung
	    117 Forderungen an Mitarbeiter
	12 Wertpapiere des Umlaufvermögens
	13 Banken
	    131 Kreditinstitute
	14 Vorsteuer
	    140 Vorsteuer
	15 Zahlungsmittel
	    151 Kasse
	16 Privatkonten
	    161 Privatentnahmen
	    162 Privateinlagen
	17 Verbindlichkeiten
	    171 Verbindlichkeiten a. LL
	18 Umsatzsteuer
	    180 Umsatzsteuer
	19 Sonstige Verbindlichkeiten
	    191 Verbindlichkeiten aus Steuern
	    194 Sonstige Verbindlichkeiten
		20 Außerordentliche und sonstige Aufwendungen
		    201 Außerordentliche Aufwendungen
		    202 Betriebsfremde Aufwendungen
		    203 Periodenfremde Aufwendungen
		    204 Verluste aus dem Abgang von Anlagevermögen
		21 Zinsen und ähnliche Aufwendungen
		    210 Zinsaufwendungen
		22 Steuern vom Einkommen
		23 Forderungsverluste
		24 Außerordentliche und sonstige Erträge
		    241 Außerordentliche Erträge
		    242 Betriebsfremde Erträge
		    243 Periodenfremde Erträge aus früheren Jahren
		25 Erträge aus Beteiligungen, Wertpapieren und Ausleihungen des Finanzanlagevermögens
		26 Sonstige Zinsen und ähnliche Erträge
		    260 Zinserträge
		27 Sonstige betriebliche Erträge
		    270 Erlöse aus Anlageabgängen
		    271 Erträge aus dem Abgang von Anlagevermögen
		    276 Erträge aus der Auflösung von Rückstellungen

Kontenklasse 3	Kontenklasse 4	Kontenklasse 5–7
Wareneinkaufs-/Warenbestandskonten	Konten der Kostenarten	Konten der Kostenstellen

30 Wareneinkaufskonten
    301 Wareneingang
    Unterkonten von 301 Wareneingang:
        302 Warenbezugskosten
        305 Rücksendungen an Lieferanten
        306 Nachlässe von Lieferanten
        307 Lieferantenboni
        308 Lieferantenskonti
31-37 Warengruppen
38 Wareneingang aus innergemeinschaftlichem Erwerb
39 Warenbestände
    390 Warenbestand
	40 Personalkosten
	    401 Löhne
	    402 Gehälter
	    404 Gesetzliche soziale Aufwendungen
	    407 Vermögenswirksame Leistungen
	41 Mieten, Pachten, Leasing
	    411 Miete
	    412 Pacht
	    413 Leasing
	42 Steuern, Beiträge, Versicherungen
	    421 Gewerbesteuer
	    422 Kfz-Steuer
	    423 Grundsteuer
	    426 Versicherungen
	    427 Beiträge
	43 Energie, Betriebsstoffe
	    432 Gas, Strom, Wasser
	44 Werbe- und Reisekosten
	    440 Werbe- und Reisekosten
	45 Provisionen
	    450 Provisionen
	46 Kosten der Warenabgabe
	    461 Verpackungsmaterial
	    462 Ausgangsfrachten
	47 Betriebskosten, Instandhaltung
	    471 Instandhaltung
	48 Allgemeine Verwaltung
	    481 Bürobedarf
	    482 Porto, Telefon, Telefax
	    484 Rechts- und Beratungskosten
	    486 Kosten des Geldverkehrs
	49 Abschreibungen
	    490 Abschreibungen auf Sachanlagen
		Konten für Umsatzkostenverfahren

Kontenklasse 8
Warenverkaufskonten

80 Warenverkaufskonten
    801 Warenverkauf
    Unterkonten von 801 Warenverkauf:
        805 Rücksendungen von Kunden
        806 Nachlässe an Kunden
        807 Kundenboni
        808 Kundenskonti
81-86 Warengruppen
87 Sonstige Erlöse aus Warenverkäufen
    871 Entnahme von Waren
    872 Provisionserträge
88 Ausfuhrerlöse

Kontenklasse 9
Eröffnungs- und Abschlusskonten
910 Eröffnungsbilanzkonto 930 Gewinn- und Verlustkonto 940 Schlussbilanzkonto

Bilden Sie die Buchungssätze zu den unten stehenden Belegen. Tragen Sie die dreistellige Kontonummer in die Kästchen ein.

1 Beleg 1   an

2 Beleg 2   an

3 Beleg 3   an

4 Beleg 4   an

5 Beleg 5   an

6 Beleg 6   an

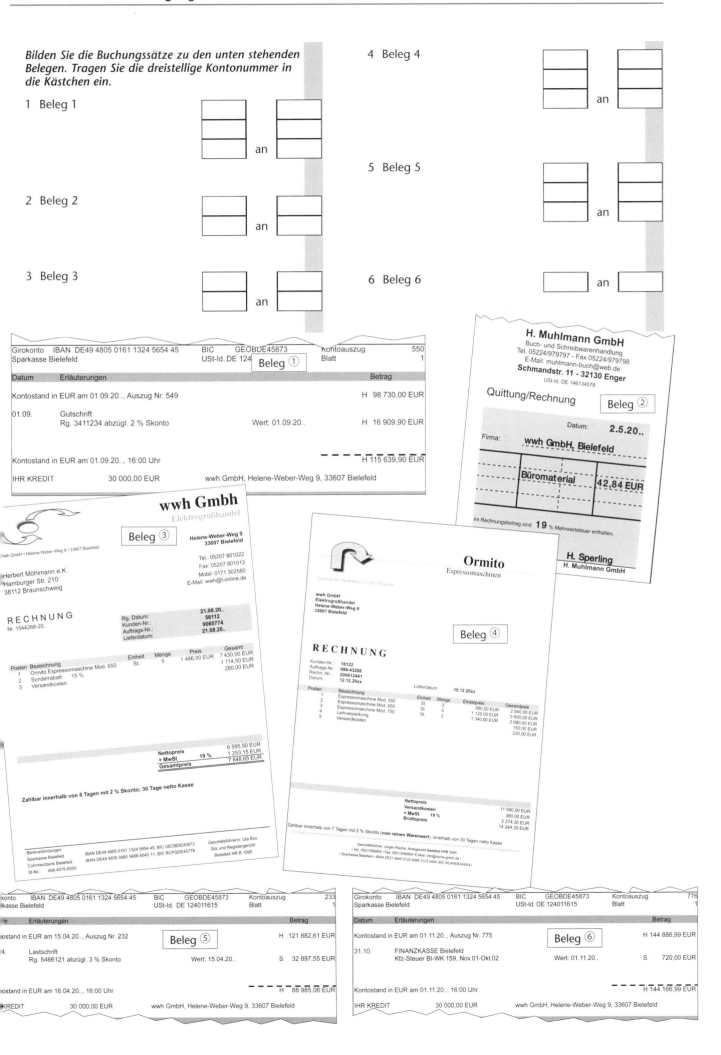

Welche Bedeutung hat ein Kontenrahmen bzw. ein Kontenplan für ein Unternehmen?

Kontenrahmen	Ein Kontenrahmen ist eine systematische Gliederung über sämtliche Konten, die für alle Unternehmer einer Branche erforderlich sein könnten. Jedes Konto erhält eine dreistellige Kontonummer, die sich durch eine Einteilung in Kontenklassen, Kontengruppen und Kontenarten ergibt. Vorteile des Kontenrahmens: klare Übersicht über alle Konten und eindeutige Bezeichnung
	▸ Möglichkeit der Vergleichbarkeit des eigenen Unternehmens mit Unternehmen der gleichen Art
	▸ Vereinfachung der Buchungsarbeit durch Darstellung der Buchungssätze mit Kontennummern
	▸ vereinfachte Durchführung von Prüfungsarbeiten (z. B. für Betriebsprüfer des Finanzamtes)
Kontenplan	Aus der Vielzahl der zur Verfügung stehenden Konten eines Kontenrahmens sucht sich ein einzelnes Unternehmen nur diejenigen Konten heraus, die für dieses Unternehmen benötigt werden. Der Kontenplan ist die Auflistung der benötigten Konten.

4 2 2	*Beispiel einer Kontonummer:*
1. Stelle: Kontenklasse	*4 = Konten der Kostenarten*
2. Stelle: Kontengruppe	*42 = Steuern, Beiträge, Versicherungen*
3. Stelle: Kontenart	*422 = Kfz-Steuer*

Wie ist der Kontenrahmen für den Groß- und Außenhandel aufgebaut?

Grundlegender Aufbau des Kontenrahmens	Der Kontenrahmen ist nach dem Zehnersystem (10 Kontenklassen, 10 Kontengruppen innerhalb der einzelnen Kontenklassen usw.) aufgebaut. Er basiert auf dem sogenannten Prozessgliederungsprinzip, d. h., die Konten sind im Wesentlichen nach dem betrieblichen Ablauf geordnet.	
Kontenklassen	0 Anlage- und Kapitalkonten	Konten des Anlagevermögens, Eigenkapital, langfristiges Fremdkapital
	1 Finanzkonten	Konten des Umlaufvermögens (ohne Warenbestände), kurzfristiges Fremdkapital (Verbindlichkeiten, Bankschulden, sonstige Verbindlichkeiten). Sie dienen der Finanzierung des operativen Geschäftes (Wareneinkauf, Bezahlung der permanent anfallenden Ausgaben).
	2 Abgrenzungs-konten	Alle Aufwendungen und Erträge, die nicht in unmittelbarem Zusammenhang mit der betrieblichen Tätigkeit (betriebsfremd) stehen, einer anderen Abrechnungsperiode zuzurechnen (periodenfremd) oder betrieblich außerordentlich sind, müssen von den Kosten und Leistungen des Betriebes abgegrenzt werden.
	3 Wareneinkaufs-konten/Waren-bestandskonten	Die Wareneinkaufskonten mit den dazugehörigen Unterkonten (z. B. Bezugskosten, Nachlässe etc.) können nach unterschiedlichen Gesichtspunkten (z. B. Warengruppen) gegliedert sein. Auf den Warenbestandskonten werden die jeweiligen Anfangs- und Schlussbestände und die Bestandsveränderungen gebucht.
	4 Konten der Kostenarten	Auflistung aller zusätzlichen Aufwendungen, die ein Großhandelsunternehmen neben dem Wareneinkauf hat und die für den eigentlichen Betriebszweck notwendig sind (z. B. Personalkosten).
	5 Konten der Kostenstellen	Hier können Konten für die Verteilung der Kosten auf die jeweiligen Betriebsbereiche eingerichtet werden (Kostenstellenrechnung).
	6/7 Konten für Umsatzkosten-verfahren	Diese Kontenklassen bleiben in der Regel frei, da viele Großhandelsunternehmen ihre Gewinn- und Verlustrechnung nach dem Gesamtkostenverfahren erstellen.
	8 Warenverkaufs-konten	Wie in Kontenklasse 3 können hier die Warenverkaufskonten nach unterschiedlichen Gesichtspunkten gegliedert sein.
	9 Abschlusskonten	Eröffnungs- und Schlussbilanzkonto, Gewinn- und Verlustkonto.

Wie ist die Buchführung organisiert?

Bedeutung	Die Buchführung ist in verschiedene „Bücher" aufgeteilt.
Grundbuch (Journal)	Zeitliche Ordnung: Das Grundbuch enthält sämtliche Buchungssätze in der zeitlich richtigen Reihenfolge.
Hauptbuch	Sachliche Ordnung: Das Hauptbuch enthält sämtliche Sachkonten mit den darauf jeweils sachlich richtig gebuchten Buchungen.
Nebenbücher	▸ Sie ergänzen und erläutern die Buchhaltung in verschiedenen Teilbereichen.
	▸ Sie bestehen aus: Kontokorrentbuch (Debitoren = Kundenkonten, Kreditoren = Lieferantenkonten, Anlagespiegel).

1 Nach welchem Gliederungsprinzip ist der Kontenrahmen für den Groß- und Außenhandel aufgebaut?

1 nach dem Prozessgliederungsprinzip

2 nach dem Abschlussgliederungsprinzip

3 nach den Grundsätzen ordnungsgemäßer Buchführung

4 nach dem Werterhaltungsprinzip

5 nach keinem der vorgenannten Prinzipien

2 Welche Aussage trifft nicht auf die Kontenklasse 9 des Kontenrahmens für den Groß- und Außenhandel zu?

1 Die Kontenklasse 9 nimmt die Abschlussbuchungen der aktiven Bestandskonten auf.

2 In der Kontenklasse 9 wird der Gewinn bzw. der Verlust des Unternehmens gebucht.

3 Die Kontenklasse 9 nimmt die Abschlussbuchungen der Erfolgskonten auf.

4 In der Kontenklasse 9 werden Eröffnungsbuchungen vorgenommen.

5 Die Kontenklasse 9 ist für die Kosten- und Leistungsrechnung vorgesehen.

3 Welche der unten stehenden Aussagen über den Kontenrahmen für den Groß- und Außenhandel trifft zu?

1 Die Klassen 0, 1, 2 und 3 enthalten Bestandskonten, alle übrigen Kontenklassen enthalten Erfolgskonten.

2 Die Klassen 0, 1 und 3 enthalten „ausschließlich" Bestandskonten, die Klassen 2, 3, 4 und 8 „ausschließlich" Erfolgskonten.

3 Ertragskonten werden in den Kontenklassen 2 und 8 aufgeführt.

4 Aufwandskonten werden ausschließlich in der Kontenklasse 4 geführt.

5 Aufwands- und Ertragskonten sind Unterkonten des Eigenkapitals und damit in der Kontenklasse 0 enthalten.

4 Ordnen Sie den folgenden Begriffen die richtige Kontenklasse zu. Setzen Sie die Nummer der zutreffenden Kontenklasse in das Kästchen ein.

a. Abgrenzungskonten

b. Anlage- und Kapitalkonten

c. Abschlusskonten

d. Konten der Kostenarten

e. Finanzkonten

5 Welche der unten stehenden Aussagen zu den Büchern der Buchführung ist richtig?

1 Das Grundbuch enthält alle Buchungssätze in sachlicher Ordnung.

2 Zu den Nebenbüchern gehören u. a. das Kontokorrentbuch und der Anlagespiegel.

3 Das Hauptbuch dokumentiert die Geschäftsfälle in zeitlicher Ordnung.

4 Das Hauptbuch kann auch ohne das Grundbuch geführt werden.

5 Das Grundbuch erfasst die Grundstücke und die Gebäude des Unternehmens.

6 Welche der folgenden Aussagen über den Kontenrahmen trifft zu?

1 Jeder Betrieb ist aufgrund der Abgabenordnung verpflichtet, den Kontenrahmen exakt einzuhalten, damit sich die Betriebsprüfer des Finanzamtes einen schnellen Überblick verschaffen können.

2 Kontenrahmen ist lediglich ein anderes Wort für „Kontenplan".

3 Der Kontenrahmen ist eine systematische Gliederung der für einen Wirtschaftszweig benötigten Konten.

4 Der Kontenrahmen ist eine Liste aller Konten eines Unternehmens in alphabetischer Reihenfolge.

5 Der Kontenrahmen ist eine Datei, die verhindern soll, dass Falschbuchungen erfolgen.

7 Ordnen Sie zu, indem Sie die Kennziffer von zwei der insgesamt sechs Begriffe in das Kästchen neben den Bezeichnungen aus dem Kontenrahmen eintragen.

Begriffe:

1 Verbindlichkeiten im Rahmen der sozialen Sicherheit

2 Factoring

3 Steuern, Beiträge, Versicherungen

4 Finanzkonten

5 Wareneingangskontrolle

6 Personalkosten

Bezeichnungen aus dem Kontenrahmen:

a. Kontenklasse

b. Kontenart

8 Wie lautet die Abschlussbuchung für die Konten der Klasse 8?

1 GuV-Konto (930)   an Kontenklasse 8
2 Kontenklasse 8   an GuV-Konto (930)
3 Schlussbilanzkonto (940) an Kontenklasse 8
4 Kontenklasse 8   an Schlussbilanzkonto (940)
5 Kontenklasse 8   an Eigenkapital (060)

Beschreiben Sie die Aufgaben des Rechnungswesens.

Buchführung	Aufgaben	Erfassung ▸ des Vermögens und dessen Veränderungen ▸ der Schulden und deren Veränderungen	▸ der Aufwendungen und Erträge ▸ des Kapitals und dessen Veränderungen
	Grundlagen	▸ interne Belege *Beispiele: Ausgangsrechnungen, Quittungen für Barauszahlungen, Lohn- und Gehaltslisten* ▸ externe Belege *Beispiele: Eingangsrechnungen, Kontoauszüge, Gutschriften von Lieferern*	
	Ziel und Zweck	▸ innerbetriebliche Zwecke = Datenspeicher für Kosten- und Leistungsrechnung (Grundlage für die Kalkulation), Statistik und Planung ▸ außerbetriebliche Zwecke: Information, Beweissicherung und Rechenschaftslegung gegenüber Finanzbehörden, Kapitaleignern, Gläubigern	
Kosten- und Leistungsrechnung	Aufgaben	▸ Errechnung der Mindestverkaufspreise ▸ Kontrolle der Wirtschaftlichkeit ▸ Bewertung der Lagerbestände	
	Grundlagen	▸ Zahlen der Buchführung	
	Ziel und Zweck	▸ Feststellung der Leistungsfähigkeit des Betriebes ▸ Wirtschaftlichkeitskontrolle	
Statistik	Aufgaben	▸ Aufbereitung des Zahlenmaterials aus Buchhaltung und Kostenrechnung – Vergleich verschiedener Geschäftsjahre = innerbetrieblicher Vergleich – Vergleich mit Zahlen anderer Betriebe = außerbetrieblicher Vergleich ▸ Darstellung der Zahlen in übersichtlichen Tabellen und Grafiken	
	Grundlagen	▸ Zahlen aus Buchhaltung und Kosten- und Leistungsrechnung ▸ Zahlen von außen (Veröffentlichungen der Verbände, IHK, Statistische Landes- und Bundesämter usw.)	
	Ziel und Zweck	▸ schneller Zugriff auf Zahleninformationen ▸ Basis für zukünftige Entscheidungen und Planungen	
Planung	Aufgaben	▸ gedankliche Vorwegnahme des zukünftig Gewollten ▸ Grundlage für Entscheidungen, um die Ziele des Betriebes (z. B. Gewinnsteigerung, Umsatzerhöhung) zu erreichen	
	Grundlagen	▸ inner- und außerbetriebliche Zahleninformationen aus dem Bereich Statistik ▸ Erwartungen in Bezug auf Kostenentwicklung, allgemeine Wirtschaftslage, Konkurrenz	
	Ziel und Zweck	▸ Verminderung von Risiken ▸ Sicherung des Unternehmenserfolges	

Wie muss eine ordnungsgemäße Buchführung aussehen?
Welche gesetzlichen Vorschriften bilden dafür die Grundlage?

Abgabenordnung §§ 140, 141, 158, 162 AO enthalten Vorschriften über:	▸ Buchführungspflicht (steuerrechtlich) besteht für Betriebe mit – einem jährlichen Umsatz von mehr als 500 000,00 EUR oder – einem jährlichen Gewinn von mehr als 50 000,00 EUR ▸ Beweiskraft der Buchführung ▸ Schätzung der Besteuerungsgrundlagen, falls eine ordnungsgemäße Buchführung fehlt
Handelsgesetzbuch §§ 238 ff. HGB enthalten Vorschriften über:	▸ Buchführungspflicht (handelsrechtlich) für alle im Handelsregister eingetragenen Kaufleute ▸ Bilanzierungsvorschriften für Personengesellschaften und Kapitalgesellschaften (Bilanzrichtliniengesetz)
Grundsätze ordnungsgemäßer Buchführung (GOB) §§ 146, 147 AO § 239 HGB	▸ Vollständigkeit (alle Geschäftsfälle, lückenlose Inventur) ▸ Richtigkeit ▸ periodengerechte Abgrenzung (Aufwendungen und Erträge müssen den Geschäftsjahren zugerechnet werden, in denen sie verursacht wurden) ▸ zeitgerechte Erfassung (Buchung innerhalb einer angemessenen Zeit) ▸ Klarheit (übersichtliche Organisation, Kontenplan, lebende Sprache, eindeutige Abkürzungen, Eintragungen dürfen nicht unleserlich gemacht werden) ▸ Nachprüfbarkeit (sachkundige Dritte, z. B. Betriebsprüfer, müssen sich zurechtfinden können, Belege müssen vollständig, geordnet, den gesetzlichen Fristen entsprechend aufbewahrt werden) ▸ **Aufbewahrungsfristen** für Inventare, Bilanzen, Gewinn- und Verlustrechnungen, Lageberichte und Buchungsbelege: **zehn Jahre** zum Ende des Geschäftsjahres

1 *Welche der unten aufgeführten Aussagen zu den Aufgaben der Buchführung als Teil des Rechnungswesens in einem Betrieb ist nicht zutreffend?*

1 Die Buchführung hat dafür zu sorgen, dass alle Geschäftsfälle zahlenmäßig erfasst werden.

2 Alle Veränderungen des Vermögens und der Schulden müssen von ihr aufgezeichnet werden.

3 Sie bildet die Grundlage für die Betriebsorganisation.

4 Sie erfasst alle Aufwendungen und Erträge und ermittelt den Erfolg eines Unternehmens.

5 Sie dient als Beweissicherung und Rechenschaftslegung gegenüber Finanzbehörden.

2 *Bei welchem der unten genannten Buchungsbelege handelt es sich um einen internen Beleg (Eigenbeleg)?*

1 Rechnung von Lieferant G. Sticker GmbH, Bielefeld, über einen Schreibtisch

2 Kontoauszug der Sparkasse Herford

3 Gutschriftsanzeige des Lieferanten Wimo AG, Eschersleben

4 Kopie der Ausgangsrechnung an den Kunden Götz GmbH & Co. KG, Oberkirch

5 Quittung über einen Kauf von Büromaterial beim örtlichen Bürohändler

3 *Die zahlenmäßige Erfassung der Geschäftsfälle und die ordnungsgemäße Aufbewahrung durch das Rechnungswesen dienen u. a. auch außerbetrieblichen Zwecken. Welche der nachfolgenden Funktionen kennzeichnet einen außerbetrieblichen Zweck?*

1 Beweismittel über eine Forderung an einen Kunden

2 Vergleich der Ausgaben für Versicherungsbeiträge im Vorjahr mit denen des laufenden Geschäftsjahres

3 Grundlage für die Kalkulation des Verkaufspreises

4 Datengrundlage für die Kosten- und Leistungsrechnung

5 Grundlage für die Planung der zukünftigen Budgets

4 *Welche der unten stehenden Aufgaben gehört nicht zu dem Bereich der Kosten- und Leistungsrechnung (KLR)?*

Die KLR ...

1 ... muss genau angeben können, wie hoch die Bargeldentnahmen des Inhabers in einem Abrechnungsmonat waren.

2 ... gibt Auskunft über die Wirtschaftlichkeit eines Unternehmens.

3 ... kalkuliert die Verkaufspreise.

4 ... unterscheidet zwischen fixen und variablen Kostenbestandteilen.

5 ... unterscheidet zwischen betrieblichen und betriebsfremden Aufwendungen und Erträgen.

5 *Welches Gesetz bzw. welche Verordnung enthält Vorschriften über die Buchführungspflicht?*

1 Bürgerliches Gesetzbuch

2 Scheckgesetz

3 Einkommensteuergesetz

4 Strafgesetzbuch

5 Handelsgesetzbuch

6 *Welcher der folgenden Teilbereiche gehört nicht zum Rechnungswesen?*

1 Kostenrechnung

2 Buchführung

3 Planung

4 Lagerbestandsführung

5 Wareneingangskontrolle

7 *Die Elektrohandel W. Stromme GmbH, Berghausen, ist Kaufmann laut Handelsgesetzbuch. Sie hatte im abgeschlossenen Geschäftsjahr einen Umsatz von 390 000,00 EUR und einen Gewinn von 55 000,00 EUR. Welche der folgenden Aussagen trifft für die steuerliche Pflicht zur Buchführung zu?*

1 Stromme ist nicht buchführungspflichtig, weil Unternehmen in Form einer GmbH von der Abgabenordnung (AO) nicht erfasst werden.

2 Stromme ist nach der AO buchführungspflichtig, weil die Gewinngrenze erreicht ist.

3 Stromme ist nicht buchführungspflichtig, weil sein Umsatz die in der AO vorgesehene Höhe überschreitet.

4 Stromme ist buchführungspflichtig, weil Personengesellschaften immer unter die Regelungen der AO fallen.

8 *Welche der folgenden Aussagen trifft nicht zu?*

Eine Buchführung entspricht den Grundsätzen der Ordnungsgemäßheit, wenn ...

1 ... am Geschäftsjahresende eine Inventur gemacht wird,

2 ... alle Belege mindestens 8 Jahre aufbewahrt werden,

3 ... sie nach einem Kontenrahmen geordnet ist,

4 ... sie den gesetzlichen Vorschriften entspricht und jederzeit einen Überblick über die Geschäftsfälle, die Vermögens-, Finanz- und Erfolgslage eines Unternehmens geben kann.

5 ... ein Kontenplan verwendet wird.

9 *Bis zu welchem Datum muss eine Rechnung, die das Rechnungsdatum 15.09.2015 trägt, aufbewahrt werden?*

☐☐ . ☐☐ . ☐☐☐☐

Was ist eine Inventur? Welche Arten von Inventuren gibt es?

Rechtliche Grundlage	Nach § 240 HGB und §§ 140, 141 AO ist der Kaufmann verpflichtet, ▸ bei Gründung bzw. Übernahme, ▸ bei Auflösung oder Veräußerung eines Unternehmens, ▸ am Schluss eines jeden Geschäftsjahres alle Vermögensteile und Schulden einzeln mengenmäßig zu erfassen (zählen, messen, wiegen) und zu bewerten. Diesen Vorgang nennt man „Inventur".
Stichtagsinventur	Bestandsaufnahme am Bilanzstichtag oder zeitnah innerhalb von zehn Tagen vor- bzw. nachher. Der Bilanzstichtag ist in der Regel der 31.12., es ist jedoch auch ein anderer Termin möglich, wenn das Geschäftsjahr vom Kalenderjahr abweicht.

Verlegte Inventur	Bestandsaufnahme innerhalb von drei Monaten vor bzw. zwei Monaten nach Bilanzstichtag	
	Wertfortschreibung (Inventur vor dem Bilanzstichtag) Wert am Inventurtag + Zugänge bis Bilanzstichtag – Abgänge bis Bilanzstichtag	**Wertrückrechnung** (Inventur nach dem Bilanzstichtag) Wert am Inventurtag – Zugänge ab Bilanzstichtag + Abgänge ab Bilanzstichtag

Permanente Inventur	Fortlaufende Erfassung der Bestände z. B. aufgrund der Buchungen von Zu- und Abgängen in einem Warenwirtschaftssystem Für jede Lagerposition ist mindestens einmal jährlich eine körperliche Bestandsaufnahme zum Vergleich des tatsächlichen Bestandes (Istbestand) mit dem Buchbestand (Sollbestand) durchzuführen. Bei Differenzen erfolgt eine Korrektur des Buchbestandes.
Stichproben-inventur	Vereinfachung der Bestandsaufnahme durch mathematisch-statistische Messmethoden *Beispiel: Wiegen eines Kartons mit Kleinstteilen: gewogen wird eine bestimmte Anzahl, anschließend erfolgt eine Hochrechnung auf den Gesamtinhalt* **Die Stichprobeninventur ist keine Inventurart, sondern eine Technik der Bestandsaufnahme, die bei den oben genannten Inventurarten angewendet werden kann.**

Wie wird eine Inventur durchgeführt?

Ablauf	▸ Ernennung eines Inventurleiters; dieser legt u. a. fest: Termin, Inventurbereiche, personelle Besetzung, Hilfsmittel (Vordrucke, Scanner etc.) ▸ körperliche Erfassung der Vermögensteile (zählen, messen, wiegen) = **körperliche Inventur** ▸ buchmäßige Erfassung der Vermögensteile und Schulden (Beispiel: Kontostand auf dem Geschäftskonto) = **Buchinventur** ▸ Erstellen von Inventurlisten mit Angaben wie z. B. Abteilung/Lagerort/Fach, Bezeichnung des Gegenstandes, Menge (Zahl, Maß oder Gewicht), Wert pro Einheit, Gesamtwert, Kontrollvermerk

Was ist ein Inventar? Wie ist es gegliedert?

Begriff	Das **Inventar** ist ein aufgrund der Inventur erstelltes Bestandsverzeichnis, in dem **ausführlich** alle Vermögensteile und Schulden eines Unternehmens zu einem bestimmten Zeitpunkt nach Art, Menge und Wert aufgeführt sind. Es ist in drei Teile (A, B, C) gegliedert.	
A. Vermögen	I. **Anlagevermögen** (Vermögensteile, die dem Unternehmen langfristig dienen) II. **Umlaufvermögen** (Vermögensteile, deren Bestand ständig verändert wird und die kurzfristig im Unternehmen bleiben)	Ordnung des Vermögens nach steigender Liquidität, d. h. nach dem Grad, wie es in flüssige Mittel umgewandelt werden kann (z. B. an erster Stelle die Grundstücke, an letzter Stelle der Kassenbestand)
B. Schulden	I. **Langfristige Schulden** (Laufzeit von mindestens fünf Jahren) II. **Kurzfristige Schulden** (Laufzeit bis zu fünf Jahre)	Ordnung der Schulden nach ihrer Fälligkeit, d. h., wie lange sie als Fremdkapital zur Verfügung stehen (z. B. an erster Stelle Hypothekenschulden, an letzter Stelle Verbindlichkeiten aus Lieferungen und Leistungen)
C. Ermittlung des Eigenkapitals (Reinvermögen)	Summe des Vermögens – Summe der Schulden = **Eigenkapital**	

1 Welche der folgenden Aussagen zur Inventur trifft nicht zu?

Die Inventur ...

1 ... ist die Bestandsaufnahme zum Schluss des Geschäftsjahres.

2 ... ist ein Bestandsverzeichnis aller Vermögensteile und Schulden.

3 ... muss bei der Gründung eines Unternehmens durchgeführt werden.

4 ... ist die mengen- und wertmäßige Bestandsaufnahme aller Vermögensteile und Schulden zu einem bestimmten Zeitpunkt.

5 ... kann aus organisatorischen Gründen auf mehrere Tage verteilt werden.

2 Ordnen Sie zu, indem Sie die Kennziffer von drei der insgesamt sieben Erläuterungen in das Kästchen neben den dazugehörigen Inventurverfahren eintragen.

Erläuterungen:

1 Eine Inventur, die nur in dem Zeitraum von 3 Monaten vor oder von zwei Monaten nach dem Bilanzstichtag erfolgen kann.

2 Eine Inventur, die an einem vom Finanzamt festgelegten Tag zu erfolgen hat.

3 Die Zu- und Abgänge werden ständig in einer Datei/Kartei aufgezeichnet; mindestens einmal im Geschäftsjahr, zu einem beliebigen Zeitpunkt, erfolgt die körperliche Bestandsaufnahme.

4 Die Inventur erfolgt zum Abschluss des Geschäftsjahres zeitnah zum Bilanzstichtag (innerhalb von 10 Tagen vorher bis 10 Tage nachher).

5 Die Inventur wird vom Ende des Geschäftsjahres 1 auf die Mitte des Geschäftsjahres 2 verlegt.

6 Bei einer Bestandsaufnahme werden durch mathematisch-statistische Methoden die tatsächlichen Bestände errechnet.

7 Die Bestandsaufnahme erfolgt drei Monate nach dem Bilanzstichtag.

Inventurverfahren:

a. Stichtagsinventur

b. verlegte Inventur

c. permanente Inventur

3 Bei welcher der unten aufgeführten Bilanzpositionen handelt es sich um Teile des Anlagevermögens?

1 Forderungen an Kunden
2 Verbindlichkeiten aus Lieferungen und Leistungen
3 Warenvorräte
4 Umsatzsteuer-Zahllast
5 Geschäftsausstattung

4 Welche der folgenden Schulden sind den langfristigen Verbindlichkeiten zuzurechnen?

1 Verbindlichkeiten aus Lieferungen und Leistungen
2 Umsatzsteuer-Zahllast
3 Sozialversicherungs-Verrechnungskonto
4 Verbindlichkeiten aus Steuern
5 Pensionsrückstellungen

5 Ordnen Sie die folgenden Vermögensteile mit den laufenden Nummern 1 bis 6 nach dem Grad ihrer Liquidität.

1 = niedrigste Liquidität
6 = größte Liquidität

a. Warenvorräte

b. Forderungen an Kunden

c. Geschäftsausstattung

d. Fuhrpark

e. bebaute Grundstücke

f. Bankguthaben

6 Welche der folgenden Aussagen zur permanenten Inventur ist richtig?

1 Diese Inventur besteht aus einer fortlaufenden Erfassung der Bestände aufgrund der Eintragungen von Zu- und Abgängen. Einmal im Jahr wird an einem beliebigen Tag der gesamte Bestand auf seine Übereinstimmung zwischen Soll- und Istbestand hin überprüft.

2 Diese Inventur besteht aus einer fortlaufenden Erfassung der Bestände aufgrund der Eintragungen von Zu- und Abgängen. Mindestens einmal im Jahr ist jede einzelne Position auf die Übereinstimmung zwischen Soll- und Istbestand hin zu überprüfen. Das hat den Vorteil, dass die eigentliche Tätigkeit der Inventur gleichmäßig über das Jahr verteilt wird.

3 Diese Inventur besteht aus einer fortlaufenden Erfassung der Bestände aufgrund der Eintragungen von Zu- und Abgängen. Anlässlich der jährlich einmal durchzuführenden Stichtagsinventur werden die Soll- und Istbestände miteinander verglichen. Die Sollbestände werden korrigiert und der Betrieb kann das ganze Jahr hindurch mit den aktuellen Zahlen arbeiten.

4 Diese Inventur besteht aus einer fortlaufenden Erfassung der Bestände aufgrund der Eintragungen von Zu- und Abgängen. Der Abgleich der Soll- und der Istbestände findet immer dann statt, wenn ein Artikel den Meldebestand unterschritten hat.

5 Bei der permanenten Inventur muss der Inventurleiter permanent alle Mitarbeiter kontrollieren.

7 Welches ist der Zeitraum, in dem die verlegte Inventur stattfinden kann?

1 01.09. des laufenden Jahres bis 28.02. (bzw. 29.02.) des folgenden Jahres

2 01.10. des laufenden Jahres bis 28.02. (bzw. 29.02.) des folgenden Jahres

3 01.10. des laufenden Jahres bis 31.03. des folgenden Jahres

4 01.11. des laufenden Jahres bis 28.02. (bzw. 29.02.) des folgenden Jahres

5 01.11. des laufenden Jahres bis 31.03. des folgenden Jahres

Wie lässt sich durch Eigenkapitalvergleich der Erfolg (Gewinn oder Verlust) eines Unternehmens ermitteln?

Erfolgsermittlung durch Vergleich der Inventare	Eigenkapital am Ende des Geschäftsjahres – Eigenkapital am Anfang des Geschäftsjahres = Kapitalmehrung (+) oder Kapitalminderung (–) + Privatentnahmen – Privateinlagen = Gewinn (+) oder Verlust (–)	▸ Ist das Eigenkapital am Ende des Jahres größer als am Anfang des Jahres, hat das Unternehmen einen Gewinn erzielt (= Kapitalmehrung). ▸ Dieser Gewinn muss noch um die Privatentnahmen (vorweg entnommener Gewinn) und um die Privateinlagen (Kapitalteile, die von außen dem Unternehmen zugeführt wurden) bereinigt werden. ▸ Entsprechendes gilt für einen Verlust (= Kapitalminderung).

Was versteht man unter einer Bilanz? Wie ist die Bilanz gegliedert?

Begriff	Das Handelsgesetzbuch (HGB) sieht vor, dass zu dem ausführlichen Inventar eine kurz gefasste Darstellung des Vermögens und der Schulden erstellt wird. Die Bilanz (italienisch: bilancia = Waage) wird in Kontenform dargestellt. Beide Seiten (Aktiva bzw. Aktivseite und Passiva bzw. Passivseite) müssen wertmäßig gleich groß sein. Die Aktivseite ist nach steigender Liquidität (= Flüssigkeit), die Passivseite nach abnehmender Fälligkeit geordnet.			
Beispiel für eine Bilanz	**Aktiva**	**BILANZ zum 31.12. ..**		**Passiva**
	I. Anlagevermögen		I. Eigenkapital	250 000,00
	1. Bebaute Grundstücke	320 000,00		
	2. Fuhrpark	48 000,00	II. Fremdkapital	
	3. Geschäftsausstattung	39 400,00	1. Langfristige Bankverbindlichkeiten	284 000,00
	II. Umlaufvermögen		2. Kurzfristige Bankverbindlichkeiten	53 000,00
	1. Waren	192 000,00	3. Verbindlichkeiten aus Lieferungen und Leistungen	137 800,00
	2. Forderungen	26 000,00		
	3. Bankguthaben	89 000,00		
	4. Kasse	1 400,00		
	Bilanzsumme	724 800,00	Bilanzsumme	724 800,00
Grafische Darstellung				

AKTIVA   **BILANZ**   **PASSIVA**

Vermögen
— Anlagevermögen
— Umlaufvermögen
Wie ist das Kapital angelegt?
Investierung

Kapital
— Eigenkapital
— Fremdkapital
Woher stammt das Kapital?
Finanzierung

Unterscheiden Sie Inventur, Inventar und Bilanz.

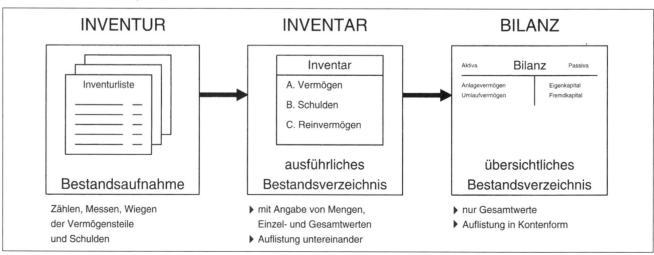

INVENTUR	INVENTAR	BILANZ
Inventurliste	Inventar A. Vermögen B. Schulden C. Reinvermögen	Aktiva · Bilanz · Passiva Anlagevermögen / Eigenkapital Umlaufvermögen / Fremdkapital
Bestandsaufnahme	**ausführliches Bestandsverzeichnis**	**übersichtliches Bestandsverzeichnis**
Zählen, Messen, Wiegen der Vermögensteile und Schulden	▸ mit Angabe von Mengen, Einzel- und Gesamtwerten ▸ Auflistung untereinander	▸ nur Gesamtwerte ▸ Auflistung in Kontenform

1 Welche der folgenden Aussagen zur Bilanz trifft zu? ☐

1 Die Bilanz ist der Geschäftsbericht eines Unternehmens.

2 Die Bilanz ist eine Gegenüberstellung des Vermögens und der Schulden eines Unternehmens.

3 Die Bilanz ist eine kurz gefasste, kontenmäßige Gegenüberstellung der Vermögensformen und der Vermögensquellen eines Unternehmens.

4 Die Bilanz ermöglicht aufgrund ihrer detaillierten Darstellung einen jederzeitigen Einblick in die Vermögens- und Ertragslage eines Unternehmens. Deshalb ist sie auch gesetzlich vorgeschrieben.

5 Die Bilanz muss laut Handelsgesetzbuch jedes halbe Jahr neu erstellt werden.

2 Welche der unten genannten Gleichungen zur Bilanz sind nicht zutreffend? ☐ ☐

1 Anlagevermögen + Umlaufvermögen = Eigenkapital

2 Bilanzsumme – Eigenkapital = Fremdkapital

3 Bilanzsumme Aktiva = Bilanzsumme Passiva

4 Anlagevermögen – Umlaufvermögen = Eigenkapital – Fremdkapital

5 Bilanzsumme Aktiva – Anlagevermögen = Umlaufvermögen

3 Welcher Erfolg (Gewinn oder Verlust) ergibt sich bei folgenden Daten eines Unternehmens? [_____] EUR

Vermögensteile und Schulden am Ende des Geschäftsjahres:

Anlagevermögen	400 000,00 EUR
Umlaufvermögen	150 000,00 EUR
Fremdkapital	100 000,00 EUR

Eigenkapital am Anfang des Geschäftsjahres 480 000,00 EUR

4 Welche der unten stehende Aussagen trifft sowohl auf den Begriff „Inventar" als auch auf den Begriff „Bilanz" zu? ☐

1 Es besteht aus drei Teilen (A. Vermögen, B. Schulden, C. Reinvermögen).

2 Es ist eine Bestandsaufnahme aller Vermögensteile und Schulden eines Unternehmens zu einem Zeitpunkt.

3 Das Vermögen wird in Anlage- und Umlaufvermögen gegliedert, wobei die Vermögensposten nach steigender Flüssigkeit geordnet werden.

4 Auf der Aktivseite ist das Anlagevermögen und das Eigenkapital aufgeführt und auf der Passivseite das Umlaufvermögen und das Fremdkapital.

5 Es ist eine kurz gefasste, überschaubare Darstellung des Vermögens und des Kapitals.

5 Ihnen liegen die folgenden Bilanzwerte eines Unternehmens vor:

Bebaute Grundstücke	200 000,00 EUR
Betriebs- und Geschäftsausstattung	100 000,00 EUR
Fuhrpark	60 000,00 EUR
Darlehensschulden	90 000,00 EUR
Forderungen an Kunden	50 000,00 EUR
Waren	80 000,00 EUR
Kasse	10 000,00 EUR
Verbindlichkeiten	20 000,00 EUR

Stellen Sie fest:

a. Höhe des Eigenkapitals [_____] EUR

b. Summe der flüssigen Mittel [_____] EUR

c. Höhe des Fremdkapitals [_____] EUR

d. Höhe des Umlaufvermögens [_____] EUR

e. Höhe des Anlagevermögens [_____] EUR

f. Höhe des Gesamtkapitals [_____] EUR

6 Ermitteln Sie aufgrund der nachstehenden Daten den Erfolg durch Eigenkapitalvergleich. [_____] EUR

Eigenkapital am Anfang des Geschäftsjahres	350 000,00 EUR
Eigenkapital am Ende des Geschäftsjahres	380 000,00 EUR
Entnahmen des Inhabers	40 000,00 EUR
Privateinlagen	50 000,00 EUR

7 Über ein Unternehmen liegen Ihnen folgende Zahlen vor:

Zusammengefasste Bilanz am Anfang des Geschäftsjahres:

Anlagevermögen	240 000,00 EUR
Umlaufvermögen	450 000,00 EUR
Fremdkapital	360 000,00 EUR

Für die Bilanz am Ende des Geschäftsjahres sind folgende Sachverhalte festzustellen:

– Die Darlehensschulden haben sich um 40 000,00 EUR verringert.
– Das Anlagevermögen ist aufgrund der Anschaffung einer Computeranlage um 20 000,00 EUR angewachsen.
– Das Eigenkapital hat sich auf 420 000,00 EUR erhöht.
– Der Inhaber hat im laufenden Jahr Entnahmen für seinen Privathaushalt in Höhe von 60 000,00 EUR getätigt.

Beantworten Sie unter Berücksichtigung der genannten Zahlen die folgenden Fragen:

a. Wie viel Euro betrug das Eigenkapital zu Beginn des Geschäftsjahres? [_____] EUR

b. Wie viel Euro beträgt die Kapitalmehrung/Kapitalminderung im laufenden Jahr? [_____] EUR

c. Wie viel Euro betrug der Gewinn des Unternehmens im laufenden Jahr? [_____] EUR

Wie wirken sich Geschäftsfälle auf die Bilanz aus?

Geschäftsfall / Fragen	Bareinzahlung auf das Bankkonto		Umwandlung einer Liefererschuld in eine Darlehensschuld		Kauf eines Personal Computers auf Ziel		Zahlung einer Liefererrechnung durch Banküberweisung	
1. Welche Positionen werden berührt?	Kreditinstitut	Kasse	Verbindlichkeiten	Darlehen	Geschäftsausstattung	Verbindlichkeiten	Kreditinstitut	Verbindlichkeiten
2. Auf welcher Seite der Bilanz befinden sich die Posten?	Aktiva	Aktiva	Passiva	Passiva	Aktiva	Passiva	Aktiva	Passiva
3. Wie verändert sich der Wert des Bilanzpostens?	Mehrung	Minderung	Minderung	Mehrung	Mehrung	Mehrung	Minderung	Minderung
4. Wie beschreibt man die Bilanzveränderung?	Tauschvorgang auf der Aktivseite – Bilanzsumme bleibt gleich		Tauschvorgang auf der Passivseite – Bilanzsumme bleibt gleich		Mehrung auf der Aktivseite und auf der Passivseite – Bilanzsumme erhöht sich		Minderung auf der Aktivseite und auf der Passivseite – Bilanzsumme vermindert sich	
	Aktivtausch		**Passivtausch**		**Aktiv-Passiv-Mehrung**		**Aktiv-Passiv-Minderung**	

In welche Art von Konten wird die Bilanz aufgelöst? Wie wird auf diesen Konten gebucht?

Einrichten der Bestandskonten	▶ Die Bilanz entspricht einer Waage. Der Wert der Aktivseite stimmt immer mit dem Wert der Passivseite überein.
	▶ Jeder Geschäftsvorgang berührt immer mindestens zwei Posten in der Bilanz. Das Gleichgewicht wird dadurch niemals gestört.
	▶ Da es zu umständlich wäre, nach jedem Geschäftsvorgang die Bilanz neu zu gestalten, wird für jeden Bilanzposten ein Konto eingerichtet.
	▶ Die Bilanz zeigt die Bestände der einzelnen Bilanzposten an, daher bezeichnet man diese Konten als Bestandskonten.

Arten von Bestandskonten	**Aktivkonten**		**Passivkonten**	
	Für alle Posten der Aktivseite der Bilanz wird ein eigenes Konto eingerichtet. Auf diesen Konten wird wie folgt gebucht:		Für alle Posten der Passivseite der Bilanz wird ein eigenes Konto eingerichtet. Auf diesen Konten wird wie folgt gebucht:	
	Soll (S) **Aktivkonto** Haben (H)		Soll (S) **Passivkonto** Haben (H)	
	Anfangsbestand Mehrungen	Minderungen Schlussbestand (Saldo)	Minderungen Schlussbestand (Saldo)	Anfangsbestand Mehrungen

Wie bildet man aus einem Geschäftsfall einen Buchungssatz?

Buchungssatz	▶ Für jeden Geschäftsfall (mit entsprechendem Beleg) wird ein Buchungssatz gebildet.
	▶ Grundlage hierfür ist das o. a. Buchungsschema zu den Bestandskonten.
	▶ Zuerst erfolgt die Nennung des Kontos, auf dem die Sollbuchung erfolgt, dann die Nennung des Kontos, auf dem die Habenbuchung erfolgt: **Soll** an **Haben**.
	▶ Die Buchungssätze werden im **Grundbuch** eingetragen.

Geschäftsfälle (siehe auch oben)	1. Bareinzahlung auf unser Bankkonto: 5 000,00 EUR	Kasse: Aktivkonto/Minderung	→ **Haben**
		Bank: Aktivkonto/Mehrung	→ **Soll**
	2. Umwandlung einer Liefererschuld in eine Darlehensschuld: 37 000,00 EUR	Verbindlichkeiten: Passivkonto/Minderung	→ **Soll**
		Darlehen: Passivkonto/Mehrung	→ **Haben**
	3. Kauf eines Personal Computers auf Ziel: 13 000,00 EUR	Geschäftsausstattung: Aktivkonto/Mehrung	→ **Soll**
		Verbindlichkeiten: Passivkonto/Mehrung	→ **Haben**
	4. Zahlung einer Liefererrechnung durch Banküberweisung: 8 000,00 EUR	Bank: Aktivkonto/Minderung	→ **Haben**
		Verbindlichkeiten: Passivkonto/Minderung	→ **Soll**

Grundbuch	Nr.	Soll		an	Haben	
	1	Kreditinstitut	5 000,00		Kasse	5 000,00
	2	Verbindlichkeiten	37 000,00		Darlehen	37 000,00
	3	Geschäftsausstattung	13 000,00		Verbindlichkeiten	13 000,00
	4	Verbindlichkeiten	8 000,00		Kreditinstitut	8 000,00

1 Aus welchem Grund wird die Bilanz in Konten aufgelöst?

1 weil das Bürgerliche Gesetzbuch (BGB) die Aufteilung in Konten vorschreibt

2 weil die Konten die Bilanz erläutern sollen

3 weil es die Steuergesetze vorschreiben

4 weil die Konten eine übersichtliche Einzelabrechnung jeder Bilanzposition ermöglichen

5 weil Kreditgeber diese Form der Übersicht als Grundlage für Kreditvergaben nutzen

2 Bei welchen der folgenden Kontenaufzählungen handelt es sich ausschließlich um eine Aufzählung von Aktivkonten?

1 Forderungen, Verbindlichkeiten, Kasse, Kreditinstitute

2 Darlehensschulden, Geschäftsausstattung, Kreditinstitute

3 Unbebaute Grundstücke, Kasse, Forderungen

4 Verbindlichkeiten gegenüber Finanzbehörden, Eigenkapital, bebaute Grundstücke

5 Eigenkapital, Kreditinstitute, Kasse

3 Die Banküberweisung eines Kunden wurde irrtümlich mit „Forderungen an Kreditinstitut" gebucht. Wie wirkt sich die Falschbuchung aus?

1 Durch den Irrtum ist der Saldo des Kontos Forderungen zu niedrig.

2 Der Saldo des Kontos Verbindlichkeiten ist zu niedrig.

3 Die Bilanzsumme ist zu groß.

4 Die Bilanzsumme ist zu niedrig.

5 Der Irrtum hat auf die Bilanzsumme keinen Einfluss.

4 Stellen Sie fest, bei welchem der unten stehenden Geschäftsfälle es sich um eine Aktiv-Passiv-Mehrung handelt?

1 Bareinzahlung auf das Bankkonto

2 Ausgleich einer Liefererrechnung durch Banküberweisung

3 Tilgung einer Darlehensschuld durch Überweisung vom Bankkonto

4 Kauf eines Firmenfahrzeugs auf Ziel

5 Umwandlung einer Lieferverbindlichkeit in eine Darlehensschuld

5 In welchem der unten aufgeführten Buchungssätze handelt es sich um einen Aktivtausch?

1 Kasse an Verbindlichkeiten

2 Forderungen an Fuhrpark

3 Verbindlichkeiten an Darlehensschulden

4 Darlehensschulden an Kreditinstitut

5 Fuhrpark an Verbindlichkeiten

6 Bei welchem der folgenden Geschäftsfälle wird die Bilanzsumme vermindert?

1 Zahlung einer Verbindlichkeit per Banküberweisung

2 Kauf einer Telefonanlage auf Ziel

3 Unser Kunde begleicht eine Rechnung durch Banküberweisung.

4 Verkauf eines gebrauchten Schreibtisches aus der Abteilung Rechnungswesen bar

5 Der irrtümlich gebuchte Buchungssatz „Forderungen an Kreditinstitut" wird storniert.

7 Welche der folgenden Aussagen trifft nur auf aktive Bestandskonten zu?

1 Minderungen werden im Soll gebucht.

2 Der Anfangsbestand wird im Soll gebucht.

3 Die Mehrungen werden auf diesen Konten auf der gleichen Seite wie der Anfangsbestand gebucht.

4 Der Saldo wird nach Abschluss des Kontos auf der wertmäßig kleineren Seite gebucht.

5 Es handelt sich um Konten, die im Hauptbuch geführt werden.

8 Welcher der folgenden Buchungssätze trifft auf den Geschäftsfall „Ausgleich einer Liefererrechnung (auf Ziel) durch Banküberweisung" zu?

1 Forderungen   an   Kreditinstitut

2 Verbindlichkeiten   an   Kreditinstitut

3 Kreditinstitut   an   Forderungen

4 Kreditinstitut   an   Verbindlichkeiten

5 Waren   an   Kreditinstitut

9 Welcher der folgenden Buchungssätze trifft auf den Geschäftsfall „Kauf eines gebrauchten Firmenfahrzeuges bar" zu?

1 Kasse   an   Fuhrpark

2 Kasse   an   Verbindlichkeiten

3 Fuhrpark   an   Kasse

4 Verbindlichkeiten   an   Kasse

5 Waren   an   Kasse

10 Welches der folgenden Konten ist kein passives Bestandskonto?

1 Verbindlichkeiten

2 Eigenkapital

3 Darlehensschulden

4 Hypothekenschulden

5 Forderungen

Was sind Erfolgskonten? Welche Arten unterscheidet man? Wie wird auf ihnen gebucht?

Begriff	Das Ziel eines erwerbswirtschaftlichen Betriebes ist die Gewinnmaximierung. Geschäftsfälle, die den betrieblichen Erfolg beeinflussen, werden auf Erfolgskonten festgehalten. Erträge (z. B. Verkaufserlöse) vermehren das Eigenkapital, Aufwendungen (z. B. Lohn- und Gehaltszahlungen für die Arbeitnehmer) vermindern das Eigenkapital. Aufwands- und Ertragskonten (Erfolgskonten) sind Unterkonten des Eigenkapitalkontos.

Erfolgskonten	Aufwandskonten	Ertragskonten
	Aufwendungen → Minderung des Eigenkapitals → Buchung im **SOLL** auf dem jeweiligen Aufwandskonto *Beispiele:* ▸ Wareneingang ▸ Zinsaufwendungen ▸ Löhne und Gehälter ▸ Abschreibungen ▸ Werbe- und Reisekosten ▸ Verpackungsmaterial ▸ Versicherungsbeiträge	Erträge → Mehrung des Eigenkapitals → Buchung im **HABEN** auf dem jeweiligen Ertragskonto *Beispiele:* ▸ Warenverkauf ▸ Mieterträge ▸ Provisionserträge ▸ Zinserträge ▸ Erträge aus Wertpapieren ▸ Erträge aus dem Verkauf von Vermögensgegenständen

Geschäftsfälle	1. Zahlung der Gehälter per Banküberweisung: 30 000,00 EUR 2. Zahlung einer Maschinenreparatur bar: 6 000,00 EUR 3. Verkauf von Waren per Banküberweisung: 80 000,00 EUR 4. Gutschrift der Bank für Zinsen: 2 000,00 EUR

Grundbuch	Nr.	Soll		an	Haben	
	1	Gehälter	30 000,00		Kreditinstitut	30 000,00
	2	Versicherungsbeiträge	6 000,00		Kasse	6 000,00
	3	Kreditinstitut	80 000,00		Warenverkauf	80 000,00
	4	Kreditinstitut	2 000,00		Zinserträge	2 000,00

Hauptbuch	siehe unten

Wie schließt man die Erfolgskonten ab?

Abschluss Erfolgskonten	Die Erfolgskonten werden über das Konto **Gewinn- und Verlust (GuV-Konto)** abgeschlossen. Da die Salden der Aufwandskonten immer im Haben und die Salden der Erfolgskonten immer im Soll stehen, gilt: GuV an Aufwandskonten Ertragskonten an GuV

Geschäftsfälle (Fortsetzung von oben)	5. Abschluss Konto Gehälter 6. Abschluss Konto Versicherungsbeiträge 7. Abschluss Konto Warenverkauf 8. Abschluss Konto Zinserträge

Grundbuch	Nr.	Soll		an	Haben	
	5	GuV-Konto	30 000,00		Gehälter	30 000,00
	6	GuV-Konto	6 000,00		Fremdinstandhaltungen	6 000,00
	7	Umsatzerlöse	80 000,00		GuV-Konto	80 000,00
	8	Zinserträge	2 000,00		GuV-Konto	2 000,00

Hauptbuch						
	S	Gehälter	H	S	Warenverkauf	H
	(1) 30 000,00		(5) Saldo 30 000,00	(7) Saldo 80 000,00		(3) 80 000,00
	S	Versicherungsbeiträge	H	S	Zinserträge	H
	(1) 6 000,00		(6) Saldo 6 000,00	(8) Saldo 2 000,00		(4) 2 000,00
	S		Gewinn- und Verlustkonto (GuV)			H
	(5) Gehälter 30 000,00 (6) Versicherungsbeiträge 6 000,00			(7) Warenverkauf 80 000,00 (8) Zinserträge 2 000,00		

1 *Welche der unten stehenden Aussagen trifft nicht zu?*

1 Erfolgskonten sind Unterkonten des Kontos Eigenkapital.

2 Erfolgskonten unterteilt man in Aufwands- und Ertragskonten.

3 Das Gewinn- und Verlustkonto ist das Sammelkonto für die Erfolgskonten.

4 Alle Aufwendungen werden grundsätzlich im Soll gebucht.

5 Auf Erfolgskonten werden ausschließlich Geschäftsfälle gebucht, die den Erfolg des Unternehmens mehren.

2 *Prüfen Sie die unten stehenden Geschäftsfälle und entscheiden Sie, in welchem Fall eine Habenbuchung auf einem Ertragskonto erfolgt?*

1 Zahlung von Löhnen per Banküberweisung

2 Ein Kunde überweist einen offenen Rechnungsbetrag.

3 Buchung des Saldos auf dem Konto Kraftfahrzeugsteuer

4 Buchung des Saldos auf dem Konto Provisionserträge

5 Zinsen für langfristig angelegte Gelder werden dem Bankkonto gutgeschrieben.

3 *Entscheiden Sie, welche der folgenden Aufzählungen ausschließlich solche von Aufwandskonten sind?*

1 Eigenkapital, Darlehensschulden, Verbindlichkeiten

2 Zinsaufwendungen, Bürobedarf, Gewerbesteuer

3 Fremdinstandsetzung, Löhne, Warenverkauf

4 Eigenkapital, betriebliche Steuern, Gehälter

5 Zinsaufwendungen, Porto/Telefon/Telefax, Betriebs- und Geschäftsausstattung

4 *Bei welchem der nachfolgenden Sachverhalte werden weder Erträge noch Aufwendungen gebucht?*

1 Barabhebung vom Bankkonto

2 Zahlung für gemietete Geschäftsräume

3 Begleichung der Stromrechnung

4 Wir erhalten Miete für vermietete Lagerräume.

5 Zinsgutschrift der Bank

5 *Bei welchem der folgenden Geschäftsfälle werden keine Aufwendungen gebucht?*

1 Zahlung der Gewerbesteuer

2 Bezahlung des Reinigungsdienstes bar

3 Kauf eines Kassensystems

4 Warenverkäufe eines Tages in bar

5 Darlehenszinsen werden dem Bankkonto belastet.

6 *Kontieren Sie den unten stehenden Beleg.*   Soll   Haben
Kontenplan:

1 Darlehensschulden

2 Verbindlichkeiten

3 Forderungen

4 Zinsaufwendungen

5 Zinserträge

6 Kreditinstitute

7 Kasse

8 Eigenkapital

| Girokonto   IBAN DE49 4805 0161 1324 5654 45 | BIC GEOBDE45873 | Kontoauszug | 57 |
| Sparkasse Bielefeld | USt-Id. DE 124011615 | Blatt | 1 |

Datum	Erläuterungen		Betrag
Kontostand in EUR am 15.12.20.., Auszug Nr. 56			20 588,96 +
19.12.	DA-sonst. Auftrag Zinsen	Wert: 16.12.20..	408,86 –
Kontostand in EUR am 19.12.20.., 16:00 Uhr			20 180,10 +
IHR KREDIT	30 000,00 EUR	wwh GmbH, Helene-Weber-Weg 9, 33607 Bielefeld	

Wie wird das GuV-Konto abgeschlossen? Wie verändert sich das Eigenkapital bei Gewinn und Verlust?

Abschluss GuV-Konto	▸ Das GuV-Konto sammelt auf der **Sollseite** die **Salden der Aufwandskonten** und auf der **Habenseite** die **Salden der Ertragskonten**. ▸ Das GuV-Konto ist ein direktes Unterkonto des Kontos Eigenkapital. Deshalb wird es über das Konto **Eigenkapital** abgeschlossen. Summe der Aufwendungen < Summe der Erträge → **Gewinn** Summe der Aufwendungen > Summe der Erträge → **Verlust** ▸ Der Saldo auf dem GuV-Konto spiegelt den Erfolg des Unternehmens (Gewinn bzw. Verlust) wider. ▸ Ein Gewinn **erhöht** das Eigenkapital, ein Verlust **mindert** das Eigenkapital.
Geschäftsfälle	1. Abschluss des GuV-Kontos bei Gewinn (Summe der Aufwendungen: 36 000,00 EUR/Summe der Erträge: 82 000,00 EUR) 2. Abschluss des GuV-Kontos bei Verlust (Summe der Aufwendungen: 95 000,00 EUR/Summe der Erträge: 78 000,00 EUR)

Grundbuch	Nr.	Soll		an	Haben	
	1	GuV-Konto	46 000,00		Eigenkapital	46 000,00
	2	Eigenkapital	17 000,00		GuV-Konto	17 000,00

Hauptbuch

S	GuV-Konto (bei Gewinn)	H		S	GuV-Konto (bei Verlust)	H
Aufwendg.	36 000,00	Erträge	82 000,00	Aufwendg.	95 000,00	Erträge	78 000,00
(1) Gewinn	46 000,00					(2) Verlust	17 000,00

S	Eigenkapital (bei Gewinn)	H		S	Eigenkapital (bei Verlust)	H
SB	346 000,00	AB	300 000,00	(2) Verlust	17 000,00	AB	300 000,00
		(1) Gewinn	46 000,00	SB	283 000,00		

Aus welchem Grund wird ein Eröffnungsbilanzkonto bzw. ein Schlussbilanzkonto geführt?

Prinzip der Doppik	Jede Buchung auf einem Konto hat immer eine Gegenbuchung auf einem anderen Konto zur Folge. Um diesem Prinzip gerecht zu werden, müssen für die Buchungen der Anfangs- und Schlussbestände der Bestandskonten Hilfskonten eingerichtet werden, das Eröffnungsbilanzkonto und das Schlussbilanzkonto.
Eröffnungsbilanz-konto (EBK)	Die Bestände aus der Schlussbilanz eines Jahres sind identisch mit den Beständen der Eröffnungsbilanz des neuen Jahres (Bilanzidentität). Die Anfangsbestände aus der Eröffnungsbilanz werden mithilfe der Eröffnungsbuchungssätze auf den entsprechenden Konten gebucht. Aktivkonten an Eröffnungsbilanzkonto (EBK) Eröffnungsbilanzkonto (EBK) an Passivkonten
Geschäftsfälle	1. Buchung des Anfangsbestandes des Kontos Geschäftsausstattung: 80 000,00 EUR 2. Buchung des Anfangsbestandes des Kontos Verbindlichkeiten: 93 000,00 EUR

Grundbuch	Nr.	Soll		an	Haben	
	1	Geschäftsausstattung	80 000,00		EBK	80 000,00
	2	EBK	93 000,00		Verbindlichkeiten	93 000,00

Hauptbuch

S	EBK	H	S	Geschäftsausstattung	H	S	Verbindlichkeiten	H
(2) 93 000,00		(1) 80 000,00	(1) 80 000,00					(2) 93 000,00

Schlussbilanzkonto (SBK)	Am Ende des Jahres werden die Schlussbestände (Salden) auf den Bestandskonten mit den Schlussbeständen laut Inventur abgestimmt. Die Gegenbuchung für die Salden erfolgt auf dem Schlussbilanzkonto. Schlussbilanzkonto (SBK) an Aktivkonten Passivkonten an Schlussbilanzkonto (SBK)
Geschäftsfälle	1. Buchung des Schlussbestandes auf dem Konto Forderungen 2. Buchung des Schlussbestandes auf dem Konto Darlehensschulden

Grundbuch	Nr.	Soll		an	Haben	
	1	SBK	8 500,00		Forderungen	8 800,00
	2	Darlehensschulden	7 500,00		SBK	7 500,00

Hauptbuch

S	Forderungen	H	S	Darlehensschulden	H	S	SBK	H
Su. 500,00		(1) 8 500,00	(2) 7 000,00		Su. 7 000,00	(1) 8 500,00		(2) 7 000,00

1 Welcher der folgenden Abschlussbuchungssätze ist anzuwenden, wenn sich auf dem GuV-Konto ein Gewinn ergibt?

1 Eigenkapital   an   GuV-Konto
2 GuV-Konto   an   Schlussbilanzkonto
3 GuV-Konto   an   Eigenkapital
4 Schlussbilanzkonto   an   GuV-Konto
5 GuV-Konto   an   Eröffnungsbilanzkonto

2 Auf welches Bestandskonto wirkt sich der Erfolg eines Unternehmens aus?

1 auf das Konto Forderungen
2 auf das Konto Eigenkapital
3 auf das Konto Kasse
4 auf das Konto Kreditinstitute
5 auf das Konto Privat

3 Welche der unten stehenden Aussagen trifft vollständig zu?

1 Das GuV-Konto wird über das Schlussbilanzkonto abgeschlossen.
2 Das Konto Eigenkapital ist ein Erfolgskonto, weil es den Gewinn als Mehrung des Eigenkapitals aufzeichnet.
3 Bei einem Verlust lautet der Abschlussbuchungssatz „GuV-Konto an Eigenkapital".
4 Das Konto Eigenkapital nimmt die Salden der Aufwandskonten auf.
5 Die Erfolgskonten sind Unterkonten des Eigenkapitals.

4 Welche Aussage zum Eröffnungs- bzw. Schlussbilanzkonto trifft zu?

1 Das EBK ist notwendig, damit die Anfangsbestände der Erfolgskonten gebucht werden können.
2 Das SBK zeigt die Schlussbestände der Aufwands- und Ertragskonten.
3 EBK und SBK sind Unterkonten des Kontos Eigenkapital.
4 Das EBK ist ein Hilfskonto, um zu der Buchung des Anfangsbestandes auf dem Konto Eigenkapital eine Gegenbuchung vornehmen zu können.
5 Das SBK ist ein Hilfskonto, um die Buchung des Saldos auf dem Konto Büromaterial vornehmen zu können.

5 Für eine Unternehmung ergeben sich folgende Zahlen aus der Finanzbuchhaltung:

Anfangsbestand Eigenkapital   360 000,00 EUR
Warenverkauf   420 000,00 EUR
Löhne und Gehälter   230 000,00 EUR
Wareneingang   200 000,00 EUR
sonstige Aufwendungen   100 000,00 EUR
sonstige Erträge   50 000,00 EUR

a. Wie hoch ist der Erfolg des Unternehmens?

b. Handelt es sich dabei um
   1 einen Gewinn oder
   2 einen Verlust?

c. Welcher Schlussbestand ergibt sich auf dem Konto Eigenkapital?

6 Auf welchen der unten stehenden Sachverhalte trifft der folgende Buchungssatz „GuV-Konto an Eigenkapital" zu?

1 Auf dem GuV-Konto überwiegen die Aufwendungen.

2 Auf dem GuV-Konto überwiegen die Erträge.

3 In der vergangenen Abrechnungsperiode ist ein Verlust entstanden, der das Eigenkapital mindert.

4 Das Konto Eigenkapital vermindert sich um die Höhe der Aufwendungen.

5 Der Schlussbestand des Kontos Eigenkapital wird gebucht.

7 Wie lauten die Buchungssätze zu folgenden Sachverhalten? Tragen Sie die Nummer der zutreffenden Konten in die Kästchen ein.

Soll   Haben

a. Buchung der Anfangsbestände aller aktiven Bestandskonten

b. Buchung der Schlussbestände aller passiven Bestandskonten

c. Buchung der Anfangsbestände aller passiven Bestandskonten

d. Buchung der Schlussbestände aller aktiven Bestandskonten

1 EBK

2 SBK

3 alle aktiven Bestandskonten

4 alle passiven Bestandskonten

5 GuV-Konto

6 Eigenkapital

8 Von welchem der unten stehenden Konten ist das GuV-Konto ein Unterkonto?

1 Privatkonto

2 Schlussbilanzkonto

3 Eigenkapital

4 Eröffnungsbilanzkonto

5 Warenverkauf

9 Wie lautet der Abschlussbuchungssatz für das GuV-Konto bei einem Verlust?

Soll   Haben

1 GuV-Konto

2 EBK

3 SBK

4 Eigenkapital

5 Privateinlagen

Welche Umsätze sind steuerpflichtig? Was ist die Bemessungsgrundlage?
Welche Steuersätze sind anzuwenden?

Gesetzliche Grundlage	Umsatzsteuergesetz (UStG)	
Steuerbare Umsätze	▸ **Lieferungen** (z. B. Rohstofflieferung) und **Leistungen** (z. B. Reparatur), die ein **Unternehmen** im **Inland gegen Entgelt** ausführt ▸ **unentgeltliche Lieferungen und Leistungen** (z. B. Unternehmer entnimmt Erzeugnisse aus der eigenen Produktion, private Nutzung des betrieblichen Pkw, Nutzung von Dienstleistungen des eigenen Unternehmens für Privatzwecke) ▸ **Einfuhr** von Gegenständen aus dem Ausland (Importgeschäfte)	
Bemessungsgrundlage	▸ bei Lieferungen der reine Warenwert (Nettoverkaufspreis), bei Leistungen der reine Wert der Leistung ▸ Der Umsatz ist grundsätzlich bei Rechnungserteilung zu versteuern.	
Steuersätze	**Steuerpflichtige Umsätze**	**Steuerfreie Umsatzarten**

	▸ voller Steuersatz: 19 %
	▸ ermäßigter Steuersatz: 7 %, gilt nur für
	   – wichtige Nahrungsmittel
	   – landwirtschaftliche Produkte
	   – Bücher, Zeitungen, Zeitschriften
		▸ Umsätze der Deutschen Post AG im Bereich der Postdienste (z. B. Briefmarken)
		▸ Vermietung und Verpachtung von Immobilien
		▸ Umsätze von Geldforderungen und Wertpapieren
		▸ Kreditgewährungen
		▸ Ausfuhrlieferungen

Welche Bedeutung hat die Umsatzsteuer?
Was ist bei der Berechnung der Umsatzsteuer zu beachten?

Wertschöpfung und Mehrwert	Das Produkt, das von den privaten Haushalten gekauft wird, gelangt über eine Kette von mehreren Produktionsstufen (Urerzeugung, Weiterverarbeitung, Großhandel, Einzelhandel) zum Endverbraucher. Auf dem Weg dorthin werden die Waren von Stufe zu Stufe mehr wert. Dieser Mehrwert wird vom Staat in der Form der Umsatzsteuer besteuert.	
Träger der Umsatzsteuer	Jedes Unternehmen muss zwar die Umsatzsteuer auf jeder Rechnung ausweisen, sie ist für das Unternehmen aber lediglich ein „durchlaufender Posten" (erfolgsneutral). Bei Zahlung der Rechnung nimmt das Unternehmen für den Staat die Steuer ein und leitet sie an das Finanzamt weiter. Träger der Steuer sind die **privaten Haushalte**, die beim Kauf von Konsumgütern die Umsatzsteuer mitbezahlen.	
Bemessungsgrundlage	▸ Die Umsatzsteuer muss auf Rechnungen an Unternehmen bzw. Selbstständige gesondert ausgewiesen werden. Ausnahme: Bei Rechnungen bis zu 150,00 EUR muss nur der im Rechnungsbetrag enthaltene Steuersatz angegeben werden. ▸ Der Unternehmer muss dem Finanzamt eine Umsatzsteuervoranmeldung abgeben. Der Voranmeldungszeitraum beträgt in der Regel einen Monat.	
Arten der Umsatzsteuer	**Umsatzsteuer**	**Vorsteuer**
	ist die Umsatzsteuer, die ein Unternehmer auf den eigenen Ausgangsrechnungen aufführt: **Verkauf = Umsatzsteuer** Da der Kunde den vollen Rechnungsbetrag überweist, gehört die darin enthaltene Umsatzsteuer nicht dem Unternehmer. Er muss diese an das Finanzamt abführen.	ist die Umsatzsteuer, die einem Unternehmer auf den Eingangsrechnungen in Rechnung gestellt wird: **Einkauf = Vorsteuer** Begleicht der Unternehmer den Betrag der Rechnung, hat er die anteilige Vorsteuer mitbezahlt, obwohl er nicht Träger dieser Steuer ist. Folglich kann er die Vorsteuer von seiner Umsatzsteuerschuld abziehen.

Zahllast	**Umsatzsteuer**
	  – **Vorsteuer**
	  <u> </u>
	  = **Zahllast**
		▸ Die Zahllast ist der Betrag, der nach Abzug der Vorsteuer an das Finanzamt überwiesen werden muss.
		▸ Die Zahllast ist innerhalb von **zehn Tagen** nach Ablauf des Voranmeldungszeitraumes (in der Regel ein Monat) an das Finanzamt zu überweisen.

Vorsteuerüberhang	Ist die Summe der Vorsteuerbeträge in einem Monat größer als die Summe der Umsatzsteuerbeträge, wird der Vorsteuerüberhang vom Finanzamt erstattet.	

1 Welche der folgenden Geschäftsfälle stellen keine umsatzsteuerpflichtigen Tatbestände dar?

1 Ihr Unternehmen belastet einen Kunden mit Verzugszinsen.

2 Der Unternehmensinhaber entnimmt Waren für private Zwecke.

3 Ein gebrauchter Computer wird an einen Betriebsangehörigen verkauft.

4 Das Betriebsfahrzeug wird zu 20 % privat genutzt.

5 Verkauf eines Firmenfahrzeugs an eine Privatperson

2 Aus der Finanzbuchhaltung eines Unternehmens liegen folgende Zahlen vor:

Summe der Vorsteuerbeträge   24 000,00 EUR
Summe der Umsatzsteuerbeträge   39 000,00 EUR

Folgende Geschäftsfälle sind noch zu buchen:
1. Wareneinkauf, Bruttorechnungsbetrag
(inkl. 19 % USt):   8 092,00 EUR
2. Verkauf von Waren, Bruttorechnungsbetrag
(inkl. 7 % USt):   16 050,00 EUR
Wie hoch ist die Zahllast unter Berücksichtigung dieser Geschäftsfälle?

1 22 958,00 EUR

2 15 000,00 EUR

3 14 800,00 EUR

4 14 758,00 EUR

5 14 586,02 EUR

3 Welche Frist gilt bei einer monatlichen Umsatzsteuervoranmeldung für die Überweisung der Zahllast an das Finanzamt?

Die Überweisung der Zahllast muss erfolgen …

1 … bis zum Ende des Voranmeldungszeitraums (bis zum Monatsende).

2 … spätestens fünf Tage nach Ablauf des Voranmeldungszeitraums.

3 … spätestens zehn Tage nach Ablauf des Voranmeldungszeitraums.

4 … spätestens 15 Tage nach Ablauf des Voranmeldungszeitraums.

5 … spätestens 20 Tage nach Ablauf des Voranmeldungszeitraums.

4 Welcher der unten aufgeführten Umsätze ist nicht steuerfrei?

1 Briefmarken der Deutsche Post AG

2 Kreditgewährungen

3 Ausfuhrlieferungen in Nicht-EU-Länder

4 Entnahme von Waren durch den Unternehmer für private Zwecke

5 Vermietung von Immobilien

5 Welche der folgenden Aussagen trifft auf den Begriff „Vorsteuerüberhang" zu?

1 Bei einem Vorsteuerüberhang werden Vorsteuerbeträge, die aus dem vorangegangenen Voranmeldungszeitraum stammen, in den laufenden Voranmeldungszeitraum mit einbezogen.

2 Bei einem Vorsteuerüberhang ist die Summe der Vorsteuerbeträge kleiner als die Summe der Umsatzsteuerbeträge.

3 Bei einem Vorsteuerüberhang erstattet das Finanzamt die überschüssigen Vorsteuern.

4 Bei einem Vorsteuerüberhang mahnt das Finanzamt die fällige Steuerschuld an.

5 Der Vorsteuerüberhang muss am Jahresende durch eine Zahlung an das Finanzamt beglichen werden.

6 Was versteht man unter dem Begriff „Vorsteuer"?

Die Vorsteuer ist …

1 … die von uns an den Lieferer gezahlte Umsatzsteuer.

2 … eine Verbindlichkeit gegenüber dem Finanzamt.

3 … der auf den Ausgangsrechnungen genannte Umsatzsteuerbetrag.

4 … die Umsatzsteuer der Verkaufserlöse.

5 … die Umsatzsteuer des Vorjahres.

7 Der Weg einer Ware (19 % USt) durchläuft folgende Produktionsstufen:

1. Ein Industriebetrieb verkauft die Ware an einen Großhändler zu einem Nettopreis von 250,00 EUR.
2. Der Großhändler verkauft die Ware an einen Einzelhändler zu einem Nettopreis von 400,00 EUR.
3. Der Einzelhändler verkauft die Ware an den Endverbraucher zum Bruttopreis (einschließlich 19 % USt) von 952,00 EUR.

a. Wie hoch ist der gesamte Mehrwert der Ware, der auf den einzelnen Produktionsstufen entsteht und der insgesamt zu versteuern ist?

b. Wie hoch ist die Zahllast, die der Einzelhändler bezogen auf diese Ware an das Finanzamt zu überweisen hat?

c. Welche der folgenden Aussagen trifft zu?

1 Die Überweisung der Zahllast beeinflusst die Erfolgsrechnungen der jeweiligen Betriebe.

2 Industriebetriebe können keine Vorsteuer geltend machen.

3 Die Zahllast des Großhändlers beträgt 150,00 EUR.

4 Der Großhändler darf Vorsteuer in Höhe von 76,00 EUR ansetzen.

5 Der Endverbraucher ist der alleinige Träger der Umsatzsteuer, da sie zu den Verbrauchssteuern gehört.

Wie wird die Umsatzsteuer beim Wareneinkauf gebucht?

Geschäftsfall	1. Wir kaufen Waren auf Ziel laut Eingangsrechnung: Nettopreis 20 000,00 EUR + 19 % USt 3 800,00 EUR = Bruttopreis 23 800,00 EUR						
Konto	141 Vorsteuer (Aktives Bestandskonto)			Auf diesem Konto wird die Umsatzsteuer, die beim Einkauf aller Waren und Dienstleistungen anfällt, gebucht. Die Vorsteuer stellt eine **Forderung gegenüber dem Finanzamt** dar (Steuer, die vom Finanzamt erstattet wird, Buchung im **Soll**).			

Grundbuch	Nr.		Soll		an		Haben	
	1	301	Wareneingang	20 000,00				
		141	Vorsteuer	3 800,00		171	Verbindlichkeiten	23 800,00

Wie wird die Umsatzsteuer beim Warenverkauf gebucht?

Geschäftsfall	2. Wir verkaufen Waren auf Ziel laut Ausgangsrechnung: Nettopreis 50 000,00 EUR + 19 % USt 9 500,00 EUR = Bruttopreis 59 500,00 EUR						
Konto	181 Umsatzsteuer (Passives Bestandskonto)			Auf diesem Konto wird die Umsatzsteuer beim Verkauf aller Waren und Dienstleistungen gebucht. Die Umsatzsteuer stellt eine **Verbindlichkeit gegenüber dem Finanzamt** dar (Steuer, die dem Finanzamt überwiesen wird, Buchung im **Haben**).			

Grundbuch	Nr.		Soll		an		Haben	
	1	101	Forderungen	59 500,00		801	Warenverkauf	50 000,00
						181	Umsatzsteuer	9 500,00

Wie wird die Zahllast buchhalterisch ermittelt?

Geschäftsfall	3. *Der Saldo eines Kontos Vorsteuer wird auf das Konto Umsatzsteuer übertragen (Ausnahme: umgekehrte Vorgehensweise bei einem Vorsteuerüberhang).* **Fall A:** *Zahllastermittlung der Monate Januar bis November* *4a. Der Saldo des Kontos Umsatzsteuer (= Zahllast) für den Monat November wird ermittelt. Die Zahllast wird am 15.12. per Banküberweisung gezahlt.* **Fall B:** *Zahllastermittlung des Monats Dezember* *4b. Der Saldo des Kontos Umsatzsteuer (= Zahllast) für den Monat Dezember wird ermittelt und im Rahmen des Abschlusses auf das SBK gebucht (**Passivierung der Zahllast**).*

Grundbuch	Nr.		Soll		an		Haben	
	3	181	Umsatzsteuer	3 800,00		141	Vorsteuer	3 800,00
	4a	181	Umsatzsteuer	5 700,00		131	Kreditinstitut	5 700,00
	4b	181	Umsatzsteuer	5 700,00		940	SBK	5 700,00

Hauptbuch Fall A	S 141 Vorsteuer H (1) 3 800,00 | (3) 3 800,00	S 181 Umsatzsteuer H (3) 3 800,00 | (2) 9 500,00 (4a) 5 700,00	S 131 Kreditinstitut H | (4a) 5 700,00
Fall B	S 141 Vorsteuer H (1) 3 800,00 | (3) 3 800,00	S 181 Umsatzsteuer H (3) 3 800,00 | (2) 9 500,00 (4b) 5 700,00	S 940 SBK H | (4b) 5 700,00

1 Wie lautet der Buchungssatz für die Passivierung der Zahllast am Geschäftsjahresende?

　1　Vorsteuer (141)　　　an　　Umsatzsteuer (181)

　2　Umsatzsteuer (181)　an　　Kreditinstitut (131)

　3　Umsatzsteuer (181)　an　　SBK (940)

　4　SBK (940)　　　　　an　　Vorsteuer (141)

　5　SBK (940)　　　　　an　　Umsatzsteuer (181)

2 Welche der folgenden Aussagen trifft nicht zu?

　1　Das Konto Umsatzsteuer ist ein passives Bestandskonto.

　2　Das Konto Vorsteuer ist ein Aufwandskonto.

　3　Die Zahllast muss am Bilanzstichtag passiviert werden.

　4　Bei Rechnungen von über 150,00 EUR muss die Umsatzsteuer gesondert ausgewiesen werden.

　5　Bei Einkäufen und dem Bezug von Dienstleistungen muss die dazugehörige Buchung auf dem Konto Vorsteuer immer im Soll erfolgen.

3 Kontieren Sie den Beleg.

Kontenplan:　　　　　　　　　　Soll　　Haben

　1　Forderungen (101)

　2　Kreditinstitute (131)

　3　Vorsteuer (141)

　4　Kasse (151)

　5　Verbindlichkeiten (171)

　6　Umsatzsteuer (181)

　7　GuV-Konto (930)

　8　SBK (940)

4 Auf den Konten Vorsteuer und Umsatzsteuer ergeben sich am Ende des Monats Januar folgende Summen:

Soll	141 Vorsteuer	Haben
28 500,00		

Soll	181 Umsatzsteuer	Haben
		22 800,00

a. Wie hoch ist der Nettowert der Einkäufe bei einem Umsatzsteuersatz von 19 %?

b. Wie hoch ist der Nettowert der Verkäufe bei einem Umsatzsteuersatz von 19 %?

c. Welche Buchungen bzw. Berechnungen sind für die Ermittlung des Vorsteuerüberhangs am 31.01. notwendig?

　1　Umsatzsteuer (181)　　　　　22 800,00 EUR
　　an Vorsteuer (141)　　　　　 22 800,00 EUR
　　und Errechnen des Saldos auf dem Konto Vorsteuer

　2　Vorsteuer (141)　　　　　　 22 800,00 EUR
　　an Umsatzsteuer (181)　　　 22 800,00 EUR
　　und Errechnen des Saldos auf dem Konto Umsatzsteuer

　3　Umsatzsteuer (181)　　　　　28 500,00 EUR
　　an Vorsteuer (141)　　　　　 28 500,00 EUR
　　Umsatzsteuer (181)　　　　　 5 700,00 EUR
　　an SBK (940)　　　　　　　　 5 700,00 EUR

　4　Umsatzsteuer (181)　　　　　22 800,00 EUR
　　an Vorsteuer (141)　　　　　 22 800,00 EUR
　　SBK (940)　　　　　　　　　　 5 700,00 EUR
　　an Vorsteuer (141)　　　　　 5 700,00 EUR

　5　Umsatzsteuer (181)　　　　　22 800,00 EUR
　　SBK (940)　　　　　　　　　　 5 700,00 EUR
　　an Vorsteuer (141)　　　　　 28 500,00 EUR

Girokonto　　　IBAN　DE49 4805 0161 1324 5654 45	BIC　GEOBDE45873	Kontoauszug　　　57
Sparkasse Bielefeld	USt.-Id. DE 124011615	Blatt　　　　　　　1

Datum	Erläuterungen	Betrag
Kontostand in EUR am 11.12.20.., Auszug Nr. 267		120 693,44 +
11.12.	Überweisung　　　　　Wert: 10.12.20.. Zahllast Monat November 20..	18 720,88 -
Kontostand in EUR am 11.12.20.., 16:00 Uhr		101 972,56 +
IHR KREDIT　　　　　30 000,00 EUR	wwh GmbH, Helene-Weber-Weg 9, 33607 Bielefeld	

Wie wird der Warenrohgewinn in Handelsbetrieben ermittelt?

Warenroh-gewinn	Auf dem GuV-Konto werden den Aufwendungen für die Wareneinkäufe die Erträge für die Warenverkäufe gegenübergestellt. Dabei ergeben sich folgende Gleichungen: ▸ Warenverkauf – Wareneingang (Wareneinsatz) = Warenrohgewinn ▸ Warenrohgewinn + übrige Erträge (Zinserträge, Provisionserträge usw.) – übrige Aufwendungen (Gehälter, Mieten usw.) = Reingewinn Die Höhe des **Wareneinsatzes** wird ermittelt, indem die Aufwendungen für die Wareneinkäufe um die Bestandsveränderungen an Waren (Anfangsbestand stimmt mit Schlussbestand nicht überein) bereinigt werden.

Wie wird ein Mehrbestand an Waren buchhalterisch erfasst?

Mehrbestand	Am Ende einer Abrechnungsperiode wird festgestellt, dass mehr Waren gekauft als verkauft wurden (Einkaufsmenge > Verkaufsmenge). Für diesen Fall gilt: **Schlussbestand an Waren > Anfangsbestand an Waren**
Geschäftsfälle	1. Buchen des Anfangsbestandes an Waren, 60 000,00 EUR 2. Wareneinkäufe auf Ziel (gesamt), netto 240 000,00 EUR + 19 % USt 45 600,00 EUR 3. Buchen des Schlussbestandes an Waren, 90 000,00 EUR 4. Buchen des Saldos auf dem Konto Warenbestand **(Mehrbestand)** 5. Buchen des Wareneinsatzes

Grundbuch	Nr.		Soll		an		Haben	
	1	390	Warenbestand	60 000,00	910	EBK		60 000,00
	2	301 141	Wareneingang Vorsteuer	240 000,00 45 600,00	171	Verbindlichkeiten		285 600,00
	3	940	SBK	90 000,00	390	Warenbestand		30 000,00
	4	390	Warenbestand	30 000,00	301	Wareneingang		30 000,00
	5	930	GuV-Konto	210 000,00	301	Wareneingang		210 000,00

Hauptbuch						
S	390 Warenbestand		H	S	301 Wareneingang	H
(1) AB	60 000,00	(3) SB	90 000,00	(2) Eink.	240 000,00	**(4) WB** **30 000,00**
(4) WE	**30 000,00**					(5) GuV 210 000,00
S	940 SBK		H	S	930 GuV	H
(3) WB	90 000,00			(5) WE	210 000,00	

Wie wird ein Minderbestand an Waren buchhalterisch erfasst?

Minderbestand	Am Ende einer Abrechnungsperiode wird festgestellt, dass mehr Waren verkauft als eingekauft wurden (Einkaufsmenge < Verkaufsmenge). Für diesen Fall gilt: **Anfangsbestand an Waren > Schlussbestand an Waren**
Geschäftsfälle	1. Buchen des Anfangsbestandes an Waren, 80 000,00 EUR 2. Wareneinkäufe auf Ziel (gesamt), netto 240 000,00 EUR + 19 % USt 45 600,00 EUR 3. Buchen des Schlussbestandes an Waren, 30 000,00 EUR 4. Buchen des Saldos auf dem Konto Warenbestand **(Minderbestand)** 5. Buchen des Wareneinsatzes

Grundbuch	Nr.		Soll		an		Haben	
	1	390	Warenbestand	80 000,00	910	EBK		80 000,00
	2	301 141	Wareneingang Vorsteuer	240 000,00 45 600,00	171	Verbindlichkeiten		285 600,00
	3	940	SBK	30 000,00	390	Warenbestand		30 000,00
	4	301	Wareneingang	50 000,00	390	Warenbestand		50 000,00
	5	930	GuV-Konto	290 000,00	301	Wareneingang		290 000,00

Hauptbuch						
S	390 Warenbestand		H	S	301 Wareneingang	H
(1) AB	80 000,00	(3) SB	30 000,00	(2) Eink.	240 000,00	(4) GuV 290 000,00
		(4) WE	**50 000,00**	**(4) WB**	**50 000,00**	
S	940 SBK		H	S	930 GuV	H
(3) WB	30 000,00			(5) WE	290 000,00	

Hinweis: In Aufgaben mit Kontierungen müssen nicht alle Kästchen einer Zeile ausgefüllt werden.

1 *Kontieren Sie die unten stehenden Geschäftsfälle.*

   1 Forderungen (101)
   2 Vorsteuer (141)
   3 Verbindlichkeiten (171)
   4 Umsatzsteuer (181)
   5 Wareneingang (301)
   6 Warenbestand (390)
   7 EBK (910)
   8 GuV-Konto (930)
   9 SBK (940)

	Soll	Haben
a. Buchen des Anfangsbestandes an Waren	☐	☐
b. Wareneinkauf auf Ziel	☐ ☐	☐ ☐
c. Buchen des Schlussbestandes an Waren	☐	☐
d. Buchen des Saldos auf dem Konto Warenbestand (Anfangsbestand > Schlussbestand)	☐	☐
e. Buchen des Saldos auf dem Konto Warenbestand (Anfangsbestand < Schlussbestand)	☐	☐
f. Buchen des Wareneinsatzes	☐	☐

2 *Der Wareneinsatz in einem Geschäftsjahr beträgt 260 000,00 EUR.*
Mit welchem Betrag sind die Wareneinkäufe im Geschäftsjahr anzusetzen, wenn ...

a. ... ein Minderbestand an Waren
    von 32 000,00 EUR vorliegt? ⬚

b. ... ein Mehrbestand an Waren
    von 19 000,00 EUR vorliegt? ⬚

3 *Kontieren Sie den Beleg.*
Das GuV-Konto eines Unternehmens weist am Jahresende folgende Zahlen aus:

Soll		930 GuV-Konto		Haben
Wareneingang	120 000,00	Warenverkauf	340 000,00
Gehälter	85 000,00	Zinserträge	53 000,00
Miete	57 000,00		
Zinsaufw.	13 000,00		

Ermitteln Sie ...

a. ... den Warenrohgewinn (-verlust). ⬚

b. ... den Reingewinn (-verlust). ⬚

4 *Welche der folgenden Gleichungen ist nicht zutreffend?* ☐

  1 Wareneinkäufe
    – Wert der Bestandsminderung
    = Warenaufwand
  2 Schlussbestand an Waren <
    Anfangsbestand an Waren
    = Bestandsminderung

3 Anfangsbestand an Waren
    + Wareneinkäufe – Warenverkäufe
    = Schlussbestand an Waren
4 Wareneinsatz
    = Abschlusssaldo auf dem Konto Wareneingang
5 Schlussbestand an Waren >
    Anfangsbestand an Waren
    = Bestandsmehrung

5 *Bei welcher der unten aufgeführten Berechnungen handelt es sich im Ergebnis um den Rohgewinn?* ☐

  1 Warenverkauf – Wareneinsatz

  2 Warenverkauf + Summe der übrigen Erträge
    – Wareneinsatz – Summe der übrigen Aufwendungen

  3 Warenverkauf – Reingewinn

  4 Verkaufte Waren zu Verkaufspreisen – Verkaufte Waren zu Einkaufspreisen

  5 Wareneinsatz – Warenverkauf

6 *In einem Unternehmen ergeben sich folgende Werte:*

Anfangsbestand an Waren	*65 000,00 EUR*
Schlussbestand an Waren lt. Inventur	*92 700,00 EUR*
Wareneinkauf (netto)	*150 000,00 EUR*
Warenverkauf (netto)	*190 500,00 EUR*
Summe der übrigen Aufwendungen	*55 400,00 EUR*
Summe der übrigen Erträge	*8 100,00 EUR*

Wie hoch ist der Reingewinn
des Jahres? ⬚

7 *Wie lautet der Buchungssatz für einen Minderbestand an Waren?* ☐

  1 Warenverkauf (801) an GuV-Konto (930)

  2 Wareneingang (301) an Warenbestand (390)

  3 Warenbestand (390) an Wareneingang (301)

  4 GuV-Konto (930 an Eigenkapital (061)

  5 GuV-Konto (930) an Wareneingang (301)

8 *Wie lautet der Buchungssatz für einen Mehrbestand an Waren?* ☐

  1 GuV-Konto (930) an Warenverkauf (801)

  2 GuV-Konto (930) an Eigenkapital (061)

  3 Wareneingang (301) an Warenbestand (390)

  4 Warenbestand (390) an Wareneingang (301)

  5 SBK (940) an Warenbestand (390)

Welche Sachverhalte berühren die Konten Privatentnahmen und Privateinlagen?

Privatentnahmen/ Privateinlagen	▸ Alle Geschäftsfälle mit privatem Charakter, die zwar Konten der Finanzbuchhaltung eines Unternehmens berühren, die aber mit der eigentlichen Unternehmenstätigkeit nichts zu tun haben, müssen buchhalterisch eindeutig abgegrenzt werden. ▸ Das Konto **Privatentnahmen** sammelt alle Ausgaben, die zum Privatbereich des Unternehmers gehören, aber über die Geschäftsbuchhaltung des Unternehmens abgewickelt werden. Privatentnahmen führen zu einer Minderung des Eigenkapitals. ▸ Gegenstände oder Kapital aus dem Privatvermögen des Unternehmers werden über das Konto **Privateinlagen** in das Betriebsvermögen übernommen. Privateinlagen führen zu einer **Mehrung des Eigenkapitals.**

Beispiele für Privatentnahmen/ Privateinlagen	Privatentnahmen		Privateinlagen
	Entnahme von Geld	**Entnahme von Waren und sonstigen Leistungen**	**Kapitaleinlagen**
	Der Unternehmer ▸ entnimmt über Finanzkonten des Unternehmens (Kreditinstitute bzw. Kasse) Geld, z. B. für – den privaten Lebensunterhalt, – private Versicherungen, – Urlaubsreisen.	Der Unternehmer ▸ entnimmt Waren aus dem Lager für den Privatverbrauch, ▸ verwendet für private Zwecke Gegenstände des Betriebsvermögens (z. B. Dienstwagen). **Die Entnahme von Waren und sonstigen Leistungen ist umsatzsteuerpflichtig!**	▸ Einlage von Geldwerten ▸ Einlage von Sachwerten (z. B. Grundstück, Pkw)
	Privatentnahme → Minderung des Eigenkapitals = Buchung im **Soll** auf dem Konto **Privatentnahme**		**Privateinlage** → Mehrung des Eigenkapitals = Buchung im **Haben** auf dem Konto **Privateinlagen**

Geschäftsfälle	1. Beitragszahlung der Hausratversicherung für das Privathaus der Unternehmerin per Banküberweisung = 530,00 EUR 2. Die Unternehmerin entnimmt Waren für private Zwecke, Nettowert 2 000,00 EUR + 19 % USt 380,00 EUR. 3. Die Unternehmerin bringt zusätzliches Privatkapital durch Überweisung auf das Geschäftsbankkonto in das Unternehmen ein = 30 000,00 EUR. 4. Abschluss des Kontos Privatentnahmen 5. Abschluss des Kontos Privateinlagen 6. Abschluss des Kontos Entnahme von Waren und sonstigen Leistungen

Konten	161 Privatentnahmen	Unterkonto des Eigenkapitalkontos → Abschluss über Eigenkapital
	162 Privateinlagen	Unterkonto des Eigenkapitalkontos → Abschluss über Eigenkapital
	871 Entnahme von Waren/ Leistungen	Ertragskonto → Abschluss über GuV-Konto ("besondere Verkaufserlöse" des Unternehmens: "Verkauf" an den Unternehmer)

Grundbuch	Nr.		Soll		an		Haben	
	1	161	Privatentnahmen	530,00		131	Kreditinstitute	530,00
	2	161	Privatentnahmen	2 380,00		871 181	Entnahme v. Waren/Leist. Umsatzsteuer	2 000,00 380,00
	3	131	Kreditinstitute	30 000,00		162	Privateinlagen	30 000,00
	4	061	Eigenkapital	2 910,00		161	Privatentnahmen	2 910,00
	5	162	Privateinlagen	30 000,00		061	Eigenkapital	30 000,00
	6	871	Entnahme v. Waren/Leist.	2 000,00		930	GuV-Konto	2 000,00

Hauptbuch

S	161 Privatentnahmen	H	S	871 Entnahme v. W/L	H
(1)	530,00	(4) Saldo 2910,00	(6)	2 000,00	(2) 2 000,00
(2)	2 380,00				

S	162 Privateinlagen	H	S	930 GuV-Konto	H
(5)	30 000,00	(3) 30 000,00			(6) 2 000,00

S	061 Eigenkapital	H
(4)	2 910,00	AB 400 000,00 (5) 30 000,00

1 Welche der folgenden Aussagen über Privatentnahmen trifft nicht zu?

Das Konto Privatentnahmen …

1 … ist ein Unterkonto des Eigenkapitalkontos.
2 … wird ausschließlich in Finanzbuchhaltungen von Einzelunternehmen benötigt.
3 … erfasst alle Geschäftsfälle, die durch Privatausgaben hervorgerufen werden.
4 … erfasst die Privatausgaben im Soll und den Abschlusssaldo im Haben.
5 … ist in der Kontenklasse 1 des Kontenrahmens für den Groß- und Außenhandel angesiedelt.

2 In dem unten folgenden Text stehen die Buchstaben für bestimmte Begriffe.
„Gewinn ist die (a) zwischen dem (b) und dem (c), (d) um den Wert der Privatentnahmen."
Ergänzen Sie den Text, indem Sie die folgenden Begriffe den entsprechenden Buchstaben zuordnen.

Begriffe:

1 Eigenkapital zu Beginn des Geschäftsjahres
2 Eigenkapital am Schluss des Geschäftsjahres
3 Vermögen zu Beginn des Geschäftsjahres
4 Vermögen am Schluss des Geschäftsjahres
5 Differenz
6 Summe
7 vermehrt
8 vermindert

a. Buchstabe (a) =

b. Buchstabe (b) =

c. Buchstabe (c) =

d. Buchstabe (d) =

3 Für ein Unternehmen ergeben sich für ein Geschäftsjahr folgende Werte:

Privatentnahmen	69 000,00 EUR
Eigenkapital am Anfang des Geschäftsjahres	560 000,00 EUR
Vermögen am Ende des Geschäftsjahres	980 000,00 EUR
Schulden am Ende des Geschäftsjahres	400 000,00 EUR

a. Berechnen Sie das Eigenkapital am Ende des Geschäftsjahres.

b. Wie hoch ist der Gewinn bzw. der Verlust im laufenden Geschäftsjahr?

4 Welcher der unten stehenden Buchungssätze trifft auf den folgenden Beleg zu?

1	Privatentnahmen (161)	928,00 EUR
	an Warenverkauf (801)	928,00 EUR

2	Privatentnahmen (161)	928,00 EUR
	an Warenbestand (301)	800,00 EUR
	an Umsatzsteuer (181)	128,00 EUR

3	Privatentnahmen (161)	928,00 EUR
	an Kasse (151)	928,00 EUR

4	Privatentnahmen (161)	928,00 EUR
	an Entnahme von Waren/ Leistungen (871)	800,00 EUR
	an Umsatzsteuer (181)	128,00 EUR

5	Entnahme von Waren/Leistungen (871)	800,00 EUR
	Vorsteuer (141)	128,00 EUR
	an Privatentnahmen	928,00 EUR

Quittung   EUR   **928,00**

Nr. **23**   einschl. **19** % USt./EUR

Neunhundertachtundzwanzig   Cent wie oben
Euro in Worten

von

für   **Entnahme von Waren**

   durch den Inhaber

dankend erhalten

Düsseldorf   den   **21.08.20..**

Schmidt
Unterschrift des Empfängers

5 Ordnen Sie die folgenden Buchungssätze den unten genannten Geschäftsfällen zu.

Buchungssätze:

1 Privatentnahmen (161) an Kreditinstitute (131)

2 Privateinlagen (162) an Kreditinstitute (131)

3 Versicherungen (426) an Kreditinstitute (131)

4 Kreditinstitute (131) an Privateinlagen (162)

5 Eigenkapital (061) an Privatentnahmen (161)

6 Privateinlagen (162) an Eigenkapital (061)

7 Eigenkapital (061) an Privatentnahmen (161)

8 Privatentnahmen (161) an Fuhrpark (034)

9 Privatentnahmen (161) an Entnahme von Waren/ Leistungen (871) an Umsatzsteuer (181)

Geschäftsfälle:

a. Der Privatanteil für die Kosten des Betriebsfahrzeugs wird gebucht.

b. Buchung des Saldos auf dem Konto Privateinlagen

c. Überweisung des Beitrags für die Lebensversicherung vom Geschäftskonto

d. Überweisung des Beitrags für die gesetzliche Unfallversicherung vom Geschäftskonto

e. Der Unternehmensinhaber überweist einen Betrag vom Geschäftskonto auf sein Privatkonto.

Welche Buchungen ergeben sich im Zusammenhang mit dem Wareneinkauf?

Wareneinkäufe/ Sofortrabatte	Rabatte (z. B. Mengenrabatt), die beim Bezug von Waren auf den Eingangsrechnungen gewährt werden, mindern den Anschaffungspreis. Sie werden als Sofortrabatte bezeichnet und buchhalterisch **nicht gesondert erfasst.**
Bezugskosten	Zum eigentlichen Warenwert müssen häufig Anschaffungsnebenkosten berücksichtigt werden wie z. B. Frachtkosten, Transportversicherungsbeiträge, Verpackungsmaterialien und Zölle. Diese Bezugskosten erhöhten den Anschaffungspreis. Die Bezugskosten werden auf einem separaten Konto erfasst, um sich schneller einen Überblick über die Höhe der Bezugskosten verschaffen zu können.
Rücksendungen	Wird eine Ware falsch oder mangelhaft geliefert und dem Lieferanten **zurückgeschickt**, erhält der Käufer eine entsprechende Gutschrift.
Nachlässe	Für mangelhaft gelieferte Waren, die **nicht zurückgeschickt** und weiterverkauft werden können, hat der Käufer das Recht, eine Kaufpreisminderung zu verlangen. Dieser Preisnachlass wird ebenfalls auf einer Gutschrift des Lieferanten dokumentiert.
Liefererboni	Ein Bonus ist ein nachträglich gewährter Preisnachlass, der am Ende einer Abrechnungsperiode bei Erreichen eines vereinbarten Umsatzziels gewährt wird.
Liefererskonti	Skonto wird als Preisnachlass bei vorzeitiger Zahlung gewährt. Der Käufer berücksichtigt den Skontoabzug bei der Überweisung des Rechnungsbetrages.
Geschäftsfälle	1. Wir erhalten folgende Eingangsrechnung für Waren: Gesamtpreis, netto 15 000,00 EUR – 10 % Mengenrabatt 1 500,00 EUR → Sofortrabatt (keine gesonderte Buchung) = Zieleinkaufspreis 13 500,00 EUR + Frachtkosten 600,00 EUR → Bezugskosten (gesonderte Buchung) = Rechnungsbetrag, netto 14 100,00 EUR + 19 % USt 2 679,00 EUR = Rechnungsbetrag, brutto 16 779,00 EUR 2. Ein Teil einer Warenlieferung war mangelhaft und wird zurückgeschickt. Wir erhalten vom Lieferanten eine Gutschrift über 1 000,00 EUR + 19 % USt 190,00 EUR (**Vorsteuerberichtigung**). 3. Nach Vereinbarung mit dem Lieferanten wird eine Warenlieferung, die mit geringen Mängeln behaftet ist, behalten und ein Preisnachlass ausgehandelt. Wir erhalten vom Lieferanten eine Gutschrift von 2 500,00 EUR + 19 % USt 475,00 EUR (**Vorsteuerberichtigung**). 4. Am Jahresende gewährt der Lieferant auf alle Rechnungen einen zusätzlichen Bonus von 20 880,00 EUR (inkl. 19 % USt = 3 967,20 EUR; **Vorsteuerberichtigung**). 5. Die Eingangsrechnung eines Lieferanten (Brutto-Rechnungsbetrag 17 850,00 EUR) wird unter Abzug von 2 % Skonto (Brutto-Skonto 357,00 EUR; **Vorsteuerberichtigung** 57,00 EUR) per Banküberweisung mit 17 493,00 EUR beglichen.
Konten	302 Warenbezugskosten 305 Rücksendungen an Lieferer 306 Nachlässe von Lieferern 307 Liefererboni 308 Liefererskonti Diese Konten sind jeweils Unterkonten des Kontos 301 Wareneingang. Der Abschluss erfolgt über das Wareneingangskonto.

Grundbuch

Nr.		Soll		an		Haben	
1	301	Wareneingang	13 500,00		171	Verbindlichkeiten	16 779,00
	302	**Warenbezugskosten**	600,00				
	141	Vorsteuer	2 679,00				
2	171	Verbindlichkeiten	1 190,00		305	**Rücksendungen**	1 000,00
					141	Vorsteuer	190,00
3	171	Verbindlichkeiten	2 975,00		306	**Nachlässe**	2 500,00
					141	Vorsteuer	475,00
4	171	Verbindlichkeiten	21 967,20		307	**Liefererboni**	18 000,00
						Vorsteuer	3 967,20
5	171	Verbindlichkeiten	17 850,00		131	Kreditinstitut	17 493,00
					308	**Lieferskonti**	300,00
					141	Vorsteuer	57,00

Hauptbuch	Die Konten mit den jeweiligen Buchungen sind auf der Seite 148 dargestellt.

Hinweis: In Aufgaben mit Kontierungen müssen nicht alle Kästchen einer Zeile ausgefüllt werden.

Kontenplan für die Aufgaben 1–3:

1 Forderungen (101)
2 Kreditinstitute (131)
3 Vorsteuer (140)
4 Verbindlichkeiten a. LL (171)
5 Umsatzsteuer (180)
6 Wareneingang (301)
7 Warenbezugskosten (302)
8 Rücksendungen an Lieferanten (305)
9 Lieferantenskonti (308)
10 Warenbestand (390)
11 Warenverkauf (801)
12 Rücksendungen von Kunden (805)
13 Kundenskonti (808)

Die Belege sind aus der Sicht der wwh GmbH zu buchen.
Bilden Sie den Buchungssatz ...   Soll   Haben

1 ... zu Beleg 1.

2 ... zu Beleg 2.

3 ... zu Beleg 3.

4 Wie hoch sind die Anschaffungskosten (Nettoeinkäufe) für alle Espressomaschinen unter Berücksichtigung der Belege 1–3?

5 Ermitteln Sie den Betrag der Vorsteuerberichtigung aus Beleg 3.

6 Wie hoch ist der Vorsteuerbetrag aus den Belegen 1–3 insgesamt?

7 Welche Aussage zum Beleg 2 trifft zu?

1 Bei einer Gutschrift muss die anteilige Vorsteuer um 19 % vom Bruttowert berichtigt werden.

2 Bei einer Gutschrift muss immer angegeben sein, wie hoch der Prozentsatz des Preisnachlasses ist.

3 Die Verbindlichkeiten der wwh GmbH verringern sich um einen Betrag von 1 332,90 EUR.

4 Der Vorsteuerbetrag in Höhe von 212,80 EUR wird bei der wwh GmbH auf dem Konto Vorsteuer (140) im Soll gebucht.

5 Wenn die Rechnung noch nicht bezahlt ist, muss die Gutschrift um den 2 %igen Skontowert korrigiert werden.

Ormito
Espressomaschinen

Ormito GmbH • Wellenkamp 17 • 33605 Bielefeld

wwh GmbH
Elektrogroßhandel
Helene-Weber-Weg 9
33607 Bielefeld

Beleg ①

RECHNUNG

Kunden-Nr.:   16122
Auftrags-Nr.: 998-99978
Rechn.-Nr.:   200801020
Datum: 05.01.20..   Lieferdatum: 07.01.20..

Posten	Bezeichnung	Einheit	Menge	Einzelpreis	Gesamtpeis
1	Espressomaschine Mod. 550	St.	5	980,00 EUR	4 900,00 EUR
2	Espressomaschine Mod. 650	St.	10	1 120,00 EUR	11 200,00 EUR
3	Espressomaschine Mod. 750	St.	3	1 340,00 EUR	4 020,00 EUR

Nettopreis	20 120,00 EUR
Versandkosten	380,00 EUR
+ MwSt 19 %	3 895,00 EUR
Bruttopreis	24 395,00 EUR

Zahlbar innerhalb von 7 Tagen mit 2 % Skonto (**vom reinen Warenwert**) innerhalb...

Ormito
Espressomaschinen

Ormito GmbH • Wellenkamp 17 • 33605 Bielefeld

wwh GmbH
Elektrogroßhandel
Helene-Weber-Weg 9
33607 Bielefeld

Beleg ②

GUTSCHRIFT

Kunden-Nr.:   16122
Auftrags-Nr.: 998-99978
Gutschr.-Nr.: 201033456
Datum: 10.01.20..

Posten	Bezeichnung	Einheit	Menge	Einzelpreis	Gesamtpeis
1	Rückgabe wegen Mängelrüge: Espressomaschine Mod. 650	St.	1	1 120,00 EUR	1 120,00 EUR

	1 120,00 EUR
Nettowert	212,80 EUR
+ MwSt 19 %	1 332,80 EUR
Bruttowert	

Geschäftsführer: Jürgen Rische, Amtsgericht Bielefeld HRB 3345 • Tel.: 0521 556900 • Fax: 0521 556950• E-Mail: info@rische-gmbh.de
Sparkasse Bielefeld • IBAN DE21 4945 0120 0066 3123 54, BIC WLAHDE44XXX

Girokonto IBAN DE49 4805 0161 1324 5654 45	BIC GEOBDE45873	Kontoauszug	57
Sparkasse Bielefeld	USt-Id. DE 124011615	Blatt	1

Datum	Erläuterungen	Beleg ③	Betrag
	Kontostand in EUR am 12.01.20.., Auszug Nr. 11		98 755,96 +
12.01.	Überweisung Rg. 200801020 abzügl. Gutschrift 201033456 abzügl. Skonto 478,86 EUR	Wert: 10.12.20..	22 583,34 −
	Kontostand in EUR am 12.01.20.., 16:00 Uhr		76 172,62 +
	IHR KREDIT 30 000,00 EUR	wwh GmbH, Helene-Weber-Weg 9, 33607 Bielefeld	

Wie erfolgt der Abschluss der Konten, die mit dem Wareneinkauf zusammenhängen?

Die folgenden Geschäftsfälle beziehen sich auf die Buchungen der Seite 146.

Geschäftsfälle	
	1. Umbuchung des Saldos auf dem Unterkonto Warenbezugskosten
	2. Umbuchung des Saldos auf dem Unterkonto Rücksendungen
	3. Umbuchung des Saldos auf dem Unterkonto Nachlässe
	4. Umbuchung des Saldos auf dem Unterkonto Liefererboni
	5. Umbuchung des Saldos auf dem Unterkonto Liefererskonti
	6. Bei der Inventur am Jahresende wird festgestellt, dass im Vergleich zum Jahresanfang Waren im Wert von 8 200,00 EUR weniger am Lager sind (Bestandsminderung).
	7. Der Schlussbestand an Waren lt. Inventur wird gebucht 9 900,00 EUR.

Grundbuch	Nr.		Soll		an		Haben	
	1	301	Wareneingang	600,00		302	Warenbezugskosten	600,00
	2	305	Rücksendungen	1 000,00		301	Wareneingang	1 000,00
	3	306	Nachlässe	2 500,00		301	Wareneingang	2 500,00
	4	307	Liefererboni	18 000,00		301	Wareneingang	18 000,00
	5	308	Liefererskonti	300,00		301	Wareneingang	300,00
	6	301	Wareneingang	8 200,00		390	Warenbestand	8 200,00
	7	940	SBK	9 900,00		390	Warenbestand	9 900,00

S	390 Warenbestand (Bestandskonto)		H		S	940 SBK		H
Anfangsbest.	18 100,00	(5) Best.mind.	8 200,00		(7) Warenbest.	9 900,00		
		Schlussbest.	9 900,00					

S	301 Wareneingang (Aufwandskonto)		H
Gesamte Wareneinkäufe	69 000,00	(2) Rücksendungen	1 000,00
(1) Warenbezugskosten	600,00	(3) Nachlässe	2 500,00
(6) Bestandsminderungen	8 200,00	(4) Liefererboni	18 000,00
		(5) Liefererskonti	300,00
		Saldo = Wareneinsatz (GuV)	56 000,00

Anmerkung: Bei einer evtl. Bestandsmehrung lautet der Buchungssatz 390 Warenbestand an 301 Wareneingang. Die Bestandsmehrung würde demnach auf dem Konto 301 Wareneingang im Haben gebucht.

```
                Unterkonten von Wareneingang
```

S	302 Warenbezugskosten		H
Bezugskosten	600,00	(1) Saldo	600,00

S	305 Rücksendungen		H		S	306 Nachlässe		H
(2) Saldo	1 000,00	**Rücksendungen**	1 000,00		(3) Saldo	2 500,00	**Nachlässe**	2 500,00

S	307 Liefererboni		H		S	308 Liefererskonti		H
(4) Saldo	18 000,00	**Liefererboni**	18 000,00		(5) Saldo	300,00	**Liefererskonti**	300,00

Hinweis: In Aufgaben mit Kontierungen müssen nicht alle Kästchen einer Zeile ausgefüllt werden.

1 Am Ende des Geschäftsjahres ergibt sich im Hauptbuch eines Großhandelsunternehmens folgende Situation:

S	301 Wareneingang		H
Einkäufe	96 000,00	(7)	6 300,00
(6)	8 200,00	(8)	7 800,00
		(9)	1 200,00
		(10)	1 900,00
		(11)	2 600,00

S	302 Warenbezugskosten		H
(1)	8 200,00	(6)	8 200,00

S	305 Rücksendungen		H
(7)	6 300,00	(2)	6 300,00

S	306 Nachlässe		H
(8)	7 800,00	(3)	7 800,00

S	307 Liefererboni		H
(9)	1 200,00	(4)	1 200,00

S	308 Liefererskonti		H
(10)	1 900,00	(5)	1 900,00

S	391 Warenbestand		H
AB	21 900,00	(12)	24 500,00
(11)	2 600,00		

S	940 SBK		H
(12)	24 500,00		

Um welche Buchungen handelt es sich in den oben aufgeführten Konten?
Tragen Sie die Nummer der Buchung in das jeweilige Kästchen ein.

a. Buchung der Bestandsmehrung von Waren

b. Buchung der Rücksendungen an Lieferanten

c. Buchung der Nachlässe an Kunden

d. Buchung der Warenbezugskosten

e. Umbuchung des Unterkontos Nachlässe von Lieferanten auf das Hauptkonto

f. Umbuchungen des Unterkontos Liefererboni auf das Hauptkonto

g. Umbuchungen der Netto-Skontoabzüge für Eingangsrechnungen

h. Buchung des Schlussbestandes an Waren laut Inventur

i. Wie hoch ist der Wareneinsatz?

j. Wie viel Umsatz hat das Unternehmen getätigt, wenn der Bonus 0,75 % betrug?

Kontenplan für die Aufgaben 2 und 3:
1 Forderungen (101)
2 Kreditinstitute (131)
3 Vorsteuer (140)
4 Verbindlichkeiten a. LL (171)
5 Umsatzsteuer (180)
6 Wareneingang (301)
7 Rücksendungen an Lieferanten (305)
8 Liefererboni (307)
9 Lieferantenskonti (308)
10 Warenbestand (390)
11 GuV (930)
12 SBK (940)

2 Buchen Sie die Buchungssätze für folgende Geschäftsfälle:

	Soll	Haben

a. Kauf von Waren auf Ziel

b. Buchung des Jahresbonus, der dem Kreditorenkonto gutgeschrieben wird

c. Gutschrift eines Lieferanten wegen mangelhafter Lieferung (Ware wurde zurückgeschickt)

d. Banküberweisung für eine Liefererrechnung unter Abzug von Skonto

e. Schlussbestand an Waren laut Inventur

3

	Soll	Haben

a. Buchen Sie den unten stehenden Beleg aus der Sicht der wwh GmbH.

b. Wie hoch war der ursprüngliche Brutto-Rechnungsbetrag?

c. Welcher Skontobetrag wurde abgezogen?

d. Über welchen Betrag lautet die Vorsteuerberichtigung?

Girokonto IBAN DE21 4945 0120 0090 5467 45	BIC GEOBDE45873	Kontoauszug 223
Sparkasse Bielefeld	USt-Id. DE 124011615	Blatt 1

Datum	Erläuterungen		Betrag
Kontostand in EUR am 23.03.20.., Auszug Nr. 131			120 000,00
23.03.	Überweisung Rg. 45223001 abzügl. 3% Skonto	Wert: 23.03.20..	28 857,50
Kontostand in EUR am 23.03.20.., 16:00 Uhr			91 142,50
IHR KREDIT	30 000,00 EUR	wwh GmbH, Helene-Weber-Weg 9, 33607 Bielefeld	

Welche Buchungen ergeben sich im Zusammenhang mit dem Warenverkauf?

Warenverkäufe/ Sofortrabatte	Wie im Einkaufsbereich werden die auf den Ausgangsrechnungen aufgeführten Sofortrabatte buchhalterisch nicht gesondert erfasst.
Besonderheiten	Die Besonderheiten im Verkaufsbereich sind wie im Einkaufsbereich die Rücksendungen von Waren, Nachlässe für mangelhaft gelieferte Waren und die Gewährung von Kundenboni und Kundenskonti.
Vertriebsaufwendungen	Die im Rahmen eines Marketingkonzeptes üblichen Vergünstigungen für die Kunden, wie z.B. die Übernahme der Kosten für die Warenzustellung (Ausgangsfrachten) oder andere Vertriebsaufwendungen (Verpackungsmaterial, Vertriebsprovision), werden auf gesonderten Konten gebucht.
Geschäftsfälle	1. Ausgangsrechnung: Verkauf von Waren auf Ziel (frei Haus); Rechnungsbetrag, netto 22 400,00 EUR + 19% USt 4 256,00 EUR. 2. Ein Teil einer Warenlieferung war mangelhaft und wird vom Kunden zurückgeschickt. Wir erteilen eine Gutschrift in Höhe von netto 3 000,00 EUR + 19% USt 570,00 EUR (**Umsatzsteuerberichtigung**). 3. Nach telefonischer Rücksprache behält der Kunde eine Warenlieferung, die mit geringen Mängeln behaftet ist. Wir sagen ihm einen Preisnachlass zu und erteilen eine Gutschrift von netto 2 100,00 EUR +19% USt 399,00 EUR (**Umsatzsteuerberichtigung**). 4. Am Jahresende gewähren wir dem Kunden auf alle Rechnungen einen zusätzlichen Bonus von 11 900,00 EUR (inkl. 19% USt = 1 900,00 EUR; **Umsatzsteuerberichtigung**). 5. Der Kunde zahlt unsere Ausgangsrechnung (Brutto-Rechnungsbetrag 47 600,00 EUR) unter Abzug von 2% Skonto (Brutto-Skonto 952,00 EUR; **Umsatzsteuerberichtigung** 152,00 EUR) per Banküberweisung mit 46 648,00 EUR. 6. Wir erhalten vom Handelsvertreter die Abrechnung über die Vertriebsprovisionen; netto 17 000,00 EUR +19% USt 3 230,00 EUR. 7. Eingangsrechnung über Verpackungsmaterial für die Abteilung Versand 5 000,00 EUR + 19% USt 950,00 EUR. 8. Die Warenlieferung aus Fall 1 wird von einem Spediteur übernommen. Eingangsrechnung über Frachtkosten netto 1 900,00 EUR + 19% USt 361,00 EUR.
Konten	805 Rücksendungen von Kunden 806 Nachlässe an Kunden 807 Kundenboni 808 Kundenskonti Diese Konten sind jeweils Unterkonten des Kontos 801 Warenverkauf. Der Abschluss erfolgt über das Warenverkaufskonto.
	450 Provisionen 461 Verpackungsmaterial 462 Ausgangsfrachten Diese Konten sind jeweils separate Aufwandskonten, die am Ende der Abrechnungsperiode über das Konto 930 GuV abgeschlossen werden.

Grundbuch	Nr.		Soll		an		Haben	
	1	101	Forderungen	26 656,00		801	Warenverkauf	22 400,00
						181	Umsatzsteuer	4 256,00
	2	805	**Rücksendungen**	3 000,00		101	Forderungen	3 570,00
		181	Umsatzsteuer	570,00				
	3	806	**Nachlässe**	2 100,00		101	Forderungen	2 499,00
		181	Umsatzsteuer	399,00				
	4	807	**Kundenboni**	10 000,00		101	Forderungen	11 900,00
		181	Umsatzsteuer	1 900,00				
	5	131	Kreditinstitut	46 648,00		101	Forderungen	47 600,00
		808	**Kundenskonti**	800,00				
		181	Umsatzsteuer	152,00				
	6	450	**Provisionen**	17 000,00		171	Verbindlichkeiten	20 230,00
		141	Vorsteuer	3 230,00				
	7	461	**Verpackungsmaterial**	5 000,00		171	Verbindlichkeiten	5 950,00
		141	Vorsteuer	950,00				
	8	462	**Ausgangsfrachten**	1 900,00		171	Verbindlichkeiten	2 261,00
		141	Vorsteuer	361,00				

Hauptbuch	Die Konten mit den jeweiligen Buchungen sind auf Seite 152 dargestellt.

Hinweis: In Aufgaben mit Kontierungen müssen nicht alle Kästchen einer Zeile ausgefüllt werden.

Kontenplan für die Aufgaben 1–3:

1 Forderungen a. LL (101)
2 Kreditinstitute (131)
3 Vorsteuer (140)
4 Verbindlichkeiten a. LL (171)
5 Umsatzsteuer (180)
6 Wareneingang (301)
7 Warenbezugskosten (302)
8 Rücksendungen an Lieferanten (305)
9 Lieferantenskonti (308)
10 Warenbestand (390)
11 Provisionen (450)
12 Verpackungsmaterial (461)
13 Ausgangsfrachten (462)
14 Warenverkauf (801)
15 Rücksendungen von Kunden (805)
16 Kundenskonti (808)

Die Belege sind aus der Sicht der wwh GmbH zu buchen.

	Soll	Haben
1 Bilden Sie den Buchungssatz zu Beleg 1.	☐☐	☐☐
2 Bilden Sie den Buchungssatz zu Beleg 2.	☐☐	☐☐

3 Bilden Sie die Buchungssätze zu folgenden Geschäftsfällen:

	Soll	Haben
a. Kunde zahlt Rechnung per Banküberweisung unter Abzug von Skonto.	☐☐☐	☐☐☐
b. Kauf von Versandverpackungen auf Ziel + Umsatzsteuer	☐☐	☐☐
c. Ihre Waren werden durch einen Paketzustellungsdienst an den Kunden ausgeliefert. Sie erhalten eine Rechnung des Zustellungsdienstes.	☐☐	☐☐
d. Zahlung der Handelsvertreterprovision (einschließlich Umsatzsteuer) per Banküberweisung	☐☐	☐☐
e. Der Kunde schickt die Waren wegen Mängeln zurück. Sie erteilen Ihrem Kunden eine Gutschrift.	☐☐	☐☐

4 Welche der folgenden Aussagen zum Beleg 1 trifft zu?

☐

1 Sonderrabatte vermindern die Umsatzerlöse und sind deshalb auf einem gesonderten Konto zu buchen.
2 Sonderrabatte können ausschließlich bei langjähriger Geschäftsbeziehung gewährt werden.
3 Wird ein Sonderrabatt gewährt, darf der Kunde keinen Skontoabzug vornehmen.
4 Der Sonderrabatt vermindert den Bruttorechnungsbetrag um 594,40 EUR.
5 Der Sonderrabatt vermindert den Nettowert einer Espressomaschine um 297,20 EUR.

---

wwh Gmbh
Elektrogroßhandel

wwh GmbH • Helene-Weber-Weg 9 • 33607 Bielefeld

Helene-Weber-Weg 9
33607 Bielefeld

Meistermann GmbH
Alte Landwehrstr. 22
32423 Minden

Tel.:   05207 801022
Fax: 05207 801013
Mobil: 0171 302560
E-Mail: wwh@t-online.de

Beleg ①

R E C H N U N G
Nr. 1543299-20..

Rechn.-Datum:	**15.05.20..**
Kunden-Nr.:	**34599**
Auftrags-Nr.:	**9099844**
Lieferdatum:	**14.05.20..**

Posten	Bezeichnung	Einheit	Menge	Preis	Gesamt
1	Ormito Espressomaschine Mod. 650	St.	2	1 486,00 EUR	2 972,00 EUR
2	Sonderrabatt 20 %				594,40 EUR
3	Versandkosten				18,40 EUR

Nettopreis		2 396,00 EUR
+ MwSt	19 %	455,24 EUR
Gesamtpreis		2 851,24 EUR

Zahlbar innerhalb von 8 Tagen mit 2 % Skonto; 30 Tage netto Kasse

Bankverbindungen:
Sparkasse Bielefeld, IBAN DE49 4805 0161 1324 5654 45, BIC GEOBDE45873
Commerzbank Bielefeld, IBAN DE49 4805 3880 5666 6545 11, BIC RCFGDE45778
USt-Id: DE 93518455 St.-Nr.: 458/575/6555

Geschäftsführerin: Uta Box

Sitz und Registergericht
Bielefeld HR B 1590

Spedition Schürkamp GmbH

Schürkamp GmbH * Braunschweiger Str. 4 * 33610 Bielefeld

wwh GmbH
Helene-Weber-Weg 9
33607 Bielefeld

Beleg ②

R E C H N U N G

Kunden-Nr.:	**33456**
Rechn.-Nr.:	**9799808**
Frachtbrief-Nr.	**1300-2399**
Datum:	**23.04.20..**

Gesamt

Stückguttransport auf Europaletten (Lieferung an einen Ihrer Kunden)

Abholadresse: wwh GmbH, Helene-Weber-Weg 9, 33607 Bielefeld
Lieferadresse: Josef Menke e. K., Bahnhofstr. 17, 93047 Regensburg

680,00 EUR

Nettopreis		680,00 EUR
+ MwSt	19 %	129,20 EUR
Gesamtpreis		809,20 EUR

Es gelten unsere allgemeinen Geschäftsbedingungen. • Tel.: 05221 920000 • Fax: 05221 920100 • E-Mail: info@brickmann.de • Sparkasse Herford
• IBAN DE21 4890 018 0077 6777 90, BIC WLAHDE48XXX • Deutsche Bank AG • IBAN DE13 4806 2289 0180 0945 45, BIC DEUTDEDBBIE
USt-Id: DE 26841782 St.-Nr.: 782/809/9824

Wie erfolgt der Abschluss der Konten, die mit dem Warenverkauf zusammenhängen?

Geschäftsfälle	1. Umbuchung des Saldos auf dem Konto Provisionen 2. Umbuchung des Saldos auf dem Konto Verpackungsmaterial 3. Umbuchung des Saldos auf dem Konto Ausgangsfrachten 4. Umbuchung des Saldos auf dem Unterkonto Rücksendungen 5. Umbuchung des Saldos auf dem Unterkonto Nachlässe 6. Umbuchung des Saldos auf dem Unterkonto Kundenboni 7. Umbuchung des Saldos auf dem Unterkonto Kundenskonti 8. Umbuchung des Saldos auf dem Konto Warenverkauf

Grundbuch	Nr.		Soll		an		Haben	
	1	*930*	GuV	17 000,00		450	Provisionen	17 000,00
	2	930	GuV	5 000,00		461	Verpackungsmaterial	5 000,00
	3	930	GuV	1 900,00		462	Ausgangsfrachten	1 900,00
	4	801	Warenverkauf	3 000,00		805	Rücksendungen	3 000,00
	5	801	Warenverkauf	2 100,00		806	Nachlässe	2 100,00
	6	801	Warenverkauf	10 000,00		807	Kundenboni	10 000,00
	7	801	Warenverkauf	800,00		808	Kundenskonti	800,00
	8	801	Warenverkauf	99 100,00		930	GuV	99 100,00

S	450 Provisionen (Aufwandskonto)	H		S	461 Verpackungsmaterial (Aufwandskonto)	H
Provisionen	17 000,00	(1) GuV	17 000,00	Verpackungsmat.	5 000,00	(2) GuV	5 000,00

S	462 Ausgangsfrachten (Aufwandskonto)	H
Ausg.frachten	1 900,00	(3) GuV	1 900,00

S	801 Warenverkauf (Ertragskonto)	H
(4) Rücksendungen	3 000,00	Gesamte Warenverkäufe	115 000,00
(5) Nachlässe	2 100,00		
(6) Kundenboni	10 000,00		
(7) Kundenskonti	800,00		
(8) Saldo (GuV)	99 100,00		

Unterkonten von Warenverkauf

S	805 Rücksendungen	H		S	806 Nachlässe	H
Rücksendungen	3 000,00	(4) Saldo	3 000,00	Nachlässe	2 100,00	(5) Saldo	2 100,00

S	807 Kundenboni	H		S	808 Kundenskonti	H
Kundenboni	10 000,00	(6) Saldo	10 000,00	Kundenskonti	800,00	(7) Saldo	800,00

S	930 Gewinn-und-Verlust-Konto (GuV)	H
(4) Rücksendungen	56 000,00	(8) Warenverkauf	99 100,00
(5) Nachlässe	17 100,00		
(6) Kundenboni	5 000,00		
(3) Ausgangsfrachten	1 900,00		

1 Ein Großhandelsunternehmen entnimmt am Ende des Geschäftsjahres folgende Zahlen aus der Finanzbuchhaltung

S	301 Wareneingang		H
Summe	126 000,00	Summe	28 300,00

S	390 Warenbestand	H
AB	13 000,00	

S	801 Warenverkauf		H
		Summe	280 700,00

S	805 Rücksendungen von Kunden	H
Summe	8 400,00	

S	806 Nachlässe an Kunden	H
Summe	9 200,00	

S	807 Kundenboni	H
Summe	2 500,00	

S	808 Kundenskonti	H
Summe	4 100,00	

S	930 GuV		H
Restliche Aufwendg.	116 000,00	Restliche Erträge	24 500,00

Die Konten sind unter Berücksichtigung des Schlussbestandes an Waren laut Inventur in Höhe von 16 000,00 EUR abzuschließen.

Kontenplan für die Aufgabe 1:
1 Wareneingang (301)
2 Warenbestand (390)
3 Warenverkauf (801)
4 Rücksendungen von Kunden (805)
5 Nachlässe an Kunden (806)
6 Kundenboni (807)
7 Kundenskonti (808)
8 GuV (930)

Bilden Sie die Buchungssätze ...
a. ... zum Abschluss des Kontos Rücksendungen.

b. ... zum Abschluss des Kontos Nachlässe an Kunden.

c. ... zum Abschluss des Kontos Kundenboni.

d. ... zum Abschluss des Kontos Kundenskonti.

e. ... zum Abschluss des Kontos Warenverkauf.

f. ... zur Erfassung der Bestandsveränderung.

g. ... zum Abschluss des Kontos Wareneingang.

2 Ermitteln Sie (zu den Konten der 1. Aufgabe ...)

a. ... den Wareneinsatz.

b. ... den Saldo des Kontos Warenverkauf nach Abschluss der Unterkonten (= Nettoumsatz).

c. ... den Rohgewinn.

d. ... den Reingewinn.

e. ... den durchschnittlichen Kalkulationszuschlagssatz.

3 Welche der folgenden Aussagen trifft zu?

1 Preisnachlässe an Kunden sind eine Verringerung der Umsatzerlöse. Sie vermindern die Erlöse um den Betrag des Warenwertes. Die Umsatzsteuer muss entsprechend korrigiert werden.

2 Kundenskonti sind Erträge.

3 Bei Zahlung eines Kunden unter Abzug von Skonto muss das Konto Vorsteuer (140) berichtigt werden.

4 Das Konto Rücksendungen von Kunden (805) wird am Ende der Abrechnungsperiode über das Konto GuV (930) abgeschlossen.

5 Der Skontoabzug wird immer vom Nettowarenwert berechnet.

4 Der Kontenplan einer Unternehmung beinhaltet u. a. die Konten Nachlässe an Kunden (806), Kundenboni (807) und Kundenskonti (808). Welche der unten aufgeführten Buchungen werden auf dem Konto Nachlässe an Kunden (806) im Haben vorgenommen?

1 Buchung der Vorsteuerberichtigung bei Preisnachlässen an Kunden

2 Buchung von Preisnachlässen an Kunden wegen mangelhafter Lieferung

3 Abschluss des Kontos Nachlässe an Kunden (806)

4 Buchung einer Kundenzahlung unter Abzug von Skonto

5 Buchung eines Bonus, den wir einem Kunden am Jahresende gewähren

5 Welcher Buchungssatz trifft auf folgenden Geschäftsfall zu (USt 19 %)?

„Unser Kunde zahlt die Ausgangsrechnung 118, Rechnungsbetrag 1 523,20 EUR unter Abzug von 2 % Skonto durch Banküberweisung."

1 Kreditinstitute (131)   1 523,20
   an Forderungen (101)   1 280,00
   an Umsatzsteuer (180)   243,20

2 Verbindlichkeiten (171)   1 492,74
   an Kreditinstitute (131)   1 492,74

3 Kreditinstitute (131)   1 492,74
   Kundenskonti (808)   25,60
   Umsatzsteuer (180)   4,86
   an Forderungen (101)   1 523,20

4 Kreditinstitute (131)   1 492,74
   Kundenskonti (808)   30,46
   an Forderungen (101)   1 523,20

5 Kreditinstitute (131)   1 523,20
   an Forderungen (101)   1 523,20

Wie werden Lohn- und Gehaltsabrechnungen durchgeführt?

Grundschema	Bruttolohn bzw. -gehalt	→	tarifvertraglich oder einzelvertraglich festgelegt
	– Lohnsteuer ⎫		
	– Solidaritätszuschlag ⎬	→	werden vom Arbeitgeber einbehalten und an das Finanzamt abgeführt
	– Kirchensteuer ⎭		
	– Sozialversicherungs-beiträge/Arbeitnehmeranteil	→	werden vom Arbeitgeber einbehalten und gemeinsam mit den Arbeitgeberanteilen an die entsprechenden Krankenkassen weitergeleitet
	= Nettoentgelt	→	wird auf das Girokonto des Arbeitnehmers überwiesen

Wie werden Löhne und Gehälter gebucht?

Geschäftsfälle	1. Am **29.03.** wird die voraussichtliche Sozialversicherungs-Beitragsschuld des **Monats März** per Banküberweisung bezahlt (Es wird unterstellt, dass die Beiträge im gesamten laufenden Jahr identisch sind.): 1 112,00 EUR.

2. Gehaltsabrechnung und -überweisung am **31.03.** für den Monat März:

Bruttogehalt	2 750,00 EUR	
– Lohnsteuer (lt. Lohnsteuertabelle)	550,00 EUR ⎫	FA-Verbindlichkeiten gesamt:
– Kirchensteuer (lt. Lohnsteuertabelle)	50,00 EUR ⎬	640,00 EUR
– Solidaritätszuschlag (lt. Lohnsteuertabelle)	40,00 EUR ⎭	
– Krankenversicherung (Arbeitnehmeranteil)	210,00 EUR ⎫	
– Rentenversicherung (Arbeitnehmeranteil)	275,00 EUR ⎬	Arbeitnehmeranteil gesamt:
– Arbeitslosenversicherung (Arbeitnehmeranteil)	58,00 EUR ⎬	567,00 EUR
– Pflegeversicherung (Arbeitnehmeranteil)	24,00 EUR ⎭	
= Nettogehalt (Überweisungsbetrag)	1 543,00 EUR	

3. Buchung des Arbeitgeberanteils für die Sozialversicherung (545,00 EUR) am **31.03.**
4. Am **10.04.** werden die einbehaltene Lohn- und Kirchensteuer sowie der Solidaritätszuschlag an das Finanzamt überwiesen: 640,00 EUR.
5. Am **26.04.** werden die gesamten Sozialversicherungsbeiträge des Monats April an die Krankenkasse überwiesen: 1 112,00 EUR.

Konten	401 Löhne (Aufwandskonto)	erfasst die Bruttolöhne des Unternehmens (Abrechnung nach Stunden)
	402 Gehälter (Aufwandskonto)	erfasst die Bruttogehälter des Unternehmens (Abrechnung mit monatlichen Gehältern)
	404 Gesetzliche soziale Aufwendungen (Aufwandskonto)	Arbeitnehmer und Arbeitgeber teilen sich die Beiträge zur Sozialversicherung grundsätzlich zur Hälfte. Für den Arbeitgeber ist dieses ein zusätzlicher Aufwand.
	116 SV-Beitragsvorauszahlung (Bestandskonto)	ist das Verrechnungskonto, auf dem die zeitlichen Unterschiede zwischen Abrechnung und Zahlung der Sozialversicherungsbeiträge aufgefangen werden
	Die voraussichtliche Beitragsschuld ist spätestens **am drittletzten Bankarbeitstag eines Monats** zur Zahlung fällig. Eventuelle Differenzen zwischen voraussichtlicher und tatsächlicher Beitragsschuld sind am **drittletzten Bankarbeitstag des Folgemonats** (zusammen mit der neuen Zahlung) auszugleichen.	
	191 Verbindlichkeiten aus Steuern (passives Bestandskonto)	Da die einbehaltene Lohn- und Kirchensteuer und der Solidaritätszuschlag erst am 10. des folgenden Monats an das Finanzamt abgeführt werden müssen, entstehen zum Zeitpunkt der Entgeltabrechnung Verbindlichkeiten, die erst später beglichen werden.

Grundbuch	Nr.		Soll			an		Haben	
	1	116	SV-Beitragsvorauszahlung	1 112,00		131	Kreditinstitute		1 112,00
	2	401	Gehälter	2 750,00		131	Kreditinstitute		1 543,00
						194	Verbindlichk. aus Steuern		640,00
						116	SV-Beitragsvorauszahlungen		567,00
	3	404	GuV	545,00		116	SV-Beitragsvorauszahlungen		545,00
	4	191	Warenverkauf	640,00		131	Kreditinstitute		640,00
	5	116	Warenverkauf	1 112,00		131	Kreditinstitute		1 112,00

Hauptbuch

S 401 Gehälter H	S 131 Kreditinstitute H	S 116 SV-Beitragsvorausz. H
(2) 2 750,00	100 000,00 | (1) 1 112,00	(1) 1 112,00 | (2) 567,00
	(2) 1 543,00	(5) 1 112,00 | (3) 545,00
S 404 Gesetzl. soz. Aufw. H	(3) 640,00	
(3) 545,00	(4) 1 112,00	S 191 Verb. aus Steuern H
		(4) 640,00 | (2) 640,00

Hinweis: In Aufgaben mit Kontierungen müssen nicht alle Kästchen einer Zeile ausgefüllt werden.

1 *Für den Mitarbeiter Henning Marxen ist eine Gehaltsabrechnung zu erstellen:*

Bruttogehalt	*2 100,00 EUR*
Lohnsteuer	*15 %*
Solidaritätszuschlag	*5,5 %*
Kirchensteuer	*9 %*
Arbeitnehmeranteil zur Sozialversicherung	*20,175 %*
Arbeitgeberanteil zur Sozialversicherung	*19,275 %*

Ermitteln Sie

a. die Höhe der Lohnsteuer

b. die Höhe der Kirchensteuer

c. die Höhe des Solidaritätszuschlages

d. den Arbeitnehmeranteil zur Sozialversicherung

e. das Nettogehalt

Kontenplan für die Aufgaben 2 und 3:
1 Kreditinstitute (131)
2 SV-Beitragsvorauszahlung (116)
3 Forderungen an Mitarbeiter (117)
4 Verbindlichkeiten aus Steuern (191)
5 Löhne (401)
6 Gehälter (402)
7 Gesetzliche soziale Aufwendungen (404)
8 GuV (930)
9 SBK (940)

2 *Bilden Sie die Buchungssätze zu Aufgabe 1:*

Soll — Haben

a. für die Gehaltszahlung per Banküberweisung

b. für den Arbeitgeberanteil zur Sozialversicherung

3 *Bilden Sie die Buchungssätze für folgende Geschäftsfälle*

Soll — Haben

a. Banküberweisung der Sozialversicherungsbeiträge am drittletzten Bankarbeitstag im Monat

b. Banküberweisung der einbehaltenen Lohn- und Kirchensteuer sowie der Solidaritätszuschlag an die Finanzbehörde

c. Das Konto Gesetzliche soziale Aufwendungen (404) wird abgeschlossen.

d. Am 31.12. wird das Konto Verbindlichkeiten aus Steuern (191) passiviert.

4 *Welche der folgenden Aussagen trifft nicht zu?*

1 Bruttogehälter und Bruttolöhne sind Aufwendungen und werden in der Kontenklasse 4 gebucht.

2 Die einbehaltene Lohn- und Kirchensteuer, der Solidaritätszuschlag sowie die einbehaltenen Arbeitnehmeranteile zur Sozialversicherung sind für den Arbeitgeber zusätzliche Aufwendungen.

3 Die Arbeitgeberanteile zur Sozialversicherung vermindern den Gewinn des Unternehmens.

4 Die gebuchten Arbeitnehmeranteile zur Sozialversicherung sind erfolgsneutral.

5 Die Arbeitgeberanteile zur Sozialversicherung zählen zu den Personalkosten.

5 *Aus der Summengehaltsliste eines Betriebes für den Monat September ergeben sich folgende Zahlen:*

Bruttogehälter	*153 000,00 EUR*
Lohnsteuer	*20 800,00 EUR*
Kirchensteuer	*1 950,00 EUR*
Solidaritätszuschlag	*1 560,00 EUR*
SV-Beiträge Arbeitnehmer	*19 400,00 EUR*
SV-Beiträge Arbeitgeber	*18 900,00 EUR*
Gesamtabzüge	*62 160,00 EUR*
Auszahlung	*90 390,00 EUR*

Welche der folgenden Aussagen zur Buchung der Gehaltsabrechnung trifft zu?

1 Auf dem Konto Gehälter (402) wird im Soll ein Betrag von 90 390,00 EUR gebucht.

2 Der Kirchensteuerbetrag in Höhe von 1 950,00 EUR wird spätestens am 10.10. an die Rechnungsstelle der jeweiligen Kirchenämter überwiesen.

3 Der Arbeitgeber bucht einen Betrag von 62 160,00 EUR auf dem Konto Gesetzliche soziale Aufwendungen (404) im Soll.

4 Vom Bankkonto des Unternehmens werden 153 000,00 EUR abgebucht.

5 Die gesamten Personalkosten belaufen sich auf 171 900,00 EUR.

6 *Welcher Geschäftsfall liegt dem folgenden Buchungssatz zugrunde?*
SV-Beitragsvorauszahlungen (116)
an Kreditinstitute (131)

1 Bei der Gehaltsabrechnung wird der Arbeitgeberanteil zur Sozialversicherung gebucht.

2 Überweisung der Nettogehälter auf die Bankkonten der Arbeitnehmer

3 Überweisung der Gehaltsvorschüsse

4 Arbeitgeber- und Arbeitnehmerbeiträge zur Sozialversicherung werden überwiesen.

5 Rückzahlung der zu viel gezahlten Sozialversicherungsbeiträge.

Wie werden vermögenswirksame Leistungen (VL) bei den Lohn- und Gehaltsbuchungen berücksichtigt?

Begriff	Jeder Arbeitnehmer hat die Möglichkeit, durch eine freiwillige Vereinbarung im Kalenderjahr bis zu 480,00 EUR vermögenswirksam anzulegen. Förderungswürdige Anlageformen sind: ▸ Sparvertrag zum Erwerb von Aktien oder anderen Wertpapieren ▸ Aufwendungen nach dem Wohnungsbauprämiengesetz (z. B. Bausparbeiträge) ▸ Aufwendungen aufgrund eines Wertpapier-Vertrages oder eines Beteiligungsvertrages Vermögenswirksam bedeutet, dass der Staat unter bestimmten Voraussetzungen eine **Sparzulage** gewährt. Der Arbeitgeber ist entweder freiwillig bereit oder durch Tarifvertrag verpflichtet, einen Teil der VL zu übernehmen. Der Arbeitgeberanteil zu den VL erhöht das zu versteuernde Bruttogehalt.

Geschäftsfälle	1. Gehaltsabrechnung für Arbeitnehmer Franz Killing: Der Arbeitnehmer legt monatlich 40,00 EUR vermögenswirksam an, der Arbeitgeber übernimmt davon 20,00 EUR.

Bruttogehalt	2 500,00 EUR	
+ VL (Arbeitgeberanteil)	20,00 EUR	
=	2 520,00 EUR	
− Lohn- u. Kirchensteuer/SolZ	580,00 EUR	
− SV-Beiträge (Arbeitnehmeranteil)	500,00 EUR	(Arbeitgeberanteil Sozialversicherung: 480,00 EUR)
= Nettogehalt	1 440,00 EUR	
− VL (Sparrate)	40,00 EUR	
= Auszahlungsbetrag	1 400,00 EUR	

2. Banküberweisung der vermögenswirksamen Leistungen des Arbeitnehmers an die Bausparkasse

Konten	407 Vermögenswirksame Leistungen (Aufwandskonto)	Der Arbeitgeberzuschuss zu den vermögenswirksamen Leistungen wird auf diesem Konto gebucht.
	195 Verbindlichkeiten aus Vermögensbildung (Passives Bestandskonto)	Der Arbeitgeber behält die vermögenswirksamen Leistungen vom Nettogehalt des Arbeitnehmers ein und überweist sie später an die entsprechende Stelle (z. B. Kreditinstitut). In dieser Zeit stellen sie Verbindlichkeiten dar.

Grundbuch	Nr.		Soll		an		Haben	
	1	402 407	Gehälter Vermögenswirksame Leistungen	2 500,00 20,00		131 191 116 195	Kreditinstitute Verb. aus Steuern SV-Beitragsvorauszahlung Verbindlichkeiten aus Vermögensbildung	1 400,00 580,00 500,00 40,00
		404	Gesetzliche soziale Aufwendungen	480,00		116	SV-Beitragsvorauszahlung	480,00
	2	195	Verbindlichkeiten aus Vermögensbildung	40,00		131	Kreditinstitute	40,00

Wie werden Gehalts- oder Lohnvorschüsse gebucht?

Geschäftsfälle	1. Am 15.09. erhält der Arbeitnehmer H. Fendt einen Gehaltsvorschuss in bar, 650,00 EUR. 2. Gehaltsabrechnung des Monats September für den Arbeitnehmer Fendt und Banküberweisung des Auszahlungsbetrages am 30.09.:

Bruttogehalt	3 000,00 EUR	
− Lohn- u. Kirchensteuer/SolZ	700,00 EUR	
− AN-Anteil SV	600,00 EUR	(Arbeitgeberanteil Sozialversicherung: 570,00 EUR)
= Nettogehalt	1 700,00 EUR	
− Gehaltsvorschuss	650,00 EUR	
= Auszahlungsbetrag	1 050,00 EUR	

Konto	117 Forderungen an Mitarbeiter Abkürzung: Forderungen MA (Aktives Bestandskonto)	Entgeltzahlungen des Unternehmens an den Arbeitnehmer vor der eigentlichen Auszahlung stellen als Vorschuss eine Forderung des Unternehmens an den Mitarbeiter dar. Diese Forderung wird bei Auszahlung des Gehaltes durch Verrechnung wieder ausgeglichen.

Grundbuch	Nr.		Soll		an		Haben	
	1	117	Forderungen MA	650,00		151	Kasse	650,00
	2	402	Gehälter	3 000,00		131 191 116 117	Kreditinstitute Verb. aus Steuern SV-Beitragsvorauszahlung Forderungen MA	1 050,00 700,00 600,00 650,00
		404	Gesetzliche soziale Aufwendungen	570,00		116	SV-Beitragsvorauszahlung	570,00

Hinweis: In Aufgaben mit Kontierungen müssen nicht alle Kästchen einer Zeile ausgefüllt werden.

1 *In welcher Kontenklasse des Kontenrahmens befinden sich die Konten, auf denen die folgenden Geschäftsfälle im Soll gebucht werden?*

Tragen Sie jeweils die Nummer der Kontenklasse in das entsprechende Kästchen ein.

a. Auszahlung eines Gehaltsvorschusses durch Bankscheck

b. Der Arbeitgeberanteil zu den vermögenswirksamen Leistungen wird gebucht.

c. Abschluss des Kontos Verbindlichkeiten aus Vermögensbildung

d. Die einbehaltenen vermögenswirksamen Leistungen werden überwiesen.

e. Verrechnung des Gehaltsvorschusses bei der Gehaltsabrechnung

Kontenplan für die Aufgaben 2 bis 4:

(1) Kreditinstitute (131)

(2) SV-Beitragsvorauszahlung (116)

(3) Forderungen an Mitarbeiter (117)

(4) Kasse (151)

(5) Verbindlichkeiten aus Steuern (191)

(6) Verbindlichkeiten aus VL (195)

(7) Löhne (401)

(8) Gehälter (402)

(9) Gesetzliche soziale Aufwendungen (404)

(10) Vermögenswirksame Leistungen (407)

2 *Die Gehaltsabrechnung der Mitarbeiterin Jana Waldheim umfasst folgende Positionen:*

Bruttogehalt	*2 800,00 EUR*
+ VL (Arbeitgeberzuschuss)	*30,00 EUR*
– Lohn- und Kirchensteuer/ Solidaritätszuschlag	*500,00 EUR*
– SV-Beiträge (Arbeitnehmeranteil)	*560,00 EUR*
– VL Sparrate des Arbeitnehmers	*40,00 EUR*
= Auszahlungsbetrag	*1 730,00 EUR*

(Zahlung erfolgt per Banküberweisung)

In der folgenden Buchung dieser Gehaltsabrechnung sind zwei falsche Teilbuchungen enthalten. Welche sind es?

(1) 402 Gehälter	2 800,00 EUR
(2) 407 VL	30,00 EUR
an (3) 131 Kreditinstitute	1 730,00 EUR
an (4) 191 Verbindlichkeiten aus Steuern	500,00 EUR
an (5) 116 SV-Beitragsvorauszahlung	560,00 EUR
an (6) 195 Verbindlichkeiten aus Vermögensbildung	30,00 EUR
(7) 404 Gesetzliche soziale Aufwendungen	560,00 EUR
an (8) 195 Verbindlichkeiten aus Vermögensbildung	560,00 EUR

3 *Die folgende Aussage bezieht sich auf den Buchungssatz der Aufgabe 2: „Der Arbeitgeberanteil zu den vermögenswirksamen Leistungen in Höhe von 30,00 EUR erhöht das sozialversicherungspflichtige und das zu versteuernde Entgelt."*

Welche unten stehende Bewertung trifft auf diese Aussage zu?

1 Diese Aussage trifft nicht zu, weil der Arbeitgeberanteil zu den vermögenswirksamen Leistungen nur das sozialversicherungspflichtige Entgelt erhöht.

2 Diese Aussage trifft nicht zu, weil der Arbeitgeberanteil zu den vermögenswirksamen Leistungen nur das zu versteuernde Entgelt erhöht.

3 Diese Aussage trifft nicht zu, weil der Arbeitgeberanteil zu den vermögenswirksamen Leistungen weder das sozialversicherungspflichtige noch das zu versteuernde Entgelt erhöht.

4 Dies Aussage trifft nicht zu, weil das sozialversicherungspflichtige und das zu versteuernde Entgelt um insgesamt 60,00 EUR erhöht werden.

5 Diese Aussage trifft ohne Einschränkung zu.

4 *Bilden Sie die Buchungssätze zu den Geschäftsfällen:*

	Soll	Haben

a. Am 15.03. erhält die Mitarbeiterin Elke Hofmann einen Gehaltsvorschuss von 800,00 EUR bar.

b. Am 31.03. wird das Gehalt unter Abzug der Lohn-/Kirchensteuer, des Solidaritätszuschlages und der Sozialversicherungsbeiträge und der Verrechnung des Gehaltsvorschusses per Bank überwiesen.

c. Der Arbeitgeberanteil zur Sozialversicherung wird gebucht.

5 *Auf welchen Konten werden die unten stehenden Sachverhalte im* Soll *gebucht?*

Tragen Sie eine 11 ein, wenn auf keinem der im oben aufgeführten Kontenplan genannten Konten im Soll gebucht wird.

a. Ein Gehaltsvorschuss wird an einen Mitarbeiter bar ausgezahlt.

b. Die vermögenswirksamen Leistungen der Arbeitnehmer werden an die einzelnen Institute überwiesen.

c. Entgeltabrechnung eines Mitarbeiters (Lohnabrechnung)

d. Beitragszahlung für die gesetzliche Unfallversicherung per Banküberweisung

e. Der Arbeitgeber ist aufgrund eines Tarifvertrages verpflichtet, einen Zuschuss zu den vermögenswirksamen Leistungen der Angestellten zu leisten.

f. Der Arbeitgeber zahlt die Aufwendungen für einen Weiterbildungskurs einer Mitarbeiterin.

g. Überweisung der Sozialversicherungsbeiträge an die jeweiligen Krankenkassen

Wie wird ein Bestandsverzeichnis für die Güter des Anlagevermögens geführt?

Anlagenspiegel	Für die Güter des Anlagevermögens wird zusätzlich zu den Anlagekonten im Hauptbuch ein gesondertes Bestandsverzeichnis geführt. Diese Anlagenübersicht enthält eine Auflistung der Gegenstände mit dem Tag der Anschaffung oder Herstellung des Gegenstandes, die Höhe der Anschaffungs- oder Herstellkosten, die voraussichtliche Nutzungsdauer und die jährlichen Abschreibungen. Kapitalgesellschaften müssen nach dem HGB die Entwicklung der einzelnen Posten des Anlagevermögens in der Form eines Anlagenspiegels darstellen. Der Anlagenspiegel ist in der Bilanz oder im Anhang aufzuführen.

Beispiel für einen Anlagenspiegel:

Bilanz-posten	Anschaf-fungs- bzw. Herstell-kosten Vorjahre (EUR)	Zugänge (EUR)	Abgänge (EUR)	Umbu-chungen (EUR)	Zuschrei-bungen (EUR)	Abschrei-bungen lfd. Jahr (EUR)	Abschrei-bungen Vorjahre (EUR)	Abschrei-bungen gesamt (EUR)	Restbuch-wert zum Bilanzstich-tag (EUR)
Fuhrpark	300 000,00	45 000,00	6 800,00	–	–	60 000,00	120 000,00	180 000,00	158 200,00

Wie werden die Anschaffungskosten für Güter des Anlagevermögens ermittelt?

Aktivierungspflicht für Anschaffungs-kosten	Zu den Anschaffungskosten gehören neben dem eigentlichen Kaufpreis alle Aufwendungen, die mit dem Erwerb des Gegenstandes verbunden sind.
	Beispiele:
	▸ *Grundstücke und Gebäude: Grunderwerbsteuer, Gerichts- und Notariatsgebühren, Schätzkosten*
	▸ *technische Anlagen und Maschinen: Transportkosten, Montagekosten, Einfuhrzölle*
	▸ *Fahrzeuge: Überführungskosten, Zulassungsgebühren*
	Die Anschaffungsnebenkosten erhöhen den Wert, mit dem das Anlagegut bilanziert wird (Aktivierungs-pflicht) und damit auch den Wert, von dem die Abschreibung berechnet wird. Gleichzeitig sind Minderun-gen des Kaufpreises (Rabatte, Skonti) von den Anschaffungskosten abzuziehen. Die anteilige Umsatzsteuer und die Finanzierungskosten (Zinsen für Kredite) gehören nicht zu den Anschaffungskosten.

Geschäftsfälle	1. Rechnung des Autohauses Bernd Schmitt für den Kauf eines Firmenfahrzeugs; Zahlungsbedingungen: 7 Tage 2% Skonto, 30 Tage netto Kasse.

	1 Pkw Modell Murano	36 000,00 EUR	→ Bruttopreis
–	10% Sonderrabatt	3 600,00 EUR	→ Anschaffungsminderkosten
+	Überführungskosten	850,00 EUR	→ Anschaffungsnebenkosten
+	Zulassung (Gebühren, Schilder)	150,00 EUR	→ Anschaffungsnebenkosten
=	Nettobetrag	33 400,00 EUR	
+	19% USt	6 346,00 EUR	
=	Brutto-Rechnungsbetrag	39 746,00 EUR	

2. Banküberweisung der Rechnung aus Fall 1 unter Abzug von 2% Skonto

	Brutto-Rechnungsbetrag	39 746,00 EUR	
–	2% Skonto	794,92 EUR	→ Bruttoskonto (Steueranteil 126,92 EUR)
=	Überweisungsbetrag	38 951,08 EUR	

(Nettoskonto = 668,00 EUR → **Anschaffungsminderkosten**)

Grundbuch	Nr.		Soll			an		Haben	
	1	034 140	Fuhrpark Vorsteuer	33 400,00 6 346,00		171	Verbindlichkeiten	39 746,00
	2	171	Verbindlichkeiten	39 746,00		131 **034** 140	Kreditinstitute **Fuhrpark** Vorsteuer	38 951,08 **668,00** 126,92

Hauptbuch	S	131 Kreditinstitute	H	S	171 Verbindlichkeiten	H
		100 000,00 | (2) 38 951,08		(2) 39 746,00 | (1) 39 746,00	

S	034 Fuhrpark	H	S	140 Vorsteuer	H
(1) 33 400,00	(2) 668,00[1] Saldo 32 732,00[2]		(1) 6 346,00	(2) 126,92[3]

[1] Anschaffungsminderkosten
[2] aktivierungspflichtige Anschaffungskosten
[3] Vorsteuerkorrektur

Hinweis: In Aufgaben mit Kontierungen müssen nicht alle Kästchen einer Zeile ausgefüllt werden.

1 *Welche der folgenden Kosten, die beim Kauf eines Betriebsgrundstückes zusätzlich anfallen, sind keine aktivierungspflichtigen Anschaffungsnebenkosten?*

1 Notariatskosten

2 Grundsteuer

3 Maklergebühr

4 Kosten für die Eintragung in das Grundbuch beim Amtsgericht

5 Abbruchkosten für einen noch auf dem Grundstück befindlichen Altbau

2 *Am 21.08.20.. kauft die H. Wehmeyer e. K. eine Maschine im Wert von netto 80 000,00 EUR + 19 % USt 15 200,00 EUR auf Ziel. Die Transportkosten hierfür betragen 3 000,00 EUR netto + 19 % USt 570,00 EUR.*

a. Ermitteln Sie die Anschaffungskosten.

b. Welcher Buchungssatz trifft auf den Kauf der Maschine zu?

1 TA und Maschinen (031)   80 000,00 EUR
Warenbezugskosten (302)   3 000,00 EUR
an Verbindlichkeiten (171)   83 000,00 EUR

2 TA und Maschinen (031)   80 000,00 EUR
Warenbezugskosten (302)   3 000,00 EUR
Vorsteuer (140)   15 770,00 EUR
an Verbindlichkeiten (171)   98 700,00 EUR

3 TA und Maschinen (031)   83 000,00 EUR
Vorsteuer (140)   15 770,00 EUR
an Verbindlichkeiten (171)   98 700,00 EUR

4 TA und Maschinen (031)   95 200,00 EUR
Vorsteuer (140)   3 570,00 EUR
an Verbindlichkeiten (171)   98 700,00 EUR

5 TA und Maschinen (031)   80 000,00 EUR
Vorsteuer (140)   15 770,00 EUR
an Verbindlichkeiten (171)   95 770,00 EUR

c. Am 28.08. erhält die H. Wehmeyer e. K. einen Preisnachlass von 10 % (ausschließlich der Transportkosten) wegen eines Mangels. Wie hoch ist der Brutto-Preisnachlass?

d. Mit welchem Betrag werden die Anschaffungskosten auf dem Konto TA und Maschinen (031) nach diesem Preisnachlass angesetzt?

e. Buchen Sie den Preisnachlass unter Verwendung der unten stehenden Konten.

Kontenplan: Soll   Haben

1 TA und Maschinen (031)
2 Forderungen (101)
3 Vorsteuer (140)
4 Verbindlichkeiten (171)
5 Umsatzsteuer (180)
6 Warenbezugskosten (302)
7 Nachlässe von Lieferanten (306)

3 *Prüfen Sie den unten abgebildeten Anlagespiegel eines Unternehmens.*

Ermitteln Sie ...

a. ... den Wert A.

b. ... den Wert B.

c. ... den Wert C.

d. ... den Wert D.

e. ... den Wert E.

f. Welcher Bilanzposten hat prozentual den höchsten Wertverlust?
1 TA und Maschinen
2 Fuhrpark
3 Betriebs- und Geschäftsausstattung

g. Ermitteln Sie den Prozentsatz für den Bilanzposten mit dem höchsten Wertverlust.

4 *Ein Unternehmen kauft eine Schrankwandanlage für die Abteilung Controlling. Die Rechnung setzt sich zusammen aus: Listenpreis 25 000,00 EUR – 20 % Rabatt + Transportkosten 500,00 EUR + Montage 500,00 EUR + 19 % USt Für die Bezahlung unter Abzug von 2 % Skonto (nur vom reinen Warenwert, nicht für Transport und Montage) nimmt das Unternehmen einen Kredit auf (für 90 Tage; 12 % Zinsen p. a.).*

Ermitteln Sie die aktivierungspflichtigen Anschaffungskosten.

Bilanzposten	Anschaffungskosten der Vorjahre	Zugänge	Abgänge	Abschreibungen laufendes Jahr	Abschreibungen Vorjahre gesamt	Abschreibungen Vorjahre und laufendes Jahr	Restbuchwert zum Bilanzstichtag
	(EUR)	(EUR)	(EUR)	(EUR)	(EUR)	(EUR)	(EUR)
TA und Maschinen	290 000,00	90 000,00	52 000,00	58 000,00	170 000,00	228 000,00	Wert A
Fuhrpark	140 000,00	0,00	Wert B	28 000,00	Wert C	63 000,00	56 000,00
Betriebs- und Geschäftsausstattung	97 000,00	Wert D	9.000,00	Wert E	60 000,00	90 000,00	13 000,00

Wodurch entstehen Wertminderungen des Anlagevermögens?

Begriff	Gegenstände des Anlagevermögens verlieren im Laufe der Zeit ihren ursprünglichen Wert durch
	▸ Abnutzung,
	▸ Veralterung,
	▸ technischen Fortschritt (Wertminderungen des alten Wirtschaftsgutes durch Neuentwicklungen, die kostengünstiger und wirtschaftlicher sind).
	Die Wertminderungen werden als **Abschreibungen** bezeichnet und in der Finanzbuchhaltung als Aufwand erfasst. Der steuerliche Fachbegriff hierfür ist **A**bsetzung **f**ür **A**bnutzung = **AfA**.
Höhe des Abschreibungs- betrages	Die Höhe der Abschreibungsbeträge richtet sich nach der betriebsgewöhnlichen Nutzungsdauer. Grundlage hierfür ist
	▸ die von den Finanzämtern herausgegebene „**AfA-Tabelle** für die allgemein verwendbaren Anlagegüter", in der die **betriebsgewöhnliche Nutzungsdauer** für die einzelnen Anlagegüter angegeben ist.
	▸ die Abschreibungsmethode. Für nach dem 01.01.2011 angeschaffte Anlagegüter ist ausschließlich die **lineare Abschreibungsmethode** anzusetzen.

Wie wird der Abschreibungsbetrag bei der linearen Abschreibungsmethode ermittelt?

Begriff	Bei der linearen Abschreibung fallen die Abschreibungsbeträge in jedem Nutzungsjahr in gleicher Höhe an.
Ermittlung des Abschreibungs- satzes (in %)	$$\frac{100\%}{\text{Nutzungsdauer}}$$
Ermittlung des jährlichen Abschreibungs- betrages	$\text{Anschaffungswert} \cdot \text{Abschreibungssatz (in \%)}$ oder $\dfrac{\text{Anschaffungswert}}{\text{Nutzungsdauer}}$
Beispiel	Die Anschaffungskosten eines Betriebsfahrzeuges betragen 48 000,00 EUR. Die betriebsgewöhnliche Nutzungsdauer wird mit sechs Jahren angegeben. → Abschreibungssatz: 100 % : 6 = 16,67 % → **Abschreibungsbetrag: 48 000,00 EUR · 16,67 % = 8 000,00 oder 48 000,00 EUR : 6 = 8 000,00 EUR**

Anschaffungswert	48 000,00 EUR
– AfA 1. Jahr	8 000,00 EUR
Restbuchwert	40 000,00 EUR
– AfA 2. Jahr	8 000,00 EUR
Restbuchwert	32 000,00 EUR
– AfA 3. Jahr	8 000,00 EUR
Restbuchwert	24 000,00 EUR
– AfA 4. Jahr	8 000,00 EUR
Restbuchwert	16 000,00 EUR
– AfA 5. Jahr	8 000,00 EUR
Restbuchwert	8 000,00 EUR
– AfA 6. Jahr	8 000,00 EUR
Restbuchwert	0,00 EUR

Wird das Anlagegut nach Ablauf der Nutzungsdauer weiterhin genutzt, wird es in der Finanzbuchhaltung mit einem **Erinnerungswert von 1,00 EUR** weitergeführt. Diese Regelung entfällt, wenn ein **Anlagespiegel** vorhanden ist.

Wie wirkt sich der Anschaffungszeitpunkt auf die Höhe des Abschreibungsbetrages aus?

Zeitanteilige Abschreibung	Beim Kauf eines Anlagegutes dürfen für das erste Abschreibungsjahr nur die Monate der Nutzung anteilig abgeschrieben werden. Es wird nur der Teil des Jahres-AfA-Betrages angesetzt, der dem Zeitraum zwischen Anschaffung und Ende des Jahres entspricht. Die AfA wird für volle Monate angesetzt, dabei ist es unerheblich, ob das Anlagegut am Anfang oder am Ende eines Monats angeschafft wurde.
Beispiel	Kauf eines Anlagegutes am 29.04. für 3 600,00 EUR netto + 19 % USt, Abschreibungssatz 25 %
	Berechnung des Abschreibungsbetrages im Jahr der Anschaffung:
	▸ jährlicher AfA-Betrag: 25 % von 3 600,00 EUR = 900,00 EUR
	▸ zeitanteiliger AfA-Betrag für neun Monate (April bis Dezember) 9/12 von 900,00 EUR = **675,00 EUR**

1 Ein Unternehmen erwirbt am 15.01.20.. einen Aktenschrank im Wert von 4 000,00 EUR + 19 % USt. Aufgrund eines Farbfehlers erhält das Unternehmen 5 % Nachlass. Die Rechnung wird unter Abzug von 2 % Skonto beglichen. Wie hoch ist der lineare Abschreibungsbetrag bei einer betriebsgewöhnlichen Nutzungsdauer von 10 Jahren? (Der Abschreibungsbetrag kann auf volle EUR aufgerundet werden.)

1 444,00 EUR

2 453,00 EUR

3 373,00 EUR

4 380,00 EUR

5 390,00 EUR

2 Welche der folgenden Aussagen zu den Abschreibungen sind richtig?

1 Die Höhe der Abschreibungsbeträge richtet sich u. a. nach der betriebsüblichen Nutzungsdauer.

2 Den Wertverlust, der beim Verkauf von Anlagegütern entsteht, bezeichnet man als Abschreibung.

3 Abschreibungen vermindern die gewinnabhängigen Steuern des Unternehmens.

4 Abschreibungen werden ausschließlich im Umlaufvermögen des Unternehmens vorgenommen.

5 Abschreibungen sind Wertminderungen, die den Gewinn eines Unternehmens erhöhen.

3 Die Gerhard Schloder GmbH am 15.01. kauft eine Lagertransportanlage für netto 126 000,00 EUR + 19 % USt. Die Montage dieser Anlage wird in einer separaten Rechnung mit 6 000,00 EUR + 19 % USt berechnet. Die betriebsgewöhnliche Nutzungsdauer wird mit zwölf Jahren angesetzt.

a. Wie hoch sind die Anschaffungskosten der Lagertransportanlage?

b. Ermitteln Sie den Abschreibungssatz (in %).

c. Welcher lineare Abschreibungsbetrag ergibt sich im 1. Jahr bei linearer Abschreibung?

d. Mit welchem Restbuchwert wird die Lagertransportanlage nach Ablauf des 1. Jahres geführt?

e. Wie hoch ist der Restbuchwert nach Ablauf des 5. Jahres?

4 Die Lagertransportanlage (aus Fall 3) wird nach Ablauf der zwölf Jahre weiterhin genutzt. Das Unternehmen führt keinen Anlagespiegel.

a. Wie hoch ist der Abschreibungsbetrag im 12. Jahr der Nutzung?

b. Welcher Restbuchwert ergibt sich nach Ablauf des 12. Jahres?

5 Die Omati AG kauft am 01.08.20.. einen neuen Schreibtisch zu einem Preis von 3 000,00 EUR netto + 19 % USt 570,00 EUR. Welcher Betrag darf im 1. Jahr bei einer linearen Abschreibung und einer Nutzungsdauer von zehn Jahren abgeschrieben werden?

6 Die Achim Schlüter KG kauft am 31.05.20.. Einrichtungsgegenstände für die Ausstellungsräume für netto 52 000,00 EUR + 19 % USt. Die Transportkosten hierfür betrugen 2 000,00 EUR + 19 % USt. Die betriebsgewöhnliche Nutzungsdauer wird mit fünf Jahren angesetzt.

a. Wie hoch ist der maximale Abschreibungsbetrag im 1. Jahr der Anschaffung?

b. Wie hoch ist der Restbuchwert am 31.12.20..?

c. Welcher Abschreibungsbetrag ergibt sich im 2. Jahr der Nutzung?

d. Welcher Restbuchwert ergibt sich am 31.12. des 5. Nutzungsjahres?

e. Wie hoch ist der Rest-Abschreibungsbetrag im folgenden Jahr?

7 Welche der unten stehenden Aussagen trifft zu?

1 Das Unternehmen kann in steuerlicher Hinsicht die jährlichen Abschreibungen für die Anlagegüter nicht nach eigenem Ermessen ansetzen.

2 Ein Betriebsgrundstück wird jährlich mit einem bestimmten Prozentsatz abgeschrieben.

3 Die AfA-Tabelle der Finanzverwaltung beinhaltet die Abschreibungsbeträge für die einzelnen Wirtschaftsgüter.

4 Die Abschreibungen mehren den Gewinn des Unternehmens.

5 Die Abschreibungen erscheinen auf der Passivseite der Bilanz.

8 Ein Wirtschaftsgut wurde am 15.03.20.. gekauft und im selben Jahr mit 12 500,00 EUR abgeschrieben. Die betriebsgewöhnliche Nutzungsdauer für dieses Wirtschaftsgut beträgt acht Jahre. Wie hoch waren die Anschaffungskosten für dieses Wirtschaftsgut?

Wie werden die Abschreibungen buchhalterisch erfasst?

Geschäftsfälle	1. Kauf eines Betriebsfahrzeugs per Banküberweisung am 27.02.: Nettopreis 30 000,00 EUR + 19 % USt 5 700,00 EUR 2. Erfassung der Wertminderung (Abschreibung) in Höhe von 6 000,00 EUR am Ende des Jahres 3. Abschluss des Kontos 491 Abschreibungen auf Sachanlagen 4. Abschluss des Kontos 034 Fuhrpark					
Konto	491 Abschreibungen auf Sachanlagen (Aufwandskonto)			Das Konto erfasst die Abschreibungsbeträge für die Güter des Anlagevermögens, wie z. B. Betriebsgebäude, Technische Anlagen und Maschinen, Fuhrpark, Geschäftsausstattung.		

Grundbuch	Nr.		Soll		an		Haben	
	1	034 140	Fuhrpark Vorsteuer	30 000,00 4 800,00		131	Kreditinstitut	34 800,00
	2	491	Abschreibungen	6 000,00		034	Fuhrpark	6 000,00
	3	930	GuV-Konto	6 000,00		491	Abschreibungen	6 000,00
	4	940	SBK	24 000,00		084	Fuhrpark	24 000,00

Hauptbuch

S	034 Fuhrpark		H		S	491 Abschreibungen		H
(1) Kauf	30 000,00	(2) Abschreib. (4) SB	6 000,00 24 000,00		(2) Abschreib.	6 000,00	(3) Saldo	6 000,00

S	940 SBK		H		S	930 GuV-Konto		H
(4) Fuhrpark	24 000,00				(3) Abschreib.	6 000,00		

Am Ende des Jahres ist auf den Konten Fuhrpark und SBK nur noch der verminderte Wert des Fahrzeugs als Bestand aufgeführt.

Die Abschreibungen mindern als Aufwand den Gewinn des Unternehmens und damit auch die gewinnabhängigen Betriebssteuern.

Was versteht man unter geringwertigen Wirtschaftsgütern (GWG)? Wie werden Wirtschaftsgüter mit Anschaffungskosten zwischen 150,00 EUR und 1 000,00 EUR buchhalterisch behandelt?

Begriff	▸ **Wirtschaftsgüter mit Anschaffungskosten bis 150,00 EUR:** Güter, die einen Nettowert von 150,00 EUR nicht übersteigen, können **sofort als Aufwand** über ein geeignetes Aufwandskonto gebucht werden. ▸ **Wirtschaftsgüter mit Anschaffungskosten zwischen 150,00 EUR und 410,00 EUR:** Es besteht eine Wahlmöglichkeit: – Sofortabschreibung im laufenden Jahr als geringwertiges Wirtschaftsgut oder – Abschreibung im Pool (siehe nachfolgende Erläuterung). ▸ **Wirtschaftsgüter mit Anschaffungskosten über 410,00 EUR bis 1 000,00 EUR:** Diese Güter werden auf einem Sammelkonto in einem „Pool" zusammengefasst und gemeinsam über fünf Jahre **mit jeweils 20 % abgeschrieben.**					
Geschäftsfall	1. Kauf eines Aktenvernichters bar, netto 140,00 EUR + 19 % USt = 166,60 EUR 2. Kauf eines Beistellschrankes, netto 160,00 EUR + 19 % USt = 190,40 EUR auf Ziel 3. Kauf eines Schreibtisches, netto 1 000,00 EUR + 19 % USt = 1 190,00 EUR auf Ziel 4. Abschreibung auf dem Sammelkonto (037) des aktuellen Jahres am 31.12. (20 % von 1 160,00 EUR)					
Konto	037 Sammelkonto 20.. (Aktives Bestandskonto)			Für jedes Abrechnungsjahr wird ein Sammelkonto eingerichtet, auf dem die in diesem Jahr angeschafften Wirtschaftsgüter gebucht werden.		

Grundbuch	Nr.		Soll		an		Haben	
	1	481 140	**Bürobedarf** Vorsteuer	140,00 26,60		151	Kasse	166,60
	2	037 140	**Sammelkonto 20..**[1] Vorsteuer	160,00 30,40		171	Verbindlichkeiten	190,40
	3	037 140	**Sammelkonto 20..** Vorsteuer	1 000,00 190,00		171	Verbindlichkeiten	1 190,00
	4	491	Abschreibungen	232,00		037	Sammelkonto 20..	232,00

Hauptbuch	S	037 Sammelkonto 20..		H	S	491 Abschreibungen		H
	(2) (3)	160,00 1 000,00	(4) SB	232,00 928,00[1]	(4)	232,00		

---

[1] oder Buchung über 038 Geringwertige Wirtschaftsgüter. Der Buchungssatz für die Abschreibung am Jahresende lautet dann: 491 Abschreibungen an 038 Geringwertige Wirtschaftsgüter.

Hinweis: In Aufgaben mit Kontierungen müssen nicht alle Kästchen einer Zeile ausgefüllt werden.

1 Welche der folgenden Aussagen trifft nicht zu? ☐

  1 Geringwertige Wirtschaftsgüter sind Gegenstände, die einen Nettowert von 410,00 EUR nicht übersteigen.

  2 Geringwertige Wirtschaftsgüter können am Ende des Jahres, in dem sie angeschafft wurden, vollständig abgeschrieben werden.

  3 Geringwertige Wirtschaftsgüter sind Verbrauchsgüter.

  4 Im Laufe eines Geschäftsjahres können mehrere geringwertige Wirtschaftsgüter angeschafft werden.

  5 Die Buchung als geringwertiges Wirtschaftsgut vereinfacht die Abschreibungsarbeiten.

2 Im Hauptbuch eines Unternehmens sind u. a. folgende Buchungen vorgenommen worden:

(1) und (2) Buchung der Abschreibung auf TA und Maschinen (18 000,00 EUR)
(3) und (4) Abschluss des Kontos Abschreibungen
(5) und (6) Abschluss des Kontos TA und Maschinen

S	031 TA und Maschinen		H
AB	90 000,00	2	18 000,00
		6	72 000,00

S	491 Abschreibungen		H
1	18 000,00	4	18 000,00

S	940 SBK		H
5	18 000,00		

S	930 GuV-Konto		H
3	18 000,00		

a. Welche der oben aufgeführten Buchungen auf den Konten trifft nicht zu? ☐

b. Wie wirkt sich diese Falschbuchung auf den Jahresabschluss aus? ☐

  1 Die Abschreibungen werden zu hoch angesetzt.

  2 Der Bestand an TA und Maschinen im SBK ist zu niedrig angesetzt.

  3 Der Gewinn des Unternehmens ist zu niedrig angesetzt.

  4 Die Abschreibungen sind zu niedrig angesetzt.

  5 Der Bestand an TA und Maschinen im SBK ist zu hoch angesetzt.

Kontenplan für die Aufgabe 3:

(1) Betriebs- und Geschäftsausstattung (033)
(2) Fuhrpark (034)
(3) Sammelkonto 20.. (037)
(4) Kreditinstitute (131)
(5) Vorsteuer (141)
(6) Kasse (151)
(7) Verbindlichkeiten (171)
(8) Umsatzsteuer (181)
(9) Bürobedarf (481)
(10) Abschreibungen (491)
(11) GuV-Konto (930)
(12) SBK (940)

3 Bilden Sie die Buchungssätze zu den Geschäftsfällen:

Soll   Haben

a. Barkauf eines Laserdruckers zum Preis von 1 100,00 EUR + 19 % USt   ☐☐   ☐☐

b. Kauf von Kopierpapier zum Preis von netto 1 000,00 EUR + 19 % USt auf Ziel   ☐☐   ☐

c. Kauf eines Handys für den Außendienstmitarbeiter (Preis einschließlich 19 % USt = 1 071,00 EUR), per Banküberweisung   ☐☐   ☐☐

d. Barkauf eines Diktiergerätes, Bruttopreis (inkl. 19 % USt) 166,60 EUR   ☐☐   ☐☐

e. Buchung der Abschreibung zu Geschäftsfall a.   ☐   ☐

f. Buchung der Abschreibung zu Geschäftsfall c.   ☐   ☐

4 Ordnen Sie folgende Buchungssätze den unten stehenden Geschäftsfällen zu.

  1 Abschreibungen (491)
    an Betriebs- und Geschäftsausstattung (033)

  2 Betriebs- und Geschäftsausstattung (033)
    an Abschreibungen (491)

  3 Abschreibungen (491)
    an Sammelkonto 20.. (037)

  4 Abschreibungen (491)
    an GuV-Konto (930)

  5 GuV-Konto (930)
    an Abschreibungen (491)

  6 SBK (940)
    an Abschreibungen (491)

  7 SBK (940)
    an Fuhrpark (034)

  8 Abschreibungen (491)
    an Fuhrpark (034)

  9 Fuhrpark (034)
    an Abschreibungen (491)

  10 Sammelkonto 20.. (037)
    an Abschreibungen (491)

a. Buchung des Abschreibungsbetrages für ein betriebliches Fahrzeug ☐

b. Das Konto Abschreibungen (491) wird abgeschlossen. ☐

c. Auf dem Konto Betriebs- und Geschäftsausstattung (033) wird der Wertverlust des laufenden Jahres gebucht. ☐

d. Der um die Abschreibung verminderte Wert auf dem Konto Fuhrpark (034) wird am Jahresende aktiviert. ☐

e. Die Wirtschaftsgüter mit Anschaffungskosten zwischen 150,00 EUR und 1 000,00 EUR werden abgeschrieben. ☐

Welche Besonderheiten sind beim Verkauf von Anlagegütern zu beachten, die unter Buchwert verkauft werden?

Geschäftsfälle	Ein Fahrzeug (Anschaffungswert 36 000,00 EUR, 6 Jahre Nutzungsdauer, lineare Abschreibung) mit einem Restbuchwert von 6 000,00 EUR am 01.01. wird am 01.04. zu einem Preis von 2 000,00 EUR netto + 19 % USt 380,00 EUR per Banküberweisung verkauft.

1. Buchung der zeitanteiligen Abschreibung für das laufende Jahr (3/12 von 6 000,00 EUR = 1 500,00 EUR)
2. Buchung des Verkaufserlöses
3. Buchung des Verlustes:

Buchwert am 01.04.	4 500,00 EUR
– Verkaufserlös	2 000,00 EUR
Verlust	2 500,00 EUR

Konten	270 Erlöse aus Anlageabgängen	Wegen der vorgeschriebenen Umsatzsteuerverprobung muss der Verkaufserlös zunächst auf diesem besonderen Erlöskonto im Haben gebucht werden. Bei der Buchung des Verlustes wird dieses Konto im Soll wieder ausgeglichen.
	204 Verluste aus dem Abgang von Anlagevermögen (Aufwandskonto)	Dieses Konto erfasst den tatsächlichen Verlust. Es handelt sich um ein Aufwandskonto, das am Ende der Abrechnungsperiode über das Konto 930 GuV abgeschlossen wird.

Grundbuch	Nr.		Soll		an		Haben	
	1	491	Abschreibungen	1 500,00		034	Fuhrpark	1 500,00
	2	131	Kreditinstitute	2 380,00		270	Erlöse aus Anlagenabgängen	2 000,00
						180	Umsatzsteuer	380,00
	3	270	Erlöse aus Anlageabgängen	2 000,00		034	Fuhrpark	4 500,00
		204	Verluste aus dem Abgang von Anlagevermögen	2 500,00				

Welche Besonderheiten sind beim Verkauf von Anlagegütern zu beachten, die über Buchwert verkauft werden?

Geschäftsfälle	Ein Faxgerät (Anschaffungswert 1 200,00 EUR, 6 Jahre Nutzungsdauer, lineare Abschreibung) mit einem Restbuchwert von 200,00 EUR am 01.01. wird am 01.07. zu einem Preis von 250,00 EUR netto + 19 % USt 47,50 EUR bar verkauft.

4. Buchung der zeitanteiligen Abschreibung für das laufende Jahr (6/12 von 200,00 EUR = 100,00 EUR)
5. Buchung des Verkaufserlöses über 270 Erlöse aus Anlagenabgängen (siehe oben) bar
6. Buchung des Anlagenabgangs auf dem Konto 033 Geschäftsausstattung
7. Buchung des Ertrages:

– Verkaufserlös	250,00 EUR
Buchwert am 01.07.	100,00 EUR
Ertrag	150,00 EUR

Konto	271 Erträge aus dem Abgang von Anlagevermögen (Ertragskonto)	Dieses Konto erfasst den tatsächlichen Ertrag. Es handelt sich um ein Ertragskonto, das am Ende der Abrechnungsperiode über das Konto 930 GuV abgeschlossen wird.

Grundbuch	Nr.		Soll		an		Haben	
	4	491	Abschreibungen	100,00		033	Geschäftsausstattung	100,00
	5	151	Kasse	297,50		270	Erlöse aus Anlageabgängen	250,00
						180	Umsatzsteuer	47,00
	6	270	Erlöse aus Anlageabgängen	100,00		033	Geschäftsausstattung	100,00
	7	270	Erlöse aus Anlageabgängen	150,00		271	Erträge aus dem Abgang von Anlagevermögen	150,00

Hinweis: In Aufgaben mit Kontierungen müssen nicht alle Kästchen einer Zeile ausgefüllt werden.

Kontenplan für die Aufgabe 1:

(1) TA und Maschinen (031)
(2) Betriebs- und Geschäftsausstattung (033)
(3) Eigenkapital (060)
(4) Forderungen (101)
(5) Kreditinstitute (131)
(6) Vorsteuer (140)
(7) Forderungen (151)
(8) Verbindlichkeiten (171)
(9) Umsatzsteuer (180)
(10) Verluste aus dem Abgang von Anlagevermögen (204)
(11) Erlöse aus Anlageabgängen (270)
(12) Erträge aus dem Abgang von Anlagevermögen (271)
(13) Abschreibungen auf Sachanlagen (491)
(14) Abschreibungen auf Finanzanlagen (493)
(15) Warenverkauf (801)
(16) GuV-Konto (930)

1 *Eine Maschine (Anschaffungswert 180 000,00 EUR, 15 Jahre Nutzungsdauer, Kauf am 07.01.20.. = voller Abschreibungsbetrag im 1. Jahr) wird am 01.05. im 9. Jahr nach dem Kauf zu einem Preis von 85 000,00 EUR netto + 19 % USt 16 150,00 EUR auf Ziel verkauft.*

Bilden Sie die Buchungssätze …

	Soll	Haben
a. … für die zeitanteilige Abschreibung im 9. Jahr.	☐	☐
b. … für den Verkaufserlös.	☐ ☐	☐ ☐
c. … für den Anlagenabgang auf dem Anlagekonto.	☐	☐
d. … für den Ertrag bzw. Verlust.	☐	☐
e. … für den Abschluss des Erfolgs- kontos (je nachdem, ob es sich um einen Ertrag oder einen Verlust handelt).	☐	☐

2 *Ermitteln Sie zu dem Fall aus Aufgabe 1 …*

a. … den Abschreibungsbetrag pro Jahr. _____

b. … den Restbuchwert zum 01.01. des 9. Jahres. _____

c. … den Restbuchwert zum 01.05. des 9. Jahres. _____

d. … ob es sich

1 um einen Ertrag,

2 um einen Aufwand handelt. ☐

e. … die Höhe des Ertrages bzw. des Aufwandes. _____

3 *Welche der unten stehenden Aussagen zur Buchung beim Verkauf von Anlagegütern trifft zu?* ☐

1 Der Verkauf von Anlagegütern wirkt sich nicht auf die Gewinn- und Verlustrechnung aus.
2 Beim Verkauf von Anlagegütern wird der Brutto- rechnungsbetrag (einschließlich Umsatzsteuer) mit dem Restbuchwert verglichen.
3 Ist der Restbuchwert höher als der Verkaufserlös, ergibt sich ein Ertrag.
4 Durch einen Ertrag werden die gewinnabhängi- gen Steuern erhöht.
5 Ein Ertrag wirkt sich direkt auf dem Konto Warenverkauf (801) aus.

4 *Bei der Wolfgang Huschenbeth GmbH & Co. KG ergibt sich durch den Verkauf eines Anlagegutes aus der Betriebs- und Geschäftsausstattung in der Finanzbuchhaltung folgendes Kontenbild: (RBW1 = Restbuchwert zum 01.01.20..)*

S	033 BGA		H
RBW1	5 000,00	2	1 000,00
		4	4 000,00

S	491 Abschreibungen		H
2	1 000,00		

S	131 Kreditinstitute		H
3	1 740,00		

S	180 Umsatzsteuer		H
		3	240,00

S 204 Verluste a. d. Abgang v. Vermögensgegenständen H			
4	2 500,00		

S	270 Erlöse aus Anlagenabgang		H
4	1 500,00	3	1 500,00

Welche der nachstehend aufgeführten Aussagen trifft zu? ☐

1 Die zeitanteilige Abschreibung auf dem Konto BGA für das laufende Jahr beträgt 4 000,00 EUR.
2 Der Wert des Anlagegutes muss nach dem Verkauf vollständig ausgebucht sein.
3 Der Gewinn des Unternehmens erhöht sich durch diesen Vorgang um 1 500,00 EUR.
4 Grundlage für die Berechnung der Umsatzsteuer beim Verkauf ist der Restbuchwert zum 01.01.20...
5 Der Abschreibungssatz für die zeitanteilige Abschreibung im Jahr des Verkaufs ist immer identisch mit dem Abschreibungssatz in den Vorjahren.

Beschreiben Sie Art und Durchführung der zeitlichen Abgrenzung.

Begriff	Nach dem HGB ist es notwendig, den Erfolg eines Unternehmens exakt für ein Geschäftsjahr zu ermitteln. Das bedeutet unter anderem, dass alle Aufwendungen und Erträge wertmäßig in der Abrechnungsperiode erfasst sein müssen, in der sie entstanden sind und der sie damit wirtschaftlich zuzurechnen sind. Abzugrenzen sind demnach am Jahresende geldliche Vorgänge (Geldausgaben und Geldeinnahmen), deren dazugehörige Aufwendungen bzw. Erträge nicht dem gleichen Jahr zuzurechnen sind.

Arten

```
                                    GuV
                                                    ┌─────────────────┐
   ┌─────────┐              ┌─────────┐             │     Aktive      │
   │ Ausgabe ├─────────────►│ Aufwand │             │ Rechnungsab-    │
   └─────────┘              └─────────┘             │ grenzung        │
                                                    └─────────────────┘

                                    GuV
                                                    ┌─────────────────┐
   ┌──────────┐                       ┌────────┐    │    Passive      │
   │ Einnahme ├──────────────────────►│ Ertrag │    │ Rechnungsab-    │
   └──────────┘                       └────────┘    │ grenzung        │
                        31.12.                       └─────────────────┘

   │ Okt. │ Nov. │ Dez. │ Jan. │ Feb. │ März ►

           GuV                                      ┌─────────────────┐
   ┌─────────┐                       ┌─────────┐    │    Sonstige     │
   │ Aufwand ├──────────────────────►│ Ausgabe │    │ Verbindlich-    │
   └─────────┘                       └─────────┘    │ keiten          │
                                                    └─────────────────┘

           GuV                                      ┌─────────────────┐
      ┌────────┐                   ┌──────────┐     │    Sonstige     │
      │ Ertrag ├──────────────────►│ Einnahme │     │ Forderungen     │
      └────────┘                   └──────────┘     └─────────────────┘
```

Geschäftsfälle

1. Überweisung (Geldausgabe) der Versicherungsprämie (Aufwand) in Höhe von 1 800,00 EUR am 01.12. für ein Jahr im Voraus, anteilige Höhe der Aufwendungen im alten Jahr 1/12 = 150,00 EUR.
2. Am 10.12. erhalten wir per Banküberweisung (Geldeinnahme) die Miete für einen Lagerraum (Ertrag) in Höhe von 2 400,00 EUR für die Monate Januar bis März des folgenden Jahres.

Am 31.12. sind folgende zeitliche Abgrenzungen vorzunehmen:
3. die anteilige Versicherungsprämie aus Fall 1 für das neue Geschäftsjahr 1 650,00 EUR
4. die betriebsfremden Erträge aus Fall 2 für das neue Jahr
5. Die Leasingrate für das Geschäftsfahrzeug für den Monat Dezember (Aufwand) in Höhe von 1 500,00 EUR ist erst im Januar (Geldausgabe) des nächsten Jahres fällig.
6. Unser Darlehensschuldner zahlt die Zinsen (Ertrag) in Höhe von 1 200,00 EUR erst am Ende der Laufzeit (Geldeinnahme), Laufzeit des Darlehens: 01.04.–31.03., anteilige Höhe der Erträge für das alte Jahr 9/12 = 900,00 EUR.

Konten

091 Aktive Rechnungsabgrenzung (ARA) (Aktives Bestandskonto)	Das Konto übernimmt am Jahresende alle bereits erfolgten Geldausgaben im alten Jahr für Aufwendungen, die wirtschaftlich dem neuen Jahr zuzurechnen sind.
093 Passive Rechnungsabgrenzung (PRA) (Passives Bestandskonto)	Das Konto übernimmt am Jahresende alle bereits erfolgten Geldeinnahmen im alten Jahr für Erträge, die wirtschaftlich dem neuen Jahr zuzurechnen sind.
113 Sonstige Forderungen (Aktives Bestandskonto)	Das Konto erfasst alle noch nicht erfolgten Geldeinnahmen für Erträge des alten Jahres.
194 Sonstige Verbindlichkeiten (Passives Bestandskonto)	Das Konto erfasst alle noch nicht erfolgten Geldausgaben für Aufwendungen des alten Jahres.

Grundbuch

Nr.		Soll		an		Haben	
1	426	Versicherungen	1 800,00		131	Kreditinstitute	1 800,00
2	131	Kreditinstitute	2 400,00		242	Betriebsfremde Erträge	2 400,00
3	091	ARA	1 650,00		426	Versicherungen	1 650,00
4	242	Betriebsfremde Erträge	2 400,00		093	PRA	2 400,00
5	413	Leasing	1 500,00		194	Sonstige Verbindlichkeiten	1 500,00
6	113	Sonstige Forderungen	900,00		261	Zinserträge	900,00

Kontenplan für die Aufgabe 1:

(1) Aktive Rechnungsabgrenzung (091)
(2) Passive Rechnungsabgrenzung (093)
(3) Sonstige Forderungen (113)
(4) Kreditinstitute (131)
(5) Sonstige Verbindlichkeiten (194)
(6) Zinsaufwendungen (211)
(7) Betriebsfremde Erträge (242)
(8) Zinserträge (261)
(9) Gehälter (402)
(10) Provisionen (450)
(11) Provisionserträge (872)

1 Bilden Sie die Buchungssätze zum 31.12.:

                                                Soll   Haben

a. Der Mieter Wägele bezahlt die Miete für die Monate Oktober bis Dezember vereinbarungsgemäß erst am 15.01. des Folgejahres.

b. Sie erhalten am 31.12. die Garagenmiete für den Monat Dezember per Banküberweisung.

c. Ihr Unternehmen bezahlt die Zinsen eines betrieblichen Darlehens für das 4. Quartal nachträglich im Januar.

d. Am 27.11. erhielten Sie eine Provisionszahlung für drei Monate im Voraus.

e. Die Gehaltszahlung für den Monat Januar erfolgte bereits am 28.12.

2 Welcher Betrag ist jeweils am 31.12. abzugrenzen?

a. Die Kfz-Steuer in Höhe von 450,00 EUR wird für den Zeitraum vom 01.11.–31.10. für ein Jahr im Voraus bezahlt.

b. Für ein ausgegebenes Darlehen in Höhe von 10 000,00 EUR erhalten wir die Zinsen (9 % p. a.) für ein halbes Jahr erst zum Ende des Zinszeitraumes. Die letzte Zahlung erfolgte am 31.08.

c. Der Beitrag für den Arbeitgeberverband für das letzte Kalenderquartal in Höhe von 1 500,00 EUR wird nachträglich am 31.01. überwiesen.

d. Eine Provisionszahlung in Höhe von 15 000,00 EUR für den Abrechnungszeitraum vom 01.12.–28.02. erhalten wir bereits am 15.12.

3 Um welche Arten der zeitlichen Abgrenzung handelt es sich in den Fällen der Aufgabe 2?

1 Aktive Rechnungsabgrenzung
2 Passive Rechnungsabgrenzung
3 Sonstige Forderungen
4 Sonstige Verbindlichkeiten
9 Keine der vorgenannten Abgrenzungen trifft zu.

a. Fall A
b. Fall B
c. Fall C
d. Fall D

4 Welche der folgenden Aussagen trifft nicht zu?

1 Aktive Rechnungsabgrenzungsposten werden gebildet, wenn Zahlungen im alten Jahr für Aufwendungen des neuen Jahres getätigt wurden.

2 Sonstige Verbindlichkeiten liegen dann vor, wenn im neuen Geschäftsjahr Zahlungseingänge für Erträge des alten Jahres zu erwarten sind.

3 Auf dem Konto Sonstige Forderungen (113) sind zum Jahresabschluss Buchungen für Erträge durchzuführen, die wirtschaftlich ins alte Jahr gehören, deren Zahlung aber noch nicht erfolgte.

4 Sonstige Forderungen haben u. a. mit Erträgen und Geldeinnahmen zu tun.

5 Grundsätzlich gilt: Zahlungsvorgänge im alten Jahr für Aufwendungen/Erträge, die wirtschaftlich ins neue Jahr gehören, sind aktive bzw. passive Rechnungsabgrenzungsposten.

5 Wie ist am Bilanzstichtag zu buchen?

Auf dem Konto Zinserträge wurden im Dezember Einnahmen für die ersten drei Monate des neuen Geschäftsjahres gebucht.

1 Zinserträge (261)
    an   Sonstige Verbindlichkeiten (194)
2 Sonstige Forderungen (113)
    an   Zinserträge (261)
3 Zinserträge (261)
    an   Passive Rechnungsabgrenzung (093)
4 Aktive Rechnungsabgrenzung (091)
    an   Zinserträge (261)
5 Passive Rechnungsabgrenzung (093)
    an   Zinserträge (261)

6 Welcher Geschäftsfall (Buchung am 31.12.) liegt dem folgenden Buchungssatz zugrunde?

„Aktive Rechnungsabgrenzung (091) an Miete (411)"

1 Im alten Geschäftsjahr wurde die Miete für ein Lagerhaus für ein Jahr im Voraus gezahlt.

2 Ihr Mieter zahlt die Garagenmiete für sechs Monate nachträglich im neuen Geschäftsjahr.

3 Sie haben die Lagermiete im Dezember für ein Jahr im Voraus erhalten.

4 Ihr Unternehmen zahlt die Lagermiete für zwölf Monate erst nachträglich im neuen Geschäftsjahr.

5 Die Banklastschrift für eine von Ihnen fälschlich gezahlte Miete wird storniert.

7 Wie wirken sich aktive Rechnungsabgrenzungen auf das Ergebnis des alten Geschäftsjahres aus?

1 Sie erhöhen den Ertrag.
2 Sie mindern den Ertrag.
3 Sie erhöhen den Aufwand.
4 Sie mindern den Aufwand.
5 Sie beeinflussen das Ergebnis (das GuV-Konto) nicht.

Wie werden die zeitlichen Abgrenzungen im neuen Geschäftsjahr behandelt?

Geschäftsfälle	Die folgenden Geschäftsfälle beziehen sich auf die vorige Seite. Hier die Buchungen am 01.01. des neuen Geschäftsjahres:
	1. Eröffnung der Abgrenzungskonten
	2. Auflösung der Aktiven und Passiven Rechnungsabgrenzung
	Buchungen im Laufe des neuen Geschäftsjahres:
	3. Am 05.01. wird die Leasingrate für den Monat Dezember per Banküberweisung gezahlt, 1 500,00 EUR.
	4. Am 31.03. zahlt unser Darlehensnehmer die Zinsen in Höhe von 1 200,00 EUR per Banküberweisung.

Grundbuch	Nr.		Soll		an		Haben	
	1	113	Sonstige Forderungen	960,00				
		091	ARA	1 650,00		910	EBK	2 550,00
		910	EBK	3 960,00		093	PRA	2 400,00
				1 650,00		194	Sonstige Verbindlichkeiten	1 500,00
	2	426	Versicherungen	1 650,00		091	ARA	1 650,00
		093	PRA	2 400,00		242	Betriebsfremde Erträge	2 400,00
	3	194	Sonstige Verbindlichkeiten	1 500,00		131	Kreditinstitute	1 500,00
	4	131	Kreditinstitute	1 200,00		269	Sonstige Forderungen	960,00
						571	Zinserträge	300,00

Wofür werden Rückstellungen gebildet? Wie werden sie verbucht?

Begriff	Rückstellungen stellen Verbindlichkeiten dar, die dem Grunde nach zwar feststehen, deren Höhe und Fälligkeit jedoch noch ungewiss ist. Die Höhe der Beträge muss demnach geschätzt werden. Gründe für Rückstellungen sind:
	▶ Pensionsverpflichtungen
	▶ Steuernachzahlungen im folgenden Jahr für das laufende Jahr
	▶ Gewährleistungsverpflichtungen
	▶ Prozesskosten
	▶ unterlassene Instandsetzungsaufwendungen, die im folgenden Geschäftsjahr innerhalb von drei Monaten nachgeholt werden
	Ist der Grund für die Rückstellung eingetreten oder entfallen, müssen die Rückstellungen aufgelöst werden.
Geschäftsfälle	1. Wir bilden am Ende des Geschäftsjahres eine Rückstellung für eine unterlassene, jedoch durchzuführende Reparatur an unserem Geschäftsgebäude. Der Kostenvoranschlag beläuft sich auf 5 000,00 EUR. Die Umsatzsteuer wird bei Bildung der Rückstellung nicht berücksichtigt, sondern erst bei der Rechnungstellung im folgenden Jahr.
	2. Abschluss der Konten Rückstellungen und Instandhaltung
	3. Eröffnung des Kontos Rückstellungen im neuen Jahr
	4. Auflösung der Rückstellung: Am 05.02. erhalten wir die Rechnung, die sofort durch Bankscheck beglichen wird:
	a. Die Rechnung entspricht der Schätzung (5 000,00 EUR netto + 19 % USt 950,00 EUR).
	b. Die Rechnung beläuft sich auf 6 000,00 EUR netto + 19 % USt 1 140,00 EUR.
	c. Die Rechnung beläuft sich auf 3 500,00 EUR netto + 19 % USt 665,00 EUR.
Konten	072 Rückstellungen — Das Konto ist ein passives Bestandskonto. Die Rückstellungen werden jeweils im Haben dieses Kontos gebucht, da sie Verbindlichkeiten darstellen, deren Höhe und Fälligkeit aber noch nicht feststehen.

Grundbuch	Nr.		Soll		an		Haben	
	1	471	Instandhaltung	5 000,00		072	Rückstellungen	5 000,00
	2	072	Rückstellungen	5 000,00		940	SBK	5 000,00
		930	GuV-Konto	5 000,00		471	Instandhaltung	5 000,00
	3	910	EBK	5 000,00		072	Rückstellungen	5 000,00
	4 a	072	Rückstellungen	5 000,00				
		140	Vorsteuer	950,00		131	Kreditinstitute	5 950,00
	4 b	072	Rückstellungen	5 000,00				
		203	Periodenfremde Aufwendungen	1 000,00				
		140	Vorsteuer	1 140,00		131	Kreditinstitute	7 140,00
	4 c	072	Rückstellungen	5 000,00		131	Kreditinstitute	4 165,00
		140	Vorsteuer	665,00		276	Erträge aus der Auflösung von Rückstellungen	1 500,00

Hinweis: In Aufgaben mit Kontierungen müssen nicht alle Kästchen einer Zeile ausgefüllt werden.

(1) Rückstellungen (072)
(2) Aktive Rechnungsabgrenzung (091)
(3) Passive Rechnungsabgrenzung (093)
(4) Sonstige Forderungen (113)
(5) Kreditinstitute (131)
(6) Vorsteuer (141)
(7) Sonstige Verbindlichkeiten (194)
(8) Periodenfremde Aufwendungen (203)
(9) Erträge aus der Auflösung von Rückstellungen (276)
(10) Instandhaltungen (471)

1 Bilden Sie die Buchungssätze zu den unten stehenden Geschäftsfällen.

a. Zum Ende des Geschäftsjahres wird festgestellt, dass im Januar des folgenden Jahres dringende Reparaturarbeiten am Dach des Geschäftshauses durchgeführt werden müssen. Der Kostenvoranschlag wird mit 20 000,00 EUR angesetzt.

Soll   Haben

b. Nach Erledigung der Reparaturarbeiten erhalten Sie Ende Januar eine Rechnung in Höhe von 18 000,00 EUR + 19 % USt, die sofort per Banküberweisung bezahlt wird.

2 Zu welchem Zeitpunkt und aus welchem Grund erfolgt die Buchung Passive Rechnungsabgrenzung (093) an Betriebsfremde Erträge (242)?

1 Am Bilanzstichtag wird ein Jahresabgrenzungsposten gebildet, da Sie Mieterträge gebucht haben, die wirtschaftlich ins neue Geschäftsjahr gehören.
2 Der Mietertrag für Monat Januar wird im neuen Geschäftsjahr vom Konto Passive Rechnungsabgrenzung (093) auf das Konto Betriebsfremde Erträge (242) zurückgebucht.
3 Am Bilanzstichtag berücksichtigen Sie Mieterträge, die wirtschaftlich ins neue Geschäftsjahr gehören.
4 Es handelt sich hierbei um eine Korrekturbuchung von zu viel eingenommenen Mieten.
5 Die betriebsfremden Erträge werden passiviert.

3 Sie erhalten am 01.03. die Zinszahlung in Höhe von 18 000,00 EUR für ein ausgegebenes Darlehen für ein Jahr im Voraus. Welche Buchung ist nach Eröffnung der Abgrenzungskonten im neuen Jahr erforderlich?

1 Zinserträge (261)   15 000,00
  an ARA (091)   15 000,00
2 PRA (093)   15 000,00
  an Zinserträge (261)   15 000,00
3 Zinserträge (261)   3 000,00
  an ARA (091)   3 000,00
4 PRA (093)   3 000,00
  an Zinserträge (261)   3 000,00
5 Sonstige Forderungen (113)   3 000,00
  an Zinserträge (261)   3 000,00

4 Am Geschäftsjahresende wurde eine Rückstellung gebildet, da das Unternehmen erwartete, einen Prozess zu verlieren. Im neuen Jahr wird der Prozess ge- wonnen, ohne dass Aufwendungen entstanden sind. **Wie ist zu buchen?**

1 Rückstellungen (072)
  an Erträge a. d. Aufl. v. Rückstellungen (276)
2 Periodenfremde Erträge (243)
  an Rückstellungen (072)
3 Kreditinstitute (131)
  an Rückstellungen (072)
4 Kreditinstitute (131)
  an Erträge a. d. Aufl. v. Rückstellungen (276)
5 Kreditinstitute (131)
  an Periodenfremde Erträge (243)

5 Welchen Einfluss hat die Bildung einer Rückstellung in Höhe von 5 000,00 EUR auf den Gewinn eines Unternehmens zum 31.12.?

1 Der Gewinn wird nur um 2 500,00 EUR verringert, da die Rückstellung nur zur Hälfte eingerechnet werden darf.
2 Der Gewinn wird nur um 2 500,00 EUR erhöht, da die Rückstellung nur zur Hälfte eingerechnet werden darf.
3 Sie hat keinen Einfluss auf den Gewinn.
4 Sie erhöht den Gewinn um 5 000,00 EUR.
5 Sie vermindert den Gewinn um 5 000,00 EUR.

6 Welche der folgenden Aussagen trifft zu?

1 Rückstellungen werden für Verbindlichkeiten gebildet, deren Grund am Jahresende noch nicht feststeht.
2 Für Verbindlichkeiten, deren Grund feststeht, das genaue Datum der Zahlung und die Höhe noch nicht, werden Rückstellungen gebildet.
3 Rückstellungen werden am Bilanzstichtag für zweifelhafte Forderungen gebildet.
4 Die Höhe der gesamten Rückstellungen ist auf dem GuV-Konto (930) ersichtlich.
5 Rückstellungen dürfen ausschließlich für erwartete Steuernachzahlungen gebildet werden.

7 Welcher Geschäftsfall trifft auf den folgenden Buchungssatz zu?
Rückstellungen (072)
Periodenfremde Aufwendungen (203)
an Kreditinstitute (131)

1 Eine Banküberweisung Ihrerseits für eine Instandhaltungsrechnung, für die eine Rückstellung gebucht wurde. Der Rechnungsbetrag ist höher als erwartet.
2 Sie bilden eine Rückstellung am 31.12., da Sie im nächsten Jahr eine Banküberweisung für Reparaturkosten durchführen müssen.
3 Durch eine Banküberweisung wird die Rückstellung im neuen Jahr aufgelöst. Der erwartete Aufwand (Rückstellungsbetrag) ist identisch mit dem tatsächlichen Aufwand im neuen Jahr.
4 Für eine Erweiterungsinvestition in das Anlagevermögen werden Rücklagen gebildet, die per Banküberweisungen bezahlt werden.
5 Es entstehen Zinsaufwendungen für einen Kredit, der für die Rückstellungen aufgenommen wurde.

Wie wird der Hauptbuchabschluss durchgeführt?

Hauptbuch-abschluss	Sämtliche Konten des Hauptbuches sind am Jahresende in einer logischen Folge abzuschließen. Dabei muss folgende Reihenfolge eingehalten werden:			
1. Vorbereitende Abschluss-buchungen	Buchung ▸ der Abschreibungen ▸ der Bestandsveränderungen von Waren ▸ des Saldos auf dem Konto Privatentnahmen auf das Eigenkapitalkonto ▸ der Salden von Unterkonten auf die Hauptkonten (z. B. Rücksendungen, Warenbezugskosten, Nachlässe) ▸ des Saldos auf dem Konto Vorsteuer auf das Konto Umsatzsteuer (zur Ermittlung und Passivierung der Zahllast) ▸ der zeitlichen Abgrenzungen (Aktive/Passive Rechnungsabgrenzung, Sonstige Forderungen/Verbindlichkeiten) ▸ der Rückstellungen ▸ der Korrekturen bei Differenzen zwischen Inventur- und Buchbestand			
2. Abschluss der Erfolgskonten		**Soll**	an	**Haben**
	Abschluss der Ertragskonten	Ertragskonto	an	930 GuV
	Abschluss der Aufwandskonten	930 GuV	an	Aufwandskonto
3. Abschluss des Kontos GuV	bei Gewinn	930 GuV	an	061 Eigenkapital
	bei Verlust	061 Eigenkapital	an	930 GuV
4. Abschluss der Bestandskonten	Abschluss der Aktivkonten	940 SBK	an	Aktivkonto
	Abschluss der Passivkonten	Passivkonto	an	940 SBK

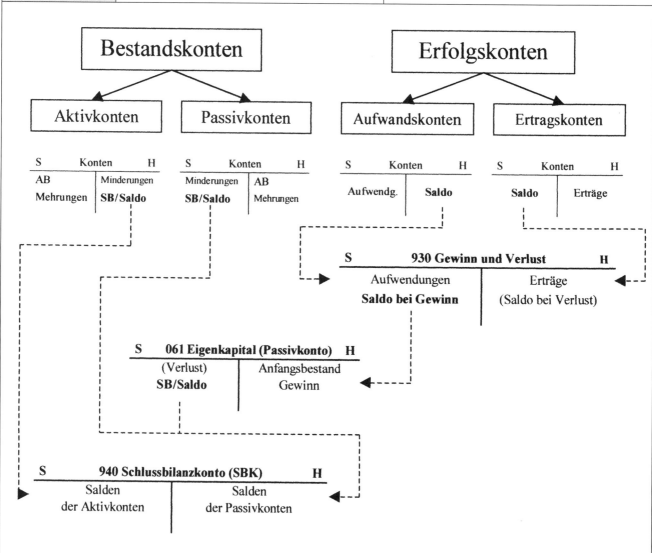

1 Welcher Geschäftsfall liegt folgendem Buchungssatz zugrunde?

Warenverkauf (801)
an Nachlässe an Kunden (806)

1 Sie erhalten eine Gutschrift von einem Lieferer.

2 Abschluss des Kontos Warenverkauf (801)

3 Ihr Kunde erhält eine Gutschrift wegen einer Mängelrüge.

4 Abschluss des Kontos Nachlässe an Kunden (806)

5 Der Kunde zahlt die Rechnung unter Abzug von Skonto.

2 Welche der unten stehenden Aussagen über den Hauptbuchabschluss trifft zu?

1 Die Salden aller Erfolgskonten werden auf dem GuV-Konto (930) im Haben gegengebucht.

2 Die Salden der Aufwandskonten werden auf dem GuV-Konto (930) im Soll gegengebucht.

3 Erzielt ein Unternehmen im Laufe eines Jahres einen Verlust, erscheint der Saldo auf dem Konto GuV (930) im Haben.

4 Ein Verlust mehrt den Saldo auf dem Konto Eigenkapital (061).

5 Bei einem Gewinn erscheint der Saldo des Kontos Eigenkapital (061) auf der Soll-Seite des Schlussbilanzkontos (940).

3 Welche Buchung gehört nicht zu den vorbereitenden Abschlussbuchungen?

Die Buchung

1 der Bestandsveränderung auf dem Konto Warenbestand (390).

2 des Saldos auf dem Konto Warenbezugskosten (302).

3 der Abschreibungen.

4 der zeitlichen Abgrenzungen.

5 des Saldos auf dem Konto Warenverkauf (801).

4 Bei welcher der unten aufgeführten Buchungen wird auf dem GuV-Konto (930) im Soll gebucht?

1 Abschluss der Aktivkonten

2 Abschluss der Passivkonten

3 Abschluss des Kontos Eigenkapital bei einem Gewinn

4 Abschluss des Kontos Eigenkapital bei einem Verlust

5 Abschluss der Ertragskonten

5 In welcher Reihenfolge haben die Arbeiten zum Jahresabschluss zweckmäßigerweise zu erfolgen?

Tragen Sie die Reihenfolge mit den Ziffern 1 bis 5 in die Kästchen ein.

Abschluss der Bestandskonten

Durchführung der Inventur

Abschluss des Kontos GuV (930)

Vorbereitende Abschlussbuchungen

Abschluss der Erfolgskonten

6 Bilden Sie die Buchungssätze zum Jahresabschluss. Kontenplan:

1 *Betriebs- und Geschäftsausstattung (033)*
2 *Eigenkapital (061)*
3 *Vorsteuer (140)*
4 *Privatentnahmen (161)*
5 *Privateinlagen (162)*
6 *Umsatzsteuer (180)*
7 *Wareneinkauf (301)*
8 *Warenbestand (390)*
9 *Abschreibungen auf Sachanlagen (491)*
10 *GuV-Konto (930)*
11 *Schlussbilanzkonto (940)*

	Soll	Haben
a. Das Konto Privatentnahmen wird abgeschlossen.		
b. Das Unternehmensergebnis ist positiv.		
c. Buchen des Schlussbestandes an Waren laut Inventur		
d. Buchen einer Bestandserhöhung auf dem Konto Warenbestand (390)		
e. Es ergibt sich ein Vorsteuer-überhang.		
f. Die Abschreibung auf dem Konto Betriebs- und Geschäftsausstattung (033) ist noch zu buchen.		

7 Welcher Sachverhalt wirkt sich gewinnmindernd aus?

1 Die Rücksendungen von Kunden müssen noch gebucht werden.

2 Die Mieterträge für Dezember sind noch beim Jahresabschluss zu berücksichtigen.

3 Es wurden im November Versicherungsprämien für sechs Monate im Voraus bezahlt. Die Beträge müssen noch abgegrenzt werden.

4 Die private Nutzung des Firmen-Pkw ist buchhalterisch noch zu erfassen.

5 Die Kasse weist einen Differenzbetrag aus. Der Istbestand ist größer als der Sollbestand.

Was versteht man unter Bewertung? Was ist eine Handels-, was eine Steuerbilanz?

Bewertung	Am Geschäftsjahresende müssen alle Vermögensteile und Schulden bewertet werden. Der Gesetzgeber legt fest, auf welche Weise dies zu geschehen hat. Neben strengen Vorschriften werden den Unternehmen dabei häufig auch Bewertungswahlrechte eingeräumt.
Handelsbilanz	Die handelsrechtliche Bewertung richtet sich nach dem HGB (§§ 252–256). Diese Vorschriften gelten für alle Unternehmen. In der Handelsbilanz gilt vor allem das Prinzip des Gläubigerschutzes. Es ist also im Zweifel vorsichtig zu bewerten.
Steuerbilanz	Die steuerrechtliche Bewertung richtet sich nach dem EStG. Diese Vorschriften sollen eine einheitliche Gewinnermittlung aller Unternehmen sicherstellen (Prinzip der gerechten Besteuerung). Die in der Handelsbilanz ausgewiesenen Werte sind für die Steuerbilanz verbindlich, sofern das Steuerrecht keinen anderen Wertansatz verpflichtend vorschreibt (**Maßgeblichkeitsprinzip der Handelsbilanz für die Steuerbilanz**).

Welche Bewertungsmaßstäbe sieht das HGB für die Anschaffungskosten vor?

Bewertungs-maßstäbe	Die Anschaffungskosten für Vermögensgegenstände beinhalten den Preis des Wirtschaftsgutes abzüglich der Preisnachlässe (z. B. Rabatte und auch nachträglich gewährte Nachlässe wie Skonto) zuzüglich der Anschaffungsnebenkosten wie z. B. Bezugskosten, Transportversicherung, Verpackung und Montagekosten. Nicht berücksichtigt werden die auf der Eingangsrechnung ausgewiesene Umsatzsteuer und eventuell anfallende Finanzierungskosten (Zinsen).

Welche allgemeinen Bewertungsgrundsätze sieht das HGB vor?

Bilanzidentität	Die Wertansätze in der Eröffnungsbilanz des Geschäftsjahres müssen mit denen der Schlussbilanz des vorhergehenden Geschäftsjahres übereinstimmen.
Unternehmens-fortführung (going concern)	Die Bewertung lässt unberücksichtigt, dass z. B. bei einer Auflösung oder Veräußerung eines Betriebes der Wert bestimmter Vermögensgegenstände durch diesen Tatbestand verändert wird. Es wird davon ausgegangen, dass das Unternehmen fortgeführt wird.
Einzelbewertung	Grundsätzlich sind alle Vermögensteile und Schulden einzeln zu bewerten. Ausnahmen davon bestehen bei der Bewertung der Warenbestände (z. B. gewogener Durchschnittswert der Waren) und der Forderungen (Pauschalwertberichtigung für zweifelhafte Forderungen).
Vorsichtsprinzip (Gläubigerschutz)	Alle vorhersehbaren Risiken und Verluste, die bis zum Jahresabschluss noch nicht eingetreten sind, sind zu berücksichtigen. Gewinne dürfen jedoch nur berücksichtigt werden, wenn sie bereits realisiert sind. Aus diesem Grund wird diese ungleiche Berücksichtigung auch als **Imparitätsprinzip** bezeichnet.
Perioden-abgrenzung	Aufwendungen und Erträge des Geschäftsjahres sind unabhängig von den Zeitpunkten der entsprechenden Zahlungen im Jahresabschluss zu berücksichtigen (Aktive/Passive Rechnungsabgrenzung, Sonstige Forderungen/Verbindlichkeiten).
Bilanzkontinuität	Grundsätzlich sollen einmal gewählte Bewertungsmethoden beibehalten werden, damit die jeweiligen Jahresabschlüsse auch vergleichbar sind.

Welche besonderen Bewertungsgrundsätze werden angewendet?

Prinzip	Erläuterung	anzuwenden auf:	Beispiel
Anschaffungs-kostenprinzip	Die Höchstgrenze für die Bewertung von Vermögensgegenständen sind die Anschaffungskosten bzw. Herstellungskosten.	▸ Anlagevermögen ▸ Umlaufvermögen	Auch wenn der Marktpreis einer Ware gestiegen ist, dürfen höchstens die Anschaffungskosten bilanziert werden.
Strenges Niederstwert-prinzip	Von zwei möglichen Wertansätzen am Bilanzstichtag (z. B. Anschaffungswert und Stichtagswert) muss stets der niedrigere Wert angesetzt werden.	▸ Umlaufvermögen (generell) ▸ Anlagevermögen (bei dauernder Wertminderung)	Noch nicht realisierte Verluste, die durch einen fallenden Marktpreis bedingt sind, müssen ausgewiesen werden.
Gemildertes Niederstwert-prinzip	Der niedrigere Wert zwischen dem Anschaffungswert und dem Wert zum Bilanzstichtag *darf auch bei nur vorübergehender Wertminderung* angesetzt werden.	Anlagevermögen; bei Kapitalgesellschaften nur für das Finanzanlagevermögen	Obwohl abzusehen ist, dass die Wertminderung einer Beteiligung (Aktienpaket) nur von kurzer Dauer ist, darf der niedrigere Wert ausgewiesen werden.
Höchstwertprinzip	Von zwei möglichen Wertansätzen am Bilanzstichtag muss stets der höhere Wert angesetzt werden.	Schulden (Fremdkapital)	Der Kurs für eine Fremdwährungsverbindlichkeit + (Restlaufzeit > 1 Jahr) ist zum Bilanzstichtag gestiegen.

1 Ordnen Sie den unten aufgeführten Beispielen denjenigen Bewertungsgrundsatz zu, der nach dem HGB berücksichtigt werden muss.

  1 Bilanzidentität
  2 Unternehmensfortführung
  3 Einzelbewertung
  4 Vorsichtsprinzip (Gläubigerschutz)
  5 Periodenabgrenzung
  6 Bilanzkontinuität

Tragen Sie die Nummer des zutreffenden Grundsatzes in das Kästchen ein.

a. Bei der Bewertung der Warenvorräte wird im darauf folgenden Geschäftsjahr von der summarischen Durchschnittsbewertung auf die permanente Durchschnittsbewertung gewechselt.

b. Wegen der Eröffnung des Insolvenzverfahrens sinkt der tatsächliche Wert einer Lagertransportanlage des in finanzielle Schwierigkeiten geratenen Unternehmens beträchtlich.

c. Am Jahresende sind die seit einem Monat fälligen Kreditzinsen noch nicht überwiesen worden.

d. Der Kurs der am 15.11. gekauften Aktien ist bis zum Bilanzstichtag um 140 % gestiegen.

e. Am 1. Januar wird die Eröffnungsbilanz mit den Werten der Schlussbilanz des vergangenen Jahres erstellt.

f. Der Wert der Forderungen wird am Jahresende pauschal um einen Prozentsatz berichtigt, um die geschätzten Forderungsausfälle zu berücksichtigen.

2 *Wir verkauften am 15.11. Erzeugnisse an einen Kunden in den USA, Warenwert 25 000,00 USD.*

Vereinbarungsgemäß zahlt der Kunde in USD. Die Forderungen wurden am 15.11. mit einem Devisenkassamittelkurs von 1,40 USD je EUR gebucht.

Mit welchem Betrag in EUR ist diese Forderung am 31.12. anzusetzen, ...

a. ... wenn der Kurs am 31.12.
    1,50 USD je EUR beträgt?

b. ... wenn der Kurs am 31.12.
    1,30 USD je EUR beträgt?

3 *Ein Betrieb kauft am 03.12. Waren aus Manchester, Zahlungsziel 60 Tage.*

Der Lieferer berechnet 35 000,00 GBP (englische Pfund). Der Devisenkassamittelkurs am Tag der Rechnungsstellung betrug 0,70 GBP je EUR.

Mit welchem Betrag ist die Verbindlichkeit am 31.12. anzusetzen ...

a. ... bei einem Kurs von 0,65?

b. ... bei einem Kurs von 0,75?

4 *Bei der Bewertung von Vermögen und Schulden eines Unternehmens sieht das Handelsrecht wichtige Grundsätze vor.*

Welche der unten stehenden Aussagen dazu ist falsch?

Tragen Sie eine 6 ein, wenn alle Aussagen richtig sind.

1 Die Werte der Schlussbilanz müssen mit den Werten der Eröffnungsbilanz im neuen Jahr übereinstimmen.

2 Die auf den vorhergehenden Jahresabschluss angewandten Bewertungsmethoden sollen im neuen Jahr beibehalten werden.

3 Gewinne aus Aktienbeteiligungen dürfen nur berücksichtigt werden, wenn sie bereits realisiert sind.

4 Verluste, die für das neue Jahr absehbar sind, müssen im alten Jahr berücksichtigt werden.

5 Geldausgaben im alten Jahr für Aufwendungen, die das neue Jahr betreffen, müssen abgegrenzt werden.

5 *Eine Maschine wurde am 15.12. zu einem Preis von 80 000,00 EUR (netto + 19 % USt) gekauft. Die Transportkosten betrugen 2 000,00 EUR, die Montagekosten 4 500,00 EUR (jeweils netto + 19 % USt).*

Mit welchem Wert ist die Maschine am 31.12. anzusetzen, wenn der Lieferant im neuen Jahr eine Preiserhöhung für diese Maschine von 5 % ansetzt und von unveränderten Transport- und Montagekosten auszugehen ist?

1 80 000,00 EUR

2 95 200,00 EUR

3 86 500,00 EUR

4 102 935,00 EUR

5 80 400,00 EUR

6 90 825,00 EUR

9 Keiner der vorgenannten Beträge ist richtig.

6 *Die Rechnung eines Lieferanten wurde in CHF (Schweizer Franken) ausgestellt. Der Rechnungsbetrag in Höhe von 13 000,00 CHF wurde zu einem Devisenkassamittelkurs von 1,60 CHF je EUR gebucht. Am 31.12. gilt ein aktueller Kurs von 1,50 CHF je EUR.*

Mit welchem Wert wird die Verbindlichkeit am 31.12. angesetzt?

Welche Verfahren werden angewendet, um die Warenbestände zu bewerten?

Grundsätzliche Überlegungen	▸ Es gilt grundsätzlich die Einzelbewertung, d. h., jedes am Bilanzstichtag vorhandene Material müsste mit dem ursprünglichen Einkaufswert angesetzt werden. Da dieses in der Praxis kaum durchzuführen ist, darf eine **Gesamtbewertung** vorgenommen werden. ▸ Für alle Vorratspositionen gilt das **strenge Niederstwertprinzip**, d. h., dass von zwei am Bilanzstichtag möglichen Werten (aktueller Wert und mit Bewertungsverfahren ermittelter Wert) stets der niedrigere Wert anzusetzen ist.

Beispiel für die folgenden Bewertungsverfahren	Datum	Vorgang	Menge	EK-Preis/Stück
	01.01.	Anfangsbestand	100 Stück	30,00
	15.02.	Zugang	70 Stück	40,00
	13.03.	Abgang	30 Stück	–
	16.07.	Zugang	80 Stück	20,00
	19.09.	Abgang	60 Stück	–

Summarische Durchschnittsbewertung	Der Warenwert des Anfangsbestandes und der Warenwert der Zugänge werden summiert und durch die Summe der Stückzahlen dividiert **(gewogener Durchschnitt)**.
	
	01.01. AB 100 Stück · 30,00 EUR = 3 000,00 EUR
	15.02. Zugang 70 Stück · 40,00 EUR = 2 800,00 EUR
	16.07. Zugang 80 Stück · 20,00 EUR = 1 600,00 EUR
	                        250 Stück 7 400,00 EUR
	                        1 Stück 29,60 EUR
	31.12. SB 160 Stück 4 736,00 EUR

Permanente Durchschnittsbewertung	Nach jedem Zugang wird ein neuer Durchschnittswert ermittelt. Die Abgänge werden mit dem jeweils letzten errechneten Wert angesetzt.
	
	01.01. AB 100 Stück · 30,00 EUR = 3 000,00 EUR
	15.02. Zugang 70 Stück · 40,00 EUR = 2 800,00 EUR
	
	          Bestand 170 Stück · 34,12 EUR = 5 800,00 EUR Rundungsdifferenzen!
	13.03. Abgang 30 Stück · 34,12 EUR = 1 023,53 EUR
	
	          Bestand 140 Stück · 34,12 EUR = 4 776,47 EUR
	16.07. Abgang 80 Stück · 20,00 EUR = 1 600,00 EUR
	
	          Bestand 220 Stück · 28,98 EUR = 6 376,47 EUR Rundungsdifferenzen!
	19.09. Abgang 60 Stück · 28,98 EUR = 1 739,04 EUR
	31.12. SB 160 Stück · 28,98 EUR = 4 637,43 EUR

Lifo-Methode (last in – first out)	Es wird unterstellt, dass die zuletzt eingekauften Vorräte zuerst verbraucht werden. Das bedeutet, dass der Schlussbestand mit den Preisen des Anfangsbestandes und der ersten Einkäufe bewertet wird.
	
	31.12. SB 160 Stück, davon:
	                     100 Stück · 30,00 EUR = 3 000,00 EUR (AB)
	                      60 Stück · 40,00 EUR = 2 400,00 EUR (Zugang vom 15.02.)
	31.12. SB 160 Stück · 33,75 EUR = 5 400,00 EUR

Fifo-Methode (first in – last out)	Es wird unterstellt, dass die zuletzt eingekauften Vorräte zuerst verbraucht werden. Das bedeutet, dass der Schlussbestand mit den Preisen des Anfangsbestandes und der ersten Einkäufe bewertet wird.
	
	31.12. SB 160 Stück, davon:
	                      80 Stück · 20,00 EUR = 1 600,00 EUR (Zugang vom 16.07.)
	                      70 Stück · 40,00 EUR = 2 800,00 EUR (Zugang vom 15.02.)
	                      10 Stück · 30,00 EUR = 300,00 EUR (AB)
	31.12. SB 160 Stück · 29,38 EUR = 4 700,00 EUR

Welche Gesamtbewertungsverfahren sind zulässig?

nach Handelsrecht	▸ summarische Durchschnittsbewertung ▸ permanente Durchschnittsbewertung ▸ Lifo- und Fifo-Methode
nach Steuerrecht	▸ summarische Durchschnittsbewertung ▸ permanente Durchschnittsbewertung ▸ Lifo-Methode

1   Welches der nachstehend genannten Bewertungsver-
    fahren für Vorräte ist nach dem Steuerrecht anwend-
    bar?

    1 summarische Durchschnittsbewertung

    2 permanente Durchschnittsbewertung

    3 Lifo-Methode

    4 Fifo-Methode

    5 Es sind alle vorgenannten Bewertungsmaßstäbe
       anwendbar.

2   Für den Artikel mit der Artikelnummer 200402
    ergeben sich im Laufe eines Jahres folgende
    Bewegungen:

01.01.	AB	600 Stück	120,00 EUR/St.
03.03.	Abgang	120 Stück	
25.05.	Abgang	240 Stück	
12.06.	Zugang	300 Stück	130,00 EUR/St.
17.06.	Abgang	500 Stück	
22.08.	Zugang	950 Stück	100,00 EUR/St.

    *Am 31.12. beträgt der Marktpreis für diesen Rohstoff
    90,00 EUR/St.*

    a. ... den Endbestand.

    b. ... den Gesamtwert des Bestandes am 31.12.,
       wenn eine summarische Durchschnittsbewertung
       vorgenommen wird (Aufrundung
       auf zwei Dezimalstellen).

    c. ... den Gesamtwert des Bestandes, wenn am
       31.12. der Marktpreis 140,00 EUR
       betragen würde.

3   Der Wert des Bestandes für einen Artikel wird mithilfe
    der permanenten Durchschnittsbewertung ermittelt.
    In der Artikeldatei sind folgende Buchungen vorge-
    nommen worden:

01.01.	AB	80 m	60,00 EUR/m
04.02.	Abgang	70 m	
25.03.	Zugang	95 m	80,00 EUR/m
12.05.	Abgang	65 m	
03.09.	Abgang	30 m	
20.09.	Zugang	50 m	90,00 EUR/m
17.11.	Abgang	20 m	

    Berechnen Sie ...

    a. ... den Endbestand in Metern.

    b. ... den mit der permanenten Durchschnitts-
       bewertung ermittelten Wert des Bestandes
       am 31.12. (Aufrundung auf zwei
       Dezimalstellen).

    c. Welcher Gesamtwert wird in der Schlussbilanz
       angesetzt bei einem Preis des Hilfsstoffes am
       31.12. von ...

       ... ca. 120,00 EUR/m?

       ... ca. 70,00 EUR/m?

4   Der Warenbestand eines Artikels entwickelte sich wie
    folgt:

01.01.	AB	8 000 m²	12,00 EUR/m²
05.01.	Abgang	4 500 m²	
16.02.	Abgang	2 800 m²	
15.03.	Zugang	9 500 m²	10,50 EUR/m²
03.04.	Abgang	6 000 m²	
28.04.	Zugang	5 000 m²	14,00 EUR/m²
07.08.	Abgang	3 700 m²	
08.09.	Zugang	4 000 m²	9,00 EUR/m²
27.11.	Abgang	2 900 m²	
08.12.	Abgang	3 700 m²	

    Berechnen Sie ...

    a. ... den Endbestand in m².

    b. ... den Gesamtwert des Bestandes am
       31.12. bei einem aktuellen Preis von
       15,00 EUR/m² ...

       ba. ... nach der Lifo-Methode.

       bb. ... nach der Fifo-Methode.

    c. Welcher der unter b. ermittelten Werte ist ...

       ca. ... der nach Handelsrecht
           zulässige niedrigste Wert?

       cb. ... der nach Steuerrecht
           zulässige niedrigste Wert?

5   Welches der unten aufgeführten Berechnungsverfah-
    ren muss angewendet werden, damit in allen Fällen
    (steigende oder fallende Preise im Laufe des Jahres)
    als Ergebnis immer die Preise am Ende der Abrech-
    nungsperiode zur Ermittlung herangezogen werden?

    1 Lifo-Methode

    2 Fifo-Methode

    3 summarische Durchschnittsbewertung

    4 permanente Durchschnittsbewertung

6   Welche der unten aufgeführten Aussagen zur
    Lifo-Methode sind richtig?

    1 Es wird unterstellt, dass die zuletzt eingekauften
       Vorräte zuerst verbraucht werden.

    2 Es wird unterstellt, dass die zuerst eingekauften
       Vorräte zuerst verbraucht werden.

    3 Der Schlussbestand wird mit den Preisen des
       Anfangsbestandes und der ersten Einkäufe
       bewertet.

    4 Der Schlussbestand wird mit den Preisen des
       Anfangsbestandes und der letzten Einkäufe
       bewertet.

    5 Der Schlussbestand wird mit den jeweils nied-
       rigsten Preisen der Einkäufe bewertet.

Nennen Sie die Aufgaben der Kosten- und Leistungsrechnung (KLR).

Begriff	Die Kosten- und Leistungsrechnung ist ein wichtiges Teilgebiet des betrieblichen Rechnungswesens. Hier werden Kosten erfasst und gespeichert sowie den verschiedensten Bezugsgrößen (z. B. erzeugten Gütern oder Kostenstellen) zugeordnet und für spezielle Zwecke ausgewertet, verknüpft und verdichtet. Die Buchführung als vergangenheitsbezogene Zeitraumrechnung reicht in den meisten Fällen nicht aus, um Aussagen über die Wirtschaftlichkeit des Betriebes oder einzelner Betriebsteile zu machen.
Aufgaben	Die Aufgaben der Kostenrechnung bestehen darin: ▸ die **Kosten** und **Leistungen** einer Abrechnungsperiode zu ermitteln, ▸ die **Selbstkosten** der einzelnen Erzeugniseinheit zu ermitteln, ▸ die **Wirtschaftlichkeit** des Betriebsgebarens festzustellen, ▸ **Unterlagen** für Planungen und Entscheidungen zu liefern. Folgende Fragen stehen dabei zumeist im Mittelpunkt des Interesses: 1. Welche Kosten sind in welchem Umfang entstanden? 2. Wo, d. h. in welchen Betriebsteilen, sind diese Kosten entstanden? 3. Welche Produkte und Dienstleistungen haben die Kosten verursacht?

Aus welchen Teilgebieten setzt sich die KLR zusammen?

Kostenarten-rechnung	Die Kostenartenrechnung zeigt auf, welche Kosten entstanden sind. Sie gliedert die Kosten nach verschiedenen Gesichtspunkten z. B. wofür Kosten entstanden sind (Personal, Abschreibungen, Zinsen etc.), wie sich Kosten verhalten, wenn die Menge sich verändert (fixe/variable Kosten), und wie die Kosten den Kostenträgern zugerechnet werden (Einzelkosten/Gemeinkosten). Dabei werden erste Einblicke in die Wirtschaftlichkeit möglich.
Kostenstellen-rechnung	Sie ermittelt, in welchen Bereichen (Kostenstellen) des Betriebes die Kosten entstanden sind. Sie stellt dabei die erbrachten Leistungen der Bereiche den verursachten Kosten gegenüber und ermöglicht so eine Wirtschaftlichkeitskontrolle der einzelnen Abteilungen.
Kostenträger-rechnung	Sie ermittelt, welche Kostenträger (Produkte/Dienstleistungen) die Kosten verursacht haben, ermittelt die Selbstkosten der verkauften Produkte und stellt fest, welcher Gewinn nach Abzug dieser Kosten vom Marktpreis übrig bleibt.

Beschreiben Sie die wichtigsten Rechengrößen in einem Unternehmen und grenzen Sie diese voneinander ab.

Ausgabe	Einnahme
Eine Ausgabe ist jeder Zahlungsabfluss aus dem Betrieb. Ausgaben können entweder aufwandswirksam (z. B. Zahlung von Löhnen) oder erfolgsneutral sein (z. B. Kauf einer Maschine).	Mit der Einnahme wird jeder Zugang zum Zahlungsmittelbestand eines Unternehmens bezeichnet. Die Einnahme darf nicht mit dem Begriff Ertrag verwechselt werden.
Aufwand	**Ertrag**
Hierbei handelt es sich um jeglichen Verbrauch von Werten (z. B. Waren, Arbeitskraft) im Betrieb, sei es im betrieblichen Bereich oder sonst im Unternehmen. Zu unterscheiden sind ▸ **ordentlicher Aufwand:** regelmäßig anfallender Werteverbrauch im Betrieb zur Erreichung des betrieblichen Sachziels (z. B. Löhne, Material); ▸ **außerordentlicher Aufwand:** Werteverbrauch im Betrieb aufgrund einmaliger, außergewöhnlicher Vorfälle (z. B. Verlust eines Betriebsgebäudes durch Brand, Forderungsausfall eines Großkunden); ▸ **betriebsfremder Aufwand:** Werteverbrauch, der mit der eigentlichen Betriebsleistung nichts zu tun hat (z. B. Spende an das Rote Kreuz).	Jegliche Schaffung und jeder Zugang von Werten (z. B. Eigenerstellung einer Maschine) in einem Betrieb werden als Ertrag bezeichnet. Dabei ist zu unterscheiden zwischen: ▸ **ordentlichem Ertrag:** regelmäßig anfallender Wertzugang im Betrieb (insbesondere Umsatzerlöse für Waren oder Dienstleistungen); ▸ **außerordentlichem Ertrag:** Wertzugang im Betrieb aufgrund einmaliger, außergewöhnlicher Vorfälle (z. B. Erträge aus dem Abgang von Anlagegegenständen); ▸ **betriebsfremdem Ertrag:** Wertzugang, der mit dem eigentlichen betrieblichen Zweck nichts zu tun hat (z. B. der Gewinn aus Kurssteigerungen von Wertpapieren oder die Vermietung von Wohnungen).
Kosten	**Leistungen**
Jeglicher bewertete Werteverzehr in einer Periode, der zur Erstellung einer betrieblichen Leistung dient, wird als Kosten bezeichnet. Die Übereinstimmung mit dem Aufwand liegt dort, wo die Kosten den ordentlichen Aufwendungen entsprechen (z. B. Löhne).	Sie sind das Ergebnis der Kombination der Produktionsfaktoren. Unterschieden werden ▸ Absatzleistungen (→ Umsatzerlöse), ▸ Eigenleistungen (→ aktivierte Eigenleistungen).

1 *Kennzeichnen Sie unten stehende Aussagen mit einer*

1, wenn diese zutreffen,
9, wenn diese nicht zutreffen.

a. Die KLR hat die Aufgabe, das Unternehmensergebnis zu ermitteln.

b. Die KLR ermittelt die Selbstkosten.

c. Die KLR hat die Aufgabe, die Liquidität zu
kontrollieren.

d. Die KLR liefert Unterlagen für betriebliche Entscheidungen.

e. Die KLR stellt die Kosten und Leistungen des
Betriebes gegenüber und ermittelt den Betriebs-
erfolg.

2 *Ordnen Sie den unten stehenden Teilaufgaben zu, ob
es sich dabei um Aufgaben*

1 der Kostenartenrechnung,
2 der Kostenstellenrechnung,
3 der Kostenträgerrechnung

handelt.

*Tragen Sie eine (9) ein, wenn es sich nicht um eine
Teilaufgabe der KLR handelt.*

a. Ermittlung der Gemeinkosten-Zuschlagssätze im
Rahmen des BAB

b. Kalkulation eines Auftrages anhand von Maschi-
nenstundensätzen

c. Ermittlung der kalkulatorischen Abschreibung

d. Nachverteilung der im Januar gezahlten
Jahresprämien für die Kfz-Versicherung

e. Erstellung der Ergebnistabelle

f. Durchführung einer produktbezogenen
Ermittlung der Selbstkosten des Umsatzes

g. Ermittlung der unternehmensbezogenen Kosten
der Betriebsbereitschaft

3 *Kennzeichnen Sie unten stehende Aussagen mit einer*

1, wenn diese zutreffen,
9, wenn diese nicht zutreffen.

a. Unter „Kosten" versteht man den Werteverzehr in
einem Unternehmen, der zur Erfüllung des
Betriebszweckes notwendig ist.

b. Negative Bestandsveränderungen an fertigen und/
oder unfertigen Erzeugnissen werden in der KLR
wie Kosten behandelt.

c. Zu den „Leistungen" des Betriebes gehören u.a.
auch die Mieterträge eines Industriebetriebes.

d. In die Betriebsergebnisrechnung fließen nicht nur
die Erlöse für abgesetzte Erzeugnisse ein, sondern
auch der Gegenwert für selbst erstellte Anlagen.

e. Als „Erträge" bezeichnet man die Wertzugänge,
die aus der eigentlichen betrieblichen Tätigkeit
resultieren.

4 *Ordnen Sie den unten stehenden Aufwendungen zu,
ob es sich dabei um*

1 betrieblichen ordentlichen Aufwand,
2 betrieblichen außerordentlichen Aufwand,
3 betriebsfremden Aufwand

handelt.

*Tragen Sie eine (9) in das Kästchen ein, wenn es sich
nicht um einen Aufwand handelt.*

a. Gehaltszahlungen in einer Elektrogroßhandlung

b. Verlust aus einem Wertpapiergeschäft in einer
Lebensmittelgroßhandlung

c. Aufwendungen für Waren

d. Forderungsausfall durch Zahlungsunfähigkeit eines
Kunden in einer Metallwarengroßhandlung

e. Verlust von nicht versicherten Warenbeständen
durch Brandschaden in einer Großhandlung

f. Arbeitgeberanteil zur Sozialversicherung

g. Mieteinnahmen für vermietete Lagerräume in
einer Baustoffgroßhandlung

h. Zahlung der Versicherungsprämie für die Gebäu-
deversicherung eines vermieteten Wohngebäudes
in einer Fahrradgroßhandlung

i. Spende einer GmbH an das Rote Kreuz

j. Kauf eines Computers gegen Verrechnungsscheck
durch eine Küchengroßhandlung

5 *Kennzeichnen Sie die nachfolgenden Erträge mit
einer*

1, wenn es sich um betriebliche Erträge handelt,
*2, wenn es sich um neutrale Erträge (außerordent-
liche oder betriebsfremde Erträge) handelt.*

*Tragen Sie eine (9) ein, wenn es sich nicht um einen
Ertrag handelt.*

a. Umsatzerlöse aus Warenverkäufen

b. Erträge aus dem Verkauf von Wertpapieren

c. Zinsgutschrift für Festgeld

d. Provisionserträge für verkaufte Gebrauchtwagen
bei einer Kfz-Handlung

e. Mieteinnahme aus der Vermietung einer Halle

f. Steuerrückvergütung für das vergangene Jahr

g. Verkauf eines Anlagegutes unter Buchwert

6 *Bei welchem der nachfolgenden Sachverhalte trifft
folgende Bedingung zu:
Ausgabe = Aufwand = Kosten?*

1 Abschreibungen

2 Verlust aus Wertpapiergeschäft

3 Bezahlung einer Eingangsrechnung

4 Barkauf von Briefmarken

5 Gewerbesteuernachzahlung für Vorjahr

Welche Aufgaben hat die Kostenartenrechnung? Was ist bei der Erfassung von Kosten zu beachten?

Begriff	Die Kostenartenrechnung ist ein Teilbereich der traditionellen Kostenrechnung, in der die Kosten erfasst und nach verschiedenen Gesichtspunkten gegliedert werden.
Aufgaben	Die Kostenartenrechnung dient als Lieferant von Daten für die nachgelagerten Teilrechnungen (Kostenstellenrechnung, Kostenträgerrechnung); sie kann Auskunft über die betragsmäßige Entwicklung einzelner Kostenarten im Zeitablauf und über die Kostenstruktur des Unternehmens geben.
Grundsätze der Kostenerfassung	▸ Eindeutigkeit: Sämtliche Kostenarten müssen klar definiert werden, damit über ihren Inhalt kein Zweifel aufkommen kann. ▸ Überschneidungsfreiheit: Es muss klar sein, welcher Kostenart ein Kostenbetrag zuzuordnen ist. ▸ Vollständigkeit: Jeder Kostenbetrag muss einer bestimmten Kostenart zuzuordnen sein.

Stellen Sie den Zusammenhang zwischen Aufwendungen und Kosten dar und erklären Sie die Begriffe.

Grafische Darstellung	<table><tr><td colspan="4" align="center">Aufwendungen (laut FiBu)</td></tr><tr><td align="center">neutrale Aufwendungen</td><td colspan="3" align="center">Zweckaufwendungen</td></tr><tr><td></td><td colspan="2" align="center">Grundkosten</td><td align="center">Zusatzkosten</td></tr><tr><td></td><td></td><td align="center">Anderskosten</td><td align="center">echte Zusatzkosten</td></tr><tr><td></td><td colspan="3" align="center">Kosten (der KLR)</td></tr></table>
Aufwendungen lt. FiBu	Hierbei handelt es sich um die in der Finanzbuchhaltung erfassten Wertverluste des gesamten Unternehmens, unabhängig davon, ob diese zu Leistungszwecken oder sonst irgendwo im Unternehmen entstanden sind. Sie werden in der Finanzbuchhaltung auf der Sollseite der GuV gesammelt.
Neutrale Aufwendungen	**Betriebsfremde Aufwendungen** — Aufwendungen, die nicht für betriebliche Zwecke entstanden sind, z. B. Spenden oder Wertverluste aus Wertpapiergeschäften **Periodenfremde Aufwendungen** — Aufwendungen, die aus einer anderen Periode stammen; sie haben mit der Leistungserstellung der laufenden Periode nichts zu tun und müssen herausgefiltert werden, z. B. Gewerbesteuernachzahlungen für Vorjahre **Außerordentliche Aufwendungen** — Aufwendungen, die zwar betrieblich sind, aber in einem solch hohen Umfang nichts mit dem normalen Geschäftsablauf zu tun haben oder unregelmäßig anfallen, z. B. Aufwendungen für Betriebsjubiläum
Zweckaufwendungen	Das ist der Teil der Aufwendungen, die für den normalen Betriebszweck des Unternehmens verwendet werden, also alle Aufwendungen, die bei einem Großhändler für den Einkauf, die Lagerung und die Distribution von Waren an die Kunden entstehen, z. B. Aufwendungen für Lohn- und Gehalt, Miete, Fuhrpark.
Grundkosten	Sie entsprechen den Zweckaufwendungen und können ohne Korrektur aus der FiBu direkt in die KLR übernommen werden, z. B. Aufwendungen für fremde Dienstleistungen, Energiekosten, Lohn- und Gehaltsaufwendungen, soziale Aufwendungen, Kommunikationsaufwendungen, Miete, Fremdlagerkosten.
Zusatzkosten	Dazu gehören alle Positionen, die zusätzlich zu den Grundkosten in die KLR eingefügt werden, weil es für sie keine entsprechenden Aufwendungen gibt oder weil sie durch Umformung und kostenrechnerische Korrektur größer sind als die Zweckaufwendungen.
Anderskosten	Anderskosten sind Aufwendungen, die noch von dem Kostenrechner einer kostenrechnerischen Korrektur unterzogen werden. Sie können durch die Korrektur kleiner oder größer als die Zweckaufwendungen werden. *Beispiele: kalkulatorische Zinsen, kalkulatorische Abschreibungen*
Echte Zusatzkosten	Sie sind Kosten, die zusätzlich zu den Grundkosten in die KLR übernommen werden. Es handelt sich um echte aufwandslose Kosten, denen in der FiBu keine entsprechende Größe gegenübersteht, z. B. kalkulatorischer Unternehmerlohn oder kalkulatorische Wagnisse.

Was sind kalkulatorische Kosten? Nennen Sie Beispiele.

Begriff	Eine Reihe von Aufwendungen, die durch die Finanzbuchführung erfasst werden, können als Kosten in der Kostenrechnung nicht verwendet werden. Aus diesem Grund sind kostenrechnerische Korrekturen vorzunehmen, die den genauen Werteverzehr ohne Einflüsse außerhalb der Kostenrechnung deutlich machen.
Arten	▸ **Kalkulatorische Abschreibungen** werden vom Wiederbeschaffungswert der Anlagegegenstände berechnet. ▸ **Kalkulatorische Zinsen** werden vom betriebsnotwendigen Kapital berechnet. ▸ **Kalkulatorische Miete** ist dann anzusetzen, wenn das Unternehmen in eigenen Gebäuden arbeitet. ▸ Wagnisse sind im Allgemeinen über Versicherungen abgedeckt. Sofern keine Versicherungen abgeschlossen werden, sind **kalkulatorische Wagnisse** anzusetzen. ▸ **Kalkulatorischer Unternehmerlohn** ist anzusetzen, wenn in Personengesellschaften oder Einzelunternehmen aus steuerlichen Gründen keine Gehälter für die Inhaber abgerechnet werden können.

1 In einem Großhandelsunternehmen werden Ihnen für
   die Berechnung der kalkulatorischen Zinsen folgende
   Daten vorgelegt:
   Summe der kalkulatorische Restwerte des Anlagevermögens: 350 000,00 EUR
   Summe des durchschnittlich gebundenen Umlaufvermögens: 670 000,00 EUR
   Im Anlagevermögen enthalten ist ein Grundstück im
   Wert von 60 000,00 EUR, das nicht betrieblich
   genutzt wird.
   Im Umlaufvermögen sind Wertpapiere in Höhe von
   40 000,00 EUR enthalten, die mittelfristig zur
   Verwendung überschüssiger Liquidität gehalten
   werden.
   Das zinsfrei überlassene Fremdkapital (Kundenan-
   zahlungen, Lieferantenverbindlichkeiten) beträgt
   durchschnittlich 120 000,00 EUR. Im Unternehmen
   wird mit einem kalkulatorischen Zinssatz von 8 %
   gerechnet.
   Berechnen Sie auf Basis dieser Zahlen …

   a. … das betriebsnotwendige Anlage-
      vermögen.

   b. … das betriebsnotwendige Umlauf-
      vermögen.

   c. … das betriebsnotwendige
      Vermögen.

   d. … das betriebsnotwendige Kapital.

   e. … die kalkulatorischen Zinsen.

2 Welche der folgenden Aussagen zu kalkulatorischen
   Kosten trifft nicht zu?

   1 Die kalkulatorische Abschreibung verfolgt das
      Ziel der substanziellen Kapitalerhaltung.

   2 Bei der Berechnung des betriebsnotwendigen
      Kapitals müssen zinsfrei zur Verfügung gestellte
      Mittel abgezogen werden.

   3 Kalkulatorischer Unternehmerlohn muss auch in
      Kapitalgesellschaften zum Ansatz gebracht
      werden.

   4 Kalkulatorische Wagnisse berücksichtigen Risiken,
      die entweder nicht versicherbar sind oder für deren
      Versicherung zu hohe Prämien zu zahlen wären.

3 Der Gesellschafter einer Großhandlung, die in der
   Rechtsform einer OHG betrieben wird, leitet sein
   Unternehmen selbst. In der Kalkulation will er einen
   bestimmten Betrag als Unternehmerlohn ansetzen.

   Welche der folgenden Aussagen zum kalkulatorischen
   Unternehmerlohn trifft zu?

   1 Der Unternehmer kann den kalkulatorischen
      Unternehmerlohn steuerfrei als Privatentnahme
      entnehmen.

   2 Die Höhe des kalkulatorischen Unternehmerlohns
      richtet sich u. a. nach der Branche, der Betriebs-
      größe und der Region.

   3 Wenn die kalkulierten Kosten über die Preise
      wieder hereingeholt werden können, dann
      steigt unter sonst gleichen Bedingungen das
      Betriebsergebnis.

4 Für den Lkw MB 1635 sollen die Abschreibungen
   ermittelt werden. In der Anlagenkartei sind folgende
   Informationen zu finden:
   Anschaffungszeitpunkt: 03.01.00
   Anschaffungskosten: 210 000,00 EUR
   Wiederbeschaffungskosten: Es ist mit einer durch-
   schnittlichen Preissteigerung von 3 % pro Jahr zu
   rechnen.
   Die betriebsgewöhnliche (bilanzielle) Nutzungsdauer
   beträgt acht Jahre; die bilanzielle Abschreibung: linear.
   Die kalkulatorische Nutzungsdauer (betriebsindividu-
   ell) beträgt sechs Jahre; die kalkulatorische Abschrei-
   bungsmethode: linear.
   Berechnen Sie auf Basis dieser Zahlen …

   a. … die bilanzielle jährliche Abschrei-
      bungsrate.

   b. … die kalkulatorischen Abschrei-
      bungen für das Jahr 00.

   c. … die kalkulatorischen Abschrei-
      bungen für das Jahr 02.

   d. … die Differenz zwischen den kal-
      kulatorischen und den bilanziellen
      Abschreibungen im Jahr 03.

5 Ordnen Sie den unten aufgeführten Positionen in
   einem Großhandelsbetrieb zu, ob es sich dabei um
   1 neutralen Aufwand,
   2 Zweckaufwand,
   3 Anderskosten oder
   4 Zusatzkosten
   handelt.
   Ordnen Sie eine (9) zu, wenn keine Zuordnung
   sinnvoll erscheint.

   a. Zahlung von Löhnen

   b. kalkulatorische Abschreibungen auf den Fuhrpark

   c. Spende für eine Kinderhilfsorganisation

   d. Miete für das Lagerhaus

   e. Reparaturrechnung für drei Lkw

   f. bilanzielle Abschreibungen auf das Hochregallager

   g. kalkulatorischer Unternehmerlohn

   h. unterversicherter Lagerschaden durch einen
      Wasserrohrbruch

   i. Abschreibungen für das vermietete Lagergebäude

   j. Zinsen auf ein Festgeld werden gutgeschrieben

   k. Privatentnahme des Inhabers

6 Welche der folgenden Aussagen über die
   „kalkulatorischen Kosten" trifft nicht zu?

   1 Sie wirken sich auf das Gesamtergebnis der
      Unternehmung aus.

   2 Sie führen zu einer besseren Vergleichbarkeit der
      Kosten- und Leistungsrechnung mit früheren
      Perioden.

   3 Sie wirken sich nur auf die Kosten- und Leis-
      tungsrechnung aus.

   4 Ein Beispiel dafür sind die Abschreibungen auf den
      Wiederbeschaffungswert von Anlagegegenständen.

Beschreiben Sie die Ergebnistabelle als Instrument für die sachliche Abgrenzung und Durchführung von kostenrechnerischen Korrekturen. Geben Sie Beispiele.

	Rechnungskreis I			Rechnungskreis II				
	Erfolgsbereich			Abgrenzungsbereich			KLR-Bereich	
	Zahlen der Finanzbuchhaltung			Unternehmensbezogene Abgrenzungen		Kostenrechnerische Korrekturen	Zahlen der Kosten- und Leistungsrechnung	
Kto.-Nr.	Aufwend.	Erträge	Neutrale Aufwend.	Neutrale Erträge	Aufwend. lt. FiBu	Verrechnete Kosten	Kosten	Leistungen
800		9 000 000,00						9 000 000,00
871		20 000,00						20 000,00
242		60 000,00		60 000,00				
271		15 000,00		15 000,00				
243		24 000,00		24 000,00				
261		120 000,00		120 000,00				
30	5 705 000,00				5 705 000,00	5 740 000,00	5 740 000,00	
471	206 000,00		26 000,00				180 000,00	
401	1 180 000,00						1 180 000,00	
404	235 000,00						235 000,00	
491	192 000,00				192 000,00	210 000,00	210 000,00	
480	325 000,00		15 000,00				310 000,00	
426	85 000,00		6 000,00				79 000,00	
492	34 000,00				34 000,00	25 000,00	25 000,00	
42	28 000,00		4 000,00				24 000,00	
211	72 000,00				72 000,00	90 000,00	90 000,00	
20	38 000,00		15 000,00		23 000,00	18 000,00	18 000,00	
1)						150 000,00	150 000,00	
Saldo	1 139 000,00		153 000,00		207 000,00		779 000,00	
Summe	9 239 000,00	9 239 000,00	219 000,00	219 000,00	6 233 000,00	6 233 000,00	9 020 000,00	9 020 000,00

Konto:	Anmerkungen:
800	Umsatzerlöse: betriebliche Leistungen
871	Eigenverbrauch von Waren
242	Nebenerlöse: Erträge aus der Vermietung eines Betriebsgebäudes
271	Erträge aus dem Abgang von Vermögensgegenständen: Verkauf eines Lkw über Buchwert
243	Periodenfremde Erträge: Rückerstattung von Gewerbesteuer für vergangene Geschäftsjahre
5710	Zinserträge: Zinserträge aus der Anlage festverzinslicher Wertpapiere
30	Aufwendungen für Roh-, Hilfs- und Betriebsstoffe: Bewertung des Materialverbrauchs erfolgte zu Verrechnungspreisen mit 5 740 000,00 EUR
471	Fremdinstandhaltung: enthalten sind 26 000,00 EUR für Reparaturen an dem vermieteten Betriebsgebäude, Rest: Zweckaufwand
401	Löhne/Gehälter: Zweckaufwand
404	Soziale Abgaben: Arbeitgeberanteile zur Sozialversicherung
491	Abschreibungen: es wurden kalkulatorische Abschreibungen von 210 000,00 EUR angesetzt
480	Aufwendungen für Kommunikation: enthalten eine Spende in Höhe von 15 000,00 EUR an ein Kinderhilfswerk, Rest: Zweckaufwand
426	Versicherungsbeiträge: enthalten die Gebäudeversicherung für vermietetes Gebäude in Höhe von 6 000,00 EUR, Rest: Zweckaufwand
492	Abschreibungen auf Forderungen: kalkulatorisch wurden 25 000,00 EUR angesetzt
42	Betriebliche Steuern: enthalten die Grundsteuer für das vermietete Gebäude in Höhe von 4 000,00 EUR, der Rest: Zweckaufwand
211	Zinsaufwendungen: es wurden kalkulatorische Zinsen in Höhe von 90 000,00 EUR angesetzt
20	Außerordentliche Aufwendungen:
	▸ Schadenersatzforderungen eines Kunden in Höhe von 15 000,00 EUR;
	▸ Diebstahl eines nicht versicherten Materialbestandes. Für solche Risiken wurde ein kalkulatorisches Wagnis in Höhe von 18 000,00 EUR angesetzt.
1)	Kalkulatorischer Unternehmerlohn: ein geschäftsführender Gesellschafter 150 000,00 EUR

Wie werden die Ergebnisse aus der sachlichen Abgrenzung und der kostenrechnerischen Korrektur abgestimmt? Erläutern Sie dies an einem Beispiel.

Betriebsergebnis (betriebliche Erträge – Kosten)	779 000,00	Betriebsgewinn
+ Saldo aus der Differenz zwischen verrechneten kalkulatorischen Kosten und abgefilterten Aufwendungen laut FiBu	207 000,00	verrechnete Kosten > Aufwendungen
+ Saldo aus unternehmensbezogener Abgrenzung	153 000,00	neutrale Erträge > neutrale Aufwendungen
= Unternehmensergebnis (Erträge – Aufwendungen)	1 139 000,00	Erträge > Aufwendungen

1 In einem Unternehmen wird eine Ergebnistabelle
   erstellt. Der Betriebsgewinn beträgt 520 410,00 EUR,
   der neutrale Verlust 50 600,00 EUR, das Ergebnis der
   kostenrechnerischen Korrektur beträgt 20 300,00 EUR.

   Wie hoch ist das Unternehmensergebnis?

   1 591 310,00 EUR

   2 490 110,00 EUR

   3 449 510,00 EUR

   4 ein anderer Betrag

2 *Kennzeichnen Sie durch die Vergabe der Ziffern 1
   bis 5 die Reihenfolge der Arbeitsschritte bei der
   Erstellung einer Ergebnistabelle.*

   a. Zuordnen der neutralen Aufwendungen und
      Erträge in den Abgrenzungsbereich, der betrieb-
      lichen Aufwendungen und Erträge in den
      Kosten- und Leistungsbereich

   b. Kontrolle der Ergebnisse durch Aufstellen der
      Gleichung: Gesamtergebnis = Betriebsergebnis
      + Ergebnis aus der unternehmensbezogenen
      Abgrenzung + Ergebnis aus der kostenrechneri-
      schen Korrektur

   c. Vornahme der kostenrechnerischen Korrekturen

   d. Errechnen der Ergebnisse im Erfolgsbereich der
      Geschäftsbuchhaltung, im Abgrenzungsbereich,
      im Bereich kostenrechnerische Korrekturen und
      im Kosten- und Leistungsbereich

   e. Übertragen der Salden der Erfolgskonten aus der
      FiBu in die Ergebnistabelle

3 *Welche der folgenden Aussagen trifft als Begründung
   für die Durchführung einer Abgrenzungsrechnung/
   Ergebnistabelle nicht zu?*

   Tragen Sie eine 6 ein, wenn alle Aussagen zutreffen.

   1 Die Abgrenzungsrechnung weist u. a. die
      neutralen Erträge und Aufwendungen des
      Unternehmens aus.

   2 Die Abgrenzungsrechnung filtert die neutralen
      Aufwendungen und Erträge aus den gesamten
      Aufwendungen und Erträgen heraus.

   3 Die Ergebnistabelle ermöglicht eine genauere
      Aussage über die Kosten und Leistungen einer
      Periode als die Gewinn- und Verlustrechnung.

   4 Die Ergebnistabelle weist u. a. das Gesamtergeb-
      nis und das Betriebsergebnis aus.

   5 Die Zahlen der Finanzbuchhaltung spiegeln nur
      unzureichend die betriebliche Situation wider.
      Die Ergebnistabelle liefert dagegen genauere
      betriebliche Zahlen.

4 *Der Finanzbuchhaltung einer Großhandlung werden
   für eine Rechnungsperiode folgende Zahlen entnommen (Werte in TEUR):*

Umsatzerlöse:	1 420
Eigenverbrauch:	130
Mieterträge:	25
Erträge aus dem Abgang von Vermögensgegenständen:	95
Erträge aus Wertpapieren:	134
Zinserträge:	9
Aufwendungen für Waren:	410
Fremdinstandhaltung:	12
Löhne:	620
Gehälter:	180
Soziale Abgaben:	180
Abschreibungen Sachanlagen:	90
Reisekosten:	16
Gewerbesteuer:	45
Verluste aus Wertpapierverkäufen:	15

   *Von den Abschreibungen auf Sachanlagen entfallen
   10 TEUR auf vermietete Gebäude; in der Position
   Gewerbesteuer ist eine Nachzahlung für die vergangene Periode in Höhe von 15 TEUR enthalten.*

   a. Wie viel TEUR beträgt das Gesamt-
      ergebnis der Unternehmung?

   b. Wie viel TEUR betragen die
      betrieblichen Erträge?

   c. Wie viel TEUR betragen die Kosten?

   d. Wie viel TEUR beträgt das Betriebs-
      ergebnis?

   e. Wie viel TEUR beträgt das neutrale
      Ergebnis?

   f. Welche der folgenden Aussagen
      trifft auf die Ergebnissituation des
      Unternehmens zu?

      1 Das Unternehmen hat im betrieblichen
         Bereich mehr Gewinn erzielt als im neutralen
         Bereich.

      2 Das Unternehmen war im neutralen Bereich
         erfolgreicher als im betrieblichen Bereich.

5 *In einem Betrieb wurde zwischen den Zahlen
   der Finanzbuchhaltung und der Kostenrechnung
   nur eine unternehmensbezogene Abgrenzung
   vorgenommen.*

   *Das Unternehmungsergebnis beträgt
   325 810,00 EUR, das neutrale Ergebnis
   110 450,00 EUR.*

   Wie groß ist das Betriebsergebnis?

   1 436 260,00 EUR

   2 215 360,00 EUR

   3 104 910,00 EUR

   4 ein anderer Betrag

Nach welchen Gesichtspunkten lassen sich Kosten unterscheiden?

Charakter des Verzehrs	▸ Personalkosten (z. B. Gehälter, Löhne, Personalnebenkosten) ▸ Warenkosten (Wareneinsatz) ▸ Betriebsmittelkosten (z. B. Abschreibungen) ▸ Kapitalkosten (z. B. Zinsen) ▸ Kosten für Fremdleistungen (z. B. Wartung, Reparatur, Beratung) ▸ Abgaben an die öffentliche Hand und Verbände (z. B. Gewerbesteuer, Gebühren, Beiträge) ▸ Wagniskosten (z. B. Versicherungsbeiträge, kalkulatorische Wagnisse für Bestände- und Finanzen)
Zurechenbarkeit	Nach der Zurechenbarkeit auf die erstellten Leistungen (Kostenträger) werden Einzelkosten und Gemeinkosten unterschieden. ▸ **Einzelkos**ten lassen sich dem einzelnen Kostenträger genau zuordnen, z. B. Einstandspreise der bezogenen Waren, Verpackungs- und Kommissionierkosten für einen Auftrag. ▸ Gemeinkosten lassen sich den einzelnen Kostenträgern nicht direkt zuordnen, weil sie von mehreren Kostenträgern verursacht werden. Die Zurechnung kann nur über Zuschlagssätze erfolgen.
Verhalten bei schwankender Beschäftigung	▸ **Fixe Kosten** sind unabhängig von der Beschäftigung und werden auch als Kosten der Betriebsbereitschaft bezeichnet. Dazu gehören z. B. Gehälter, Mieten, Zinsen, Werbung. ▸ **Variable Kosten** sind abhängig von der Beschäftigung und damit von dem Umfang der erbrachten Leistungen eines Betriebes. Dazu gehören z. B. die Waren selbst und die Verpackung.

Stellen Sie die Kostenverläufe der fixen, variablen und der gesamten Kosten grafisch dar.

Zahlenmaterial							
	Menge	gesamte fixe Kosten	gesamte variable Kosten	gesamte Kosten	fixe Kosten je Stück	variable Kosten je Stück	gesamte Stück-kosten
	1	30 000,00	200,00	30 200,00	30 000,00	200,00	30 200,00
	50	30 000,00	10 000,00	40 000,00	600,00	200,00	800,00
	100	30 000,00	20 000,00	50 000,00	300,00	200,00	500,00
	200	30 000,00	40 000,00	70 000,00	150,00	200,00	350,00
	300	30 000,00	60 000,00	90 000,00	100,00	200,00	300,00

Stellen Sie die Verläufe der fixen Kosten insgesamt und pro Stück dar.		
Stellen Sie die Verläufe der variablen Kosten insgesamt und pro Stück dar.		
Wie verlaufen die gesamten Kosten und die gesamten Stückkosten?		

1 Ergänzen Sie unten stehende Aussagen um folgende Begriffe:

1 fixe Kosten
2 variable Kosten
3 Einzelkosten
4 Gemeinkosten

a. ... fallen an, unabhängig davon, ob der Umsatz hoch oder niedrig ist.

b. Es ist sachlich unmöglich oder aber unwirtschaftlich, ... den Kostenträgern direkt zuzurechnen.

c. ... sind unabhängig von dem Grad der Beschäftigung.

d. Für jeden Kostenträger sind die ... genau feststellbar.

2 Tragen Sie für die unten stehenden Kostenarten in der Spalte A eine
1 ein, wenn es sich um Einzelkosten handelt,
2 ein, wenn es sich um Gemeinkosten handelt.
Tragen Sie für die unten stehenden Kostenarten in der Spalte B eine
3 ein, wenn es sich dabei um fixe Kosten handelt,
4 ein, wenn es sich um variable Kosten handelt.

	A	B
a. Mieten für Büroräume		
b. Spezialtransportverpackung für optische Geräte		
c. Gehalt des Lagerleiters		
d. Kosten der Direktwerbung für ein neues Produkt		
e. Kosten für Waren		
f. Abschreibung des Auslieferungsfahrzeuges		
g. Gewerbekapitalsteuer		
h. Energieverbrauch in der Verwaltung		
i. Abschreibung für den Gabelstapler im Lager		

3 Einem Kostenrechner in einer Großhandlung liegt die Stromverbrauchsrechnung des Elektrizitätswerkes für das letzte Quartal vor.

Kennzeichnen Sie die unten stehenden Aussagen zu dieser Rechnung mit einer

1, wenn die Aussage zutrifft,
9, wenn die Aussage nicht zutrifft.

a. Bei dem in Rechnung gestellten Energieverbrauch handelt es sich um Grundkosten.

b. Die Anschlussgebühren zählen zu den fixen Kosten.

c. Unter der Voraussetzung, dass über Zähler der Verbrauch der einzelnen Abteilungen erfasst werden kann, ist eine Verteilung der Energiekosten auf Kostenstellen direkt möglich.

d. Der berechnete Energieverbrauch zählt zu den fixen Kosten.

e. Die Anschlussgebühren sind Einzelkosten.

4 Untersuchen Sie den folgenden Kostenverlauf für Verpackungsmaterialien in einem Großhandelsbetrieb.

Anzahl Aufträge	Verpackungskosten
600	3 000,00 EUR
700	3 465,00 EUR
800	3 880,00 EUR
900	4 185,00 EUR

Welche der folgenden Aussagen zu dem dargestellten Kostenverlauf trifft nicht zu?

1 Die Verpackungskosten steigen mit zunehmender Ausbringung.

2 Die Verpackungskosten je Auftrag sinken mit zunehmender Ausbringung.

3 Bei einem Rückgang der Beschäftigung steigen die Verpackungskosten je Auftrag.

4 Die Verpackungskosten je Auftrag sind bei einer Ausbringung von 800 Aufträgen geringer als bei einer Ausbringung von 700 Aufträgen.

5 Die Verpackungskosten sind proportionale Kosten.

5 Ein Großhandelsunternehmen will für seine Außendienstler Handys anschaffen. Vom günstigsten Anbieter werden zwei mögliche Tarife angeboten.
Tarif 1: Monatsgebühr 18,00 EUR,
Gebühr je Minute 0,10 EUR
Tarif 2: Monatsgebühr 30,00 EUR,
Gebühr je Minute 0,06 EUR

a. Wie viel Euro betragen die Gebühren je Handy bei einer Nutzung von ...

   aa. ... 200 Minuten bei Tarif 1?

   ab. ... 200 Minuten bei Tarif 2?

   ac. ... 400 Minuten bei Tarif 1?

   ad. ... 400 Minuten bei Tarif 2?

b. Bei welcher monatlichen Nutzung in Minuten sind die Kosten beider Tarife gleich?

6 Die Kfz-Kosten eines Auslieferungs-Lkw wurden wie folgt ermittelt:
Benzin, Ölverbrauch, Reifenverbrauch je km:
0,45 EUR
Abschreibung, Steuern, Versicherung, Zinsen je Monat: 3 360,00 EUR

Welche der folgenden Aussagen trifft bei einer monatlichen Nutzung von 9 600 km zu?

1 Die variablen Gesamtkosten belaufen sich auf 3 360,00 EUR.

2 Die gesamten Fixkosten betragen 4 320,00 EUR.

3 Die fixen Kosten je km betragen 7 680,00 EUR.

4 Die gesamten Kosten je km betragen 0,80 EUR.

5 Die gesamten Kosten je km können wie folgt errechnet werden = (9 600 : 3 360) + 0,45.

Warum ist eine Kostenstellenrechnung notwendig? Nach welchen Gesichtspunkten kann die Bildung von Kostenstellen erfolgen?

Gründe für die Bildung von Kostenstellen	Die einzelnen Waren oder Warengruppen können exakter kalkuliert werden. Dies erfolgt durch die ▸ Zuordnung der Gemeinkosten zu Kostenstellen nach dem Verursachungsprinzip; ▸ Ermittlung der Handlungskostensätze je Kostenstelle; ▸ Möglichkeit der Zurechnung von Handlungskosten und Waren oder Warengruppen in dem Verhältnis, wie sie die einzelnen Kostenstellen durchlaufen haben; ▸ Kenntnis über Kostenhöhe und -entwicklung am Entstehungsort, um gegebenenfalls kostensparende Maßnahmen zielgerichtet veranlassen zu können.
Prinzipien der Kostenstellen-bildung	Kostenstellen können gebildet werden ▸ nach Warenarten oder Warengruppen *Beispiele: Kostenstelle Textilien, Lebensmittel, Elektroartikel, Schuhe usw.* ▸ nach Verantwortungsbereichen (Funktionsbereichen) *Beispiele: Kostenstelle Einkaufs-, Lager-, Verkaufs-, Verwaltungsbereich; Filiale A, B, C usw.* Bei ungünstiger Kostenentwicklung in diesen Bereichen können die Verantwortlichen zur Rechenschaft gezogen werden. Das ist besonders wichtig für die Kostenkontrolle.

Wie erfolgt die Verteilung der Gemeinkosten mithilfe des Betriebsabrechnungsbogens (BAB)?

Begriff	Der Betriebsabrechnungsbogen ist ein Hilfsmittel für die Verteilung der Gemeinkosten auf die Kostenstellen in Form einer Tabelle.
Möglichkeiten der Kostenverteilung	▸ Verteilung nach Belegen *Beispiele: Personalkosten nach Gehaltslisten, Stromverbrauch nach Stromzählerablesung, Muster nach Materialentnahmescheinen, Reparaturkosten nach Handwerkerrechnungen* ▸ Verteilung nach Verteilungsschlüsseln Umlagenschlüssel können sein: – Umsatzzahlen wie Steuern und Abgaben, Versicherungen, abzuschreibende Forderungen, Verkaufs-erlöse – Raumgrößen wie Flächengröße für Reinigungs- und Mietkosten, Kubikmeter für Heizungs- und Belüftungskosten – Zählgrößen wie Versandspesen nach Anzahl der versandten Pakete, Bezugsspesen nach Anzahl der angelieferten Artikel – Bestandswerte wie Abschreibungen aufgrund der Anlagewerte, Lagerzinsen nach dem Wert der Warenvorräte
Arbeitsschritte zur Aufstellung eines BAB	1. Übernahme der Gemeinkosten aus dem Kosten- und Leistungsbereich der Ergebnistabelle 2. Festlegen der Verteilungsschlüssel 3. Umlage der Gemeinkosten auf die Kostenstellen (Umlageschlüssel, Belege) 4. Addition der Gemeinkosten je Kostenstelle 5. Errechnen der Handlungskostensätze Als 100-%-Basis für die Handlungskostensätze bei der Stellenbildung nach Warengruppen gilt die Summe der Einstandspreise je Warengruppe in dem Abrechnungszeitraum.
	Der im BAB ermittelte Handlungskostenzuschlagssatz wird bei der Verkaufskalkulation für die Zurechnung der Handlungskosten (Gemeinkosten) benötigt.

Monats-BAB eines Großhändlers			Kostenstellen		
Gemeinkostenarten (Handlungskosten)	**Zahlen der KR in EUR**	**Verteilungs-schlüssel**	**Metall/ Kunststoff**	**Holz/ Farben/Lacke**	**Werkzeuge/ Kleinmasch.**
Personalkosten	68 880,00	2 : 3 : 7	11 480,00	17 220,00	40 180,00
Raumkosten	32 400,00	2 : 2 : 4	8 100,00	8 100,00	16 200,00
Steuern/Abgaben/Beiträge	30 600,00	4 : 2 : 3	13 600,00	6 800,00	10 200,00
Kosten für Werbung	7 430,00	2 : 2 : 1	2 972,00	2 972,00	1 486,00
Kosten für Warenabgabe	5 184,00	3 : 4 : 1	1 944,00	2 592,00	648,00
Abschreibungen	10 458,00	3 : 2 : 1	5 229,00	3 486,00	1 743,00
Sonstige Kosten	4 950,00	4 : 4 : 3	1 800,00	1 800,00	1 350,00
Summe der Gemeinkosten	159 902,00		45 225,00	42 970,00	71 807,00
Einstandspreise Kostenträger (als Zuschlagsbasis)			270 750,00	214 850,00	287 228,00
Handlungskostenzuschlagssätze			16 %	20 %	25 %

1 **Welche der folgenden Aussagen ist kein Grund dafür, eine Kostenstellenrechnung in einem Unternehmen einzuführen?**

Tragen Sie eine 5 ein, wenn alle Gründe dafür sprechen.

1 Die Gemeinkosten sollten möglichst verursachungsgerecht den Kostenstellen zugerechnet werden.

2 Eine Kostenstellenrechnung ist eine wichtige Voraussetzung für eine wirksame Kostenkontrolle.

3 Eine Kostenstellenrechnung bietet die Möglichkeit, Gemeinkosten auch den Kostenträgern zuzurechnen.

4 Je größer das Unternehmen, desto notwendiger eine Kostenstellenrechnung.

2 **Entscheiden Sie, ob es sich bei den folgenden Kostenarten um**

1 *Einzelkosten,*
2 *Gemeinkosten (Handlungskosten)*

handelt.

a. Mieten

b. Spezialverpackung

c. Gehälter

d. Kosten für Werbung

e. Warenkosten

f. Abschreibungen

g. Steuern

h. Transportversicherung

i. Heizungskosten

3 **Kennzeichnen Sie unten stehende Aussagen mit einer**

1, *wenn diese zutreffen,*
9, *wenn diese nicht zutreffen.*

a. Der Betriebsabrechnungsbogen (BAB) dient nur dazu, die Handlungskostenzuschlagssätze für die Kalkulation zu ermitteln.

b. Aufgabe der Kostenartenrechnung ist es, die Kosten den Stellen der Verursachung zuzurechnen.

c. Aufgabe des BAB sind die Kostenkontrolle und die Ermittlung der Handlungskostenzuschlagssätze für die Kalkulation.

d. Handlungskosten sind dem Kostenträger direkt zurechenbar.

e. Fixe Kosten fallen nur bei einem hohen Beschäftigungsgrad an.

f. Die Kosten für die Ware selbst sind immer Gemeinkosten.

g. Variable Kosten sind hauptsächlich Einzelkosten.

4 **Welcher der folgenden Bruchsätze trifft auf die Errechnung des Handlungskostenzuschlagssatzes zu?**

1 $\dfrac{\text{Einstandspreise der Waren pro Kostenstelle} \cdot 100}{\text{Handlungskosten je Kostenstelle}}$

2 $\dfrac{\text{Handlungskosten je Kostenstelle}}{\text{Einstandspreise der Waren pro Kostenstelle} \cdot 100}$

3 $\dfrac{\text{Handlungskosten je Kostenstelle} \cdot 100}{\text{Einstandspreise aller Waren}}$

4 $\dfrac{\text{Handlungskosten je Kostenstelle} \cdot 100}{\text{Einstandspreise der Waren pro Kostenstelle}}$

5 **Auf der Kostenstelle Lager einer Großhandlung sind im Lauf einer Abrechnungsperiode 415 800,00 EUR Gemeinkosten entstanden. In diesem Zeitraum wurden Waren zu Einstandspreisen von 2,52 Mio. EUR durch das Lager geschleust.**

Kennzeichnen Sie die folgenden Aussagen dazu mit einer

1, *wenn die Aussage zutrifft,*
9, *wenn die Aussage nicht zutrifft.*

a. Der Handlungskostenzuschlag des Lagers beträgt 165 %.

b. Der Handlungskostenzuschlag wird benötigt, um die im Lager angefallenen Gemeinkosten im Rahmen der Kalkulation den Einstandspreisen zuzuschlagen.

c. Im Rahmen der Wirtschaftlichkeitskontrolle kann durch den Vergleich der Handlungskostenzuschläge ermittelt werden, ob das Lager effektiver oder weniger effektiv als in Vorperioden gewirtschaftet hat.

d. Der Handlungskostenzuschlag des Lagers beträgt 16,5 %.

6 **In der Kostenrechnung eines Großhandels soll erstmals ein BAB aufgestellt werden. Es sollen folgende Gemeinkostenarten verteilt werden:**

1 *Gehälter*
2 *Stromkosten*
3 *Heizungskosten*
4 *Abschreibungen*
5 *Fremdinstandhaltung*
6 *Miete*

Ordnen Sie diese Kostenarten den nachstehenden Verteilungskriterien zu.

a. Raumquadratmeter

b. Belege

c. Personalkostenstatistik

d. Raumkubikmeter

e. Anlagendatei

f. Zählerwerte

Geben Sie einen Überblick über die verschiedenen Kostenrechnungssysteme der KLR.

Kostenrechnungssysteme sind eine zur Erfüllung bestimmter Rechnungszwecke bzw. -bereiche entwickelte Gesamtheit von Regeln zur Erfassung, Speicherung und Auswertung von Kosten.

Kostenrechnungssysteme
werden unterschieden nach

dem Umfang der verrechneten Kosten		dem zeitlichen Bezug der Kostengrößen		
Vollkostenrechnung	**Teilkostenrechnung**	**Istkostenrechnung**	**Normalkosten-rechnung**	**Plankostenrechnung**
In der Vollkostenrechnung werden alle Kosten eines Kostenträgers bis zu den Selbstkosten ermittelt.	Sie unterteilt die Kosten in fixe und variable Kosten. Den einzelnen Kostenträgern werden nur die variablen Kosten zugerechnet.	Die Istkostenrechnung ist eine vergangenheitsbezogene Kostenrechnung. Sie dient vor allem der Nachkalkulation von Kostenträgern.	Den Kostenträgern werden normierte Kosten zugerechnet, die zumeist aus Vergangenheitswerten abgeleitet sind.	Die Kosten werden auf der Basis der Planbeschäftigung geplant und erlauben gegenüber anderen Systemen eine gute Kostenkontrolle.

Stellen Sie die Deckungsbeitragsrechnung als System der Teilkostenrechnung dar.

Problematik der Vollkostenrechnung	▶ In der Vollkostenrechnung sind die Kosten die Grundlage für die Preisbildung. Der Verkaufspreis wird jedoch vom Markt bestimmt. Ein starres Festhalten an einem einmal kalkulierten Preis führt deshalb zu unternehmerischen Fehlentscheidungen. ▶ Bei Beschäftigungsschwankungen, insbesondere bei Unterbeschäftigung, werden über die Zuschlagssätze zu wenig Kosten verrechnet.
Deckungsbeitragsrechnung	Die Deckungsbeitragsrechnung gliedert die Kosten konsequent in fixe und variable Bestandteile. Sie ermittelt das Betriebsergebnis, indem sie von den Erlösen zunächst die variablen Kosten abzieht und dann erst die fixen Kosten.
Deckungsbeitrag	Der Deckungsbeitrag ist der Betrag, der nach Abzug der variablen Kosten vom Erlös übrig bleibt. Er dient dazu, die fixen Kosten und den Gewinn zu decken.

Anwendungsbereiche der Deckungsbeitragsrechnung	▶ Annahme von Zusatzaufträgen: Kurzfristig können Zusatzaufträge angenommen werden, wenn die Erlöse größer sind als die variablen Kosten. Dabei gilt:
	  – kurzfristige Preisuntergrenze = variable Kosten;
	  – langfristige Preisuntergrenze = Selbstkosten.
	▶ Optimale Sortimentsgestaltung: Es werden diejenigen Projekte vordringlich verkauft, die den höchsten Deckungsbeitrag erbringen.

Erläutern Sie an Beispielen die Einsatzmöglichkeiten der Deckungsbeitragsrechnung.

Anwendung	Annahme eines Zusatzauftrages	Aktionskalkulation
Problem	Ein Elektrogerätegroßhändler erhält die Anfrage eines Installateurs, der ein neu gebautes Seniorenheim mit 40 Kleinküchen ausstatten soll. Einen Satz der erforderlichen Geräte kann der Großhändler für 600,00 EUR beschaffen. Seine variablen Handlungskosten betragen 20 % vom Einstandspreis. Die fixen Kosten des Auftrages würden sich auf 1 300,00 EUR belaufen. Der Installateur bietet einen Sonderpreis von 800,00 EUR je Einheit. Der Normalpreis beträgt 840,00 EUR. Soll der Großhändler den Auftrag annehmen?	Ein Elektrogerätegroßhändler will eine Espressomaschine, deren Verkaufspreis regulär 60,00 EUR beträgt, in einer Sonderaktion zu einem besonders niedrigen Preis verkaufen. Er rechnet mit fixen Kosten der Aktion (z. B. Werbung) von 2 180,00 EUR. Der Einstandspreis der Espressomaschine beträgt 41,00 EUR. Wie viele Geräte muss er mindestens absetzen, wenn er an der Aktion 1 600,00 EUR verdienen will und den Verkaufspreis auf 50,00 EUR festsetzt?
Lösung	Umsatzerlöse (40 · 800) 32 000,00 EUR – Wareneinsatz (40 · 600) 24 000,00 EUR = Deckungsbeitrag I 8 000,00 EUR – var. Handlungskosten (20 % v. EK) 4 800,00 EUR = Deckungsbeitrag 2 3 200,00 EUR – Fixkosten des Auftrages 1 300,00 EUR = Gewinn des Auftrages 1 900,00 EUR Fazit: Durch die Annahme des Zusatzauftrages erlangt der Großhändler einen zusätzlichen Gewinn in Höhe von 1 900,00 EUR.	Verkaufspreis 50,00 EUR – Einstandspreis 41,00 EUR = **Deckungsbeitrag I** 9,00 EUR Fixkosten der Aktion 2 180,00 EUR + geforderter Gewinn 1 600,00 EUR = **durch DB abzudecken** 3 780,00 EUR Anzahl der zu verkaufenden Einheiten: 3 780 : 9 = 420 Stück Fazit: Bei einem Verkaufspreis von 50,00 EUR und einem Absatz von 420 Stück werden die Bedingungen erfüllt.

1 Ordnen Sie die folgenden Kostenrechnungssysteme den unten stehenden Aussagen zu, indem Sie die Ziffer vor dem zutreffenden System in das Kästchen hinter der entsprechenden Aussage eintragen.
1 Istkostenrechnung
2 Normalkostenrechnung
3 Plankostenrechnung
Tragen Sie eine (9) ein, wenn die Aussage auf mehr als nur ein Kostenrechnungssystem zutrifft.

a. Es werden zukünftige Werte als Basis einer angenommenen Beschäftigung zugrunde gelegt.

b. Kostenüber- bzw. Kostenunterdeckungen können als Differenz zwischen verrechneten und tatsächlichen Gemeinkosten entstehen.

c. Es werden ausschließlich Vergangenheitswerte verarbeitet.

d. Es werden Verbrauchsabweichungen ermittelt, die eine verbesserte Kostenkontrolle ermöglichen.

e. Dieses System dient vor allem der Nachkalkulation von Aufträgen.

f. Dieses System dient der Vorkalkulation von Aufträgen oder Produkten.

g. Dieses System bedient sich durchschnittlicher Vergangenheitswerte.

2 Bei dem Absatz von 40 000 Stück eines Artikels betragen die Verkaufserlöse 6,00 EUR je Stück, die Fixkosten 120 000,00 EUR und die variablen Kosten 0,40 EUR je 1,00 EUR Umsatz.
Berechnen Sie ...

a. ... den Deckungsbeitrag insgesamt und je Stück.

b. ... den Absatz, bei dem das Unternehmen keinen Gewinn und keinen Verlust erzielt (Break-even-Point/Nutzenschwelle).

c. ... den erforderlichen Umsatz, wenn 1,50 EUR Gewinn je Stück erzielt werden sollen.

3 Ein Sportartikelimporteur will einen Tennisschläger, dessen Verkaufspreis regulär 30,00 EUR beträgt, in einer Sonderaktion zu einem besonders niedrigen Preis verkaufen. Er rechnet mit fixen Kosten der Aktion (z. B. Werbung) von 1 090,00 EUR.
Der Einstandspreis eines Tennisschlägers beträgt 17,50 EUR, die sonstigen variablen Kosten betragen 3,00 EUR je verkaufte Einheit.

a. Wie viele Tennisschläger muss er mindestens absetzen, wenn er an der Aktion 800,00 EUR verdienen will und den Verkaufspreis auf 25,00 EUR festsetzt.

b. Ermitteln Sie unter sonst gleichen Bedingungen den Verkaufspreis, den der Importeur erzielen muss, wenn er 600 Stück verkaufen will. (Lösungshinweis: Es muss zunächst die Kostensumme aus den variablen Kosten von 600 Stück, den fixen Kosten und dem Gewinn ermittelt werden.)

4 Ein Importeur, der Campingstühle vertreibt, ist auf eine Kapazität von 20 000 Stück monatlich ausgelegt. Die Kostenrechnung lieferte für den vergangenen Abrechnungsmonat folgende Daten:
Absatz: 14 800 Stück
variable Gesamtkosten: 222 000,00 EUR
fixe Gesamtkosten: 169 000,00 EUR

Das Unternehmen rechnet zukünftig damit, dass bei gleichbleibender Kostensituation 15 000 Stück monatlich zum Preis von 32,00 EUR pro Stück abgesetzt werden können.

a. Wie viel Euro beträgt das Betriebsergebnis bei der zu erwartenden Absatzlage?

b. Zu welchem kostendeckenden Preis könnten die 15 000 Stück monatlich theoretisch abgesetzt werden?

c. Es liegt die Anfrage eines Händlers über die Abnahme von zusätzlich 5 000 Stück über eine Sonderaktion vor. Die Preisvorstellung des Händlers liegt jedoch bei 25,00 EUR netto. Um wie viel Euro würde sich das Betriebsergebnis bei Annahme des Auftrages verändern?

d. Auf welchen Preis könnte der Importeur im Rahmen eines Zusatzauftrages absolut heruntergehen (kurzfristige Preisuntergrenze), ohne einen Verlust zu erzeugen?

5 Kennzeichnen Sie unten stehende Aussagen mit einer

1, wenn die Aussage zutrifft,
9, wenn die Aussage nicht zutrifft.

a. Der Deckungsbeitrag dient ausschließlich zur Deckung des unternehmerischen Gewinns.

b. Bei der Deckungsbeitragsrechnung werden den Produkten nur die variablen Kosten zugerechnet.

c. Die Summe der Deckungsbeiträge aller Produkte eines Unternehmens dient zur Deckung der fixen Kosten und des unternehmerischen Gewinns.

d. Alle Teilkostenrechnungssysteme basieren auf einer konsequenten Trennung von Einzelkosten und Gemeinkosten.

e. Die Differenz zwischen Erlösen und variablen Kosten wird als Deckungsbeitrag bezeichnet.

f. In der Vollkostenrechnung werden aufgrund von Beschäftigungsschwankungen u. U. zu wenig oder zu viel Gemeinkosten verrechnet.

g. Die kurzfristige Preisuntergrenze liegt dort, wo die Erlöse gerade noch die fixen Kosten decken.

Erläutern Sie Begriff und Aufgaben des Controllings in einem Unternehmen.

Begriff	Controlling gehört in einem modernen Unternehmen heute zu den wichtigsten Funktionen. Der Begriff darf keineswegs mit dem deutschen Wort „Kontrolle" übersetzt werden. Vielmehr beinhaltet es vorwiegend die Merkmale der **Steuerung**. Aufgabe des Controllers ist es, das gesamte Entscheiden und Handeln durch eine entsprechende Aufbereitung von Informationen ergebnisorientiert auszurichten.

Zielsetzung, Planung und Kontrolle	▸ Jede Planung setzt zunächst **konkrete Ziele** voraus. Dazu gehört es, dass diese Ziele
	  – spezifisch benannt werden, z. B. Umsatzsteigerung, Kostensenkung,
	  – messbar gemacht werden, z. B. 15 % Steigerung, Senkung um 50 000,00 EUR,
	  – angemessen sein müssen, d. h. von den Mitarbeitern auch akzeptiert werden,
	  – realistisch sind, d. h. von den Mitarbeitern auch erreichbar sein können,
	  – terminierbar sind, z. B. bis Ende des Jahres, innerhalb von vier Wochen.
	▸ Für alle Bereiche des Unternehmens müssen anhand der angestrebten Ziele **Handlungsalternativen** entwickelt und ausgewählt sowie die daraufhin erwarteten Ergebnisse geplant werden.
	▸ Die angestrebten Ziele werden nach Abteilungen in **Budgets** umgesetzt. Dies sind sowohl Planwerte für die Leistungen der einzelnen Abteilungen (z. B. Umsatz) als auch Vorgaben für die Kosten.
	▸ Im laufenden Betrieb muss ständig überwacht werden, ob die Planwerte erreicht werden. Dies geschieht mithilfe des **Soll-Ist-Vergleichs**.
	▸ Bei festgestellten negativen **Abweichungen** müssen Maßnahmen vorgeschlagen und ergriffen werden, um in der Durchführung gegenzusteuern oder um neue realistische Planwerte zu erhalten. Bei positiven Abweichungen müssen die auslösenden Effekte verstärkt werden.

Informationen	Die Unternehmensleitung und alle anderen Entscheidungsträger (z. B. Abteilungsleiter) benötigen für ihre Entscheidungen umfassende Informationen über die Ergebnisse früherer Entscheidungen (Kontrollinformationen) sowie Informationen, die für zukünftige Prozesse und Entscheidungen erforderlich sind (Planungsinformationen). In diesem Zusammenhang stellt der Controller erforderliche Daten, Methoden und Modelle sowie Handlungsalternativen in Berichten möglichst informativ dar (s. u.).

Geben Sie einen Überblick über die Instrumente, mit denen der Controller in einem Unternehmen in den verschiedenen Bereichen Steuerungsaufgaben erfüllen kann.

Absatzcontrolling	▸ **ABC-Analyse nach Kunden** Die Anteile der Umsätze der einzelnen Kunden am Gesamtumsatz einer Periode werden in Prozent ausgedrückt und nach der Höhe sortiert. Die größten Kunden, die 75 % des Gesamtumsatzes erbringen (es sind zumeist ca. 5 bis 10 % aller Kunden), gelten als A-Kunden, die B-Kunden machen etwa 20 % des Gesamtumsatzes aus, die C-Kunden dagegen nur noch ca. 5 %. Den A-Kunden ist eine besondere Aufmerksamkeit zu widmen. ▸ **ABC-Analyse nach Produkten** Hierbei werden die Anteile der Umsätze je Produkt in Prozent vom Gesamtumsatz in eine Rangreihe gebracht und nach A-Produkten (ca. 75 %), B-Produkten (ca. 20 %) und C-Produkten (ca. 5 %) gruppiert. Diese Analyse ist ein wichtiges Instrument zur Sortimentssteuerung. Produkte, die im C-Bereich angesiedelt sind, gelten häufig als Kandidaten für eine Sortimentsbereinigung, während Produkte im A-Bereich besonders zu fördern sind. ▸ **Deckungsbeitragsrechnung** Dieses Instrument kann für die Kalkulation von Zusatzaufträgen, für die Bestimmung von Preisuntergrenzen bei stark unter Konkurrenz stehenden Aufträgen eingesetzt werden.
Beschaffungs-controlling	▸ **ABC-Analyse nach Lieferanten** Eine ABC-Analyse nach Lieferanten liefert Erkenntnisse darüber, wie stark der Einkauf sich an einzelne Lieferanten bindet. Sind es also nur wenige Lieferanten, mit denen das Unternehmen mehr als 70 % Umsatz macht, lohnt sich eine enge Zusammenarbeit mit diesen Unternehmen. ▸ **Optimale Bestellmenge** Um die Kosten der Lagerhaltung und die Kosten der Beschaffung zu minimieren, wird ermittelt, wie häufig eine Warenposition mit welcher Menge pro Bestellung bestellt wird. Allerdings ergeben sich in der Praxis vielfach Abweichungen von einer theoretisch optimalen Bestellmenge, weil Packungsgrößen, saisonale Schwankungen, Rabattstaffeln oder Mindestbestellmengen eine andere Menge sinnvoll erscheinen lassen.
Lagercontrolling	▸ **Lagerhaltungskostenanalyse,** siehe Seite 111 ▸ **Lagerkennziffern,** siehe Seiten 29, 112 ▸ **Renner-/Penner-Listen,** siehe Seite 71
Personalcontrolling	▸ **Personalkostenanalyse** Im Rahmen dieser Analyse werden die wichtigsten Einflussfaktoren auf die Personalkosten dargestellt, insbesondere die Bruttolöhne und -gehälter sowie die Personalnebenkosten. ▸ **Personalstrukturanalyse** In dieser Analyse werden Kennzahlen wie Anteil der Angestellten oder Anteil der gewerblichen Arbeitnehmer in Prozent, Leitungsspanne, Durchschnittsalter, Ausbildungsquote, Frauenquote und andere Kennzahlen ermittelt, um Informationen für die Personalentwicklung und für die Personaleinsatzplanung zu erhalten.

1 Im Rahmen einer ABC-Analyse sollen Sie die Einkaufsdaten der Artikelgruppe Verbindungselemente aus dem vergangenen Jahr analysieren. Vervollständigen Sie zu diesem Zweck die unten dargestellte Tabelle und kennzeichnen Sie dann die folgenden Behauptungen mit einer
   1, wenn die Aussage zutrifft,
   9, wenn die Aussage nicht zutrifft.

   a. Es ist unerheblich, ob eine Ware zu den A-, B- oder C-Artikeln gehört. Es müssen für alle Artikel die Möglichkeiten des beschaffungspolitischen Instrumentariums ausgeschöpft werden.
   b. M02, M06 und M08 machen zusammen 73,3 % des Gesamtwertes aus, jedoch nur 16,1 % der gesamten Stückzahlen.
   c. Zu den C-Artikeln zählen M13, M03, M10, M09 und M07, da sie nur 5,15 % des Gesamtwertes ausmachen, aber 44,2 % der gesamten Stückzahlen.
   d. M02, M06 und M08 und M02 sind die A-Artikel.
   e. Für die C-Artikel sollte bei jeder Bestellung ein Angebotsvergleich vorgenommen werden.

2 Die Verkaufsstatistik der vergangenen Abrechnungsperiode weist für einen Elektronikgroßhandel folgende Zahlen aus:

   Gesamtumsatz: 7 673 400,00 €
   Anzahl der ausgelieferten Aufträge: 5 292
   Anzahl der Mitarbeiter im Lager: 25
   Das Unternehmen beliefert 840 Kunden.

   a. Wie viele Aufträge wurden in der vergangenen Periode je Kunde abgefertigt?
   b. Wie viel Euro beträgt die Auftragsgröße?
   c. Um wie viel Euro würde sich der Umsatz insgesamt erhöhen, wenn unter sonst gleichen Bedingungen 20 neue Kunden gewonnen würden?
   d. Berechnen Sie die Produktivität der Mitarbeiter nach der Anzahl der bearbeiteten Aufträge.

3 Der Controller eines Großhandelsunternehmens erhält von der Buchhaltung folgende Zahlen über das vergangene Jahr zur Verfügung gestellt (Werte in TEUR):

   Warenbestand am 01.01.   1 200
   Warenbestand am 31.12.   1 280
   Wareneingang   6 280
   Umsatzerlöse   8 990

   Ermitteln Sie aus den genannten Werten für das vergangene Jahr ...

   a. ... den Wareneinsatz in TEUR.
   b. ... den Jahresrohgewinn in TEUR.
   c. ... den Kalkulationszuschlagssatz in %.
   d. ... den durchschnittlichen Lagerbestand in TEUR.
   e. ... die Umschlagshäufigkeit.
   f. ... die durchschnittliche Lagerdauer in Tagen.

4 Die Personalabteilung stellt für das vergangene Jahr folgende Zahlen zur Verfügung:

   Personalbestand am 01.01.   240 MA
   Abgänge im gesamten Jahr   12 MA
   Zugänge im gesamten Jahr   16 MA
   Personalbestand am 31.12.   244 MA
   Anzahl Angestellte am 31.12.   224 MA
   Anzahl Auszubildende am 31.12.   36 MA
   Anzahl der weiblichen MA am 31.12.   156 MA

   Ermitteln Sie aus diesen Personalzahlen folgende Kennzahlen:

   a. Frauenquote in %
   b. Ausbildungsquote in %
   c. Angestelltenquote in %
   d. Fluktuationsquote in %
   e. durchschnittlicher MA-Bestand

Material-Nr.	Stück	Stück in %	Wert/Stück	Wert	Wert in %	ABC
M01	6 000		4,00			
M02	1 000		220,00			
M03	500		20,00			
M04	2 000		10,00			
M05	3 000		5,00			
M06	1 000		100,00			
M07	200		5,00			
M08	3 000		50,00			
M09	1 000		2,00			
M10	8 000		1,00			
M11	400		40,00			
M12	600		30,00			
M13	4 000		3,00			
M14	300		150,00			
Gesamt	31 000	100,0			100,0	

Stellen Sie den Regelkreis des Controllings grafisch dar und erläutern Sie die einzelnen Stationen.

Grafische Darstellung	
Zielsetzung	Die Zielsetzung wird in der Regel von der Unternehmensleitung vorgenommen. Sie fließt jedoch als Anfangsgröße in den Regelkreis des Controllings ein. Ziele müssen, damit ihre Zielerreichung später kontrolliert werden kann, sowohl hinsichtlich der verschiedenen Dimensionen Qualität, Quantität, Zeit und Raum als auch in Bezug auf ihr gewünschtes Ausmaß (Menge, absolute Größen, relative Größen) definiert sein. *Beispiel: Der Absatz im Sortimentsbereich Küchengeräte soll im Zeitraum Januar bis Juni im Verkaufsgebiet Ostwestfalen gegenüber dem Vorjahr um 6 % gesteigert werden. Bei dieser Zielformulierung wissen alle Beteiligten, worum es geht.*
Planung	Planung ist die gedankliche Vorwegnahme dessen, was zukünftig gewollt ist. Sie hat sich am Zielsystem des Unternehmens auszurichten und erfüllt in jedem Betrieb drei Aufgaben: ▶ Sie verfolgt eine gedankliche Durchdringung der betrieblichen Zusammenhänge und schafft Handlungsspielräume. ▶ Sie dient als Grundlage für die Steuerung der betrieblichen Verwirklichung der Ziele. ▶ Sie wird als Vergleichsmaßstab benötigt und ist damit Grundlage für die spätere Kontrolle.
Entscheidung	Eine Entscheidung ist eine Auswahl einer Handlung aus einer bestimmten Menge verfügbarer Alternativen unter Berücksichtigung der betrieblichen Umwelt. Entscheidungen können langfristige (Eigen- oder Fremdlager, Rechtsform) oder kurzfristige Wirkungen (Bestellmenge/Lieferant) haben.
Information	Das Controlling hat die Entscheidungsträger und wichtige Mitarbeiter über die Planung anhand geeigneter Unterlagen zu informieren. Dazu geeignet sind Monatsberichte und Statistiken.
Steuerung	Die Informationen über die Zielerreichung geben ständig Impulse, um im laufenden Geschäftsprozess den Fehlentwicklungen entgegenzusteuern. Steuerungsinformationen sind z. B. Umsatz- und Lagerstatistiken, Reklamationsberichte, Befragungen zur Kundenzufriedenheit etc.
Kontrolle/Analyse	Die Kontrolle hat die Aufgabe, am Ende der Planungs- bzw. Abrechnungsperiode die aufgrund der Planungen und Entscheidungen realisierten Arbeitsprozesse und erreichten Ergebnisse daraufhin zu überprüfen, ob sie mit den gewünschten Ergebnissen übereinstimmen. Ergeben sich bei der Soll-Ist-Analyse Abweichungen, sind diese auf ihre Ursachen hin zu analysieren. Dabei geht es in erster Linie nicht um die Schuldfrage, sondern um am Problem orientierte zielführende Maßnahmen. Ohne Analyse würden zukünftig die gleichen Fehler evtl. wieder gemacht.

Welche Besonderheiten weist die Plankostenrechnung als Instrument des Controllings auf?

Beschäftigung	Die Plankostenverrechnung legt eine bestimmte Planbeschäftigung zugrunde und plant auf dieser Basis die Kosten. Aufgrund von Vergleichen der Istbeschäftigung mit der Planbeschäftigung lassen sich aufschlussreiche Abweichungen ermitteln.	
Plankosten	(geplante variable Kosten/ME · Planbeschäftigung) + geplante Fixkosten	
Plankosten-verrechnungssatz	$\dfrac{\text{Plankosten}}{\text{Planbeschäftigung}}$	
Verrechnete Plankosten	Plankostenverrechnungssatz · Istbeschäftigung	
Sollkosten	(variable Plankosten/ME) · Istbeschäftigung + geplante Fixkosten	
Abweichungs-analyse	Im Rahmen des Soll-Ist-Vergleichs werden am Ende der Abrechnungsperiode die verschiedenen Größen miteinander verglichen und analysiert.	
	Gesamt-abweichung	gesamte Istkosten der Periode – verrechnete Plankosten der Periode (Gesamtabweichung = Beschäftigungsabweichung + Verbrauchsabweichung)
	Verbrauchs-abweichung	Istkosten > Sollkosten = negative Verbrauchsabweichung (unwirtschaftlich gearbeitet) Istkosten < Sollkosten = positive Verbrauchsabweichung (gut gewirtschaftet)
	Beschäftigungs-abweichung	Sollkosten < verrechnete Plankosten = positive Beschäftigungsabweichung Sollkosten > verrechnete Plankosten = negative Beschäftigungsabweichung Beschäftigungsabweichungen hat der Vertrieb zu vertreten, da die geplante Beschäftigung nicht erreicht wurde. Es handelt sich dabei entweder um zu viel verrechnete Fixkosten (positive BA) oder zu wenig verrechnete Fixkosten aufgrund Unterauslastung (negative BA).

1 *Der Inhaber einer Großhandlung formuliert in den Jahresplanungsgesprächen mit dem Controller folgendes Ziel:*
„Ich will, dass unsere Kapitalbindung im Lager im nächsten Jahr nachhaltig gesenkt wird."

Welche der folgenden Überlegungen zu dieser Zielformulierung trifft zu?

1 Ziele, die das Lager betreffen, kann nur der Lagerleiter formulieren, weil er diese auch verantworten muss.

2 Die Art der Zielformulierung ist falsch. Besser wäre es, die durchschnittlichen Lagerbestände als Zieldimension anzugeben.

3 Die Aussage ist wenig hilfreich. Es wäre effektiver gewesen, gleich eine Senkung der Zinsen zu fordern, da damit sowohl die Kapitalbindung als auch die anvisierten Zinssätze geplant werden könnten.

4 Das Ausmaß in dieser Zielformulierung fehlt, da der betreffende Bereich nicht weiß, um wie viel die Kapitalbindung gesenkt werden soll.

2 *Für die Kostenstelle Kommissionierung von Kleinaufträgen werden in einer Großhandlung folgende Kosten geplant:*

Planbeschäftigung	*400 Stunden/Monat*
Istbeschäftigung	*320 Stunden/Monat*
gesamte Plankosten	*28 000,00 EUR*
davon fixe Kosten	*12 000,00 EUR*
Istkosten	*22 600,00 EUR*

Ordnen Sie die folgenden Beträge den unten stehenden Begriffen zu.

1   *22 400,00 EUR*
2   *– 2 400,00 EUR*
3   *24 800,00 EUR*
4   *12 800,00 EUR*
5   *40,00 EUR*
6   *70,00 EUR*
7   *– 2 600,00 EUR*
8   *2 200,00 EUR*
9   *200,00 EUR*
10 *400,00 EUR*

a. Plankostenverrechnungssatz

b. verrechnete Plankosten bei Istbeschäftigung

c. Sollkosten der Istbeschäftigung

d. Gesamtabweichung

e. Beschäftigungsabweichung

f. Verbrauchsabweichung

3 *Ordnen Sie die folgenden Ergebnisse/Begriffe den unten stehenden Aussagen zu.*

1 *verrechnete Plankosten*
2 *Sollkosten*
3 *Gesamtabweichung*
4 *negative Verbrauchsabweichung*
5 *positive Verbrauchsabweichung*
6 *negative Beschäftigungsabweichung*
7 *positive Beschäftigungsabweichung*

a. Diese Größe entsteht, wenn die Istkosten größer sind als die Sollkosten.

b. Diese Größe entsteht bei Unterbeschäftigung.

c. Diese Größe entsteht, wenn mehr fixe Kosten verrechnet werden konnten, als ursprünglich geplant.

d. Um diese Größe zu erhalten, wird der Plankostenverrechnungssatz mit der Istbeschäftigung multipliziert.

e. Sie ergeben sich, wenn man die variablen Plankosten je Stück mit der Istbeschäftigung multipliziert und die geplanten Fixkosten hinzufügt.

f. Diese Größe ergibt sich, wenn die Istkosten geringer ausfallen als die Sollkosten.

g. Diese Größe ist das Ergebnis der Differenz zwischen den verrechneten Plankosten und den Istkosten.

4 *Kostenrechnungssysteme werden u. a. unterschieden nach dem*

1 *Umfang der verrechneten Kosten,*
2 *zeitlichen Bezug der Kostengrößen.*

Ordnen Sie die Ziffern in Klammern den folgenden Kostenrechnungssystemen zu.

a. Istkostenrechnung

b. Vollkostenrechnung

c. Plankostenrechnung

d. Normalkostenrechnung

e. Teilkostenrechnung

5 *Ein sinnvolles Instrument des Controllers ist u. a. die Nutzwertanalyse.*

Für welche der einzelnen Stufen im Controlling-Kreislauf wird dieses Instrument vorwiegend eingesetzt?

1 Zielfindung

2 Planung

3 Entscheidung

4 Steuerung

5 Information

6 Kontrolle

Welchen Zweck erfüllt die Betriebsstatistik?

Aufgabe	Die Betriebsstatistik trägt Zahlenmaterial aus allen Bereichen des Betriebes zusammen, ordnet die Zahlen, stellt sie möglichst grafisch dar und bietet damit Möglichkeiten für ▸ den innerbetrieblichen Vergleich (Entwicklung der Kosten, des Umsatzes usw.); ▸ den außerbetrieblichen Vergleich (eigene Kosten, Umsatzzahlen, Personalbestandsdaten im Verhältnis zu Daten ähnlicher Unternehmen). Die Daten der Statistik werden ausgewertet und bilden die Grundlage für Planungen und Entscheidungen.
Arten	Einkaufs-, Verkaufs-, Lager-, Personal-, Finanz-, Werbe-, Kunden-, Artikelgruppenstatistik usw.

Wie können Statistiken besonders anschaulich gemacht werden?

Darstellungsformen	▸ Tabellen: Zunächst wird das Zahlenmaterial in tabellarischer Form dargestellt und zusammengefasst. ▸ Grafische Darstellungen: Die Tabellen können in anschauliche grafische Darstellungen in Form von Diagrammen umgeformt werden.
Arten grafischer Darstellungen	▸ Linien- oder Kurvendiagramme dienen häufig zur Veranschaulichung von Trends. ▸ Balken- oder Säulendiagramme eignen sich zur Verdeutlichung absoluter Werte zu Vergleichszwecken. ▸ Kreis- oder Tortendiagramme werden gewählt, wenn die Struktur eines Gesamtwertes dargestellt werden soll. ▸ Flächendiagramme in Rechteck-, Dreieck- oder Quadratform werden verwendet, um einige wenige Zahlenwerte miteinander zu vergleichen.
Beispiel 1: *Die Personalkostenstatistik der letzten 6 Monate enthält folgende Werte:* *Monat: Kosten in TEUR* *Januar 160* *Februar 135* *März 145* *April 147* *Mai 150* *Juni 165*	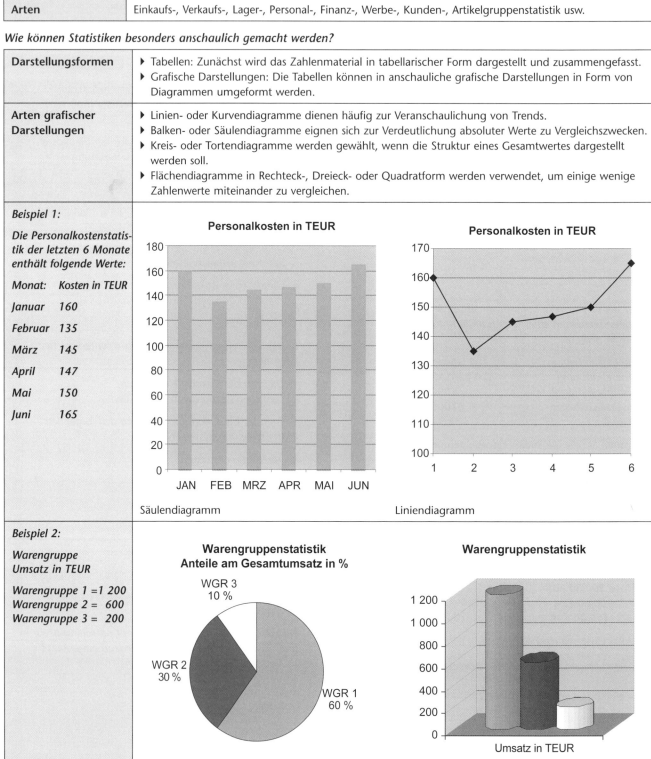
Beispiel 2: *Warengruppe Umsatz in TEUR* *Warengruppe 1 =1 200* *Warengruppe 2 = 600* *Warengruppe 3 = 200*	

1 Sie haben die Aufgabe, anhand der Umsatzzahlen der letzten 24 Monate die Umsatzentwicklung möglichst anschaulich darzustellen.

 Welche Form wählen Sie?

 1 Flächendiagramm als Rechteckform

 2 Kreisdiagramm

 3 Kurvendiagramm

 4 Säulendiagramm

2 Es sind die prozentualen Anteile einiger Artikelgruppen am Gesamtumsatz als Kreisdiagramm zu verdeutlichen. Geben Sie mithilfe der Zahlen 1–4 die Reihenfolge der einzelnen Arbeitsschritte an.

 a. Diagramm-Quelldaten bestätigen oder ändern

 b. Tabelle im Excel-Arbeitsblatt markieren

 c. Diagrammoptionen (Titel, Legende etc.) festlegen

 d. Diagrammtyp „Kreisdiagramm" auswählen

 e. Diagrammplatzierung wählen

3 Ordnen Sie die folgenden Begriffe den Lücken in den unten stehenden Beschreibungen zu.

 1 Balkendiagramm

 2 Kurvendiagramm

 3 Tortendiagramm

 a. Das … dient häufig zur Veranschaulichung von Trends.

 b. Das … wird eingesetzt, um die Struktur eines Gesamtwertes darzustellen.

 c. Das … dient häufig zum Vergleich einiger absoluter Werte.

4 Sie haben im Excel-Arbeitsblatt eine Statistik von 15 Filialen jeweils mit ihren gesamten Erträgen und Kosten angelegt. Welcher der folgenden Standpunkte führt vermutlich zu der besten Information für den Vertriebsleiter?

 1 Ich wähle das Balkendiagramm, so habe ich die Filialen untereinander, das bietet eine bessere Vergleichbarkeit und mehr Platz für die Balken sowie die Namen der Filialen.

 2 Ich wähle ein Liniendiagramm mit Datenpunkten, so kann ich jede einzelne Filiale mit Ertrag und Kosten kenntlich machen und die Entwicklung zwischen den einzelnen Filialen erkennen.

 3 Ich wähle zwei Kreisdiagramme, eines für die Erträge und eines für die Kosten, so kann ich die Verteilung der Erträge und die Verteilung der Kosten besser erkennen.

5 Ein Textilgroßhändler stellt den Umsatz von drei Produktgruppen für das erste Vierteljahr des Geschäftsjahres zusammen, dabei ergeben sich folgende Zahlenwerte in Euro:

Monate:	Januar	Februar	März
Herrenartikel:	10 500,00	25 300,00	12 700,00
Damenartikel:	14 800,00	30 200,00	17 000,00
Kinderartikel:	5 300,00	10 500,00	8 200,00

 a. Wie hoch waren die Prozentanteile der einzelnen Produktgruppen am Gesamtumsatz?

 aa. Herrenartikel

 ab. Damenartikel

 ac. Kinderartikel

 b. Wie hoch waren die Prozentanteile der einzelnen Monate am Gesamtumsatz des Quartals?

 ba. Januar

 bb. Februar

 bc. März

6 Entscheiden Sie anhand der in Aufgabe 5 aufgeführten Zahlenwerte, wie die folgenden Aussagen ergänzt werden müssen. Setzen Sie für den fehlenden Begriff im Text die jeweilige Ziffer ein.

 1 Balkendiagramm

 2 Kreisdiagramm

 3 Säulendiagramm

 4 Kurvendiagramm

 a. Der Großhändler wählt das …diagramm, um die Anteile der einzelnen Produktgruppen am Gesamtumsatz und die jeweiligen Monatsumsätze zu veranschaulichen.

 b. Mit einem …diagramm kann die Umsatzentwicklung der Produktgruppen deutlich gemacht werden.

 c. Das …diagramm ist dazu geeignet, die prozentualen Umsatzanteile der Produktgruppen am Gesamtumsatz, unabhängig von den schwankenden Monatswerten, darzustellen.

7 Nach dem Erstellen einer Grafik in Excel stellen Sie fest, dass Sie die Legende statt neben unter der Grafik platzieren wollen. Sie klicken die Grafik rechts an und finden im Kontextmenü einige Dialogfenster angeboten. Welches Dialogfenster müssen Sie wählen, um die beschriebene Operationen erfolgreich durchzuführen?

 1 Diagrammtyp

 2 Datenquelle

 3 Diagramm-Optionen

 4 Platzieren

Wie wird die Auswertung des Jahresabschlusses durchgeführt?

Die Jahresabschlussanalyse soll in erster Linie dazu dienen, die Vermögens- und Finanzlage und die Ertragslage zu beurteilen. Anhand bestimmter Kennzahlen sind folgende Analysen möglich:
- innerbetrieblicher Vergleich (Zeitvergleich)
  = Betrachtung der eigenen Kennzahlen unterschiedlicher Perioden zur Kontrolle der betrieblichen Entwicklung
- außerbetrieblicher Vergleich (Betriebsvergleich)
  = Betrachtung der Kennzahlen branchengleicher, größenähnlicher Unternehmen zum Zwecke der Beurteilung des eigenen Standards

Zunächst werden dabei die Werte aus der Bilanz aufbereitet, d.h. zu größeren sinnvollen Einheiten zusammengefasst.

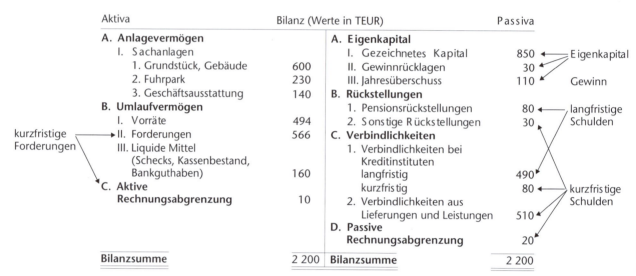

Aktiva		Bilanz (Werte in TEUR)	Passiva
A. **Anlagevermögen**			A. **Eigenkapital**
	I. Sachanlagen		I. Gezeichnetes Kapital ... 850 ← Eigenkapital
	1. Grundstück, Gebäude ... 600		II. Gewinnrücklagen ... 30 ←
	2. Fuhrpark ... 230		III. Jahresüberschuss ... 110 ← Gewinn
	3. Geschäftsausstattung ... 140		B. **Rückstellungen**
B. **Umlaufvermögen**			1. Pensionsrückstellungen ... 80 ← langfristige
	I. Vorräte ... 494		2. Sonstige Rückstellungen ... 30 ← Schulden
kurzfristige Forderungen →	II. Forderungen ... 566		C. **Verbindlichkeiten**
	III. Liquide Mittel (Schecks, Kassenbestand, Bankguthaben) ... 160		1. Verbindlichkeiten bei Kreditinstituten langfristig ... 490 kurzfristig ... 80 ← kurzfristige Schulden
C. **Aktive** Rechnungsabgrenzung ... 10			2. Verbindlichkeiten aus Lieferungen und Leistungen ... 510
			D. **Passive** Rechnungsabgrenzung ... 20
Bilanzsumme		2 200	**Bilanzsumme** ... 2 200

Das Gesamtkapital am Jahresanfang betrug 2 000.
Über die Verwendung des Jahresüberschusses ist noch keine Entscheidung getroffen worden.
Aus der Gewinn- und Verlustrechnung wurden folgende Werte entnommen:
Umsatzerlöse 5 500; Fremdkapitalzinsen 170.

Kennzahlen	Berechnung	Beispielberechnung (mit den Werten aus o.a. Bilanz)
Eigenkapital-intensität (EK-Quote) in %	$\dfrac{\text{Eigenkapital} \cdot 100}{\text{Gesamtkapital}}$	$\dfrac{990 \cdot 100}{2\,200} = 45\ (\%)$
Fremdkapital-intensität (FK-Quote) in %	$\dfrac{\text{Fremdkapital} \cdot 100}{\text{Gesamtkapital}}$	$\dfrac{1\,210 \cdot 100}{2\,200} = 55\ (\%)$
Anlageintensität (Anlagequote)	$\dfrac{\text{Anlagevermögen} \cdot 100}{\text{Gesamtvermögen}}$	$\dfrac{970 \cdot 100}{2\,200} = 44,1\ (\%)$
Anlagendeckung I	$\dfrac{\text{Eigenkapital} \cdot 100}{\text{Anlagevermögen}}$	$\dfrac{990 \cdot 100}{970} = 102,1\ (\%)$
Liquidität 1. Grades (Barliquidität) in %	$\dfrac{\text{Liquide Mittel} \cdot 100}{\text{kurzfristige Schulden}}$	$\dfrac{160 \cdot 100}{640} = 25\ (\%)$
Liquidität 2. Grades (Einzugsbedingte Liquidität) in %	$\dfrac{(\text{Liquide Mittel} + \text{kurzfristige Forderungen}) \cdot 100}{\text{kurzfristige Schulden}}$	$\dfrac{(160 + 576) \cdot 100}{640} = 115\ (\%)$
Eigenkapital-rentabilität (Unternehmer-Rentabilität) in %	$\dfrac{\text{Jahresüberschuss (Gewinn)} \cdot 100}{\text{Eigenkapital am Jahresanfang}}$	$\dfrac{110 \cdot 100}{880} = 12,5\ (\%)$
Gesamtkapital-rentabilität (Unternehmungs-Rentabilität) in %	$\dfrac{(\text{Jahresüberschuss} + \text{Fremdkapitalzinsen}) \cdot 100}{\text{Gesamtkapital am Jahresanfang}}$	$\dfrac{(110 + 170) \cdot 100}{2\,000} = 14\ (\%)$
Umsatzrentabilität in %	$\dfrac{\text{Jahresüberschuss} \cdot 100}{\text{Umsatzerlöse}}$	$\dfrac{110 \cdot 100}{5\,500} = 2\ (\%)$

1 Für ein Großhandelsunternehmen liegen folgende
   Zahlen vor:

Eigenkapital (AB)	2 400 000,00 EUR
Fremdkapital (AB)	4 000 000,00 EUR
Jahresüberschuss	500 000,00 EUR
Umsatzerlöse	8 000 000,00 EUR
Fremdkapital-Zinsen	200 000,00 EUR

Berechnen Sie (jeweils auf eine Stelle nach dem
Komma runden):

a. die Eigenkapitalintensität
   am Jahresanfang

b. die Fremdkapitalintensität
   am Jahresanfang

c. die Eigenkapitalrentabilität
   (bezogen auf das Eigenkapital am Anfang des
   Jahres)

d. die Gesamtkapitalrentabilität
   (bezogen auf das Gesamtkapital am Anfang des
   Jahres)

e. die Umsatzrentabilität

2 Aus der Bilanz der Flachmann GmbH wurden u. a.
   folgende Werte entnommen:

Anlagevermögen	1 200 000,00 EUR
Warenvorräte	800 000,00 EUR
kurzfristige Forderungen	450 000,00 EUR
Kassenbestand	12 000,00 EUR
Bankguthaben	230 000,00 EUR
Eigenkapital	1 100 000,00 EUR
langfristige Schulden	700 000,00 EUR
kurzfristige Schulden	900 000,00 EUR

Ermitteln Sie aus den o. a. Zahlen (auf eine Stelle
nach dem Komma runden):

a. die Barliquidität

b. die einzugsbedingte Liquidität

3 Welche der unten aufgeführten Bilanzposten gehören

   1 zu den kurzfristigen Forderungen,
   2 zum Eigenkapital,
   3 zu den langfristigen Schulden,
   4 zu den kurzfristigen Schulden,
   9 zu keinem der vorgenannten Bilanzposten?

a. Passive Rechnungsabgrenzung

b. Pensionsrückstellungen

c. Rücklagen

d. Stammkapital einer GmbH

e. Verbindlichkeiten aus Lieferungen und
   Leistungen

f. Kassenbestand

g. Verbindlichkeiten aus Steuern

4 Die Bilanz der MATIKO Spielwarengroßhandelsgesell-
   schaft mbH weist folgende Bilanzpositionen (in
   TEUR) auf:

Langfristige Verbindlichk. bei Kreditinstituten	820
Fuhrpark	210
Gezeichnetes Kapital	2 400
Forderungen	300
Steuerrückstellungen	82
Verbindlichkeiten a. LL	234
Betriebs- u. Gesch.ausstatt.	138
Bankguthaben	75
Rücklagen	150
Kassenbestand	7
Grundstücke/Gebäude	1 500
Umsatzsteuer-Zahllast	9
Sonstige Forderungen	12
Warenvorräte	1 453

Ermitteln Sie (a.–d. in TEUR, e.–h. auf jeweils eine
Stelle nach dem Komma runden):

a. das Anlagevermögen

b. das Umlaufvermögen

c. das Eigenkapital

d. das Fremdkapital

e. die Eigenkapitalquote

f. die Fremdkapitalquote

g. die Liquidität 1. Grades

h. die Liquidität 2. Grades

5 Anhand der unten aufgeführten Zahlen wird ein
   Vergleich der Unternehmen A, B und C durchgeführt
   (Werte in Mio. EUR).

	A	B	C
Fremdkap./Anfangsb.	230	110	300
Eigenkap./Anfangsbest.	280	140	270
Aufwendungen	600	400	800
davon Fremdk./Zinsen	20	5	20
Erträge	610	410	820
davon Umsatzerlöse	300	400	700

a. Welches Unternehmen erzielte die beste Eigenkapitalrentabilität?

b. Wie hoch war diese Eigenkapitalrentabilität?

c. Welches Unternehmen erzielte die beste Gesamtkapitalrentabilität?

d. Wie lautet das Ergebnis dieser
   Gesamtkapitalrentabilität?

e. Welches Unternehmen erzielte den besten Wert
   für die Umsatzrentabilität?

f. Wie hoch war diese Umsatzrentabilität?

Unterscheiden Sie zwischen geradem und ungeradem Verhältnis beim Dreisatz.

Gerades Verhältnis	
Aufgabe	Bei 12 Verkaufskräften entstehen Personalkosten in Höhe von 720 000,00 EUR. Wie hoch sind die Personalkosten, wenn 15 Verkaufskräfte beschäftigt werden?
Lösung	① 12 Verkaufskräfte – 720 000,00 EUR (Angabesatz) 15 Verkaufskräfte – ×EUR (Fragesatz) ③ $\dfrac{720\,000 \cdot 15}{12}$ ② $\dfrac{720\,000}{12}$ ④ $x = \dfrac{720\,000 \cdot 15}{12} = 900\,000$ Bei 15 Verkaufskräften entstehen Personalkosten von 900 000,00 EUR.
	Je mehr (Verkaufskräfte), desto mehr (Personalkosten). **Je weniger (Verkaufskräfte), desto weniger (Personalkosten).**
Lösungsweg	① Gesuchte Größe an das Ende des Fragesatzes stellen, gleiche Angaben untereinander ② Auf die Einheit (z. B. 1 m, 1 EUR, 1 kg, …), in diesem Fall 1 Verkaufskraft, zurückgehen. Der Wert über dem x kommt immer als Erstes auf den Bruchstrich (720 000,00 EUR), der andere Wert (12 Verkaufskräfte) wird in Bezug zu diesem gesetzt. Für 1 Verkaufskraft entstehen Personalkosten von: $\dfrac{720\,000}{12}$ ③ Der Wert im Fragesatz (15 Verkaufskräfte) wird auf die Einheit (1 Verkaufskraft) bezogen: Für 15 Verkaufskräfte entstehen 15-mal so hohe Personalkosten wie für eine Verkaufskraft: $\dfrac{720\,000 \cdot 15}{12}$ ④ Bruchstrich ausrechnen und Ergebnis mit Überschlagsrechnung überprüfen Tipp: Für eine Aufgabe mit geradem Verhältnis gilt: Angabesatz: Wert a – Wert b Fragesatz: Wert c – x Lösung: x = b · c : a

Ungerades Verhältnis	
Aufgabe	Die Vorbereitungsarbeiten für die Inventur werden von 6 Mitarbeitern in 12 Tagen erledigt. Wie viel Tage benötigen 8 Mitarbeiter?
Lösung	① 6 Mitarbeiter – 12 Tage (Angabesatz) 8 Mitarbeiter – x Tage (Fragesatz) ③ $\dfrac{12 \cdot 6}{8}$ ② 12 · 6 ④ $x = \dfrac{12 \cdot 6}{8} = 9$ 8 Mitarbeiter benötigen 9 Tage.
Lösungsweg	Die Schritte ① bis ④ entsprechen im Prinzip dem Lösungsweg beim geraden Verhältnis. zu ②: Ein Mitarbeiter (Einheit) benötigt für die Arbeiten sechsmal so lange wie 6 Mitarbeiter: 12 · 6 zu ③: 8 Mitarbeiter benötigen nur den 8. Teil an Zeit, den ein Mitarbeiter benötigt: 12 · 6 : 8
	Je mehr (Mitarbeiter), desto weniger (benötigte Zeit). **Je weniger (Mitarbeiter), desto mehr (benötigte Zeit).**
	Tipp: Für eine Aufgabe mit ungeradem Verhältnis gilt: Angabesatz: Wert a – Wert b Fragesatz: Wert c – x Lösung: x = b · a : c

Zeigen Sie den Lösungsweg für eine Aufgabe mit einem zusammengesetzten Dreisatz auf.

Aufgabe	Für Aufräumarbeiten im Lager benötigen 5 Arbeitskräfte 15 Tage, wenn sie täglich 8 Stunden arbeiten. Wie viel Stunden täglich müssten 6 Arbeitskräfte arbeiten, wenn sie nur 10 Tage zur Verfügung haben?
Lösung	① 5 Arbeitskräfte – 15 Tage – 8 Stunden 6 Arbeitskräfte – 10 Tage – x Stunden ③ $\dfrac{8 \cdot 5 \cdot 15}{6 \cdot 10}$ ② $\dfrac{8 \cdot 5}{6}$ ④ $x = \dfrac{8 \cdot 5 \cdot 15}{6 \cdot 10} = 10$ 6 Arbeitskräfte müssen täglich 10 Stunden arbeiten.
Lösungsweg	① Aufstellen des zusammengesetzten Dreisatzes als Angabesatz und Fragesatz ② Der zusammengesetzte Dreisatz wird in einzelne Dreisätze zerlegt: 1. Dreisatz: 1 Arbeitskraft benötigt 5-mal so lange: 8 · 5 6 Arbeitskräfte benötigen nur den 6. Teil der Zeit, die eine Arbeitskraft benötigt: $\dfrac{8 \cdot 5}{6}$ ③ 2. Dreisatz: Haben die Arbeitskräfte nur 1 Tag zur Verfügung, dauert es 15-mal so lange: $\dfrac{8 \cdot 5 \cdot 15}{6}$ Haben sie 10 Tage zur Verfügung, dauert es nur den 10. Teil der Zeit: $\dfrac{8 \cdot 5 \cdot 15}{6 \cdot 10}$

1 *Der Anstrich eines Supermarktes mit 800 m²*
Streichfläche hat insgesamt 9 000,00 EUR gekostet.

Wie hoch werden die Kosten für einen
anderen Supermarkt sein, in dem
1 500 m² zu streichen sind?

2 *In einem Großhandelsbetrieb reicht der Vorrat*
einer Ware noch 25 Tage bei einem Tagesabsatz
von acht Stück.

Für wie viele Tage reicht der gleiche
Vorrat bei einem Tagesbedarf von
zehn Stück?

3 *Zur Durchführung der Inventurarbeiten brauchen*
sechs Angestellte bei einer Arbeitszeit von acht
Stunden täglich drei Tage.

Auf wie viele Stunden täglich muss die Arbeitszeit
heraufgesetzt werden, wenn infolge von
Krankheit zwei Angestellte weniger
arbeiten und für die Inventur
vier Tage angesetzt werden?

4 *Die Ausgaben für eine Gemeinschaftswerbung, die*
von 20 Großhandelsunternehmen getragen wird,
betragen 250 000,00 EUR.

Wie viel Euro müssen pro Unternehmen
weniger gezahlt werden, wenn sich an
der Gemeinschaftswerbung zusätzlich
noch fünf weitere Einzelhandelsunternehmen beteiligen?

5 *Ein Unternehmen hat für zehn Aushilfskräfte, die an*
sechs Tagen jeweils acht Stunden während des
Schlussverkaufs beschäftigt werden, Personalkosten
in Höhe von 5 760,00 EUR.

Mit welchem der aufgeführten Bruchsätze kann
man ermitteln, wie viele Aushilfskräfte täglich
eingesetzt werden können, wenn Personalkosten
von 5 040,00 EUR angesetzt werden und die
Aushilfskräfte an fünf Tagen jeweils sieben Stunden
beschäftigt werden?

1 $\dfrac{10 \cdot 6 \cdot 8 \cdot 5040}{5 \cdot 7 \cdot 5760}$

2 $\dfrac{10 \cdot 5 \cdot 8 \cdot 5040}{6 \cdot 7 \cdot 5760}$

3 $\dfrac{10 \cdot 6 \cdot 7 \cdot 5040}{5 \cdot 8 \cdot 5760}$

4 $\dfrac{10 \cdot 6 \cdot 7 \cdot 5760}{5 \cdot 8 \cdot 5040}$

5 $\dfrac{10 \cdot 5 \cdot 7 \cdot 5040}{6 \cdot 8 \cdot 5760}$

6 $\dfrac{10 \cdot 5 \cdot 7 \cdot 5760}{6 \cdot 8 \cdot 5040}$

6 *Ein Bauaushub kann von fünf Lkws in sechs Tagen*
bei täglich je acht Fahrten abtransportiert werden.
Nach zwei Tagen fällt ein Lkw aus.

Wie viele Tage werden nach dem Ausfall
des Lkw für den Resttransport noch
benötigt?

7 *Die Organisationsabteilung eines Warenhauses plant*
für die Umgestaltung der Verkaufsräume eine Zeit
von 45 Arbeitstagen ein. Dazu sind 18 Arbeitskräfte
erforderlich, die acht Stunden je Tag arbeiten.

Nach neun Arbeitstagen erkranken drei Arbeitskräfte.
Ihre Arbeitsunfähigkeit erstreckt sich über einen
Zeitraum von neun Arbeitstagen.

Ermitteln Sie, wie viele Überstunden während der
Krankheitszeit der drei Arbeitskräfte je Mitarbeiter
und Arbeitstag vorgesehen werden
müssen, wenn der geplante Termin
eingehalten werden soll (Ergebnis
in Stunden und Minuten).

8 *Bei einem Bedarf von 500 Blatt Fotokopierpapier*
pro Tag reicht der Vorrat an Fotokopierpapier noch
25 Arbeitstage.

a. Nach wie vielen Arbeitstagen ist der
Vorrat erschöpft, wenn pro Tag mit
einem Verbrauch von 400 Blatt
gerechnet wird?

b. Um welche Art von Dreisatz handelt es sich?

Tragen Sie eine

1 *ein, wenn es sich um ein gerades Verhältnis*
eines Dreisatzes handelt,

2 *ein, wenn es sich um ein ungerades Verhältnis*
eines Dreisatzes handelt.

9 *Vier Fensterputzer reinigen Schaufensterscheiben mit*
einer Gesamtfläche von 1 800 m2 in
zwölf Arbeitsstunden.

In welcher Zeit kann eine Gesamtfläche von
2 500 m² von fünf Fensterputzern
gereinigt werden?

10 *Ein Teppichgeschäft bietet als Dienstleistung die*
Verlegung der Teppichware an. Zwei Teppichleger
haben bei einem Projekt die Räumlichkeiten eines
Geschäftshauses mit einer Fläche von 3 000 m² bei
täglich achtstündiger Arbeitszeit in sechs Tagen
verlegt.

Es ist geplant, ein Projekt von 4 800 m² durch vier
Teppichleger in vier Tagen verlegen zu lassen. Wie
viele Überstunden (in Stunden und Minuten)
müssen die Teppichleger an jedem dieser vier Tage
machen, um das Projekt termingetreu
zu erledigen?

Welche Besonderheiten gelten für die Umrechnung von Euro in andere Währungseinheiten?

Besonderheiten	▸ Der Wechselkurs ist der Preis für die jeweiligen ausländischen Währungseinheiten und bezieht sich bei der **Mengennotierung auf 1,00 EUR**.
	Beispiel: Kurs 1,6090 für den USD (US-Dollar) bedeutet: 1,00 EUR = 1,6090 USD.
	▸ Es wird unterschieden in:
	  – Geldkurs/Ankaufskurs: Die Bank kauft inländische Währung (EUR) an und verkauft Fremdwährung.
	  – Briefkurs/Verkaufskurs: Die Bank verkauft inländische Währung (EUR) und kauft Fremdwährung.
	▸ In einigen Ländern bzw. in den Tageszeitungen werden auch **Preisnotierungen** angegeben. Eine einheitliche Regelung gibt es nicht. Aus diesem Grund sollte bei Umrechnungen berücksichtigt werden, dass der **Kunde** immer den **ungünstigeren** Kurs bekommt.

Berechnen Sie den Umtausch von Euro in Fremdwährungen.

Aufgabe	Für eine Geschäftsreise in die Vereinigten Staaten werden 5 000,00 EUR in USD umgetauscht. Wie viel USD entsprechen 5 000,00 EUR bei einer Hausbank des deutschen Unternehmens? Ankaufskurs: 1,5210 – Verkaufskurs: 1,6090
Lösung	① Ankaufskurs 1,5210 ③ $x = \dfrac{1{,}5210 \cdot 5\,000{,}00}{1} = 7\,605{,}00$ ② 1 EUR – 1,5210 USD 5 000,00 EUR – x USD 5 000,00 EUR entsprechen 7 605,00 USD.
Lösungsweg	① Überprüfen, ob die Bank Euros ankauft (Ankaufskurs) oder verkauft (Verkaufskurs). ② Dreisatz aufstellen. Lösung: **Betrag in EUR · Kurs** ③ Das Ergebnis wird kaufmännisch ab- bzw. aufgerundet.

Berechnen Sie den Umtausch von Fremdwährungen in Euro.

Aufgabe	Nach Beendigung einer Geschäftsreise nach Japan werden 35 000,00 JPY (Japanische Yen) bei der Hausbank in Deutschland umgetauscht. Wie viel Euro entsprechen 35 000,00 JPY? Ankaufskurs: 161,0500 – Verkaufskurs: 164,2000
Lösung	① Verkaufskurs 164,2000 ③ $x = \dfrac{1 \cdot 35\,000{,}00}{164{,}200} = 213{,}15$ ② 164,200 JPY – 1 EUR 35 000,00 JPY – x EUR 35 000,00 JPY entsprechen 213,15 EUR.
Lösungsweg	④ Überprüfen, ob die Bank Euros ankauft (Ankaufskurs) oder verkauft (Verkaufskurs). ⑤ Dreisatz aufstellen. Lösung: $\dfrac{\textbf{Betrag in Fremdwährung}}{\textbf{Kurs}}$ ⑥ Das Ergebnis wird kaufmännisch ab- bzw. aufgerundet.

Lösen Sie die Aufgabe mithilfe des Kettensatzes.

Aufgabe	Ein Importeur bezieht 500 Yards Stoff aus Manchester zu einem Preis von 4 500,00 GBP (Britische Pfund). Wie hoch ist der Einkaufspreis in Euro für 1 m Stoff bei einem Kurs von 0,6888 (11 m = 12 Yards)?
Lösung	① x EUR – 1 m ④ $x = \dfrac{1 \cdot 12 \cdot 4\,500 \cdot 1}{11 \cdot 500 \cdot 0{,}6888}$ ② 11 m – 12 Yards 500 Yards – 4 500 GBP ⑤ x = 14,25 EUR ③ 0,6888 GBP – 1 EUR 1 m Stoff kostet 14,25 EUR.
Lösungsweg	① Die Kette beginnt mit der gesuchten Größe und der dazugehörigen Frage. ② Die folgenden Kettenglieder beginnen mit der gleichen Bezeichnung, mit der die vorhergehende Zeile beendet wurde (1 m – 11 m), und enden mit einer Zuordnung aus der Aufgabe (11 m = 12 yards). ③ Diese Vorgehensweise wird so lange fortgesetzt, bis eine Zeile mit der gesuchten Größe der ersten Zeile endet. ④ Bruchstrich aufstellen: Die rechte Seite der Kette bildet den Zähler. Die linke Seite der Kette bildet den Nenner. ⑤ Bruchstrich ausrechnen.
	Die Anwendung des Kettensatzes ist nur dann möglich, wenn es sich ausschließlich um Dreisätze mit geradem Verhältnis handelt.

1 *Ein Mitarbeiter eines Unternehmens kommt von einer Geschäftsreise aus der Schweiz zurück.*

Mit welchem der folgenden Ansätze wird ermittelt, wie CHF (Schweizer Franken) in Euro umgerechnet werden?

1 $\dfrac{\text{CHF}}{\text{Ankaufskurs}}$

2 $\dfrac{\text{Ankaufskurs}}{\text{CHF}}$

3 $\dfrac{\text{CHF}}{\text{Verkaufskurs}}$

4 $\dfrac{\text{Verkaufskurs}}{\text{CHF}}$

5 Verkaufskurs · CHF

6 Ankaufskurs · CHF

2 *Ein amerikanisches Unternehmen kauft bei einem deutschen Hersteller eine Maschinenanlage für 1 200 000,00 EUR. Die Vertragspartner vereinbaren eine Zahlung in USD (US-Dollar). Zum Zeitpunkt des Vertragsabschlusses gilt beim Kreditinstitut des deutschen Herstellers ein Kurs von 1,40. Bei Zahlungsfälligkeit beträgt der Kurs 1,50.*

a. Handelt es sich für den deutschen Hersteller vom Zeitpunkt des Vertragsabschlusses bis zur Zahlung um

 1 einen Kursgewinn,
 2 einen Kursverlust?

b. Wie viel USD Unterschied ergibt sich beim Vergleich der beiden Kurse?

3 *Ein Lieferant aus Singapur bietet der Michael Schmidt GmbH in Leipzig 120 Digitalkameras zu 72 000,00 SGD (Singapore-Dollar) frei Flughafen Frankfurt an (Ankaufskurs: 1,9034 – Verkaufskurs: 1,9074). Der Lieferant räumt dem Unternehmen 5 % Rabatt ein. Für den Transport der Waren von Frankfurt nach Leipzig fallen 1 200,00 EUR an.*

a. Wie hoch ist der Bezugspreis für die gesamte Sendung in Euro?

b. Ermitteln Sie den Bezugspreis für eine Kamera.

4 *Für eine Geschäftsreise nach Schweden werden 500,00 EUR in SEK (Schwedische Kronen) umgetauscht. Die nach der Rückkehr mitgebrachten 1 200,00 SEK sollen wieder in Euro umgetauscht werden.*

Kurse bei der Hinreise:
Ankaufskurs: 8,8765 – Verkaufskurs: 8,8885

Kurse bei der Rückreise:
Ankaufskurs: 8,9776 – Verkaufskurs: 8,9850

a. Wie viel SEK werden mit auf die Geschäftsreise genommen?

b. Wie hoch ist der Gegenwert in Euro für die zurückgebrachten SEK?

5 *Ein deutsches Unternehmen bezieht aus England 100 tons einer Ware zum Preis von 20,00 GBP (Britische Pfund) für 1 cwt.*
(1 ton = 20 cwts = 1 016 kg)

a. Mit welchem Betrag in Euro wird die Hausbank der Unternehmung das Konto belasten, wenn der Kurs 0,6888 beträgt?

b. Ermitteln Sie den Bezugspreis für 100 kg der Ware in Euro, wenn für die gesamte Sendung 7 800,00 EUR Bezugskosten angefallen sind (auf zwei Stellen nach dem Komma runden).

6 *Baumwolle notiert in Liverpool zu 0,35 GBP (Britische Pfund) je lb.*
(1 cwt = 112 lbs = 50,8 kg; Kurs = 0,6888)

Wie hoch ist der Bezugspreis in Euro für den Importeur für 5 000 kg?

7 *Ein deutscher Großhändler bietet einem Kunden in Norwegen griechische Weintrauben zum Preis von insgesamt 27 651,20 NOK (Norwegische Kronen) – Kurs 8,641 – an. Der Einstandspreis für die Weintrauben betrug 2 400,00 EUR.*

Wie hoch ist der Warenrohgewinn in Euro?

8 *Für die gleiche Anzahl einer Ware erhält ein Rostocker Unternehmen drei Angebote, Lieferung frei Haus einschließlich Versicherung.*
 1 *Angebot A: aus Dänemark 57 989,10 DKK (Dänische Kronen), Kurs: 7,4345*
 2 *Angebot B: aus Schweden 71 012,00 SEK (Schwedische Kronen), Kurs: 8,8765*
 3 *Angebot C: aus Norwegen 64 375,45 NOK (Norwegische Kronen), Kurs: 8,641*

a. Welches Angebot ist am günstigsten?

b. Wie hoch ist die Differenz in Euro zwischen dem günstigsten und dem teuersten Angebot?

Welche Möglichkeiten zur Berechnung eines Durchschnittes kennen Sie?

Einfacher Durchschnitt	
Aufgabe	Die Wochenübersicht der Kassenabrechnung ergab folgende Werte: Anzahl der Verkäufe: Montag 120, Dienstag 66, Mittwoch 89, Donnerstag 170, Freitag 112, Samstag 145. Wie viel Verkäufe wurden durchschnittlich pro Tag getätigt?
Lösung	① $120 + 66 + 89 + 170 + 112 + 145 = 702$ ② $x = \dfrac{702}{6}$ ③ $x = 117$ Es wurden durchschnittlich 117 Verkäufe pro Tag getätigt.
Lösungsweg	① Summe der Einzelwerte ermitteln ② Anzahl der Einzelwerte ermitteln Einfacher Durchschnitt = Summe der Einzelwerte (702 Verkäufe) geteilt durch die Anzahl der Einzelwerte (6 Tage) ③ Falls die Lösung es erfordert, Ergebnis auf- bzw. abrunden

Gewogener Durchschnitt	
Aufgabe	Die Verkaufsstatistik eines Tages weist folgende Zahlen aus: Preis in EUR Anzahl Verkäufe Artikel A 52,00 110 Artikel B 78,00 80 Artikel C 120,00 95 Wie hoch war der gewogene Durchschnittspreis je Artikel?

Lösung	① Artikel A 52,00 EUR · 110 = 5 720,00 EUR
	    Artikel B 78,00 EUR · 80 = 6 240,00 EUR
	    Artikel C 120,00 EUR · 95 = 11 400,00 EUR
	                            285 = 23 360,00 EUR
	② $x = \dfrac{23\,360}{285}$
	③ $x = 81,96$
	Der durchschnittliche Umsatz eines Artikels betrug 81,96 EUR.

Lösungsweg	① Gesamtwert der Einzelwerte und Gesamtmenge ermitteln ② Gewogener Durchschnitt = Gesamtwert der Einzelwerte (23 360,00 EUR) geteilt durch die Gesamtmenge ③ Lösung gegebenenfalls auf- bzw. abrunden

Wie ist die Vorgehensweise bei der Verteilung eines Gesamtwertes nach einem vorgegebenen Verhältnis?

Aufgabe	An einem Unternehmen sind 3 Gesellschafter beteiligt. Das Unternehmen erzielte im vergangenen Jahr einen Gewinn von 280 000,00 EUR, der lt. Gesellschaftervertrag im Verhältnis der Kapitaleinlagen verteilt werden soll. A ist mit 1 500 000,00 EUR beteiligt, B mit 1 800 000,00 EUR und C mit 900 000,00 EUR. Wie viel Gewinn erhalten die einzelnen Gesellschafter?

Lösung	① Kapitaleinlage Verhältnis Gewinnanteil
	        (Teile)
	A 1 500 000,00 EUR 5 100 000,00 EUR
	B 1 800 000,00 EUR 6 ② 120 000,00 EUR ⑤
	C 900 000,00 EUR 3 60 000,00 EUR
	                 ③ 14 Teile – 280 000,00 EUR ⑥
	                 ④ 1 Teil – 20 000,00 EUR

Lösungsweg	① Rechenschema erstellen ② Verhältniszahlen errechnen, dabei möglichst kleine ganzzahlige Verhältnisse bilden (hier: durch Kürzen der Kapitaleinlagen mit 300 000) ③ die Gesamtteile (hier: 14 Teile) ermitteln und dem zu verteilenden Wert (280 000,00 EUR) gegenüberstellen ④ den Wert für 1 Teil ermitteln ⑤ Wertanteile errechnen (z. B. für A: 5 Teile · 20 000,00 EUR = 100 000,00 EUR) ⑥ Kontrolle: Die Summe der Wertanteile muss mit dem zu verteilenden Wert übereinstimmen.

1 *Ein Kaufmann erhält folgende Warensendung:*

Ware A: 500 kg zu 20,50 EUR je kg
Ware B: 250 kg zu 28,00 EUR je kg
Ware C: 300 kg zu 32,50 EUR je kg

Für die gesamte Sendung fallen Gewichtsspesen in Höhe von 1 080,00 EUR an.

Wie viel Euro Gewichtsspesen entfallen auf Ware B?

2 *Die Heizkosten in einem Unternehmen sollen auf die einzelnen Abteilungen entsprechend ihrer Größe aufgeteilt werden:*

Abt.	Fläche	Anteile	Heizkosten
A	540 m²	...	2 700,00 EUR
B	780 m²	...	... EUR
C	... m²	24	... EUR
Summe	2 040 m²	...	... EUR

Vervollständigen Sie die Tabelle und beantworten Sie dann folgende Fragen:

a. Wie viel Verkaufsfläche hat Abteilung C?

b. Wie viele Anteile entfallen auf ...
  ba. ... Abteilung A?

  bb. ... Abteilung B?

c. Wie hoch sind die anteiligen Heizkosten ...
  ca. ... für Abteilung B?

  cb. ... für Abteilung C?

3 *Ein Unternehmen erzielte einen Gewinn von 280 000,00 EUR.*

Am Unternehmen sind beteiligt:
Gesellschafter A mit 300 000,00 EUR
Gesellschafter B mit 400 000,00 EUR
Gesellschafter C mit 600 000,00 EUR

Die Gesellschafter A und B erhalten für die Geschäftsführung vorab jeweils 36 000,00 EUR. Laut Gesellschaftervertrag werden die Kapitaleinlagen mit 6 % verzinst und der Restgewinn im Verhältnis der Kapitalanteile verteilt.

a. Wie viel Tausend Euro beträgt das gesamte Eigenkapital des Unternehmens?

b. Wie viel Tausend Euro beträgt der Gewinn nach Abzug der Geschäftsführervergütungen und der Kapitalverzinsung?

c. Wie viel Tausend Euro erhält B insgesamt?

4 *Aus den folgenden drei Waren wird in einem Einzelhandelsgeschäft eine Mischung hergestellt:*

Ware A	25 kg zu je 12,00 EUR
Ware B	10 kg zu je 14,20 EUR
Ware C	8 kg zu je 18,00 EUR

Welchen durchschnittlichen Wert hat ein Kilogramm der Mischung? (Ergebnis auf zwei Stellen nach dem Komma runden)

5 *Der Jahresetat für Werbemaßnahmen der Abteilung Marketing eines Unternehmens beträgt 210 000,00 EUR. Dieser Etat soll auf vier Artikel nach folgendem Verhältnis verteilt werden: Für außerordentliche Werbemaßnahmen soll zunächst ein Betrag von 40 000,00 EUR zurückbehalten werden. Für jeden Artikel wird ein Grundbetrag von 12 500,00 EUR angesetzt. Der restliche Betrag wird nach den Umsätzen des letzten Jahres verteilt.*

Die Umsätze des letzten Jahres betrugen:
Artikel A: 1 280 000,00 EUR
Artikel B: 2 400 000,00 EUR
Artikel C: 5 440 000,00 EUR
Artikel D: 480 000,00 EUR

a. Welchen Anteil erhält Artikel C von dem Betrag, der nach den Umsätzen verteilt wird?

b. Welchen Gesamtanteil erhält Artikel C?

c. Welchen Gesamtanteil erhält Artikel C, wenn der Etat für die außerordentlichen Werbemaßnahmen auf alle Artikel gleichmäßig verteilt wird?

d. Wie hoch ist im Falle c. der prozentuale Unterschied zwischen dem Anteil des Artikels C am Gesamtumsatz im Vergleich zum Anteil an dem gesamten Werbeetat? (Ergebnisse jeweils nach der ersten Dezimalstelle runden)

6 *Die Statistik über den Fuhrpark eines Unternehmens ergab folgende Jahreswerte:*

	Benzinkosten Gesamt	Fahrleistung Gesamt	Durchschnitts- preis Benzin
A:	1 408,00 EUR	32 000 km	0,55 EUR
B:	1 820,00 EUR	40 000 km	0,70 EUR
C:	1 350,00 EUR	15 000 km	0,75 EUR

a. Welcher Durchschnittsverbrauch (l/100 km) ergibt sich für das Fahrzeug A?

b. Welcher Durchschnittsverbrauch (l/100 km) ergibt sich für alle Fahrzeuge insgesamt? (auf zwei Stellen nach dem Komma runden)

7 *Die Bezugskosten einer Sammellieferung (Gewichtsspesen: 225,00 EUR, Wertspesen: 537,50 EUR) sollen auf die einzelnen Warenposten gemäß nachstehender Rechnung verteilt werden:*

Ware A	450 kg	10,00 EUR/kg
Ware B	650 kg	5,00 EUR/kg
Ware C	400 kg	7,50 EUR/kg

a. Ermitteln Sie, welcher Anteil an den Gewichtsspesen auf Ware A entfällt.

b. Ermitteln Sie, welcher Anteil an den Wertspesen auf Ware B entfällt.

c. Ermitteln Sie den Einstandspreis (Bezugspreis) für Ware B je kg (keine Preisnachlässe).

Berechnen Sie den Prozentwert, den Prozentsatz und den Grundwert.

Berechnung des Prozentsatzes	Von 126 Verkaufskräften in einem Warenhaus haben 99 eine abgeschlossene kaufmännische Ausbildung. Wie viel Prozent beträgt der Anteil?
Lösung	① 126 Verkaufskräfte – 100 % 99 Verkaufskräfte – x % ② $x = \dfrac{100 \cdot 99}{126}$ ③ x = 78,6 78,6 % der Verkaufskräfte haben eine Ausbildung.
Lösungsweg	① Dreisatz aufstellen (Angabesatz: Grundwert = 100 %) ③ Bruchstrich ausrechnen ② Bruchstrich aufstellen allgemeine Formel: $\textbf{Prozentsatz (p)} = \dfrac{\textbf{100} \cdot \textbf{Prozentwert (W)}}{\textbf{Grundwert (G)}}$
Berechnung des Grundwertes	Der Umsatzanteil der Abteilung A am Gesamtumsatz beträgt 35 % und ergibt einen Betrag von 70 000,00 EUR. Wie hoch ist der Gesamtumsatz?
Lösung	① 35 % – 70 000 EUR 100 % – x EUR ② $x = \dfrac{70\,000 \cdot 100}{35}$ ③ x = 200 000 Der Gesamtumsatz beträgt 200 000,00 EUR.
Lösungsweg	① Dreisatz aufstellen ③ Bruchstrich ausrechnen ② Bruchstrich aufstellen allgemeine Formel: $\textbf{Grundwert (G)} = \dfrac{\textbf{Prozentwert (W)} \cdot \textbf{100}}{\textbf{Prozentsatz (p)}}$
Berechnung des Prozentwertes	Die Anzahl der Diebstähle in einem Kaufhaus liegt bei 15 pro Tag. 20 % dieser Diebstähle werden entdeckt. Wie viele sind das?
Lösung	① $\dfrac{100\,\% - 15 \text{ Diebstähle}}{20\,\% - x \text{ Diebstähle}}$ ② $x = \dfrac{15 \cdot 20}{100}$ ③ x = 3 3 Diebstähle pro Tag werden entdeckt.
Lösungsweg	① Dreisatz aufstellen (Angabesatz: Grundwert = 100 %) ③ Bruchstrich ausrechnen ② Bruchstrich aufstellen allgemeine Formel: $\textbf{Prozentwert (W)} = \dfrac{\textbf{Grundwert (G)} \cdot \textbf{Prozentsatz (p)}}{\textbf{100}}$

Wie ist zu rechnen, wenn ein vermehrter oder verminderter Grundwert vorgegeben wird?

Vermehrter Grundwert	Nach der Preiserhöhung eines Artikels um 15 % beträgt nun der neue Preis 345,00 EUR. Wie viel kostete der Artikel vor der Preiserhöhung?
Lösung	① 115 % – 345,00 EUR ② x = 345 · 100 : 115 Der Preis des Artikels vor der Preiserhöhung 100 % – x EUR ③ x = 300 betrug 300,00 EUR.
Lösungsweg	① Dreisatz aufstellen Grundwert = Preis vor der Erhöhung = 100 % ③ Bruchstrich ausrechnen Prozentsatz = Erhöhung = 15 % Vermehrter Grundwert = Preis nach der Erhöhung = 115 % ② Bruchstrich aufstellen allgemeine Formel: $\textbf{Grundwert (G)} = \dfrac{\textbf{Vermehrter Grundwert (G+)} \cdot \textbf{100}}{\textbf{100 + Prozentsatz (p)}}$
Vermehrter Grundwert	Nach Abzug von 3 % Skonto überweisen wir einen Betrag von 5 820,00 EUR. Wie hoch war der ursprüngliche Rechnungsbetrag?
Lösung	① 97 % – 5 820,00 EUR ② x = 5 820 · 100 : 97 Der ursprüngliche Rechnungsbetrag 100 % – x EUR ③ x = 6 000 belief sich auf 6 000,00 EUR.
Lösungsweg	① Dreisatz aufstellen Grundwert = Rechnungsbetrag = 100 % ③ Bruchstrich ausrechnen Prozentsatz = Verminderung = 3 % Vermehrter Grundwert = Preis nach der Erhöhung = 97 % ② Bruchstrich aufstellen allgemeine Formel: $\textbf{Grundwert (G)} = \dfrac{\textbf{Vermehrter Grundwert (G+)} \cdot \textbf{100}}{\textbf{100 + Prozentsatz (p)}}$

1 Ein Unternehmen erzielte im 1. Jahr mit durchschnittlich 16 Verkäufern einen Umsatz von
720 000,00 EUR. Im 2. Jahr wurde mit durchschnittlich 14 Verkäufern ein Umsatz von 700 000,00 EUR
erzielt.

Um wie viel Prozent stieg der durch-
schnittliche Umsatz je Verkäufer?
(Ergebnis auf eine Stelle nach dem
Komma runden)

2 Der Verkaufspreis einer Ware wurde zunächst um
10 % und kurze Zeit darauf noch einmal um 20 %
herabgesetzt.

Wie viel Prozent beträgt die gesamte
Preisreduzierung?

3 Ein Unternehmer hat folgende Werte aus seiner
Absatzstatistik entnommen:

1. Jahr:
Verkauf 8 500 Stück
Gesamtumsatz 340 000,00 EUR
2. Jahr:
Verkauf 9 250 Stück
Gesamtumsatz 351 500,00 EUR

a. Um wie viel Prozent ist der Umsatz
im 2. Jahr gegenüber dem Vorjahr
gestiegen? (auf zwei Stellen nach
dem Komma runden)

b. Um wie viel Prozent ist der Absatz
im 2. Jahr gegenüber dem Vorjahr
gestiegen? (auf zwei Stellen nach
dem Komma runden)

c. Um wie viel Prozent veränderte
sich der Stückpreis im 2. Jahr
gegenüber dem Vorjahr?

4 Die Kosten im Personalbereich konnten durch
Einsparungen im 2. Jahr gegenüber dem 1. Jahr
um 10 % gesenkt werden.

Infolge von hohen Tarifabschlüssen stiegen sie im
3. Jahr gegenüber dem 2. Jahr wieder um 5 % auf
insgesamt 283 500,00 EUR.

a. Wie viel Euro betrugen die
Personalkosten im 2. Jahr?

b. Wie viel Euro betrugen die Kosten
im 1. Jahr?

c. Um wie viel Prozent haben sich die
Kosten im 3. Jahr gegenüber den
Kosten im 1. Jahr insgesamt
verändert?

5 Eine Maschine wurde drei Jahre hintereinander mit
20 % vom Restbuchwert abgeschrieben. Nach
dreimaliger Abschreibung beträgt der Restbuchwert
19 200,00 EUR.

Ermitteln Sie die Anschaffungskosten
der Maschine.

6 Ein Mitarbeiter eines Unternehmens erhält ein festes
Gehalt von 3 200,00 EUR und 3 % Umsatzprovision.
Er möchte auf ein jährliches Mindesteinkommen von
54 000,00 EUR (bei 12 Monatsgehältern) kommen.

a. Wie viel Tausend Euro beträgt das
Jahresfestgehalt?

b. Wie viel Tausend Euro müsste das
über die Umsatzprovision zu
erzielende Einkommen betragen?

c. Wie viel Tausend Euro müsste
dementsprechend der Jahres-
umsatz betragen?

7 Ein Substitut erhält nach einer Gehaltserhöhung von
5,2 % ein Bruttogehalt von 3 682,00 EUR monatlich.
Für Lohnsteuer und Kirchensteuer sowie Solidaritätszuschlag werden 736,00 EUR und für Sozialversicherungsbeiträge 750,00 EUR einbehalten.

a. Wie viel Prozent des Bruttolohnes
betragen die gesamten Abzüge
(auf eine Dezimalstelle runden)?

b. Wie hoch war der Bruttoverdienst
des Substituten vor der Gehaltserhöhung?

8 Die Rechnung eines Lieferanten (inkl. 19 % USt)
wurde von uns unter Abzug von 2 % Skonto bezahlt.
Überwiesen wurden 6 763,96 EUR.

a. Wie hoch war der
Bruttorechnungsbetrag?

b. Welchen Warenwert hatte die
Rechnung?

9 Ein Unternehmen, das einen Insolvenzantrag gestellt
hat, hat Verbindlichkeiten gegenüber seinen Schuld-
nern in Höhe von 756 000,00 EUR. Die Schuldner
erhalten nach Abwicklung des Insolvenzverfahrens
264 600,00 EUR.

a. Berechnen Sie die Insolvenzquote
in Prozent.

b. Ein Gläubiger erhält 18 452,00 EUR.
Berechnen Sie die ursprüngliche
Forderung.

c. Wie hoch ist der Verlust des
Gläubigers in Euro?

Bestimmen Sie die Größen, die für die Zinsrechnung notwendig sind, und ermitteln Sie die Zinsen.

Grundlagen	Die Zinsrechnung ist eine besondere Anwendungsform der Prozentrechnung. Die Zeit ist als zusätzliche Größe erforderlich:

	Größen der Zinsrechnung:	entspricht	Größen der Prozentrechnung:
	Kapital (K): 100 % Zinssatz (p): bezieht sich immer auf ein Jahr, wenn keine anderen Angaben erfolgen Zinsen (Z): Wert in Euro Zeit (t): Angabe in Tagen		Grundwert (G) Prozentsatz (p) Prozentwert (W) –

Aufgabe	Ein Einzelhändler bezieht von einem Lieferanten Waren mit einem Rechnungsbetrag von 18 000,00 EUR. Da der Einzelhändler das Zahlungsziel nicht einhalten kann, bittet er den Lieferanten um Zahlungsaufschub. Dieser ist bereit, den Zahlungstermin um 14 Tage gegen Berechnung von 8 % Verzugszinsen zu verschieben. In welcher Höhe werden Verzugszinsen berechnet?

Lösung	① Berechnung der Jahreszinsen im Dreisatz 100 % – 18 000,00 EUR 8 % – x EUR $x = \dfrac{18\,000 \cdot 8}{100} = 1\,440$ Die Jahreszinsen betragen 1 440,00 EUR.	② Berechnung der Zinsen für 14 Tage im Dreisatz $\dfrac{360 \text{ Tage} - 1\,440,00 \text{ EUR}}{14 \text{ Tage} - \quad x \text{ EUR}}$ $x = \dfrac{1\,440 \cdot 14}{360} = 56$ Die Verzugszinsen betragen 56,00 EUR.

Lösungsweg	Grundsätzlich gilt: Z = Zinsen K = Kapital p = Zinssatz t = Zeit in Tagen ① Ein Zinssatz von 8 % bedeutet, dass für je 100,00 EUR Kapital Zinsen von 8,00 EUR pro Jahr entstehen. Formel für Jahreszinsen: $Z = \dfrac{K \cdot p}{100}$ ② In der deutschen kaufmännischen Zinsrechnung wird das Jahr mit 360 Tagen (12 Monate · 30 Tage) angesetzt. Formel für Tageszinsen: $Z = \dfrac{K \cdot p \cdot t}{100 \cdot 360}$

Welche unterschiedlichen Berechnungen der Zinstage gibt es?

Aufgabe	Berechnen Sie die Anzahl der Zinstage vom 23.05.20.. bis zum 25.08.20.. 1. nach der 30/360-Methode. 2. nach der sogenannten „EU-Methode". 3. bei taggenauer Berechnung der Zinstage und des Zinsjahres.

Lösung	**Zu 1.:**		**Zu 3.:** 94 Tage
	23.05.–23.08. = 3 Monate · 30 Tage = 90 Tage 23.08.–25.08. = 2 Tage **92 Tage**		
	Zu 2.: 23.05.–31.05. = 8 Tage Juni = 30 Tage Juli = 31 Tage 01.08.–25.08. = 25 Tage **94 Tage**		

Lösungsweg	Für alle Berechnungsarten gilt einheitlich: Der **erste Tag** des Zinszeitraumes wird **nicht mitgerechnet**, der **letzte Tag** des Zinszeitraumes wird **mitgerechnet**. **zu 1 (30/360-Methode):** ▸ Jeder Monat wird mit 30 Tagen angesetzt (auch die mit 28, 29 oder 31 Tagen). ▸ Das Zinsjahr hat 360 Tage. **zu 2 (EU-Methode):** ▸ Jeder Monat wird taggenau ermittelt. ▸ Das Zinsjahr hat 360 Tage.	**zu 3:** ▸ Jeder Monat wird taggenau ermittelt. ▸ Das Zinsjahr hat 365 bzw. 366 Tage (Schaltjahr). ▸ Diese Methode kommt nur dann zu unterschiedlichen Ergebnissen zur EU-Methode, wenn der Zinszeitraum über den Jahreswechsel hinausgeht.

1 Eine Rechnung in Höhe von 11 700,00 EUR, fällig am 23.03., wird zum Zahlungstermin nur zu 2/3 beglichen. Es wird vereinbart, dass der Rest Ende Mai unter Berücksichtigung von 11 % Verzugszinsen bezahlt wird. (EU-Zinstageberechnung)

a. Wie hoch ist die Restschuld?

b. Berechnen Sie die Verzugszinsen. (auf zwei Stellen nach dem Komma runden)

c. Welcher Betrag wird Ende Mai überwiesen?

2 Berechnen Sie die Anzahl der Zinstage nach der EU-Methode für folgende Zinszeiträume:

a. 06.06.–09.12.

b. 12.04.–31.05.

c. 28.11. dieses Jahres–05.06. nächsten Jahres (kein Schaltjahr)

d. 12.02.–Ende Februar (kein Schaltjahr)

e. 03.01.–Ende Februar (Schaltjahr)

f. 22.07.–Ende des Jahres

3 Ein Unternehmen erweitert seine Räumlichkeiten. Die Gesamtkosten für den Umbau und die neuen Einrichtungen betragen 520 000,00 EUR. Das Unternehmen kann 40 % der Kosten mit eigenen Mitteln finanzieren. Der Rest wird über die Hausbank zu folgenden Konditionen beschafft:

Tilgung jährlich 12,5 %, Zinsen 10 %, Tilgungsrate und Zinsen sind vierteljährlich an die Hausbank zu überweisen.

Ermitteln Sie ...

a. ... den Betrag, der mit eigenen Mitteln finanziert wird.

b. ... den Betrag, der mit fremden Mitteln finanziert wird.

c. ... den Überweisungsbetrag am Ende des ersten Vierteljahres.

4 Ein Unternehmer begleicht eine Lieferantenrechnung, Rechnungsdatum: 23.02. über 11 200,00 EUR, erst am 31.05. einschließlich 10 % Verzugszinsen.

Als Zahlungsbedingung wurde vereinbart: Zahlbar innerhalb von 8 Tagen unter Abzug von 3 % Skonto oder innerhalb 30 Tagen netto Kasse.

a. Für wie viele Tage hatte der Unternehmer Verzugszinsen zu zahlen?

b. Wie viel Euro musste er am 31.05. insgesamt überweisen? (auf zwei Stellen nach dem Komma runden)

c. Wie viel Euro hätte er insgesamt gespart, wenn er unter Abzug von Skonto bezahlt hätte und dafür keinen Kredit aufnehmen musste? (auf zwei Stellen nach dem Komma runden)

5 Berechnen Sie die Zinsen für folgende Kredite:

a. 4 678,90 EUR zu 8,5 % Zinsen für 8 Monate (EU-Zinstageberechnung)

b. 35 800,00 EUR zu 9,2 % für 3 Jahre

c. 4 578,20 EUR zu 7,5 % für die Zeit vom 24.07. bis 29.12.

d. 340 050,00 EUR zu 8,75 % für die Zeit vom 13.06. diesen Jahres bis 01.03. nächsten Jahres (kein Schaltjahr)

6 Ein Unternehmer zahlt seiner Bank am 14.09. einen Kredit in Höhe von 15 000,00 EUR zurück. Der Rückzahlungsbetrag beläuft sich einschließlich Zinsen auf 15 985,00 EUR. Er hatte den Kredit am 01.03. aufgenommen (EU-Zinstageberechnung).

Welcher Jahreszinssatz ist von der Bank zugrunde gelegt worden?

7 Ein Unternehmer nimmt kurzfristig einen Kredit für die Zeit vom 24.01. bis Ende Februar auf (kein Schaltjahr).

Wie viele Zinstage werden der Zinsberechnung zugrunde gelegt (taggenaue Berechnung)?

1 36 Tage

2 60 Tage

3 34 Tage

4 35 Tage

5 Keine Lösung ist richtig.

8 Ein Unternehmer nimmt zur kurzfristigen Überbrückung eines Liquiditätsengpasses einen Kredit in Höhe von 56 000,00 EUR zu 12,5 % Zinsen auf. Die Kreditsumme wird seinem laufenden Konto am 13.08. gutgeschrieben.

Wie viel Euro beträgt die Belastung, mit der die Bank am 16.09. die Kreditrückzahlung zuzüglich der Zinsen fällig stellt? (EU-Zinstageberechnung)

1 56 661,11 EUR

2 56 700,00 EUR

3 55 338,89 EUR

4 55 300,00 EUR

5 Keine Lösung ist richtig.

9 Der Anteil des Eigenkapitals in einem Unternehmen beträgt 560 000,00 EUR. Für diesen Betrag würde man bei einer Anlage auf dem Kapitalmarkt einen Zinssatz von 7,5 % erzielen.

Welchen Jahresgewinn muss das Unternehmen mindestens erzielen, wenn die Verzinsung des Eigenkapitals um 1/10 höher sein soll?

Berechnen Sie die jeweils fehlende Größe (Kapital, Zinssatz, Zeit) in der Zinsrechnung.

Aufgaben	1 Wie hoch ist ein Bankkredit, wenn für eine Zeit von 20 Tagen bei einem Zinssatz von 12 % 400,00 EUR Zinsen bezahlt werden? 2 Ein Kapital in Höhe von 12 000,00 EUR wurde für eine Zeit von 60 Tagen mit 180,00 EUR verzinst. Zu welchem Zinssatz? 3 Wie viele Tage muss ein Kapital von 40 000,00 EUR zu einem Zinssatz von 8 % angelegt werden, damit es Zinsen in Höhe von 800,00 EUR einbringt?
Lösungen (mit Formel)	Drei Größen in der Zinsrechnung müssen jeweils angegeben sein, um die vierte Größe berechnen zu können. 1 $K = \dfrac{Z \cdot 100 \cdot 360}{p \cdot t} = \dfrac{400 \cdot 100 \cdot 360}{12 \cdot 20} = 60\,000$ Antwort: Der Bankkredit beträgt 60 000,00 EUR. 2 $p = \dfrac{Z \cdot 100 \cdot 360}{K \cdot t} = \dfrac{180 \cdot 100 \cdot 360}{12\,000 \cdot 60} = 9$ Antwort: Der Zinssatz beträgt 9 %. 3 $t = \dfrac{Z \cdot 100 \cdot 360}{K \cdot p} = \dfrac{800 \cdot 100 \cdot 360}{40\,000 \cdot 8} = 90$ Tage Antwort: Das Kapital muss 90 Tage (= 3 Monate) angelegt werden.
Lösungsweg	Die jeweiligen Formeln ergeben sich aus der Umformung der allgemeinen Zinsformel: $Z = \dfrac{K \cdot p \cdot t}{100 \cdot 360}$ Beispiel für die Umformung der allgemeinen Zinsformel (hier Berechnung des Kapitals): $\dfrac{K \cdot p \cdot t}{100 \cdot 360} = Z$ Auf beiden Seiten der Gleichung wird mit (100 · 360) multipliziert: $K \cdot p \cdot t = Z \cdot 100 \cdot 360$ Auf beiden Seiten der Gleichung wird mit (p · t) dividiert: $K = \dfrac{Z \cdot 100 \cdot 360}{p \cdot t}$ Auf diese Weise können auch die anderen Formeln hergeleitet werden.
Der Zähler dieser drei Formeln ist immer identisch (Z · 100 · 360). Es ändert sich jeweils nur der Nenner (Nenner besteht aus den restlichen angegebenen Größen).	

Berechnen Sie die Zinsen mithilfe der kaufmännischen Zinsformel (Zinszahl und Zinsteiler).

Die kaufmännische Zinsformel vereinfacht Rechenvorgänge, die bei der summarischen Zinsrechnung Anwendung finden.

Aufgabe	Ein Kapital von 20 000,00 EUR wird mit 6 % verzinst und wird 4 Monate angelegt. Berechnen Sie die Zinsen mit Zinszahl und Zinsteiler.
Lösung	① Zinszahl (#) $= \dfrac{K}{100} \cdot t$ ③ Zinsen (Z) $= \dfrac{(\#)}{ZT}$ $= \dfrac{20\,000}{100} \cdot 120 = 24\,000$ $= \dfrac{24\,000}{60} = 400$ ② Zinsteiler (ZT) $= \dfrac{360}{p}$ Antwort: Die Zinsen betragen 400,00 EUR. $= \dfrac{360}{6} = 60$
Lösungsweg	① Die allgemeine Zinsformel wird durch Umformung zerlegt: $Z = \dfrac{K \cdot p \cdot t}{100 \cdot 360}$ $Z = \dfrac{K}{100} \cdot t : \dfrac{360}{p}$ Zinszahl Zinsteiler Zu beachten: ▸ Zinszahlen haben keine Dezimalstellen. Es wird auf- bzw. abgerundet. *Beispiel: Kapital 650,00 EUR, Zinstage: 47* $24\,000 = \dfrac{650 \cdot 47}{100} = 305,5 = $ *Zinszahl (#) 306* ▸ Bei der Berechnung der Zinszahlen werden die Centbeträge des Kapitals nicht berücksichtigt (d. h., es wird hier nicht aufgerundet). *Beispiel: 1 288,56 EUR, Zinstage: 50* $\# = \dfrac{1\,288 \cdot 50}{100} = $ *Zinszahl (#) 644* ② Ist der Zinsteiler eine Zahl mit mehreren Dezimalstellen, sollte – wenn nichts anderes angegeben ist – mit möglichst vielen Dezimalstellen weitergerechnet werden. ③ Die Zinsen ergeben sich aus der Division $\dfrac{\text{Zinszahl (\#)}}{\text{Zinsteiler (ZT)}}$

1 An einer Unternehmung sind drei Gesellschafter beteiligt:

A mit 250 000,00 EUR
B mit 150 000,00 EUR
C mit 100 000,00 EUR

Zunächst wird jedes Kapital zum gleichen Zinssatz verzinst, der Rest wird nach Köpfen verteilt. Gesellschafter B erhält für seine Einlage 9 000,00 EUR Zinsen.

a. Welcher Prozentsatz ergibt sich für die Verzinsung des Kapitals?

b. Wie hoch ist der Zinsanteil für Gesellschafter A?

c. Wie hoch ist der Zinsanteil für alle drei Gesellschafter?

d. Wie viel Gewinn hat die Unternehmung insgesamt pro Jahr erzielt, wenn Gesellschafter A einen Jahresgewinn von 120 000,00 EUR erhält?

2 Bei einem Darlehen von 8 000,00 EUR und einem Zinssatz von 6 % wird eine Zinszahl von 14 400 errechnet.

a. Wie viele Tage beträgt die Laufzeit des Darlehens?

b. Wie viel Euro betragen die Zinsen?

3 Ein Unternehmer wird für eine Rechnung über 6 800,00 EUR, fällig am 17.01., mit 79,90 EUR Verzugszinsen belastet, da er die Rechnung erst am 05.03. bezahlt. (kein Schaltjahr; EU-Zinstageberechnung)

a. Ermitteln Sie die Zinstage.

b. Ermitteln Sie den Zinssatz.

4 Aufgrund von Liquiditätsschwierigkeiten wird eine Rechnung über 12 500,00 EUR, fällig am 31.07., erst später einschließlich Zinsen mit einem Betrag von 12 625,00 EUR bei einem Zinssatz von 8 % zurückgezahlt.

a. Für wie viele Tage mussten Verzugszinsen bezahlt werden?

b. Wann wurde die Rechnung bezahlt?

5 Es liegen folgende Angebote zweier Banken vor:

Bank 1: Darlehenssumme 18 000,00 EUR für 70 Tage, 288,75 EUR Zinsen
Bank 2: Darlehenssumme 21 000,00 EUR für 60 Tage, 332,50 EUR Zinsen

a. Welches Angebot ist günstiger?

b. Wie hoch ist die Differenz bei den Zinssätzen beider Angebote?

6 Ein Kunde hat am 21.06. Waren zu einem Preis von 12 000,00 EUR bezogen. Zahlungsziel: 8 Tage 2 % Skonto, 30 Tage netto. Nach erfolgter Mahnung erhält der Lieferer am 31.12. eine Überweisung seines Kunden mit dem Hinweis: „Rechnung vom 21.06. einschließlich 543,33 EUR Verzugszinsen". Damit ist die Forderung des Lieferers beglichen.

Mit welchem Bruchsatz ermittelt man den Prozentsatz der Verzugszinsen?

1 $\dfrac{543{,}33 \cdot 100 \cdot 360}{12\,000 \cdot 193}$

2 $\dfrac{12\,000 \cdot 543{,}33 \cdot 163}{100 \cdot 360}$

3 $\dfrac{543{,}33 \cdot 100 \cdot 360}{12\,000 \cdot 163}$

4 $\dfrac{12\,000 \cdot 100 \cdot 360}{543{,}33 \cdot 193}$

7 Ein Einzelhändler vereinbart mit seinem Lieferanten für eine Rechnung über 6 420,00 EUR, fällig am 15.02., folgende Zahlungsbedingungen:

Rechnungsbetrag zahlbar in drei gleichen Raten am 15.03., 15.04. und 15.05.

Für den Zahlungsaufschub werden 8 % Zinsen berechnet. Die gesamten Zinsen sind bei der letzten Ratenzahlung mit zu überweisen. (kein Schaltjahr; EU-Zinstageberechnung)

Ermitteln Sie ...

a. ... die Summe der Zinszahlen.

b. ... den Zinsteiler.

c. ... die Verzugszinsen.

d. ... den am 15.05. zu zahlenden Gesamtbetrag (3. Rate einschließlich Zinsen).

8 Ein Darlehen, das mit 9,5 % verzinst wird, erbringt monatlich 118,75 EUR Zinsen.

Mit welchem Bruchsatz ermittelt man die Darlehenssumme?

1 $\dfrac{118{,}75 \cdot 1 \cdot 9{,}5}{100 \cdot 12}$

2 $\dfrac{118{,}75 \cdot 100 \cdot 1}{9{,}5 \cdot 60}$

3 $\dfrac{118{,}75 \cdot 100 \cdot 12}{9{,}5 \cdot 1}$

4 $\dfrac{118{,}75 \cdot 9{,}5 \cdot 12}{100 \cdot 1}$

Wenden Sie die summarische Zinsrechnung an.

Aufgabe	Ein Einzelhändler erhielt von einem Großhändler Rechnungen für gelieferte Waren mit folgenden Beträgen: 5 200,00 EUR, fällig am 02.07., 12 500,00 EUR, fällig am 21.08., und 3 800,70 EUR, fällig am 15.09. Der Einzelhändler zahlt erst am 27.11. alle Rechnungen einschließlich der Verzugszinsen von 10 %.
	Die summarische Zinsrechnung vereinfacht die Berechnung der Verzinsung von mehreren Beträgen, die zum gleichen Zinssatz verzinst werden.

Lösung	Betrag ①	fällig	Tage	Zinszahlen (#)
	5 200,00	02.07.	148	7 696
	12 500,00	21.08.	98 ②	12 250 ③
	3 800,70	15.09.	73	2 774
	21 500,70			22 720
				: 36 (ZT) ④
	631,11 + 10 % Zinsen			= 631,11
	22 131,81 Gesamtbetrag ⑤			

Der Einzelhändler zahlt am 27.11. einschließlich Verzugszinsen einen Betrag von 22 131,81 EUR.

Lösungsweg	① Berechnungsschema erstellen: Die Beträge werden nach Fälligkeit geordnet. ② Zinstage berechnen (Zeitraum: Tag der Fälligkeit = Zahlungstag) ③ Zinszahlen berechnen (Cent-Beträge beim Kapital werden nicht berücksichtigt.) *Beispiel: Kapital 3 800,70 EUR = gerechnet wird mit einem Kapital von 3 800,00 EUR*	④ Zinsen berechnen (Gesamtzinszahl: gemeinsamer Zinsteiler) ⑤ gesamten Rückzahlungsbetrag berechnen (Gesamtbetrag + Zinsen)

Berechnen Sie die Effektivverzinsung eines Kredites.

Begriff	Bei der Angabe von Zinssätzen bei Kreditgeschäften unterscheidet man zwischen Nominalzins (Verzinsung ohne Berücksichtigung von Nebenkosten) und Effektivzins (Nebenkosten wie Disagio, Provision und Spesen werden in den Zinssatz mit einbezogen). Durch den Effektivzinssatz können die Kosten für Kredite mit unterschiedlicher Höhe bzw. unterschiedlichen Konditionen schneller verglichen werden.

Aufgabe	Für ein Bankdarlehen in Höhe von 25 000,00 EUR, das nach vier Jahren in einer Summe zurückgezahlt werden soll, wird ein Zinssatz (Nominalzins) von 12 % berechnet. Außerdem gelten folgende Konditionen: Zahlung der Zinsen jährlich, Auszahlung 98 %, Bankprovision 80,00 EUR (wird vom Darlehensbetrag abgezogen). 1. Berechnen Sie den Auszahlungsbetrag. 2. Wie hoch ist der effektive Zinssatz?

Lösung		

①
Darlehen	25 000,00 EUR
− Disagio	500,00 EUR
− Provision	80,00 EUR
= Auszahlungsbetrag	24 420,00 EUR

②
Zinsen für die gesamte Laufzeit	12 000,00 EUR
+ Disagio	500,00 EUR
+ Provision	80,00 EUR
= Gesamte Kreditkosten	12 580,00 EUR

③ $\text{Effektivzinssatz} = \dfrac{\text{Kreditkosten} \cdot 100}{\text{Auszahlungsbetrag} \cdot \text{Laufzeit in Jahren}}$

$\text{Effektivzinssatz} = \dfrac{12\,580 \cdot 100}{24\,420 \cdot 4} = 12{,}88$

Antwort: Der Effektivzinssatz beträgt 12,88 %.

Lösungsweg	① Vom Darlehensbetrag werden Disagio (98 % Auszahlung = 2 % Disagio) und Provision subtrahiert. Dieser Betrag ist der Nettokreditbetrag, auf den alle Kosten bezogen werden müssen.

② Die Zinsen für die gesamte Laufzeit ergeben sich aus:

Zinsen für 1 Jahr: $Z = \dfrac{K \cdot p}{100}$

Zinsen für 4 Jahre: $Z = \dfrac{K \cdot p \cdot J}{100} = \dfrac{25\,000 \cdot 12 \cdot 4}{100} = 12\,000{,}00 \text{ EUR}$

(Zinsformel für Kredite mit mehrjähriger Laufzeit; J = Laufzeit in Jahren)
Die gesamten Kreditkosten setzen sich zusammen aus:
Zinsen für die gesamte Laufzeit, Disagio und Provision.

③ Stellt man die Zinsformel für Kredite mit mehrjähriger Laufzeit nach p um, erhält man: $p = \dfrac{z \cdot 100}{K \cdot j}$

Setzt man nun die entsprechenden Werte für die Effektivverzinsung ein (für Z nicht nur die Zinsen, sondern die gesamten Kreditkosten, für K nicht den Darlehensbetrag, sondern den Auszahlungsbetrag), erhält man:

$\textbf{Effektivzinssatz} = \dfrac{\textbf{Kreditkosten} \cdot \textbf{100}}{\textbf{Auszahlungsbetrag} \cdot \textbf{Jahre}}$

1 Zur Erweiterung seines Einzelhandelsgeschäftes benötigt ein Einzelhändler 200 000,00 EUR. Ihm liegen unten stehende Darlehensangebote vor. In allen drei Fällen erfolgt die Rückzahlung des Darlehens in einer Summe am Ende der Kreditlaufzeit. Berechnen Sie zu jedem Angebot den effektiven Zinssatz.

a. Angebot A: 8,5 % Zinsen, 3 % Disagio, 1 % Provision, 60,00 EUR Spesen, Laufzeit 10 Jahre

b. Angebot B: 9 % Zinsen, 100 % Auszahlung, 2 % Provision, 120,00 EUR Spesen, Laufzeit 10 Jahre

c. Angebot C: 8 % Zinsen, 5 % Disagio, 2 % Bearbeitungsgebühr, Laufzeit 15 Jahre

2 Am 30.09. sollte ein Einzelhändler 20 000,00 EUR an seinen Lieferanten zahlen.

Am Fälligkeitstag übergab er einen Scheck über 10 000,00 EUR, der noch am gleichen Tag eingelöst wurde. Der Kunde bat darum, die restlichen 10 000,00 EUR in vier Raten bezahlen zu dürfen. Der Lieferer stimmte zu, berechnete allerdings 12 % Verzugszinsen, die mit der letzten Rate fällig wurden. Der Kunde zahlte Raten von 2 000,00 EUR am 15.10., 3 000,00 EUR am 28.10., 2 500,00 EUR am 10.11. und 2 500,00 EUR am 26.11.

Ermitteln Sie ...

a. ... die Zinszahlen aus der 1. Rate.

b. ... die Zinszahlen aus der 2. Rate.

c. ... die Zinszahlen aus der 3. Rate.

d. ... die Zinszahlen aus der 4. Rate.

e. ... die Summe der Zinszahlen.

f. ... den Betrag (einschließlich Zinsen), der am 26.11. gezahlt werden musste.

3 Ein Einzelhändler schuldete seinem Lieferanten folgende Rechnungsbeträge:

2 300,00 EUR am 10.04.
1 250,00 EUR am 16.05.
1 620,00 EUR am 14.06.

Er konnte bei Fälligkeit die Rechnungen nicht begleichen und erhielt Zahlungsaufschub bis zum 04.07. unter Berechnung von 7,2 % Verzugszinsen.

Ermitteln Sie ...

a. ... die Summe der Zinszahlen.

b. ... den Zinsdivisor.

c. ... die Verzugszinsen.

4 Ein Einzelhändler erhält eine Rechnung über 45 000,00 EUR. Die Zahlungsbedingungen lauten: zahlbar mit 2 % Skonto bei sofortiger Zahlung oder 1 Monat netto Kasse. Für den sofortigen Rechnungsausgleich muss der Schuldner einen Kredit zu 14 % aufnehmen.

a. Wie viel Euro beträgt der Skontoabzug?

b. Wie viel Euro betragen die Zinsen, wenn der Kredit nach einem Monat zurückgezahlt wird?

c. Welchem Jahreszinssatz entspricht die Skontobedingung?

d. Wie viel Euro werden gespart, wenn der Skonto durch die Aufnahme des Kredites ausgenutzt wird?

5 Für eine Eingangsrechnung über 40 000,00 EUR gelten folgende Zahlungsbedingungen: zahlbar innerhalb von 10 Tagen abzüglich 2 % Skonto oder 60 Tage netto. Um den Skonto ausnutzen zu können, muss ein Kredit zu einem Zinssatz von 12 % aufgenommen werden.

a. Welchem Jahreszinssatz entspricht die Skontobedingung?

b. Wie viel Euro beträgt der Skontoabzug?

c. Wie viel Euro betragen die Kreditkosten? (auf zwei Stellen nach dem Komma runden)

6 Das Möbelhaus Joachim Althoff vermittelt einem Kunden über die Konsumkredit-Bank für drei Monate einen Kredit von 16 000,00 EUR zu folgenden Bedingungen: 0,75 % Zinsen je Monat und 2 % Bearbeitungsgebühr von der Kreditsumme, zahlbar mit dem Kreditbetrag am Ende des Kreditzeitraumes.

Ermitteln Sie ...

a. ... die Bearbeitungsgebühr.

b. ... die Zinsen.

c. ... die Rückzahlungssumme.

d. ... die tatsächliche Belastung durch die Gesamtkreditkosten (Effektivverzinsung) in Prozent pro Jahr. (auf zwei Stellen nach dem Komma runden)

7 Ein Darlehen von 24 000,00 EUR wird zu 98,5 % ausgezahlt. Es gelten folgende Bedingungen: 9 % Zinsen, Provision 1/4 % vom Darlehensbetrag, 50,00 EUR Spesen. Das Darlehen ist nach acht Jahren in einer Summe zu tilgen.

a. Berechnen Sie den Auszahlungsbetrag.

b. Berechnen Sie die effektive Verzinsung.

Geben Sie Beispiele für die Barzahlung, die halbbare Zahlung und die bargeldlose Zahlung.

Symbolbedeutung: Konto ⊤ ; Bargeld ⌷⌐

Zahlungsart	Zahlungsmöglichkeit	Zahlungsträger	Zahler	Empfänger
bar	Postpaket, DHL-Paket von Hand zu Hand Postbank Minuten-Service	Zahler/Empfänger/Bote Postbank und Western Union	⌷⌐	⌷⌐
halbbar	Zahlschein	Kreditinstitut/Postbank	⌷⌐	⊤
	Barscheck	Kreditinstitut/Postbank	⊤	⌷⌐
	Postbank Minuten-Service	Postbank und Western Union		
bargeldlos	Überweisung	Kreditinstitut/Postbank	⊤	⊤
	Verrechnungsscheck	Kreditinstitut/Postbank		

Nennen Sie Besonderheiten bei der Barzahlung und der halbbaren Zahlung.

Postpaket, DHL-Paket	Die Deutsche Post transportiert Postpakete, die versichert sind bis zu einem Wert von 500,00 EUR. Es ist möglich, Postpakete oder DHL-Pakete bis zu 2 500,00 EUR oder bis zu 25 000,00 EUR zu versichern.
Zahlschein	Der einfache Zahlschein wird auch in Verbindung mit einer Überweisung angeboten. Dieses dient den Geldinstituten zur Vereinfachung ihres Geldverkehrs.

Nennen Sie Besonderheiten im bargeldlosen Zahlungsverkehr.

Überweisung	Sammelüberweisung	Für eine Vielzahl von Überweisungen in beliebiger Höhe an unterschiedliche Zahlungsempfänger genügt eine einzige Unterschrift auf einem Überweisungsauftrag mit der Gesamtsumme der Einzelüberweisungen.
	Sonstige Möglichkeiten	Überweisungen können vereinfacht getätigt werden durch ▶ Onlinebanking (PIN/TAN) ▶ Datenträgeraustausch
Dauerauftrag	Für Zahlungen, die regelmäßig wiederkehren und in ihrer Höhe gleich sind, kann der Zahler dem Kreditinstitut oder der Postbank einmalig den Auftrag zur Überweisung an denselben Empfänger erteilen. Die Überweisungen werden dann zulasten seines Kontos bis zum Widerruf regelmäßig vorgenommen.	
Lastschriftverkehr	Für Zahlungen, die in gleicher oder aber auch unterschiedlicher Höhe anfallen, sind zwei Verfahren möglich:	
	SEPA-Basis-Lastschrift (SEPA Core Direct Debit)	Die SEPA-Basis-Lastschrift kann innerhalb von acht Wochen widersprochen werden und der Betrag wird wieder gutgeschrieben. Bei einer nicht autorisierten Zahlung (ohne gültiges SEPA-Mandat) kann innerhalb von 13 Monaten die Erstattung verlangt werden.
	SEPA-Firmen-Lastschrift (SEPA Business to Business Direct Debit) oder SEPA B2B Direct Debit	Es besteht keine Möglichkeit des Widerspruchs, da die Zahlstelle des Zahlers verpflichtet ist, die Mandatsdaten bereits vor der Belastung auf Übereinstimmung mit der vorliegenden Zahlung zu prüfen.
SEPA	Single Euro Payments Area (Einheitlicher EURO-Zahlungsverkehrsraum) Seit dem 1. August 2014 wird in allen EU Ländern sowie Norwegen, Island, Liechtenstein, Monaco und der Schweiz nach einheitlichen Regeln per Lastschrift und Überweisung gezahlt. Die bisherigen Kontonummern und Bankleitzahlen müssen auf die neuen Formate IBAN und BIC umgestellt werden.	
IBAN	Die IBAN (International Bank Account Number) besteht je nach Land aus maximal 34 alphanumerischen Zeichen. Für Deutschland sind es 22 Zeichen. Länderkennung Bankleitzahl: 8 Stellen IBAN D E 5 0 3 1 0 1 0 8 3 3 9 0 0 1 2 3 4 5 6 7 Prüfziffer: 2 Stellen Kontonummer: 10 Stellen	
BIC	(Business Identifier Code) – auch SWIFT-Code genannt Der BIC ist die international standardisierte Bankleitzahl. Bankbezeichnung 4 Stellen Ort: 2 Stellen BIC S C F B D E 3 3 x x x Land: 2 Stellen Filialkennzeichen: 3 Stellen (optional)	

1 *Ordnen Sie die folgenden Begriffe den unten stehenden Besonderheiten des bargeldlosen Zahlungsverkehrs zu.*

1 Dauerauftrag
2 SEPA-Basis-Lastschrift
3 SEPA B2B Direct Debit

a. Der Zahler beauftragt/ermächtigt nur seine Bank, die bargeldlose Zahlung zu veranlassen. ☐

b. Es besteht keine Möglichkeit der Rückgabe der Lastschrift. Die Zahlstelle ist verpflichtet, die Mandatsdaten vor der Belastung auf Übereinstimmung zu prüfen. ☐

c. Dieses Lastschriftverfahren steht sowohl dem Verbraucher als auch den Unternehmen zur Verfügung. ☐

d. Bei dieser Zahlungsart werden wiederkehrende gleichbleibende Beträge an denselben Empfänger gezahlt. ☐

e. Bei dieser Zahlungsart können unterschiedliche Beträge dem Konto belastet werden. Eine Aufhebung der Belastung ist innerhalb von 8 Wochen möglich. ☐

2 *Überprüfen Sie unten stehende Aussagen zur Zahlung mit Kreditkarten.*

Tragen Sie eine
1 ein, wenn die Aussage zutreffend ist,
9 ein, wenn die Aussage nicht zutreffend ist.

a. Dem Inhaber einer Kreditkarte wird i. d. R. jährlich eine Gebühr in Rechnung gestellt. Danach fällt für den Kunden bei Zahlung mit der Kreditkarte keine Bearbeitungsgebühr an. Der Zahlungsempfänger (Vertragsunternehmen der Kreditkartenorganisation) wird mit einer umsatzabhängigen Provision und Gebühr belastet. ☐

b. Bei Bezahlung mit einer Kreditkarte muss ein Unternehmen dies als Zahlungsmittel akzeptieren. ☐

c. Kreditkarten werden bei Eröffnung eines Bankkontos kostenlos an den Kontoinhaber ausgegeben. ☐

3 *Zur Barzahlung zählt die Zahlung von Hand zu Hand, der Wertbrief und der Minuten-Service.*

Entscheiden Sie, ob folgende Aussagen dazu
1 zutreffend sind,
9 nicht zutreffend sind.

a. Der Minuten-Servicevordruck besteht aus drei Durchschreibevordrucken. ☐

b. Die Deutsche Post Express transportiert Pakete bis zu 31,5 kg. Diese sind versichert bis zu einem Wert von 500,00 EUR. ☐

c. Beim Transport durch den Kurierdienst „Deutsche Post Euro Express" ist ein Expresspaket bis zu 2 500,00 EUR versichert. Es ist möglich, eine Versicherung bis zu einem Wert von 25 000,00 EUR abzuschließen. ☐

d. Der Höchstbetrag beim Minuten-Service beträgt 1 500,00 EUR. ☐

e. Der Minuten-Service ist nur im Ausland möglich. ☐

4 *Ordnen Sie zu, um welche Art von Zahlungsvereinfachung es sich in den genannten Fällen handelt.*

1 Kreditkarte
2 SEPA-Basis-Lastschrift
3 Sammelüberweisung
4 SEPA B2B Direct Debit
5 Dauerauftrag

a. Der Makler beauftragt sein Kreditinstitut, vierteljährlich Pacht zu überweisen. ☐

b. Der Händler unterschreibt im SEPA-Mandat folgenden Hinweistext:

"Dieses Lastschriftmandat dient nur dem Einzug von Lastschriften, die auf Konten von Unternehmen bezogen sind. Ich bin nicht berechtigt, nach der erfolgten Einlösung eine Erstattung des belasteten Betrags zu verlangen. Ich bin berechtigt, mein Kreditinstitut bis zum Fälligkeitstag anzuweisen, Lastschriften nicht einzulösen." ☐

c. Der Unternehmer muss nach der Zahlung durch den Kunden für getätigte Einkäufe mit der jeweiligen Organisation abrechnen. ☐

5 *Welche Aussage trifft zu?*

1 Der Minuten-Service ist als Barzahlung und auch als halbbare Zahlung möglich.

2 Der Minuten-Service ist nur im Inland einsetzbar.

3 Der Minuten-Service ist eine bargeldlose Zahlung. ☐

6 *Welche der folgenden Aussagen zum SEPA-Verfahren ist falsch?* ☐

1 BIC ist die Bankleitzahl, die nur innerhalb Europas Gültigkeit hat.

2 SEPA ist die Abkürzung für „Single European Payments Area" und meint damit den „Euro-Zahlungsverkehrsraum".

3 Bei Überweisungen und Lastschriften werden IBAN und BIC zur besseren Identifizierung genutzt.

4 Die IBAN ist eine Nummer, die u.a. die Kontonummer und Bankleitzahl enthält.

7 *Bei den Zahlungsformen unterscheidet man bei Berücksichtigung der für die Zahlung verwendeten Zahlungsmittel die*

1 bare Zahlung,
2 halbbare Zahlung,
3 unbare oder bargeldlose Zahlung.

Ordnen Sie zu:

a. Zahlschein ☐

b. Verrechnungsscheck ☐

c. Banküberweisung ☐

d. Minuten-Service mit Bareinzahlung ☐

e. Dauerauftrag ☐

Beschreiben Sie die Besonderheiten der girocard.

Barauszahlungen	Mit der girocard ist es möglich, jederzeit Barbeträge abzuheben. Die girocard wird in den Geldautomaten eingeführt. Nach Eintippen der Geheimzahl (PIN = Persönliche Identifikations-Nummer) und des gewünschten Eurobetrages wird das Bargeld ausgezahlt.
Bareinzahlungen	Bargeldeinzahlungen sind in Verbindung mit der girocard am Bareinzahlungsautomaten jederzeit möglich. Das Bargeld wird mit dem selbst ausgefüllten Einzahlungsbeleg in ein dafür bestimmtes Fach gelegt. Zur Identifikation wird die girocard benötigt.
Kontoauszüge	Durch Einführen der girocard in das Lesegerät ist nach Feststellen der Daten der Druck von Kontoauszügen möglich.
Kassenterminals	Mit der girocard ist es möglich, bargeldlos am Verkaufsort zu bezahlen. ▸ Bei Onlineverbindung der Händlerbank wird der Geldbetrag bei Nutzung der girocard und Angabe der Geheimzahl direkt vom Konto gebucht. Dadurch besteht eine Zahlungsgarantie für den Händler. ▸ Besteht keine Onlineverbindung, so ist die Zahlung mit der girocard im Rahmen des Lastschriftverkehrs möglich. Der Kunde unterschreibt eine Einzugsermächtigung, die den Zahlungsempfänger berechtigt, den Forderungsbetrag einziehen zu lassen. Hier besteht keine Zahlungsgarantie für den Händler, da der Kunde innerhalb von sechs Wochen widersprechen kann.
GeldKarte	Die girocard kann auch als sogenannte GeldKarte genutzt werden, wenn sie über eine Debit-Funktion verfügt und die technischen Voraussetzungen am Verkaufsort gegeben sind.

Was ist ein Scheck? Nennen Sie die Bestandteile eines Schecks.

Der Scheck ist eine Urkunde, in welcher der Aussteller den Bezogenen (= Kreditinstitut) anweist, eine bestimmte Geldsumme bei Sicht zu zahlen.	
gesetzliche Bestandteile	**kaufmännische Bestandteile**
Sie sind zwingend erforderlich: 1 die Bezeichnung als Scheck im Text der Urkunde, und zwar in der Sprache, in der sie ausgestellt ist, 2 die unbedingte Anweisung, eine bestimmte Geldsumme zu zahlen, 3 der Name dessen, der zahlen soll (Bezogener), 4 die Angabe des Zahlungsortes, 5 die Angabe des Tages und des Ortes der Ausstellung, 6 die Unterschrift des Ausstellers.	Sie erleichtern die betriebsinterne Verarbeitung und banktechnische Abwicklung: ▸ Guthabenklausel ▸ Wiederholung des Betrages in Ziffern ▸ Überbringerklausel ▸ Schecknummer ▸ Kontonummer ▸ Bankleitzahl ▸ Codierzeile

Nach welchen Gesichtspunkten können Schecks unterschieden werden?

Nach der Art der Übertragung	Inhaberscheck	Dieser Scheck ist versehen mit dem Zusatz „oder Überbringer". Er gilt als zahlbar an den Inhaber, auch wenn eine bestimmte Person genannt wurde. Das Streichen der Überbringerklausel gilt als nicht erfolgt. Die Übertragung des Eigentums an dieser Urkunde erfolgt nur durch **Einigung und Übergabe**.
	Orderscheck	Der Scheck ist zahlbar gestellt an eine bestimmte Person und enthält nicht die Überbringerklausel. Dabei kann der ausdrückliche Vermerk „an Order" mit vermerkt sein, muss aber nicht, da der Scheck ein geborenes Orderpapier ist. Die Übertragung des Eigentums an dieser Urkunde erfolgt durch **Einigung, Indossament und Übergabe**.
Nach der Möglichkeit der Einlösung	Barscheck	Der Bezogene ist berechtigt, die Schecksumme in bar an den Scheckinhaber zu leisten.
	Verrechnungs-scheck	Das Geldinstitut löst den Verrechnungsscheck nicht in bar ein, wenn auf der Vorderseite ein Vermerk „Nur zur Verrechnung" angebracht wurde. Es erfolgt eine Gutschrift auf dem Konto des Scheckeinreichers. Im Falle eines Verlustes oder Diebstahls ist das Risiko geringer, da der Scheckeinlöser durch die Kontogutschrift jederzeit nachweisbar ist.

Welche Fristen müssen bei der Vorlegung von Schecks beachtet werden?

Fristen	▸ 8 Tage, wenn der Scheck innerhalb Deutschlands ausgestellt wurde ▸ 20 Tage, wenn der Scheck in einem anderen europäischen Land ausgestellt wurde ▸ 20 Tage, wenn der Scheck in einem an das Mittelmeer angrenzenden Land ausgestellt wurde ▸ 70 Tage, wenn der Scheck in einem anderen Erdteil ausgestellt wurde
	Wird ein Scheck vor dem auf dem Scheck notierten Ausstellungsdatum (vordatierter Scheck) vorgelegt, so kann das Geldinstitut diesen einlösen, da Schecks bei Sicht fällig sind.

1 Ordnen Sie die gesetzlichen Vorlegungsfristen für
   folgende Schecks zu.

   Tragen Sie die jeweilige Zahl der Tage ein.

   a. Scheck über 330,00 EUR, ausgestellt
      in München

   b. Scheck über 12,00 EUR, ausgestellt
      in Dallas

   c. Scheck, ausgestellt in Salzburg
      (Österreich)

   d. Scheck, ausgestellt in Hammamet
      (Tunesien)

2 *Kennzeichnen Sie unten stehende Aussagen mit*

   1, wenn diese zutreffen,
   9, wenn diese nicht zutreffen.

   a. Die kaufmännischen Bestandteile des Schecks
      sollen der Bank die Arbeit erleichtern.

   b. Die Bankleitzahl ist immer achtstellig.

   c. Bei der Einreichung eines Barschecks braucht sich
      der Einreichende grundsätzlich nicht auszuweisen.

   d. Die Guthabenklausel ist ein gesetzlicher Bestandteil.

   e. Die gesetzlichen Bestandteile des Schecks sind im
      HGB definiert.

   f. Der Scheck ist eine Urkunde, in welcher der
      Aussteller verspricht, eine bestimmte Geldsumme
      zu zahlen.

   g. Zu den gesetzlichen Bestandteilen zählen auch die
      Angabe des Tages und des Ortes der Ausstellung.

3 *Schecks können je nach Art übertragen werden durch*

   1 Einigung und Übergabe,
   2 Einigung, Indossament und Übergabe.

   Ordnen Sie diese Eigentumsübertragungsmöglichkei-
   ten den genannten Schecks zu:

   a. Inhaberscheck

   b. Orderscheck

   c. Überbringerscheck

   d. Namensscheck

4 *Welche der folgenden Antworten trifft zu?*

   1 Ein Scheck, der auf das Datum 23. Mai ausge-
      stellt ist, wird von der Bank bei Vorlage vor
      diesem Tag nicht eingelöst, sondern erst ab dem
      Ausstellungsdatum.

   2 Bei Abweichungen des Scheckbetrages in Ziffern
      und in Worten hat grundsätzlich nur die Angabe
      des niedrigeren Betrages Gültigkeit.

   3 Der Scheck ist ein geborenes Orderpapier.

   4 Ein Barscheck sagt aus, dass der Aussteller die
      Schecksumme in bar an den Scheckinhaber zu
      leisten hat.

5 *Ordnen Sie die gesetzlichen Vorlegungsfristen beim*
   Scheck zu:

   1 8 Tage
   2 20 Tage
   3 70 Tage

   a. Der Scheck wurde in einem anderen Erdteil
      ausgestellt.

   b. Der Scheck wurde in einem anderen europäischen
      Land ausgestellt.

   c. Der Scheck wurde in einem an das Mittelmeer
      angrenzenden Land ausgestellt.

   d. Der Scheck wurde innerhalb Deutschlands
      ausgestellt.

6 *Beantworten Sie folgende Fragen zur girocard und*
   zum Verrechnungsscheck:

   Tragen Sie eine

   1 ein, wenn die Aussage zutrifft,
   9 ein, wenn die Aussage nicht zutrifft.

   a. Mit der girocard sind Zahlungen nur mit Geheim-
      zahl möglich.

   b. Mit der girocard und Eingabe der Geheimzahl
      können in den Ländern Europas an entsprechen-
      den Stellen an den dafür aufgestellten Automaten
      Barbeträge ausgezahlt werden.

   c. Verrechnungsschecks müssen von den Händlern
      als Zahlungsmittel angenommen werden.

   d. Ein Verrechnungsscheck ist ein Namensscheck.

   e. Bei Ausstellen von Verrechnungsschecks muss die
      Kontonummer des Empfängers eingetragen werden.

   f. Verrechnungsschecks sind weitgehend vom
      Missbrauch ausgeschlossen, weil der Unberech-
      tigte durch die Gutschrift auf seinem Konto
      festgestellt werden könnte.

7 *Bei der abendlichen Überprüfung der eingereichten*
   Schecks werden von einem Einzelhändler Probleme
   festgestellt.

   Tragen Sie eine

   1 ein, wenn der Scheck Gültigkeit hat,
   9 ein, wenn der Scheck keine Gültigkeit hat.

   a. Bei dem ersten Scheck fehlt die Unterschrift des
      Ausstellers.

   b. Bei dem zweiten Scheck ist die Angabe des
      Betrages in Euro höher als der Betrag in Ziffern.

   c. Bei dem dritten Scheck fehlt die Empfängerangabe.

   d. Bei dem vierten Scheck ist die Überbringerklausel
      gestrichen.

   e. Bei dem fünften Scheck ist das Ausstellungsdatum
      mit dem Jahr 2020 angegeben.

   f. Bei dem sechsten Scheck befindet sich an der
      rechten Seite ein roter Streifen mit dem Druck
      „Orderscheck".

Was ist ein Wechsel? Welche Bestandteile enthält der Wechsel?

Definition	Der gezogene Wechsel ist eine Urkunde, in welcher der Aussteller (Gläubiger) den Bezogenen (Schuldner) zur Zahlung einer bestimmten Geldsumme auffordert: ▶ an die eigene Person → Wechsel an eigene Order ▶ an eine andere Person → Wechsel an fremde Order
Gesetzliche Bestandteile	Gesetzliche Bestandteile des gezogenen Wechsels: 1. die Bezeichnung als Wechsel im Text der Urkunde 2. die unbedingte Anweisung, eine bestimmte Geldsumme zu zahlen 3. der Name dessen, der zahlen soll (Bezogener) 4. die Angabe der Verfallzeit 5. die Angabe des Zahlungsortes 6. der Name dessen, an den oder an dessen Order gezahlt werden soll 7. die Angabe des Tages und des Ortes der Ausstellung 8. die Unterschrift des Ausstellers
Kaufmännische Bestandteile	Kaufmännische Bestandteile erleichtern und vereinfachen die Handhabung des Wechsels: ▶ Nummer des Zahlungsortes am oberen rechten Rand ▶ Wiederholung des Zahlungsortes am oberen rechten Rand ▶ Wiederholung des Verfalltags am oberen rechten Rand ▶ der Zusatz „erste Ausfertigung" ▶ Wiederholung der Wechselsumme in Ziffern ▶ Zahlstellenvermerk ▶ Adresse des Ausstellers

Welche Bedeutung hat das Wort „Akzept"? Welche Arten werden unterschieden?

Bedeutung	Das Wort „Akzept" hat zwei Bedeutungen: 1. Annahmeerklärung des Bezogenen 2. der akzeptierte Wechsel
	Das Akzept ist kein gesetzlicher Bestandteil des Wechsels.
	▶ Kurzakzept: Unterschrift des Bezogenen ▶ Vollakzept: Wiederholung aller wesentlichen Bestandteile und Unterschrift des Bezogenen ▶ Teilakzept: Akzeptierung des Wechsels über einen Teilbetrag ▶ Blankoakzept: Annahmeerklärung auf einem nicht oder nur teilweise ausgefüllten Wechselvordruck ▶ Bürgschaftsakzept (Aval): Bürge unterschreibt als zusätzliche Sicherheit (selbstschuldnerische Bürgschaft)

Unterscheiden Sie die Wechsel nach der Fälligstellung (Verfalltag).

Arten der Fälligkeit	*Textbeispiele: Gegen diesen Wechsel zahlen Sie ...*	
Akzeptarten	Tagwechsel: Zeitwechsel: Sichtwechsel: Zeitsichtwechsel:	*... am 11. April 20..* *... heute in drei Monaten* *... bei Sicht (Wechsel ohne Verfallzeit gilt als Sichtwechsel)* *... 60 Tage nach Sicht*

Nennen Sie Änderungen des Wechselkreditgeschäftes durch die Einführung des Euros.

Geldmarktnahe Zinssätze	Mit Einführung der dritten Stufe der europäischen Wirtschafts- und Währungsunion ging die geld- und währungspolitische Kompetenz von den Teilnehmerstaaten auf die Europäische Zentralbank über. Dies bedeutet, dass die Banken keine Wechsel mehr bei der Deutschen Bundesbank rediskontieren können und der Wechsel als relativ kostengünstiges kurzfristiges Finanzierungsinstrument an Bedeutung verliert. Die Banken berechnen geldmarktnahe Zinssätze für den Ankauf der Wechsel, die höher liegen als der bisherige Diskontsatz.
Verpfändung durch die Bundesbank	Als Ersatz für die Rediskontierung besteht die Möglichkeit, neben Wertpapieren und Kreditforderungen auch Handelswechsel gegenüber der Bundesbank zum Pfand einzureichen und dadurch Liquidität im Rahmen der Offenmarktgeschäfte zu beschaffen.

1 Folgende Personen sind im Rahmen eines Wechselgeschäftes beteiligt:

Aussteller: Gerd Ganter
Bezogener: Romolo Lanfrancie
Wechselnehmer: Bernhard Bringer

Ordnen Sie zu:
1 zutreffende Antwort
9 nicht zutreffende Antwort

a. Romolo Lanfrancie ist Gläubiger von Gerd
Ganter.

b. Romolo Lanfrancie verschickt nach der
Akzeptierung eine Tratte.

c. Gläubiger von Gerd Ganter ist Bernhard
Bringer.

d. Gerd Ganter verschickt eine Tratte an Romolo
Lanfrancie.

e. Das Akzept ist die Unterschrift des Schuldners.

f. Am Verfalltag muss Romolo Lanfrancie die
Wechselsumme an Bernhard Bringer zahlen,
falls der Wechsel nicht weitergegeben wurde.

g. Wenn der Schuldner nicht akzeptiert, handelt
es sich nicht um einen Wechsel, sondern um
ein nicht vollständig ausgefülltes Wechselformular.

2 *Kennzeichnen Sie mit einer*

1 die gesetzlichen Bestandteile,
2 die kaufmännischen Bestandteile

des Wechsels.

a. Adresse des Ausstellers

b. Angabe des Zahlungsortes

c. Angabe des Tages und des Ortes der Ausstellung

d. Zusatz „erste Ausfertigung"

e. Bezeichnung als Wechsel im Text der Urkunde

f. Wechselsumme in Ziffern

3 *Die Angabe des Verfalltages beim Wechsel ist auf*
unterschiedliche Art und Weise möglich.

Ordnen Sie den genannten Textbeispielen den jeweils
passenden Begriff zu:

1 Zeitsichtwechsel
2 Sichtwechsel
3 Tagwechsel
4 Zeitwechsel

a. „Gegen diesen Wechsel zahlen Sie am
23. Mai 20.."

b. „Gegen diesen Wechsel zahlen Sie 40 Tage nach
Sicht ..."

c. „Gegen diesen Wechsel zahlen Sie heute in
2 Monaten ..."

d. „Gegen diesen Wechsel zahlen Sie bei Sicht ..."

4 *Bei einem Wechsel wurde versehentlich die Angabe*
des Verfalldatums vergessen.

Kennzeichnen Sie unten stehende Aussagen mit einer
1, wenn diese zutreffen,
9, wenn diese nicht zutreffen.

a. Der Wechsel ist gültig.

b. Ein Wechsel ohne Angabe der Verfallzeit gilt als
Sichtwechsel. So schreibt es das Wechselgesetz
vor.

c. Durch das Nichteintragen der Verfallzeit verliert
der Wechsel seine Kreditfunktion.

d. Fehlt die Angabe der Verfallzeit, so gilt grundsätzlich eine Laufzeit von drei Monaten, gerechnet
vom Ausstellungsdatum.

5 *Ordnen Sie den unten genannten Aussagen folgende*
Begriffe zu:

1 Akzeptant/-en
2 Aussteller/-s
3 Wechselformular
4 Akzept
5 Tratte

a. Den Schuldner nennt man auch ...

b. Hat der Aussteller den Wechsel ausgefüllt,
dann verschickt er an den Bezogenen ein/-e ...

c. Die Unterschrift des ... ist kein gesetzlicher
Bestandteil des Wechsels.

d. Durch die Unterschrift des Bezogenen wird
die/das ... ein/-e ...

e. Der Gläubiger des Wechselgeschäftes ist der ...

6 *Irmgard Seger, Inhaberin der KG Irene Seger, Bran-*
dau, Bergstraße 61, will zum Ausgleich ihrer Verbind-
lichkeiten einen Wechsel akzeptieren. Der Wechsel
lautet über 45 000,00 EUR und ist am 23. Mai 20..
fällig. Es sind verschiedene Akzeptierungen möglich.

Ordnen Sie dem jeweiligen Beispiel die Akzeptart zu. Ist
eine Zuordnung nicht möglich, tragen Sie eine 9 ein.

1 Blankoakzept
2 Vollakzept
3 Avalakzept
4 Teilakzept
5 Kurzakzept

a. „Angenommen über 45 000,00 EUR, fällig am
23. Mai, Brandau, 20. März 20..", Irmgard Seger
(Unterschrift)

b. „Angenommen" Irmgard Seger (Unterschrift)

c. „Angenommen" Irmgard Seger (Unterschrift),
Peter Seger (Unterschrift) als Bürge

d. „Angenommen über 43 000,00 EUR, fällig am
23. Mai 20.., Brandau, 20. März 20..", Irmgard
Seger (Unterschrift)

e. Irmgard Seger (Unterschrift auf der Rückseite des
Wechsels)

Welche Verwendungsmöglichkeiten hat der Inhaber eines Wechsels?

Diskontierung	Benötigt der Wechselinhaber vor dem Verfalltag liquide Mittel, so kann er den Wechsel bei einem Kreditinstitut einreichen und erhält dafür einen Kredit in der Höhe des Barwertes. Der Barwert errechnet sich aus der Wechselsumme abzüglich des Diskonts (Zinsen für die Zeit vom Einreichungstag bis zum Verfalltag).
Weitergabe	Der Wechselinhaber kann zum Ausgleich seiner Verbindlichkeiten den Wechsel zahlungshalber weitergeben. Die Weitergabe erfolgt durch eine schriftliche Erklärung auf der Rückseite des Wechsels. Diese Übertragungserklärung nennt man Indossament (in dosso, italienisch = auf dem Rücken) oder Giro (Giro, italienisch = Umlauf). Das Eigentum wird übertragen durch: Einigung, Übergabe und Indossament. Die daran beteiligten Personen heißen: Indossant (Girat) = Weitergebender, Indossatar (Girat) = Empfänger.
Aufbewahrung	Benötigt der Wechselberechtigte kein Bargeld, so kann er den Wechsel am Verfalltag selbst vorlegen oder durch einen Beauftragten (Bank, Geschäftsfreund) einziehen lassen. Wechsel mit Zahlstellenvermerk sind bei der angegebenen Zahlstelle vorzulegen, andere Wechsel im Geschäftslokal des Bezogenen, in Ermangelung eines Geschäftslokals in seiner Wohnung.
Verpfändung	Es ist möglich, den Wechsel einem Dritten als Pfand zur Absicherung eines Kredites (Lombardkredit) zu übergeben. Die Laufzeit des Kredites muss kürzer sein als die Laufzeit des Wechsels.

Welche Funktionen erfüllt ein Indossament?

Transportfunktion	Die Rechte aus dem Wechsel werden auf den Wechselempfänger übertragen. Diese Funktion wird auch Rechtsübertragungsfunktion genannt.
Legitimations-funktion	Durch das Indossament kann sich der Wechselberechtigte als rechtmäßiger Inhaber ausweisen, sofern er sein Recht durch eine ununterbrochene Reihe von Indossamenten nachweist. Diese Funktion wird auch Ausweisfunktion genannt.
Garantiefunktion	Jeder Indossant haftet für die Annahme und Einlösung des Wechsels. Diese Funktion wird auch Haftungsfunktion genannt. „Wer indossiert, der garantiert!"

Welche Formen des Indossaments gibt es?

Vollindossament	Das Vollindossament enthält Namen und Ort des Empfängers und die Unterschrift des Weitergebenden mit Ort und Datum.	*Beispiel:* *Für mich an die Order der Gröne Ex- und Importgesellschaft mbH, Berlin.* *Saarbrücken, 09.09.20..* *Fruchtgroßhandel* *Ludwig Frische KG* *Saarbrücken* *Unterschrift*
Blanko-indossament	Das Kurzindossament enthält nur die Unterschrift des Indossanten. Durch das Blankoindossament wird der Wechsel zu einem Inhaberpapier. Verwendungsmöglichkeiten: 1. Der Inhaber kann den Wechsel ohne Änderung weitergeben. Dadurch erscheint er nicht auf dem Wechsel und haftet nicht wechselrechtlich. 2. Der Inhaber kann über die Unterschrift den Namen eines neuen Wechselberechtigten setzen. Damit entzieht er sich ebenfalls der wechselrechtlichen Haftung. Aus dem Blankoindossament wird ein Vollindossament. 3. Der Inhaber kann den Wechsel durch Voll- oder Blankoindossament übertragen. Durch seine Unterschrift wird er Haftender. 4. Der Inhaber schreibt über der Unterschrift seinen eigenen Namen. Damit haftet er.	
Vollmachts-indossament	Dieses Indossament enthält z.B. den Vermerk „Wert zur Einziehung", „zum Inkasso", „in Prokura". Der Einzugsberechtigte wird Besitzer und nicht Eigentümer. Eine Haftungsfunktion besteht nicht. Eine Weitergabe ist nur mittels Vollmachtsindossament möglich.	

Was ist bei der Vorlage zur Zahlung zu beachten?

Vorlegungsfristen	Der Wechselinhaber muss am Zahlungstag oder an einem der beiden folgenden Werktage den Wechsel zur Zahlung vorlegen. Ist der Verfalltag ein gesetzlicher Feiertag oder ein Sonnabend, so gilt der nächste Werktag als Zahlungstag.

1 Kennzeichnen Sie unten stehende Aussagen mit
  1, wenn diese richtig sind,
  9, wenn diese falsch sind.

  a. Vom Grundsatz her sind Geldschulden = Schick-
     schulden; Wechselschulden sind jedoch Holschul-
     den, weil der Bezogene nicht immer wissen kann,
     wer der letzte Wechselnehmer ist.

  b. Die Deutsche Bundesbank ist für die Festsetzung
     des Basiszinssatzes zuständig.

  c. Wechsel werden nur selten ausgestellt, weil die
     Geschäftspartner Zahlungsschwierigkeiten
     vermuten.

  d. Die Vorschriften über das Wechselgeschäft
     befinden sich im HGB.

2 An einem Wechselgeschäft sind folgende Personen
  beteiligt:
  Aussteller: Hans-Georg Stawermann, Bezogener:
  Hubert Köster,
  Indossant: Bernadette Pille, letzter Wechselnehmer:
  Peter Seger.
  Der Wechsel ist ausgestellt am 12.12.20.. und fällig
  am Montag, den 10.04. des nächsten Jahres. Die
  Wechselsumme beträgt 12 300,00 EUR. Der Wechsel
  wurde bei der vom Bezogenen angegebenen Bank
  am 11.04. des nächsten Jahres zur Zahlung vorgelegt. Es handelt sich um einen Handelswechsel mit
  mehreren guten Unterschriften.

  Nehmen Sie zu unten stehenden Aussagen Stellung:
  1 Die Aussage ist richtig.
  9 Die Aussage ist falsch.

  a. Es handelt sich um einen Solawechsel.

  b. Falls der Wechsel nicht eingelöst wird, kann Peter
     Seger vom Aussteller Hans-Georg Stawermann
     oder von Bernadette Pille die Zahlung verlangen.

  c. Der Wechsel ist zu spät vorgelegt worden.

  d. Der letzte Wechselinhaber kann nur vom Ausstel-
     ler die Zahlung verlangen.

3 Nehmen Sie zu folgenden Gleichsetzungen zum
  Indossament Stellung und ordnen Sie eine

  1 zu für eine richtige Gleichstellung,
  9 zu für eine falsche Gleichstellung.

  a. Legitimationsfunktion = Ausweisfunktion

  b. Transportfunktion = Rechtsübertragungsfunktion

  c. Garantiefunktion = Haftungsfunktion

  d. Transportfunktion = Jeder Indossant überträgt die
     Haftung.

  e. Blankoindossament = Kurzindossament

  f. Vollmachtsindossament = Pfandindossament

  g. Blankoindossament = nur die Unterschrift des
     Bezogenen

  h. Indossament = gewillkürte Form beim Wechsel

4 Ein Wechsel wird am 14.09. fällig. Der Verfalltag ist
  ein Samstag.

  An welchem Tag ist der letzte Vorlegungstag?

  1 14.09.   4 17.09.

  2 15.09.   5 18.09.

  3 16.09.

5 Der Wechsel ist ein

  1 Zahlungsmittel,

  2 Kreditmittel,

  3 Sicherungsmittel.

  Welche Funktion wird in den Beispielen besonders
  hervorgehoben?

  a. Durch das Ausstellen des Wechsels wird der
     Zahlungstermin hinausgeschoben.

  b. Der Aussteller gibt den Wechsel zum Ausgleich
     seiner Verbindlichkeiten weiter.

  c. Der Wechselinhaber kann den Wechsel an ein
     Kreditinstitut verkaufen und erhält den Barwert
     vor dem Verfalltag gutgeschrieben.

  d. Ausstellen eines Solawechsels anstatt eines
     Schecks.

  e. Für eine Wechselforderung besteht eine beson-
     dere Wechselstrenge im Gegensatz zu sonstigen
     Zivilprozessverfahren.

  f. Zahlt der Bezogene am Verfalltag nicht, haften
     z. B. der Aussteller und die Indossanten für die
     Einlösung der Wechselsumme.

6 Ein Besitzwechsel (Fälligkeit in zwei Monaten) kann
  unterschiedlich verwendet werden.

  1 Diskontierung

  2 Weitergabe

  3 Aufbewahrung

  4 Verpfändung

  Ordnen Sie die sinnvollste Verwendungsmöglichkeit
  zu.

  a. Der Wechselinhaber benötigt dringend liquide
     Mittel zum Ausgleich seiner Verbindlichkeiten.

  b. Ein Kredit, fällig in einem Monat, ist abgesichert
     durch Aktien. Der Kreditnehmer möchte die
     Aktien auf Grund des steigenden Kurses verkaufen.

7 Kennzeichnen Sie unten stehende Aussagen mit

  1, wenn diese richtig sind,
  9, wenn diese falsch sind.

  a. Alle auf der Rückseite des Wechsels genannten
     Indossanten haften für die Einlösung des Wech-
     sels.

  b. Jeder Wechsel wird von der Europäischen Zentral-
     bank überprüft.

Was verstehen Sie unter Investition und Finanzierung?

Investition	Eine Investition ist das „Einkleiden" eines Unternehmens mit Vermögenswerten, die auf der Aktivseite der Bilanz ausgewiesen werden (Anlage- und Umlaufvermögen). Die Investition gibt die Mittelverwendung an und beantwortet die Frage: *„Wofür wurden die finanziellen Mittel verwendet?"*
Finanzierung	▸ Die **Finanzierung im engeren Sinne** bedeutet die Kapitalbeschaffung zum Zwecke der Investition im Unternehmen durch das auf der Passivseite ausgewiesene Eigen- oder Fremdkapital. Die Finanzierung gibt die Mittelherkunft an und beantwortet die Frage: „Woher kommen die finanziellen Mittel?" ▸ Die **Finanzierung im weiteren Sinne** beschäftigt sich mit allen Problemen, die mit der Kapitalbeschaffung zusammenhängen, z. B. Ausgabe von Aktien bei einer AG, Absicherung von Krediten.

Unterscheiden Sie die Finanzierungsarten nach der Herkunft des Kapitals und der Zuführung des Kapitals.

Kapitalherkunft	Außenfinanzierung		Innenfinanzierung		
	Kredite	Einlagen/ Beteiligungen	Selbstfinanzierung		Abschreibungen
			offene	stille	
Kapitalzuführung	Fremd- finanzierung	Eigenfinanzierung			
		extern	intern		

Zu der Außenfinanzierung zählen die Fremdfinanzierung und die externe Eigenfinanzierung. Nennen Sie Beispiele.

Fremdfinanzierung	Stellen Gläubiger das Kapital von außen zur Verfügung, so handelt es sich um Fremdfinanzierung (Zuführung in das Fremdkapital).	
	Darlehen	▸ **Abzahlungsdarlehen:** Die Tilgungsrate ist immer gleich hoch. Die Zinsen sinken. Die regelmäßig zu zahlende Gesamtsumme sinkt. ▸ **Annuitätendarlehen:** Die Tilgungsrate steigt um den Betrag, um den die Zinsen sinken. Die regelmäßig zu zahlende Summe ist immer gleich hoch. ▸ **Kündigungsdarlehen/Fälligkeitsdarlehen:** Die Tilgung erfolgt an einem vertraglich festgesetzten Termin. Die Zinsen sind immer gleich hoch.
	Kontokorrent- kredit	Der Kreditnehmer kann innerhalb einer vorher vereinbarten Periode bis zu einer festgelegten Kreditlinie Kredit in Anspruch nehmen. Das Kontokorrent (laufende Rechnung) vermindert eine Vielzahl gegenseitiger Ansprüche auf eine einzige Geldbetragsschuld.
	Liefererkredit	Bei der Verlängerung des Lieferziels handelt es sich um die Bereitstellung von kurzfristigem Kapital.
	Schuldwechsel	Der Bezogene erhält ein Zahlungsziel bis zum Verfalltag.
Eigenfinanzierung (extern)	Stellen bisherige oder neue Eigentümer der Unternehmung durch Einlagen oder Beteiligungen von außen das Kapital zur Verfügung, so handelt es sich um Eigenfinanzierung (Zuführung in das Eigenkapital). ▸ Einzelunternehmung: Einlagen des Unternehmers oder stillen Gesellschafters ▸ OHG/KG: Einlagen der bisherigen Gesellschafter, Aufnahme neuer Gesellschafter ▸ AG: Emission (Ausgabe) von Aktien ▸ GmbH: Stammeinlagen bisheriger Gesellschafter, Aufnahme neuer Gesellschafter ▸ Genossenschaft: Einzahlung auf die Geschäftsanteile, Aufnahme neuer Genossen	

Die Innenfinanzierung ist eine interne Eigenfinanzierung. Nennen Sie Beispiele.

Selbstfinanzierung	Die Kapitalzuführung erfolgt aus dem erwirtschafteten und nicht ausgeschütteten Gewinn der Unternehmung selbst.	
	Offene Selbst- finanzierung	Bei Personengesellschaften sichtbar durch den Zuwachs der Eigenkapitalkonten durch nicht entnommenen Gewinn. Bei Kapitalgesellschaften sichtbar durch den Zuwachs der „Eigenkapitalersatzkonten" wie gesetzliche, satzungsmäßige oder andere Rücklagen.
	Stille Selbst- finanzierung	Diese Finanzierung ist nicht direkt aus der Bilanz ersichtlich. Sie entsteht durch Unterbewertung der Aktiva (z. B. zu hohe Abschreibungen) oder Überbewertung der Passiva (z. B. zu hohe Rückstellungen).
Abschreibungs- finanzierung	Die Abschreibungen werden als Kosten in die Verkaufspreise einkalkuliert. Die Kapitalfreisetzung erfolgt durch den Verkauf der Erzeugnisse.	

1 *Ordnen Sie bei den folgenden Beispielen*

in Spalte A eine
1 *zu, wenn es sich um eine Außenfinanzierung handelt,*
2 *zu, wenn es sich um eine Innenfinanzierung handelt;*

in Spalte B eine
3 *zu, wenn es sich um eine Eigenfinanzierung handelt,*
4 *zu, wenn es sich um eine Fremdfinanzierung handelt.*

                                   A   B

a. Unterbewertung der Aktiva

b. Die Kommanditgesellschaft erhöht ihr Kapital durch die Aufnahme eines Komplementärs.

c. Die Kommanditgesellschaft erhöht ihr Kapital durch die Aufnahme eines Kommanditisten.

d. Die GmbH nimmt einen Kredit auf.

e. Der stille Gesellschafter zahlt vereinbarungsgemäß seinen Anteil bar ein.

f. Der Unternehmer akzeptiert zur Begleichung seiner Verbindlichkeiten einen Wechsel.

g. Der Komplementär entnimmt seinen Gewinn nicht.

h. Der OHG-Gesellschafter entnimmt seinen Gewinn nicht.

i. Die Genossenschaft nimmt neue Genossen auf.

2 *Welche der unten stehenden Darlehensarten wird in der folgenden Aussage beschrieben?*

„Die monatlich zu zahlende Gesamtsumme beträgt für Sie 2 100,00 EUR. Aufgrund der monatlichen Tilgung sinken die Zinsen. Um den dadurch gesparten Betrag wächst die Tilgungsrate."

1 Annuitätendarlehen

2 Kündigungsdarlehen

3 Abzahlungsdarlehen

3 *Die Eigenfinanzierung ist bei den Unternehmen oft unterschiedlich.*

Ordnen Sie eine
1 *zu, wenn die Aussage zutreffend ist,*
9 *zu, wenn die Aussage nicht zutreffend ist.*

a. Die Aufnahme eines stillen Gesellschafters beim Einzelunternehmen erhöht das Eigenkapital des Unternehmers.

b. Einzahlungen von Vollhaftern und Teilhaftern bei der KG führen zur Eigenfinanzierung.

c. Durch die Ausgabe (Emission) von Aktien erhöht sich das Grundkapital der AG.

4 *Beurteilen Sie folgende Feststellungen zur Selbstfinanzierung.*

Ordnen Sie eine
1 *zu, wenn die Feststellung zutreffend ist,*
9 *zu, wenn die Feststellung nicht zutreffend ist.*

a. Die Selbstfinanzierung ist eine interne Eigenfinanzierung.

b. Die Selbstfinanzierung ist eine Innenfinanzierung.

c. Bei Personengesellschaften wird die Selbstfinanzierung sichtbar durch den Zuwachs der Eigenkapitalkonten, falls eine Außenfinanzierung durch Einlagen/Beteiligungen nicht erfolgte.

d. Es handelt sich um Selbstfinanzierung, wenn die Aktivseite der Bilanz z. B. aufgrund von erhöhten Abschreibungen unterbewertet wurde.

e. Bei der Selbstfinanzierung erfolgt eine Kapitalzuführung aus den nicht ausgeschütteten Gewinnen.

5 *Unterscheiden Sie die unten stehenden Aussagen und Begriffe in*

1 *Investition,*
2 *Finanzierung.*

a. Sie gibt Antwort auf die Frage: Wofür wurden die finanziellen Mittel eingesetzt?

b. Sie gibt Antwort auf die Frage: Woher kommen die finanziellen Mittel?

c. Mittelherkunft

d. Mittelverwendung

6 *In welchem der folgenden Fälle handelt es sich nicht um eine Außenfinanzierung?*

1 Die Kommanditgesellschaft erhöht ihr Kapital durch die Aufnahme eines Komplementärs.

2 Der OHG-Gesellschafter entnimmt seinen Gewinn nicht.

3 Der stille Gesellschafter zahlt vereinbarungsgemäß seinen Anteil bar ein.

4 Die Kommanditgesellschaft erhöht ihr Kapital durch die Aufnahme eines Kommanditisten.

5 Der Unternehmer akzeptiert zur Begleichung seiner Verbindlichkeiten einen Wechsel.

7 *Bringen Sie die folgenden Punkte zum Thema Abschreibungsfinanzierung in eine zeitlich richtige Reihenfolge, indem Sie die Ziffern 1 bis 5 vergeben.*

a. Ersatzinvestition

b. Umsatzerlöse

c. Festlegung der Nutzungsjahre laut AfA-Tabelle

d. Berücksichtigung in der Kalkulation

e. Ansammlung liquider Mittel

Begründen Sie die Notwendigkeit und Risiken von Kapitalbedarfsrechnungen.

Notwendigkeit	Für Finanzierungsvorhaben (z. B. Betriebsgründung, Erweiterungs-, Ersatz- bzw. Rationalisierungsinvestitionen) ist es notwendig, den Kapitalbedarf zu kennen. Eine Kapitalbedarfsrechnung ist auch notwendig, da die Ausgaben für die Beschaffung und die Einnahmen aus den Umsatzerlösen verschieden hoch und zu verschiedenen Zeitpunkten fällig sind.	
Risiken	Die Kapitalbedarfsrechnung beruht auf Schätzungen.	
	Unterkapitalisierung	Der Kapitalbedarf wurde zu gering geschätzt. Das kann zu Zahlungsschwierigkeiten und zur Insolvenz führen.
	Überkapitalisierung	Der Kapitalbedarf wurde zu hoch geschätzt. Dadurch kommt es zu Zinsverlusten und damit zu Gewinneinbußen.

Erklären Sie die Berechnungen für die Finanzierung des Anlagekapitalbedarfs und des Umlaufkapitalbedarfs.

Finanzierung Anlagekapitalbedarf (Grundfinanzierung)	Anlagevermögen	Hierzu zählen die Ausgaben für Grundstücke, Gebäude, Betriebs- und Geschäftsausstattung. Eine Reduzierung dieser Ausgaben ist kurzfristig möglich durch Leasing.
	Vorbereitungskosten	Hierzu zählen Ausgaben für Unternehmensberatungen, Architekten, Notare, Marktanalysen und sonstige Planungskosten.
	Eiserner Bestand	Der Mindestbestand kann in der Grundfinanzierung mitberücksichtigt werden.
	Beispiel	Lagerräume 540 000,00 EUR + Lagertechnologie 250 000,00 EUR + Vorbereitungskosten 30 000,00 EUR + eiserner Bestand 10 000,00 EUR = Anlagekapitalbedarf 830 000,00 EUR

Finanzierung Umlaufkapitalbedarf	Die Finanzierung des Umlaufkapitalbedarfs wird verursacht durch das Umlaufvermögen und soll die Durchführung des Leistungsprozesses sicherstellen. Der Kapitalbedarf wird wie folgt ermittelt: Kapitalbedarf für Waren = Tagesbedarf · (Ø Lagerdauer + [Kundenziel – Lieferziel]) Kapitalbedarf für Handlungskosten = Tagesbedarf · (Ø Lagerdauer + Kundenziel)	
	Beispiel	Jahresumsatz 480 000,00 EUR Ausgabewirksame Handlungskosten p. a. 72 000,00 EUR Kundenziel: 30 Tage netto, 10 Tage 2 % Skonto (80 % der Kunden zahlen nach 30 Tagen, 20 % nach 10 Tagen) durchschnittliches Lieferziel 15 Tage Umschlaghäufigkeit (U) 8 Handelsspanne 40 % **Kapitalbedarf für den Wareneinsatz** 800,00 EUR Tagesbedarf[1] · (45[2] + [26[3] – 15]) = 44 800,00 EUR **Kapitalbedarf für die ausgabewirksamen Handlungskosten** 200,00 EUR Tagesbedarf[4] · (45 + 26) = 14 200,00 EUR Kapitalbedarf für das Umlaufvermögen gesamt: **59 000,00 EUR**

[1] Berechnung des durchschnittlichen Wareneinsatzes pro Tag:
480 000,00 EUR – 192 000,00 EUR (40 % Handelsspanne) = 288 000,00 EUR p. a.
288 000,00 EUR Wareneinsatz p. a. : 360 Tage = 800,00 EUR pro Tag

[2] Berechnung der durchschnittlichen Lagerdauer: $\frac{360}{8}$ = 45 Tage

[3] Berechnung des durchschnittlichen Kundenziels:
80 % der Kunden zahlen nach 30 Tagen: 80 · 30 = 2 400
20 % der Kunden zahlen nach 10 Tagen: 20 · 10 = $\frac{200}{2\,600}$: 100 = 26 Tage

[4] Berechnung der durchschnittlichen Handlungskosten pro Tag
72 000,00 EUR Handlungskosten p. a. : 360 Tage = 200,00 EUR pro Tag

Erklären Sie die goldene Finanzierungsregel.

Goldene Finanzierungsregel	Die goldene Finanzierungsregel (horizontale Kapital-Vermögensstruktur-Regel) besagt, dass die Dauer der Vermögensbindung (Investition) mit der Dauer der Kapitalüberlassung (Finanzierung) übereinstimmen soll.

1 Tragen Sie eine

1 ein, wenn die Aussage zutrifft,
9 ein, wenn die Aussage nicht zutrifft.

a. Bei der Ermittlung des Umlaufkapitalbedarfs für das Umlaufvermögen muss berücksichtigt werden, ob der Lieferer ein Zahlungsziel gewährt.

b. Wird der Kapitalbedarf zu gering geschätzt, so entsteht eine Unterkapitalisierung, die zur Insolvenz führen kann.

c. Die Verkürzung des Zahlungsziels durch den Lieferer wirkt sich auf die Höhe der Vorfinanzierung bei sonst gleichen Bedingungen negativ aus.

d. Kapitalbedarfsrechnungen beruhen auf Schätzungen.

e. Bei der Gewährung eines Zahlungsziels durch den Lieferer reduziert sich die Höhe des Kapitalbedarfs.

f. Bei Verlängerung des Zahlungsziels an unsere Kunden erhöht sich die Vorfinanzierung des Umlaufkapitalbedarfs.

2 Bei der Finanzierung des Umlaufvermögens ist eine Vorfinanzierung notwendig.
Ermitteln Sie aufgrund der unten stehenden Schätzungen die Tage der Vorfinanzierung (Kapitalbindungsdauer) und den Kapitalbedarf.

Jahresumsatz:	900 000,00 EUR
Handlungskosten p. a.:	82 800,00 EUR
Umschlaghäufigkeit (U):	8
Handelsspanne:	45 %
Liefererziel:	20 Tage
Kundenziel:	30 Tage netto Kasse oder
	10 Tage 3 % Skonto

Info: 70 % der Kunden zahlen netto Kasse, der Rest nutzt den Skontoabzug.

a. Wie hoch ist die durchschnittliche Lagerdauer? ☐ Tage

b. Wie hoch ist der durchschnittliche Wareneinsatz p. a.? ☐ EUR

c. Wie hoch ist der durchschnittliche Wareneinsatz pro Tag? ☐ EUR

d. Wie viele Tage beträgt das durchschnittliche Kundenziel? ☐ Tage

e. Wie viele Tage muss der Tagesbedarf für Waren vorfinanziert werden? ☐ Tage

f. Wie hoch ist der Kapitalbedarf für Waren insgesamt vom Tag der Ausgabe bis zum Tag der Einnahme? ☐ EUR

g. Wie hoch sind die Handlungskosten insgesamt pro Tag? ☐ EUR

h. Wie viele Tage müssen die Handlungskosten vorfinanziert werden? ☐ Tage

i. Wie hoch ist der Kapitalbedarf für Handlungskosten insgesamt vom Tag der Ausgabe bis zum Tag der Einnahme? ☐ EUR

j. Wie hoch ist der Umlaufkapitalbedarf insgesamt? ☐ EUR

3 Die Hilwers Kunstdruck-mbH beabsichtigt, eine neue Lagerhalle zu bauen. Folgende Zahlen wurden für die Kapitalbedarfsberechnung ermittelt:

Grundstück:	120 000,00 EUR
Gebäude:	150 000,00 EUR
Lagertechnologie:	130 000,00 EUR
Planungskosten	
(Notar, Public Relations):	20 000,00 EUR

Tragen Sie eine
1 ein, wenn die Aussage zutrifft,
9 ein, wenn die Aussage nicht zutrifft.

a. Der Anlagekapitalbedarf (auch Grundfinanzierung genannt) beträgt 420 000,00 EUR.

b. Zur Grundfinanzierung zählen u. a. auch Ausgaben für einmalige Planungskosten.

c. Der „eiserne Bestand" kann bei der Finanzierung der Grundfinanzierung mitberücksichtigt werden, da sich dieser Bestand bei nicht außergewöhnlichem Betriebsablauf immer am Lager befindet und somit das Kapital bindet.

4 Überprüfen Sie folgende Feststellungen zur Vorfinanzierung des Wareneinsatzes:

Handelsspanne:	35 %
Jahresumsatz Waren:	900 000,00 EUR
durchschnittliche Lagerdauer:	35 Tage
Kundenziel:	30 Tage
Lieferziel:	45 Tage

a. Der Wareneinsatz beträgt 585 000,00 EUR.

b. Der Kapitalbedarf pro Tag muss für 20 Tage vorfinanziert werden.

c. Der Kapitalbedarf pro Tag muss für 50 Tage vorfinanziert werden.

d. Die Berechnungen für den Kapitalbedarf beruhen auf Schätzungen.

5 Welche der folgenden Aussagen zur Berechnung des Kapitalbedarfs für Waren trifft nicht zu?

1 Der Kapitalbedarf für Waren wird berechnet vom Warenumsatz abzüglich der Handelsspanne.

2 Der Kapitalbedarf für Waren erhöht sich bei Verkürzung des von unserem Lieferanten eingeräumten Zahlungsziels.

3 Die Veränderung der Umschlaghäufigkeit von 8 auf 9 verringert den Kapitalbedarf.

4 Der Kapitalbedarf für Waren verringert sich bei Erhöhung des eingeräumten Kundenziels.

Welche Möglichkeiten der Kreditsicherung kennen Sie?

Neben dem Kreditnehmer als Hauptschuldner können weitere Personen oder Sachen als Sicherheit dienen.

Verstärkte Personalkredite	Realkredite	
▸ Bürgschaftskredit ▸ Zessionskredit ▸ Wechseldiskontkredit	Absicherung durch bewegliche Sachen ▸ Lombardkredit ▸ Sicherungsübereignungskredit	Absicherung durch unbewegliche Sachen ▸ Hypothek ▸ Grundschuld

Erläutern Sie die verstärkten Personalkredite.

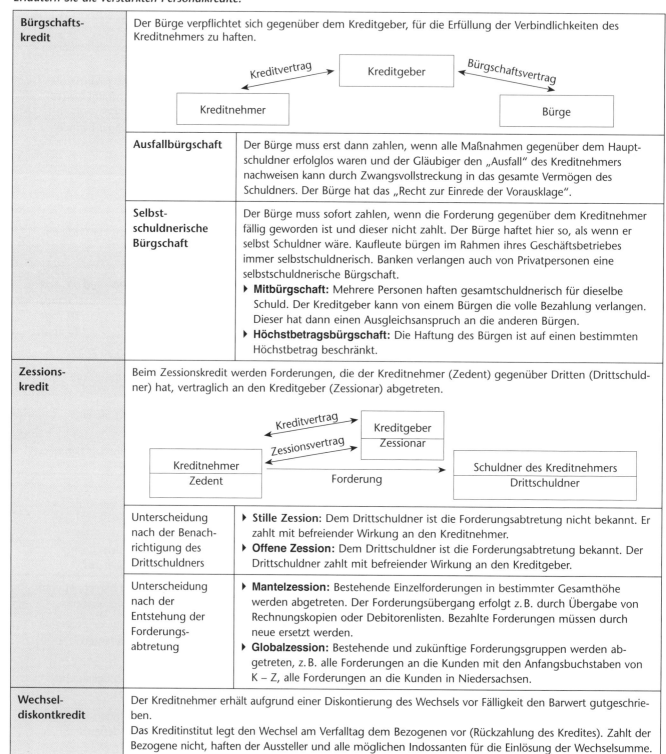

Bürgschafts- kredit	Der Bürge verpflichtet sich gegenüber dem Kreditgeber, für die Erfüllung der Verbindlichkeiten des Kreditnehmers zu haften.	
	Ausfallbürgschaft	Der Bürge muss erst dann zahlen, wenn alle Maßnahmen gegenüber dem Hauptschuldner erfolglos waren und der Gläubiger den „Ausfall" des Kreditnehmers nachweisen kann durch Zwangsvollstreckung in das gesamte Vermögen des Schuldners. Der Bürge hat das „Recht zur Einrede der Vorausklage".
	Selbst- schuldnerische Bürgschaft	Der Bürge muss sofort zahlen, wenn die Forderung gegenüber dem Kreditnehmer fällig geworden ist und dieser nicht zahlt. Der Bürge haftet hier so, als wenn er selbst Schuldner wäre. Kaufleute bürgen im Rahmen ihres Geschäftsbetriebes immer selbstschuldnerisch. Banken verlangen auch von Privatpersonen eine selbstschuldnerische Bürgschaft. ▸ **Mitbürgschaft:** Mehrere Personen haften gesamtschuldnerisch für dieselbe Schuld. Der Kreditgeber kann von einem Bürgen die volle Bezahlung verlangen. Dieser hat dann einen Ausgleichsanspruch an die anderen Bürgen. ▸ **Höchstbetragsbürgschaft:** Die Haftung des Bürgen ist auf einen bestimmten Höchstbetrag beschränkt.
Zessions- kredit	Beim Zessionskredit werden Forderungen, die der Kreditnehmer (Zedent) gegenüber Dritten (Drittschuldner) hat, vertraglich an den Kreditgeber (Zessionar) abgetreten.	
	Unterscheidung nach der Benachrichtigung des Drittschuldners	▸ **Stille Zession:** Dem Drittschuldner ist die Forderungsabtretung nicht bekannt. Er zahlt mit befreiender Wirkung an den Kreditnehmer. ▸ **Offene Zession:** Dem Drittschuldner ist die Forderungsabtretung bekannt. Der Drittschuldner zahlt mit befreiender Wirkung an den Kreditgeber.
	Unterscheidung nach der Entstehung der Forderungsabtretung	▸ **Mantelzession:** Bestehende Einzelforderungen in bestimmter Gesamthöhe werden abgetreten. Der Forderungsübergang erfolgt z. B. durch Übergabe von Rechnungskopien oder Debitorenlisten. Bezahlte Forderungen müssen durch neue ersetzt werden. ▸ **Globalzession:** Bestehende und zukünftige Forderungsgruppen werden abgetreten, z. B. alle Forderungen an die Kunden mit den Anfangsbuchstaben von K – Z, alle Forderungen an die Kunden in Niedersachsen.
Wechsel- diskontkredit	Der Kreditnehmer erhält aufgrund einer Diskontierung des Wechsels vor Fälligkeit den Barwert gutgeschrieben. Das Kreditinstitut legt den Wechsel am Verfalltag dem Bezogenen vor (Rückzahlung des Kredites). Zahlt der Bezogene nicht, haften der Aussteller und alle möglichen Indossanten für die Einlösung der Wechselsumme.	

1 In welchem der folgenden Fälle handelt es sich um einen verstärkten Personalkredit?

1 Absicherung durch die Übergabe von Wertpapieren

2 Abtretung von Forderungen

3 Eintragung einer Grundschuld in das Grundbuch

2 Ordnen Sie den unten stehenden Kreditarten zu:

1 verstärkter Personalkredit
2 Realkredit durch Absicherung von beweglichen Sachen
3 Realkredit durch Absicherung von unbeweglichen Sachen

a. Zessionskredit

b. Sicherungsübereignung

c. Bürgschaftskredit

d. Lombardkredit

e. Wechseldiskontkredit

3 Ergänzen Sie unten stehende Texte um die folgenden Begriffe:

1 Drittschuldner
2 Zedent
3 Zessionar

a. Beim Zessionskredit ist der Kreditnehmer der ..., der seine Forderung abtritt.

b. Der ... übernimmt die Forderungen nur als Sicherheit für den von ihm zur Verfügung gestellten Kredit.

c. Es ist möglich, dass der ... von der Abtretung erfährt. Deshalb unterscheidet man die stille und offene Zession.

4 Welche der folgenden Feststellungen zur Mantel- und Globalzession trifft nicht zu?

1 Die Mantelzession ist wie die Globalzession ein verstärkter Personalkredit.

2 Bei der Globalzession werden bestehende und auch zukünftige Forderungsgruppen zur Sicherung eines Kredites abgetreten.

3 Die Vereinbarung einer Mantelzession ist zeitaufwendiger für den Kreditnehmer, da er z. B. bezahlte Forderungen durch neue ersetzen muss.

4 Bei der Mantel- und Globalzession handelt es sich immer um eine offene Zession, d. h., der Drittschuldner zahlt an den Kreditgeber.

5 Überprüfen Sie folgende Aussagen zum Wechseldiskontkredit.

Tragen Sie eine
1 ein, wenn die Aussage trifft,
9 ein, wenn die Aussage nicht zutrifft.

a. Der Wechseldiskontkredit ist ein verstärkter Personalkredit.

b. Die Europäische Zentralbank rediskontiert – wie bisher die Deutsche Bundesbank – die eingereichten Wechsel.

c. Beim Wechseldiskontkredit schreibt die Bank dem Wechseleinreicher die Wechselsumme gut; der Diskont wird dem Bezogenen bei Vorlage des Wechsels berechnet.

6 Nach der Art der zur Verfügung gestellten Sicherheit unterscheidet man bei Krediten u. a. den

1 Zessionskredit,
2 Wechseldiskontkredit.

Entscheiden Sie, bei welcher Kreditart die nachstehenden Sachen oder Rechte üblicherweise als Sicherung dienen können.

Trifft keine oben genannte Sicherung zu, tragen Sie eine 9 in das Kästchen ein.

a. Forderungen an Inlandskunden

b. Kundenakzepte

c. Aktien

d. Maschinen

7 Ordnen Sie den unten stehenden Aussagen die folgenden Begriffe zu:

1 Ausfallbürgschaft
2 selbstschuldnerische Bürgschaft
3 stille Zession
4 offene Zession

a. Der Kreditgeber fordert den Bürgen zur Zahlung der Kreditsumme auf, weil der Kreditnehmer nicht pünktlich gezahlt hat. Der Bürge hat kein Recht zur Einrede der Vorausklage.

b. Ein Kaufmann verbürgt sich mündlich für einen Geschäftsfreund.

c. Der Kreditnehmer hat Forderungen in Höhe von 10 800,00 EUR abgetreten, die er gegenüber seiner Kundin Silke Elbert hat. Die Kundin zahlt bei Fälligkeit mit befreiender Wirkung an den Kreditnehmer.

d. Aufgrund eines Zessionsvertrages wurden Forderungen in Höhe von 14 000,00 EUR abgetreten. Dem Drittschuldner ist die Forderungsabtretung nicht bekannt.

e. Diese Art der Bürgschaft verlangen grundsätzlich die Banken.

Erläutern Sie die Realkredite, die durch bewegliche Sachen abgesichert werden.

Lombardkredit	Der Kreditnehmer hinterlegt zur Sicherheit des Kredites bewegliche Sachen oder Wertpapiere, z.B. Edelmetalle, Aktien, Warenwertpapiere, Lebensversicherungen. Der Kreditnehmer bleibt Eigentümer der Sache. Der Kreditgeber wird Besitzer. ▸ Vorteil für den Kreditnehmer: Der Lombardkredit ermöglicht eine Kreditaufnahme durch die Beleihung von beweglichen Sachen oder Rechten, die der Kreditnehmer zzt. nicht benötigt, aber nicht veräußern möchte. ▸ Vorteil für den Kreditgeber: Der Kreditgeber kann im Falle der nicht ordnungsgemäßen Erfüllung der Zahlungsverpflichtungen des Kreditnehmers das Faustpfand verwerten.
Sicherungs-übereignung	Bei der Sicherungsübereignung wird das bedingte Eigentum einer beweglichen Sache auf den Kreditgeber durch Besitzkonstitut übertragen. Der Kreditnehmer bleibt Besitzer der Sache, z.B. Maschinen, Warenlager mit wechselndem Bestand. ▸ Vorteile für den Kreditnehmer: Die Benutzung ist weiterhin möglich, die Übereignung ist für Dritte nicht erkennbar. ▸ Vorteile für den Kreditgeber: bei nicht ordnungsgemäßer Kreditrückzahlung Versteigerung ohne Vollstreckungstitel, Absonderungsrecht im Konkurs, keine Aufbewahrung durch ihn selbst notwendig. ▸ Nachteile für den Kreditnehmer: keine freie Verfügung über die Sache, zusätzliche Kosten durch Versicherungen. ▸ Nachteile für den Kreditgeber: Die Sache wird nochmals verpfändet oder verkauft, erlaubterweise verkauft, aber nicht wieder durch Gleiches ersetzt, beschädigt oder vernichtet, verarbeitet oder vermischt. Zudem ist die Sache möglicherweise nicht Eigentum des Kreditnehmers.

Erläutern Sie die Realkredite, die durch unbewegliche Sachen abgesichert werden.

Hypothek		Die Hypothek ist ein Pfandrecht an einem Grundstück zur Sicherung einer Forderung.
	Arten	▸ nach der äußeren Gestaltung: – Die **Buchhypothek** erwirbt der Hypothekengläubiger durch Einigung und Eintragung ins Grundbuch. – Bei der **Briefhypothek** wird zusätzlich ein Hypothekenbrief ausgestellt. ▸ nach dem Nachweis der Forderung: – Bei der Verkehrshypothek kann der Gläubiger sich zum Beweis seines Rechts auf die Eintragung im Grundbuch berufen oder auf den Hypothekenbrief. Der Schuldner trägt im Streitfall die Beweislast. – Bei der **Sicherungshypothek** muss der Gläubiger den Nachweis erbringen, dass seine Forderung besteht.
	Besonderheiten	Die Hypothek ist immer an eine Forderung gebunden. Neben der dinglichen Haftung haftet der Kreditnehmer auch mit seinem übrigen Vermögen (persönliche Haftung).
	Erlöschen	Wenn der Kredit fristgemäß zurückgezahlt wurde, so kann der Grundstückseigentümer ▸ die Hypothek löschen lassen (dazu notwendig ist die Löschungsbewilligung des bisherigen Hypothekengläubigers und ein Löschungsantrag des Grundeigentümers); ▸ die Hypothek in eine Eigentümergrundschuld umschreiben lassen; ▸ die Hypothek als unechte Eigentümergrundschuld stehen lassen. Die Hypothek wird kraft Gesetzes zur Eigentümergrundschuld, da ohne Forderung keine Hypothek bestehen kann.
Grundschuld		Die Grundschuld ist ein Pfandrecht an einem Grundstück.
	Arten	▸ nach der äußeren Gestaltung: Die Buch- und Briefgrundschuld entstehen wie bei der Hypothek. ▸ nach der Person des Grundschuldberechtigten: – Bei der Fremdgrundschuld wird der Kreditgeber als Berechtigter eingetragen. Damit dient die Grundschuld zur Sicherung eines Kredites. – Bei der **Eigentümergrundschuld** ist der Grundstückseigentümer selbst der Berechtigte. Damit ist es möglich, einen bevorzugten Rang freizuhalten. Bei notwendiger Kreditaufnahme kann der Grundstückseigentümer seine Eigentümer-grundschuld als Sicherheit dem Kreditgeber übertragen.
	Besonderheiten	Die Grundschuld ist nicht an eine Forderung gebunden. Aus diesem Grund ist auch die Eintragung einer Eigentümergrundschuld möglich. Der Kreditnehmer haftet nur dinglich.

1 Ordnen Sie den unten stehenden Aussagen eine

1 zu, wenn es sich um eine Aussage nur zur Hypothek handelt,
2 zu, wenn es sich um eine Aussage nur zur Grundschuld handelt,
3 zu, wenn die Aussage auf Hypothek und Grundschuld zutrifft,
9 zu, wenn die Aussage weder auf Hypothek noch auf Grundschuld zutrifft.

a. Der Kreditnehmer haftet persönlich und dinglich. ☐

b. Bei dieser Absicherung handelt es sich nur um eine persönliche Haftung. ☐

c. Es erfolgt eine Eintragung ins Grundbuch. ☐

d. Dieses Pfandrecht existiert nur, wenn eine Forderung besteht. ☐

e. Es handelt sich um ein Grundpfandrecht an beweglichen Gegenständen. ☐

2 Welche der genannten Mobilien, Immobilien und Wertpapiere eignen sich für die genannte Absicherung eines Kredites?

1 Lombardierung
2 Sicherungsübereignung
3 Hypothek, Grundschuld

Ordnen Sie zu.

a. Aktien ☐

b. Maschine ☐

c. Grundstück ☐

d. Warenlager mit laufendem Bestand ☐

e. Warenwertpapiere ☐

f. Wechsel ☐

3 Überprüfen Sie die unten stehenden Feststellungen zum Grundbuch.

Tragen Sie eine
1 ein für eine zutreffende Aussage,
9 ein für eine nicht zutreffende Aussage.

a. Das Grundbuch genießt öffentlichen Glauben, d.h., die Eintragungen gelten grundsätzlich als richtig. ☐

b. Einsicht in das Grundbuch ist jedem gestattet. ☐

c. Löschungen im Grundbuch werden im Bundesanzeiger und in mindestens einem Tagesblatt bekannt gegeben. ☐

d. Die Grundpfandrechte Hypothek und Grundschuld werden in das Grundbuch eingetragen. ☐

e. Die Grundpfandrechte werden nach Rangfolgen eingetragen. ☐

4 Ordnen Sie die Realkredite

1 Sicherungsübereignung,
2 Lombardierung
den folgenden Sachverhalten zu.

Trifft eine Aussage nicht zu, tragen Sie eine 9 in das Kästchen ein.

a. Es handelt sich um eine Verpfändung von Grundstücken. ☐

b. Der Kreditnehmer kann mit den übereigneten Gegenständen weiterarbeiten. ☐

c. Der Kreditgeber wird bedingter Eigentümer des Gegenstandes. Der Kreditnehmer bleibt Besitzer des Sicherungsgutes. ☐

d. Es besteht die Gefahr der Mehrfachübereignung. ☐

5 Überprüfen Sie die im Folgenden genannten Vorteile und Nachteile der Sicherungsübereignung.

Tragen Sie eine
1 ein, wenn es sich um einen Vorteil des Kreditgebers handelt,
2 ein, wenn es sich um einen Nachteil des Kreditgebers handelt,
9 ein, wenn die Aussage nicht zutreffend ist.

a. Der Gegenstand kann nochmals verpfändet werden. ☐

b. Der Gegenstand wird erlaubterweise verkauft, aber nicht wieder durch Gleiches ersetzt. ☐

c. Der Gegenstand kann verkauft werden, da er sich im Besitz des Veräußerers befindet. ☐

d. Im Insolvenzfall besteht ein Absonderungsrecht. ☐

e. Wird der Kredit nicht ordnungsgemäß zurückgezahlt, ist eine Versteigerung der Sache auch ohne Vollstreckungstitel möglich. ☐

6 Überprüfen Sie folgende Aussagen zur Hypothek und zur Grundschuld.

Tragen Sie eine
1 ein, wenn es sich um Gemeinsamkeiten handelt,
9 ein, wenn Unterschiede vorhanden sind.

a. Eintragung in das Grundbuch ist erforderlich ☐

b. Absicherung durch unbewegliche Sachen ☐

c. Eignung für langfristige Fremdfinanzierung ☐

d. Persönliche Haftung durch den Kreditnehmer ☐

e. Dingliche Haftung ist vorhanden ☐

f. Diese Sicherheit ist unabhängig vom Forderungsbestand ☐

Erläutern Sie die besondere Finanzierungsform Leasing. Nennen Sie Vorteile und Nachteile für den Leasingnehmer.

Begriff	Unter Leasing versteht man das Mieten bzw. Pachten von Nutzungsrechten an beweglichen oder unbeweglichen Gütern.	
Arten von Leasing	Unterscheidung nach dem geleasten Gegenstand	▸ Industrieanlagenvermietung, z.B. Fabrikgebäude einschließlich der Ausrüstung ▸ Ausrüstungsvermietung, z.B. Maschinen, Bagger, Datenverarbeitungsanlagen ▸ Konsumgüterleasing, z.B. Autos, Waschmaschinen, Gefriertruhen
	Unterscheidung nach dem Leasinggeber	▸ **Direktes Leasing:** Der Hersteller ist auch der Leasinggeber. ▸ **Indirektes Leasing:** Der Leasinggeber ist eine dazwischengeschaltete Leasinggesellschaft.
	Unterscheidung nach der Ausgestaltung der Verträge	▸ **Financial-Leasing:** Die Mietzeit ist fest vereinbart und richtet sich nach der voraussichtlichen Nutzungsdauer. Während der Grundmietzeit ist keine Kündigung möglich. Eine Sonderform ist das „Sale-and-lease-back-Verfahren": Der zukünftige Leasingnehmer verkauft seine Investitionsgüter an die Leasinggesellschaft und mietet sie dann wieder von dieser Gesellschaft. ▸ **Operating-Leasing:** Der Leasingnehmer kann unter Einhaltung von vereinbarten kurzen Kündigungsfristen den Leasinggegenstand zurückgeben. Die Mietkosten sind dementsprechend hoch.
Vorteile	▸ Das Eigenkapital wird geschont. ▸ Leasingraten können als Betriebsausgabe steuerlich berücksichtigt werden. ▸ Frei gewordene Liquidität kann für vorzeitige Skontozahlungen genutzt werden. ▸ Vorhandene Kreditlinien bleiben erhalten. ▸ Anlagen können an den neuesten Stand der Technik angepasst werden.	
Nachteile	▸ hohe monatliche Kostenbelastung durch die Leasingraten ▸ keine freie Verfügung über den Leasinggegenstand	

Stellen Sie die besondere Finanzierungsform Factoring anhand einer Grafik dar.

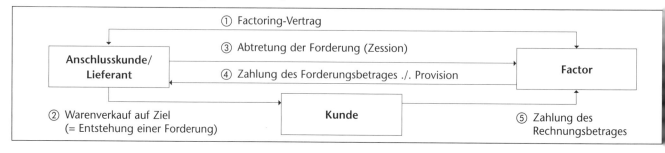

Erläutern Sie die grundsätzlichen Funktionen des Factors. Nennen Sie Vor- und Nachteile für den Anwender.

Finanzierungs-funktion	Die Factoring-Bank oder Factoring-Gesellschaft kauft die Forderung ihrer Kunden und finanziert (bevorschusst) sofort.
Delkrederefunktion	Beim „echten" Factoring übernimmt der Factor das Risiko des Forderungsausfalls, d.h., bei Nichtzahlung durch den Debitor des Anschlusskunden hat der Factor keinen Ersatzanspruch gegenüber dem Anschlusskunden.
Dienstleistungs-funktion	Der Factor übernimmt die Debitorenbuchhaltung, das Mahnwesen, Inkasso der Forderung, die Rechtsverfolgung.
Vorteile	▸ Verbesserung der Liquidität durch sofortige Verflüssigung der Forderung, dadurch Nutzung von Skontozahlungen möglich ▸ voller Schutz vor Forderungsausfällen ▸ Einsparung von Verwaltungskosten
Nachteile	▸ Kosten für die vorzeitige Zahlung der Forderung (Zins, Provisionen) ▸ Verärgerung des Kunden aufgrund standardisierter Eintreibung der Forderung durch den Factor
Überfällige oder ausgeklagte Forderungen werden nicht vom Factor gekauft, dafür sind Inkassobüros zuständig.	

1 Welche der folgenden Aussagen zum Leasing trifft nicht zu?

1

Tragen Sie eine 5 ein, wenn alle Aussagen zutreffend sind.

1 Leasing ist eine aus den USA stammende Finanzierungsform.

2 Leasinggegenstände können bewegliche und unbewegliche Sachen sein.

3 Man spricht vom direkten Leasing, wenn der Hersteller gleichzeitig der Leasinggeber ist.

4 Beim indirekten Leasing ist nicht der Hersteller Leasinggeber, sondern eine dazwischengeschaltete Leasinggesellschaft.

2 *Bringen Sie die folgenden Angaben zum Factoring in eine richtige zeitliche Reihenfolge, indem Sie die Ziffern 1 bis 5 vergeben.*

a. Bezahlung des Rechnungsbetrages

b. Abtretung der Forderung

c. Abschluss des Factoring-Vertrages

d. Zahlung des Forderungsbetrages abzüglich Provision

e. Warenverkauf auf Ziel

3 *Ordnen Sie den unten stehenden Aussagen eine*
1 *zu, wenn es sich um Financial-Leasing handelt,*
2 *zu, wenn es sich um Operating-Leasing handelt.*

a. Bei dieser Vertragsform kann der Vertragspartner den Vertrag kurzfristig unter Einhaltung einer vereinbarten Kündigungsfrist kündigen.

2

b. Der Leasingnehmer entscheidet sich für eine feste Grundmietzeit, die etwa 40 – 90 % der gewöhnlichen Nutzungsdauer des Leasinggutes beträgt.

1

4 *Entscheiden Sie, ob es sich bei den unten stehenden Aussagen im Rahmen der Finanzierungsform Leasing um*
1 *einen Vorteil für den Leasingnehmer,*
2 *einen Nachteil für den Leasingnehmer oder*
9 *eine nicht zutreffende Aussage zur Finanzierungsform Leasing*
handelt.

a. Der Investitionsspielraum wird größer, da ein geringerer Finanzmittelbedarf im Jahr der Anschaffung vorliegt.

b. Durch den Zessionsvertrag werden die Rechte auf den Leasinggeber übertragen.

c. Der Leasingnehmer erwirbt im Falle des Operating-Leasings nur die tatsächliche Herrschaft über den Leasinggegenstand, nicht die rechtliche Herrschaft.

d. Es handelt sich um eine offene Selbstfinanzierung.

5 *Überprüfen Sie die folgenden Aussagen zum Factor im Rahmen eines Factoring-Vertrages.*

Tragen Sie eine
1 *ein, wenn die Aussage zutrifft,*
9 *ein, wenn die Aussage nicht zutrifft.*

a. Der Factor übernimmt beim „echten" Factoring das Risiko des Forderungsausfalls, wenn der Kunde des Anwenders nicht zahlt.

b. Der Factor erhält das Eigentum an den Forderungen des Anwenders durch Zession.

c. Der Factor bevorschusst die abgetretenen Forderungen und berechnet dafür u. a. Zinsen.

d. Der Factor wird i. d. R. mit einer stillen Zession einverstanden sein, damit die Kunden des Anwenders nicht von den Finanzierungsschwierigkeiten des Anwenders erfahren.

6 *Ein Industrieunternehmen beabsichtigt, einen Factoring-Vertrag mit einem Factor abzuschließen.*

Überprüfen Sie, ob unten stehende Forderungen
1 *Inhalt eines Vertrages werden könnten oder*
9 *vom Factor abgelehnt werden, da es sich um unrealistische Forderungen handelt.*

a. „Wir wünschen die sofortige Finanzierung der gekauften Forderungen aus Lieferungen und Leistungen."

b. „Für den Kauf der ausgeklagten Forderungen denken wir an einen Abschlag von 70 %."

c. „Für die Debitorenbuchhaltung, das Mahnwesen und eine mögliche Rechtsverfolgung der Forderung möchten wir Sie verantwortlich machen."

d. „Die von Ihnen angebotene Delkrederegebühr in Höhe von 2 % des Forderungsbestandes akzeptieren wir, wenn Sie damit die volle Übernahme des Ausfallrisikos garantieren."

e. „Wir sind interessiert daran, dass unseren Kunden die Forderungsabtretung nicht angezeigt wird und sie mit befreiender Wirkung weiterhin an uns zahlen."

7 *Durch die Factoring-Finanzierung erfolgt eine Veränderung der Bilanz- und Finanzstruktur.*

Überprüfen Sie die folgenden Aussagen und tragen Sie eine
1 *ein, wenn die Aussage zutrifft,*
9 *ein, wenn die Aussage nicht zutrifft.*

a. Durch die Factoring-Finanzierung verändert sich die Kennzahl der Barliquidität (1. Grades) positiv.

b. Durch die Factoring-Finanzierung verändert sich die Kennzahl der Liquidität 3. Grades.

c. Werden die durch die Factoring-Finanzierung erhaltenen flüssigen Mittel zur Bezahlung kurzfristiger Verbindlichkeiten benutzt, so bewirkt dies eine Bilanzverkürzung.

d. Durch die Übernahme des Delkredererisikos durch den Factor entfällt die Bildung von Wertberichtigungen.

Nennen Sie die wichtigsten Ziele der gültigen Insolvenzordnung.

Reformziele	▸ Maßnahmen gegen Massearmut: Beschränkung der Verfahrenskosten, Einführung der „drohenden Zahlungsunfähigkeit", Abschaffung der Insolvenzvorrechte. ▸ Erhöhung der Verteilungsgerechtigkeit: Änderung des Verteilungsschlüssels bei eingetretener Masseunzulänglichkeit. ▸ Eigenverwaltung: bei „Kleinverfahren" kein Verlust der Verwaltungs- und Verfügungsbefugnis des Schuldners. ▸ Verbraucherinsolvenz und Restschuldbefreiung: Möglichkeit der Entschuldung nach Beendigung des Verfahrens (Wohlverhaltensphase dauert 7 Jahre).

Erklären Sie Eröffnung, Wirkung und Abwicklung des Insolvenzverfahrens.

Eröffnung		Für den Antrag auf Eröffnung des Insolvenzverfahrens ist sachlich zuständig das Amtsgericht, in dessen Bezirk ein Landgericht seinen Sitz hat. Maßgeblich ist hier der Ort der Hauptniederlassung des Schuldners. Antragsberechtigt sind ▸ der Schuldner, der verpflichtet ist, Auskünfte zu erteilen, die notwendig sind, um über den Antrag zu entscheiden; ▸ der Schuldner, wird ein Insolvenzantrag wegen „drohender Zahlungsunfähigkeit" gestellt, so ist dies auf den Eigenantrag des Schuldners beschränkt; ▸ ein oder mehrere Gläubiger, die ein rechtliches Interesse an der Eröffnung haben und ihre Forderungen und den Eröffnungsgrund glaubhaft machen müssen. Das Insolvenzgericht prüft den Antrag und beschließt über ▸ die Eröffnung des Insolvenzverfahrens, ▸ die Ablehnung des Insolvenzverfahrens „mangels Masse" oder „mangels Vorliegen eines Eröffnungstatbestandes".

Wirkung auf die Beteiligten	Insolvenz-schuldner	▸ Verlust der Verwaltungs- und Verfügungsbefugnis über das zur Insolvenzmasse gehörige Vermögen (auch Neuerwerb während des Insolvenzverfahrens)
		▸ Auskunfts- und Mitteilungspflicht gegenüber Insolvenzgericht, -verwalter, Gläubigerversammlung
		  – bei Nichtdurchführung der Pflichten des Schuldners: Zwangsweise Vorführung und Haft
		  – Postsperre, falls erforderlich
		  – evtl. Unterhaltszahlungen an den Schuldner und seine Familie aus der Insolvenzmasse
		  – erteilte Vollmachten vom Schuldner erlöschen

	Gläubiger	▸ Kein Recht mehr auf Zwangsvollstreckungen ▸ Schriftliche Anmeldung der Forderungen beim Insolvenzverwalter
	Schuldner	Verpflichtungen an den Gemeinschuldner sind nicht mehr an ihn zu leisten, sondern an den Insolvenzverwalter.

Abwicklung nach der Eröffnung		▸ Veröffentlichung des Eröffnungsbeschlusses
		▸ Maßnahmen des Insolvenzverwalters:
		  – „feststellen" (Verzeichnis der Massegegenstände, Vermögensübersicht, Gläubigerverzeichnis nach Gruppen geordnet)
		  – „verwalten" (z. B. Kündigung von Arbeits-, Pacht-, Mietverträgen, Abwicklung schwebender Verträge, Durchführung von Prozessen und Anfechtungen)
		  – „verwerten" (Verkauf bzw. Versteigerung der Vermögensgegenstände)
		  – „verteilen" (Insolvenzmasse wird nach festgelegter Reihenfolge verteilt.)

Erläutern Sie die in der Insolvenzordnung festgelegte Reihenfolge der Befriedigung der Gläubiger.

Recht	Grundlage der Forderung:	Beispiele:
Aussonderung	Gegenstände, die sich im Besitz des Insolvenzschuldners befinden, jedoch nicht sein Eigentum sind	▸ unter einfachem Eigentumsvorbehalt gelieferte und noch nicht bezahlte Gegenstände ▸ geliehene, gepachtete, gemietete Gegenstände
Absonderung	Gegenstände, die durch Pfandrecht gesichert sind	▸ Grundstück, gesichert durch Hypothek, Grundschuld ▸ sicherungsübereignete Gegenstände ▸ abgetretene Forderungen ▸ gelieferte Gegenstände mit Verlängerungs- und Erweiterungsformen des Eigentumsvorbehaltes
Aufrechnung	Verrechnung von Forderungen und Verbindlichkeiten	Lieferer hat eine Forderung an den Insolvenzschuldner und gleichzeitig als Kunde eine Verbindlichkeit
Massegläubiger	Kosten des Verfahrens	▸ Gerichtskosten ▸ Vergütung Insolvenzverwalter und Gläubigerausschuss
	Sonstige Masseverbindlichkeiten	**Neumasseverbindlichkeiten:** ▸ Verbindlichkeiten durch Zukäufe von Waren ▸ Löhne und Gehälter für Weiterbeschäftigte ▸ Sozialplanansprüche ▸ Zinsen, die an absonderungsberechtigte Gläubiger zu zahlen sind **Altmasseverbindlichkeiten:** Unterhalt an den Insolvenzschuldner und seine Familie

1 Über das Vermögen der Rudi Intrup KG ist das Insolvenzverfahren am 13.03.20.. um 12:00 Uhr eröffnet worden.

Kennzeichnen Sie folgende Aussagen, die sich auf die Zeit nach dem 13.03.20.. beziehen, mit einer
1, wenn sie zutreffen,
9, wenn sie nicht zutreffen.

a. Die Schuldner zahlen mit befreiender Wirkung an den Insolvenzschuldner, auch wenn dieser die Leistung nicht in die Insolvenzmasse gibt.

b. Die Gläubiger müssen ihre Forderungen dem Insolvenzgericht melden.

c. Eine Einzelzwangsvollstreckung durch den Gerichtsvollzieher mit vollstreckbarem Titel in das Vermögen der Rudi Intrup KG ist möglich.

d. Erteilte Vollmachten vom Insolvenzschuldner erlöschen.

2 Überprüfen Sie folgende Feststellungen zum Insolvenzrecht.

Tragen Sie eine
1 ein, wenn die Feststellung zutreffend ist,
9 ein, wenn die Feststellung nicht zutreffend ist.

a. Das Insolvenzrecht verfolgt das Ziel, Maßnahmen gegen Massearmut zu ergreifen, damit möglichst viele Insolvenzfälle in einem geordneten Verfahren abgewickelt werden können und nicht abgelehnt werden.

b. Das Insolvenzgericht kann gegen den Schuldner Haft anordnen, wenn er sich seiner Auskunfts- und Mitwirkungspflichten entziehen will, insbesondere Anstalten zur Flucht trifft.

c. Zur Insolvenzmasse gehört nur das Vermögen, das zum Zeitpunkt der Insolvenzeröffnung vorhanden ist. Erlangt der Schuldner neues Vermögen während des Verfahrens, so zählt dieses nicht dazu.

d. Anträge auf Eröffnung des Insolvenzverfahrens können nur der Schuldner oder seine gesetzlichen Vertreter stellen.

3 Ihnen liegen im Rahmen eines Insolvenzverfahrens folgende Zahlen vor:

Vermögen des Schuldners:	750 000,00 EUR
abgetretene Forderungen:	10 000,00 EUR
Kosten des Verfahrens:	40 000,00 EUR
Wechselschulden:	30 000,00 EUR
sonstige Verbindlichkeiten:	470 000,00 EUR
abgesicherte Darlehensforderung:	460 000,00 EUR
zu zahlender Unterhalt an den Schuldner:	18 000,00 EUR
gemietete Gegenstände:	22 000,00 EUR

Ermitteln Sie anhand dieses vereinfachten Insolvenzbeispiels

a. … die Insolvenzquote (in %),

b. … die Insolvenzmasse (in EUR),

c. … die Kosten des Verfahrens (in EUR),

d. … die Absonderungsrechte (in EUR).

4 Dem Insolvenzverwalter der Dietmar Jürgens KG werden verschiedene Forderungen mitgeteilt.

Ordnen Sie zu:
1 „Aussonderung"
2 „Aufrechnung"
3 „Absonderung"
4 „Neumasseverbindlichkeiten"
5 „Altmasseverbindlichkeiten"
6 „Verfahrenskosten"

Sollte keines dieser genannten Rechte zutreffen, tragen Sie eine 9 ein.

a. Die Luka Habö GmbH hat eine Wechselforderung in Höhe von 117 000,00 EUR.

b. Das Autohaus Sigrid Schmale e. K. hat eine Forderung über 8 200,00 EUR aufgrund mehrerer Reparaturrechnungen.

c. Der Rohstofflieferant meldet eine Forderung in Höhe von 30 000,00 EUR an. Die Rohstoffe wurden unter Eigentumsvorbehalt geliefert und sind noch nicht verbraucht.

d. Die Bank meldet eine Darlehensforderung in Höhe von 420 000,00 EUR an. Das Darlehen ist gesichert durch eine eingetragene Grundschuld.

e. Die Arbeitnehmer haben Lohnforderungen, die nach der Insolvenzeröffnung entstanden sind.

5 Bringen Sie die nachstehend genannten Gläubiger in die nach der Insolvenzordnung festgelegte zwingende Reihenfolge, nach der die Ansprüche befriedigt werden, indem Sie die Ziffern 1 bis 5 vergeben.

a. Massegläubiger wegen sonstiger Masseverbindlichkeiten

b. Aussonderungsberechtigte

c. Aufrechnungsberechtigte

d. Massegläubiger wegen Verfahrenskosten

e. Absonderungsberechtigte

6 Überprüfen Sie folgende Äußerungen im Rahmen eines Verbraucherinsolvenzverfahrens.

Tragen Sie eine
1 ein bei richtiger Feststellung,
9 ein bei falscher Feststellung.

a. „Bevor das gerichtlich vermittelte Schuldenbereinigungsverfahren beginnt, muss ein außergerichtlicher Einigungsversuch mit den Gläubigern vorausgegangen sein."

b. „Bei der Restschuldbefreiung bin ich als Schuldner leider auf die Zustimmung der Gläubigerschaft angewiesen."

c. „Im Gegensatz zum außergerichtlichen Verfahren kann das Gericht die fehlenden Stimmen der Gläubiger ersetzen. Voraussetzung ist, dass mehr als die Hälfte der benannten Gläubiger zugestimmt hat und die Summe der Ansprüche der zustimmenden Gläubiger mehr als die Hälfte der Summe der Ansprüche der benannten Gläubiger beträgt."

Nennen Sie die Voraussetzungen für den Schuldnerverzug/die Nicht-rechtzeitig-Zahlung.
Welche Rechte stehen dem Gläubiger zu?

Fälligkeit Verzug Verschulden		▸ Ist die Fälligkeit der Zahlung kalendermäßig bestimmt, kommt der Schuldner ohne Mahnung in Verzug. *Beispiele: „zahlbar am 06.03.20.."; „fällig Ende März"* ▸ Ist die Fälligkeit nicht kalendermäßig bestimmt, so kommt der Schuldner nur durch eine Mahnung in Verzug. *Beispiel: „Zahlung sofort"* ▸ Abweichend davon kommt der Schuldner 30 Tage nach Fälligkeit und Zugang einer Rechnung oder einer gleichwertigen Zahlungsaufforderung in Verzug. Beim Verbrauchsgüterkauf muss der Verbraucher darauf hingewiesen werden.
Rechte	ohne Nachfrist-setzung	▸ Erfüllung des Vertrages ▸ Erfüllung des Vertrages und Berechnung des Verzugsschadens (Ist ein Verbraucher **nicht** beteiligt, so betragen die Verzugszinsen 8 % über dem Basiszinssatz, sonst 5 % über dem Basiszinssatz. Ein höherer Schaden ist vom Gläubiger nachzuweisen.)
	nach einer ange-messenen Nachfrist	▸ Rücktritt vom Vertrag ▸ Schadenersatz statt Leistung

Was ist unter dem kaufmännischen Mahnverfahren zu verstehen?

Kaufmännisches Mahnverfahren	Der Ablauf des außergerichtlichen (kaufmännischen) Mahnverfahrens ist gesetzlich nicht vorgeschrieben und liegt im Ermessen des Lieferers. Art und Weise der Durchführung werden bestimmt durch die Zielsetzung, einen pünktlichen Zahlungseingang zu erreichen, ohne den Kunden zu verletzen. **Möglicher Ablauf:** ▸ Erinnerung an die Fälligkeit der Forderung durch Zusendung einer Rechnungsabschrift/eines Kontoauszuges ▸ 1. Mahnung mit Fristsetzung und Erinnerung an die Zahlung, Bitte um Überweisung ▸ 2. Mahnung mit erneuter Fristsetzung und Hinweis auf die entstehenden Kreditkosten ▸ 3. Mahnung mit erneuter Fristsetzung und Mitteilung der Enttäuschung über die Nichtzahlung ▸ letzte Mahnung und Androhung, die Zahlung gerichtlich einziehen zu lassen

Beschreiben Sie den Ablauf des gerichtlichen Mahn- und Zwangsvollstreckungsverfahrens.

Ablauf	Der Mahnbescheid ist eine durch das Gericht ausgesprochene Zahlungsaufforderung an einen säumigen Schuldner. Der Antrag auf Erlass des Mahnbescheids ist bei dem Amtsgericht des Antragstellers zu stellen. Die Höhe des Streitwertes spielt keine Rolle für die sachliche Zuständigkeit. In einigen Bundesländern besteht davon abweichend die Regelung, den Mahnbescheid zentral bei einem dafür bestimmten Gericht zu beantragen (z. B. in NRW: Amtsgericht Hagen). Der Erlass und die Zustellung erfolgen von Amts wegen.

Reaktionsmöglichkeiten des Antragsgegners auf den Mahnbescheid:

Streitverfahren
Das Gericht gibt den Rechtsstreit an das zuständige Gericht des Schuldners weiter. Dieses bestimmt einen Termin zur mündlichen Verhandlung. Das Verfahren kann z. B. beendet werden durch Vergleich, Urteil, Zurücknahme der Klage.

Widerspruch
Die Frist beträgt 14 Tage. Ist der Mahnbescheid noch nicht für vollstreckbar erklärt worden, kann der Widerspruch auch innerhalb der nächsten sechs Monate nach Ablauf der Widerspruchsfrist erhoben werden. Nach dem Widerspruch kann jede Partei die Durchführung des streitigen Verfahrens antragen.

Schweigen
Der Antragsteller kann sechs Monate nach Ablauf der Widerspruchsfrist den Antrag stellen, dass ein Vollstreckungsbescheid erlassen wird.

Damit ist das Verfahren beendet.

Reaktionsmöglichkeiten des Antragsgegners auf den Vollstreckungsbescheid:

Einspruch
Die Frist beträgt 14 Tage. Der Rechtsstreit wird an das zuständige Gericht weitergeleitet.

Schweigen
Pfändung durch den Gerichtsvollzieher

Zahlung
Damit ist das Verfahren beendet.

1. Erfolgreiche Pfändung:
Verwertung und Abrechnung

2. Fruchtlose oder unbefriedigende Pfändung:
Antrag des Gläubigers auf Abgabe einer eidesstattlichen Versicherung durch den Schuldner

Nach Abgabe der **eidesstattlichen Versicherung:**
erneute Pfändung (wenn neue Vermögensteile vorhanden sind), Verwertung und Abrechnung

Bei Weigerung oder Nichterscheinen vor Gericht:
Möglich ist ein **Haftantrag** durch den Gläubiger. Die Haftstrafe beträgt höchstens sechs Monate.

Widerspruch wird gegen einen Mahnbescheid eingelegt, Einspruch jedoch gegen einen Vollstreckungsbescheid.

1 *Ordnen Sie den unten stehenden Aussagen eine*
   1 *zu, wenn es sich um eine zutreffende Aussage handelt,*
   9 *zu, wenn es sich um eine nicht zutreffende Aussage handelt.*

a. Für die Nicht-rechtzeitig-Zahlung gelten z. T. die gleichen Bestimmungen des BGB wie für die Nicht-rechtzeitig-Lieferung.

b. Bei der Nicht-rechtzeitig-Zahlung hat der Gläubiger das Recht, auf Erfüllung des Vertrages zu bestehen.

c. Die Verzugszinsen, die im Falle der Nicht-rechtzeitig-Zahlung berechnet werden können, betragen für Kaufleute 8 % über dem Basiszinssatz.

d. Das außergerichtliche Mahnverfahren ist auf jeden Fall notwendig, damit die Rechte aus der Nicht-rechtzeitig-Zahlung in Anspruch genommen werden können.

e. Auf eine Mahnung kann verzichtet werden, wenn der Zahlungstermin kalendermäßig bestimmt war.

f. Eine dritte Mahnung ist notwendig, um den Schuldner ordnungsgemäß in Verzug zu setzen.

g. Im Falle der Nicht-rechtzeitig-Zahlung kann der Gläubiger sofort vom Vertrag zurücktreten.

h. Das kaufmännische Mahnverfahren ist gesetzlich geregelt.

i. Unter bestimmten Voraussetzungen ist es möglich, sofort Klage wegen Nichtzahlung zu erheben, ohne ein kaufmännisches oder gerichtliches Mahnverfahren durchgeführt zu haben.

j. Der Mahnbescheid stellt eine Mahnung durch das Gericht dar.

k. Der Vollstreckungsbescheid ist ein vollstreckbarer Titel, der es dem Gläubiger gestattet, beim Schuldner pfänden zu lassen.

2 *Die Ruber GmbH, Osnabrück, schuldet der Renate Richter OHG, Bremen, 18 960,00 EUR. Diese Verbindlichkeit entstand aufgrund eines Kaufvertrages, in dem über Erfüllungsort und Gerichtsstand nichts Besonderes vereinbart wurde.*

Welches Gericht ist für ...

a. ... den Antrag auf Erlass des Mahnbescheides zuständig?
   1 Amtsgericht Osnabrück
   2 Amtsgericht Bremen
   3 Landgericht Osnabrück
   4 Landgericht Bremen
   5 Amtsgericht Hagen

b. ... die Klagedurchführung zuständig?
   1 Amtsgericht Osnabrück
   2 Amtsgericht Bremen
   3 Landgericht Osnabrück
   4 Landgericht Bremen

3 *Überprüfen Sie folgende Aussagen zum Schuldnerverzug und zum Verzugszinssatz, den ein Gläubiger von seinem Geldschuldner verlangen kann. Berücksichtigen Sie bei den Antworten, dass der Basiszinssatz, der für ein halbes Jahr von der Europäischen Zentralbank festgelegt wird, 0,19 % beträgt.*

Tragen Sie eine
   1 *ein, wenn die Aussage zutrifft,*
   9 *ein, wenn die Aussage nicht zutrifft.*

a. Bei Kaufleuten untereinander können in diesem Fall 8,62 % berechnet werden.

b. Nach dem BGB beträgt der Zinssatz für Verzugszinsen grundsätzlich 5 %.

c. Laut BGB sind Verzugszinsen 5 % über dem Basiszinssatz möglich, wenn Verbraucher beteiligt sind; in diesem Fall also 5,19 %.

d. Beim bürgerlichen Kauf und beim einseitigen Handelskauf kann ein Verzugszins berechnet werden, der fünf Prozentpunkte über dem jeweiligen Basiszinssatz liegt.

e. Nach 30 Tagen kommt der Schuldner bei Rechnungsstellung „spätestens" in Verzug. Dann ist auch keine Mahnung mehr notwendig.

f. Der Gläubiger kann durch Mahnung den Zahlungsschuldner schon vor Ablauf der 30 Tage nach Fälligkeit und Rechnungsstellung in Verzug setzen. Der Schuldner muss den Verzugsschaden (Verzögerungsschaden) zahlen.

4 *Bringen Sie folgende Aussagen in eine richtige Reihenfolge.*

Tragen Sie die Ziffern 1 bis 5 in die Kästchen hinter der jeweiligen Aussage ein.

a. Das zuständige Gericht bestimmt einen Termin zur mündlichen Verhandlung.

b. Der Antragsgegner unternimmt nichts.

c. Der Antragsteller erhebt innerhalb von sechs Monaten nach Ablauf der Widerspruchsfrist einen Vollstreckungsbescheid.

d. Der Antragsteller stellt den Antrag auf Erlass eines Mahnbescheides.

e. Der Antragsgegner erhebt innerhalb von zwei Wochen Einspruch.

5 *Um im Falle einer Nichtzahlung durch den Schuldner die Rechte aus der Nicht-rechtzeitig-Zahlung wahrnehmen zu können, muss der Gläubiger einige Voraussetzungen berücksichtigen.*

Tragen Sie eine
   1 *ein, wenn eine Mahnung notwendig ist,*
   9 *ein, wenn keine Mahnung notwendig ist.*

a. zahlbar innerhalb von zehn Tagen

b. zahlbar am 09.09.20..

c. zahlbar Ende März 20..

d. Zahlung Mitte April 20..

Was versteht man unter dem Begriff „Verjährung"?

Verjährung	▸ Nach Ablauf eines gesetzlich definierten Zeitraumes verliert der Gläubiger die Möglichkeit, einen Anspruch gerichtlich durchzusetzen. ▸ Die Verjährung bewirkt nicht den Untergang des Anspruchs, jedoch ist der Schuldner berechtigt, die „Einrede der Verjährung" geltend zu machen (Leistungsverweigerungsrecht).

Unterscheiden Sie die verschiedenen Verjährungsfristen.

Allgemeines Verjährungsrecht	regelmäßige Verjährungsfrist	besondere Verjährungsfristen	
	3 Jahre	**10 Jahre**	**30 Jahre**
	Dazu zählen alle Normalfälle. Es handelt sich um die Regelverjährung.	Dazu zählen: ▸ Ansprüche auf Übertragung des Eigentums an einem Grundstück ▸ Ansprüche auf Begründung, Übertragung oder Aufhebung eines Rechts an einem Grundstück ▸ Ansprüche auf Änderung des Inhalts eines solchen Rechts ▸ Ansprüche auf die Gegenleistung bei einer 10-jährigen Verjährung	Dazu zählen: ▸ Herausgabeanspruch aus Eigentum und anderen dinglichen Rechten ▸ familien- und erbrechtliche Ansprüche Beginn: **mit Entstehung des Anspruchs** ▸ rechtskräftig festgestellte Ansprüche Beginn: **mit der Rechtskraft der Entscheidung** ▸ Ansprüche aus vollstreckbaren Vergleichen oder vollstreckbaren Urkunden Beginn: **mit Errichtung des vollstreckbaren Titels** ▸ Ansprüche, die durch die im Insolvenzverfahren erfolgte Feststellung vollstreckbar geworden sind Beginn: **mit Feststellung im Insolvenzverfahren**
Beginn	**mit Schluss des Jahres**, in dem 1. der Anspruch entstanden ist und 2. **der Gläubiger** von den den Anspruch begründenden Umständen und der Person des Schuldners **Kenntnis erlangt** oder ohne grobe Fahrlässigkeit erlangen musste	**mit Entstehung des Anspruchs**	unterschiedlich (s. o.)

Unterscheiden Sie Neubeginn und Hemmung der Verjährung.

Neubeginn der Verjährung	Die Verjährung beginnt von Neuem zu laufen.	
	Gründe	▸ Anerkenntnishandlungen durch den Schuldner: Teilzahlung, Zinszahlung, Sicherheitsleistung, Stundungsgesuch, Angebot anderweitiger Verrechnung, Anerkennung von Mangelansprüchen durch Nachbesserung ▸ Anerkenntnishandlungen durch den Gläubiger ▸ Antrag auf Vornahme einer gerichtlichen Vollstreckungshandlung
		Eine gewöhnliche Mahnung bewirkt nicht die Unterbrechung der Verjährung.
Hemmung der Verjährung	Die Verjährung wird um den Zeitraum der Hemmung verlängert.	
	Gründe	▸ schwebende Verhandlungen über den Anspruch (Die Verjährung tritt frühestens drei Monate nach Ende der Hemmung ein.) ▸ Rechtsverfolgung Erhebung der Klage Zustellung des Mahnbescheids Bekanntgabe des Güteantrags Geltendmachung der Aufrechnung des Anspruchs (Die Hemmung endet sechs Monate nach rechtskräftiger Entscheidung.) ▸ Leistungsverweigerungsrecht berechtigte Leistungsverweigerung ▸ höhere Gewalt ▸ familiäre Gründe Dauer der Ehe, wenn Ansprüche der Ehegatten untereinander bestehen

1 Ordnen Sie zu:
1 Neubeginn der Verjährung
2 Hemmung der Verjährung

Sollte durch den angegebenen Sachverhalt weder eine Unterbrechung noch eine Hemmung der Verjährung erfolgen, tragen Sie eine 9 ein.

a. Der Gläubiger erhebt eine Klage wegen Nichtzahlung.

b. Der Mahnbescheid wird von Amts wegen zugestellt.

c. Der Schuldner leistet eine Teilzahlung.

d. Die Zinsen für die Restschuld werden vom Schuldner überwiesen.

e. Der Zahlungsschuldner erkennt eine Nachbesserung aufgrund von Mangelansprüchen an.

f. Der Verkäufer schickt eine Mahnung mit dem Hinweis, bei Nichtzahlung gerichtliche Maßnahmen einzuleiten.

2 Welche der folgenden Feststellungen zur Verjährung trifft nicht zu?

1 Die Regelverjährung beträgt drei Jahre und beginnt mit dem Schluss des Jahres, in dem der Anspruch entstanden ist. Ferner ist zu berücksichtigen, dass der Gläubiger von den den Anspruch begründenden Umständen und der Person des Schuldners Kenntnis erlangt hat.

2 Eine besondere Verjährungsfrist gilt für Forderungen an ein insolventes Unternehmen. Nach Feststellung im Insolvenzverfahren beträgt die Verjährungsfrist gerechnet ab dem Tag der Feststellung 30 Jahre.

3 Die zehnjährige Verjährungsfrist beginnt mit Schluss des Jahres, in dem der Anspruch entstanden ist.

3 Beurteilen Sie folgende Aussagen eines Angestellten der Oberkötter-Turbo-Spedition.

Ordnen Sie eine
1 zu, wenn die Aussage zutrifft,
9 zu, wenn die Aussage nicht zutrifft.

a. Eine Forderung, die bereits verjährt ist, jedoch aus Versehen noch vom Zahlungsschuldner überwiesen wurde, muss auf jeden Fall wieder dem Zahlungsschuldner gutgeschrieben werden, da dieser einen einklagbaren Rechtsanspruch auf Erstattung hat.

b. Nach Ablauf des gesetzlich definierten Zeitraums verliert der Gläubiger einer Zahlung die Möglichkeit, einen Anspruch gerichtlich durchzusetzen, d.h., der Schuldner kann die „Einrede der Verjährung" geltend machen.

c. Die regelmäßige Verjährungsfrist beträgt drei Jahre.

d. Bei vollstreckbaren Titeln beträgt die Verjährungsfrist 30 Jahre und beginnt mit der Errichtung des vollstreckbaren Titels.

4 Die B. B-Lau AG liefert vereinbarungsgemäß einen Spezialkran an die H. Denk-e-mal Spezial GmbH. Die Zahlung ist fällig am 15.01.10. Im Oktober desselben Jahres hat die H. Denk-e-mal GmbH noch nicht bezahlt. Der Zahlungsmodus wird am 10.01.11 verhandelt und der Schuldner überweist am 20.03.11 die Hälfte der Kaufpreisforderung. Gleichzeitig bittet er um einen Zahlungsaufschub von drei Monaten für die Restzahlung. Nach Ablauf dieser Frist ist noch kein Zahlungseingang zu verzeichnen. Durch unsachgemäße Buchführung gerät der Vorgang bei der B. B-Lau AG in Vergessenheit und erst vier Jahre nach Fälligkeit der Zahlung fordert die B. B-Lau AG die H. Denk-e-mal Spezial GmbH auf, die restliche Leistung zu erbringen.

Tragen Sie eine
1 ein, wenn die Aussage zutrifft,
9 ein, wenn die Aussage nicht zutrifft.

a. Der Zahlungsschuldner kann die Einrede der Verjährung geltend machen.

b. Die Verjährungsfrist beträgt drei Jahre.

c. Beginn der Verjährung ist der 31.12.10.

d. Beginn der Verjährung ist der 15.01.10.

e. Die Teilzahlung bewirkt einen Neubeginn der Verjährung.

f. Die Teilzahlung am 20.03.11 stellt eine Hemmung dar.

g. Der Zeitraum des Zahlungsaufschubes bewirkt eine Verlängerung der Verjährungsfrist.

h. Mit Ablauf des 20.06.14 ist die Forderung verjährt.

5 Unterscheiden Sie die verschiedenen Verjährungsfristen und ordnen Sie zu:
1   3 Jahre
2 10 Jahre
3 30 Jahre

a. Die Hartmann OHG hat ein nicht genutztes Grundstück an die Metall verarbeitende Verkehrsschilder GmbH zur Erweiterung des Firmengeländes verkauft. Die Grundbucheintragung ist erfolgt. Vereinbarungsgemäß ist die Zahlung fällig mit Eigentumsübertragung.

b. Der Privatmann U. Markert erwirbt für die nächste Urlaubsreise einen Taucheranzug.

c. Wegen drohender Zahlungsunfähigkeit hat das Einzelunternehmen M. Schulte e.K. den Insolvenzantrag gestellt. Im Insolvenzverfahren wird die Forderung des Autohauses Beier KG für vollstreckbar erklärt.

d. Die im Handelsregister eingetragene B. Ostendorf e.K. hat eine Forderung aus der Lieferung von Teigwaren anlässlich des 25-jährigen Jubiläums der Realschule. Eine Zahlung ist bisher noch nicht erfolgt.

e. Die Druckerei Nicole Müller GmbH hat eine Forderung an die Schriftstellerin E. Lanver. Fälligkeit der Forderung wurde mit Fertigstellung des gedruckten Werkes vereinbart.

f. Das Fitnessstudio hat eine Verbindlichkeit an die Trainerin Sonja.

Was ist allgemein unter den Begriffen „Information" und „Kommunikation" zu verstehen?

Information	Im Bereich menschlichen Handelns versteht man unter Information ein Wissen, dem in der jeweiligen Situation Bedeutung und Geltung beigemessen wird. Die Information führt mit ihrem Neuigkeitsgehalt beim Empfänger zu einer Vermehrung von Wissen bzw. Beseitigung von Unwissen. Informationen werden durch Nachrichten transportiert. *Beispiele: Anfragen, Mitteilungen, Angebote, Bestellungen*
Kommunikation	Kommunikation ist die Aufnahme, der Austausch und die Übermittlung von Nachrichten bzw. Daten oder Signalen zwischen zwei oder mehreren Personen.

In welcher Weise erfolgt die Kommunikation durch den physischen Transport der Nachrichten?

Briefdienste	Die Deutsche Post AG als Marktführer und andere Briefdienste übermitteln Briefe, Drucksachen, Werbematerial, Zeitungen u. Ä. an den Empfänger.
Kurierdienst	Ein Kurierdienst (auch Bote genannt) befördert die Sendung persönlich und direkt vom Absender zum Empfänger. Der Unterschied zu einem Briefdienst ist, dass die Kuriere nicht linienmäßig verkehren, meist nur kleine Sendungen transportieren und auf Schnelligkeit ausgerichtet sind. *Beispiel: Fahrradkuriere*

Beschreiben Sie die Möglichkeiten mündlicher Kommunikation außerhalb eines persönlichen Gesprächs.

Telefon	Festnetz	Als Festnetz wird die Gesamtheit aller öffentlichen Telefonnetze bezeichnet, bei denen der Anschluss zum Endkunden leitungsgebunden erfolgt. Öffentliche Netze können in staatlichem oder privatem Besitz sein, sind aber der Allgemeinheit entweder nur regional oder flächendeckend verfügbar (z. B. das Telefonnetz der Deutschen Telekom) und unterliegen im deutschen Sprachraum den Anforderungen der jeweiligen bundesstaatlichen Telekommunikationsgesetze.
	Handy	Das Handy, auch als Mobiltelefon (englisch: mobile phone, amerikanisch: cell phone) bezeichnet, ist ein tragbares Telefon, das über Funk mit dem Telefonnetz kommuniziert und daher ortsunabhängig eingesetzt werden kann. Der Betrieb eines Handys setzt einen Vertrag mit einem Mobilfunkanbieter voraus. Handys haben für ein Unternehmen den Vorteil der jederzeitigen Erreichbarkeit von Mitarbeitern im Außendienst und für diese die jederzeitige Möglichkeit, im Betrieb anzurufen.
	Smartphone	Ein Smartphone vereint den Leistungsumfang eines Mobiltelefons mit dem eines PDA (Personal Data Assistant). Smartphones verfügen neben der Ziffern- auch über eine vollständige Buchstabentastatur und kommunizieren über die Mobilfunkanbieter.
	Voice over IP/ Internet-Telefonie	Unter Voice over IP (kurz VoIP) versteht man das Telefonieren mithilfe des Internets (Internet-Telefonie). Bei den Gesprächsteilnehmern können Computer, spezielle Telefonendgeräte und über Adapter angeschlossene Telefone die Verbindung herstellen.
Sprechanlagen		Sprechanlagen übermitteln die menschliche Sprache innerhalb des Betriebes zwischen einzelnen Räumen zumeist über miteinander verdrahtete Endgeräte, z. B. zwischen Verkauf und Versand oder Lager. ▶ Wechselsprechanlagen verfügen über einen Kanal, der wechselseitig benutzt wird. ▶ Gegensprechanlagen verfügen über zwei Sprechkanäle. Das versetzt beide Gesprächspartner in die Lage, gleichzeitig zu sprechen und zu hören.
Anrufbeantworter		Ein Anrufbeantworter (AB) ist ein Gerät oder Systemteil, das Telefonanrufe annimmt und nach Abspielen einer Ansage eine gesprochene Nachricht des Anrufers aufzeichnet. Dies geschieht bei Nichterreichbarkeit alternativ zum Telefongespräch.

Wie können Informationen elektronisch zwischen Sendern und Empfängern ausgetauscht werden?

E-Mail	Die E-Mail (engl. für elektronische Post, kurz auch Mail genannt) bezeichnet eine im Internet oder Intranet übertragene, briefartige Nachricht. Von Vorteil ist, dass alle Arten von Dateien (PDF, Video, Audio, Fotos u. a.) angehängt werden können, um den Empfänger zu informieren.
Chat	Chat (engl. für plaudern, unterhalten) bezeichnet die elektronische Kommunikation zwischen Personen in Echtzeit, meist über das Internet. Die ursprünglichste Form des Internet-Chats ist der reine Textchat, bei dem nur Zeichen ausgetauscht werden können. Mittlerweile kann – je nach System – eine Ton- und/oder Videospur dazukommen. Man spricht dann von „Audio-" bzw. „Videochat". Per Chat sind damit Konferenzen über weite Distanzen möglich, z. B. zwischen einem Lieferanten und mehreren Kunden.
SMS/Instant Messaging	Die SMS (von engl. short message service = Kurznachrichtendienst) ist ein Telekommunikationsdienst zur Übertragung von Textnachrichten. Er ist im Mobilfunk und Festnetz verfügbar. Instant Messaging ist eine Kommunikationsmethode für sofortige Nachrichtenübermittlung, bei der sich zwei oder mehr Teilnehmer per Textnachrichten unterhalten. Dabei geschieht die Übertragung im Push-Verfahren, sodass die Nachrichten unmittelbar beim Empfänger ankommen. Die Teilnehmer müssen dazu über ein Netzwerk direkt miteinander verbunden sein. Mit diesem System können auch zusätzlich Dateien wie z. B. Fotos, Dokumente oder Videos übertragen werden (Beispiele: WhatsApp, Blackberry-Messenger).
Telefax	Ein Telefax ist die Übertragung einer oder mehrerer Papierseiten über das Telefonnetz. Als Sender bzw. Empfänger dienen dabei meistens analoge Faxgeräte, man kann jedoch auch von einem PC mittels Fax-Server und Modem oder Fax over IP Faxe verschicken und empfangen.
Internetforum	Ein Internetforum, auch als Diskussionsforum oder englisch als webboard bezeichnet, ist ein virtueller Platz zum Austausch und zur Sammlung von Meinungen, Erfahrungen und Gedanken. Die Kommunikation findet nicht in Echtzeit statt und kann später zumeist nachvollzogen werden.

1 Schriftliche Nachrichten können auf zahlreichen Wegen übermittelt werden.

Kennzeichnen Sie die unten aufgeführten Bedarfssituationen mit den folgenden Übermittlungsmöglichkeiten für schriftliche Nachrichten.

1 Brief
2 SMS
3 E-Mail
4 Internet-Forum
5 Chat

a. Der Leiter der DV kann ein Softwareproblem, das außerhalb der Spezifikation des Lieferanten der Software liegt, nicht lösen und möchte das Problem mit anderen Nutzern der Software diskutieren.

b. Ein Mitarbeiter im Außendienst bittet um die schriftliche Übermittlung der Telefonnummer und den Namen seines Ansprechpartners bei einem Kunden.

c. Einem Kunden soll möglichst rasch die technische Spezifikation für ein Produkt übermittelt werden.

d. Der Einkaufsleiter will sich mit drei Lieferanten für die Neuausstattung des Hochregallagers möglichst zeitgleich über eine Problemlösung verständigen.

e. Die Vertragsunterlagen für einen Grundstückskauf müssen übermittelt werden.

2 Welche der folgenden Aussagen über ein Smartphone trifft nicht zu?

1 Ein Smartphone kann genutzt werden wie ein Handheld-Computer.

2 Ein Smartphone hat eine umfangreichere Tastatur als ein Handy.

3 Ein Smartphone bietet umfangreiche Nutzungsmöglichkeiten.

4 Smartphones kommunizieren über das Netz von Mobilfunkanbietern.

5 Smartphones sind wesentlich günstiger zu erwerben als Handys.

6 Ein Smartphone bietet alle Möglichkeiten eines Handys und eines persönlichen Organizers.

3 Welche der folgenden Erläuterungen trifft auf die Abkürzung SMS zu?

1 Sonstige Mitteilungen Service

2 Service Mailing System

3 Short Message Service

4 Service Mitteilungs Server

4 Es gibt viele Übertragungsmöglichkeiten für die mündliche Kommunikation.

Kennzeichnen Sie die unten aufgeführten Situationen mit den folgenden Übertragungsmöglichkeiten menschlicher Sprache.

1 Handy
2 Festnetztelefon
3 Voice over IP
4 Gegensprechanlage
5 Funkrufdienst

a. Der Nutzer hat einen festen Arbeitsplatz und muss täglich eine Vielzahl von Telefonaten führen.

b. Der Nutzer muss täglich innerbetrieblich sehr häufig zu Abstimmungszwecken mit einem definierten Kreis von Gesprächspartnern Informationen austauschen, Anweisungen geben u. a.

c. Der Empfänger muss auf jeden Fall erreichbar sein, auch wenn er gegenwärtig beschäftigt ist oder telefoniert.

d. Sender und Empfänger verbringen einen großen Teil ihrer Zeit an einem internetfähigen Rechner und wollen kostensparend über weite Distanzen miteinander kommunizieren.

e. Der Nutzer dieser Einrichtung ist tagsüber an häufig wechselnden Arbeitsplätzen oder im Ausland unterwegs.

5 Welche der folgenden Aussagen trifft auf die Kommunikationseinrichtung Voice over IP zu?

1 Es handelt sich um eine besondere Form des Satellitentelefons.

2 Die Stimme eines Menschen (des Senders) und das, was er zu sagen hat, wird gespeichert und dann als Audio-Datei per Internet verschickt.

3 Die Stimme des Senders wird auf einem Tonträger (z. B. einer CD) aufgezeichnet und per Post verschickt.

4 Sender und Empfänger nutzen ein Telefon oder ein spezielles Endgerät sowie das Computernetzwerk des Internets, um ihre Stimmen zu übertragen.

6 Welche der folgenden Aussagen über Kommunikation und Information trifft nicht zu?

1 Eine Nachricht muss für den Empfänger etwas Neues, Interessantes sein, sonst ist es keine Information für ihn.

2 Information hat etwas damit zu tun, dass das Wissen des Empfängers sich erhöht.

3 Einer Nachricht muss nicht unbedingt Bedeutung und Geltung beigemessen werden.

4 Nachrichten werden durch Informationen transportiert.

5 Kommunikation beinhaltet den Austausch von Nachrichten zwischen zwei oder mehreren Personen.

6 Ein Mensch kann nicht nicht kommunizieren.

Beschreiben Sie das EVA-Prinzip als Grundprinzip jeglicher Datenverarbeitung.

E = Eingabe	Die Eingabe ist der erste Schritt der Datenverarbeitung im weiteren Sinne. Die Daten müssen zunächst erfasst, d. h. in das Datenverarbeitungssystem eingegeben werden. Die Eingabe kann manuell an einer Tastatur oder durch automatisches Einlesen maschinenlesbarer Datenträger erfolgen.
V = Verarbeitung	Die Verarbeitung ist die Datenverarbeitung im engeren Sinne. Die Verarbeitung erfolgt durch Speichern, Sortieren, Zählen, Rechnen, Vergleichen, Verknüpfen und Auswerten der eingegebenen Daten. Für die Verarbeitung werden Programme benötigt, die in der Lage sind, die eingegebenen Daten zu verarbeiten.
A = Ausgabe	Die Ausgabe der Daten stellt das Ergebnis der Datenverarbeitung im weiteren Sinne dar. Die auszugebenden Daten, die während der Verarbeitung entstehen, werden zwischengespeichert und dann entweder sichtbar gemacht (z. B. auf einem Kassenstreifen) oder wiederum einem Speicher zugeführt.

Was sind Daten? Unterscheiden Sie diese nach unterschiedlichen Gesichtspunkten.

Begriff	Daten sind Informationen über Personen, Sachen oder Sachverhalte. Sie setzen sich aus bestimmten Zeichen zusammen. Im Allgemeinen sind diese Zeichen		
	▸ Buchstaben (alphabetische Zeichen), z. B.: f, g, F, G;		
	▸ Ziffern (numerische Zeichen), z. B.: 0, 5, 7, 9;		
	▸ Sonderzeichen (Rechenzeichen, Satzzeichen, sonstige Zeichen), z. B.: &, !, %.		
Merkmal	**Bezeichnung**	**Beschreibung**	**Beispiel**
Dauerhaftigkeit	Stammdaten	bleiben über längeren Zeitraum unverändert	Packungsinhalt: 500 g
	Bestandsdaten	können sich ständig ändern; geben Bestände, Mengen oder Werte an	Bestand am 12.11.: 430
	Bewegungsdaten	führen zur Veränderung von Bestands- oder Stammdaten	Zugang am 13.11.: 600 Packungen
Aufgabe der Daten	Ordnungsdaten	dienen der Klassifizierung oder Identifizierung von Personen, Sachen oder Sachverhalten	Art.-Nr. 4712 Art.-Bez.: Zucker
	Mengendaten	Daten, mit denen im Wesentlichen gerechnet wird	Preis: 2,75 EUR
Stand der Verarbeitung	Eingabedaten	Daten im Stadium der Eingabe in das DV-System	Menge: 4 Packungen
	Verarbeitungsdaten	Daten im Stadium der Verarbeitung im DV-System	Menge · Preis: 4 · 11,00 EUR
	Ausgabedaten	Daten, die vom DV-System ausgegeben werden	Lagerwert: 44,00 EUR
Datentyp	Text	Das Datenfeld besteht aus Buchstaben und Sonderzeichen, aber auch aus Zahlen.	Name: Meier Kennzeichen: HF-FG 29
	Zahlen	Das Datenfeld enthält Zeichen, mit denen gerechnet werden kann.	Menge: 4 500 Länge in m: 3 600
	Währung	Dieser Datentyp enthält Zahlen i. V. mit Währungszeichen. Berechnungen sind möglich.	Preis: 14,60 $ Gehalt: 2 200,00 EUR
	Datum/Zeit	Jedes gültige Datum in Verbindung mit einer Zeit ist erlaubt.	Liefertermin: 20.04. .. Arbeitsbeginn: 07:30
	Autowert	Der Inhalt des Datenfeldes wird bei jedem zusätzlichen Datensatz weiter gezählt.	Rechnungsnummer: 3446
	Boolsches Feld	Das Datenfeld kann nur zwei Werte annehmen.	Bezahlt: ja/nein
	Hyperlink	Verknüpfungen zu Dateien im Internet	www.lieferant.de

In welcher logischen Hierarchie werden Daten gespeichert?

Daten können auf maschinenlesbaren Datenträgern gespeichert werden. Um sie geordnet abzuspeichern, wiederzufinden und ggf. verändern zu können, müssen die Daten in einer logischen Weise aufgebaut sein.	
Datenfeld	Ein Datenfeld ist der kleinste selbstständige Teil eines Datensatzes. Es ist gekennzeichnet durch die Feldlänge (Anzahl der benötigten Zeichen), durch die Position des Feldes innerhalb des Datensatzes, durch die Art der Zeichen (alphabetisch, numerisch, alphanumerisch) und durch den Feldnamen. *Beispiel: Datenfeld EAN-Artikelnummer = 13-stellig, numerisch und am Anfang des Datensatzes stehend*
Datensatz	Ein Datensatz ist die Zusammenfassung logisch zusammengehöriger Einzelinformationen über eine Person, eine Sache oder einen Sachverhalt. Die Summe der logisch zusammengehörigen Datenfelder bildet damit den Datensatz. Datensätze werden als logische Sätze bezeichnet, weil sie eine in sich abgeschlossene Einheit bilden. *Beispiel: Artikelstammsatz = alle Informationen über einen Artikel, wie Artikelnummer, Bezeichnung, Preis etc.*
Datei	Eine Datei ist ein Datenbestand aus logisch zusammengehörigen Datensätzen. Jeder Datensatz muss in einer Datei gleichartig aufgebaut sein, enthält jedoch unterschiedliche Informationen. *Beispiel: Artikelstammdatei = alle Artikelstammsätze eines Unternehmens*

1 Prüfen Sie die unten stehenden Sachverhalte. Bestimmen Sie

in Spalte A, ob es sich um
1 Stammdaten,
2 Bestandsdaten,
3 Bewegungsdaten,

in Spalte B, ob es sich um
4 Ordnungsdaten,
5 Mengendaten,

in Spalte C, ob es sich um
6 Eingabedaten,
7 Verarbeitungsdaten,
8 Ausgabedaten

handelt.

	A	B	C
a. In der Warenannahme wird die Menge einer Lieferung für das Warenwirtschaftssystem erfasst.			
b. Aufgrund des gescannten Artikels liest das System den Preis aus der Artikeldatei.			
c. Das System berechnet den Wert der Position und speichert diesen für den Gesamtwert des Wareneingangsscheins.			
d. Der berechnete Gesamtwert einer Position wird gedruckt.			
e. In der Lohnabrechnung wird die Personalnummer des Mitarbeiters ausgedruckt.			

2 Welche der folgenden Definitionen über den Datenbegriff trifft zu?

1 Daten sind alle Nachrichten in jedweder Form.

2 Daten werden unterschieden in verbale und nonverbale Kommunikation.

3 Daten sind Informationen über Personen, Sachen oder Sachverhalte.

4 Daten sind alle Zeichen eines Sprachraumes.

5 Daten sind alle Datumsangaben.

3 Aus welchen Zeichen bestehen die unten dargestellten Daten? Setzen Sie eine

1 ein für alphabetische Zeichen,
2 ein für numerische Zeichen,
3 ein für alphanumerische Zeichen (inkl. Sonderzeichen).

a. Mengenangabe auf einem Lieferschein

b. Vorname eines Mitarbeiters

c. Preis eines Artikels

d. Kfz-Kennzeichen

e. Sozialversicherungsnummer

f. Höhe des Mehrwertsteuersatzes

4 Bei welchen der unten stehenden Datenverarbeitungsoperationen handelt es sich um
1 Eingabeoperationen,
2 Verarbeitungsoperationen,
3 Ausgabeoperationen

einer EDV-Anlage?

Tragen Sie eine 9 ein, wenn es sich nicht um Datenverarbeitung im engeren Sinne handelt.

a. Der Bildschirm zeigt dem Mitarbeiter in der Disposition den verfügbaren Lagerbestand an.

b. Der Lagermitarbeiter führt bei der Kommissionierung den Scanner über den Barcode.

c. Der Lagerleiter erklärt dem Auszubildenden, wo er eine bestimmte Ware finden kann.

d. Der Einkaufsmitarbeiter erfasst auf der Tastatur neue Einstandspreise für die Artikelstammdatei.

e. Im Rahmen der Rechnungserstellung besorgt sich das System den Verkaufspreis von der Magnetplatte und multipliziert diesen mit der eingegebenen Menge.

f. Der Drucker gibt einen Beleg aus.

g. Bei der Inventur wird das Regaletikett mit dem Barcode in das Lesegerät gesteckt.

h. Über den Drucker erhält der Einkaufsleiter die täglichen Bestellvorschlagslisten.

i. Verkaufsdaten des Vorjahres und des laufenden Jahres werden miteinander verglichen und die Absatzsteigerung in Prozent errechnet.

5 Welche der folgenden Aussagen über einen Datensatz trifft nicht zu?

Tragen sie eine 6 ein, wenn alle Aussagen zutreffen.

1 Ein Datensatz ist ein Teil einer Datei.

2 Ein Datensatz ist die Zusammenfassung logisch zusammengehöriger Einzelinformationen über eine Person, eine Sache oder einen Sachverhalt.

3 Die Menge aller Datensätze in einem Unternehmen wird als Datenbank bezeichnet.

4 Datensätze werden deshalb auch als logische Sätze bezeichnet, weil sie eine in sich abgeschlossene Einheit bilden.

5 Datensätze können eine definierte Länge haben oder variabel sein.

6 Welcher Begriff aus der Datenverarbeitung wird mit folgender Definition umschrieben?

„Es handelt sich hier um einen Teil eines Datensatzes. Er ist gekennzeichnet durch seine Länge, durch seine Position innerhalb des Datensatzes, durch die Art der Zeichen und durch seinen Namen."

1 Datenbank
2 Datenblock
3 Datenfeld
4 Datenstrang

Erläutern Sie den Aufbau eines Datenverarbeitungssystems.

Das **Bussystem** stellt die Verbindung zwischen den einzelnen Komponenten der Zentraleinheit her. Das Leitungssystem ist Bestandteil des Motherboards und besteht aus folgenden Teilen:
▸ Der **Adressbus** überträgt Speicheradressen an den Arbeitsspeicher.
▸ Der **Steuerbus** dient zur Übertragung von Signalen zwischen dem Steuerwerk und den anderen Bestandteilen.
▸ Der **Datenbus** dient zum Transport der Daten zwischen Rechenwerk, Arbeitsspeicher und Ein- bzw. Ausgabeeinheit.

| Der **Taktgeber** auf dem Motherboard erzeugt periodische Schwingungen durch elektrische Impulse. Die Taktfrequenz wird in GHz ausgedrückt, das sind 1 Mrd. Impulse pro Sekunde. | **Mikroprozessor (CPU) Central Processing Unit** | | **Interner Speicher** | | **Ein-/Ausgabe-steuerung** Datenleitungen zur Tastatur, zu den seriellen und parallelen Anschlüssen sowie zu den vorhandenen Steckkartenplätzen. Die Steckkartenplätze dienen zur Aufnahme von notwendigen und zusätzlichen Karten (z. B. Soundkarten, Grafikkarten). |
| | Das **Steuerwerk** interpretiert und koordiniert die Befehle des Programms und überwacht die Arbeit der anderen Systemteile. | Das **Rechenwerk** führt arithmetische Operationen nach Anweisung durch das Steuerwerk aus und vergleicht Daten (logische Operationen). | **Arbeitsspeicher** (RAM = Random Access Memory), ein Speicher mit wahlfreiem Zugriff, in dem sich neben dem Betriebssystem die laufenden Programme befinden. Seine Größe bestimmt auch die Geschwindigkeit des Rechners. | **Festwertspeicher** (ROM = Read Only Memory), ein Nur-Lese-Speicher, der die elementaren Befehle zum Betrieb eines Rechners enthält (Start, Laden des Betriebssystems, Abstellen). | |

Die **Peripherie** ist die Summe aller Geräte, die um eine Zentraleinheit angeordnet und an sie angeschlossen ist.

Reine Eingabegeräte	Externe Speicher	Reine Ausgabegeräte
sind einfunktional und dienen ausschließlich der Dateneingabe. Über sie werden die jeweiligen für die Datenverarbeitung notwendigen Daten eingelesen oder eingegeben: ▸ Maus, ▸ Tastatur, ▸ Karten- und Chipleser, ▸ Lesepistole, Lesestift, Scanner.	sind in der Lage, große Mengen von Daten, die vor, während und nach der Verarbeitung anfallen, aufzunehmen, aufzubewahren und sie auf Abruf wieder abzugeben. Sie arbeiten auf optoelektronischer oder magnetischer Basis und sind dreifunktional: ▸ Magnetplattenstation, ▸ CD-RW- oder DVD-Laufwerk.	sind ebenfalls nur einfunktional und dienen ausschließlich der Ausgabe der verarbeiteten Daten: ▸ Bildschirm, ▸ Drucker, ▸ Plotter, ▸ Lautsprecher, ▸ Digitalanzeige, ▸ Mikrofilmaufzeichnungsgerät.

Erläutern Sie in Stichworten, von welchen Faktoren die Geschwindigkeit eines Computers abhängig ist.

Taktrate	Je höher die Taktrate, desto mehr Instruktionen kann der Mikroprozessor pro Zeiteinheit verarbeiten. Diese Geschwindigkeit wird in MIPS ausgedrückt (Million Instructions per Second).
Breite des Datenbusses	Je breiter der Datenbus (16, 32, 64 etc.), desto mehr Informationen können zwischen den Einheiten der Zentraleinheit transportiert werden.
Arbeitsspeicher	Je größer der Arbeitsspeicher, desto geringer ist der Umfang der Daten, der vom Steuerwerk auf der Magnetplatte zwischengespeichert werden muss (virtueller Speicher), desto schneller ist der Computer.
Grafikkarte	Die Grafikkarte setzt die aufwändige grafische Gestaltung von Benutzeroberflächen um und benötigt dafür Rechnerkapazität. Gute Grafikkarten sind daher mit einem eigenen Arbeitsspeicher und einem eigenen Prozessor ausgestattet, der die Zentraleinheit entlastet.
Cache-Speicher	Bei dem Cache-Speicher geht es darum, dass entweder Teile des Arbeitsspeichers als Zwischenspeicher organisiert werden oder aber spezielle Speicherbausteine (SRAM) zusätzlich installiert werden und den Arbeitsspeicher entlasten. Je umfangreicher die Cache-Speicher sind, desto schneller ist der Computer.

Geben Sie einen kurzen Überblick über die am Markt erhältlichen Computertypen.

Personal Computer	Computer, die direkt am Arbeitsplatz aufgestellt werden und mit denen nahezu alle Arbeiten ausgeführt werden können. Die meisten PC sind heute in den Unternehmen vernetzt.
Notebook/Tablet Computer	Dies sind tragbare Computer, deren Leistung sich nicht von denen der PC unterscheidet. Die Miniaturisierung der Technik und die Entwicklung von TFT-Bildschirmen haben die Entwicklung möglich gemacht.
Smartphone	Handys mit dem Format eines Notizbuches, die mit einem Touchscreen ausgestattet sind, über den mit dem Finger die Eingaben gemacht werden. Dockingstationen ermöglichen den Anschluss an und die Übernahme bestimmter Daten von PC oder Notebook.

1 Welche der folgenden Aussagen zur Zentraleinheit einer DV-Anlage trifft nicht zu?

Tragen Sie eine 5 ein, wenn alle Aussagen richtig sind.

1 Die Zentraleinheit erledigt die Datenverarbeitung im engeren Sinne.

2 Die Zentraleinheit ist die Hauptkomponente einer EDV-Anlage.

3 Die Zentraleinheit wird auch als Central Processing Unit (CPU) bezeichnet.

4 Die Zentraleinheit ist der Hauptspeicher einer EDV-Anlage.

2 Welche der folgenden Einrichtungen ist kein Bestandteil einer Zentraleinheit?

1 Plotter
2 Hauptspeicher
3 Rechenwerk
4 Steuerwerk

3 Ergänzen Sie unten stehende Aussagen durch die folgenden Begriffe, indem Sie die Ziffer vor dem zutreffenden Begriff in das entsprechende Kästchen eintragen.

1 Steuerwerk
2 Rechenwerk
3 Hauptspeicher
4 Prozessor

Der/Das ...

a. ... überwacht die Arbeit der anderen Systemteile und ist für deren integriertes Zusammenwirken erforderlich.

b. ... enthält die für die Datenverarbeitung notwendigen Eingabe- und Verarbeitungsdaten und die notwendige Software, mit der jeweils aktuell gearbeitet wird.

c. ... entschlüsselt die Befehle des Programms und steuert die Verarbeitungsschritte in den anderen Funktionseinheiten der Anlage.

d. ... führt logische Operationen durch.

e. ... koordiniert die Ein- und Ausgabe von Daten entsprechend den Programmschritten.

f. ... ist die technisch bedingte Zusammenfassung von Steuer- und Rechenwerk.

g. ... führt arithmetische Operationen nach Anweisungen des Programms durch.

4 Welcher der unten stehenden Begriffe trifft auf die folgende Definition zu?

„Dieser Teil der Hardware ist die Summe aller Geräte, die um eine Zentraleinheit angeordnet und an ihr angeschlossen sind."

1 Datenkanäle
2 Netzwerk
3 Peripherie
4 Datenbus

5 Welches der folgenden Geräte ist kein reines Eingabegerät?

Tragen Sie eine 6 ein, wenn es sich ausschließlich um reine Eingabegeräte handelt.

1 Scanner
2 Lesepistole
3 Maus
4 Tastatur
5 Sensor

6 Welche der folgenden Hardwarekomponenten verwendet man

1 ausschließlich für die Eingabe von Daten,
2 ausschließlich für die Ausgabe von Daten,
3 sowohl für die Eingabe als auch die Ausgabe von Daten,
4 sowohl für die Eingabe, die Ausgabe als auch für die Speicherung von Daten?

Tragen Sie eine 9 ein, wenn eine Zuordnung des Gerätes nicht sinnvoll erscheint.

a. Telefaxgerät

b. Magnetbandeinheit

c. Bildschirm

d. CD/DVD-Laufwerk

e. Kassenterminal

f. Rechenwerk

g. Plotter

h. Lautsprecher

i. Scanner

7 Welche der folgenden Aussagen trifft nicht auf den Begriff „Dialoggerät" zu?

Tragen Sie eine 5 ein, wenn alle Aussagen zutreffend sind.

1 Dialoggeräte stellen eine Kombination von Eingabegerät und Ausgabegerät dar.

2 Dialoggeräte ermöglichen den Austausch von Informationen zwischen Benutzer und EDV-System.

3 Dialoggeräte sind immer zweifunktional.

4 Zu den Dialoggeräten gehören z. B. das Datensichtgerät oder ein Kassenterminal.

8 Welche der folgenden Aussagen trifft nicht auf den Begriff „externer Speicher" zu?

Tragen Sie eine 5 ein, wenn alle Aussagen zutreffend sind.

1 Externe Speicher arbeiten in der Regel auf magnetischer oder optischer Basis.

2 Externe Speicher benötigen einen entsprechenden Datenträger.

3 Externe Speicher sind immer dreifunktional.

4 Ein externer Speicher ist z. B. das Faxgerät.

Erläutern Sie die verschiedenen Möglichkeiten der Speicherung von Daten in einem EDV-System.

Ein Speicher ist ein Medium, das Daten aufnimmt, diese aufbewahrt und bei Bedarf wieder abgibt. Externe Speicher im engeren Sinn sind deshalb vorwiegend maschinelle Speicher mit elektromagnetischen Speichermedien. Die **Speicherkapazität** eines Speichers wird in Kilobyte KB (= 1 024 Bytes) oder Gigabytes GB (= 1 024 Megabytes) angegeben.	
Interner Speicher (Hauptspeicher)	▸ Der **Arbeitsspeicher** dient im Wege des Direktzugriffs (engl.: RAM = random access memory) zur freien Unterbringung von Programmen, Daten, Bildern und Sprache. ▸ Der **Festspeicher** (engl.: ROM = read only memory) dient zur Aufbewahrung ständig benutzter interner Programme und für die Steuerung der Anlage (Teile des Betriebssystems) sowie als Hintergrundspeicher.

Externe Speicher

Externe Speicher werden hauptsächlich genutzt, um große Datenmengen möglichst wirtschaftlich zu speichern, da der Hauptspeicher in seiner Kapazität begrenzt ist. Da ein Speicher dazu dient, sowohl Daten abzulegen als auch wieder aufzufinden, müssen die entsprechenden Geräte sowohl Daten schreiben als auch aufbewahren und lesen. Die bedeutendsten externen Speicher werden wie folgt unterschieden:

Magnetische Speicher	Optische Speicher	Elektronische Speicher
besitzen eine Oberfläche, die eine magnetische Aufzeichnung von Daten ermöglicht. *Beispiel: Magnetplatte, Diskette*	werden durch einen Laserstrahl beschrieben und sind auf gleiche Weise lesbar. *Beispiel: CD, CD-RW, DVD*	werden durch elektronische Impulse geladen und halten die Daten fest (nicht flüchtig). *Beispiel: Flash-Card, USB-Stick*

Die Auswahl eines externen Speichers hängt von verschiedenen Kriterien ab:
▸ Zugriffsart: direkt oder indirekt;
▸ Zugriffsgeschwindigkeit: wird in Millisekunden (msec.) gemessen;
▸ Umfang des zu speichernden Datenbestandes;
▸ Kapazität des einzelnen Speichermediums;
▸ Kosten der Datenspeicherung: wird ausgerechnet in EUR/MB.

Beschreiben Sie anhand wichtiger Merkmale die wichtigsten externen Speichermedien.

Bezeichnung	Zugriffsart	Zugriffszeit	Kapazität	Kosten/GB	Verwendung
Magnetplatte	direkter Zugriff, da adressierbare Speicherplätze	1 bis 5 msec.	Gigabyte- bis Terrabytebereich	systemabhängig: ca. 0,05 EUR	Großraumspeicher für häufig benutzte Programme/Daten
CD-ROM/ CD-RW DVD	direkter Zugriff, da adressierbare Speicherplätze	unter 50 msec.	ab 650 MB bis ca. 5 GB	ca. 0,05 EUR	versandfähiger Zwischenspeicher für Daten und Programme
Magnetband (Data-Cartridge)	Reihenfolgezugriff (sequentiell), da nicht adressierbare Speicherplätze	1 bis 100 sec. nach Lage des Datensatzes	Gigabytebereich	ca. 0,02 EUR	Großraumspeicher für Massendaten, Archivdaten und Sicherungsdaten
Flash-Card Memory-Stick	direkter Zugriff	unter 40 msec.	bis ca. 40 GB	ca. 0,50 EUR	multifunktional und schnell einsetzbar als mitnahmefähiger Datenspeicher

Erläutern Sie am Beispiel von Magnetplatte und Magnetband Unterschiede der externen Speicherung.

Magnetplatte	Magnetband
Die Magnetplatte (engl.: hard disc) besteht aus einer runden, mit Eisenoxyd beschichteten Aluminiumscheibe, auf der in konzentrischen Kreisen Spuren angelegt sind. Auf diesen Spuren werden die Daten in hintereinander liegenden Bytes gespeichert (bitserielle Speicherung). Neben Einzelplatten gibt es auch Magnetplattenstapel, bei denen mehrere Platten übereinander angeordnet sind. Schreib-Lese-Köpfe, die ebenfalls übereinander angeordnet sind, können beim Schreib- oder Lesevorgang den entsprechenden Zylindern/Spuren zugeführt werden. Dies geschieht, während die Platte mit hoher Umdrehungszahl rotiert. Die Speicherplätze sind somit adressierbar und können deshalb auch im Direktzugriff beschrieben und gelesen werden.	Das Magnetband besteht aus einer mit Ferrit beschichteten Kunststofffolie in verschiedenen Längen. Die Speicherung der Daten erfolgt bitparallel in Sprossen quer zum Band (z. B. 8 Bits = 1 Datenbyte + 1 Prüfbit). Dafür werden 9 Spuren benötigt. Mehr Spuren sind je nach verwendeter Technologie möglich. Auf dem Magnetband werden die Datensätze hintereinander gespeichert und können auch nur in dieser Reihenfolge abgerufen werden. Liegt also ein Datensatz am Ende eines Bandes, muss erst das ganze Band vorgespult werden, bis dieser Datensatz gelesen werden kann. Die Aufzeichnung der Daten erfolgt in Datenblöcken mit dazwischen liegenden Bandlücken (Kluft).

1 *Kennzeichnen Sie unten stehende Aussagen mit*

1, wenn diese zutreffen,
9, wenn diese nicht zutreffen.

a. Die Speicherkapazität eines Speichers wird in Bits angegeben.

b. Auf dem externen Speicher im engeren Sinn werden vorwiegend ständig benutzte Teile des Betriebssystems abgelegt.

c. Der Arbeitsspeicher dient im Wege des Direktzugriffs zur freien Unterbringung von Programmen und Daten.

d. Der Festspeicher dient zur Aufbewahrung ständig benutzter interner Programme und für die Steuerung der Anlage.

2 *Von welchen Kriterien hängt die Auswahl eines externen Speichers ab?*

Kennzeichnen Sie mit einer

1 solche Kriterien, die für die Auswahl nützlich sind,
9 solche Kriterien, die sich nicht für die Auswahl eines externen Speichers anbieten.

a. Zugriffsart

b. Zugriffsgeschwindigkeit

c. Ergonomie

d. Umfang des zu speichernden Datenbestandes

e. Dauer der Speicherung

f. Kapazität des einzelnen Speichermediums

g. Technischer Kundendienst

h. Kosten der Datenspeicherung

i. Bedienungsfreundlichkeit

3 *Kennzeichnen Sie unten stehende Speichermedien mit einer*

1, wenn es sich um Speicher mit Reihenfolgezugriff handelt,
2, wenn es sich um Speicher mit Direktzugriff handelt.

Tragen Sie eine 9 ein, wenn es sich nicht um einen externen Speicher handelt.

a. Magnetband

b. Magnetplatte

c. Scanner

d. USB-Stick

e. Plotter

f. Diskettenspeicher

g. CD-ROM

4 *Auf welchem der folgenden externen Speicher lässt sich technisch die höchste Anzahl von Zeichen speichern?*

1 ZIP-Diskette
2 Magnetplatte
3 Magnetband
4 CD-ROM

5 *In einem bundesweit operierenden Lederwarenfilialunternehmen sollen die anfallenden Daten erfasst und täglich an die Zentrale weitergegeben werden. Eine Datenfernübertragung ist noch nicht vorgesehen. Das täglich anfallende Datenvolumen beträgt ca. 500 MB.*

Für welchen der folgenden externen Speicher entscheiden Sie sich?

1 USB-Stick
2 Magnetplatte
3 Magnetband
4 CD-ROM

6 *Prüfen Sie folgende Gleichsetzungen. Kennzeichnen Sie diese mit*

1, wenn sie zutreffen,
9, wenn sie nicht zutreffen.

a. ROM = nur lesbarer Festspeicher

b. 1 KB = 1 024 Bytes

c. RAM = nur lesbarer Direktzugriffsspeicher

d. sequenzielle Speicherung = Speicherung mit Reihenfolgezugriff

e. 1 MB = 1 024 Gigabytes

7 *Kennzeichnen Sie unten stehende Aussagen mit*

1, wenn diese sich nur auf das Magnetband beziehen,
2, wenn diese sich nur auf die Magnetplatte beziehen,
3, wenn diese sich sowohl auf das Magnetband als auch auf die Magnetplatte beziehen,
9, wenn diese sich weder auf das Magnetband noch auf die Magnetplatte beziehen.

a. Auf den Spuren werden die Daten bitseriell gespeichert.

b. Ein Schreib-Lese-Kopf kann das Speichermedium beschreiben und die geschriebenen Daten wieder lesen.

c. Die Speicherung der Daten erfolgt bitparallel.

d. Die Speicherplätze sind adressierbar und können deshalb auch im Direktzugriff beschrieben und gelesen werden.

e. Die Spuren sind in quadratischer Form angelegt. Das hat den Vorteil, dass sie schneller gelesen werden können.

f. Das Speichermedium ist mehrfach verwendbar.

Was versteht man unter dem Begriff „Software"? Welche Arten von Software werden unterschieden?

Begriff	Die Software ist die Summe aller Programme, mit denen auf einem EDV-System (der Hardware) gearbeitet wird. Die Software macht die Hardware erst funktionsfähig.
	▸ Ein Programm ist eine geordnete Folge von Befehlen (Instruktionen) und bewirkt die automatische Ausführung einer Aufgabe (z. B. Kassenabrechnung, Lohn- und Gehaltsabrechnung).
	▸ Ein einmal erstelltes Programm kann beliebig oft für dieselbe Aufgabe verwendet werden.
	▸ Das Programm ist eine Arbeitsanweisung für den Computer. Es legt mit den einzelnen Befehlen fest, welche Daten bei der Erfassung abgefragt werden, was mit diesen Daten geschehen soll, wo und wie die Ergebnisse zu speichern sind und in welcher Form diese Daten ausgegeben werden.

Anwender-software	Sie ist die Summe aller Programme, die für kaufmännische oder technische Anwendungen erstellt werden.	
	Standard-software	Unter Standardsoftware sind Programme zu verstehen, die für eine Vielzahl von Anwendern geschrieben sind. Die Anwendungen sind so gleichförmig, dass eine einheitliche Lösung auf viele Betriebe zutrifft, z. B. Kassenabrechnung, Lohn- und Gehaltsabrechnung, Textverarbeitung, Buchhaltung. Diese Programme haben den Vorteil, dass sie relativ günstig sind, zumeist schon vielfach getestet wurden und bei notwendigen Änderungen eine Programmpflege angeboten wird. Unter Umständen müssen bei komplizierter Betriebsprozess-Standardsoftware die organisatorischen Abläufe eines Unternehmens den Anforderungen dieser Software angepasst werden.
	Individual-software	Die individuelle (selbst oder fremderstellte) Anwendersoftware ermöglicht es dem Betrieb, auf seine besonderen Problemstellungen einzugehen, z. B. spezifische Warendispositions- oder Fertigungssteuerungsprobleme. Solche Programme sind jedoch verhältnismäßig teuer.

Betriebs-system	Dies sind Programme, die zur Inbetriebnahme, zur Steuerung und Kontrolle eines EDV-Systems eingesetzt werden (Betriebssystem). Die Systemsoftware erschließt die Hardware und ist eine wichtige Voraussetzung, um mit der Anwendersoftware arbeiten zu können (siehe auch S. 238).

Unterscheiden Sie Datensicherung und Datenschutz.

Daten-sicherung	Die Datensicherung umfasst alle Maßnahmen eines Unternehmens zum Schutz der Daten vor Verlust, Beschädigung, Verfälschung und unerlaubtem Zugriff unberechtigter Personen.
	Maßnahmen:
	▸ **Organisatorische Maßnahmen**
	– Zugangs- und Abgangskontrollen, z. B. durch offen getragene Ausweise
	– bauliche Maßnahmen, z. B. besonders feuergeschützte Räume
	– regelmäßige Sicherung der angefallenen Daten
	▸ **Softwaremaßnahmen**
	– Zugangsberechtigung zu Datenendstationen nur über im Programm hinterlegte Passwörter (Zugangscodes)
	– Plausibilitätskontrollen bei der Eingabe von Daten, z. B. bei der Überprüfung der Eingabe anhand vorgegebener Größen (Datum, Preis)
	– Prüfziffernverfahren, z. B. bei der EAN-Nummer (letzte Ziffer)
	– Summen- und Vollständigkeitskontrollen
	▸ **Hardwaremaßnahmen**
	– Zugang zu den Tastaturen und Geräten nur mit Schlüsseln, z. B. an Kassen oder Datenendgeräten
	– Überschreibschutz bei Magnetbändern
	– technische Prüfbitkontrolle bei der Übertragung von Daten

Datenschutz	Der Datenschutz umfasst alle Maßnahmen eines Unternehmens, einer Behörde oder sonstigen Organisation zum Schutz aller personenbezogenen Daten vor Missbrauch durch unberechtigte Übertragung und Weitergabe oder unberechtigtem Zugriff. Hinzu kommt der Schutz des einzelnen Menschen vor der Sammlung von individuellen Daten über seine Person.
	Maßnahmen:
	▸ **Rechte der betroffenen Bürger**
	– Kenntnisrecht ist das Recht des Bürgers zu wissen, wer Daten über ihn in welchem Umfang besitzt und an wen diese Daten ggf. weitergegeben werden.
	– Berichtigungsrecht ist das Recht, unrichtig gespeicherte Daten korrigieren zu lassen.
	– Löschungsrecht ist das Recht, unzulässig gespeicherte Daten löschen zu lassen.
	▸ **Datengeheimnis**
	Personen, die mit personenbezogenen Daten zu tun haben, werden zum Schweigen darüber verpflichtet.
	▸ **Technische oder organisatorische Maßnahmen**
	Diejenigen Betriebe und Einrichtungen, die personenbezogene Daten verarbeiten, haben die geeigneten Maßnahmen zu treffen, die den Datenschutz gewährleisten.
	▸ **Personelle Maßnahmen**
	Ernennung eines Datenschutzbeauftragten, der für die Einhaltung der Vorschriften verantwortlich ist

1 Kennzeichnen Sie unten stehende Aussagen mit einer
   1, wenn es sich um Aussagen zur Datensicherung
      handelt,
   2, wenn es sich um Aussagen zum Datenschutz
      handelt.

a. Die unberechtigte Übertragung und Weitergabe
   oder der unberechtigte Zugriff personenbezoge-
   ner Daten stehen hierbei im Vordergrund.

b. Hierbei sollen die Daten selbst vor Verlust,
   Beschädigung, Verfälschung und unerlaubtem
   Zugriff geschützt werden.

c. Es handelt sich um Maßnahmen zum Schutz aller
   personenbezogenen Daten.

d. Die Privatsphäre der Personen soll durch den
   Schutz vor Missbrauch von Daten geschützt
   werden.

e. Sämtliche Daten eines Unternehmens sollen durch
   geeignete Maßnahmen geschützt werden.

f. Dazu gehört auch der Schutz des einzelnen
   Menschen vor der Sammlung von individuellen
   Daten über seine Person.

2 Maßnahmen zu Datensicherung und Datenschutz
   überschneiden sich zuweilen. Manche Maßnahmen
   dienen jedoch nur dem Datenschutz, manche nur der
   Datensicherung.

   Kennzeichnen Sie unten stehende Maßnahmen mit
   einer

   1, wenn diese ausschließlich der Datensicherung
      dienen,
   2, wenn diese ausschließlich dem Datenschutz
      dienen,
   3, wenn diese sowohl der Datensicherung als auch
      dem Datenschutz dienen,
   9, wenn diese weder dem Datenschutz noch der
      Datensicherung dienen.

a. In einer Programmierabteilung müssen die
   Mitarbeiter ihre Ausweise mit Zugangsberechtigung offen tragen.

b. Die Mitarbeiter der Personalabteilung haben
   Zugangsberechtigung zu den Personalstamm-
   daten nur über im Programm hinterlegte
   Passwörter.

c. Die Datenträger mit den Daten des Tages werden
   abends in einem feuerfesten Tresor verschlossen.

d. Ein Bürger verlangt von der Schufa, eine irrtüm-
   liche Eintragung zu löschen.

e. Bei der Übertragung von Daten erfolgt eine
   technische Prüfbitkontrolle, um „Datensalat" zu
   verhindern.

f. Neben dem Schreibtischtest führt der Program-
   mierer noch einen Kontrolllauf des Programms
   mit „harten" Daten durch.

g. Von allen Programmen, die in einem Unternehmen eingesetzt werden, existieren Sicherheits-
   kopien.

h. Das Eingabeprogramm überprüft durch Plausibilitätskontrollen die eingegebenen Daten auf ihre
   Richtigkeit.

i. Ein Bürger verlangt vom Einwohnermeldeamt und
   der Polizei einen Ausdruck über sämtliche über
   ihn ggf. gespeicherten Daten.

j. Jede EAN-Nummer ist mit einer Prüfziffer ausgestattet, um falsche Erfassungen zu verhindern.

3 Welches der folgenden Rechte ist kein Recht nach
   dem Datenschutzgesetz?

   Tragen Sie eine 5 ein, wenn es sich ausschließlich um
   Rechte nach dem Datenschutzgesetz handelt.

   1 Jeder Bürger hat das Recht zu wissen, wer Daten
      über ihn in welchem Umfang besitzt und an wen
      diese Daten ggf. weitergegeben werden.

   2 Jeder Bürger hat das Recht, unrichtig gespei-
      cherte Daten korrigieren zu lassen.

   3 Jeder Betrieb hat einen Sicherheitsbeauftragten
      zu benennen.

   4 Diejenigen Personen, die mit personenbezoge-
      nen Daten zu tun haben, werden zum Schwei-
      gen darüber verpflichtet.

4 Im Rahmen der Datensicherung werden

   1 organisatorische Maßnahmen,
   2 Softwaremaßnahmen,
   3 Hardwaremaßnahmen
   unterschieden.

   Ordnen Sie den folgenden Maßnahmen zu, um
   welche Art der Maßnahmen es sich handelt.

a. Zugangsberechtigung zu Datenendstationen nur
   über Passwörter (Zugangscodes)

b. bauliche Maßnahmen, z. B. besonders feuerge-
   schützte Räume

c. Zugang zu den Tastaturen und Geräten nur mit
   Schlüsseln

d. Plausibilitätskontrollen bei der Eingabe von Daten

e. Zugangs- und Abgangskontrollen, z. B. durch
   offen getragene Ausweise

f. regelmäßige Sicherung der angefallenen Daten

g. Summen- und Vollständigkeitskontrollen

h. Prüfziffernverfahren

i. Überschreibschutz bei Magnetbändern

Nennen Sie die wichtigsten Funktionen der Menüleiste von Microsoft Word.

Datei

Neues leeres Dokument	⌘N
Neu aus Vorlage...	⇧⌘P
Öffnen...	⌘O
URL öffnen...	⇧⌘O
Zuletzt verwendete öffnen	▶
Schließen	⌘W
Speichern	⌘S
Speichern unter...	⇧⌘S
Als Webseite speichern...	
Freigeben	▶
Webseitenvorschau	
Berechtigungen einschränken	▶
Dateigröße verringern...	
Seite einrichten...	
Drucken...	⌘P
Eigenschaften...	

Bearbeiten

Rückgängig: Nicht möglich	⌘Z
Wiederholen: Neues leeres Dokument	⌘Y
Ausschneiden	⌘X
Kopieren	⌘C
In Scrapbook kopieren	⌃⌥C
Einfügen	⌘V
Inhalte einfügen...	⌃⌘V
Einfügen und an Formatierung anpassen	⌥⇧⌘V
Löschen	▶
Alles markieren	⌘A
Suchen	▶
Verknüpfungen...	
Objekt	
Diktat starten ...	fn fn

Ansicht

Entwurf
Weblayout
Gliederung
✓ Drucklayout
Notizblock
Veröffentlichungslayout
Fokus

✓ Menüband	⌥⌘R
Symbolleisten	▶
Randleiste	▶
Statusleiste	
Medienbrowser	⌃⌘M

Toolbox
  ⬤ Formatvorlagen
  ▦ Zitate
  ▤ Scrapbook
  ▥ Referenztools
  ✎ Kompatibilitätsbericht

✓ Lineal
Kopf- und Fußzeile
Fußnoten
Zentraldokument
✓ Markup
Formatierung anzeigen
Zoom...

Vollbild ein	⌃⌘F

Einfügen

Umbruch	▶
Seitenzahlen...	
Datum und Uhrzeit...	
AutoText	▶
Feld...	
Neuer Kommentar	
Fußnote...	
Beschriftung...	
Querverweis...	
Index und Verzeichnisse...	
Wasserzeichen...	
Tabelle...	
Diagramm...	
SmartArt-Grafik...	
Foto	▶
Audio	▶
Film	▶
ClipArt	▶
Symbol	▶
Form...	
Textfeld	
WordArt	
Formel	
Datei...	
Objekt...	
HTML-Objekt	▶
Textmarke...	
Link...	⌘K

Format

Schriftart...	⌘D
Absatz...	⌥⌘M
Dokument...	
Nummerierung und Aufzählungszeichen...	
Rahmen und Schattierung...	
Spalten...	
Tabstopp...	
Initial...	
Textrichtung...	
Groß-/Kleinschreibung...	
AutoFormat...	
Formatvorlage...	
AutoForm/Bild formatieren	

Schriftart

Schriftsammlungen	▶

Calibri	(Designüberschriften)
✓ Cambria	(Designkörper)

Abadi MT Condensed Extra Bold

Abadi MT Condensed Light

Adobe Arabic	▶
Adobe Caslon Pro	▶
Adobe Caslon Pro Bold	▶
Adobe Devanagari	▶
Adobe Garamond Pro	▶
Adobe Hebrew	▶

Adobe Naskh Medium

American Typewriter	▶

Andale Mono

Chancer

Extras

Rechtschreibung und Grammatik...	⌥⌘L
Thesaurus...	⌃⌥⌘R
Silbentrennung...	
Wörterbuch...	
Sprache...	
Wörter zählen...	
AutoKorrektur...	
Änderungen nachverfolgen	▶
Dokumente zusammenführen...	
Autoren blockieren	
Alle meine blockierten Bereiche freigeben	
Dokument schützen...	
Zur Nachverfolgung kennzeichnen...	
Seriendruck-Manager	
Umschläge...	
Etiketten...	
Brief-Assistent...	
Kontakte	
Makro	▶
Vorlagen und Add-Ins...	
Tastatur anpassen...	

Tabelle

Tabelle zeichnen

Einfügen	▶
Löschen	▶
Auswählen	▶
Zellen verbinden	
Zellen teilen...	
Tabelle teilen	
AutoAnpassen und verteilen	▶
Überschriftenzeilen wiederholen	
Konvertieren	▶
Sortieren...	
Formel...	
Gitternetzlinien	
Tabelleneigenschaften...	

Fenster

Fenster maximieren	
Fenster minimieren	⌘M
Alles in den Vordergrund	
Neues Fenster	
Alle anordnen	
Teilen	
✓ 1 Prüfungswissen.docx	

1 *Überprüfen Sie folgende Fragen zur AutoText-Funktion.*

Welche der folgenden Aussagen ist richtig? Tragen Sie die Ziffern in die Kästchen ein.

1 Der AutoText wird über das Menü Bearbeiten/ AutoText erstellt.

2 Der AutoText wird über das Menü Einfügen/ AutoText erstellt.

3 Der AutoText wird über das Menü Extras/ AutoText erstellt.

4 Als AutoText bei Word können Texte, formatierte Texte und Grafiken gespeichert werden.

2 *Überprüfen Sie die Aussagen zum Bereich Drucken. Welche der folgenden Aussagen tritt nicht zu?*

1 Wenn der Befehl Datei/Drucken aus dem Menü gewählt wird, erscheint ein Dialogfenster, das eine Vielzahl von Druckereinstellungen bietet.

2 Wenn keine Option ausgewählt wird, so erfolgt der Druck des gesamten Dokumentes.

3 Im oberen Listenfeld kann ein bestimmter Drucker ausgewählt werden.

4 Sollen nur die Seiten 4 bis 7 gedruckt werden, so ist dies mit 4;7 einzutragen.

5 Sollen aus einem Dokument die Seite 9 und die Seiten 12–17 gedruckt werden, so ist dies möglich durch die folgende Angabe zum Seitenbereich: 9, 12–17.

3 *Welche der folgenden Aussagen zu den Kopf- und Fußzeilen trifft nicht zu?*

1 Kopf- und Fußzeilen können bei Word unter der Menüleiste "Ansicht" mit Kopf- und Fußzeile eingefügt werden.

2 Kopf- und Fußzeilen sind im Menü unter Einfügen zu finden.

4 *Damit Sie mehrere Absätze mit Aufzählungszeichen versehen können, müssen Sie eine bestimmte Vorgehensweise einhalten.*

Bringen Sie die folgenden Aktionen in die zutreffende Reihenfolge, indem Sie die Ziffern 1–5 zuordnen.

a. Auswahl eines vorgegebenen Aufzählungszeichens.

b. Markierung der Absätze in dem Text, die mit einem Aufzählungszeichen versehen werden sollen.

c. Auswahl des Befehls Format/Nummerierung und Aufzählungen.

d. Umschalten auf die Registerkarte Aufzählungen.

e. Beenden des Dialogfeldes mit der OK-Schaltfläche.

5 *Was können Sie mit der Ersetzen-Funktion ersetzen?*

*Tragen Sie eine
1 ein, wenn die Aussage zutreffend ist,
9 ein, wenn die Aussage nicht zutreffend ist.*

a. Formatierte Texte

b. Formate

c. Texte

6 *Überprüfen Sie die Aussagen zur Erstellung eines Serienbriefes.*

*Tragen Sie eine
1 ein, wenn die Aussage zutreffend ist,
9 ein, wenn die Aussage nicht zutreffend ist.*

a. Für die Erstellung eines Serienbriefes wird ein Hauptdokument (Brief mit Platzhaltern) und eine Datenquelle (Adressen) benötigt.

b. Das Hauptdokument enthält konstante Texte, Feldnamen und Empfängeradressen.

c. Das Dialogfeld zur Serienbrieferstellung wird über Extras/Seriendruck-Manager aufgerufen.

d. Das Dialogfeld zur Serienbrieferstellung wird über Einfügen/Seriendruck aufgerufen.

7 *Überprüfen Sie folgende Punkte zu dem Menü Extras.*

Tragen Sie die Ziffern vor den nicht zutreffenden Antworten in die Kästchen ein.

1 Wenn der Cursor sich auf einem bestimmten Wort befindet, für das eine Alternative gefunden werden soll, so präsentiert Word in dem Menü Extras/Thesaurus ein Dialogfenster, in dem für das gewünschte Wort einzelne Synonyme aufgelistet werden.

2 Unter dem Menü Extras werden Textfelder eingefügt, bearbeitet und formatiert.

3 Über das Menü Extras/Registerkarte Rechtschreibung und Grammatik oder aber auch über Extras/Rechtschreibung und Grammatik/ Schaltfläche/Optionen ist es möglich, durch das Aktivieren bzw. Deaktivieren von Feldern die Rechtschreib- und Grammatikprüfung zu steuern, z.B. „Rechtschreibung während der Eingabe überprüfen".

4 Kopf- und Fußzeilen können aus dem a Menü Extras mit dem Befehl Datei/Seite einrichten erzeugt werden.

8 *Überprüfen Sie die folgenden Aussagen zum Menü Format. Welche der folgenden Aussagen trifft nicht zu?*

1 Zeichenformatierungen beziehen sich immer auf einen markierten Bereich. Es ist möglich, einzelnen Buchstaben, Wörtern oder Sätzen ein gemeinsames Zeichenattribut zuzuweisen.

2 Das Dialogfenster Textrichtung ermöglicht das Schreiben von Texten, die senkrecht ausgerichtet sind.

3 Auto-Format-Möglichkeiten sind nur bei Excel-Tabellen möglich.

Erläutern Sie wesentliche Funktionen der Funktionsleiste.

Neues Word-Dokument erstellen
Ein neues Dokument wird hergestellt.

Neu aus der Vorlage
Word bietet eine Vielzahl von Layoutansichten an,
z. B. „Kalender", „Etiketten", „Flugblätter", "Poster"
und Onlinevorlagen.

Ein Dokument öffnen
Eine bereits vorhandene Datei wird geöffnet.

Dieses Dokument speichern
Das gerade bearbeitete Dokument wird gespeichert.

Ein Exemplar dieses Dokuments drucken
Die aktuelle Datei wird gedruckt.

Ausschneiden
Ein markierter Text wird ausgeschnitten.

Kopieren
Ein markierter Text wird kopiert.

Einfügen
Der Inhalt der Zwischenablage wird in das Dokument eingefügt.

Formatierung von einer Stelle kopieren und auf eine andere anwenden
Text- und Absatzformierungen sind möglich;
ebenfalls einfache Grafikformatierungen.

Rückgängig: Eingabe
Mit Hilfe des Drop-Down-Pfeils kann der gewünschte Bearbeitungsstand des Dokumentes erzeugt werden.

Wiederholen: Eingabe
Arbeit entgegengesetzt (s. o.)

Alle nicht druckbaren Zeichen anzeigen
Dieses Symbol zeigt oder verbirgt Formatierungszeichen

Randleiste anzeigen oder ausblenden
Neben dem Dokument können z.B. Miniaturansichten des gesamten Dokumentes angezeigt werden.

Toolbox anzeigen oder ausblenden
Word bietet u. a. an: Formatvorlagen, Zitateliste, Scrapbook.

Medienbrowser ein- oder ausschalten
Damit wird ein direkter Zugriff auf Fotos, Filme, ClipArt, Symbole und Formen gewährleistet.

Anzeigen des Dokuments verkleinern oder vergrößern
Es werden bestimmte %-Größen angegeben. Manuelle Eingabe z.B. von 99% ist auch möglich.

Hilfe für diese Anwendung anzeigen
Gibt Hilfe zu Befehlen oder Formatierungen.

Erläutern Sie wichtige Symbole im Register Start.

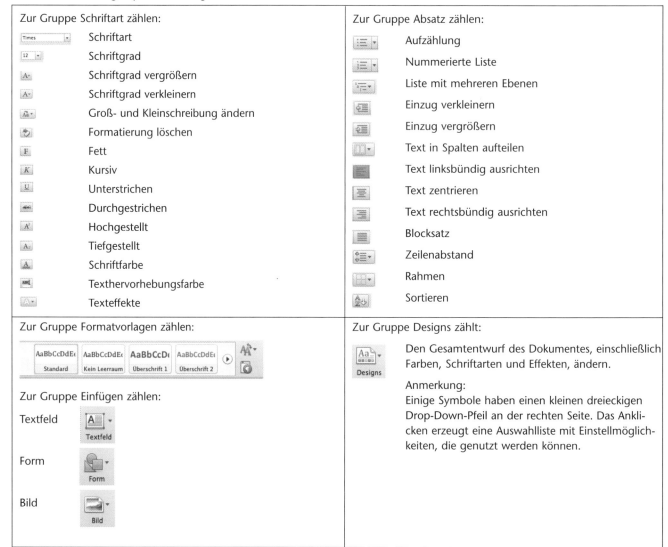

Zur Gruppe Schriftart zählen:

Times	Schriftart
12	Schriftgrad
A'	Schriftgrad vergrößern
A.	Schriftgrad verkleinern
Aa	Groß- und Kleinschreibung ändern
	Formatierung löschen
F	Fett
K	Kursiv
U	Unterstrichen
ABC	Durchgestrichen
A²	Hochgestellt
A.	Tiefgestellt
A	Schriftfarbe
abc	Texthervorhebungsfarbe
A	Texteffekte

Zur Gruppe Absatz zählen:

	Aufzählung
	Nummerierte Liste
	Liste mit mehreren Ebenen
	Einzug verkleinern
	Einzug vergrößern
	Text in Spalten aufteilen
	Text linksbündig ausrichten
	Text zentrieren
	Text rechtsbündig ausrichten
	Blocksatz
	Zeilenabstand
	Rahmen
	Sortieren

Zur Gruppe Formatvorlagen zählen:

Zur Gruppe Einfügen zählen:

Textfeld

Form

Bild

Zur Gruppe Designs zählt:

Den Gesamtentwurf des Dokumentes, einschließlich Farben, Schriftarten und Effekten, ändern.

Anmerkung:
Einige Symbole haben einen kleinen dreieckigen Drop-Down-Pfeil an der rechten Seite. Das Anklicken erzeugt eine Auswahlliste mit Einstellmöglichkeiten, die genutzt werden können.

1 Für eine Werbeaktion haben Sie dem erstellten Dokument eine andere Schrift zugewiesen, aber die eingestellte Schrift bleibt unverändert. Überprüfen Sie, was der Grund dafür ist.

Tragen Sie die Ziffer vor der zutreffenden Begründung in das Kästchen ein.

1 Nicht alle zur Auswahl stehenden Schriftarten können gedruckt werden. Manche Schriften können nur von speziellen Druckern erkannt werden.

2 Die ausgewählte Schrift ist zu groß für die zur Verfügung stehende Papiergröße.

3 Der Arbeitsspeicher ist zu klein für die ausgewählte Schrift.

4 Sie haben vergessen zu markieren.

2 Welche der folgenden Schaltflächen der Funktionsleiste kopiert Formate in Word?

Tragen Sie die Ziffer vor dem zutreffenden Symbol in das Kästchen ein.

1

2

3

3 Wenn Texte mit Word erfasst werden, so unterstreicht Word z.T. Wörter mit einer roten Wellenlinie. Welche der folgenden Aussagen trifft nicht zu?

1 Word verfügt über verschiedene Rechtschreib-Funktionen. Dazu zählt die automatische Rechtschreibprüfung, die unbekannte und nicht zutreffend geschriebene Wörter mit einer roten Wellenlinie unterstreicht, solange die automatische Rechtschreibprüfung aktiv ist.

2 Wird der Mauszeiger auf das rot unterschlängelte Wort „Komputer" bewegt und die rechte Maustaste gedrückt, so zeigt das Kontextmenü verschiedene Korrekturvorschläge, die ausgewählt werden können.

3 Die Rechtschreibprüfung ist ein Garant für hundertprozentig korrekte Texte. Ein Rechtschreibfehler im Text ist dann nicht mehr möglich.

4 Was bewirkt die Aktivierung der Schaltfläche *?*

Tragen Sie die Ziffer vor der zutreffenden Antwort in das Kästchen ein.

1 Der Einzug wird verkleinert.
2 Der Einzug wird vergrößert.
3 Die erste Zeile des Absatzes ist nicht eingezogen.

5 Sie haben einen zentriert formatierten Absatz auf Blocksatz geändert. Wie können Sie diesen Befehl am einfachsten wieder rückgängig machen?

1 Der Befehl kann rückgängig gemacht werden durch Anklicken der Schaltfläche Blocksatz.

2 Es muss alles markiert werden. Dann muss die Schaltfläche „Blocksatz" deaktiviert und die Schaltfläche „Zentriert" angeklickt werden.

3 Es reicht aus, die Schaltfläche „Zentriert" zu aktivieren, wenn sich der Cursor noch in dem Absatz befindet.

6 Ordnen Sie die folgenden Symbole den jeweiligen Beschreibungen der Auszubildenden zu.

Sollte eine Zuordnung nicht möglich sein, tragen Sie eine 9 ein.

1

2

3 ¶

4

a. „Wenn ich dieses Symbol anklicke, dann habe ich die Möglichkeit, ein Dokument am Rand z.B. in Miniaturansichtenbereich darstellen zu lassen. Bei mehreren Seiten habe ich dadurch einen guten Überblick"

b. „Durch Aktivierung dieser Schaltfläche können z.B. die markierten Textstellen gelöscht werden."

c. „Es handelt sich um eine schnelle Art der Formatierung."

d. „Durch Anklicken dieses Symbols kann ich den Zeilenabstand, also den vertikalen Abstand zwischen den Grundlinien zweier Zeilen, einstellen."

e. „Wenn ich diese Schaltfläche aktiviere, kann ich eine Datei öffnen, die bereits besteht. Möglich ist auch, damit eine neue Datei zu erstellen."

f. „Mit diesem Symbol werden alle nicht druckbaren Zeichen angezeigt"

7 Tragen Sie die Ziffer vor der richtigen Aussage in das Kästchen ein.

1 Word bietet eine Möglichkeit, Texte und Absätze mit Aufzählungszeichen zu versehen. Durch Klick der Schaltfläche „Aufzählung" werden alle markierten Absätze in Aufzählungen umgewandelt. Sagt das Aufzählungszeichen nicht zu, kann der markierte Text durch erneuten Klick der Schaltfläche "Aufzählung" mit anderen Aufzählungszeichen versehen werden.

2 Schriftgrad 120 kann nicht eingestellt werden; die maximale Größe liegt unter 100.

Nennen Sie die wichtigsten Funktionen der Menüleiste und Symbolleiste bei Microsoft PowerPoint.

Datei Bearbeiten	$\rightarrow$ siehe Microsoft Word		

Ansicht

✓ Standard	⌘1
Foliensortierung	⌘2
Notizblatt	⌘3
Referentenansicht	⌥↵
Bildschirmpräsentation	⇧⌘↵
Master	▶
✓ Menüband	⌥⌘R
Symbolleisten	▶
Statusleiste	
Medienbrowser	⌃⌘M
Toolbox	
★ Benutzerdefinierte Animation	
Scrapbook	
Referenztools	
Kompatibilitätsbericht	
Kopf- und Fußzeile...	
Kommentare	
Lineal	
Führungslinien	▶
Zoom	▶
Vollbild ein	⌃⌘F

Einfügen

Neue Folie	⇧⌘N
Folie duplizieren	⇧⌘D
Folien von	▶
Abschnitt	
Kommentar	
Textfeld	
WordArt	
Kopf- und Fußzeile...	
Datum und Uhrzeit...	
Foliennummer	
Tabelle...	
Diagramm...	
SmartArt-Grafik...	
Foto	▶
Audio	▶
Film	▶
ClipArt	▶
Sonderzeichen...	
Form...	
Objekt...	
Link...	⌘K

Format

Schriftart...	⌘T
Absatz...	⌥⌘M
Nummerierung und Aufzählungszeichen...	
Spalten...	
Ausrichtung	▶
Textrichtung...	
Groß-/Kleinschreibung...	
Schriftarten ersetzen...	
Designfarben...	
Folienhintergrund...	
Form...	

Anordnen

Objekte neu anordnen	
Überlappende Objekte neu anordnen	
In den Vordergrund	
In den Hintergrund	
Eine Ebene nach vorne	
Eine Ebene nach hinten	
Gruppierung	⌥⌘G
Gruppierung aufheben	⌥⇧⌘G
Gruppierung wiederherstellen	⌥⌘J
Drehen oder kippen	▶
Ausrichten oder verteilen	▶

Extras

Rechtschreibung...	⌥⌘L
Thesaurus...	⌃⌥⌘R
Wörterbuch...	⌥⇧⌘R
Sprache...	
AutoKorrektur...	
Zur Nachverfolgung kennzeichnen...	
Makro	▶
Add-Ins...	

Bildschirmpräsentation

Vom Anfang wiedergeben	⇧⌘↵
Ab der aktuellen Folie wiedergeben	⌘↵
Bildschirmpräsentation übertragen...	
Zielgruppenorientierte Präsentationen	▶
Referentenansicht	⌥↵
Durchlaufprobe	
Bildschirmpräsentation aufzeichnen	
Interaktive Schaltflächen	▶
Aktionseinstellungen...	
Animationen...	
Übergänge...	
Folie ausblenden	
Bildschirmpräsentation einrichten...	

Fenster

Fenster minimieren	⌘M
Fenster maximieren	
Neues Fenster	
Alle anordnen	
Überlappend	
Nächster Bereich	
Alles in den Vordergrund	
✓ 1 Prüfungswissen.pptx	

Hilfe

Suchen	
PowerPoint-Hilfe	⌘?
Willkommen bei PowerPoint	
Erste Schritte in PowerPoint	
Auf Updates überprüfen	
Produktwebsite besuchen	
Feedback zu PowerPoint senden	

Allgemeines

Neue Folie Layout Abschnitt (Folien)

Tools zum Bearbeiten einer Präsentation

Säulen Linien Kreis Balken Fläche

Formatieren
Designs
Tabellen
Diagramme
SmartArt
Übergänge
Animationen
Bildschirmpräsentation
Überprüfen

1 *PowerPoint bietet verschiedene Layouts für Folien:*

Titelfolie	Titel und Inhalt	Abschnittsübers chrift	Zwei Inhalte
Vergleich	Nur Titel	Leer	Inhalt mit Beschriftung
Bild mit Beschriftung	Titel und vertikaler Text	Vertikaler Titel und Text	

Überprüfen Sie die folgenden Aussagen. Tragen Sie eine
1 ein, wenn die Aussage zutrifft,
9 ein, wenn die Aussage nicht zutrifft.

a. Mit der Folie Vergleich ist es u.a. möglich, auf der linken Blatthälfte ein Diagramm einzufügen und auf der rechten Blatthälfte Bilder aus dem ClipArt-Browser zu präsentieren.

b. Grundsätzlich können über die Inhaltsfolien Tabellen, Diagramme, SmartGrafiken, eigene Bilder, Bilder aus dem ClipArt-Browser und Filmdateien eingefügt werden.

2 *Welche der folgenden Aussagen zur abgebildeten Folie trifft nicht zu?*

Titel hinzufügen

Untertitel durch Klicken hinzufügen

1 Nach dem Erzeugen einer Folie erscheint diese je nach getroffener Auswahl mit verschiedenen Platzhaltern. Bei der Abbildung handelt es sich um eine Titelfolie mit zwei Platzhaltern.

2 Die Platzhalter zeigen an, an welcher Position direkt Text eingegeben werden kann.

3 Der Titeltext wird automatisch größer geschrieben als der Text darunter.

4 Der Aufforderungstext „Titel hinzufügen" erscheint beim Druck, wenn der Text nicht überschrieben wurde.

3 *PowerPoint bietet verschiedene Entwurfsvorlagen an. Welche der folgenden Aussagen trifft nicht zu?*

Sind alle Aussagen zutreffend, tragen Sie eine 4 in das Kästchen ein.

1 Standardmäßig stehen verschiedene Entwurfsvorlagen zur Verfügung.

2 Es ist oft wünschenswert, dass bei Präsentationen mit PowerPoint für z.B. einen bestimmten Bereich, eine bestimmte Abteilung oder ein bestimmtes Produkt immer das gleiche äußere Erscheinungsbild vorhanden ist.

3 Bei Entwurfsvorlagen ist es auch möglich, Kopf- und Fußzeile anzulegen.

4 *Welche der folgenden Aussagen zu den Bildschirmelementen von PowerPoint trifft nicht zu?*

1 Auf der Menüleiste stehen mehrere Menüs zur Verfügung. Hinter jedem Namen verbirgt sich ein Pulldown-Menü, das sich durch Anklicken öffnet.

2 In der Symbolleiste können häufig genutzte Befehle mit Mausklick ausgeführt werden.

3 In der Statusleiste wird angezeigt, wie lange bereits die PowerPoint-Bearbeitung dauert.
Sind alle Aussagen zutreffend, tragen Sie eine 4 in das Kästchen ein.

5 *Zur Bearbeitung der Präsentationen bietet Power-Point verschiedene Ansichten. Unterschieden werden:*
1 Normalansicht
2 Foliensortierung
3 Bildschirmpräsentation

Ordnen Sie zu den abgebildeten Symbolen die Ziffer mit dem zutreffenden Begriff zu.

a.

b.

c.

6 *Überprüfen Sie die Aussagen zu den Nutzungsmöglichkeiten der verschiedenen Ansichten bei Power-Point.*

Tragen Sie eine
1 ein, wenn die Aussage zutreffend ist,
9 ein, wenn die Aussage nicht zutreffend ist.

a. Die Nutzungsmöglichkeit der Normalansicht ist u.a. wie folgt:
Texteingabe und -bearbeitung
Grafiken einfügen und bearbeiten
Objekte zeichnen
Animationseffekte erzeugen
Notizen erfassen
Folien einfügen, verschieben, löschen, kopieren

b. Mit der Foliensortierung können Folien eingefügt, gelöscht, verschoben, kopiert werden. Animationseffekte können auch bei dieser Ansicht eingefügt werden.

c. Durch die Ansicht Bildschirmpräsentation wird die Folie vergrößert auf ganze Bildschirmansicht. Das Vorführen der einzelnen Folien erfolgt in festgelegter Reihenfolge.

In Excel befinden sich auf der Standardsymbolleiste einige Schaltflächen, die nur in Excel zu finden sind. Erläutern Sie diese.

Zeigen Sie einige Möglichkeiten der bei Excel angebotenen Register auf.

 Die Funktion „Summe" wird in die Bearbeitungszeile eingefügt. Excel bietet aufgrund vorhandener Eintragungen auf dem Arbeitsblatt einen Vorschlag für die Zellen, deren Inhalte addiert werden sollen. Dabei haben vertikale Zellen vor den horizontalen Zellen Vorrang.

 Durch Aktivierung dieser Schaltfläche wird der Funktions-Assistent gestartet, der die Erstellungen von Funktionen unterstützt.

Beispiel:

 Die Einträge in einem markierten Zellbereich werden aufsteigend sortiert.

 Die Einträge in einem markierten Zellbereich werden absteigend sortiert.

 Zeigt nur die Elemente an, die den angegebenen Kriterien entsprechen.

 Mit diesem Symbol kann die Bearbeitungsleiste angezeigt oder ausgeblendet werden.

 Mit diesem Symbol kann die Toolbox angezeigt oder ausgeblendet werden.

Start

Beispiel für Drop-Down-Pfeil Standard

Standard
- ✓ Standard
- Zahl
- Währung
- Buchhaltung
- Datum
- Uhrzeit
- Prozent
- Bruch
- Wissenschaft
- Text
- Sonderformate
- Benutzerdefiniert...

Layout

Tabellen

Diagramme

SmartArt

Formeln

Daten

Überprüfen

1 *Für die Darstellung einer Bilanz in Staffelform sollen die Gliederungspunkte „Anlagevermögen" und „Umlaufvermögen" sowie „Eigenkapital" und „Fremdkapital" besonders hervorgehoben werden. Die Schrift soll fett formatiert werden und der Hintergrund gelb ausgefüllt sein. Überprüfen Sie die folgenden Feststellungen.*

Tragen Sie eine
1 ein, wenn die Aussage zutreffend ist,
9 ein, wenn die Aussage nicht zutreffend ist.

a. Es ist möglich, alle vier Begriffe zu markieren, obwohl sie nicht untereinanderstehen. Zuerst markiere ich den ersten Begriff, danach drücke ich die Taste „Strg" und halte sie gedrückt. Dann ist es einfach und ich markiere alle weiteren Zellbereiche. Danach lasse ich die „Strg"-Taste los. Die vier markierten Begriffe können leicht formatiert werden."

b. „Wenn alle vier Zellbereiche für die Gliederungspunkte markiert sind, kann über die Registerkarte Start - Schriftart die Füllfarbe gewählt werden. Ist die Farbe Gelb bereits angezeigt, reicht ein Anklicken, sonst muss die Farbpalette über die Schaltfläche geöffnet werden und die gewünschte Farbe ausgewählt werden. Auch die Textformatierung ‚fett' kann über die Schaltfläche mit dem ‚F' leicht mit der Maus durchgeführt werden."

c. „Ich formatiere mit dem Kontextmenü: Rechte Maustaste, dann wähle ich ‚Zellen formatieren'. Über die Registerkarten Schriftart und Ausfüllen kann ich dann die gewünschten Formatierungen erzielen."

2 *Welche der folgenden Aussagen zum Funktions-Assistenten trifft nicht zu?*

1 Der Funktions-Assistent ist ein zweistufiger Dialog, der die Erstellung von Funktionen unterstützt.

2 Das erste Dialogfenster nach Start des Funktions-Assistenten verfügt u. a. über den Formel-Generator. Ausgewählt werden kann z. B. die Funktion ANZAHL

3 Im zweiten Dialogfenster des Funktions-Assistenten werden Hilfestellungen bei der Auswahl von einzelnen Argumenten angeboten.

4 Die Funktion MAX() liefert die Zelle, die den größten Platzbedarf benötigt.

5 Die Funktion ANZAHL() ermittelt, wie viele Zahlen die Argumentenliste enthält.

3 *Welches Symbol addiert die Zahlen, die über dem Zeichen stehen?*

1

2

4 *Die Abbildung 1 zeigt Ihnen eine Excel-Tabelle vor der Formatierung, die Abbildung 2 nach der Formatierung.*

Beantworten Sie die Fragen zur Formatierung. Überprüfen Sie dann die Formeln, die aufgrund der formatierten Tabelle (Abbildung 2) ermittelt wurden.

Abbildung 1

	A	B	C	D	E	F
1						
2				Unternehmen A	Unternehmen B	
3		Aktiva	Anlagevermögen	580000 €	45000 €	
4			Umlaufvermögen	400000 €	300000 €	
5		Passiva	Eigenkapital	260000 €	120000 €	
6			Fremdkapital	720000 €	630000 €	
7						
8		Reingewinn		140000 €	110000 €	
9						
10		Fremdkapitalzinssatz		8	10	
11						
12						

Abbildung 2

	A	B	C	D	E	F
1						
2				Unternehmen A	Unternehmen B	
3		Aktiva	Anlagevermögen	580.000,00 €	45.000,00 €	
4			Umlaufvermögen	400.000,00 €	300.000,00 €	
5		Passiva	Eigenkapital	260.000,00 €	120.000,00 €	
6			Fremdkapital	720.000,00 €	630.000,00 €	
7						
8		Reingewinn		140.000,00 €	110.000,00 €	
9						
10		Fremdkapitalzinssatz		8%	10%	
11						
12						

a. Die Zellen D3:E6 können über die Schaltflächen

1

2

3 %

formatiert worden sein.

b. Die Zelle D10 und die Zelle E10 wurden durch Anklicken der Schaltflächen … (siehe Symbole unter a.) formatiert. Sollte dies nicht möglich sein, tragen Sie eine 9 in das Kästchen ein.

c. Die Unternehmerrentabilität für das Unternehmen A kann mit folgender Formel ermittelt werden:

1 D8*100/D5

2 D8*100/(D5+D6)

d. Die Unternehmungsrentabilität für das Unternehmen B kann mit folgender Formel ermittelt werden:

1 E8+(E10*E6)*100/(E3+E4)

2 E8+(E10*E6*100/E3+E4)

3 E8+(E10*E6)/(E3+E4)

e. Das Gesamtkapital für das Unternehmen A kann ermittelt werden

1 durch Anklicken des Symbols „Summe" auf der Standard-Symbolleiste und Markieren der Zellenbereiche D3:D4.

2 durch die Formel = D3:D4.

Erklären Sie den Unterschied zwischen einer HTML-Seite in Browser-Ansicht und als Quelltext.

Browser-Ansicht einer Webseite	Eine HTML-Seite (auch Webseite genannt) ist eine Informationsseite, die verschiedene Elemente enthalten kann, wie formatierte Texte, Fotos, grafische Elemente, Videos und Audios. Das besondere an einer Webseite ist, dass sie einen oder mehrere Links (engl.: Verbindungen) enthält, die entweder zu anderen eigenen HTML-Seiten oder zu fremden Webseiten führen. Einen **Link** erkennt man daran, dass der Mauszeiger sich in eine Hand verwandelt, wenn er in die Nähe eines Links kommt. Ein **Browser** ist ein Programm, das den Zugriff und die Darstellung von HTML-Seiten ermöglicht. Die verbreitetsten Webbrowser sind Mozilla Firefox, der Internet Explorer von Microsoft, Safari, Google Chrome und Opera.	
Quelltext einer Webseite	HTML ist die Abkürzung für **Hypertext Markup Language**, also die Seitenbeschreibungssprache des Internets. HTML-Dateien liegen im ASCII-Format vor. Alle Befehle werden in spitze Klammern als sogenannte **Tags** (engl.: Fähnchen) in das Dokument eingesetzt. Dabei haben die meisten Befehlsfolgen einen **Start-Tag** und einen **Ende-Tag**. Zwischen beiden Tags befindet sich der **Container-Text**, auf den sich der Befehl bezieht. Der Ende-Tag ist identisch mit dem Start-Tag, nur mit einem Schrägstrich (slash) davor. Beispiel: Die Anweisung, den Text „Dies ist eine Webseite!" in der Schriftgröße h2 darzustellen, lautet: <h2>Dies ist eine Webseite!</h2>. Soll das Wort „Webseite" nun noch zusätzlich fett dargestellt werden, lautet die Befehlszeile: <h2>Dies ist eine Webseite!</h2>.	`<html>` `<head><title>start1</title><head>` `<body text="#003080" bgcolor="#E0E0E0"` `link="#FF0000" alink="#009090" vlink="E00060">` `<font face="Comic Sans MS">` `<table>` `<td><img src="grafiken/vine1.jpg" width="160"` `height="138" border="2"></td>` `<td><div align="right"><h2>Gartenbaubetrieb` `Reimer Hellms Hamburg-Harburg</h2>` `</div></td></table>` `<hr noshade size="3">` `<h2><div align="center">Wir begr&uuml;&szlig;en` `Sie herzlich auf unserer Homepage!!  ` `Zu unserem Leistungsprogramm geht es` `<a href="programm.html">hier!</a>` `</div></h2></font>` `</body>` `</html>`

Erklären Sie wichtige HTML-Befehle (Tags).

Befehl	Bedeutung
`<html>`...`</html>`	Definiert einen Text oder eine Seite als HTML-Seite. Dieser Befehl bettet eine ganze Seite ein.
`<head>`...`</head>`	Wird benötigt, um den Kopf der HTML-Seite zu definieren. Er enthält den Titel (`<title>`) und Angaben über den Autor der Seite sowie über den verwendeten HTML-Editor.
`<body>`...`</body>`	Dieser Befehl fasst den Hauptbereich, also den eigentlichen Inhalt ein. In diesem Tag sind zumeist einige Attribute eingefasst, z. B. für die Farben des Textes, des Hintergrundes oder der Links.
`<font face="Comic Sans MS">` ...`</font>`	Mit diesem Tag werden durch angegebene Attribute der Typ (face), die Größe (size) und die Farbe (color) von Zeichen geändert.
`<table><tr>` `<td>`...`</td>` `</tr></table>`	Mit diesem Befehl wird eine Tabelle erstellt. Dabei werden die Tags `<tr>` und `<tg>` für das Positionieren der Inhalte in der Tabelle verwendet. Mithilfe der Tabelle lassen sich Räume auf der Seite besser aufteilen.
`<img src="">` (Dieser Befehl hat keinen Ende-Tag.)	Dieser Befehl dient dazu, Bilder auf einer Seite einzufügen. Weil es sich dabei um ein umfangreiches Objekt mit vielen notwendigen Angaben handelt, müssen einige Attribute angegeben werden: src (source) gibt die URL, d. h. die Adresse, an, unter der das Bild vom Browser auf die Seite geladen werden kann, width gibt die Breite, height die Höhe und border die Stärke des Rahmens an.
`<a href="x.html">`...`</a>`	Einer der wichtigsten Befehle, mit dem die Links zu anderen Seiten gesetzt werden. Der Container zwischen den Tags kann ein Text, ein Bild oder ein sonstiges Element sein. Als Attribut im Start-Tag ist die URL (Adresse) der aufzurufenden Seite anzugeben (href).
`<h2>`...`</h2>`	Schriftgröße: Es sind verschiedene Schriftgrößen verfügbar.
` `	Dient der Angabe eines Zeilenumbruchs im Text.

1 Welche der folgenden Erläuterungen ist die richtige Bezeichnung für die Abkürzung HTML?

1 High Transmission Multi Language
2 Hyper Translation More Linguistic
3 Hypertext Markup Language
4 High Transaction Memory Lane

2 Welche der folgenden Beschreibungen trifft nicht auf den Begriff „HTML" zu?

Tragen Sie eine 5 ein, wenn alle Merkmale zutreffend sind.

1 HTML ist eine Beschreibungssprache für Webseiten.

2 HTML besteht aus einer Folge von ASCII-Zeichen.

3 HTML-Seiten benötigen einen Browser, um für den Benutzer sichtbar bzw. lesbar gemacht zu werden.

4 HTML ist eine Ansammlung von Formatierungsbefehlen, die von einem Webbrowser übersetzt werden können.

3 Im Zusammenhang mit HTML tauchen u. a. folgende Fachbegriffe auf.

Ordnen Sie diese Begriffe den unten stehenden Erklärungen zu.

1 Tag

2 Browser

3 Container-Inhalt

4 Quelltext

5 Attribut

6 URL

7 Wert

a. Wird von zwei Tags eingeschlossen.

b. Darstellung eines HTML-Dokuments in der HTML-Scriptsprache

c. Hierbei handelt es sich um einen Befehl oder eine Anweisung, die zwischen spitze Klammern gesetzt wird.

d. Dabei handelt es sich um eine spezielle Anweisung, die zusätzlich zu einem Befehl in einem Tag eingeschlossen ist und Optionen für den folgenden Container-Inhalt enthält.

e. zusätzliche Informationen für die Ausführung eines Attributes

f. Damit ist eine Adresse gemeint, die Informationen über die Position einer HTML-Datei und Anleitungen enthält, wie der Browser mit dieser Datei verfahren soll.

4 Prüfen Sie die unten stehenden Aussagen zu einer HTML-Seite.

Tragen Sie eine
1 ein, wenn die Aussage zutrifft,
9 ein, wenn die Aussage nicht zutrifft.

a. Auf einer HTML-Seite können formatierte Texte, grafische Elemente, Videos und Audios untergebracht werden.

b. Von einer HTML-Seite kann man mithilfe eines Attributes zu einer anderen Seite gelangen.

c. Eine Webseite kann auch als HTML-Seite bezeichnet werden.

d. Die Verbindung von zwei HTML-Seiten erfolgt mithilfe eines Links.

e. Eine HTML-Seite ist eine multimediale Informationsseite.

f. Einen Link erkennt man daran, dass der Mauszeiger sich in der Nähe des Links in einen schwarzen Pfeil verwandelt.

g. Tags können miteinander verschachtelt werden.

5 Im Internet stoßen Sie auf folgende URL (uniform resource locater):

<http://	www.website. com/	pro- gram/	product1. htm>
(1)	(2)	(3)	(4)

Ordnen Sie den folgenden Begriffen als Bestandteilen der URL die zutreffenden Ziffern aus dem genannten Beispiel zu.

a. Dateiname

b. Servername (Domain)

c. Pfad

d. Protokoll

6 Ordnen Sie folgende grundlegende Befehle in HTML den unten stehenden beabsichtigten Gestaltungswünschen zu.

1 font

2 p

3 table

4 img

5 a

6 hr

a. Ein horizontaler Balken soll gesetzt werden.

b. Ein neuer Absatz soll im Text erscheinen.

c. Die Schrift soll ab diesem Befehl in Bezug auf Größe, Typ oder Farbe geändert werden.

d. Eine Tabelle soll eingefügt werden.

e. Ein Link/Anker soll eingefügt werden.

f. Es soll ein Bild eingefügt werden.

Was ist ein „Netzwerk" im DV-Bereich? Nennen Sie die Vorteile und unterscheiden Sie Netzwerkarten.

Begriff	Ein „Netzwerk" oder „Rechnernetz" besteht aus zwei oder mehreren Rechnern, die zumeist durch Leitungen oder per Funk miteinander verbunden sind und über eine spezielle Sprache/Software (Protokolle) miteinander kommunizieren können. Sie sind die technische Voraussetzung für Internet oder Intranet.
Arten	▸ **LAN** (engl. „local area networks") sind örtliche Netze und verbinden die Computer eines Gebäudes oder eines anderen räumlich abgegrenzten Bereichs, z. B. Firmengelände. ▸ **WAN** („wide area networks") sind Netze, die Computer an entfernten Standorten oder auf der ganzen Welt miteinander verbinden, z. B. über das Internet (siehe unten).

Geben Sie eine Übersicht über das Internet.

Begriff	Das Internet (engl. Interconnected Network) ist ein weltweites Netzwerk voneinander unabhängiger verschiedener Netzwerke. Es dient der Kommunikation und dem Austausch von Informationen. Jeder Rechner eines Netzwerkes (z. B. eines Unternehmens) kann dabei grundsätzlich mit jedem anderen Rechner eines anderen Netzwerkes (z. B. eines anderen Unternehmens oder einer Behörde) kommunizieren. Die Kommunikation der einzelnen Rechner erfolgt über definierte Protokolle (vereinheitlichte Sprachen).
Technische Voraussetzungen	Privatpersonen greifen auf das Internet entweder über einen ISDN-Anschluss oder einen DSL-Breitband-Zugang eines Internet-Providers zu. Unternehmen oder staatliche Einrichtungen sind eher per Standleitung mit dem Internet verbunden. Jeder Rechner erhält zu diesem Zweck eine IP-Adresse, (= *Internet-Protokoll-Adresse*). Am Netz teilnehmende Personen benötigen mindestens ▸ einen PC mit den technischen Voraussetzungen (z. B. ISDN- oder DSL-fähig), ▸ einen Telefonanschluss, das kann auch ein Handy sein, ▸ einen Anschluss an einen Provider oder einen eigenen Zugang per Standleitung in das Internet, ▸ ein Programm, das den Zugriff auf und die Darstellung von Daten ermöglicht (Browser).
Internet-Protokolle	Das Internet basiert auf einheitlichen Protokollen (Sprachen), die die Adressierung und den Datenaustausch zwischen verschiedenartigen Computern und Netzwerken vereinheitlichen. Dies hat den Vorteil, dass die Kommunikation unabhängig von den verwendeten Netzwerktechnologien und Betriebssystemen geschehen kann (siehe unter „Anwendungsmöglichkeiten, Dienste").
Funktionsweise	Der Benutzer wählt sich per Mausklick im Internet an. Um einen bestimmten Rechner ansprechen zu können, muss der Nutzer eine Adresse (Domainname) eingeben, z. B. „http://www.beispiel.de". Das zuständige Internet-Protokoll identifiziert diesen Rechner mit einer eindeutigen IP-Adresse, z. B. 234.231.71.123. Diese Adresse ist wie eine Telefonnummer zu verstehen. Jeder Rechner kann so identifiziert werden.
Anwendungs-möglichkeiten/ Dienste	Je nachdem, was der Anwender vorhat, kann er unterschiedliche Dienste aktivieren bzw. daran teilnehmen. Das Internet selbst stellt lediglich die Infrastruktur dafür zur Verfügung. ▸ **World Wide Web:** Das „www" dient zum Betrachten von Webseiten. Das erforderliche Protokoll ist das http (Hypertext Transfer Protocol). Das Unternehmen kann sich selbst und sein Absatzprogramm präsentieren. Kunden können Bestellungen aufgeben (wichtig für E-Commerce). ▸ **E-Mail:** Dieser Dienst ermöglicht es, elektronische Briefe zu versenden. Es stehen verschiedene Protokolle dafür zur Verfügung, z. B. SMTP (Simple Mail Transfer Protocol). Per E-Mail können Bestellungen bei Lieferanten aufgegeben werden oder Anfragen erfolgen. ▸ **Dateitransfer:** Mit dem FTP (File Transfer Protocol) können Dateien von einem Rechner zum anderen übertragen werden („download"). Formulare von Behörden oder Wareninformationen von Lieferanten können auf diese Weise auf den eigenen Rechner geladen werden. ▸ **Chat:** Chatdienste ermöglichen die Echtzeitkommunikation in Schriftform. Auf diese Weise kann z. B. eine Kommunikation mit einem Lieferanten schriftlich erfolgen, sofern dies nötig ist. Telefonieren, Radio und Fernsehen sowie die Durchführung von Video-Konferenzen sind weitere Dienste und damit Anwendungsmöglichkeiten des Internets.

Erklären Sie die Besonderheiten eines Intranets.

Begriff	Ein Intranet ist ein Netzwerk, das auf den gleichen Techniken wie das Internet basiert. Es kann jedoch nur von einer festgelegten Gruppe von Menschen genutzt werden, z. B. von allen Mitarbeitern eines Unternehmens oder einer Behörde. Der Zugriff muss nicht räumlich begrenzt sein. Bei Unternehmen mit Standorten in verschiedenen Ländern können deshalb alle Mitarbeiter auf dasselbe Intranet zugreifen.
Voraussetzungen	Hardwaremäßig sind die gleichen Voraussetzungen erforderlich wie beim Internet. Der Anwender muss das TCP/IP als Netzwerkprotokoll, die Internet-Dienste als Anwendungsbasis und einen Webbrowser als universelle Benutzeroberfläche einsetzen.
Anwendungs-möglichkeiten	Mitarbeiter von Unternehmen können Bestands- und Preisabfragen vornehmen, sich mit anderen Mitarbeitern per Chat, E-Mail oder Video in Verbindung setzen, personenbezogene Informationen herunterladen (z. B. Personaleinsatzplan) oder Warenkundeinformationen vom Server abrufen.

1 Ordnen Sie die folgenden Begriffe den unten stehenden Aussagen zu:

1 Provider
2 Browser
3 Suchmaschine
4 E-Mail
5 Webseite

a. Bild- und/oder Textinformationen, die ein Internet-Nutzer zur allgemeinen Verfügbarkeit ins Netz stellt

b. Unternehmen, das professionell und gewerbsmäßig Anschlüsse zum Internet für Endbenutzer herstellt

c. Bild- und/oder Textinformationen, die ein Internet-Nutzer einem bestimmten anderen Nutzer an dessen elektronischen Briefkasten sendet

d. Dieser Dienst kann zumeist kostenlos in Anspruch genommen werden und dient der Orientierung des Internet-Nutzers.

e. Programm, das den Zugriff auf im Internet abgestellte Informationen ermöglicht

2 Welche der folgenden Anwendungsmöglichkeiten kann das Internet nicht leisten?

1 Überweisungen veranlassen

2 Übermittlung von originalgetreuen Vorlagen

3 Buchung von Reisen

4 Abruf von Rechtsauskünften

5 Personalabrechnungen durchführen

3 Welcher der folgenden Gegenstände wird nicht für die Teilnahme am Internet benötigt?

1 Personal Computer

2 Telefonanschluss

3 ISDN-Karte

4 CD-ROM

5 Tastatur

4 Welche der nachstehenden Abkürzungen trifft auf ein Netz zu, das Computer an sehr entfernten Standorten miteinander verbinden kann?

1 MAN

2 LAN

3 TAN

4 CAD

5 WAN

5 Netzwerke bieten den Anwendern zahlreiche Vorteile. Welche der nachstehenden Aussagen ist kein Vorteil eines Netzwerkes?

1 Netzwerke bieten eine höhere Datensicherheit gegenüber Einzelplatzsystemen.

2 Netzwerke ermöglichen es den angeschlossenen Nutzern, untereinander elektronische Botschaften auszutauschen.

3 Netzwerke können helfen, die Kosten der EDV durch die gemeinschaftliche Nutzung von Ressourcen zu senken.

4 Netzwerke ermöglichen den Austausch von Daten zwischen den Netzteilnehmern.

5 Die Kosten der Datenpflege und der Software können bei Nutzung eines Netzes gesenkt werden.

6 Welche der folgenden Hardwarekomponenten wird nicht benötigt, um ein lokales Netzwerk in einem Betrieb aufzubauen?

1 mindestens ein Computer als Server
2 mindestens ein Computer als Client
3 Laser-Drucker
4 Netzwerkadapter für die Computer
5 Kabelverbindung zwischen den Computern

7 Ordnen Sie die folgenden Begriffe den unten stehenden Erläuterungen zu.

1 LAN
2 Peer-to-Peer-Netz
3 Netzwerkbetriebssystem
4 Client
5 Server

a. Netz, bei dem die Computer sowohl als Server wie auch als Client agieren können

b. Hard- und/oder Softwarekomponente, die die Dienste einer anderen Komponente im System in Anspruch nimmt

c. Rechner, der alle benötigten Dienste und Ressourcen für die einzelnen Knoten eines Netzwerks zur Verfügung stellt

d. Netz, das die Rechner in einem Gebäude oder auf einem Firmengrundstück miteinander verbindet

e. Programm, das eine Mittlerfunktion zwischen den einzelnen PCs und den Anwendungsprogrammen ausübt und für einen sinnvollen Betrieb im Netzwerk sorgt

8 Welche der folgenden Softwarekomponenten wird nicht für den Aufbau eines lokalen Netzwerkes benötigt?

1 netzwerkfähiges Betriebssystem oder Netzwerkbetriebssystem

2 leistungsfähiges Datenbankprogramm

3 Treiber für die Netzwerkprotokolle

4 Anwendungsprogramme unter einer grafischen Benutzeroberfläche

5 Topologien und Übertragungsmedien

Unterscheiden Sie die unterschiedlichen Formen mündlicher Kommunikation mit mehreren Teilnehmern.

Beratung/ Besprechung	Wenige Teilnehmer diskutieren spontan, turnusmäßig oder aus besonderem Anlass ein Problem oder eine Aufgabe. Die Einladung dazu kann kurzfristig per E-Mail oder telefonisch erfolgen. Eine Zusammenfassung der Ergebnisse ist empfehlenswert.
Konferenz	Mehrere Teilnehmer folgen einer schriftlichen Einladung, die zusammen mit einer Tagesordnung verschickt wurde. Die einzelnen Tagesordnungspunkte werden diskutiert und es werden Beschlüsse gefasst. Ein Protokoll ist erforderlich.
Sitzung	Nach Absprache oder Einladung eines Teilnehmers treffen sich alle Beteiligten zur Lösung eines Problems oder Erledigung einer gemeinsamen Aufgabe. Protokolle oder Aufzeichnungen der Sitzungsergebnisse sind sinnvoll.
Verhandlung	Mehrere Teilnehmer, die zuvor schriftlich (Brief/E-Mail) eingeladen wurden und die zumeist unterschiedliche Standpunkte vertreten, treffen sich, um ein Verhandlungsergebnis, sei es ein Vertrag oder eine Einigung über einen strittigen Punkt, zu erzielen.
Seminar	Eine Reihe von Personen, die sich zuvor auf eine Ausschreibung hin angemeldet haben, treffen sich, um sich unter Anleitung eines Trainers oder Dozenten weiterzubilden. Je nach Ziel und Inhalt können solche Seminare regelmäßig in dem gleichen Raum stattfinden oder in einem dafür geeigneten Hotel.
Versammlung	Eine mehr oder weniger große Anzahl von Personen mit zumeist gleicher Interessenlage, die zuvor schriftlich eingeladen wurden, informieren sich durch Berichte oder geeignete Vorträge.
Tagung	Zahlreiche Teilnehmer mit zumeist gleich gelagerten Interessen oder Berufen treffen sich mehrere Tage in einem Tagungshotel und tauschen ihre Erfahrungen oder Meinungen anhand geeigneter Referate, Workshops und Diskussionen aus. Schriftliche Aufzeichnungen oder Protokolle des Erfahrungsaustauschs sind sinnvoll.

Auf welche Weise können die Mitarbeiter eines Unternehmens schriftlich informiert werden?

Intranet/E-Mail	Die Information eines Mitarbeiters oder einer Gruppe von Mitarbeitern kann gezielt erfolgen. Natürlich besteht auch die Möglichkeit, alle Mitarbeiter gleichzeitig über einen Sachverhalt aufzuklären. *Beispiele: Produkt- oder Preisänderungen, Einladungen zu Sitzungen, Handlungsanweisungen*
Interne Mitteilung	Sofern ein Intranet nicht zur Verfügung steht, kann die einfache schriftliche interne Mitteilung gewählt werden. Sie informiert einen oder mehrere Mitarbeiter über Sachverhalte, Personen oder Sachen. Die Inhalte sind die gleichen wie bei der E-Mail.
Schwarzes Brett	Am Schwarzen Brett – zumeist am Personaleingang angebracht – werden für einen bestimmten Zeitraum Mitteilungen und Bekanntmachungen angebracht, die möglichst alle Mitarbeiter des Betriebes erreichen sollen und bei Ankunft und Weggehen von diesen registriert werden können. *Beispiele: Termine, Urlaubslisten, Vorstellungen neuer Mitarbeiter, Bekanntmachungen des Betriebsrates*
Rundschreiben/ Mitarbeiterbrief	In größeren Unternehmen kann die Geschäftsführung alle Mitarbeiter über Sachverhalte informieren, die von Dauer sind und die die Geschäftspolitik betreffen. *Beispiele: Produkttrends, Unternehmenszielsetzungen, Erfolge, Probleme*

Erläutern Sie die betrieblichen Handlungskompetenzen. Nennen Sie Beispiele für deren Verbesserung.

Begriff	Handlungskompetenz ist die Fähigkeit des einzelnen Menschen, sich in beruflichen, gesellschaftlichen und privaten Situationen sachgerecht, durchdacht und verantwortlich zu verhalten. Ziel der Personalentwicklung ist es, die betriebliche Handlungskompetenz der Mitarbeiter zu erhalten und zu verbessern.
Fachkompetenz	Fachkompetenz ist die Fähigkeit, für den Beruf typische Aufgaben den Anforderungen entsprechend selbstständig und eigenverantwortlich zu erledigen. Die hierzu erforderlichen Fertigkeiten und Kenntnisse bestehen aus der Erfahrung, dem Verständnis fachspezifischer Zusammenhänge sowie der Fähigkeit, Probleme einwandfrei und zielgerecht zu lösen. *Beispiele für Verbesserung: Besuch von Fachseminaren, Training on the Job, Job Rotation*
Methoden- kompetenz	Methodenkompetenz ist die Fähigkeit, den kompetenten Umgang mit fachlichem Wissen zu ermöglichen und das fachliche Wissen auf eigene Faust zu erweitern. Dazu zählen u. a. die Fähigkeit, Gemeinsamkeiten und Unterschiede wahrzunehmen und Regeln zu erkennen, gelernte Strategien auf neue Situationen zu übertragen, kreativ zu sein und sich angemessen ausdrücken zu können. *Beispiele für Verbesserung: Schulungen in Kreativität und Problemlösung, Rhetoriktraining*
Sozialkompetenz	Sozialkompetenz ist im Arbeitsleben vor allem die Fähigkeit, positiv das Verhalten und die Einstellungen von Mitarbeitern zu beeinflussen. Dazu gehört vor allem die Fähigkeit, im Team zu arbeiten und Probleme gemeinsam zu lösen, sowie die Fähigkeit, andere Mitarbeiter zu positivem Handeln zu motivieren. *Beispiele für Verbesserung: Verantwortung für andere Mitarbeiter übertragen, gegenseitiges Coaching, Seminare, Mitarbeitergespräche, gemeinsame Unternehmungen*

1 *In einem Großhandelsunternehmen stellt die Personalabteilung einen Krankenstand fest, der weit über dem bundesdeutschen Durchschnitt liegt. In einer Abteilungsleiterversammlung wird dieses Problem diskutiert und es wird eine Reihe von Vorschlägen dazu gemacht, den Krankenstand wieder zu reduzieren. Welche der nachfolgenden Vorschläge ist nicht dazu geeignet, den Krankenstand wieder nachhaltig zu senken?*

1 Ein Vorschlag zielt darauf ab, für alle Abteilungsleiter einschließlich der Geschäftsführung ein Seminar über Mitarbeitermotivation zu veranstalten.

2 Ein Vorschlag sieht vor, in den Abteilungen regelmäßig Veranstaltungen anzubieten, wie Betriebssport oder Kegelabende.

3 Ein Abteilungsleiter meint, das Problem könne dadurch behoben werden, dass bei den kranken Mitarbeitern regelmäßige Kontrollbesuche gemacht werden.

4 Ein Abteilungsleiter hält es für eine gute Idee, dass nach einer Krankheitsphase eines Mitarbeiters der jeweilige Vorgesetzte gemeinsam mit einem geschulten Mitarbeiter der Personalabteilung ein Gespräch mit dem Betreffenden führt, um herauszufinden, ob dieser mit der betrieblichen Situation unzufrieden ist.

2 *In der Einkaufsabteilung gibt es einen Mitarbeiter, der eine hohe fachliche Kompetenz aufweist, jedoch immer wieder Probleme mit seinen Kollegen bekommt, weil er sich völlig unsozial verhält. Welche personelle Einzelmaßnahme halten Sie für geeignet, um das Problem zu lösen?*

1 Der Mitarbeiter erhält eine Abmahnung, die in seine Personalakte aufgenommen wird. Darin wird ihm unmissverständlich klargemacht, dass er bei der nächsten „unsozialen" Aktion eine verhaltensbedingte Kündigung erhält, wenn er sein Verhalten nicht ändert.

2 Dem Mitarbeiter wird eine Gehaltserhöhung versprochen, wenn er sein Verhalten ändert.

3 In einem Gespräch mit dem Mitarbeiter wird versucht, die Hintergründe für sein Verhalten herauszufinden. Ihm wird darin unmissverständlich klargemacht, dass sein Verhalten zu Problemen im Arbeitsprozess führt und zu einer Belastung für andere Mitarbeiter geworden ist, deshalb also nicht länger geduldet werden kann. Gleichzeitig wird ihm ein Seminar über Teamarbeit und Kooperation angeboten.

4 Der Mitarbeiter wird isoliert in einem Einzelbüro untergebracht, um zu verhindern, dass er sich den Kollegen gegenüber weiter unsozial verhält.

3 *Welche der folgenden Fähigkeiten gehört nicht zur Methodenkompetenz?*

1 Materialien zweckmäßig handhaben
2 mit Computern umgehen
3 systematisch handeln
4 andere Mitarbeiter motivieren
5 sich angemessen ausdrücken

4 *Prüfen Sie die unten aufgeführten Aussagen zur Motivation.*

Welche davon trifft nicht zu?

1 Wenn man einen anderen Menschen motivieren will, kommt es darauf an zu erkennen, mit welchen externen Reizen man diesen Mitarbeiter ansprechen kann.

2 Alle Menschen haben eine Motivation, ein Motiv oder ein Bedürfnis, etwas Bestimmtes zu tun oder zu unterlassen.

3 Motivation liegt immer dann vor, wenn es der Person 1 gelingt, eine Person 2 für die Ziele der Person 1 zu begeistern.

4 Bei jedem Menschen wirken andere Mittel zur Motivation, weil er andere Bedürfnisse hat.

5 Ein Mensch kann sich selbst motivieren, indem er für sich selbst bestimmte Reize auslöst.

5 *Welche der folgenden Aussagen trifft nicht auf das Betriebsklima zu?*

1 Das Betriebsklima hat großen Einfluss auf Motivation und Arbeitsfreude der Mitarbeiter, was sich durch höhere oder niedrigere Produktivität bemerkbar macht.

2 Das Betriebsklima wird von den Mitarbeitern als eine Art Wetterlage aufgefasst, die sich auch mal ändern kann.

3 Das Betriebsklima beeinflusst den Umgang, das Auftreten und Benehmen der Führungskräfte gegenüber Kunden, Lieferanten und Geschäftspartnern.

4 Das Betriebsklima erscheint den Mitarbeitern in verschiedenen Ausprägungen: positiv, in Form eines harmonischen Miteinander, bis hin zu negativen Auswirkungen, wie z. B. Mobbing.

6 *Welche der folgenden Aussagen trifft nicht auf den Begriff „Sozialkompetenz" zu?*

1 Sozialkompetenz hat ewas mit persönlichen Fähigkeiten und Einstellungen zu tun.

2 Sozialkompetenz trägt dazu bei, das individuelle Verhalten auf ein gemeinschaftliches Handeln hin auszurichten.

3 Sozialkompetenz verknüpft individuelle Handlungsziele einzelner Personen mit den Einstellungen und Werten einer Gruppe.

4 Soziale Kompetenz bedeutet, sich in Gruppen durchsetzen zu können.

5 Soziale Kompetenzen von Mitarbeitern sind eine der Voraussetzungen für das Funktionieren eines nichtautoritär geführten, gesunden Unternehmens.

Was verstehen Sie unter einem Projekt? Erläutern Sie wesentliche Begriffe zum Projektmanagement.

Projektmerkmale	Als Projekt bezeichnet man ein einmaliges Vorhaben auf Zeit. Ein Projekt liegt nur dann vor, wenn es die nachstehenden Eigenschaften aufweist: ▸ Es handelt sich um ein einmaliges Vorhaben. ▸ Es gibt ein definiertes Ziel bzw. eine Zielvorgabe. ▸ Es sind zeitliche, finanzielle und personelle Rahmenbedingungen gegeben. ▸ Eine klare Abgrenzung zu anderen Vorhaben ist möglich. ▸ Das Vorhaben ist komplex und bedarf der Strukturierung. Typische Projekte sind z. B. Produkt- oder Softwareentwicklungen, Reorganisationen, EDV-Einführungen.
Projekt-management	Projektmanagement ist die Gesamtheit aller Führungsaufgaben und -techniken für die Abwicklung eines Projektes und seiner Organisation.
Projektziel und -beschreibung	Zunächst findet eine Projektanalyse statt, die die anstehenden Probleme und Möglichkeiten betrachtet. Die Ziele des Projektes werden formuliert in Bezug auf Inhalte, Kosten, Ausmaß und Zeit. Darüber hinaus wird eine Machbarkeitsstudie erstellt, d. h. die Frage beantwortet, ob die mit dem Projekt zu bearbeitende Aufgabe überhaupt lösbar ist. In dieser Phase werden die notwendigen Informationen gesammelt und an alle Beteiligten weitergegeben, damit von Anfang an effektiv gearbeitet werden kann. Nachlässigkeiten in frühen Projektphasen führen später zu kostspieligen Schwierigkeiten, daher werden die Ziele und die Arbeitsweise jeder Projektphase geklärt, d. h. das Projekt in allen Teilen und Zusammenhängen betrachtet.
Projektplanung	Die Projektplanung bereitet die eigentliche Projektdurchführung so gut wie möglich vor. In der Projektplanung werden alle Fragen zu folgenden Themen beantwortet: ▸ **Personalplanung:** Welche Mitarbeiter werden mit welchen Zeiten beteiligt sein? ▸ **Kostenplanung:** Wie hoch werden zu welchen Zeiten die Kosten anfallen? ▸ **Terminplanung:** Zu welchen Meilensteinen (Zeitpunkten) werden welche Ergebnisse erwartet? ▸ **Materialplanung:** Welche Sachmittel müssen zu welchem Zeitpunkt beschafft werden? ▸ **Finanzplanung:** Wann werden welche Auszahlungen/Einzahlungen erwartet?
Projekt-ausstattung	Das Projekt soll so ausgestattet werden, dass ein optimaler Einsatz des vorhandenen Personals und der verfügbaren Betriebs- und Sachmittel gewährleistet ist. Engpässe und Leerläufe sollten vermieden werden. Auch der Abgleich der Einsatzmittel in Bezug auf die gesamte Organisation und andere Projekte muss in Form einer Multiprojektplanung in diese Überlegungen einbezogen werden.
Projekt-organisation	Die Projektorganisation gewährleistet, dass ▸ die Komplexität (der unübersichtliche Umfang) des Projektes strukturiert und damit vermindert wird, ▸ der Umfang gegliedert und damit überschaubar und handhabbar wird, ▸ die unterschiedlichen Fachgebiete sinnvoll aufeinander abgestimmt tätig werden, ▸ die zeitliche Endlichkeit erreicht wird. Außerdem muss das Projekt in die Aufbau- und Ablauforganisation des Betriebes eingebettet werden. Dazu zählt, dass Zuständigkeiten und Kompetenzen definiert und an den Schnittstellen Fragen zu Weisungsbefugnis und Berichtspflicht geklärt werden müssen.
Projektteam	Die Mitglieder des Projektteams werden mit unterschiedlichen Aufgaben- und Verantwortungsbereichen in einer partnerschaftlichen Atmosphäre für ein koordiniertes, zielgerichtetes Arbeiten betraut. Bei der Bildung eines Projektteams müssen unterschiedliche Einflussfaktoren, wie die unterschiedlichen fachlichen und persönlichen Kompetenzen der Mitglieder und deren Fähigkeit zur Zusammenarbeit berücksichtigt werden. Die richtige Zusammensetzung des Projektteams ist wichtig für den Erfolg des Projektes.
Projektsteuerung	Zur Projektsteuerung gehören die folgenden Aufgaben: ▸ Regelung des Informationsflusses zwischen den Mitgliedern des Projektteams ▸ Koordination des Einsatzes der Mitglieder des Projektteams ▸ Information über Kosten, Finanzierung und Termine an die Auftraggeber
Projektkontrolle	Die Ergebnisse des Projektes müssen mit den Zielvorgaben verglichen und Abweichungen festgestellt werden. Außerdem muss überprüft werden, inwieweit die Zielvorgaben hinsichtlich der geplanten Kosten, Termine, Sachmittel und Finanzen eingehalten wurden.
Dokumentation des Projekts	Das gesamte Projekt muss von Beginn an dokumentiert werden, damit später Aufgabenstellungen, Abläufe, Problemsituationen und Ergebnisse nachvollzogen werden können.
Projektrisiken	Jedes Projekt trägt aufgrund seiner Ungewissheit Risiken in sich. Während der Bearbeitung kann sich herausstellen, dass die Ziele des Projektes hinsichtlich der erwarteten Ergebnisse, Kosten und Termine geändert werden müssen oder dass im schlimmsten Fall das Projekt komplett eingestellt werden muss, weil festgestellt wird, dass seine Ziele nicht oder nur mit hohen Kosten erreicht werden können.

1 Welche der in den folgenden Situationen dargestellten Aufgaben erfüllt die Voraussetzungen für ein Projekt?

1 Wir beschaffen Waren von einem Lieferanten aus Uruguay. Aufgrund der Warenart muss ein relativ kompliziertes Importverfahren abgewickelt werden.

2 Das Unternehmen will ein neues Auftragsdaten-Erfassungs- und Bearbeitungssystem in Zusammenarbeit mit einigen Großkunden einrichten. Dazu sind umfangreiche Hardware- und Softwareänderungen sowie eine Organisationsumstellung im Ein- und Verkauf erforderlich.

3 Das Personalwesen will ein neues Personalbeurteilungsverfahren in Zusammenarbeit mit Geschäftsführung und den Abteilungsleitern entwickeln.

4 Es sollen zwei neue Flurfördermittel angeschafft werden im Wert von 150 000,00 EUR. Zu diesem Zweck soll der Einkauf umfangreiche Recherchen anstellen und mit verschiedenen Lieferanten solcher Systeme verhandeln.

5 Es steht eine Entscheidung an, ob die drei neuen Lkw geleast oder gekauft werden sollen. Zu diesem Zweck müssen ein Wirtschaftlichkeitsvergleich, eine Investitionsrechnung und ein Angebotsvergleich erstellt werden.

2 Bringen Sie die folgenden Einzelschritte für ein Projektmanagement in die richtige Reihenfolge, indem Sie die Ziffern von 1 bis 8 in die Kästchen eintragen.

a. Projekt dokumentieren

b. Projektsteuerung

c. Projektplanung

d. Projektteam bestimmen

e. Projektorganisation

f. Projektkontrolle

g. Projektzielsetzung festlegen

h. Projektausstattung festlegen

3 Welche der folgenden Aufgaben ist keine Aufgabe der Projektorganisation?

1 Die Projektorganisation gewährleistet, dass der unübersichtliche Umfang der Aufgabe strukturiert wird.

2 Unterschiedliche Fachgebiete werden koordiniert und aufeinander abgestimmt.

3 Risiken des Projekts werden abgeschätzt und Alternativpläne entwickelt.

4 Zuständigkeiten und Kompetenzen werden festgehalten.

5 Fragen zu Weisungsbefugnis und Berichtspflicht müssen geklärt werden.

4 Ein Mitarbeiter im Verkauf will seine Termine planen und gibt seine anstehenden Aufgaben in einen PDA ein. Er sortiert seine Aufgaben nach Wichtigkeit.

Ordnen Sie zu, ob es sich dabei nach Ihrer Einschätzung um Aufgaben handelt mit einer
1 hohen Priorität,
2 mittleren Priorität,
3 niedrigen Priorität.

a. Vorbereitung eines Jahresgespräches mit einem Kunden

b. Ablage der letzten Woche erledigen

c. Protokoll der gestrigen Projektsitzung fertig diktieren

d. Bahnfahrkarten für Dienstreise nach Berlin bestellen

e. Telefongespräch mit einem Kunden, der eine Reklamation gemeldet hat

f. Beurteilungsgespräch mit einem Auszubildenden

g. Eingangspost durchsehen

h. Angebot für einen Kunden erstellen

5 Welche der folgenden Sachverhalte kann sinnvollerweise nicht im Rahmen einer Projektplanung festgelegt werden?

1 Einsatz der Mitarbeiter in Bezug auf Sitzungstermine und Arbeitsbelastung

2 Alternativen, die anzusteuern sind, wenn die zustimmende Behörde ihre Genehmigung verweigert

3 Höhe der Sach- und Personalkosten

4 Projektfortschritte in Form von Meilensteinen und deren Überprüfung

5 Umfang der benötigten Sachmittel

6 Höhe und Zeitpunkte der anzufordernden finanziellen Mittel

6 Welcher der im Folgenden genannten Punkte ist für sich gesehen kein Projektmerkmal?

1 Das Vorhaben ist als einmalig zu betrachten.

2 Die Auftraggeber haben eine klare Zielvorstellung, was als Ergebnis herauskommen soll, wissen jedoch nicht genau den Weg zur Zielerreichung.

3 Die Auftraggeber legen fest, welche finanziellen Mittel verbraucht werden dürfen und welche personelle Ausstattung die Arbeitsgruppe haben darf. Diese Planung kann jedoch aufgrund der Ungewissheit nur annäherungsweise erfolgen.

4 Die Auftraggeber wünschen, dass die Aufgabe zu einem bestimmten Zeitpunkt abgeschlossen ist. Man kann jedoch nicht sicher sein, dass das auch wirklich eintritt.

5 Das Vorhaben ist arbeitsintensiv.

Nennen und beschreiben Sie die wichtigsten Lern- und Arbeitstechniken.

Wiederholung von Lerninhalten	Lernkartei	Die Lernkartei eignet sich insbesondere für das Erlernen von Fakten. Auf der Vorderseite jeder Karteikarte steht eine Frage, Aufgabe oder Vokabel. Die Rückseite enthält die Antwort der Frage, die Lösung der Aufgabe bzw. die Übersetzung der Vokabel. Die Lernkärtchen werden in eine Schachtel gesteckt, die in fünf oder sechs Fächer unterteilt wurde. Wird die Lösung einer Karte richtig erkannt, so wird diese in das jeweils nächste Fach gestellt. War die Lösung falsch, so wandert sie wieder nach vorne in Fach 1. Der „Wanderweg" der Lernkärtchen ist dann wie folgt:
	Lernplakat	Auf großen Blättern werden wesentliche Inhalte des Lernstoffes mit dicken farbigen Stiften übersichtlich dargestellt. Bilder sind besonders gut geeignet. Da die Lernplakate zur vertiefenden Wiederholung dienen, ist es sinnvoll, sie an Orten aufzuhängen, an denen man sich oft aufhält und normalerweise nicht konzentriert arbeiten muss.
Bearbeitung von Texten	Grundtechniken	Zu den Grundtechniken zählen das Markieren, das Unterstreichen und das Herausschreiben von Schlüsselworten (nicht von ganzen Sätzen).
	Exzerpt	Ein Exzerpt ist ein schriftlicher Auszug, eine präzise Wiedergabe der wesentlichen Aussagen, Erklärungen und Meinungen des Sachtextes. Es ist ausführlicher als das Herausschreiben von Schlüsselworten.
Bearbeiten von umfangreichen Texten und Büchern	SQ3R-Methode	Francis Robinson entwickelte diese Fünf-Schritt-Methode, mit der erfasstes Wissen effektiver im Gedächtnis gespeichert werden kann als durch „normales" Lesen. Die Buchstabenfolge SQ3R steht für: **S**urvey (Überblick gewinnen) **Q**uestion (Fragen stellen) **R**ead (Gezieltes Lesen) **R**ecite (Wiederholen des Gelesenen) **R**eview (Rückblick und Überprüfung)

Beschreiben Sie die Phasen der Präsentation stichwortartig.

Vorbereitung	‣ Thema (vorgegeben oder selbst gewählt) ‣ Ziel (Was soll erreicht werden?) ‣ Zielgruppe (Teilnehmerkreis)	‣ Inhalt (Stoff sammeln, reduzieren, visualisieren) ‣ Ablauf (Eröffnung, Hauptteil, Schluss) ‣ Organisation (Ort, Raum, Zeitpunkt, Methoden)
Durchführung	**Eröffnung** ‣ pünktlich beginnen ‣ angemessene Kleidung, in der man sich wohlfühlt ‣ Blickkontakt suchen ‣ Begrüßung, Vorstellung des Themas, geplanter Ablauf („Fahrplan") **Hauptteil** ‣ frei sprechen und gezieltes Einsetzen der Stimme und Gestik ‣ Überblick geben und visualisieren ‣ kurze Sätze ‣ Gliederung des Vortrages durch Fragen/Einsatz von Methoden/Medien **Abschluss** ‣ Zusammenfassung der wesentlichen Inhalte ‣ weitere Vorhaben ‣ den Teilnehmern danken	
Nachbereitung	Sinnvolle Leitfragen sollten nach Beendigung einer Präsentation schriftlich fixiert werden, so z. B.: ‣ Wurde die Zielsetzung erreicht? ‣ Stimmte die Auswahl der Teilnehmer? ‣ Hat sich der Ablauf bewährt? ‣ Gab es kritische Situationen? ‣ War die Organisation gut?	

1 *Francis Robinson entwickelte die SQ3R-Methode für die Bearbeitung von Büchern und umfangreichen Texten.*

Bringen Sie die Vorgehensweise in die richtige Reihenfolge, indem Sie die Ziffern 1 bis 5 vergeben.

a. Recite (Gelesenes wiederholen)

b. Question (Fragen stellen)

c. Survey (Überblick gewinnen)

d. Read (gezieltes Lesen)

e. Review (Rückblick und Überprüfung)

2 *Zu den Grundtechniken bei der Bearbeitung von Texten gehört die Textreduktion durch Markieren, Unterstreichen und Herausschreiben.*

Tragen Sie eine
1 ein, wenn die Aussage zutrifft,
9 ein, wenn die Aussage nicht zutrifft.

a. Beim Markieren sollten nicht nur Schlüsselwörter markiert werden, sondern ganze Sätze oder sogar Absätze.

b. Schlüsselwörter sind häufig Substantive.

c. Umfangreiche Markierungen bieten dem Gedächtnis eine Entlastung.

3 *Die 635-Methode ist ein Verfahren zur Ideenfindung. 6 Teilnehmer sollen jeweils 3 Ideen in einem Zeitraum von 5 Minuten notieren. Jeder Teilnehmer erhält ein Formblatt (siehe Abbildung unten) und fängt als Teilnehmer 1 mit dem Eintragen der Ideen 1 bis 3 an. Nach den ersten fünf Minuten reichen die Teilnehmer die Zettel an den jeweils rechten Tischnachbarn weiter. Danach wird von jedem Teilnehmer die Zeile „Teilnehmer 2" bearbeitet, danach „Teilnehmer 3" usw. Dieser Vorgang wird fortgesetzt, bis die Formblätter vollständig ausgefüllt sind.*

Problemstellung:			
Teilnehmer 1	Idee 1	Idee 2	Idee 3
Teilnehmer 2	Idee 1	Idee 2	Idee 3
Teilnehmer 3	Idee 1	Idee 2	Idee 3
Teilnehmer 4	Idee 1	Idee 2	Idee 3
Teilnehmer 5	Idee 1	Idee 2	Idee 3
Teilnehmer 6	Idee 1	Idee 2	Idee 3

Tragen Sie eine
1 ein, wenn die Aussage zutrifft,
9 ein, wenn die Aussage nicht zutrifft.

a. Bei dieser Methode werden 36 Ideen gesammelt.

b. Bei dieser Methode können 108 Ideen hervorgebracht werden, wenn alle Kästchen ausgefüllt wurden.

c. Jeder Teilnehmer kann in Ruhe arbeiten.

d. Das Aufschreiben der Ideen dauert 30 Minuten.

e. Das Aufschreiben der Ideen dauert 15 Minuten.

4 *Überprüfen Sie die Feststellungen der Schüler A und B zur „Lernkartei".*

Tragen Sie eine
1 ein, wenn die Feststellung des Schülers A zutrifft,
2 ein, wenn die Feststellung des Schülers B zutrifft,
3 ein, wenn beide Feststellungen zutreffen,
4 ein, wenn beide Feststellungen nicht zutreffen.

a. Schüler A: „Es ist sinnvoll, den Kasten einer Lernkartei in fünf Fächer zu unterteilen. Das erste Fach sollte das schmalste, das letzte Fach das breiteste sein."
Schüler B: „Zur besseren Handhabung ist es sinnvoller, alle Fächer gleich breit zu bauen."

b. Schüler A: „Ich kann mit dieser Art des Lernens meinen Lernprozess beliebig unterbrechen."
Schüler B: „Diese Methode ist gut geeignet zur Vorbereitung auf Prüfungen, bei denen die Reproduktion von Wissen im Vordergrund steht."

c. Schüler A: „Man muss auf jede Karte drei Fragen schreiben – die Antworten stehen dann auf der Rückseite."
Schüler B: „Man sollte nur eine Frage auf jede Karte schreiben. Auf der Rückseite steht dann die Antwort."

5 *Eine Präsentation muss vorbereitet werden. Dazu zählen:*
1 Thema
2 Ziel
3 Zielgruppe
4 Inhalt
5 Ablauf
6 Organisation

Ordnen Sie die o. g. Punkte den folgenden Ausführungen zu.

a. Personenkreis, der einbezogen werden soll/muss, um das definierte Ziel zu erreichen

b. Festlegen von Ort/Raum, Medien, Zeitpunkt/ Zeitraum, Unterlagen für die Teilnehmer

c. Eröffnung, Hauptteil, Abschluss

d. Auswählen der für die Präsentation möglichen Inhalte – Reduzieren dieser Inhalte – Darstellen der Inhalte

e. Vorgabe, z. B. „Der Produktionsprozess", durch den Ausbildungsleiter

f. Festlegen der Pausen während einer längeren Präsentation

6 *Welche der folgenden Aussagen trifft nicht zu?*

1 Nach jeder Präsentation sollte eine Auswertung folgen.

2 Eine Auswertung nach der Präsentation ist überflüssig, da dadurch die Präsentation selbst nicht geändert werden kann.

3 Die Präsentationsmedien sind wichtig und sollten zielgerichtet ausgewählt werden.

Erläutern Sie die Bedeutung der Moderationsmethode und beschreiben Sie die Moderationsphasen.

Bedeutung		Die Moderationsmethode findet im betrieblichen Alltag viele Möglichkeiten der Anwendung, und zwar immer dort, wo Gruppenmitglieder ein Arbeitsergebnis erzielen sollen, wie z. B. in Qualitätszirkeln, Projektgruppensitzungen, Besprechungen oder in der Durchführung von Workshops.
Moderations-zyklus		Ein kompletter Moderationszyklus ist abhängig von den jeweiligen Gegebenheiten und kann innerhalb einer Stunde oder aber auch mehrerer Wochen abgeschlossen sein. Bei der Moderationsmethode werden verschiedene Phasen unterschieden (s. u.).
Phasen der Moderations-methode	Einsteigen	Nach der offiziellen Eröffnung der Sitzung sollten die Erwartungen dargelegt, die Zielsetzung formuliert und die Methodik festgelegt werden. Zudem sollte die Protokollfrage geklärt werden.
	Sammeln	Das Formulieren einer zielgerichteten Fragestellung ist notwendig, um einen gemeinsamen Ausgangspunkt für die Arbeit zu schaffen. Dazu eignet sich das Verteilen von Moderationskarten zum schriftlichen Fixieren von Ideen.
	Auswählen	Nach Erstellen eines „Themenspeichers" am Flipchart, an der Tafel oder an der Pinnwand erfolgt die Gewichtung der Themen durch die Gruppenmitglieder.
	Bearbeiten	Die ausgewählten und nach der gewünschten Rangfolge geordneten Themen können von der Gruppe oder arbeitsteilig bearbeitet werden. Dabei können folgende Ziele verfolgt werden: Informationsaustausch, Problemanalyse/-lösung, Vorbereitung der Entscheidung und die Entscheidung selbst.
	Planen	Verbindliche Festlegung des Maßnahmenplans in einer Matrix, um eine Struktur für das weitere Vorgehen zu schaffen. Die Matrix sollte die notwendigen Aktivitäten, die Verantwortlichkeiten und die Termine festlegen und visualisieren.
	Abschließen	Bei der Rückschau sollte der Gruppenprozess reflektiert werden. Fragen nach den Erwartungen der einzelnen Gruppenmitglieder und der Zufriedenheit in der Gruppe gehören ebenso zum Abschluss der Moderationsmethode wie die Beurteilung der Ergebnisse und der Arbeitsprozesse. Der Moderator beendet mit einer positiven Bemerkung die Veranstaltung.

Nennen Sie Beispiele aus dem Methodenkatalog und beschreiben Sie die Methoden kurz.

Kennenlern-Matrix	Entsprechend der Zielgruppe werden verschiedene Überschriften gewählt (z. B. Name, Funktion, besondere Fähigkeiten, typisch für mich: …).
Steckbrief	Einzelvorstellung nach einem vorbereiteten Raster oder Paarinterview
Erwartungs-abfrage	In der Einstiegsphase eignet sich die Satzergänzung (z. B. Ich erwarte …/Ich erwarte nicht …) oder die Ein-Punkt-Abfrage zur Einschätzung der persönlichen Erwartungen.
Kartenabfrage	Die Teilnehmer erhalten Karten und werden aufgefordert, die z. B. an der Pinnwand visualisierte Frage zu beantworten. Dabei sollte mit dickem Filzstift in Druckschrift maximal ein Gedanke auf jede Moderationskarte geschrieben werden.
Abfrage auf Zuruf	Kartenabfrage, bei der der Moderator die Beiträge mitschreibt.
Themenspeicher	Die zur Bearbeitung anstehenden Themen (erarbeitet durch Kartenabfrage, Abfrage auf Zuruf) werden von dem Moderator bzw. den Moderatoren mit der Gruppe gelistet.
Ein-Punkt-/Mehr-Punkt-Abfrage	Die Ein-Punkt-Abfrage wird oft als Polaritätsprofil vorgegeben: „gut" – „schlecht", „erfolgreich" – „nicht erfolgreich". Bei der Mehrpunkt-Abfrage können die Teilnehmer mehrere Punkte setzen.
Problem-Analyse-Schema (PAS)	Zur intensiven Bearbeitung eines Themas ist diese Methode besonders geeignet. Auf einer Pinnwand halten die Moderatoren die Antworten der Gruppenmitglieder auf dem vorbereiteten PAS fest.
Zwei-Felder-Tafel/Vier-Felder-Tafel	Entsprechend dem Thema oder der Zielsetzung werden auf zwei bzw. vier Feldern von den Moderatoren die Felder benannt. Die Gruppenmitglieder antworten durch Zuruf.
Ursache-Wirkungs-Diagramm	Bei der Bearbeitung eines Themas eignet sich das Ursache-Wirkungs-Diagramm zur intensiven und systematischen Bearbeitung der Ursachen von Problemen. Da der Moderator den Gruppenprozess steuert, muss ein weiterer Moderator die Ergebnisse visualisieren.
Netzbild	Die Ausgangsfrage befindet sich im Kreis in der Mitte eines Plakates. Nach dem Finden und nach der Visualisierung der Hauptpunkte „um den Kreis" entwickelt sich das Bild von innen nach außen weiter.
Ablaufplan	Nach Erarbeitung bzw. Vorgabe eines (bekannten) Ablaufs bearbeitet die Gruppe die Fragen bzw. Probleme.
Matrix	Mithilfe der Matrix können Beziehungen sinnvoll in Verbindung gesetzt werden.
Brainstorming	Dieses organisierte „Spinnen" dient zum Finden von vielen Ideen in kurzer Zeit.
Maßnahmeplan	Der Maßnahmeplan ist ein wichtiger Schritt zur Planung der Maßnahmen, damit eine Gruppensitzung nicht ergebnislos bleibt.
Stimmungs-barometer	Um die Stimmung in der Gruppe festzustellen, eignet sich diese Moderationsmethode während der Sitzung, aber insbesondere zum Abschluss (Ein-Punkt-Abfrage).
Blitzlicht	Das Blitzlicht dient zur Stimmungsabfrage, wird aber meist nicht visualisiert wie das Stimmungsbarometer.

1 *Auf dem Flipchart-Papier befindet sich folgendes Ergebnis:*

Tragen Sie eine
1 ein, wenn die Aussage zutrifft,
9 ein, wenn die Aussage nicht zutrifft.

a. Es handelt sich bei der Darstellung um eine Zwei-Felder-Analyse.

b. Diese Erwartungsabfrage eignet sich insbesondere für den Einstieg in eine Moderation.

c. Das Ergebnis stellt eine Abfrage auf Zuruf dar.

d. Bei dieser Ein-Punkt-Abfrage wurden die Einschätzungen der persönlichen Erwartungen abgebildet (Erwartungsabfrage).

e. Drei Schüler/-innen erwarten einen hohen Lernerfolg, aber ein schlechtes Lernklima.

f. Hierbei handelt es sich um die Einschätzung des Moderators nach der Mehr-Punkt-Abfrage.

2 *Ordnen Sie eine*
1 zu, wenn die Aussage zutrifft,
9 zu, wenn die Aussage nicht zutrifft.

a. Ein Moderationszyklus ist immer auf eine bestimmte Zeit festgelegt, die aber nie einen Tag überschreiten soll.

b. Je nach Gegebenheit kann ein Moderationszyklus von kurzer Dauer oder aber auch von langer Dauer (z. B. mehrere Wochen) sein.

c. Ein Moderationszyklus beinhaltet mehrere Phasen.

3 *Bringen Sie die Phasen der Moderationsmethode in die richtige Reihenfolge. Verteilen Sie die Ziffern 1 bis 6.*

a. Bearbeiten

b. Sammeln

c. Auswählen

d. Planen

e. Einsteigen

f. Abschließen

4 *Zur Sammlung von Ideen, Themen, Fragen, Problemlösungsvorschlägen usw. ist die Kartenabfrage sehr geeignet. Beurteilen Sie die Vor- und Nachteile, die sich daraus ergeben.*

Tragen Sie eine
1 ein, wenn es sich um einen Vorteil handelt,
2 ein, wenn es sich um einen Nachteil handelt.

a. Jeder Teilnehmer wird miteinbezogen.

b. Der Zeitaufwand ist hoch und bei großen Gruppen wird das Ergebnis unübersichtlich.

c. Die Nennungen können jederzeit neu geordnet werden.

5 *Überprüfen Sie folgende Feststellungen zum Brainstorming.*

Tragen Sie eine
1 ein, wenn die Aussage zutrifft,
9 ein, wenn die Aussage nicht zutrifft.

a. Beim Brainstorming werden die aufgelisteten Probleme arbeitsteilig von den Gruppen behandelt, vorgetragen und umgesetzt.

b. Während der Phase der Ideensammlung darf nicht kritisiert werden.

c. Das Brainstorming dauert oft Tage.

d. Es erfolgt keine Bewertung der Gedanken.

e. Die Ideen anderer dürfen genutzt und weiterverfolgt werden.

6 *Welche der Aussagen zum Beschreiben des Methodenkatalogs trifft nicht zu?*

1 Der Steckbrief ist eine Methode, die zum Abschluss noch einmal das Thema zusammenfasst.

2 Beim Netzbild befindet sich die Ausgangsfrage im Kreis in der Mitte des Plakates.

3 Bei der Ein-Punkt-Abfrage eignet sich das Polaritätsprofil, z. B. „viel" – „wenig".

7 *Überprüfen Sie folgende Aussagen zur Vorbereitung auf eine Moderation.*

Tragen Sie eine
1 ein, wenn die Aussage zutrifft,
9 ein, wenn die Aussage nicht zutrifft.

a. Eine inhaltliche Vorbereitung ist nicht so wichtig, da der Moderator neutral ist und nur die Fragen stellen soll, sie aber nicht bewertet.

b. Bei der methodischen Vorbereitung auf die Moderation sollte ein Moderationsplan entworfen werden, der die einzelnen Phasen darstellt und u. a. zuordnet: Ziel, Methodik, Hilfsmittel, Funktion des Moderators.

c. Zur organisatorischen Vorbereitung gehört u. a. das Festlegen von Ort, Zeit, Medien.

d. Zur persönlichen Vorbereitung zählt die körperlich-geistige Fitness.

Geben Sie einen Überblick über Merkmale und Bedeutung der Teamarbeit.

Begriff	Der Begriff „Team" bezeichnet einen Zusammenschluss von mehreren Personen zur Lösung einer Aufgabe bzw. zur Erreichung eines Zieles. In einem Unternehmen bezeichnet das Team die für einen bestimmten Zweck aus verschiedenen Mitarbeitern zusammengesetzte Arbeitsgruppe.
Merkmale des Teams	Ein Team hat unter arbeitssoziologischen Gesichtspunkten folgende Hauptmerkmale: ▸ Ein Team hat ca. vier bis zehn Mitglieder. ▸ Die Mitglieder tragen zur Erreichung der Teamziele mit ihren jeweiligen Fähigkeiten bei. ▸ Das Team hat eine Identität und eine Kultur, die sich von den individuellen Identitäten der einzelnen Mitglieder unterscheidet. ▸ Jedes Team entwickelt Kommunikationsstrukturen innerhalb des Teams und zur Außenwelt. ▸ Die Struktur des Teams ist an der Aufgabe und am Ziel orientiert. ▸ Ein Team überprüft regelmäßig seine Effizienz.
Bedeutung der Teamarbeit	In Unternehmen hat die Teamarbeit inzwischen weithin Fuß gefasst. Das ist damit zu erklären, dass ▸ die zu lösenden Probleme immer schwieriger und umfangreicher werden, ▸ der Leistungsdruck aufgrund von Globalisierung und Kundenansprüchen ständig steigt und ▸ eine nahezu unüberschaubare Menge von Informationen zur Verfügung steht. Aus diesen Gründen hat das Management ▸ immer weniger Detailkenntnisse und einen geringeren Überblick über die Geschehnisse und ▸ delegiert die Entscheidungen zunehmend nach unten.

Stellen Sie die Ursachen von Kommunikationsstörungen dar und nennen Sie Maßnahmen, um diese zu verhindern oder zu beheben.

Menschliche Ursachen für Kommunikations-störungen		Die zwischenmenschliche Kommunikation findet zumeist auf mehreren Ebenen statt. Man kann einer übermittelten Nachricht in der zwischenmenschlichen Kommunikation vier Seiten zuordnen. Dass sich daraus ergebende Kommunikationsquadrat beschreibt somit die Mehrschichtigkeit einer menschlichen Äußerung. *Beispiel: Der Abteilungsleiter zum Mitarbeiter: „Der Umsatz ist im letzten Quartal wieder um 2,5 % gesunken. So geht das nicht weiter!"* ▸ Die **Sachseite** beinhaltet die reinen Sachaussagen, Daten und Fakten, die in einer Nachricht enthalten sind. („Umsatz im letzten Quartal um 2,5 % gesunken.") ▸ In der **Selbstoffenbarung** vermittelt der Sprecher – bewusst oder unbewusst – etwas über sein Selbstverständnis, seine Motive und Emotionen. („Ich bin enttäuscht, dass nicht mehr erreicht wurde.") ▸ Auf der **Beziehungsseite** wird ausgedrückt bzw. aufgenommen, wie der Sender zum Empfänger steht und was er von ihm hält. („Ich bin Ihr Chef, und ich halte nicht viel von Ihren Leistungen.") ▸ Der **Appell** beinhaltet einen Wunsch oder eine Handlungsaufforderung. („Strengen Sie sich im nächsten Quartal mal etwas mehr an.") Neben dem Sender, der mit vier „Mündern" spricht, d.h. gleichzeitig vier Botschaften sendet, gibt es den Empfänger, der mit vier Ohren hört, also vier verschiedene Botschaften empfangen kann. Oftmals entsprechen die vier Seiten der gesendeten Nachricht nicht den vier Seiten der empfangenen Nachricht. Das macht die zwischenmenschliche Kommunikation anfällig für Störungen. Dabei kann der Empfänger jede Ebene der Nachricht anders verstehen als vom Sender beabsichtigt. So kann der Sender beispielsweise das Gewicht der Nachricht auf den Appell gelegt haben, der Empfänger hat jedoch vielleicht überwiegend den Beziehungshinweis empfangen. Dies ist nach dem Kommunikationsquadrat eine der Hauptursachen für Missverständnisse.
Andere Ursachen für Kommunika-tionsstörungen		▸ Übermittlungsfehler: Aufgrund von Empfangsstörungen versteht ein Telefonteilnehmer einen anderen als den genannten Preis. ▸ technische Störungen: Ein Fax oder eine E-Mail wird nicht übermittelt oder kommt „zerstückelt" an. ▸ fehlende Information: Eine interne Mitteilung wird nicht oder zu spät an einen Mitarbeiter verteilt. ▸ unbeabsichtigte Information: Ein Kunde bekommt ein Angebot, das für einen anderen Kunden mit besseren Konditionen kalkuliert war. ▸ Fehlinformation: Ein Verkäufer erhält eine veraltete Preisliste übermittelt. ▸ Manipulationen von Informationen: Ein Gesprächsprotokoll wird „geschönt". ▸ Vertraulichkeit wird nicht gewahrt: Ein Personalsachbearbeiter spricht über Gehälter. ▸ technisch veraltete oder fehlerhafte EDV- oder Kommunikationssysteme
Maßnahmen zur Vermeidung von Kommunikations-störungen	bei mündlichen Kommunikationsstö-rungen	▸ aktiv Zuhören und Rückmeldung geben, ob man etwas verstanden hat ▸ Interessen offenlegen, um verdeckte Störungen zu verhindern ▸ Gesprächsstörungen haben Vorrang und sollten zuerst angesprochen werden. ▸ Kernaussagen zusammenfassen und – sofern möglich – visualisieren ▸ Verständnis für das Gesprächsgegenüber entwickeln („Was würde ich in seiner Situation denken und wollen?")
	bei anderen Ursachen	▸ technische Voraussetzungen anpassen und sicherstellen ▸ Verteiler überprüfen ▸ Nachrichten nach sehr wichtig, wichtig und unwichtig klassifizieren ▸ Empfangsbestätigungen per E-Mail oder SMS einfordern und vermerken ▸ Informationen zeitgerecht bereitstellen und verteilen

1 *Teamarbeit wird in den Unternehmen immer dringlicher.*
Welche der im Folgenden dargestellten Ursachen trifft nicht auf die Notwendigkeit von Teamarbeit zu?

1 Einzelne Mitarbeiter sind damit überfordert, die Flut der täglichen Informationen komplett zu übersehen.

2 Lösungen im Team sind kreativer und intelligenter, weil mehrere Personen mehr Ideen haben.

3 Die anstehenden und zu lösenden Probleme werden immer komplexer und in ihrer Struktur für den Einzelnen unüberschaubar.

4 Viele Arbeitsvorgänge heute sind eintönig. Solche sich wiederholende Arbeitsvorgänge ermüden die betroffenen Mitarbeiter. Deshalb ist es gut, wenn man gelegentlich abgelöst wird. Das ist nur im Team zu leisten.

5 Anstehende Probleme müssen schnell und professionell gelöst werden, weil Kunden ungerne warten.

2 *Welches der folgenden Merkmale ist kein Merkmal für ein Team?*

1 Im Team entwickelt sich eine eigene Umgangs- und Arbeitssprache.

2 Jeder Mitarbeiter bringt seine Fähigkeiten und Fertigkeiten ein, um die Aufgabe des Teams zu lösen.

3 Jedes Team hat einen eigenen Kodex, der sich in seiner Identität und in seiner Kultur ausdrückt.

4 In jedem Team passt sich deshalb das individuelle Verhalten der Mitarbeiter aneinander an.

5 Ziel und Aufgabe des Teams bestimmen seine Struktur.

3 *Ein Angestellter ist im Laufe des Vormittags zu einem Gespräch mit seinem Chef verabredet. Er hat den Eindruck, dass dieser im Moment nicht gut auf ihn zu sprechen ist, weil er ihn heute Morgen bei seinem Rundgang nicht wie üblich begrüßt hat, sondern eher unfreundlich war.*
Welche der folgenden Reaktionsweisen zu Beginn des Gespräches in Bezug auf das Verhalten des Chefs ist angemessen?

1 Der Angestellte denkt sich: „Er ist bestimmt sauer wegen der sinkenden Umsätze in meinem Verkaufsgebiet. Da halte ich mich mal ein bisschen bedeckt und lasse mir nichts anmerken."

2 Der Angestellte sagt: „Ich finde, dass Sie heute mächtig schlechte Laune verbreiten. Das sollten wir jetzt erst mal klären."

3 Der Angestellte denkt sich: „Na ja, vielleicht hat er heute morgen Krach mit seiner Frau gehabt oder so was und jetzt ist er sauer. Halt ich mal besser meinen Mund."

4 Der Angestellte sagt: „Wir haben im Normalfall ein gutes Verhältnis miteinander. Heute Morgen hatte ich den Eindruck, dass Sie nicht gut auf mich zu sprechen waren. Wenn ich der Auslöser war, würde ich dies vorher gerne mit Ihnen besprechen."

4 *Das Vier-Seiten-Modell der Kommunikation beschreibt die Mehrschichtigkeit einer menschlichen Äußerung. Manche Äußerungen können in Bezug auf die Bedeutung einen Schwerpunkt in der gesendeten Botschaft haben.*

Ordnen Sie die Botschaften

1 *Sachbotschaft,*
2 *Selbstoffenbarung,*
3 *Beziehung,*
4 *Appell*

den folgenden mündlichen Äußerungen in einem Betrieb zu.

a „Ich weiß, es ist schon spät, Frau Müller, aber ich fände es gut, wenn Sie mir eben noch diese Statistik bearbeiten könnten."

b. „Herr Tonsmeier, ich bin – ehrlich gesagt – etwas erstaunt darüber, dass die Lieferung an die Firma Knödel KG immer noch nicht erledigt ist."

c. „Wir liegen mit unseren Personalkosten knapp 2 % über dem Vorjahr."

d. „Wie können Sie es wagen, mich vor den versammelten Abteilungsleitern bloßzustellen?"

e. „Können wir dem Kunden Friedrichswald GmbH eine Delkredereprovision von 1,5 % zukommen lassen?"

f. „Ich habe da gerade einen Lieferanten auf der anderen Leitung. Ich glaube, nur Sie können entscheiden, ob wir eine Preiserhöhung von 3,4 % akzeptieren können."

g. „Frau Kisker, Sie sind wirklich die Seele vom Geschäft. Wenn wir Sie nicht hätten."

h. „Kann ich in der Angelegenheit Betriebsurlaub ein Entgegenkommen von Ihnen erwarten?"

5 *Welche der folgenden Verhaltensweisen ist nicht dazu geeignet, Störungen in der mündlichen Kommunikation zwischen Mitarbeitern zu verhindern?*

1 Man teilt dem Gesprächspartner per Rückmeldung mit, was man verstanden hat.

2 Wenn man einen wichtigen Gedanken hat, während der andere redet, unterbricht man ihn und teilt diesen Gedanken sofort mit.

3 Man hört dem anderen Menschen aufmerksam zu und stellt Fragen, wenn man etwas nicht verstanden hat.

4 Man fragt sein Gegenüber, welches Interesse er am Gesprächsgegenstand hat.

5 Auftretende Störungen des Gesprächs werden sofort angesprochen.

6 Kernaussagen des Besprochenen werden zusammengefasst und visualisiert.

7 Man versucht, für das Gesprächsgegenüber ein Verständnis zu entwickeln.

Beschreiben Sie die Positionen einer Gehaltsabrechnung und ermitteln Sie die Nettovergütung.

Schulz GmbH – Metallwarengroßhandel

Entgeltabrechnung		Monat: Januar 20..

	Persönliche Daten:	
Giesselmann, Rüdiger	Steuerklasse:	eins
Ringstr. 8	Kinderzahl:	0
04209 Leipzig	Kinderfreibeträge:	0
	Konfession:	ev.
Pers. Nr.: 104	Freibetrag (mtl./jährl.):	120,00 / 1 440,00
Abteilung: Versand		⑯

Brutto		**Abzüge**	
Entgelt	3 000,00 ①	*Gesetzliche Abzüge:*	
VL-Zulage	20,00 ②		
		Lohnsteuer	616,00 ④
einmalige Sonderzuwendung	300,00 ③	Kirchensteuer	55,00
		Solidaritätszuschlag	34,00
		Rentenversicherung Arbeitnehmer	310,42 ⑤
		Krankenversicherung Arbeitnehmer	272,24 ⑥
		Arbeitslosenversicherung Arbeitnehmer	49,80 ⑦
		Pflegeversicherung Arbeitnehmer	47,31 ⑧
		Persönliche Abzüge:	
		Vermögenswirksame Leistungen	40,00 ⑨
		Gehaltsvorschuss	200,00 ⑩
Gesamt	3 320,00	**Gesamt**	1 624,77

Auszahlungs-betrag	sozialvers.-pflichtiges Entgelt	steuerpflichtiges Entgelt	Sozialvers.-Beiträge/ Arbeitnehmer	Sozialvers.-Beiträge/ Arbeitgeber
1 695,23 ⑪	3 320,00 ⑫	3 200,00 ⑬	679,77 ⑭	641,59 ⑮

Erläuterungen:

① Die Höhe des Entgeltes ist im Tarifvertrag der entsprechenden Branche festgelegt bzw. wurde einzelvertraglich ausgehandelt.

② Zuschuss des Arbeitgebers zu den vermögenswirksamen Leistungen ⑨ des Arbeitnehmers, der im Tarifvertrag festgelegt ist bzw. vom Arbeitgeber freiwillig gezahlt wird.

③ sonstige Leistungen des Arbeitgebers (z. B. 13. Monatsgehalt, Kontoführungsgebühren), die sowohl steuer- als auch sozialversicherungspflichtig sind

④ Die Lohn- und Kirchensteuer sowie der Solidaritätszuschlag werden mithilfe der elektronischen Lohnsteuerabzugsmerkmale ermittelt (notwendige Angaben: ⑬, Steuerklasse, Kinderfreibeträge).

⑤ Beitragshöhe: 18,7 % (2015) von ⑫. Dieser Beitrag wird je zur Hälfte vom Arbeitgeber und vom Arbeitnehmer aufgebracht (Arbeitnehmeranteil demnach 9,35 %).

⑥ Beitragshöhe: Arbeitnehmer = 8,2 % (einschließlich Krankenkassen-Sonderbeitrag, in diesem Fall von 0,9 %) Arbeitgeber = 7,3 % (2015)

⑦ Beitragshöhe: 3,0 % (2015) von ⑫ (Arbeitgeber und Arbeitnehmer je zur Hälfte 1,5 %)

⑧ Beitragshöhe: 2,35 % (2015) von ⑫ (Arbeitgeber und Arbeitnehmer je zur Hälfte 1,175 %), kinderlose Versicherte zahlen

einen Aufschlag von 0,25 %, wenn sie über 23 Jahre alt sind, also insgesamt einen Arbeitnehmeranteil von 1,425 %.

⑨ Sparbeiträge des Arbeitnehmers, die vermögenswirksam angelegt werden (z. B. Bausparverträge, Erwerb von Kapitalbeteiligungen)

⑩ individuelle Abzüge wie z. B. Tilgung eines Arbeitgeberdarlehens, Lohnpfändung

⑪ Dieser Betrag wird auf das Girokonto des Arbeitnehmers überwiesen (Gesamtbruttoentgelt – Gesamtabzüge = Auszahlungsbetrag).

⑫ ist i. d. R. mit dem Gesamtbruttoentgelt identisch

⑬ Vom Gesamtbruttoentgelt wird der monatliche Steuerfreibetrag ⑯ abgezogen. Der Steuerfreibetrag ist den elektronischen Lohnsteuerabzugsmerkmalen des Arbeitnehmers zu entnehmen.

⑭ Summe der Sozialversicherungsbeiträge ⑤ + ⑥ + ⑦ + ⑧ des Arbeitnehmers

⑮ Der Arbeitgeber trägt zur Hälfte den Beitrag für die Rentenversicherung, 9,35 % (2015), Krankenversicherung 7,3 % (2015), Arbeitslosenversicherung, 1,5 % (2015) und die Pflegeversicherung, 1,175 % (2015). Summe: 19,325 %.

⑯ Der Freibetrag wird auf Antrag beim Finanzamt den elektronischen Lohnsteuerabzugsmerkmalen hinzugefügt.

1 Welche der unten aufgeführten Positionen einer Entgeltabrechnung erhöht den auszuzahlenden Betrag?

1 Lohnsteuer

2 Kirchensteuer

3 vermögenswirksame Leistungen des Arbeitnehmers

4 Zulage des Arbeitgebers zu den vermögenswirksamen Leistungen

5 Arbeitnehmeranteil zur Sozialversicherung

2 Tragen Sie die Ziffer der nicht zutreffenden Berechnung in das Kästchen ein.

1 Entgelt
 + vermögenswirksame Zulage des Arbeitgebers
 + sonstige Leistungen des Arbeitgebers (soweit sie nicht steuerfrei sind)
 = steuerpflichtiges Entgelt (ohne Freibetrag auf der Lohnsteuerkarte)

2 Lohnsteuer
 + Kirchensteuer
 + Solidaritätszuschlag
 + Arbeitnehmeranteil zur Krankenversicherung
 + Arbeitnehmeranteil zur Rentenversicherung
 + Arbeitnehmeranteil zur Arbeitslosenversicherung
 + Arbeitnehmeranteil zur Pflegeversicherung
 = gesetzliche Abzüge vom gesamten Bruttogehalt

3 gesamtes Bruttoentgelt
 – gesamte Abzüge
 + verrechneter Gehaltsvorschuss
 = Auszahlungsbetrag

4 Arbeitnehmeranteil zur Sozialversicherung
 + Arbeitgeberanteil zur Sozialversicherung (inkl. Beiträge für die Unfallversicherung)
 = gesamte Sozialversicherungsbeiträge

5 $\dfrac{\text{jährlicher Steuerfreibetrag}}{12}$ = monatlicher Steuerfreibetrag

3 Welches der unten stehenden Entgelte ist steuer- und sozialversicherungsfrei?

1 Bruttoentgelt

2 Mehrarbeitsvergütung

3 Kontoführungsgebühren

4 50 % Zuschlag zum Grundlohn für Sonntagsarbeit

5 Urlaubsgeld

4 Welcher Beitrag gehört nicht zu den Sozialversicherungsbeiträgen?

Beitrag für:

1 Arbeitslosenversicherung

2 Rentenversicherung

3 gesetzliche Unfallversicherung

4 Krankenversicherung

5 Lebensversicherung

5 Welche der nachstehenden Entgelte sind steuer- und sozialversicherungsfrei?

1 Bruttogehalt

2 Überstunden-Zuschlag

3 Zuschuss des Arbeitgebers zu den vermögenswirksamen Leistungen des Arbeitnehmers

4 Lohnfortzahlung im Krankheitsfall

5 Zuschläge für Nachtarbeit

6 Welche der aufgeführten Belastungen trägt der Arbeitnehmer allein?

1 Arbeitslosenversicherungsbeiträge

2 Lohnsteuer

3 Rentenversicherungsbeiträge

4 Krankenversicherungsbeiträge

5 Beiträge zur gesetzlichen Unfallversicherung

7 Welche der folgenden Angaben hat für die Berechnung der Abzüge bzw. des Auszahlungsbetrages keine Bedeutung?

1 Bruttoentgelt

2 Steuerklasse

3 Geschlecht

4 vermögenswirksame Leistungen des Arbeitnehmers

5 Anzahl der Kinderfreibeträge

8 Bei welchen Positionen kann es sich nicht um einen Abzug vom Bruttomonatsverdienst handeln?

1 Gehalts-/Lohnpfändungen

2 Beiträge des Arbeitnehmers zur betrieblichen Altersversorgung

3 Beiträge des Arbeitgebers zur betrieblichen Altersversorgung

4 Rentenversicherungsbeitrag des Arbeitnehmers

5 Beitrag für die gesetzliche Unfallversicherung

Wie ermittelt man die Höhe der Lohnsteuer?

Elektronische Lohnsteuerabzugs-merkmale (ELStAM)	▸ Begriff Die elektronischen Lohnsteuerabzugsmerkmale lösen zum 01.01.2013 die so genannte „Lohnsteuerkarte" als Informationsmittel für wichtige Daten der Mitarbeiter ab, die der Arbeitgeber für die Entgeltabrechnungen benötigt. Die Merkmale sind beim Bundeszentralamt für Steuern vom Arbeitgeber abrufbar. ▸ Wesentliche Inhalte Steuerklasse, Religionszugehörigkeit, Zahl der Kinderfreibeträge, Steuerfreibetrag ▸ Änderungen Änderungen von Inhalten werden durch eine Änderungsliste beim Bundeszentralamt für Steuern dem Arbeitgeber angezeigt. Für Änderungen sind die Finanzbehörden zuständig. Änderungen, die bei der Stadt- bzw. Gemeindeverwaltung vorgenommen werden (Heirat, Geburt, Eintritt/Austritt aus einer Religionsgemeinschaft), werden direkt an das Bundeszentralamt für Steuern weitergeleitet. ▸ Einstellung von Mitarbeitern Bei der Einstellung von Mitarbeitern muss der Arbeitnehmer folgende Daten mitteilen: – die Steueridentifikationsnummer – das Geburtsdatum – die Angabe, ob es sich um ein Hauptarbeitsverhältnis (Steuerklasse 1–5) oder um eine Nebentätigkeit (Steuerklasse 6) handelt ▸ Lohnsteuerermäßigung (Lohnsteuerfreibetrag) Lohnsteuerermäßigungen müssen bei den Finanzbehörden beantragt werden.
Lohnsteuertabelle Erläuterungen zu dem Tabellenaus-schnitt auf der gegenüberliegenden Seite:	1 Diese Spalte beinhaltet die Bruttoentgelte. Wird ein angegebener Betrag überschritten, gilt der nächst-höhere Betrag. 2 Dieser Bereich gilt für alle Steuerklassen **ohne** Kinderfreibeträge. 3 Der Bereich gilt für die entsprechenden Steuerklassen **mit** Kinderfreibeträgen. 4 Dieser Bereich weist die **Höhe der Lohnsteuer** aus. 5 bzw. ⑦, ⑨, ⑪, ⑬: Hier wird die Höhe des Solidaritätszuschlages ausgewiesen. 6 bzw. ⑧, ⑩, ⑫, ⑭: Diese Bereiche geben die Höhe der Kirchensteuer an. *Beispiel zur Ermittlung der Lohn-/Kirchensteuer und des SolZuschlags:* *Arbeitnehmer Roland Godwin, Bruttomonatsentgelt 2 076,00 EUR, weitere Angaben lt. ELStAM:* *Bruttomonatsentgelt* *2 076,00 EUR* – *monatlicher Steuerfreibetrag* *200,00 EUR* ――――――――――――――――――――――――― = *zu versteuerndes Entgelt* *1 876,00 EUR* *Steuerklasse vier/Zahl der Kinderfreibeträge 1,0. Hier ist nachzusehen in der Spalte ⑨ bzw. in den Spalten ⑭ und ⑮. Es ergeben sich folgende Werte: Lohnsteuer 301,06 EUR, SolZ 14,08 EUR, Kirchensteuer (für NRW 9 %) 23,03 EUR.*

Welche Personalpapiere sind neben der Lohnsteuerkarte im Zusammenhang mit dem Beginn und der Beendigung eines Arbeitsverhältnisses notwendig?

Beitragsnachweis	Für jeden sozialversicherungspflichtigen Arbeitnehmer hat der Arbeitgeber Meldungen an den Sozial-versicherungsträger (die jeweilige Krankenkasse) abzugeben über: ▸ Beginn und Ende der Beschäftigung ▸ monatliche Beitragsnachweise zur gesetzlichen Sozialversicherung: Die Beiträge für Arbeitnehmer werden spätestens am 25. eines Monats fällig, wenn das Arbeitsentgelt bis zum 15. dieses Monats fällig wurde; bei späterer Auszahlung des Arbeitsentgelts sind die Beiträge bis zum 15. des nächsten Monats zu überweisen. Beiträge für Minijobs müssen an die Bundesknappschaft in Essen gemeldet werden. ▸ Änderungen zur Sozialversicherungspflicht Alle Unternehmen, die eine Software für die Lohn- und Gehaltsabrechnung einsetzen, müssen ihre Meldungen an die Sozialversicherer **elektronisch melden**.
Mitglieds-bescheinigung der Krankenkasse	Jeder Arbeitnehmer hat ein Wahlrecht für die Auswahl der Krankenkasse. Die Krankenkasse darf die Mitgliedschaft nicht ablehnen. Die gewählte Krankenkasse hat nach Ausübung des Wahlrechts unverzüg-lich eine Mitgliedsbescheinigung auszustellen (§ 175 Sozialgesetzbuch).

1 Welche Aussage zu den Elektronischen Lohnsteuer-Abzugsmerkmalen (ELStAM) trifft zu?

1 Die zuständigen Krankenkassen sind für die Bereitstellung der Lohnsteuerabzugsmerkmale verantwortlich.

2 Anhand dieser Merkmale kann der Arbeitgeber die Beiträge zur gesetzlichen Sozialversicherung berechnen.

3 Die Elektronischen Lohnsteuer-Abzugsmerkmale können bei der zuständigen Krankenkasse abgefragt werden.

4 Bei Ehepaaren gibt es nur eine Steuer- und Identifikationsnummer für beide Partner.

5 Der Arbeitgeber erhält die Lohnsteuerabzugsmerkmale direkt vom Bundeszentralamt für Steuern.

2 Von welchen Institutionen erhält der Arbeitnehmer den Sozialversicherungsausweis?

1 Bundesversicherungsanstalt für Angestellte
2 Finanzamt
3 Landesversicherungsanstalten
4 Gemeindeverwaltung
5 Arbeitsagentur

3 Welche Änderung betrifft die Elektronischen Lohnsteuerabzugsmerkmale (ELStAM)?

Änderungen

1 beim Wechsel der Krankenkasse des Arbeitnehmers,
2 der Anzahl der Jahre der Betriebszugehörigkeit,
3 der Zahl der Kinderfreibeträge,
4 der Umsatzsteuer-Identifikationsnummer,
5 der Zugehörigkeit zur Industrie- und Handelskammer.

4 Ermitteln Sie mithilfe des unten stehenden Auszugs aus der Lohnsteuertabelle für folgende Mitarbeiter die jeweiligen Beträge:

a. Mitarbeiter U. Kleine-Piening, brutto 1 875,00 EUR; Steuerklasse III; Kinderfreibetrag 0,5; Kirchensteuer 8 %

aa. Lohnsteuer

ab. Kirchensteuer

ac. Solidaritätszuschlag

b. Mitarbeiterin B. Klinksiek, brutto 2 175,00 EUR; Steuerklasse I; Kinderfreibetrag 1,0; Kirchensteuer 9 %; jährl. Steuerfreibetrag 3 600,00 EUR

ba. Lohnsteuer

bb. Kirchensteuer

bc. Solidaritätszuschlag

c. Mitarbeiter K. Brokopf, brutto 1 876,00 EUR; Steuerklasse II; Kinderfreibetrag 2,0; konfessionslos

ca. Lohnsteuer

cb. Kirchensteuer

cc. Solidaritätszuschlag

5 Welche Faktoren beeinflussen die Höhe der Lohnsteuer nicht?

1 Bruttoentgelt
2 Weihnachtsgeld
3 Wegfall der Religionszugehörigkeit
4 Änderung des Beitragssatzes in der Arbeitslosenversicherung
5 Anzahl der Kinderfreibeträge

6 Welches der unten stehenden Entgelte ist steuer- und sozialversicherungsfrei?

1 Bruttoentgelt
2 Mehrarbeitsvergütung
3 Kontoführungsgebühren
4 50 % Zuschlag zum Grundlohn für Sonntagsarbeit
5 Urlaubsgeld

Lohn EUR/ Gehalt EUR bis	Steuerkl.	Lohn-steuer	ohne Kinder-freibeträge			mit Zahl der Kinderfreibeträge												
						0,5			1,0			1,5			2,0			
				Kirchenst.			Kirchenst.			Kirchenst.			Kirchenst.			Kirchenst.		
			SolZ	8 %	9 %	SolZ	8 %	9 %	SolZ	8 %	9 %	SolZ	8 %	9 %	SolZ	8 %	9 %
1875,24	I	300,34	16,51	24,03	27,03	14,04	20,42	22,97	11,62	16,90	19,01	9,25	13,46	15,14	6,94	10,10	11,37
	II	227,65	12,52	18,21	20,49	10,13	14,74	16,58	7,81	11,36	12,77	4,48	8,05	9,05	-	4,83	5,43
	III	73,88	-	5,91	6,65	-	2,88	3,24	-	-	-	-	-	-	-	-	-
	IV	300,34	16,51	24,03	27,03	15,27	22,22	24,99	14,04	20,42	22,97	12,82	18,65	20,98	11,62	16,90	19,01
	V	567,70	31,22	45,41	51,09	-	-	-	-	-	-	-	-	-	-	-	-
	VI	602,30	33,13	38,18	54,21	-	-	-	-	-	-	-	-	-	-	-	-
1877,54	I	301,06	16,56	24,08	27,09	14,08	20,48	23,03	11,66	16,95	19,08	9,29	13,51	15,20	6,98	10,15	11,42
	II	228,37	12,56	18,27	20,55	10,17	14,80	16,64	7,84	11,41	12,83	4,61	8,10	9,11	-	4,88	5,49
	III	73,88	-	5,91	6,65	-	2,88	3,24	-	-	-	-	-	-	-	-	-
	IV	301,06	16,56	24,08	27,09	15,31	22,27	25,05	14,08	20,48	23,03	12,86	18,71	21,04	11,66	16,95	19,08
	V	568,56	31,27	45,48	51,17	-	-	-	-	-	-	-	-	-	-	-	-
	VI	603,24	33,18	48,26	54,29	-	-	-	-	-	-	-	-	-	-	-	-

Erläutern Sie den Zeitlohn, den Akkordlohn und den Prämienlohn.

Zeitlohn	Maßstab für die Berechnung des Zeitlohnes ist die Dauer der Arbeitszeit (Stunde, Woche, Monat), ohne dabei die während dieser Zeit geleistete Arbeit zu berücksichtigen.		
	Anwendbarkeit	‣ für Tätigkeiten, die Sorgfalt, Genauigkeit und Qualität erfordern ‣ für nicht messbare Tätigkeiten	
		Vorteile	**Nachteile**
		‣ einfache Abrechnung ‣ überschaubar für Arbeitnehmer ‣ Qualitätsarbeit/Dauerleistung bei niedrigem Arbeitstempo	‣ kein Leistungsanreiz ‣ der Unternehmer trägt allein das Risiko der Minderleistung ‣ Arbeitskontrollen notwendig
	Berechnung	Zeiteinheiten · Lohnsatz = Bruttolohn	
Akkordlohn	Der Akkordlohn ist eine leistungsabhängige Lohnform. Er wird für ein Stück/eine Verrichtung bezahlt, ohne dabei die benötigte Arbeitszeit zu berücksichtigen.		
	Voraussetzungen	‣ Die Tätigkeit muss bewertbar sein. ‣ Die Tätigkeit muss sich regelmäßig wiederholen. ‣ Der Arbeitnehmer muss sein Arbeitstempo selbst bestimmen können.	
		Vorteile	**Nachteile**
		‣ Leistungsanreiz ‣ Bei Minderleistungen des Arbeitnehmers trägt der Betrieb kein Risiko. ‣ konstante Lohnkosten je Stück/Verrichtung	‣ Gefahr der Überbeanspruchung von Mensch und Maschine ‣ umfangreiche Vorarbeiten zur Ermittlung der Vorgabezeiten ‣ Gefahr von Qualitätsminderung
	Berechnung	tariflicher Mindestlohn + Akkordzuschlag = Akkordrichtsatz	Er entspricht dem Mindestlohn bei Zeitlohn, d.h., es wird eine Mindestleistung unterstellt. Er beträgt 10–25 % des Mindestlohnes. Stundenverdienst bei Normalleistung Er liegt über dem Zeitlohn für vergleichbare Arbeit.
	Stückzeitakkord	$\underbrace{\dfrac{\text{Akkordrichtsatz}}{60 \text{ oder } 100}}_{\text{Minutenfaktor}} \cdot \underbrace{\dfrac{60 \text{ oder } 100}{\text{Normalleistung}}}_{\text{Vorgabezeit}} \cdot \text{geleistete Stück} = \text{Bruttolohn}$	
	Stückgeldakkord	$\underbrace{\dfrac{\text{Akkordrichtsatz}}{\text{Normalleistung}}}_{\text{Stückgeldsatz}} \cdot \text{geleistete Stück} = \text{Bruttolohn}$	

Prämienlohn	Beim Prämienlohn wird neben dem Grundlohn noch eine Sondervergütung (Prämie) gezahlt.
	‣ Prämien für Leistungen qualitativer Art, z.B.:
	  – Einsparungen beim Material
	  – sorgfältige Behandlung von Maschinen
	  – Unterschreiten der zulässigen Ausschussquote
	‣ Prämien für mengenmäßige Mehrleistung
	Im Gegensatz zum Akkordlohn kommt die Vergütung für die Mehrleistung dem Arbeitnehmer nicht in voller Höhe zugute. Sie wird nach bestimmten Schlüsseln zwischen dem Arbeitgeber und Arbeitnehmer geteilt.		

Erläutern Sie wesentliche Punkte der Erfolgsbeteiligung der Arbeitnehmer.

Gründe	‣ Anreiz zur Leistungssteigerung ‣ Senkung der Fluktuation ‣ bessere Zusammenarbeit zwischen Arbeitgeber und Arbeitnehmer ‣ Der Produktionsfaktor Arbeitskraft wird entsprechend dem geleisteten Beitrag vergütet.
Maßstab	‣ Ertragsbeteiligung (z.B. Umsatz) ‣ Gewinnbeteiligung (z.B. Unternehmensgewinn, Betriebsgewinn)

Möglichkeiten	‣ ohne Vermögensbeteiligung:
	  – Gewinnausschüttung in bar
	  – Fondbildung für Pensionen, Sozialeinrichtungen
	‣ mit Vermögensbeteiligung:
	  – auf Fremdkapitalbasis (z.B. Obligationen)
	  – auf Eigenkapitalbasis (z.B. Belegschaftsaktien, Kommanditbeteiligungen)

1 Welche der folgenden Aussagen zum Zeitlohn trifft nicht zu?

1 Beim Zeitlohn wird die Dauer der Arbeitszeit vergütet.

2 Beim Zeitlohn sind die Lohnkosten pro Stück steigend, wenn ein Leistungsabfall eintritt.

3 Zeitlohn eignet sich für Tätigkeiten, bei denen Sorgfalt, Gewissenhaftigkeit und Qualität wichtiger sind als Schnelligkeit.

4 Tätigkeiten, bei denen die Leistungsintensität nicht von dem Arbeitnehmer zu vertreten ist, werden mit Zeitlohn vergütet.

5 Beim Zeitlohn nehmen bei steigender Leistung die Lohnstückkosten zu, sie fallen bei sinkender Leistung.

2 Der tarifliche Mindestlohn beträgt 18,00 EUR, der Akkordrichtsatz 20,70 EUR. Überprüfen Sie folgende Aussagen.
Tragen Sie die Ziffer vor der zutreffenden Antwort in das Kästchen ein.

1 Der Akkordzuschlag beträgt 13 %.

2 Der Akkordzuschlag beträgt 15 %.

3 Der Akkordzuschlag kann aufgrund der Angaben nicht ermittelt werden.

4 Der Akkordzuschlag ist abhängig von der erbrachten Leistung des Arbeitnehmers.

5 Der Akkordzuschlag wird für jeden Arbeitnehmer neu ermittelt.

3 Welche der folgenden Aussagen zur Berechnung des Akkordlohnes trifft nicht zu?

1 Beim Stückzeitakkord ist für die Berechnung die Ermittlung der Vorgabezeit notwendig.

2 Für den Arbeitnehmer ist die Berechnung seines Entgelts günstiger nach dem Stückzeitakkord-Verfahren als nach dem Stückgeldakkord-Verfahren.

3 Die Berechnung des Bruttolohnes nach dem Stückzeitakkord wird wie folgt durchgeführt: Minutenfaktor (EUR/pro Minute) · Vorgabezeit · produzierte Stückzahl.

4 Der Minutenfaktor wird ermittelt, indem der Akkordrichtsatz durch 60 geteilt wird.

5 Für die Ermittlung der Vorgabezeit ist es notwendig, die Normalleistung zu kennen.

4 Ermitteln Sie anhand folgender Angaben den Bruttolohn für einen Arbeitnehmer.
Akkordlohn: Lackiererei; Stückzahl: 880
Vorgabezeit: 12 Min.; Akkordrichtsatz: 12,00 EUR

Tragen Sie die Ziffer vor der zutreffenden Antwort in das Kästchen ein.

1 1 056,00 EUR

2 2 112,00 EUR

3 880,00 EUR

4 Die Ermittlung ist aufgrund der Angaben nicht möglich.

5 Ein Arbeitnehmer erzielte in einer Woche mit 38 Stunden einen durchschnittlichen Arbeitslohn von 21,04 EUR je Stunde. Die Vorgabezeit je Stück beträgt 4 Minuten, der Tariflohn 14,00 EUR und der Akkordzuschlag 20 %.

Ermitteln Sie die Anzahl der in 38 Stunden angefertigten Stücke. Tragen Sie die Ziffer vor der zutreffenden Antwort in das Kästchen ein.

1 323 Stück

2 646 Stück

3 ca. 1 280 Stück

4 Die Ermittlung ist aufgrund der Angaben nicht möglich.

6 Im Rahmen der Erfolgsbeteiligung sind Beteiligungen der Arbeitnehmer ohne Vermögensbeteiligung und mit Vermögensbeteiligung möglich.

Welche der beschriebenen Formen stellen Beteiligungen der Arbeitnehmer auf Eigenkapitalbasis dar?

1 Die Arbeitnehmer erhalten ihre Erfolgsbeteiligung durch Ausgabe von Belegschaftsaktien.

2 Der zustehende Erfolgsanteil wird durch die Ausgabe von Obligationen verteilt.

3 Nach Feststellung des Betriebsgewinns erhalten die Arbeitnehmer eine Barzahlung.

4 Den Arbeitnehmern wird die Möglichkeit geboten, Kommanditanteile als Erfolgsbeteiligung zu erhalten.

7 Welche der folgenden Tätigkeiten eignen sich für den Akkordlohn?

1 Fernfahrer

2 Näherin

3 Pförtner

4 Fliesenleger

5 Fließbandtätigkeit

8 Überprüfen Sie folgende Aussagen zum Prämienlohn.

Tragen Sie die Ziffer vor der nicht zutreffenden Antwort in das Kästchen ein.

1 Der Arbeitnehmer erhält seinen Prämienlohn immer am Ende eines Jahres als eine Art Gewinnbeteiligung.

2 Beim Prämienlohn wird neben dem Grundlohn eine Sondervergütung gezahlt, z. B. für das Unterschreiten der festgelegten Ausschussquote bei der Produktion.

3 Prämien können für Leistungen des Arbeitnehmers gezahlt werden, die qualitativer Art sind (z. B. Genauigkeitsprämie).

4 Prämien können auch für eine mengenmäßige Mehrleistung des Arbeitnehmers gezahlt werden.

5 Die Prämie ist Bestandteil des Lohnes.

Warum müssen Haushalte und Unternehmen wirtschaften?

Die Wirtschaft verdankt ihre Entstehung einer mengenmäßigen Beziehung: der Unbegrenztheit menschlicher Bedürfnisse einerseits und der Knappheit der Güter andererseits. Dieses Spannungsverhältnis zwingt sowohl Haushalte als auch Unternehmen dazu, zu wirtschaften. Menschen müssen Entscheidungen treffen zu Gunsten einer weitgehenden Bedürfnisbefriedigung. Unternehmen hingegen müssen die knappen Mittel möglichst optimal einsetzen, sei es, um einen möglichst hohen Gewinn oder aber um einen möglichst hohen Grad der Bedarfsdeckung zu erzielen. Haushalte und Unternehmen verhalten sich deshalb weitgehend nach dem **wirtschaftlichen Prinzip (ökonomisches Prinzip)**.

Erläutern Sie das ökonomische Prinzip als Minimal- und als Maximalprinzip und geben Sie jeweils Beispiele.

Maximalprinzip	Minimalprinzip
Hier wird versucht, mit gegebenen Mitteln einen möglichst großen (maximalen) Erfolg zu erzielen. Haushalte versuchen, mit gegebenen Einkommen die Güter zu kaufen, die einen möglichst hohen Nutzen versprechen **(Nutzenmaximierung)**. Unternehmen setzen vorhandene Produktionsfaktoren (Einrichtungen, Personal, Werkstoffe) so ein, dass der erzielbare Gewinn möglichst hoch ist **(Gewinnmaximierung)**.	Hier versuchen die Beteiligten, einen vorgegebenen (geplanten) Erfolg mit möglichst geringen (minimalen) Mitteln zu erreichen. Haushalte kaufen die Güter, von deren Leistung sie eine genaue Vorstellung haben, nach Preisvergleichen bei den preisgünstigsten Anbietern ein **(Ausgabenminimierung)**. Unternehmen versuchen, einen geplanten Gewinn mit möglichst geringen Kosten zu erzielen **(Kostenminimierung)**.

Erläutern Sie den Unterschied zwischen erwerbswirtschaftlichen und gemeinwirtschaftlichen Betrieben.

Erwerbswirtschaftliche Betriebe	Gemeinwirtschaftliche Betriebe
Sie werden von privaten Inhabern betrieben. Sie wirtschaften vorwiegend mit dem Ziel, aus den am Markt erzielten Erlösen abzüglich der dafür aufgewendeten Kosten einen möglichst hohen Gewinn zu erzielen **(Gewinnmaximierung)**, aus dem sie ihren Lebensunterhalt bestreiten und den Betrieb durch zusätzliche Investitionen erweitern. Gesamtwirtschaftlich gesehen erfüllt der Gewinn drei Hauptaufgaben: ▸ Die **Motivationsfunktion** des Gewinns liegt darin, dass ein Anreiz zur Leistung gegeben werden soll. ▸ Die **Signalfunktion** soll den privaten Investoren aufzeigen, in welchen Bereichen sich aktuell der Einsatz von Kapital lohnt. ▸ Die **Lenkungsfunktion** des Gewinns soll Produktionsfaktoren in die Bereiche lenken, in denen der Einsatz am lohnendsten erscheint.	Sie orientieren sich an den Bedürfnissen der Gemeinschaft. Sie müssen zu angemessenen Preisen einen Bedarf an Gütern oder Dienstleistungen decken. Dementsprechend lassen sich drei mögliche Zielsetzungen von gemeinwirtschaftlichen Betrieben unterscheiden: ▸ **Bedarfsdeckung** als Zielsetzung beinhaltet die Bereitstellung von Leistungen, unabhängig davon, ob deren Kosten nicht oder nur zu einem Teil von den Abnehmern bezahlt werden können (soziale Einrichtungen, Museen, Theater, Schwimmbäder). ▸ **Kostendeckung** streben gemeinwirtschaftliche Betriebe an, die als gemeinnützig anerkannt sind. ▸ **Kosten- bzw. Verlustminimierung** streben Betriebe an, deren Leistungen im öffentlichen Interesse sind, die aber zu kostendeckenden Preisen nicht anbieten können (Deutsche Bundesbahn, Verkehrsbetriebe).

Erklären Sie anhand von Beispielen wirtschaftliche Zielsetzungen.

Ziel	Erklärung	Beispiel
Rentabilität	Rentabilität ist das Verhältnis zwischen dem erzielten Gewinn und dem jeweils eingesetzten Kapital, ausgedrückt in Prozent. $= \dfrac{\text{Gewinn} \cdot 100}{\text{eingesetztes Kapital}}$	Ein Unternehmer hat ein Eigenkapital von 500 000,00 EUR in seinem Großhandelsunternehmen. Er erzielt in einem Jahr einen Gewinn von 75 000,00 EUR. Das entspricht einer Eigenkapitalrentabilität von 15 %.
Wirtschaftlichkeit	Wirtschaftlichkeit ist das Verhältnis zwischen dem Ertrag einer Leistung und dem dafür verwendeten Aufwand. $= \dfrac{\text{Wert der Leistung in EUR}}{\text{Kosten des Einsatzes in EUR}}$	Ein Großhandelsbetrieb erzielt in einem Monat einen Umsatz von 598 500,00 EUR. Die Kosten betragen 570 000,00 EUR. Die Wirtschaftlichkeitskennziffer beträgt 1,05.
Produktivität	Produktivität ist das Verhältnis von betrieblicher Ausbringungsmenge (Output) zur betrieblichen Einsatzmenge (Input). $= \dfrac{\text{mengenmäßige Ausbringung}}{\text{mengenmäßiger Einsatz}}$	Fünf Buchhalter eines Großhandelsgeschäftes erbringen eine Leistung von 1 250 Kassenabrechnungen pro Tag. Ihre durchschnittliche Produktivität liegt damit bei 250 Abrechnungen je Buchhalter.

1 *Das ökonomische Prinzip kann in zwei Ausprägungen beschrieben werden:*

1 *Minimalprinzip*
2 *Maximalprinzip*

Ordnen Sie diese Arten des ökonomischen Prinzips den folgenden Aussagen zu.

Tragen Sie eine 9 ein, wenn eine Zuordnung nicht sinnvoll erscheint.

a. Ein Unternehmen will mit geringsten Mitteln einen hohen Ertrag erzielen.

b. Ein Unternehmen will mit möglichst kleinem Einsatz an Produktionsfaktoren einen vorgegebenen Ertrag erzielen.

c. Ein Haushalt will einen gegebenen Nutzen mit möglichst niedrigen Ausgaben erreichen.

d. Ein Unternehmen will mit den gegebenen Mitteln einen hohen Erfolg erzielen.

2 *Welche der folgenden Aussagen trifft nicht zu?*

1 Erwerbswirtschaftliche Betriebe werden zumeist von privaten Inhabern betrieben.

2 Kostendeckung bedeutet, dass alle Kosten, die in einem Betrieb entstehen, durch die Preise gedeckt sein müssen.

3 Gemeinwirtschaftliche Betriebe orientieren sich vorwiegend an den Bedürfnissen der Gemeinschaft.

4 Bedarfsdeckung als Zielsetzung ist für alle Betriebe vorrangig, unabhängig davon, ob es sich um gemeinnützige oder erwerbswirtschaftliche Betriebe handelt.

5 Verlustminderung streben die Betriebe an, deren Leistungen im öffentlichen Interesse stehen, die aber zu kostendeckenden Preisen nicht anbieten können.

3 *Um welche Unternehmen handelt es sich in den unten stehenden Beispielen?*

Ordnen Sie eine
1 *zu, wenn es sich um erwerbswirtschaftliche Unternehmen handelt,*
2 *zu, wenn es sich um gemeinwirtschaftliche Unternehmen handelt.*

a. Museum für Völkerkunde, Bremen

b. Reimer Helms OHG, Gartenbaubetrieb

c. Hotel Stadt Bremen, Herford

d. Volksbank Bielefeld e.G.

e. Nahverkehrsbetriebe Cottbus

f. Deutsches Rotes Kreuz

g. Deutsche Lufthansa

h. Deutsche Oper, Berlin

4 *Welche der folgenden Begriffsbestimmungen zur Rentabilität trifft zu?*

1 Rentabilität ist das Verhältnis zwischen dem eingesetzten Kapital und den erzielten Umsatzerlösen, ausgedrückt in Prozent.

2 Rentabilität ist das Verhältnis zwischen dem erzielten Gewinn und dem dafür eingesetzten Kapital, ausgedrückt in Prozent.

3 Rentabilität ist das Verhältnis zwischen den Umsatzerlösen und den dafür eingesetzten Kosten, ausgedrückt in Prozent.

4 Rentabilität ist das Verhältnis zwischen dem eingesetzten Kapital und dem Aufwand eines Jahres, ausgedrückt in Prozent.

5 *Für ein Großhandelsunternehmen liegen aus dem vergangenen Geschäftsjahr folgende Zahlen vor:*

Eigenkapital: 450 000,00 EUR
Erträge: 6 300 000,00 EUR (= Umsatz)
Aufwendungen: 6 210 000,00 EUR
Anzahl Mitarbeiter: 70

Berechnen Sie ...

a. ... die Rentabilität des Eigenkapitals in Prozent.

b. ... die Wirtschaftlichkeit des Unternehmens (auf zwei Stellen nach dem Komma runden).

c. ... die Produktivität der Mitarbeiter, ausgedrückt in Umsatz je Mitarbeiter in Euro.

6 *Kennzeichnen Sie nachstehende Fälle mit einer*

1, *wenn es sich um ein Vorgehen nach dem Minimalprinzip handelt,*
2, *wenn es sich um ein Vorgehen nach dem Maximalprinzip handelt,*
9, *wenn es sich weder um ein Vorgehen nach dem Minimal- noch nach dem Maximalprinzip handelt.*

a. Es soll der preisgünstigste Anbieter für eine bestimmte Ware gesucht werden.

b. Der vorgesehene Werbeetat von 400 000,00 EUR soll so eingesetzt werden, dass möglichst viele potenzielle Kunden erreicht werden.

c. Es soll mit möglichst wenig Mitarbeitern ein möglichst hoher Umsatz erzielt werden.

d. Beim Kauf eines Auslieferungsfahrzeuges wählt man aus mehreren gleichwertigen Fabrikaten das Fahrzeug mit dem geringsten Benzinverbrauch aus.

e. Das neue Bürogebäude soll möglichst repräsentativ sein, aus diesem Grunde wählt man den Bauunternehmer mit dem teuersten Angebot aus.

f. Die Zielsetzung für die neue Lagerhalle ist, mit möglichst geringer Fläche ein Höchstmaß an Umsatz zu erzielen.

Stellen Sie ökonomische und ökologische Zielsetzungen gegenüber. Welche Zielkonflikte können sich daraus ergeben?

Ökonomie	Ökologie
ist die Gesamtheit aller Wechselbeziehungen, die sich aus dem Zusammenwirken der Wirtschaftssubjekte ergeben.	ist die Gesamtheit aller Wechselbeziehungen zwischen den Lebewesen der Erde und ihrer Umgebung.
Angestrebte Ziele: ▸ hoher Wohlstand für die gesamte Gesellschaft ▸ Handeln nach dem ökonomischen Prinzip ▸ Anwendung des Gesetzes der Massenproduktion zur Senkung von Kosten ▸ Wettbewerb zwischen den Wirtschaftssubjekten	**Angestrebte Ziele:** ▸ ausgeglichener Haushalt der Natur und stabile gesellschaftliche Verhältnisse ▸ kleine Produktionseinheiten und dezentrale Entscheidungen statt Großproduktion und Zentralismus ▸ Leben im Einklang mit der Natur

Zielkonflikte

zwischen ökonomischen Notwendigkeiten und ökologischen Anforderungen

▸ Bei der Produktion werden Rohstoffe und Energie benötigt. ▸ Der Transport von Gütern ist eine Voraussetzung des nationalen und internationalen Handels. Die Herstellung von Produkten sowie der Gütertransport setzen den Verbrauch von Energie voraus. Bei der Herstellung von Energie (z. B. Verbrennung von Öl oder Kohle) und bei dem direkten Verbrauch von Energieträgern (z. B. in Kraftfahrzeugen) werden Schadstoffe erzeugt, die in die Umwelt gelangen. ▸ Die arbeitsteilige Herstellung von Gütern und deren Transport zum Endverbraucher verlangen eine entsprechende Verpackung. Für die meisten Hersteller von Waren ist es zu aufwendig, Mehrwegverpackungen einzusetzen. ▸ Neue landwirtschaftliche Anbauflächen können durch die Rodung von Regenwäldern gewonnen werden, alte Anbauflächen durch Großplantagen extensiver genutzt werden.	▸ Die Vorräte an Rohstoffen und Energieträgern sind begrenzt. ▸ Weltweit werden mehr als 20 Mrd. t CO_2 an die Luft abgegeben. Solche Emissionen führen weltweit zur Aufheizung der Erdatmosphäre (Treibhauseffekt). Das hat langfristig folgende Konsequenzen: Abschmelzung der Polareiskappen, Flutkatastrophen, Vernichtung von Anbauflächen, klimatisch bedingte Katastrophen wie Dürre etc. ▸ Der Verpackungsmüll sowie diejenigen Güter, die die Haushaltungen nicht mehr benötigen, müssen kommunal auf Müllhalden entsorgt werden. Von solchen Müllhalden gehen zukünftige Gefahren für die Umwelt aus. ▸ Die Regenwälder sind ein Stabilisierungsfaktor des globalen Klimas. Sie sammeln Feuchtigkeit, reinigen die Luft von Schadstoffen und sorgen mit für das klimatische Gleichgewicht.

Welche Vorschläge zur Lösung des Konflikts werden zwischen Ökonomie und Ökologie diskutiert?

Mögliche Lösungen	Politische Entscheidungen und menschliche Verhaltensweisen
Einsparung von Rohstoffen: Durch den Einsatz von Analysetechniken bereits während der Entwicklungs- und Konstruktionsphase (z. B. Wertanalyse) können Rohstoffe einerseits in der absoluten Menge eingespart werden und andererseits so eingesetzt werden, dass diese später, wenn das Produkt nicht mehr genutzt wird, ausgebaut und wiederverwendbar gemacht werden (Recycling).	Einführung des Verursacherprinzips: Die abgenutzten Produkte müssen vom Hersteller zurückgenommen werden.
Beseitigung der Müllberge: Einwegflaschen wie Getränkedosen, Getränketüten oder Plastikflaschen können durch Pfandflaschen aus Glas ersetzt werden. Auf überflüssige Verpackungen kann vollständig verzichtet werden, wie z. B. Verpackungen mit doppelten Wandungen, Hohlböden oder übergroßen Verschlüssen, Mehrfachverpackungen von Produkten. Wegwerferzeugnisse wie Zellstofftücher, Einwegfeuerzeuge können durch langlebige Produkte, die die gleiche Funktion erfüllen, ersetzt werden.	▸ Rückgabe der Verpackung an den Handel oder Verursacher ▸ Begünstigung der Mehrwegverpackung ▸ Kauf von Gegenständen, die nicht oder nur sehr gering verpackt sind
Energieeinsparung: Der Verbrauch der Energie kann durch bessere Isolierung der Gebäude erreicht werden. Aus Abwärme lässt sich Energie durch Wärmetauscher zurückgewinnen. Betriebe können energiesparende Herstellungstechnologien verwenden.	höhere Besteuerung (Je höher der Energiepreis, desto sparsamer wird der Verbraucher.)
Andere Energiequellen: Durch das Umsteigen auf sogenannte „sanfte Energiequellen" (z. B. Sonne, Wind, Wasser) kann ein Doppeleffekt erzielt werden. Diese Energien sind nahezu unbegrenzt vorhanden und bei ihrer Nutzung werden keine Schadstoffe frei.	direkte finanzielle Anreize durch Sonderabschreibung/Subventionen
Umweltschutzinvestitionen: Der Einbau von Anlagen und Einrichtungen in den Betrieben (z. B. Filter, Entstaubungsanlagen, Dämmmaterial) hilft, die Schadstoffe aus Abwasser und Abluft zu absorbieren sowie die Lärmemission zu reduzieren.	▸ Subventionen für besondere Umweltinvestitionen ▸ Emissionssteuer ▸ genauere Kontrollen
Qualitatives Wachstum: Die Gesellschaft muss langfristig von einer „Wegwerfgesellschaft" zu einer Gesellschaft umgebaut werden, in der der Mensch und seine Lebensgrundlagen stärker im Vordergrund stehen.	Ausbildung eines kritischen Bewusstseins/ Information der Verbraucher

1 *Beurteilen Sie die folgenden Aussagen in einem Gespräch über ökonomische Fragen.*

   In welchem Gesprächsbeitrag kommen zugleich ökologische Gesichtspunkte zum Tragen?

   1 „Das Bevölkerungswachstum der Erde verlangt den Anbau von Nahrungsmitteln in großräumigen Anbaugebieten."

   2 „Wenn vergleichbare Waren zu unterschiedlichen Preisen in verschiedenen Ländern produziert werden können, so verursacht dies zwangsläufig internationale Transporte."

   3 „Die Erkenntnis, dass durch den Einsatz von Spezialmaschinen und die Herstellung in hohen Losgrößen die Herstellkosten gesenkt werden können, verlangt den Einsatz der Großserien- oder Massenproduktion."

   4 „Die Verringerung der Lagerkosten kann durch Just-in-time-Anlieferung erreicht werden."

   5 „Durch den Einsatz von Wärmetauschern können in unserem Betrieb die Kosten für Energie gesenkt werden."

2 *Welcher der folgenden Stoffe ist hauptsächlich für die Aufheizung der Erdatmosphäre verantwortlich?*

   1 Kohlenmonoxid

   2 Stickstoff

   3 Sauerstoff

   4 Kohlendioxid

   5 Ozon

3 *Was ist unter dem Begriff „Duales System" zu verstehen?*

   1 Entsorgung des Mülls auf zwei Wegen: Lagerung und Verbrennung

   2 Entsorgung des Mülls durch zwei Einrichtungen: die kommunale Müllabfuhr und eine privatwirtschaftlich betriebene Entsorgungs- und Recyclinggesellschaft

   3 Trennung des Mülls in zwei Arten: organischer Müll und anorganischer Müll

   4 zweifache Belastung des Verbrauchers mit Verpackungskosten: Bezahlung der Verpackung beim Kauf und Bezahlung der Entsorgung

4 *Welche der folgenden Maßnahmen ist vermutlich am ehesten geeignet, den Verbrauch von fossilen Energieträgern im privaten Bereich mittel- bis langfristig zu reduzieren?*

   1 regelmäßige Kontrollen der Energie verbrauchenden Aggregate (z.B. Abgasuntersuchung bei Pkw)

   2 Subventionen für energiesparende Investitionen

   3 Steuervergünstigungen

   4 Erhöhung der Energiepreise

   5 schärfere Zulassungsbedingungen

5 *Die Handlungen der Wirtschaftssubjekte können sich an verschiedenen Zielsetzungen orientieren.*

   Prüfen Sie unten stehende Handlungsweisen und bewerten Sie, welche Zielsetzung dabei überwiegt.

   Tragen Sie eine
   1 ein, wenn ökonomische Ziele überwiegen,
   2 ein, wenn ökologische Ziele überwiegen,
   3 ein, wenn ökonomische und ökologische Ziele in Einklang gebracht werden sollen.

   a. Auf einem Containerfrachter werden Container mit Giftstoffen in den oberen Reihen oberhalb des Schiffsrumpfes anstatt im Schiffsbauch untergebracht.

   b. Auf einem Weihnachtsmarkt ist es den Verkäufern von Glühwein untersagt, Einwegtrinkbehälter auszugeben. Stattdessen werden Keramiktassen gegen ein Pfand von 2,00 EUR ausgegeben.

   c. Einer Wurstfabrik gelingt es, die aus dem Schornstein entweichende Restwärme aus dem Räuchervorgang mithilfe eines Wärmetauschers umzuwandeln. Die Fabrik spart damit 25 % ihrer extern bezogenen Energiemenge.

   d. Eine neuartige Glühlampe hat die vierfache Lebensdauer einer normalen Glühlampe. Ihr Einsatz spart 45 % Energie ein. Allerdings kostet diese technische Neuerung das Zehnfache einer normalen Glühlampe.

   e. Ein Geschäftsmann steigt bei Fernreisen vom Auto auf die Bahn um. Seine Fahrtkosten können hierdurch nicht gesenkt werden, da er erster Klasse reist, allerdings kann er im Zugabteil vor- und nachbereitende Arbeiten für die durchzuführenden Besprechungen erledigen.

   f. Frau Stratmann hat errechnet, dass ihr Haushaltsbudget durch den Kauf von Milch in Pfandflaschen anstatt in mit Kunststoff beschichteten Pappbehältern jährlich mit 90,00 EUR zusätzlich belastet wird. Dennoch bleibt sie bei der Flaschenmilch.

6 *Welches der folgenden Verpackungssysteme verursacht für 10 l Getränke den höchsten Gesamtenergieverbrauch?*

   1 Pfandflaschen

   2 Flaschen aus Altglas

   3 Weißblechdosen

7 *Welcher der folgenden Stoffe ist vorwiegend für die Zerstörung der lebensnotwendigen Ozonschicht der Erde verantwortlich?*

   1 Helium

   2 Fluorchlorkohlenwasserstoff

   3 Kohlenmonoxid

   4 Kohlendioxid

   5 Stickstoff

Unterscheiden Sie die betrieblichen Produktionsfaktoren.

Begriff	Die betrieblichen Produktionsfaktoren sind die produktiven Kräfte und Stoffe, die ihrerseits zur Herstellung von Gütern oder Dienstleistungen eingesetzt und wirksam kombiniert werden müssen. Alle Betriebe benötigen zur Erstellung von Leistungen den Einsatz von menschlicher Arbeitskraft, Maschinen und Einrichtungen sowie Werkstoffen bzw. Waren. Dabei ist es gleich, welche Art von Leistung erstellt wird.		
Arten	Originäre (ursprüng- liche) Faktoren	**Ausführende Arbeit**	**Betriebsmittel**	**Werkstoffe/Waren**
		▸ körperliche oder geistige Arbeit ▸ gelernte, ungelernte oder angelernte Arbeit ▸ kreative oder sich wieder-holende Arbeit	▸ Grundstücke/Gebäude ▸ Anlagen ▸ Computersysteme ▸ Transportfahrzeuge ▸ Lagereinrichtungen	▸ Handelswaren ▸ Rohstoffe ▸ Energie ▸ Büromaterial
	Dispositiver Faktor (Leitung)	Das Zusammenwirken der ursprünglichen Produktionsfaktoren vollzieht sich jedoch nicht von selbst, sondern muss geplant, koordiniert und kontrolliert werden. Diese Tätigkeiten sind zwar auch Teil der menschlichen Arbeit, jedoch unterscheiden sie sich von der überwiegend ausführenden Tätigkeit. Diesen vierten Produktionsfaktor bezeichnet man als die Leitung (Betriebsführung). Diese hat folgende Aufgaben: ▸ Zielsetzung, z. B. „6 % Umsatzwachstum im nächsten Jahr"; ▸ Planung, z. B. „durch Niedrigpreise oder durch höhere Werbeausgaben"; ▸ Entscheidung, z. B. „Sortimentserweiterung um 150 weitere Artikel"; ▸ Organisation, z. B. „Zusammenlegung von zwei Einkaufsabteilungen"; ▸ Kontrolle, z. B. „Soll-Ist-Vergleich zwischen erreichter und geplanter Umsatzsteigerung".		
Kombination der Produktions-faktoren	Die Leitung hat die Aufgabe, die originären Produktionsfaktoren unter Beachtung des ökonomischen Prinzips zu kombinieren. Das bedeutet, dass immer diejenige Kombination zu wählen ist, die den größtmöglichen Erfolg verspricht, oder diejenige, die die geringsten Kosten verursacht. Da sich die Kosten von Produktionsfaktoren im Verhältnis zueinander stets verändern, führt dies zwangsläufig dazu, dass im Zeitablauf die Anteile der Produktionsfaktoren verändert werden müssen.		

Was verstehen Sie unter Arbeitsteilung?

Arbeitsteilung ist die Auflösung von Arbeit in Teilverrichtungen, die von verschiedenen Personen oder Wirtschaftseinheiten ausgeführt werden. Das Gegenteil der Arbeitsteilung ist die vollständige Selbstversorgung einer einzelnen Person.
Beispiel: Ein Bauer baut Weizen an, der Müller mahlt aus dem Weizen Mehl, aus dem der Bäcker wiederum Brot backt. In der Selbstversorgung müsste ein Mensch alle diese Tätigkeiten ausführen, um das Brot zu erhalten.

Beschreiben Sie die verschiedenen Formen der Arbeitsteilung.

Familiäre Arbeitsteilung	Die familiäre Arbeitsteilung ist die ursprünglichste Form der Arbeitsteilung. Sie fand zwischen Mann und Frau statt, als es noch keinen Austausch von Gütern gab und die Familien sich noch selbst versorgten.	
Berufliche Arbeitsteilung	**Berufs-bildung**	Berufsbildung ist die Spezialisierung von Personen auf bestimmte Tätigkeitsfelder nach Neigung und Fähigkeit. *Beispiel: Entwicklung von Berufen wie Landwirt, Tischler, Müller, Bäcker, Händler, Elektriker*
	Berufs-spaltung	Berufsspaltung beinhaltet die durch die Technisierung erforderliche Spezialisierung innerhalb der ursprünglichen Grundberufe. *Beispiel: Der Grundberuf Mechaniker lässt sich aufspalten in Industriemechaniker, Werkzeug-mechaniker, Zerspanungsmechaniker usw.*
Betriebliche Arbeitsteilung	**Arbeits-zerlegung**	Die Arbeitszerlegung beinhaltet die Zerlegung eines gesamten Arbeitsvorgangs in mehrere Teilleistungsprozesse. *Beispiel: Die Gesamtaufgabe eines Tischlers wird aufgeteilt in Sägen, Hobeln, Verzinken, Furnieren, Leimen, Beschläge anbringen usw.*
	Abteilungs-bildung	Die Abteilungsbildung ist das Ergebnis der Arbeitszerlegung. Einzelne Arbeitsprozesse werden auf Stellen/Personen verteilt und diese zu organisatorischen Einheiten (Abteilungen) zusammengefasst. *Beispiel: Eine Möbelfabrik enthält im Fertigungsbereich die Abteilungen Zuschnitt, Furnieren, Oberflächenbearbeitung, Bankraum usw.*
Gesellschaftliche Arbeitsteilung (überbetriebliche Arbeitsteilung)	Die gesellschaftliche Arbeitsteilung erstreckt sich nicht mehr nur auf Menschen und Betriebe, sondern auf die gesamte Volkswirtschaft. Die Volkswirtschaft zerfällt in verschiedene Wirtschaftsbereiche, von denen jeder ganz bestimmte Aufgaben übernimmt. ▸ Urerzeugung: Gewinnung von Rohstoffen und Energie (z. B. Landwirtschaft, Bergbau) ▸ Weiterverarbeitung: Verarbeitung der Stoffe durch Industrie und Handwerk ▸ Handel und Dienstleistungen: Verteilung der Waren und Erstellung von Dienstleistungen	
Internationale Arbeitsteilung	Jedes Land spezialisiert sich auf den Anbau oder die Produktion von Waren oder Dienstleistungen, die sich in diesem Land besonders lohnen (Kaffee aus Südamerika, Kupfer aus Chile, Textilien aus Marokko, Schuhe aus Italien).	

1 *Welche der folgenden Aussagen über Arbeitsteilung treffen nicht zu?*

1 Das Gegenteil von Arbeitsteilung ist die Automation.

2 Gäbe es keine Arbeitsteilung, müsste sich jeder Mensch selbst versorgen.

3 Durch Arbeitsteilung wird bei gleicher Leistung ein höherer Ertrag erzielt.

4 Arbeitsteilung ist die Auflösung von Arbeit in Teilverrichtungen.

5 Arbeitsteilung kann nur in der Produktion, nicht aber im Büro erfolgen.

2 *Prüfen Sie folgende Gruppen von Tätigkeiten. Welche der genannten Auswahlantworten beinhalten keine Arbeitszerlegung als betriebliche Arbeitsteilung und sind somit unlogisch?*

1 Hobeln, Leimen, Furnieren

2 Bohren, Entgraten, Schleifen

3 Anfragen, Bestellen, Kontrollieren

4 Schwimmen, Putzen, Verzinken

5 Drehen, Bohren, Essen

3 *Welche der folgenden Auswahlantworten stellt keine Form der Arbeitsteilung dar?*

1 Abteilungsbildung

2 Berufsspaltung

3 Arbeitszerlegung

4 Berufsbildung

5 Beförderung

4 *Arbeitsteilung findet auf verschiedenen Ebenen statt.*

Prüfen Sie bei den folgenden Auswahlantworten, welche Reihe von Begriffen kein logisches Ergebnis von Arbeitsteilung ist.

1 Programmieren, Reparieren, Bergbau

2 Beschaffung, Produktion, Absatz

3 Tischler, Elektriker, Landwirt

4 Urerzeugung, Weiterverarbeitung, Handel

5 Fräsen, Bohren, Sägen

5 *Welcher der folgenden Gegenstände zählt nicht zu dem Produktionsfaktor Betriebsmittel?*

1 Gabelstapler für das Lager

2 Computer in der Verkaufsabteilung

3 Auslieferungsfahrzeug

4 Farbpatrone für Tintenstrahldrucker

5 Verwaltungsgebäude

6 *Ordnen Sie den unten stehenden Tätigkeiten in einem Großhandelsbetrieb zu, ob es sich dabei um*
1 gelernte Arbeit,
2 angelernte Arbeit,
3 ungelernte Arbeit,
4 leitende Tätigkeit

handelt.

a. Frau Steffen in der Buchhaltung erstellt monatlich eine Zwischenbilanz für die Geschäftsleitung.

b. Herr Schmitt führt jeden Montagmorgen mit den Gebietsverkaufsleitern eine Telefonkonferenz und lässt sich Bericht erstatten.

c. Herr Baumann ist Handelsfachpacker und für die ordnungsgemäße Abfertigung der Transporte zuständig.

d. Karl Sonntag wird für unterschiedliche Tätigkeiten eingesetzt, z. B. Hof fegen, Lager aufräumen, Lkw reinigen.

e. Fritz Press hat als Auslieferungsfahrer täglich eine andere Tour zu erledigen.

7 *Leistungsprozesse werden durch die Kombination von Produktionsfaktoren erst möglich.*

Entscheiden Sie in den unten dargestellten Fällen, ob bei der Erledigung dieser Aufgaben
1 vorwiegend ein originärer Produktionsfaktor,
2 vorwiegend der dispositive Produktionsfaktor
zum Zuge kommt.

a. Es müssen Waren aufgrund von Platzproblemen umgelagert werden.

b. Für den bevorstehenden Kauf eines neuen Lkw sind Angebote verschiedener Händler eingeholt worden.

c. Aufgrund der Angebotsvergleiche aus Fall b. muss nun entschieden werden, welcher Typ Lkw gekauft werden soll.

d. Ein wichtiger Kunde besucht unseren Stand auf der Messe. Er soll vom Flughafen abgeholt werden.

e. Mit dem wichtigen Kunden wird ein längeres Verkaufsgespräch geführt, das sehr erfolgreich verläuft.

f. Anhand der Auswertung einer Kundenbefragung wird überprüft, ob die Schulung der Verkäufer zum Thema „Kundenorientierung" erfolgreich war.

8 *Welche der folgenden Aussagen kennzeichnet einen Nachteil der Arbeitsteilung?*

1 höherer Lebensstandard

2 Entfremdung von der Arbeit

3 geringere Anlernzeit

4 Aneignung von Spezialkenntnissen

5 geringere Lohnkosten

Welche Arten von Kaufleuten werden nach dem HGB unterschieden?

Istkaufmann *Kaufmann kraft Handelsgewerbe*	Handelsgewerbe	Handelsgewerbe ist dabei jeder Gewerbebetrieb (d.h. eine auf Dauer angelegte selbstständige Tätigkeit mit der Absicht der Gewinnerzielung), es sei denn, dass das Unternehmen nach Art oder Umfang einen in kaufmännischer Weise eingerichteten Geschäftsbetrieb nicht erfordert.
	Kaufmännische Organisation	Zu den Kriterien, die einen in kaufmännischer Weise eingerichteten Geschäftsbetrieb kennzeichnen, zählen u.a. die Mitarbeiterzahl, Größe der gewerblichen Räume, Zahl der Zweigniederlassungen, die Höhe des Umsatzes, die Höhe der Forderungen und des Vermögens.
Kannkaufmann Kleingewerbetreibende *Kaufmann kraft freiwilliger Eintragung*	Eintragungswahlrecht	Ein gewerbliches Unternehmen, dessen Gewerbebetrieb keinen in kaufmännischer Weise eingerichteten Geschäftsbetrieb benötigt (Kleingewerbe), hat die Möglichkeit, durch Handelsregistereintragung zu einem vollwertigen Kaufmann zu werden. Wird das Recht auf Eintragung nicht wahrgenommen, wird der Gewerbetreibende einer Privatperson gleichgestellt und es gilt für diesen Nichtkaufmann das BGB („Alles-oder-Nichts-Prinzip").
	Löschungsantragsrecht	Ein eingetragener Kleingewerbetreibender hat die Möglichkeit, sich durch Löschung wieder aus der Kaufmannseigenschaft zurückzuziehen („Kaufmann mit Rückfahrkarte"). Dies bedeutet im Falle einer OHG bzw. KG nicht nur Verlust der Kaufmannseigenschaft, sondern auch (Rück-)Umwandlung kraft Gesetzes in die Rechtsform einer BGB-Gesellschaft. Dem Löschungsantrag wird nur zugestimmt, sofern nicht die Voraussetzung eines Istkaufmanns in der Zwischenzeit eingetreten ist.
Kannkaufmann Land- und Forstwirtschaft *Kaufmann kraft freiwilliger Eintragung*	Eintragungswahlrecht	Auf den Betrieb der Land- und Forstwirte finden die Vorschriften des Istkaufmanns keine Anwendung, d.h., ein solches land- oder forstwirtschaftliches Unternehmen kann, sofern das Unternehmen nach Art und Umfang einen in kaufmännischer Weise eingerichteten Geschäftsbetrieb erfordert, erst durch Eintragung in das Handelsregister die Kaufmannseigenschaft erlangen. Land- und forstwirtschaftliche Unternehmen besitzen die Kaufmannseigenschaft für 1. land- und forstwirtschaftliche Hauptbetriebe und/oder 2. land- und forstwirtschaftliche Nebenbetriebe, wenn Erzeugnisse des Hauptbetriebes und evtl. anderer Betriebe verwertet werden (branchenüblicher Zukauf).
Formkaufmann *Kaufmann kraft besonderer Rechtsform*	Aktiengesellschaften, Kommanditgesellschaften auf Aktien sowie die Gesellschaft mit beschränkter Haftung und die eingetragene Genossenschaft besitzen allein wegen ihrer Rechtsform die Kaufmannseigenschaft ohne Rücksicht auf den Gegenstand des Unternehmens.	

Welche Unterschiede bestehen für Gewerbetreibende mit bzw. ohne Handelsregistereintragung, deren Unternehmen einen in kaufmännischer Weise eingerichteten Geschäftsbetrieb nicht erfordert (Kleingewerbetreibende)?

Merkmal	mit Handelsregistereintragung	ohne Handelsregistereintragung
Kaufmannseigenschaft	Kannkaufmann	kein Kaufmann
Gesetz	HGB gilt	BGB gilt
Firma	Eintragung der Firma mit den damit verbundenen Rechten und Pflichten	keine Firma
Buchführung	volle Buchführungspflicht	vereinfachte Aufzeichnungspflichten
Bürgschaft	mündliche Absprache möglich	nur mit Schriftform möglich
Prokura	Erteilung der Vollmacht möglich	Erteilung nicht möglich
Untersuchungs- und Rügepflicht	unverzüglich	Innerhalb von sechs Monaten nach der Lieferung muss der Verkäufer beweisen, dass die Ware mangelfrei war. Danach trägt der Käufer die Beweislast.
Rechtsform	alle Unternehmensformen möglich	nur BGB-Gesellschaft möglich

Nennen Sie Personen, die nicht zu den Kaufleuten laut HGB zählen.

Beispiele	▸ Freiberufler, wie Anwälte oder Ärzte ▸ Personen, die wissenschaftlich tätig sind ▸ Personen, die künstlerisch tätig sind ▸ Kleingewerbetreibende, die den Kaufmannsstatus (Kannkaufmann) nicht gewählt haben ▸ Land- und Forstwirte, die den Kaufmannsstatus (Kannkaufmann) nicht gewählt haben ▸ Gesellschaften des bürgerlichen Rechts

1 Ordnen Sie den folgenden Geschäftsbeschreibungen die jeweiligen Kaufmannseigenschaften zu:

1 Istkaufmann
2 Kannkaufmann
3 Formkaufmann

Tragen Sie eine 9 ein, wenn kein Kaufmann nach dem HGB vorliegt.

a. Gehrlicher, Hallen- & Industriebau GmbH

b. PINGUIN Frische Logistik AG

c. EDV-Beratung Dieter e. K.:
Das Unternehmen hat keine Mitarbeiter und konnte nur geringe Umsätze erzielen.

d. Industriekauffrau Mäggy Kleibrink

e. Sitec, Sicherheitstechnik mbH:
Das Unternehmen beschäftigt mehrere Mitarbeiter, konnte jedoch aufgrund der Neugründung und der damit verbundenen Vorlaufkosten keinen Gewinn erzielen.

f. Dirk Rüter, Sanitärinstallationen:
Der Klempner annonciert regelmäßig in der lokalen Zeitung und ist in einer privaten Krankenkasse versichert.

2 Nehmen Sie zu folgenden Aussagen Stellung.

Tragen Sie eine
1 ein, wenn es sich um eine zutreffende Aussage handelt,
9 ein, wenn es sich um eine nicht zutreffende Aussage handelt.

a. Kleingewerbetreibende können eine OHG gründen. Sie sind dann Kannkaufleute.

b. Land- und Forstwirte können, sofern ihr Unternehmen nach Art und Umfang einen in kaufmännischer Weise eingerichteten Geschäftsbetrieb erfordert, den Kaufmannsstatus wählen. Sie sind dann Kannkaufleute.

c. Ein im Handelsregister stehender Kleingewerbetreibender hat ein Löschungsantragsrecht.

d. Freiberufler haben die Möglichkeit, nach dem HGB zu optieren und durch die Handelsregistereintragung vollwertiger Kaufmann zu werden.

e. Kaufmann ist jeder, der ein Handelsgewerbe betreibt. Handelsgewerbe ist dabei jeder Gewerbebetrieb, es sei denn, dass das Unternehmen nach Art oder Umfang einen in kaufmännischer Weise eingerichteten Geschäftsbetrieb nicht erfordert.

3 Bei welcher der folgenden genannten Personen handelt es sich um einen Formkaufmann?

Tragen Sie eine 9 ein, wenn kein Formkaufmann genannt wurde.

1 Handelsvertreter Michael Krieft
2 Handelsmakler Gerd Hodina
3 Privatbankier Dietrich Bothe
4 Günter Löhbrink GmbH, Herstellung von feinen Salaten

4 Die Geschäftsfrauen Andrea Hageböke und Sabine Schumacher betreiben beide ein Handelsgewerbe, das jedoch keinen nach Art oder Umfang eingerichteten Gewerbebetrieb benötigt.
Andrea Hageböke hat sich entschieden, ihr Unternehmen in das Handelsregister eintragen zu lassen. Sabine Schumacher verzichtet auf dieses Wahlrecht.

Ordnen Sie zu:
1 zutreffende Aussage von Andrea Hageböke
2 zutreffende Aussage von Sabine Schumacher
3 nicht zutreffende Aussage

a. „Mit der Eintragung in das Handelsregister bin ich ein Istkaufmann."

b. „Ohne Eintragung in das Handelsregister bin ich trotz alledem ein Kaufmann, für den das HGB Gültigkeit hat."

c. „Mein Nachbar ist Landwirt und führt als Nebenbetrieb noch einen Bioladen. Er ist Kannkaufmann und im Handelsregister eingetragen. Obwohl ich nur ein Kleingewerbe betreibe, bin ich auch Kannkaufmann."

d. „Meine Firma lautet: ‚Wein- und Sektkelterei e. Kfr.'"

e. „Meinem Mitarbeiter habe ich Prokura erteilt."

f. „Beim Verbrauchsgüterkauf kann ich noch innerhalb von sechs Monaten nach der Lieferung mangelhafte Lieferung rügen und der Verkäufer ist beweispflichtig, dass die Ware bei Übergabe mangelfrei war."

g. „Meinem Löschungsantragsrecht muss man auf jeden Fall zustimmen, auch wenn in der Zwischenzeit ein nach Art oder Umfang eingerichteter Geschäftsbetrieb entstanden ist."

h. „Ich bin ein Kaufmann kraft freiwilliger Eintragung."

i. „Bürgschaftsverträge müssen zur Gültigkeit schriftlich von mir unterzeichnet werden. Mündliche Absprachen sind ungültig."

j. „Bei Eintritt eines neuen Gesellschafters könnte ich meine Firma auch ‚Sekt- und Weinkelterei OHG' nennen. Dies ist auch als Kleingewerbetreibender mit Eintragung in das Handelsregister möglich."

5 Das Handelsrecht des HGB regelt Besonderheiten für Kaufleute.

Tragen Sie eine
1 ein, wenn die Person unter dieses Sonderrecht fällt,
9 ein, wenn die Person nicht unter dieses Sonderrecht fällt.

a. Rechtsanwalt

b. juristische Person in Form einer GmbH

c. Arzt

d. Heilpraktiker

e. Wirtschaftsprüfer

f. Vorstandsvorsitzender der Turbus AG

g. Richter am Landgericht

Was versteht man unter einer Firma?

Die Firma eines Kaufmanns ist der Name, unter dem er im Handel seine Geschäfte betreibt und seine Unterschrift abgibt. Ein Kaufmann kann unter seiner Firma klagen und verklagt werden.

Erläutern Sie die Begriffe „Firmenkern" und „Firmenzusatz" als Bestandteile der Firma.

Firmenkern		Firmenzusatz
‣ **Personen-, Sach- oder Fantasiename oder gemischte Firma** Einzelunternehmen, Personen- und Kapitalgesellschaften können unter Berücksichtigung der Firmengrundsätze jede beliebige Firma wählen.	‣ **Rechtsformzusatz** Rechtsformzusätze sind für alle Kaufleute zwingend vorgeschrieben (z. B. e. K., OHG, GmbH).	‣ Gesetzlich vorgeschrieben ist der Firmenzusatz, wenn er zur Unterscheidung notwendig ist (siehe Firmenausschließlichkeit). ‣ Freiwillige Zusätze dienen Werbezwecken.
PINGUIN FRISCHE	*GmbH*	*Kühltransporte*

Nennen und beschreiben Sie die verschiedenen Firmengrundsätze.

Firmeneignung	Die Gestaltungsfreiheiten bei der Firmenbildung werden durch Folgendes begrenzt: Die Firma muss zur Kennzeichnung des Kaufmanns geeignet sein und Unterscheidungskraft besitzen.
Firmenklarheit	Es dürfen keine irreführenden Angaben über geschäftliche Verhältnisse gemacht werden.
Firmenbeständigkeit	Die bisherige Firma kann fortgeführt werden, auch wenn ‣ eine Namensänderung erfolgte (z. B. Heirat, Adoption), ‣ eine Übertragung der Firma erfolgte (z. B. Kauf, Erbschaft, Schenkung), wenn der bisherige Inhaber die Einwilligung zur Fortführung der Firma gab, ‣ eine Änderung im Gesellschafterbestand erfolgte.
Firmenöffentlichkeit	Jeder Kaufmann muss seine Firma beim Handelsregister eintragen lassen. Ferner sind alle kaufmännischen Unternehmen verpflichtet, handelsrechtliche Angaben auf Geschäftsbriefen anzugeben: Firma (einschließlich Rechtsformzusatz), Ort der Handelsniederlassung, Registergericht, Handelsregisternummer.
Firmenausschließlichkeit (Firmenmonopol)	Soll eine neue Firma eingetragen werden, so muss sie sich von den an demselben Ort oder in derselben Gemeinde bereits bestehenden Firmen und im Handelsregister bzw. Genossenschaftsregister eingetragenen Firmen deutlich unterscheiden.

Erklären Sie den Begriff und die Besonderheiten des Handelsregisters.

‣ Das Handelsregister ist ein amtliches Verzeichnis der Kaufleute. Es wird von den Gerichten elektronisch geführt. ‣ Die Einsicht in das Handelsregister ist jeder Person gestattet. ‣ Es ist möglich, von den Eintragungen einen Ausdruck zu erhalten (kostenpflichtig). ‣ Die Eintragungen werden im Internet (gemeinsames Registerportal der Länder) bekanntgegeben. ‣ Eintragungen, die rot unterstrichen sind, gelten als gelöscht.

Wie ist das Handelsregister gegliedert und welche Inhalte werden eingetragen?

Gliederung	‣ Abteilung A (HRA): Einzelunternehmen und Personengesellschaften ‣ Abteilung B (HRB): Kapitalgesellschaften	
Inhalte	**Abteilung B**	‣ Spalte 1: Nummer der Eintragung ‣ Spalte 2: a) Firma, b) Ort der Niederlassung, c) Gegenstand des Unternehmens ‣ Spalte 3: Grundkapital oder Stammkapital ‣ Spalte 4: a) allgemeine Vertragsregelung, b) Vorstand, Geschäftsführer, persönlich haftender Gesellschafter ‣ Spalte 5: Prokura ‣ Spalte 6: a) Beschreibung der Rechtsform, b) Rechtsverhältnisse ‣ Spalte 7: a) Tag der Eintragung und Unterschrift, b) Bemerkungen
	Abteilung A	wie Abt. B, es fehlt die Angabe zu 2 c (i. d. R.) und die Spalte 3

Welche rechtlichen Wirkungen haben Handelsregistereintragungen?

Konstitutiv (rechtserzeugend, rechtsbegründend)	Die Rechtswirkung tritt erst mit der Registereintragung ein. *Beispiele: Kaufmannseigenschaft des kleinunternehmerischen Gewerbebetriebs, Rechtsform der Formkaufleute, Firmenmonopol*
Deklaratorisch (rechtsbezeugend, rechtserklärend)	Die Rechtswirkung ist schon vor der Eintragung eingetreten und wird nur noch bestätigt. Die Eigenschaft als Handelsgewerbe wird für jeden Gewerbebetrieb vermutet. *Beispiele: Kaufmannseigenschaft der Istkaufleute, Prokura*

1 *Die Firma besteht aus*

1 dem Firmenkern,
2 dem Firmenzusatz.

Ordnen Sie diese Begriffe der folgenden Firmierung zu:
„Kunststoff-Kissel OHG, Präzisions- und
Kunststoffteile."

a. Kunststoff-Kissel

b. OHG

c. Präzisions- und Kunststoffteile

2 *Überprüfen Sie nachstehende Angaben über eine*
Unternehmung.
Welche dieser Angaben wird nicht im Handels-
register A eingetragen?

1 Ort der Niederlassung

2 Prokura

3 Gesellschafter

4 Gegenstand des Unternehmens

5 Firma

6 Kapitaleinlage des Kommanditisten

7 Eröffnung des Insolvenzverfahrens

3 *Ordnen Sie die folgenden Firmengrundsätze den*
jeweiligen unten stehenden Aussagen zu:

1 Firmeneignung
2 Firmenklarheit
3 Firmenbeständigkeit
4 Firmenöffentlichkeit

Wenn es sich um eine nicht zutreffende Aussage
handelt, tragen Sie eine 9 ein.

a. Es ist möglich, bei Heirat den Mädchennamen
weiterhin in der Firmierung zu führen.

b. Das örtliche Einzelhandelsunternehmen „Marlisa
Moda e. K., Damenoberbekleidung" ist mit der
Firmierung im hiesigen Handelsregister beim
Gericht eingetragen.

c. Die Firma muss zur Kennzeichnung des Kaufmanns geeignet sein und unterscheidungskräftig
sein.

d. Bei der Gründung einer Personenfirma muss der
Firmenkern den Gegenstand des Unternehmens
erkennen lassen.

4 *Im Handelsregister erfolgte Eintragungen werden*
veröffentlicht.

Welche Aussage dazu trifft zu?

1 Die Eintragungen werden im Internet unter
dem gemeinsamen Registerportal der Länder
bekanntgegeben.

2 Die Eintragungen werden einmal in der Tageszeitung veröffentlicht.

5 *Tragen Sie in das Kästchen hinter den unten*
stehenden Aussagen eine

1 ein, wenn die Ergänzung zutrifft,
9 ein, wenn die Ergänzung nicht zutrifft.

Das Handelsregister ...

a. ... ist das Verzeichnis aller Kaufleute. Hierzu
zählen nur Kaufleute, die einen nach Art und
Umfang eingerichteten Geschäftsbetrieb besitzen.

b. ... wird zentral von einem Gericht (zzt. Flensburg)
für alle Kaufleute geführt.

c. ... ist das amtliche Verzeichnis der Kaufleute.

d. ... wird von der IHK bzw. der Handwerkskammer
geführt.

e. ... hat verschiedene Abteilungen.

f. ... wird meist vom Amtsgericht oder dem
übergeordneten Landgericht geführt.

6 *Überprüfen Sie die unten stehenden Aussagen.*

Kennzeichnen Sie
richtige Aussagen mit einer 1,
falsche Aussagen mit einer 9.

a. Die Firma eines Kaufmanns ist der Name, unter
dem er u. a. verklagt werden kann.

b. Der Firmenkern besteht z. B. aus dem Fantasiena-
men und dem Zusatz, der ein Gesellschaftsver-
hältnis andeutet.

c. Firmenzusätze können gesetzlich vorgeschrieben
sein und dienen zur Unterscheidung der Personen
oder des Geschäfts oder sie sind freiwillig zum
Zwecke der Werbung mit in der Firmierung
angegeben.

d. Bei einer gemischten Firma handelt es sich um ein
Einzelhandelsunternehmen, das ein breites
Sortiment aufweist.

7 *Welche der folgenden Eintragungen in das Handels-*
register hat

1 deklaratorische Wirkung,
2 konstitutive Wirkung?

Tragen Sie eine 9 ein, wenn die Tatsache nicht in
das Handelsregister einzutragen ist.

a. Bauunternehmung Kurt Ribbert e. Kfm., kein
in kaufmännischer Weise eingerichteter Geschäftsbetrieb

b. Osnabrücker Lederwaren GmbH

c. Autolackiererei Bernd Hülsmeier, buchführungspflichtig nach der Abgabenordnung

d. allgemeine Handlungsvollmacht des Angestellten

e. Gesamtprokura

f. Brinkmann OHG, 250 Mitarbeiter

g. Eigenkapital des Komplementärs

Was ist die Rechtsordnung eines Staates? Welche Rechtsnormen kennen Sie?

Rechtsordnung	Die Gesamtheit aller geltenden Rechtsnormen bildet die Rechtsordnung eines Staates. Sie ist die Grundlage der Gesellschafts- und Wirtschaftsordnung und regelt das Zusammenleben als Gemeinschaft.
Rechtsnormen	Dazu zählen **Gesetze** (z. B. BGB, HGB), **Verordnungen** (z. B. Arbeitszeitordnung), **Satzungen** (z. B. Satzung der Universität Köln) und **Gewohnheitsrechte** (z. B. regelmäßige freiwillige Leistungen des Arbeitgebers).

Unterscheiden Sie das öffentliche vom privaten Recht.

Öffentliches Recht	Kennzeichen des öffentlichen Rechts ist das Prinzip der Über- bzw. Unterordnung, wenn ein Träger hoheitlicher Gewalt beteiligt ist. Es ist meist zwingendes Recht (Bescheide, Anordnungen, Strafen, Gebote, Verbote), für das Verwaltungsgerichte zuständig sind. *Rechtsgebiete: Verfassungsrecht, Verwaltungsrecht, Steuerrecht, Strafrecht, Prozessrecht, z. T. Arbeitsrecht*
Privates Recht	Kennzeichen des privaten Rechts ist das Prinzip der Gleichordnung. Es ist meist nachgiebiges Recht und wird bestimmt durch den Grundsatz der Vertragsfreiheit. Für das private Recht zuständig sind ordentliche Gerichte. *Rechtsgebiete: bürgerliches Recht, Handelsrecht, Wechselrecht, z. T. Arbeitsrecht*

Unterscheiden Sie Rechtssubjekte und nennen Sie den Beginn der Rechtsfähigkeit.

Natürliche Personen	Natürliche Personen sind alle Menschen ohne Rücksicht auf Stand, Geschlecht oder Staatsangehörigkeit. Beginn der Rechtsfähigkeit: Vollendung der Geburt
Juristische Personen	Juristische Personen sind Zweckschöpfungen des Gesetzgebers. Sie werden gebildet durch eine Summe von Personen und/oder Sachen zu einer Organisation. Beginn der Rechtsfähigkeit: Hoheitsakt oder privatrechtlicher Gründungsakt *Beispiele: Land Sachsen, Aktiengesellschaft*

Unterscheiden Sie Rechtsfähigkeit und Geschäftsfähigkeit.

Rechtsfähigkeit	Rechtsfähigkeit ist die Fähigkeit einer Person, Träger von Rechten und Pflichten zu sein. *Beispiele: Grundrechte, Recht auf Eigentum, Schulpflicht, Steuerpflicht*
Geschäftsfähigkeit	Geschäftsfähigkeit ist die Fähigkeit, Rechtsgeschäfte selbstständig und vollwirksam abzuschließen. *Beispiele: Ausspruch einer Kündigung, Abschluss eines Mietvertrages*

Kennzeichnen Sie Möglichkeiten und Grenzen der Geschäftsfähigkeit.

Volle Geschäftsfähigkeit	Liegt vor bei natürlichen Personen, die das 18. Lebensjahr vollendet haben und sich im Vollbesitz ihrer geistigen Kräfte befinden. Soweit ein Volljähriger seine Angelegenheiten ganz oder teilweise nicht mehr besorgen kann, wird ihm auf Antrag oder von Amts wegen vom Vormundschaftsgericht ein Betreuer zur Seite gestellt.	**Folge:** Rechtsgeschäfte sind voll wirksam.
Beschränkte Geschäftsfähigkeit	Liegt vor bei natürlichen Personen zwischen dem vollendeten 7. und 18. Lebensjahr. **Ausnahmen:** Rechtsgeschäfte, ▸ die der Person nur einen rechtlichen Vorteil bringen (z. B. Annahme einer Schenkung) ▸ die die Person mit Mitteln erfüllt, die ihr im Rahmen des Taschengeldes zur Verfügung gestellt wurden („Taschengeldparagraf") ▸ bei denen es sich um eine Handlung im Rahmen eines Arbeitsvertrages der gestatteten Art handelt (z. B. Eröffnung eines Lohnkontos) ▸ für die der beschränkt Geschäftsfähige für „handelsmündig" erklärt wurde ▸ in die der gesetzliche Vertreter im Voraus einwilligte	**Folge:** Rechtsgeschäfte sind schwebend unwirksam. Zur Gültigkeit bedarf es der Genehmigung des gesetzlichen Vertreters. **Folge der Ausnahmen:** Rechtsgeschäfte sind voll rechtswirksam.
Geschäftsunfähigkeit	▸ Kinder bis zum vollendeten 7. Lebensjahr ▸ Personen mit dauerhaft gestörter Geistestätigkeit	**Folge:** Rechtsgeschäfte sind nichtig.
Geschäftsfähigkeit von juristischen Personen	Die Geschäftsfähigkeit einer juristischen Person wird durch die handelnden Organe ausgeübt. Sie vertreten das Unternehmen nach außen, können Willenserklärungen entgegennehmen und abgeben. Hat die juristische Person die Rechtsfähigkeit erlangt, ist sie zugleich auch handlungs- und damit geschäftsfähig.	**Folge:** Rechtsgeschäfte sind voll rechtswirksam.

1 Ordnen Sie den unten stehenden Gesetzen die folgenden Gesetzesbereiche zu:

1 Gesetz des öffentlichen Rechts
2 Gesetz des Privatrechts

a. Handelsgesetzbuch

b. Wechselgesetz

c. Bürgerliches Gesetzbuch

d. Einkommensteuergesetz

e. Grundgesetz

f. Aktiengesetz

g. Verwaltungsverfahrensgesetz des Bundes und der Länder

2 Stellen Sie fest, welches der nachstehenden Gerichte für unten stehende Streitigkeiten bzw. Anträge zuständig ist.

1 Amtsgericht
2 Landgericht
3 Arbeitsgericht
4 Finanzgericht
5 Sozialgericht
6 Verwaltungsgericht

a. Die Rechtmäßigkeit eines kommunalen Gebührenbescheids wird bestritten.

b. Antrag auf Erlass eines Mahnbescheids; der Antragsteller fordert 12 340,00 EUR.

c. Antrag auf Eröffnung eines Insolvenzverfahrens über ein Unternehmen durch einen Gläubiger

d. Eine Rechnung in Höhe von 4 750,00 EUR wurde nicht bezahlt. Der Gläubiger erhebt Klage.

e. Klage eines Handlungsreisenden, der für von ihm getätigte Kaufverträge nicht die vereinbarte Provision erhielt

f. Klage gegen einen Rentenbescheid

g. Streitigkeit über die Änderung eines Bebauungsplanes

3 Überprüfen Sie folgende Aussagen zur Geschäftsfähigkeit und Rechtsfähigkeit.

Tragen Sie eine
1 ein, wenn die Aussage zutrifft,
9 ein, wenn die Aussage nicht zutrifft.

a. Ein drei Tage altes Kind kann nicht steuerpflichtig sein.

b. Ein Hund kann erbfähig sein.

c. Ein 14-jähriges Kind kann Eigentümer einer Unternehmung sein.

d. Die Rechtsfähigkeit bei natürlichen Personen beginnt mit Vollendung der Geburt.

e. Juristische Personen sind nicht rechtsfähig, sie sind nur voll geschäftsfähig.

4 Entscheiden Sie bei unten stehenden Sachverhalten, ob ein

1 nichtiges,
2 schwebend unwirksames,
3 gültiges

Rechtsgeschäft vorliegt.

a. Ein 6-jähriges Kind kauft sich von seinem Taschengeld einen Zauberkasten für 9,00 EUR.

b. Der 17-jährige Auszubildende benutzt seine Ausbildungsvergütung zum Kauf eines Mofas.

c. Der 16-jährige David kündigt ohne Absprache mit seinen Eltern sein Arbeitsverhältnis zum nächstmöglichen Termin.

d. Die Eltern genehmigen innerhalb von 14 Tagen den Kauf eines Abendkleides ihrer 17-jährigen Tochter.

e. Ein 13-Jähriger kauft sich von seinem Taschengeld eine Filmkamera.

f. Eine 10-Jährige erhält von ihrer Tante zum Geburtstag 100,00 EUR geschenkt. Die Eltern verlangen vom Kind die Rückgabe des Geldes an die Tante.

g. An ihrem 18. Geburtstag unterschreibt die Auszubildende einen Kaufvertrag über ein Auto im Wert von 8 800,00 EUR.

h. Der 6-jährige Till hat für seine Mutter vom Bäcker bestellte Brötchen abgeholt und kauft sich für 1,00 EUR ein Eis.

5 Ordnen Sie den unten stehenden Rechtssubjekten zu:

1 natürliche Person
2 juristische Person

a. Land Sachsen

b. Lohnsteuerhilfe-Verein Lübbecke, eingetragen im Vereinsregister

c. Gesangverein „Akkord", eingetragen im Vereinsregister

d. Gerichtsvollzieher Walter Kraus

e. Moritz Lübke, Sporttaucher

f. Anke Rüter, Bauchtänzerin

g. Wilhelm Katenbrink, Zweigstellenleiter einer Großbank

6 Welches der folgenden Rechtsgeschäfte ist nichtig?

1 Die 6-jährige Frida kauft sich von ihrem Taschengeld mehrere Sticker mit Bärenmotiven für 8,80 EUR.

2 Der 7-jährige Yannik kauft sich für 1,00 EUR ein Eis.

3 Die 18-jährige Auszubildende benutzt ihr gespartes Geld zum Kauf eines Autos.

4 Die Zwillinge Pia und Hanna (10 Jahre alt) kaufen von ihrem Taschengeld für ihren Schäferhund ein Halsband. Die Eltern sind mit dem Kauf nicht einverstanden.

5 Die 21-jährige Auszubildende benutzt ihre Ausbildungsvergütung zum Kauf einer Videokamera. Die Eltern wurden nicht gefragt.

Was sind Rechtsobjekte? Geben Sie einen Überblick.

Zu den Gegenständen des Rechtsverkehrs gehören Rechtsobjekte, die unterschieden werden können in Sachen (= körperliche Gegenstände) und Rechte (= unkörperliche Gegenstände).		
Sachen	**Unbewegliche Sachen** (Immobilien) *Beispiele: Grundstücke, Gebäude*	**Bewegliche Sachen** (Mobilien) *Beispiele: Konsumgüter, Investitionsgüter*
	Vertretbare Sachen Vertretbare Sachen im Sinne des BGB sind bewegliche Sachen, die im Verkehr nach Maß, Zahl oder Gewicht bestimmt werden können. *Beispiele: Bonbons, Papiertaschentücher*	**Nicht vertretbare Sachen** Nicht vertretbar sind einzelne Gegenstände, die sich subjektiv nach dem Willen des Vertragspartners bestimmen. *Beispiele: Originalgemälde, gebrauchtes Auto*
	Teilbare Sachen Teilbare Sachen können ohne Wertveränderung in gleichartige Teile zerlegt werden. *Beispiele: Geld, vertretbare Sachen*	**Nicht teilbare Sachen** Nicht teilbare Sachen erfahren durch die Zerlegung/ Teilung eine Wertminderung. *Beispiele: ein Haus, ein Paar Handschuhe*
	Verbrauchbare Sachen *Beispiel: Konsumgüter wie Kaffee*	**Unverbrauchbare Sachen** *Beispiele: Maschine, Haus*
Rechte	**Persönlichkeitsrechte** *Beispiele: Firmenrecht, Namensrecht*	**Vermögensrechte** *Beispiele: Forderung, Patent*

Unterscheiden Sie Besitz und Eigentum.

Besitz	Eigentum
Besitz ist die tatsächliche Herrschaft/Verfügbarkeit über eine Sache oder ein Recht. Der Besitzer kann mit der Sache nur im Rahmen von Vereinbarungen mit dem Eigentümer verfahren.	Eigentum ist die rechtliche Herrschaft/Verfügbarkeit über eine Sache oder ein Recht. Der Eigentümer kann mit der Sache beliebig verfahren, sofern dadurch nicht die Rechte Dritter verletzt werden.
Eigentümer und Besitzer sind zumeist eine Person, weil derjenige, dem etwas „gehört", die Sache auch besitzt. In zahlreichen Fällen sind Besitzer und Eigentümer jedoch zwei Personen (z. B. bei Leihe, Pacht, Miete).	

Erläutern Sie die Möglichkeiten der Eigentumsübertragung.

Bei beweglichen Sachen	▸ **Einigung und Übergabe:** Einigung zwischen Käufer und Verkäufer über die Übertragung des Eigentums im Rahmen des Erfüllungsgeschäftes und Übergabe, wenn der Gegenstand beim Verkäufer ist. *Beispiel: Der Verkäufer übergibt den gekauften Fotoapparat an den Käufer. Beide sind sich einig, dass das Eigentum übertragen wird.* ▸ **Einigung:** Käufer ist bereits Besitzer und wird durch die Einigung Eigentümer. *Beispiel: Nach Abschluss des Kaufvertrages wird der Käufer Eigentümer der vorher gemieteten Videoanlage (die sich in seinem Besitz befindet) nur aufgrund der Einigung über die Eigentumsübertragung. Eine Übergabe ist nicht mehr erforderlich.* ▸ **Besitzkonstitut:** Einigung über die Eigentumsübertragung und Vereinbarung, dass der Verkäufer Besitzer bleibt. *Beispiel: Der Käufer erwirbt mehrere Wertpapiere von seiner Hausbank und belässt die Papiere weiterhin im Depot der Bank. Er wird Eigentümer der Wertpapiere durch die Vereinbarung, dass der Verkäufer weiterhin Besitzer bleibt und er das Eigentum erwirbt. (Käufer = mittelbarer Besitzer; Verkäufer = unmittelbarer Besitzer)* ▸ **Abtretung des Herausgabeanspruchs:** Einigung über die Eigentumsübertragung und Abtretung des Anspruchs auf Herausgabe der Sache, wenn sich der Gegenstand bei einem Dritten befindet. *Beispiel: Der Verkäufer überträgt das Eigentum an einem Familienzelt durch die Vereinbarung, dass der Käufer gegenüber seinem Freund, dem er zzt. das Zelt geliehen hat, einen Herausgabeanspruch hat.*
Bei unbeweglichen Sachen	**Auflassung (Einigung) und Eintragung in das Grundbuch:** Die Eintragung erfolgt, wenn die Auflassung nachgewiesen, die Eintragung beantragt und bewilligt wurde und die Bestätigung über die Zahlung der Grunderwerbssteuer vorliegt.
Bei Rechten	**Einigung über die Übertragung des Eigentums und Abtretung (= Zession)** *Beispiel: Der Händler tritt seine Forderung an einen Kunden an seinen Lieferer ab.*
Sonstiges	▸ **Ersitzung:** Ist eine bewegliche Sache zehn Jahre im Eigenbesitz, so erfolgt die Eigentumsübertragung. ▸ **Fund:** Der Finder erwirbt unter bestimmten Umständen mit dem Ablauf von sechs Monaten nach Anzeige des Fundes das Eigentum. ▸ **Verarbeitung, Vermischung, Verbindung:** Es ist möglich, das Alleineigentum an der Sache zu erwerben. ▸ **Gutgläubiger Erwerb:** Gutgläubiger Erwerb liegt vor, wenn der Veräußerer für den Eigentümer gehalten werden durfte. Der gutgläubige Eigentumserwerb ist jedoch nicht möglich bei gestohlenen, verloren gegangenen oder sonst abhandengekommenen Sachen (Ausnahme: Geld, Inhaberpapiere).

1 Stellen Sie in den unten stehenden Fällen fest, ob
es sich dabei um

1 bewegliche Sachen – vertretbar,
2 bewegliche Sachen – nicht vertretbar,
3 unbewegliche Sachen – nicht vertretbar,
4 Rechte

handelt.

a. das aus Fertigblöcken errichtete Zweifamilienhaus

b. die auf Sterilität und Pyrogenfreiheit geprüften
Einmalspritzen beim Hautarzt

c. der Eigentumsanteil an einem Rennstall

d. ein gelber wasserlöslicher Textmarker

e. Forderungen an alle Inlandskunden unter
2 000,00 EUR

f. das selbst gezimmerte Weinregal aus verschiedenen Versandholzkisten französischer Weingüter

g. ein Briefumschlag mit Fenster

2 Unterscheiden Sie in den nachstehenden Fällen
jeweils getrennt für die Person 1 (P1) und Person 2
(P2), ob diese

1 Eigentümer und gleichzeitig Besitzer,
2 Eigentümer, aber nicht Besitzer,
3 Besitzer, aber nicht Eigentümer,
4 weder Besitzer noch Eigentümer

sind.

                                                        P1   P2

a. Der Unternehmer (P1) schließt zur Absicherung eines Kredites mit der Bank (P2) einen
Sicherungsübereignungsvertrag. Gegenstand
sind zwei genau bezeichnete Stanzen.

b. Der Privatmann (P1) mietet sich für ein Wochenende einen Kleinlasttransporter von
einem „Autoverleihhaus" (P2).

c. Der Unternehmer (P1) lieferte gestohlene
Ware an den Kunden (P2), der sofort bei
Übergabe bezahlt.

d. Ein Unternehmer (P1) lieferte aufgrund eines
Vertrages vereinbarungsgemäß die Ware an
den Kunden (P2). Die Zahlung muss noch
erfolgen.

3 Das Eigentum an beweglichen Sachen kann übertragen werden durch

1 Einigung und Übergabe,
2 Einigung,
3 Besitzkonstitut,
4 Einigung und Abtretung des Herausgabean-
spruchs.

a. „Bitte nehmen Sie die Sache."

b. „Lassen Sie sich die Sache von meiner Nichte
geben."

c. „Behalten Sie die Sache."

d. „Ich werde die Sache für Sie behalten."

4 Überprüfen Sie folgende Äußerungen zum Eigentum.

Tragen Sie eine
1 ein, wenn die Aussage zutrifft,
9 ein, wenn die Aussage nicht zutrifft.

a. Eigentum ist die rechtliche Herrschaft über eine
Sache oder ein Recht.

b. Das Eigentum an einer beweglichen Sache kann
z. B. nur durch Einigung erworben werden. Der
Veräußerer bleibt in diesem Falle Besitzer.

c. Das Eigentum an einer beweglichen Sache kann
durch Einigung und Übergabe erworben werden.

d. Das Eigentum an einer unbeweglichen Sache
kann nur durch die Auflassung und Eintragung in
das Grundbuch erworben werden. Eine notarielle
Beurkundung reicht nicht aus.

e. Gutgläubiger Erwerb ist nicht möglich bei
verloren gegangenen oder gestohlenen Sachen.

5 Kennzeichnen Sie:
– in Spalte A
unbewegliche Sachen mit einer   1
bewegliche Sachen mit einer   2
– in Spalte B
vertretbare Sachen mit einer   3
nicht vertretbare Sachen mit einer   4
– in Spalte C
teilbare Sachen mit einer   5
nicht teilbare Sachen mit einer   6

	A	B	C
a. Lagerhalle des Gemüsehändlers			
b. fünf Käsebrötchen mit Käse			
c. gebrauchtes Fahrrad mit Speziallenker			
d. 200 g Tee mit Holunderblüten			
e. Grundstück 3a in der Münch-Siedlung			

6 In welchem der folgenden Fälle ist der Käufer
nicht Eigentümer der Sache geworden?

1 Die Klavierspielerin Birgit Voß hat sich für 14 Tage
ein Klavier von einem Musikfachgeschäft ausge-
liehen. Da ihr das Instrument zusagt, schließt sie
einen Kaufvertrag. Der Inhaber des Musikgeschäf-
tes ist einverstanden und erfüllt den Kaufvertrag.
2 Der Künstler Rolf Bruelheyde ist von einem
Sonderband über den Maler Caspar David
Friedrich begeistert und schließt einen Kaufvertrag mit dem Buchhändler. Da der Künstler auf
der Durchreise ist, bittet er den Buchhändler,
den Sonderband in seinem Besitz zu behalten.
3 Der Inhaber der Töpferei ist damit einverstanden,
dass die Biologiestudentin Lena die von ihr
erworbene Vase sofort mitnimmt. Wenige Tage
später erhält die Käuferin wie vereinbart die
Rechnung.
4 Ein Privatmann vereinbart den Kauf eines
Grundstücks mit einem Bauern. Der Kaufvertrag
wird schriftlich abgeschlossen und die Geld-
summe bar bezahlt.

Was versteht man unter einem Rechtsgeschäft? Was ist eine Willenserklärung?

Rechtsgeschäft	Rechtsgeschäfte gestalten die rechtlichen Beziehungen zwischen den in einer Wirtschaft handelnden Personen sowie dem Staat. Rechtsgeschäfte bestehen aus Willenserklärungen der handelnden Personen.
Willenserklärung	Eine Willenserklärung ist eine rechtlich wirksame Äußerung, durch die die abgebende Person bewusst eine Rechtsfolge herbeiführen will.

Unterscheiden Sie einseitige und zwei- oder mehrseitige Rechtsgeschäfte. Nennen Sie Beispiele.

Einseitige Rechtsgeschäfte	Sie gestalten eine Rechtsfolge durch die Willenserklärung einer einzelnen Person. ▸ **Nicht empfangsbedürftige Rechtsgeschäfte** Bei Abgabe der Willenserklärung ist das Rechtsgeschäft gültig. *Beispiele: Testament, Auslobung* ▸ **Empfangsbedürftige Willenserklärung** Bei Abgabe und Zugang der Willenserklärung ist das Rechtsgeschäft gültig. *Beispiele: Kündigung, Anfechtung*
Zwei- oder mehrseitige Rechtsgeschäfte	Sie werden nur durch inhaltlich übereinstimmende Willenserklärungen aller Beteiligten rechtswirksam. Die Willenserklärungen werden Antrag und Annahme genannt. Bei Übereinstimmung kommt ein Vertrag zustande. *Beispiele: Kaufvertrag, Gesellschaftsvertrag*

Wann werden Willenserklärungen gegenüber Abwesenden, Anwesenden, Geschäftsunfähigen und beschränkt Geschäftsfähigen wirksam?

Abwesende	Willenserklärungen gegenüber Abwesenden werden mit Zugang in den Herrschaftsbereich des Erklärungsempfängers wirksam.
Anwesende	Willenserklärungen gegenüber Anwesenden werden mit Vernehmung der Erklärung wirksam.
Geschäftsunfähige	Willenserklärungen gegenüber Geschäftsunfähigen werden mit Zugang der Erklärung an den gesetzlichen Vertreter wirksam.
Beschränkt Geschäftsfähige	Willenserklärungen gegenüber beschränkt Geschäftsfähigen werden mit Zugang der Erklärung an den gesetzlichen Vertreter wirksam. Ausnahmen: Die Erklärung bringt nur rechtliche Vorteile oder die Einwilligung des gesetzlichen Vertreters lag vor.

Welche Äußerungsformen von Willenserklärungen werden unterschieden?

Ausdrückliches Handeln	Konkludentes (schlüssiges) Handeln	Nichthandeln/Schweigen
Als Mittel der Willensäußerung ist Sprache und Schrift geeignet. *Beispiele: Gespräch unter Anwesenden, Telefonat, Telex, Telegramm, Telefax*	Aus dem Handeln muss ein Wille abzuleiten sein. *Beispiele: Handschlag, Kopfnicken, Ware liefern, Geldeinwurf in einen Automaten*	Dies gilt nur dann als Willensäußerung, wenn Schweigen als Erklärungszeichen vereinbart wurde oder der abweichende Wille nach Treu und Glauben hätte geäußert werden müssen. *Beispiele: Kunde meldet sich nicht innerhalb der vereinbarten Frist bei einem Kauf auf Probe, Mehrlieferung an einen langjährigen Kunden*

Welche unterschiedlichen Formvorschriften für die Abgabe von Willenserklärungen gibt es?

Form	Durchführung	Beispiele
Schriftform	Eigenhändige Unterschrift ist unter dem Schriftstück erforderlich.	Schuldversprechen, Schuldanerkenntnis, Bürgschaftserklärung unter Privatleuten, Testament, nachvertragliches Wettbewerbsverbot, Kreditvertrag, Tarifvertrag, Pacht- oder Mietvertrag länger als ein Jahr
Öffentliche Beglaubigung	Die Echtheit der Unterschrift wird durch eine dazu ermächtigte Person bestätigt.	Anträge auf Eintragung in das Handels-, Genossenschafts-, Vereins- oder Güterrechtsregister, Grundbuch
Notarielle Beurkundung	Das ganze Schriftstück wird vom Notar als Urkunde abgefasst. Es wird die Echtheit der Unterschrift und der Inhalt bestätigt.	Kaufvertrag über ein Grundstück, Schenkungsversprechen, Beschlüsse der Hauptversammlung der Aktiengesellschaften, Gesellschaftsverträge der Kapitalgesellschaften, Eheverträge

1 Welche der folgenden Reihen enthält nur einseitige Rechtsgeschäfte?

1 Kündigung – Pacht – Testament

2 Mahnung – Testament – Kündigung

3 Leihe – Mahnung – Erbvertrag

4 Schuldanerkenntnis – Miete – Pacht

2 Überprüfen Sie folgende Aussagen über Rechtsgeschäfte.

Ordnen Sie eine
1 zu, wenn die Aussage zutrifft,
9 zu, wenn die Aussage nicht zutrifft.

a. Alle einseitigen Rechtsgeschäfte sind empfangsbedürftige Willenserklärungen.

b. Verträge entstehen durch Antrag und Annahme.

c. Rechtsgeschäfte können grundsätzlich in jeder beliebigen Form abgeschlossen werden.

d. Ein Vertrag kommt durch mindestens zwei übereinstimmende Willenserklärungen zustande.

3 Bei einigen Rechtsgeschäften verlangt der Gesetzgeber die Einhaltung bestimmter Formvorschriften.

Ordnen Sie die folgenden Formen von Willenserklärungen den unten stehenden Sachverhalten zu:

1 Schriftform
2 öffentliche Beglaubigung
3 notarielle Beurkundung
4 keine Formvorschrift

a. Der Vater verbürgt sich als Sicherheit für den von seiner Tochter abgeschlossenen Kreditvertrag.

b. Mit dem Arbeitnehmer B wird ein vertragliches Wettbewerbsverbot (Konkurrenzklausel) vereinbart.

c. Eine Grundschuld wird zur Absicherung eines Kredits in das Grundbuch eingetragen.

d. Ein Kaufmann gibt im Rahmen seines Handelsgeschäftes für einen Geschäftspartner eine Bürgschaftserklärung gegenüber einem Kreditinstitut ab.

e. Das Vorstandsmitglied des Gesangvereins „Laute Kehle" beantragt die Eintragung des Vereins in das Vereinsregister.

4 Kennzeichnen Sie unten stehende Aussagen mit einer
1, wenn diese zutreffen,
9, wenn diese nicht zutreffen.

a. Ein Vertrag kommt immer durch zwei übereinstimmende Rechtsgeschäfte zustande.

b. Ein Vertrag kann auch durch Schweigen zustande kommen.

c. Nur durch Handschlag oder durch Kopfnicken kann kein Vertrag zustande kommen, da dadurch zu viel Irrtümer entstehen.

5 Überprüfen Sie in den folgenden Fällen das Wirksamwerden der Willenserklärungen.

Tragen Sie eine
1 ein, wenn die Willenserklärung wirksam wurde,
9 ein, wenn die Willenserklärung nicht oder noch nicht wirksam wurde.

a. Der Arbeitgeber lässt ein Kündigungsschreiben durch einen Boten zustellen. Dieser wirft den Brief in den Postkasten des Empfängers, der jedoch für zwei Tage verreist ist.

b. Der Landwirt schreibt am 13. November sein Testament handschriftlich und versieht es mit seiner Unterschrift. Das Schriftstück legt er in einen Holzkasten, in dem sich noch weitere wichtige Dokumente befinden.

c. Der Autohändler überreicht dem noch nicht 18-jährigen Kunden das schriftliche Angebot über einen schwarzen Volvo 440 für 16 000,00 EUR. Der Sohn übergibt das Schreiben seinem Vater.

6 Stellen Sie fest, ob in folgenden Fällen
1 ein Vertrag zustande gekommen ist,
9 kein Vertrag zustande gekommen ist.

a. Ein Landwirt erhält von seinem Nachbarn folgenden Vorschlag: „Meinen gebrauchten Anhänger kann ich dir für 1 200,00 EUR überlassen." Der Landwirt nickt mit dem Kopf und holt den Anhänger ab.

b. Eine Schwimmschülerin wirft ein 50-Cent-Stück in den Kaffeeautomaten und erhält das Gewünschte.

c. Ein langjähriger Kunde erhält von seinem Lieferanten eine Warensendung, die er nicht bestellt hatte. Er legt die gelieferten Rohstoffe in das Lager und vergisst, seinen Lieferanten über die Falschlieferung zu informieren.

d. Der 19-jährige Schüler erwirbt eine Videokamera auf Probe für eine Woche. Nach 14 Tagen meldet sich der Schüler beim Verkäufer mit dem Hinweis: „Leider sagt mir die Videokamera nicht zu."

e. Die Mitarbeiter einer Abteilung beschließen mündlich, jede Woche gemeinsam Lotto zu spielen. Die Beiträge müssen spätestens donnerstags gezahlt werden.

f. Ein Gemüsehändler bietet dem Käufer eine Kiste Mangos zum Preis von 40,00 EUR an. Der Käufer ist bereit, 1/2 Kiste Mangos zum Preis von 22,00 EUR zu kaufen.

7 Ordnen Sie den jeweiligen Aussagen zu:
1 Schriftform
2 notarielle Beurkundung
3 öffentliche Beglaubigung

a. Eine eigenhändige Unterschrift ist unter dem Schriftstück erforderlich.

b. Nur die Echtheit der Unterschrift wird durch eine dazu ermächtigte Person bestätigt.

c. Das ganze Schriftstück wird vom Notar als Urkunde abgefasst. Es werden die Echtheit der Unterschrift und der Inhalt bestätigt.

Unterscheiden Sie nichtige und anfechtbare Rechtsgeschäfte.

Nichtige Rechtsgeschäfte	Nichtige Rechtsgeschäfte sind von Anfang an ohne Zutun des Erklärenden ungültig. Sie sind deshalb so zu behandeln, als wären sie gar nicht abgeschlossen worden. Nichtig sind: ▸ Willenserklärungen, die von **Geschäftsunfähigen** abgegeben werden *Beispiel: Ein 6-jähriges Kind kauft sich eine Anziehpuppe.* ▸ Willenserklärungen, die von Personen im Zustande der **Bewusstlosigkeit** oder vorübergehenden Störung der Geistestätigkeit abgegeben werden *Beispiel: Unter Hypnose schließt ein Teilnehmer einen Vertrag über eine Weltreise ab.* ▸ Willenserklärungen, die zum **Schein** abgegeben werden *Beispiel: Im Kaufvertrag über ein Grundstück wird eine niedrigere Kaufsumme eingetragen, um Grunderwerbssteuer zu sparen.* ▸ Willenserklärungen, bei denen der **Mangel der Ernstlichkeit** erkannt werden müsste *Beispiel: Ein Gast betritt die Kneipe mit dem Spruch: „Ein Königreich für ein Bier."* ▸ Rechtsgeschäfte, die gegen ein **gesetzliches Verbot** verstoßen *Beispiel: Abschluss eines Heilbehandlungsvertrages, ohne dass der Vertragspartner eine gesetzliche Erlaubnis dafür besitzt.* ▸ Rechtsgeschäfte, die **sittenwidrig** sind (Wucher) *Beispiel : Ein Wohnungseigentümer vermietet eine Wohnung an eine Familie zu einem überhöhten Mietpreis.* ▸ Rechtsgeschäfte, die ohne gesetzlich **vorgeschriebene Form** abgeschlossen worden sind *Beispiel: Ein Privatmann verbürgt sich mündlich.*

Anfechtbare Rechtsgeschäfte	Anfechtbare Rechtsgeschäfte sind voll gültig und werden erst nachträglich durch fristgerechte Anfechtung nichtig. Anfechtungsgründe:	

	▸ **Irrtum**
	  – über wesentliche Eigenschaften in der Person
	  Beispiel: Eine Bank stellt einen Mitarbeiter ein, der ein Scheckfälscher ist.
	  – über wesentliche Eigenschaften in der Sache
	  Beispiel: Der Verkäufer bietet einen Seidenteppich an. Käufer und Verkäufer stellen nach dem Kaufvertrag die Fälschung fest.
	  – über die Erklärungsbedeutung
	  Beispiel: Der Käufer bestellt eine Kiste Mangostane, meint aber eine Kiste Mangos.
	  – über die Erklärungshandlung
	  Beispiel: Ein Kunde unterschreibt einen falschen Kaufvertrag.
	▸ **Falsche Übermittlung**
	  Beispiel: Der Sachbearbeiter schreibt statt 12,10 EUR einen Preis von 2,10 EUR auf.
		Die Anfechtung muss unmittelbar nach der Entdeckung des Anfechtungsgrundes erfolgen.

	▸ **Arglistige Täuschung**
	  Beispiel: Ein Gebrauchtwagen wird trotz anderer Informationen als unfallfrei verkauft.
	▸ **Widerrechtliche Drohung**
	  Beispiel: Der Vertreter erzwingt den Abschluss eines Kaufvertrages unter Androhung, ein ihm bekanntes Fehlverhalten des Käufers zu veröffentlichen.
		Die Anfechtung muss innerhalb eines Jahres nach Kenntnis der Täuschung bzw. nach Wegfall der Zwangslage erfolgen.

Welche Vertragsarten werden unterschieden? Nennen Sie wesentliche Inhalte, Vertragspartner und Besonderheiten.

Vertragsart	Vertragspartner	Inhalt des Vertrages	Besondere Hinweise
Schenkungsvertrag	Schenker/ Beschenkter	Zuwendung von Sachen oder Rechten – Eigentumswechsel (unentgeltlich)	Handschenkung = formfrei; Schenkungsversprechen = notarielle Beurkundung nötig
Mietvertrag	Vermieter/ Mieter	Überlassung von Sachen zum Gebrauch (entgeltlich)	bei Kündigung von Wohnraum = Schriftform
Pachtvertrag	Verpächter/ Pächter	Überlassung von Sachen oder Rechten zum Gebrauch und zum Fruchtgenuss (entgeltlich)	Unterschied zum Mietvertrag = Fruchtziehungsrecht
Leihvertrag	Verleiher/ Entleiher	Überlassung von Sachen zum Gebrauch (unentgeltlich)	Rückgabe derselben Sache
Darlehensvertrag	Darlehensgeber/ Darlehensnehmer	Überlassung von vertretbaren Sachen (Sachdarlehen) oder Geld (Gelddarlehen) zum Gebrauch/Verbrauch – Eigentumswechsel (entgeltlich oder unentgeltlich)	Rückgabe gleicher Sachen bzw. Geld in gleicher Höhe mit oder ohne Zins
Werkvertrag	Unternehmer/ Besteller	Herstellung eines versprochenen Werkes (entgeltlich)	Der gewünschte Erfolg (das Ergebnis) muss eintreten.
Lieferung herzustellender beweglicher Sachen	Unternehmer/ Besteller	Herstellung eines versprochenen Werkes aus einem vom Unternehmer zu beschaffenden Material – Eigentumswechsel (entgeltlich)	Kombination aus ▸ Werkvertrag und ▸ Kaufvertrag

1 Stellen Sie bei den unten stehenden Sachverhalten fest, um welche Vertragsart es sich handelt und ordnen Sie zu.

1 Werkvertrag
2 Kaufvertrag
3 Dienstleistungsvertrag
4 Pachtvertrag
5 Mietvertrag
6 Leihvertrag
7 Gelddarlehensvertrag
8 Sachdarlehensvertrag
9 Sonstiges

a. Die Gymnasiastin Jana lässt sich gegen Entgelt von Studienrat Meißner fünf Monate lang auf das Abitur vorbereiten.

b. Ein Schüler besorgt sich aus der Schülerbücherei kostenlos zwei Mathematikbücher.

c. Für Unterrichtszwecke besorgt sich die Deutschlehrerin eine DVD gegen 4,00 EUR Gebühr.

d. In einem Parkhaus wird ein Parkplatz für vier Stunden von Herrn Flömer belegt. Die Parkgebühren betragen 3,50 EUR.

e. Frau Brandmeier besorgt sich von ihrer Nachbarin zum Backen ein Pfund Mehl. Am nächsten Tag bringt sie Mehl gleicher Art, Güte und Menge zurück.

f. Eine Maschinenfabrik überlässt einem süddeutschen Unternehmen eine Werkzeugmaschine zur Nutzung gegen monatliches Entgelt. Nach Ablauf von drei Jahren steht dem süddeutschen Unternehmen die Option zu, die Werkzeugmaschine käuflich zu erwerben.

g. Ein Schüler wirft 50 Cent in einen Kaugummiautomaten und entnimmt ein Kaugummi.

h. Ein Student übernimmt für zwei Jahre ein bekanntes Altstadtlokal mit Einrichtung gegen Zahlung eines monatlichen Entgelts.

i. Eine Wandergruppe vereinbart mit einem Autohaus die Überlassung eines Kleinbusses für ein Wochenende gegen Entgelt.

j. Der Inhaber eines Schnellimbiss-Standes holt sich von dem Koch des gegenüberliegenden Fischstandes 5 l Öl. Am nächsten Tag bringt er 5 l Öl gleicher Güte wieder zurück und als Dank für das „Aushelfen" einen Gutschein für ein Tagesgericht.

2 Welches der folgenden Rechtsgeschäfte ist nichtig?

Tragen Sie die zutreffende Ziffer in das Kästchen ein.

1 Der Landwirt schließt mit einem Schweinezüchter bereits im Dezember einen Kaufvertrag über eine Wagenladung Stroh. Das Stroh ist noch gar nicht vorhanden.

2 Der Rentner vereinbart mit dem Bauern in einem schriftlichen Vertrag die Eigentumsübertragung einer 800 m² großen Wiese.

3 Ein 10-Jähriger kauft von seinem Taschengeld einen Kriminalroman in spanischer Sprache. In seinem Zimmer stellt er fest, dass er den Text aufgrund der fehlenden Sprachkenntnisse nicht lesen kann.

3 Überprüfen Sie, ob unten stehende Rechtsgeschäfte
1 nichtig,
2 anfechtbar,
3 weder nichtig noch anfechtbar sind.

a. Ein Kunde bestellt 12 Gros Toilettenpapier. Er ist der Meinung, dass er 12 große Rollen Toilettenpapier bestellt hat.

b. Die Transwärme GmbH schließt mit einer Buchhalterin einen Arbeitsvertrag. Es stellt sich heraus, dass die Buchhalterin, die mittlerweile eine Bestätigung vom Gynäkologen über eine bestehende Schwangerschaft eingereicht hat, nicht über die im Vorstellungsgespräch zugesicherten Buchhaltungskenntnisse verfügt.

c. Der Lebensmittelhändler veranlasst Frau Pech, bei ihm Ware im Wert von mindestens 400,00 EUR einzukaufen, andernfalls werde er den kürzlich von ihrem Sohn in seinem Laden begangenen Zigarettendiebstahl im ganzen Dorf bekannt machen.

d. Ein Kunsthändler verkauft ein Bild von Salvador Dalí. Es stellt sich heraus, dass dieses Gemälde eine Fälschung ist.

4 Überprüfen Sie folgende Aussagen zu den Anfechtungsfristen.

Tragen Sie eine
1 ein, wenn die Aussage zutrifft,
9 ein, wenn die Aussage nicht zutrifft.

a. Im Falle der arglistigen Täuschung muss die Anfechtung innerhalb eines Jahres nach Kenntnis der Täuschung erfolgen.

b. Eine Anfechtung wegen eines Irrtums über wesentliche Eigenschaften in der Person muss ohne schuldhaftes Zögern erfolgen, d. h. unverzüglich, nachdem der Anfechtungsberechtigte von dem Anfechtungsgrund Kenntnis erlangt hat.

c. Ein Vertrag, der aufgrund einer widerrechtlichen Drohung zustande gekommen ist, muss unverzüglich nach der Drohung innerhalb eines Jahres angefochten werden.

5 Ergänzen Sie unten stehende Sätze mit den folgenden Worten:
1 gegen Entgelt
2 unentgeltlich
3 gegen Entgelt oder unentgeltlich
4 eine Eigentumsübertragung
5 keine Eigentumsübertragung
6 der gleichen
7 derselben

a. Beim Sachdarlehensvertrag erfolgt die Überlassung von vertretbaren Sachen ...

b. Beim Pachtvertrag findet ... statt.

c. Beim Leihvertrag erfolgt die Rückgabe ... Sache.

d. Leihverträge sind stets ...

Die Vertragsfreiheit ist Kennzeichen des privaten Rechts (Zivilrecht). Nennen Sie die Merkmale der Vertragsfreiheit.

Abschlussfreiheit	▸ Diese Vertrageingehungsfreiheit bedeutet, dass Vertragspartner nicht gezwungen werden, Verträge abzuschließen, sondern das Recht haben, ihre Vertragspartner frei zu wählen. *Beispiel: Niemand kann gezwungen werden, einen Kaufvertrag über Solaranlagen einzugehen, bzw. kann daran gehindert werden, dieses zu tun.* ▸ Ausnahme: Kontrahierungszwang = Betriebe mit Monopolcharakter müssen Verträge abschließen. *Beispiel: Elektrizitätsgesellschaften müssen mit den Einwohnern ihres Bezirkes Verträge über die Stromlieferung abschließen.*
Gestaltungsfreiheit	▸ Diese Inhaltsfreiheit bedeutet, dass die Verträge inhaltlich frei gestaltet werden können. *Beispiel: Es ist die freie Entscheidung des Verkäufers und Käufers, den Inhalt eines Kaufvertrages zu gestalten.* ▸ Ausnahme: Die Inhalte verstoßen gegen andere gesetzliche Vorschriften, die zwingendes Recht und nicht abänderbar sind. *Beispiel: Mit einem Arbeitnehmer wird im Arbeitsvertrag der Verzicht auf Urlaub geregelt.*
Formfreiheit	▸ Sie besagt, dass alle Rechtsgeschäfte grundsätzlich in jeder beliebigen Form abgeschlossen werden können. *Beispiel: Ein Kaufvertrag über Feuerschutzschränke kann mündlich abgeschlossen werden.* ▸ Ausnahme: Formzwang = Der Gesetzgeber hat für die Gültigkeit des Rechtsgeschäftes eine bestimmte Form vorgeschrieben. *Siehe Beispiele für Schriftform, öffentliche Beglaubigung und notarielle Beurkundung: Rechtsgeschäfte 1.*
Auflösungsrecht	Das bürgerliche Recht räumt bei bestimmten Dauerschuldverhältnissen und aus sozialpolitischen Gründen ein Kündigungsrecht ein. *Beispiel: Der Mieter kann unter Wahrung bestimmter gesetzlicher oder auch vertraglich vereinbarter Bedingungen den Mietvertrag kündigen.*

Was sind allgemeine Geschäftsbedingungen (AGB)? Welche Bedeutung haben sie?

Begriff	Allgemeine Geschäftsbedingungen sind alle für eine Vielzahl von Verträgen vorformulierten Vertragsbedingungen, die eine Vertragspartei (Verwender) der anderen Vertragspartei bei Abschluss eines Vertrages stellt.
Bedeutung	▸ **Rationalisierung:** Die Vertragsfreiheit wird häufig durch AGB eingeschränkt, da an die Stelle des ausgehandelten Vertrages in vielen Fällen der durch vorformulierte AGB standardisierte Vertrag getreten ist. Dadurch wird der auf Massenvertrag ausgerichtete Geschäftsverkehr rationalisiert. ▸ **Risikoabwälzung:** Praktisch alle AGB sind von dem Bestreben geprägt, die Rechtsstellung des Verwenders zu stärken und die Rechte des Käufers zu schmälern. Der Unternehmer bestimmt im Wesentlichen einseitig die Vertragsgestaltung, indem die AGB auf der Rückseite der Bestellung oder Auftragsbestätigung abgedruckt sind („Kleingedrucktes").

Erläutern Sie die Regelungen der allgemeinen Geschäftsbedingungen (AGB für Verbraucherverträge).

Ziel	Ziel der Regelungen ist der Schutz des wirtschaftlich Schwächeren. Sie finden keine Anwendung beim zweiseitigen Handelskauf (Ausnahmen: Post, Telekommunikation, Bereich Personenbeförderung).
Unwirksame Klauseln (Klauselverbote ohne Wertungsmöglichkeit)	Hierzu zählen die im Gesetz konkretisierten Klauselverbote. Werden diese Klauseln (obwohl sie verboten sind) in AGB bei Verträgen verwendet, sind sie unwirksam. Der Vertrag selbst wird nicht unwirksam. *Beispiele:* ▸ *Preiserhöhungen innerhalb von vier Monaten nach Vertragsabschluss* ▸ *Bestimmungen, durch die der Verwender von der gesetzlichen Obliegenheit freigestellt wird, zu mahnen oder für die Leistung oder Nacherfüllung eine Frist zu setzen* ▸ *Ausschluss oder Begrenzung der Haftung für einen vorsätzlich oder grob fahrlässig herbeigeführten Schaden* ▸ *Beschränkung der Gewährleistungsansprüche auf Nachbesserung* ▸ *Bestimmungen, die Aufwendungen für die Nachbesserung zu tragen* ▸ *Verkürzung der gesetzlichen Gewährleistungsfristen* ▸ *Ausschluss der Haftung für zugesicherte Eigenschaften*
Bedingt unwirksame Klauseln (Klauselverbote mit Wertungsmöglichkeit)	Hierbei handelt es sich um Klauselverbote, die nicht generell unwirksam sind, sondern eine richterliche Wertung erfordern. *Beispiele:* ▸ *unangemessen lange oder nicht hinreichend bestimmte Fristen für die Annahme oder Ablehnung eines Angebotes oder die Erbringung einer Leistung* ▸ *Vorbehalt einer unangemessen langen oder nicht hinreichend bestimmten Nachfrist* ▸ *Vorbehalt des Rücktrittsrechts für die Leistungspflicht durch den Verwender der AGB ohne sachlichen Grund* ▸ *Vorbehalt des Verwenders, eine versprochene Leistung zu ändern oder davon abzuweichen* ▸ *Vereinbarungen über unangemessen hohe Nutzungsgebühren oder Ersatz von Aufwendungen, sofern der Vertragspartner vom Vertrag zurücktritt oder den Vertrag kündigt*
Generalklausel	Die Bestimmungen der AGB sind unwirksam, wenn sie den Käufer entgegen den Geboten von Treu und Glauben unangemessen benachteiligen.

1 Die allgemeinen Geschäftsbedingungen sind Mittel der Rationalisierung und der Risikoabwälzung.

Ordnen Sie eine
1 zu, wenn die Aussage zutrifft und das Stichwort „Rationalisierung" beschreibt,
2 zu, wenn die Aussage zutrifft und das Stichwort „Risikoabwälzung" beschreibt,
9 zu, wenn die Aussage nicht zutrifft.

a. Unter allgemeinen Geschäftsbedingungen versteht man die Vertragsbedingungen, die für viele Verträge schon vorformuliert sind.

b. Mithilfe der allgemeinen Geschäftsbedingungen kann aufgrund der bestehenden Vertragsfreiheit alles vereinbart werden. Sie werden jedoch erst gültig, wenn der Käufer das Vorgedruckte unterschreibt.

c. Der Unternehmer ist bestrebt, die allgemeinen Geschäftsbedingungen so zu formulieren, dass seine Rechtsstellung gestärkt und die des Käufers geschmälert wird.

2 Ordnen Sie folgende Begriffe den unten stehenden Aussagen zu:
1 Formfreiheit
2 Inhaltsfreiheit
3 Auflösungsrecht
4 Abschlussfreiheit

Tragen Sie eine 9 ein, wenn die vertragliche Vereinbarung nicht möglich ist und somit die Grenze der Vertragsfreiheit überschritten ist.

a. Die Vertragspartner einigen sich über eine bestimmte Sonderausstattung der Kühlmaschine.

b. Der 6-jährige Sohn schließt mit dem Fachgeschäft für Musikinstrumente einen Vertrag über eine Trompete ab. Die Einwilligung der Eltern liegt nicht vor.

c. Der Unternehmer bestellt telefonisch eine Stanzmaschine, die vom Hersteller schriftlich angeboten wurde.

d. Der Käufer entschließt sich, den im Schaufenster ausgestellten Staubsauger zu kaufen. Der Einzelhändler stimmt zu.

e. Der Verkäufer bietet dem Käufer eine Kühltruhe im Wert von 890,00 EUR an. Der Käufer lehnt dieses Angebot ab.

f. Der Verlobte verbürgt sich gegenüber dem Darlehensgeber mündlich für seine Verlobte.

g. Die Vertragspartner einigen sich schriftlich über den Kauf eines Grundstücks.

3 Welche der folgenden Gleichsetzungen trifft nicht zu?

Tragen Sie eine 1 ein, wenn alle Gleichsetzungen richtig sind.

2 Inhaltsfreiheit	=	Gestaltungsfreiheit
3 Kündigungsrecht	=	Auflösungsfreiheit
4 Abschlusszwang	=	Kontrahierungszwang
5 Abschlussfreiheit	=	Vertragseingehungsfreiheit

4 Die Vertragsfreiheit ist ein wesentliches Grundprinzip unserer Wirtschaftsordnung.

Ordnen Sie den folgenden Aussagen eine
1 zu, wenn die Aussage zutrifft,
9 zu, wenn die Aussage nicht zutrifft.

a. Die Vertragsfreiheit ist gekennzeichnet durch die Abschlussfreiheit, Inhaltsfreiheit, Formfreiheit und das Kündigungsrecht.

b. Die Vertragsfreiheit ist Grundprinzip des öffentlichen Rechts.

c. Gesetzliche Vorschriften über den Inhalt von Rechtsgeschäften werden erst dann angewendet, wenn die Vertragspartner darüber keine Vereinbarung getroffen haben.

5 Entscheiden Sie bei den aufgeführten vertraglichen Vereinbarungen zwischen Kaufmann und Nichtkaufmann, ob es sich um
1 gültige Klauseln,
9 ungültige/unwirksame Klauseln
in den allgemeinen Geschäftsbedingungen handelt.

a. Sofort erkennbare Mängel können nur innerhalb der nächsten vier Wochen nach der Lieferung gerügt werden.

b. Gerichtsstand für beide Teile ist der Ort des Verkäufers.

c. Bei Betriebsstörungen können wir jederzeit vom Vertrag zurücktreten.

d. Erfolgt die Lieferung nicht zum vereinbarten Termin, so kann uns der Käufer eine dreimonatige Nachfrist setzen mit der Erklärung, dass er nach deren fruchtlosem Ablauf vom Kaufvertrag zurücktreten werde.

e. Ein Mangel, der nach elf Monaten gerügt wird, wird von uns nicht mehr anerkannt.

f. Vereinbarte Liefertermine sind unverbindlich. Wir sind jedoch bemüht, die Liefertermine pünktlich einzuhalten.

6 Entscheiden Sie, ob in den unten stehenden Fällen
1 die allgemeinen Geschäftsbedingungen bei Verbraucherverträgen Gültigkeit haben,
9 die allgemeinen Geschäftsbedingungen bei Verbraucherverträgen keine Gültigkeit haben.

a. Vereinbarte Preise gelten nur bei einer Lieferung innerhalb von drei Monaten nach Vertragsabschluss.

b. Die Haltbarkeitsgarantie des Herstellers beträgt acht Monate auf alle gekanteten Teile, sechs Monate auf alle gerundeten Teile.

c. Die Gewährleistungsansprüche entfallen bei Schlussverkaufsware.

d. Aufwendungen bei Nachbesserung sind vom Käufer nur zu 30 % zu zahlen.

e. Unsere Forderungen können Sie nicht mit unseren Verbindlichkeiten aufrechnen.

Erläutern Sie den Zweck und die rechtliche Bedeutung einer Anfrage. Unterscheiden Sie zwischen allgemeiner und spezieller Anfrage.

Zweck	Eine Anfrage dient der Informationsbeschaffung auf den Beschaffungsmärkten. Es soll festgestellt werden, zu welchen Bedingungen die Lieferer Güter (oder Dienstleistungen) anbieten können.	
Rechtliche Bedeutung	Durch eine Anfrage ist der Käufer rechtlich nicht gebunden. Da Anfragen keine rechtswirksamen Willenserklärungen sind, kann der Käufer bei mehreren Lieferern gleichzeitig Informationen einholen.	
Formen der Anfrage	**Allgemeine Anfrage**	Bei einer unbestimmten Anfrage wird der Lieferer um Zusendung von Katalogen, Preislisten, Muster gebeten oder um einen Vertreterbesuch.
	Spezielle Anfrage	Eine bestimmte Anfrage enthält die Bitte um ein Angebot. Die Anfrage sollte präzise Angabe über die Art, Qualität und Ausführung der benötigten Güter (oder Dienstleistungen) beinhalten sowie die benötigte Menge und möglicherweise gewünschte Liefertermine, zwingend vorgeschriebene Transportmittel, Lieferungs- und Zahlungsbedingungen etc. enthalten.

Was verstehen Sie unter einem Angebot? Erläutern Sie die rechtliche Bedeutung und nennen Sie verschiedene Arten.

Rechtliche Bedeutung	Das Angebot ist eine an eine bestimmte Person gerichtete verbindliche empfangsbedürftige Willenserklärung. Anpreisungen, die sich an die Allgemeinheit richten, stellen keine verbindlichen Willenserklärungen dar und gelten nicht als Angebot im rechtlichen Sinn. Sie sind Aufforderungen zur Abgabe einer Willenserklärung. *Beispiele: Anzeigen in Zeitungen, Schaufensterauslagen, Hauswurfsendungen, Kataloge, Plakate*
Arten	▸ Unverlangte Angebote vom Lieferer versuchen das Interesse des Kunden an der Ware zu wecken. Dies geschieht meist zu besonderen Anlässen. *Beispiele: Jubiläen, Festtage, Umbauten* ▸ Verlangte Angebote erfolgen aufgrund einer Anfrage.

Wie wird ein Angebotsvergleich durchgeführt? Nennen Sie in einer übersichtlichen Darstellung die Reihenfolge der Berechnung bis zum Einstandspreis.

Beim Angebotsvergleich wird für die von jedem Lieferer angebotene Ware der Bezugspreis nach dem nebenstehenden Schema berechnet. Der Einstandspreis der Ware ist bei der Entscheidung für ein Angebot sehr bestimmend, jedoch sind noch weitere Bedingungen zu berücksichtigen, wie z. B. Qualität der Ware, Lieferbereitschaft, Mindestmengenabnahmen, herstellungssynchrone Anlieferung („just in time"), Zuverlässigkeit des Vertragspartners.	Listeneinkaufspreis − Rabatt ─────────── = Zieleinkaufspreis − Skonto ─────────── = Bareinkaufspreis + Bezugskosten ─────────── = <u>Bezugspreis (Einstandspreis)</u>

Nehmen Sie Stellung zur rechtlichen Bedeutung und Form der Bestellung.

Rechtliche Bedeutung	Die Bestellung ist eine empfangsbedürftige Willenserklärung des Käufers an den Verkäufer, Ware zu bestimmten Bedingungen zu kaufen. Die Bestellung kann Antrag oder auch Annahme sein.
Form	Die Bestellung kann formlos erteilt werden. Um jedoch einen möglichen Irrtum auszuschließen, sollten mündliche oder fernmündliche Bestellungen schriftlich bestätigt werden durch Brief, Postkarte, Fax, E-Mail oder durch standardisierte Bestellscheine.

Erläutern Sie die rechtliche Bedeutung und Form der Bestellungsannahme.

Rechtliche Bedeutung	Die Bestellungsannahme, auch Auftragsbestätigung genannt, ist eine Willenserklärung des Verkäufers, Ware zu bestimmten Bedingungen zu liefern. ▸ Erfolgte eine Bestellung ohne ein vorheriges verbindliches Angebot des Verkäufers, so ist die Bestellungsannahme notwendig, damit ein Kaufvertrag zustande kommt (1. Willenserklärung: Bestellung; 2. Willenserklärung: Bestellungsannahme). ▸ Eine Bestellungsannahme ist rechtlich nicht erforderlich, wenn die Bestellung aufgrund eines gültigen Angebotes erfolgte (1. Willenserklärung: Angebot; 2. Willenserklärung: Bestellung).
Form	Die Bestellungsannahme kann formlos erteilt werden. Um jedoch wie bei einer mündlichen Bestellung einen möglichen Irrtum auszuschließen, sollte die Bestellungsannahme schriftlich durch Brief, Fax, E-Mail, standardisierte Auftragsbestätigungen oder durch konkludentes Handeln (Lieferung der Ware) erfolgen.

1 Welche der folgenden Aussagen trifft nicht zu?

   Tragen Sie die entsprechende Ziffer in das Kästchen ein.

   1 Die spezielle Anfrage ist eine verbindliche Willenserklärung des Käufers an den Verkäufer, angefragte Produkte zu den benannten Bedingungen zu kaufen.

   2 Die allgemeine Anfrage dient der Informationsbeschaffung.

   3 Durch eine Anfrage ist der Käufer rechtlich nicht gebunden.

2 Überprüfen Sie folgende Aussagen zur Bestellung und Bestellungsannahme.

   Tragen Sie eine
   1 ein, wenn die Aussage zutrifft,
   9 ein, wenn die Aussage nicht zutrifft.

   a. Eine Bestellung kann Antrag oder Annahme sein.

   b. Bestellungsannahme ist rechtlich immer notwendig.

   c. Erfolgte die Bestellung aufgrund eines verbindlichen Angebotes, ist eine Bestellungsannahme rechtlich nicht mehr notwendig.

   d. Eine Bestellung bedarf der Schriftform. Mündliche Bestellungen müssen schriftlich bestätigt werden.

3 Überprüfen Sie unten stehende Aussagen.

   Tragen Sie in das Kästchen eine
   1 ein, wenn die Aussage zutrifft,
   9 ein, wenn die Aussage nicht zutrifft.

   a. Das verbindliche Angebot ist an eine bestimmte Person gerichtet.

   b. Angebote in Zeitungen sind keine verbindlichen Willenserklärungen.

   c. Schaufensterauslagen sind verbindliche Angebote.

   d. Unverlangte Angebote sind nicht verbindlich.

   e. Angebote sind empfangsbedürftige Willenserklärungen.

4 Bringen Sie die folgenden Begriffe zum Angebotsvergleich in die richtige Reihenfolge, indem Sie die Ziffern 1 bis 7 in die jeweiligen Kästchen einsetzen.

   a. Bareinkaufspreis

   b. Zieleinkaufspreis

   c. Bezugspreis (Einstandspreis)

   d. Skonto

   e. Rabatt

   f. Bezugskosten

   g. Listeneinkaufspreis

5 Prüfen Sie unten stehende Sachverhalte.

   Tragen Sie in das Kästchen eine
   1 ein, wenn der Verkäufer an das Angebot rechtlich gebunden ist,
   9 ein, wenn der Verkäufer an das Angebot nicht oder nicht mehr rechtlich gebunden ist.

   a. Der Großhändler sendet dem Schuhfachgeschäft einen gültigen Katalog zu.

   b. Ein Sportartikelgeschäft bietet in einem Prospekt, das der Tageszeitung beiliegt, seine Sommerartikel an.

   c. Im Fahrradfachgeschäft wird für eine besondere Werbeaktion ein Damenfahrrad mit einem breiten Band versehen, das den Aufdruck hat: Angebot der Woche 500,00 EUR.

   d. In einem Selbstbedienungsgeschäft stehen die Waren geordnet in den Regalen.

   e. Aufgrund einer schriftlichen Anfrage eines Kunden bietet ein Kaufhaus den angefragten Artikel telefonisch an.

   f. In einer Fernsehreklame wird eine Bohrmaschine angeboten.

6 Der Käufer benötigt für die Herstellung von Fruchtmarmelade 320 Pfund frisches Obst. Von seinen Lieferanten erhält er folgende Angebote:

   – Der Landwirt Otto Obermeier-Brand bietet 100 kg Obst zu 220,00 EUR an, frachtfrei. Hinzu kommt bei Abnahme von mehr als 50 kg ein Rabatt in Höhe von 15 %, bei einer Abnahme von mehr als 100 kg ein Rabatt in Höhe von 20 %. Skonto ist bei vorzeitiger Zahlung mit 3 % in Abzug zu bringen.
   – Die Obst-Genossenschaft Frisch bietet folgendermaßen an:
   Je 10 kg 20,00 EUR. Der Rabatt ist wie folgt gestaffelt:
   Bei einer Abnahme von mehr als 50 kg 10 %, mehr als 100 kg 12 %, mehr als 150 kg 14 %, mehr als 250 kg 18 %, mehr als 300 kg 20 %, mehr als 320 kg 22 %.
   Skonto kann mit 2 % in Abzug gebracht werden. Die Lieferungsvereinbarung lautet: frei Bahnhof dort.
   – Die Landhandel eG unterbreitet folgendes Angebot: 105,00 EUR je 100 Pfund. 2 % Skonto, 25 % Rabatt. Unfrei.

   Für alle drei Angebote gilt für die zu bestellende Gesamtmenge, die benötigt wird:
   Rollgeld I   45,00 EUR
   Rollgeld II   30,00 EUR
   Fracht   130,00 EUR

   Ermitteln Sie den Bezugspreis für die benötigte Menge aufgrund der Angebote ...

   a. ... vom Landwirt Otto Obermeier-Brand.

   b. ... von der Obst-Genossenschaft Frisch.

   c. ... von der Landhandel eG.

Beschreiben Sie das Verpflichtungsgeschäft und das Erfüllungsgeschäft im Rahmen des Kaufvertrages.

Verpflichtungs-geschäft	Der Kaufvertrag kommt zustande durch die Übereinstimmung der Willenserklärung von mindestens zwei Personen: 1. Willenserklärung = Antrag ⟷ 2. Willenserklärung = Annahme Der Vertragsabschluss lässt ein Schuldverhältnis entstehen, das Käufer und Verkäufer zu Leistungen verpflichtet.	
	Pflichten des Verkäufers	**Pflichten des Käufers**
	‣ Übergabe des Kaufgegenstandes – an den Käufer – beim Versendungskauf an den Beförderer ‣ Eigentumsübertragung ‣ Annahme der Zahlung	‣ Annahme des Kaufgegenstandes ‣ Zahlung des Kaufpreises
Erfüllungs-geschäft	Die tatsächliche Erfüllung der im Verpflichtungsgeschäft eingegangenen Pflichten erfolgt im Erfüllungsgeschäft. *Beispiel: Der Verkäufer liefert die Ware, der Käufer nimmt die Ware an.* Sehr häufig fallen Verpflichtungs- und Erfüllungsgeschäft zeitlich zusammen.	

Unter welchen Bedingungen erlischt die Bindung an den Antrag?

Die Bindung an den Antrag erlischt bei …	Abwesenden	nach dem Zeitpunkt, bis zu dem unter regelmäßigen Umständen eine Annahme erwartet werden durfte (Beförderungsdauer – Überlegungsfrist – Beförderungsdauer).
	Anwesenden	nach Beendigung der Unterredung. Zu den Anwesenden werden auch Telefonpartner gezählt.
	Fristsetzung	mit Überschreitung der vereinbarten Frist. Die verspätet zugegangene Bestellung gilt als neuer Antrag.
	Freizeichnungs-klauseln	durch deren Angabe, z. B. freibleibend, ohne Obligo, unverbindlich.
	Widerruf	des Antrags, wenn der Widerruf spätestens mit dem Eintreffen des Antrags eingeht.
	Ablehnung	des Antrags.
	Änderung	des Antrags durch Erweiterung oder Einschränkung (Änderung gilt als neuer Antrag).

Nennen Sie die Besonderheiten bei der Zusendung von unbestellten Waren durch den Verkäufer.

Zusendung unbestellter Waren an einen Kaufmann	Zusendung unbestellter Waren an einen Privatmann
‣ mit bestehender Geschäftsverbindung: Schweigen gilt als Annahme. Bei Ablehnung muss der Käufer den Verkäufer davon unverzüglich in Kenntnis setzen, die Ware aufbewahren und zu einem späteren Zeitpunkt zurückschicken. ‣ ohne bestehende Geschäftsverbindung: Schweigen gilt als Ablehnung. Der Käufer muss die Ware aufbewahren, jedoch nicht zurückschicken.	Schweigen gilt im bürgerlichen Recht nicht als Annahme, aber auch nicht als Ablehnung. Es ist keine Willenserklärung. Der Käufer muss die Ware aufbewahren, jedoch nicht zurückschicken. Die Zusendung stellt einen Verstoß gegen das „Gesetz gegen den unlauteren Wettbewerb" dar.

Erklären Sie anhand von unterschiedlichen Möglichkeiten den Abschluss des Kaufvertrages.

Beispiele	Gültiger Antrag	Gültige Annahme
Der Käufer bestellt ohne vorheriges Angebot. Der Verkäufer schickt eine Bestellungsannahme.	‣ durch den Käufer aufgrund seiner Bestellung	‣ durch den Verkäufer aufgrund seiner Bestellungsannahme
Der Verkäufer schickt ein freibleibendes Angebot. Der Käufer bestellt und erhält die Ware in den nächsten Tagen.	‣ durch die Bestellung des Käufers. Das Angebot des Verkäufers ist keine verbindliche Willenserklärung.	‣ durch den Verkäufer aufgrund seines konkludenten Handelns (Lieferung)
Der Verkäufer schickt ein Angebot, gültig bis zum 18. September, der Käufer bestellt am 19. September. Der Verkäufer schickt eine Auftragsbestätigung.	‣ durch die Bestellung des Käufers am 19. September. Die Bindung an das Angebot besteht nicht mehr, da die Frist überschritten war.	‣ durch den Verkäufer aufgrund seiner Auftragsbestätigung
Der Verkäufer sendet unbestellte Ware an eine Privatperson, die die Ware verbraucht.	‣ durch den Verkäufer aufgrund der Zusendung der Waren	‣ durch die Privatperson aufgrund des Verbrauchs

1 *Beim Kaufvertrag wird unterschieden zwischen:*
1 *Verpflichtungsgeschäft*
2 *Erfüllungsgeschäft*

Ordnen Sie den folgenden Sachverhalten diese Begriffe zu. Ist dies nicht möglich, tragen Sie eine 9 ein.

a. Der Verkäufer schickt ein Angebot, der Käufer bestellt. ☐

b. Der Käufer bestellt, der Verkäufer schickt eine Auftragsbestätigung. ☐

c. Der Verkäufer liefert die Ware. ☐

d. Der Käufer bezahlt eine Rechnung von 4 500,00 EUR, die aufgrund einer Warenlieferung ausgestellt wurde. ☐

2 *Ordnen Sie hinter den unten stehenden Sachverhalten*

in Spalte A eine
1 *zu, wenn es sich nur um einen gültigen Antrag des Käufers handelt,*
2 *zu, wenn es sich um einen gültigen Antrag des Verkäufers handelt,*
3 *zu, wenn es sich um keinen Antrag handelt;*

in Spalte B eine
1 *zu, wenn es sich um die Annahme durch den Käufer handelt,*
2 *zu, wenn es sich um die Annahme durch den Verkäufer handelt,*
3 *zu, wenn es sich um keine Annahme handelt.*

	A	B
a. Käufer bestellte ohne vorhergehendes Angebot. Der Verkäufer lehnt ab und macht ein Gegenangebot.	☐	☐
b. Käufer bestellte ohne vorhergehendes Angebot. Verkäufer liefert sofort.	☐	☐
c. Verkäufer schickte ein Angebot freibleibend. Käufer bestellt.	☐	☐
d. Verkäufer schickte ein Angebot, gültig bis zum 17.08. des Jahres, Käufer bestellte am 18.08. des Jahres. Der Verkäufer liefert ohne Bestätigung.	☐	☐
e. Verkäufer erteilte ein telefonisches Angebot. Der Käufer kann sich während des Telefongespräches nicht entscheiden. Am nächsten Tag bestellt er schriftlich die Ware.	☐	☐
f. Der Rohstofflieferant schickte einen gültigen Katalog zu. Der Industriebetrieb bestellt.	☐	☐

3 *Ein Privatmann hat unbestellte Ware erhalten. In welchem der folgenden Fälle handelt es sich um einen Kaufvertrag?* ☐

Handelt es sich in allen Fällen um einen Kaufvertrag, tragen Sie eine 4 ein.

1 Der Privatmann legt die Ware ordnungsgemäß in einen Kellerraum.
2 Der Privatmann reagiert nicht auf die Falschlieferung. Nach zwei Monaten verbraucht er die unbestellte Ware.
3 Der Privatmann stellt erst nach sieben Monaten fest, dass er die Ware nicht bestellt hat. Die Ware ist zwar ausgepackt, aber noch vollständig vorhanden.

4 *Prüfen Sie unten stehende Sachverhalte.*

Tragen Sie eine
1 *ein, wenn der Verkäufer an das Angebot rechtlich gebunden ist.*
9 *ein, wenn der Verkäufer an das Angebot nicht oder nicht mehr rechtlich gebunden ist.*

a. Der Verkäufer unterbreitet dem Käufer telefonisch ein interessantes Angebot über 150 Dosen Speziallack. Der Käufer beendet das Telefongespräch mit dem Hinweis, dass er eine verbindliche Bestellung erst in der kommenden Woche tätigen könne. ☐

b. Der Einzelhändler erhält ein ausführliches Angebot per Telefax über die neue Sommerkollektion. Die für ihn wichtigsten und interessantesten Posten markiert er. Wenige Stunden später erhält er vom Verkäufer einen telefonischen Widerruf. ☐

c. Das an den Käufer direkt gerichtete schriftliche Angebot enthält in den Lieferungs- und Zahlungsbedingungen u. a. folgende Hinweise: frei Haus, 3 % Skonto innerhalb von 14 Tagen, 30 Tage netto Kasse, ohne Obligo. ☐

d. Aufgrund einer schriftlichen Anfrage eines Kunden bietet ein Kaufhaus den angefragten Artikel telefonisch an. ☐

e. Der Kunde bestellt 10 kg der angebotenen Ware zu dem vereinbarten Preis, verändert die Lieferungsbedingung „ab Werk" jedoch in „frei Haus", da er bisher noch nie Frachtkosten zahlen musste. ☐

f. Der Weingroßhandel bietet einem Feinschmeckerrestaurant 120 Flaschen Spätlese, Mosel, Riesling, Jahrgang 2007 zum Preis von 17,20 EUR an. Aufgrund unsachgemäßer Lagerung geht dieser Wein zwischenzeitlich zu Bruch. Der Weingroßhandel informiert wenige Tage später den Kunden telefonisch und verweist auf ein konkurrierendes Weingeschäft, das den Wein jedoch für 19,20 EUR anbietet. ☐

g. Der Elektrohändler Mathias Möllmann bietet einer Kundin eine exklusive Lampe an, obwohl er weder Eigentümer noch Besitzer dieser Lampe ist. ☐

h. Der Computerhersteller bietet einem Speditionsunternehmen eine Sondersoftware an. Noch bevor das schriftliche Angebot eintrifft, widerruft der Computerhersteller das Angebot per Fax. ☐

5 *Ein Großhandelsbetrieb hat unbestellte Ware von einem Lieferanten erhalten, von dem bisher immer ordnungsgemäß geliefert worden ist. Überprüfen Sie die Aussagen der Lagerarbeiter.*

Ordnen Sie eine
1 *für eine zutreffende Aussage zu,*
9 *für eine nicht zutreffende Aussage zu.*

a. Lagerarbeiter A: „Wir müssen die Warenlieferung unverzüglich als Falschlieferung rügen, sonst müssen wir die Ware bezahlen." ☐

b. Lagerarbeiter B: „Wenn wir die Ware nicht verbrauchen, können wir sie jederzeit wieder zurückschicken." ☐

c. Lagerarbeiter C: „Die Ware wurde von uns nicht bestellt. Ohne Bestellung kann kein Kaufvertrag zustande kommen." ☐

Erläutern Sie die wesentlichen Inhalte eines Kaufvertrages.

Art, Güte und Beschaffenheit der Ware	Nach BGB und HGB ist eine der Gattung nach bestimmte Ware in mittlerer Art und Güte zu liefern. Sinnvoll ist jedoch die genaue Beschreibung des Kaufgegenstandes durch: Herkunft, Muster, Warenzeichen, Gütezeichen, Handelsklassen, Jahrgänge, Güteklassen.		
Menge	Angabe z. B. in km, t, hl, m^2 oder in handelsüblichen Benennungen wie Stück.		
Preis der Ware	Verpackungskosten	▸ **Versandverpackung:** Die Kosten trägt der Käufer. Vertragliche Vereinbarungen sind möglich: z. B. Verpackung leihweise, brutto für netto. ▸ **Verkaufsverpackung:** Die Kosten trägt der Verkäufer. Vertragliche Vereinbarungen sind nicht üblich.	
	Preisabzüge	▸ **Rabatt** kann gewährt werden als Mengenrabatt bei Abnahme einer größeren Menge, als Personalrabatt an die Mitarbeiter des eigenen Unternehmens, als Weiterverarbeitungsrabatt für Personen, die die Ware in ihrem Gewerbe oder als Letztverbraucher verwerten, und als Sonderrabatt bei besonderen Anlässen. ▸ **Bonus** ist ein Nachlass, der nachträglich eingeräumt wird. ▸ **Skonto** ist ein Barzahlungsrabatt, der dem Käufer gewährt werden kann, wenn er vor Ablauf des Zahlungsziels zahlt.	
Lieferungsbedingungen	▸ **Kosten:** Der Käufer trägt die Frachtkosten. Vertragliche Vereinbarungen sind möglich: – Ab Werk, ab Lager, ab Rampe: Der Käufer trägt alle Kosten des Transportes. – Ab Bahnhof hier, ab hier, unfrei: Der Verkäufer trägt die Kosten der Zufuhr (Rollgeld I) zum Versandbahnhof, der Käufer die Verladekosten, Frachtkosten und die Kosten der Anfuhr vom Bestimmungsbahnhof zum Firmensitz (Rollgeld II). – Ab Waggon: Der Verkäufer übernimmt das Rollgeld I und die Verladekosten. – Frachtfrei, Bahnhof dort: Der Käufer trägt das Rollgeld II. – Frei Haus, frei Lager: Der Verkäufer trägt alle Transportkosten. ▸ **Lieferzeit:** Der Käufer kann die sofortige Lieferung verlangen. Vertragliche Vereinbarungen sind möglich: Lieferung innerhalb von zehn Tagen, Lieferung am 11.11.11, fix, Lieferung bis spätestens 02.05.11, Lieferung frühestens Ende April, Lieferung auf Abruf.		
Zahlungsbedingungen	Der Verkäufer kann die sofortige Zahlung verlangen. Vertragliche Vereinbarungen sind möglich: z. B. Zahlung im Voraus, Zahlung bei Lieferung, Zahlung innerhalb von zehn Tagen nach der Lieferung, 1/3 im Voraus, bar, halbbar, bargeldlos.		

Erläutern Sie den Erfüllungsort und seine Bedeutung für den Gefahrübergang und den Gerichtsstand.

Leistungsort	Am Erfüllungsort muss die Leistung rechtzeitig erbracht werden. ▸ Der gesetzliche Erfüllungsort für Ware ist der Ort des Verkäufers; für Geld ist es der Ort des Käufers. ▸ Der vertragliche Erfüllungsort ist eine Vereinbarung zwischen den Vertragspartnern über einen anderen Erfüllungsort (Warenschulden oder Geldschulden = Bringschulden). ▸ Der natürliche Erfüllungsort ist der Ort, an dem die Leistung ihrer Natur nach oder den Umständen nach zu erbringen ist.
Gefahrübergang	Der Erfüllungsort bestimmt bei der Ware neben der Übernahme der Transportkosten auch den Gefahrenübergang. Bei zufälligem Untergang oder zufälliger Verschlechterung der Ware geht die Gefahr auf den Käufer über ▸ mit Übergabe der Ware an den Käufer, ▸ mit Übergabe an den Spediteur oder die sonst mit der Versendung beauftragte Person. Geld muss auf Gefahr und Kosten des Käufers übermittelt werden.
Gerichtsstand	▸ Der allgemeine Gerichtsstand ist der Sitz des Gerichts, in dessen Bezirk der Schuldner seinen Wohnsitz hat. ▸ Der besondere Gerichtsstand ist u. a. der Sitz des Gerichts, in dessen Bezirk der Schuldner seinen Leistungsort hat, d. h., der gesetzliche Erfüllungsort zieht den Gerichtsstand nach sich. Eine abweichende vertragliche Vereinbarung ist nur unter Kaufleuten möglich.

Erläutern Sie den einfachen Eigentumsvorbehalt und die Formen des erweiterten Eigentumsvorbehaltes.

Einfacher Eigentumsvorbehalt	Der Käufer wird erst Eigentümer mit vollständiger Bezahlung des Kaufgegenstandes. Durch Weiterveräußerung an gutgläubige Dritte, Verbindung, Verarbeitung mit einer Sache geht der Eigentumsvorbehalt jedoch unter.
Erweiterter Eigentumsvorbehalt	▸ verlängerter Eigentumsvorbehalt mit Veräußerungsklausel: Dieser beinhaltet den „einfachen Eigentumsvorbehalt" und die „Zession" (Abtretung einer Forderung). Anstelle des durch Verkauf erloschenen einfachen Eigentumsvorbehaltes tritt die durch den Weiterverkauf entstandene Forderung. ▸ verlängerter Eigentumsvorbehalt mit Verarbeitungsklausel: Er beinhaltet, dass im Falle einer Verarbeitung der Ware der Gläubiger ein Eigentum an der neuen Sache erwirbt. ▸ Kontokorrentvorbehalt: Er liegt vor, wenn sich die Vorbehaltsrechte auch auf andere von dem Verkäufer an denselben Käufer gelieferte Gegenstände beziehen.

1 Prüfen Sie unten stehende Aussagen.

Tragen Sie eine
1 ein, wenn die Aussage zutrifft,
9 ein, wenn die Aussage nicht zutrifft.

a. Beim Kaufvertrag gibt es grundsätzlich zwei Erfüllungsorte.

b. Der Gerichtsstand kann für Nichtkaufleute aufgrund der Vertragsfreiheit geändert werden.

c. Der Käufer trägt grundsätzlich die Frachtkosten.

d. Geld wird auf Gefahr und Kosten des Käufers transportiert.

e. Ware wird auf Gefahr des Verkäufers transportiert.

f. Der gesetzliche Erfüllungsort für Geld ist der Ort des Verkäufers, weil Geldschulden Schickschulden sind.

2 Ordnen Sie die folgenden Lieferungsbedingungen den jeweiligen Aussagen zu.

1 ab Werk
2 frei Haus
3 frachtfrei
4 unfrei

Tragen Sie eine 9 ein, wenn eine Zuordnung nicht sinnvoll ist.

a. Der Verkäufer trägt das Rollgeld bis zum Versandbahnhof, die restlichen Kosten trägt der Käufer.

b. Der Käufer trägt die Frachtkosten und Rollgeld II.

c. Alle Kosten trägt der Käufer.

d. Der Käufer trägt nur Rollgeld II.

3 Welche der folgenden Aussagen trifft nicht zu?

Tragen Sie eine 4 ein, wenn alle Aussagen zutreffen.

1 Die Kosten der Versandverpackung trägt grundsätzlich der Käufer.

2 Die Kosten der Verkaufsverpackung trägt grundsätzlich der Verkäufer.

3 Wurde keine Vereinbarung über die Lieferzeit getroffen, so kann der Käufer sofortige Lieferung verlangen.

4 In welchem der folgenden Fälle ist der Eigentumsvorbehalt nicht untergegangen?

Ist er in allen Fällen untergegangen, tragen Sie eine 9 ein.

1 Die Ware wurde verarbeitet.

2 Die Ware wurde gestohlen.

3 Die Ware wurde veräußert.

4 Die Ware wurde bezahlt.

5 Die Baustoff GmbH, Bitterfeld, hat bei ihrem Händler in Braunschweig 110 t Zement bestellt. Als Zahlungstermin wurde der 09.12.20.. vereinbart und der 08.11.20.. als Liefertermin. Im Kaufvertrag einigte man sich auf den Preis von 24,00 EUR je Zentner. Die Lieferungsbedingung lautet: frachtfrei. Über Erfüllungsort und Gerichtsstand wurden keine vertraglichen Vereinbarungen getroffen.

Prüfen Sie unten stehende Aussagen zu diesem Fall und tragen Sie eine
1 ein, wenn die Aussage zutrifft,
9 ein, wenn die Aussage nicht zutrifft.

a. Die Ware muss am 08.11.20.. in Braunschweig bereitgestellt bzw. im Falle eines Versendungskaufs abgeschickt sein.

b. Die Ware muss am angegebenen Liefertermin in Bitterfeld sein.

c. Das Geld muss am 09.12.20.. in Braunschweig sein.

d. Das Geld muss am 09.12.20.. abgeschickt werden.

e. Im Falle einer Nicht-rechtzeitig-Lieferung muss geklagt werden:
1 beim Amtsgericht in Bitterfeld
2 beim Amtsgericht in Braunschweig
3 beim Landgericht in Bitterfeld
4 beim Landgericht in Braunschweig

f. Die Gefahr des zufälligen Untergangs der Ware
1 trägt der Käufer,
2 trägt der Verkäufer.

6 Ordnen Sie folgende Begriffe den unten stehenden Aussagen zu:
1 Schickschulden
2 Bringschulden
3 Holschulden

a. Der Erfüllungsort ist der Ort des Schuldners, jedoch muss die zu erbringende Leistung auf Gefahr und Kosten an den Ort des Gläubigers transportiert werden.

b. Der Erfüllungsort und auch der Ablieferungs- bzw. Bereitstellungsort ist der Ort des Schuldners.

c. Der Erfüllungsort und der Ablieferungsort ist in beiden Fällen der Ort des Gläubigers.

7 Über den Erfüllungsort und den Gerichtsstand wurden keine vertraglichen Vereinbarungen getroffen, hinsichtlich der Frachtkosten gilt „frei Haus". Wann geht die Gefahr des zufälligen Untergangs bzw. der zufälligen Verschlechterung der Ware auf den Käufer über?

1 mit Übergabe an den Frachtführer, wenn die Ware nicht mit eigenen Transportmitteln befördert wird

2 mit Übergabe an den Käufer

3 mit Abschluss des Kaufvertrages

4 mit Bezahlung der Ware

Nach welchen Gesichtspunkten lassen sich Kaufverträge unterscheiden?

Merkmale	Arten	Beschreibung und Beispiele
Kaufgegenstand	**Stück- oder Spezieskauf**	Der Kaufgegenstand ist eine nicht vertretbare Sache. *Beispiele: das selbst hergestellte Regal, das Ölgemälde von Paul Klee*
	Gattungskauf	Der Kaufgegenstand ist eine vertretbare Sache. *Beispiele: das Mehl Type 405, der Anrufbeantworter DX 904*
Rechtliche Stellung der Vertragspartner	**Bürgerlicher Kauf**	Beide Vertragspartner handeln als Privatleute. *Beispiel: Ein Unternehmer kauft alte Briefmarken von seinem Nachbarn.*
	Einseitiger Handelskauf	Ein Vertragspartner handelt als Kaufmann. *Beispiel: Der Hobbygärtner kauft sich einen Rasenentlüfter in einem Baumarkt.*
	Zweiseitiger Handelskauf	Beide Vertragspartner handeln als Kaufmann. *Beispiel: Der Unternehmer erwirbt einen Lkw für seinen Fuhrpark.*
Lieferzeit	**Sofortkauf**	Die Lieferung erfolgt als direkte Reaktion auf den Vertrag. *Beispiel: Der Käufer bestellt telefonisch Ringbuchmechaniken, der Hersteller liefert sofort.*
	Terminkauf	Die Lieferung erfolgt zu einem genau bezeichneten Termin. *Beispiel: Lieferung am 03.04.20... Der Verkäufer gerät bei Nichteinhaltung des Termins ohne Mahnung in Verzug.*
	Fixkauf (Fixgeschäft nach BGB/ Fixhandelskauf nach HGB)	Die Lieferung wird zu einem bestimmten Zeitpunkt oder innerhalb einer bestimmten Frist vereinbart. *Beispiel: Lieferung am 03.04.20.., fix, Lieferung bis 09.09.20.., fest. Es gelten „verschärfte" Rechte durch die Nicht-rechtzeitig-Lieferung.*
	Kauf auf Abruf	Eine größere Menge von Waren wird bestellt. Der Zeitpunkt der Lieferung wird vom Käufer bestimmt. *Beispiel: Ein Spielzeughersteller bestellt 80 000 spezielle Kartongrößen und ruft diese bei Produktionsbedarf ab.*
Zahlungszeit	**Kauf gegen Vorauszahlung**	Die Zahlung erfolgt vor der Lieferung.
	Barkauf	Die Ware wird sofort bezahlt. Es handelt sich um ein Zug-um-Zug-Geschäft.
	Zielkauf	Die Zahlung erfolgt innerhalb einer vereinbarten Zeit nach der Lieferung.
	Verbraucherdarlehen	Die Zahlung erfolgt in Teilbeträgen. Ein Widerruf ist innerhalb von zwei Wochen in Textform oder durch Rücksendung möglich. Bestimmte Inhalte sind im Vertrag zu regeln.
Erfüllungsort	**Versendungskauf**	Verkäufer und Käufer befinden sich an verschiedenen Orten. Der Erfüllungsort für Ware ist am Ort des Verkäufers. Die Ware muss jedoch an den vom Käufer bestimmten Ort verschickt werden.
	Fernkauf	Verkäufer und Käufer befinden sich an verschiedenen Orten. Der Erfüllungsort für Ware ist nicht am Ort des Verkäufers. Die Ware muss an dem benannten Erfüllungsort an den Käufer übergeben werden.
	Platzkauf	Verkäufer und Käufer befinden sich am selben Ort. Der Erfüllungsort ist am Sitz des Verkäufers/Käufers. Die Ware muss noch verschickt werden.
	Handkauf	Verkäufer und Käufer befinden sich am selben Ort. Erfüllungsort ist der Sitz des Verkäufers/Käufers. Die Ware wird im Geschäft des Verkäufers übergeben.
Besonderheiten im Kaufvertrag	**Kauf auf Probe**	Bei diesem Kauf auf Besicht kann der Käufer die Ware innerhalb einer vereinbarten Frist zurückgeben. Nach Ablauf dieser Frist gilt sein Schweigen als Zustimmung, und der Kaufvertrag ist zustande gekommen.
	Kauf nach Probe	Bei diesem Kauf nach Muster muss der gelieferte Kaufgegenstand mit der vorhandenen Probe übereinstimmen; sie gilt als zugesicherte Eigenschaft.
	Kauf zur Probe	Es handelt sich um einen endgültigen Kaufvertrag. Der Käufer gibt bei der Bestellung einer meist kleineren Menge dem Verkäufer zu erkennen, weitere Bestellungen aufzugeben, wenn die Ware den Erwartungen entspricht.
	Spezifikationskauf	Bei diesem Bestimmungskauf wird eine größere Menge einer vertretbaren Sache gekauft. Der Käufer kann jedoch die Gattungsware innerhalb einer vorher vereinbarten Frist spezifizieren, z. B. nach Maß, Form, Farbe.
	Kauf mit Umtauschrecht	Dies ist ein Kauf mit dem Recht, die Ware bei Nichtgefallen umzutauschen.

1 Ordnen Sie bei den unten stehenden Verträgen zu,
   um welche der folgenden Vertragsarten es sich dabei
   handelt.
   1 Kauf zur Probe
   2 Kauf auf Probe
   3 Kauf nach Probe
   4 Spezifikationskauf
   5 Kauf auf Abruf

   a. In einem Kaufvertrag über 50 m³ Holz vereinbart
      die Tischlerei Böschemeier OHG, innerhalb von 14
      Tagen vor der Lieferung die Maße näher zu
      bestimmen.

   b. Der Käufer vereinbart mit dem Verkäufer eines
      Lampenfachgeschäftes, dass er eine Tischlampe
      über das Wochenende ausprobieren darf, um
      feststellen zu können, ob die Lichtquelle ausrei-
      chend ist. Sollte er sich am Montag nicht melden,
      möchte er die Lampe behalten.

   c. Eine Großnäherei benötigt für die kommende
      Saison eine größere Menge von Lamm- und
      Schafleder. Sie vereinbart mit dem Lieferer, dass
      sie den Zeitpunkt für die Zusendung der einzel-
      nen Teilmengen monatlich bestimmt.

   d. Das Einrichtungshaus vermerkt in der Bestellung:
      „Aufgrund des uns vorliegenden Gardinenmusters
      bestellen wir wie folgt: …"

2 Ordnen Sie zu, ob es sich bei den unten stehenden
   Vereinbarungen im Kaufvertrag um einen
   1 Terminkauf,
   2 Fixkauf
   handelt.

   a. „Wir werden Ihnen die Ware bis zur 14. KW liefern."

   b. „Zu Ihrer Geschäftseröffnung am 13.12.20..
      werden wir die Ware bis spätestens um 10:00 Uhr
      geliefert haben. Sie können sich auf uns als
      Zulieferer verlassen."

   c. „Der von Ihnen bestellte Präsentkorb für Ihren
      Mitarbeiter wird geliefert am 13.12.20.., fix."

   d. „Lieferung bis zum 13.12.20.., genau."

   e. „Lieferung erbitten wir bis zum 13.12.20.."

   f. „Aufgrund der am 13.12.20.. stattfindenden Hoch-
      zeitsfeier bitten wir um Lieferung der Torte bis um
      18:00 Uhr."

   g. „Lieferung am 13.12.20.., fest."

3 Beurteilen Sie in den folgenden Fällen, ob es sich um
   einen
   1 Stück- oder Spezieskauf,
   2 Gattungskauf
   handelt.

   Kaufgegenstand ist …

   a. … ein maßgeschneidertes Abendkleid.

   b. … eine Schreibtischunterlage im Kaufhausregal.

   c. … eine rote Dachpfanne.

   d. … eine Glasblumenvase im Fachgeschäft.

   e. … ein gebrauchter VW-Polo.

4 Beim Terminkauf kommt der Verkäufer bei Nichteinhaltung des Termins auch ohne Mahnung in
   Verzug.

   Tragen Sie eine
   1 ein, wenn bei den folgenden vereinbarten
      Lieferterminen eine Mahnung erforderlich ist,
   9 ein, wenn dies nicht der Fall ist.

   a. Lieferung 14 Tage nach Erhalt der Bestellung

   b. Lieferung 3 Tage nach Ostersonntag

   c. Lieferung sofort

   d. Lieferung im Laufe des Monats November

   e. Lieferung auf Abruf

5 Ordnen Sie den jeweiligen Fällen zu:
   1 bürgerlicher Kauf
   2 einseitiger Handelskauf
   3 zweiseitiger Handelskauf

   a. Der zwanzigjährige Auszubildende kauft einen
      Gebrauchtwagen beim Händler.

   b. Der Unternehmer kauft für seine Tochter eine
      Filmkamera im Einkaufszentrum beim Fotohändler.

   c. Der Rechtsanwalt Leo Lux benötigt einen A3-
      Drucker. Sein Onkel veräußert ihm seinen erst vor
      kurzem erworbenen Drucker.

   d. Der Industriekaufmann Karl-Heinz Visser schließt
      mit seinem Freund einen Kaufvertrag über zwei
      Eishockeyschläger ab.

6 Der Verbraucherdarlehensvertrag ist zum Schutz des
   Verbrauchers im BGB geregelt. Prüfen Sie unten
   stehende Aussagen.

   Tragen Sie eine
   1 ein, wenn die Aussage zutrifft,
   9 ein, wenn die Aussage nicht zutrifft.

   Der Verbraucherdarlehensvertrag muss enthalten …

   a. … den effektiven Jahreszins.

   b. … die genaue Bezeichnung der Waren.

   c. … den Nettodarlehensbetrag.

   d. … den Gesamtbetrag.

   e. … Art und Weise der Rückzahlung.

   f. Die auf den Vertragsabschluss gerichtete Willens-
      erklärung bedarf der schriftlichen Form.

   g. Der Käufer kann den Vertrag innerhalb einer
      Woche mündlich widerrufen.

   h. Der Käufer kann den Vertrag innerhalb von zwei
      Wochen widerrufen.

Begründen Sie die Notwendigkeit des Verbraucherschutzes.

Verbraucher haben es nicht leicht:
▶ Sie sehen sich einer verwirrenden Vielzahl von Produkten gegenüber.
▶ Sie werden mit einer Werbung konfrontiert, die zuweilen einen Hang zur Übertreibung hat.
▶ Mächtige Supermarktketten und Warenhauskonzerne sind ihre Partner beim Abschluss von Verträgen.
▶ Gekaufte Gebrauchsgüter werden immer komplizierter und die Begutachtung, ob ein Produkt den technischen Anforderungen nach Sicherheit und Bedienungskomfort entspricht, fällt immer schwerer.

Erläutern Sie die Möglichkeiten des Verbraucherschutzes.

Verbraucher-beratung	Verbraucherberatungsstellen gibt es in jeder größeren Stadt. Sie bieten den Verbrauchern eine Reihe von Beratungsmöglichkeiten und Entscheidungshilfen. Überregional sind die Beratungsstellen in Verbraucher-zentralen organisiert. Die Beratungsstellen übernehmen folgende Aufgaben: ▶ **Beratung beim Kauf:** Verbraucherberatungsstellen sammeln Informationen über Produkttests, Preisver-gleiche, Energieverbrauchsdaten. Dieses Material kann kostenlos eingesehen werden. ▶ **Beratung in Rechtsfällen:** Verbraucherberater kennen die Gesetze und die Rechte des Verbrauchers. Sie geben Rat bei Streitigkeiten mit Händlern, Vertretern und Vermietern. ▶ **Energieberatung:** Verbraucherberatungsstellen informieren darüber, wie man Strom-, Gas- oder Heizöl-kosten senken kann, ohne dabei große Komforteinbußen hinnehmen zu müssen.
Verbraucher-informationen	Die Medien bieten eine Vielzahl von Informationen für Zeitungsleser, Radiohörer und Fernsehzuschauer. In den Zeitungen werden Testergebnisse der Stiftung Warentest abgedruckt. Hörfunk- und Fernsehprogramme präsentieren regelmäßig Verbrauchermagazine mit aktuellen Urteilen, Tipps zum Einkauf und zur Ernährung.

Beschreiben Sie wichtige gesetzliche Vorschriften zum Schutz des Verbrauchers.

Preisangaben-verordnung	Wer Waren an Letztverbraucher verkauft und dafür Werbung betreibt, hat nach der Verordnung zur Regelung der Preisangaben die Preise anzugeben, die einschließlich der Umsatzsteuer und sonstiger Preisbestandteile unabhängig von einer Rabattgewährung zu zahlen sind. ▶ Bei losen Waren ist der Preis für eine nach allgemeiner Auffassung übliche Einheit (1 kg, 100 g) anzugeben. ▶ Besondere Vorschriften gelten für den Handel, für Anbieter von Leistungen, für Kreditinstitute, für das Gaststättengewerbe und für Tankstellen und Parkplätze.	
Fernabsatzvertrag	Vertrag über die Lieferung von Waren oder das Erbringen von Dienstleistun-gen aufgrund von Fernkommunikationsmitteln	Das Bürgerliche Gesetzbuch enthält wichtige Verbraucherrechte. Dem Verbraucher steht bei diesen Verträgen ein **Widerrufsrecht** zu, das **durch Textform oder Rücksendung der Sache innerhalb von zwei Wochen** gegenüber dem Unternehmer zu erklären ist. Es reicht die rechtzeitige Absendung. Eine Begrün-dung muss nicht angegeben werden.
Haustürgeschäft	Vertrag zwischen Unternehmer und Verbraucher durch mündliche Verhand-lungen im Bereich der Privatwohnung oder am Arbeitsplatz/bei Freizeit-veranstaltungen/auf öffentlich zugänglichen Flächen	
Verbraucher-darlehen	Der Verbraucherdarlehensvertrag ist ein entgeltlicher Vertrag zwischen Unternehmer (Darlehensgeber) und Verbraucher (Darlehensnehmer). Die folgenden Vorschriften haben nur Gültigkeit bei einem Nettodarlehens-betrag von $\geq$ 200,00 EUR: Der Verbraucherdarlehensvertrag bedarf der Schriftform. Die Vertragserklärung muss enthalten ▶ den Nettodarlehensbetrag, ▶ den Gesamtbetrag, ▶ Art und Weise der Rückzahlung, ▶ den effektiven Jahreszins, ▶ Kosten einer Restschuld- oder sonstigen Versicherung, ▶ zu bestellende Sicherheiten.	
Produkt-haftungsgesetz	▶ **Grundsatz** Wird infolge eines fehlerhaften Produktes ein Mensch oder eine andere Sache beschädigt, so ist der Hersteller dem Geschädigten zum Ersatz des entstandenen Schadens verpflichtet. Der Hersteller haftet auch ohne Verschulden, also selbst dann, wenn ihm der Nachweis gelingt, dass der Fehler des Produktes nicht aufgrund seiner oder seiner Mitarbeiter Fahrlässigkeit entstanden ist (Gefährdungshaftung). ▶ **Haftungsumfang** Für Personenschäden gilt eine Höchstgrenze; für Sachschäden an einer anderen Sache als dem fehlerhaf-ten Produkt ist die Haftung unbegrenzt. ▶ **Voraussetzungen** – Das Produkt hat einen Fehler und bietet nicht die Sicherheit, die man berechtigterweise erwarten kann. Der Hersteller muss das Gerät so sicher machen, dass auch bei falscher Bedienung keine Gefahr besteht. – Die beschädigte Sache hat beim privaten Ge- oder Verbrauch Schäden verursacht; berufliche Nutzung ist bei der Produkthaftung ausgeschlossen. – Ausgeschlossen sind die Haftung für Entwicklungsrisiken, privat hergestellte Gegenstände sowie landwirtschaftliche Naturprodukte und Jagderzeugnisse.	

1 In welchem/welcher der folgenden Gesetze/ Verordnungen befinden sich keine Vorschriften über den Verbraucherschutz?

1 Preisangabenverordnung

2 Gesetz gegen den unlauteren Wettbewerb

3 Produkthaftungsgesetz

4 Bürgerliches Gesetzbuch

5 Handelsgesetzbuch

2 Welche der folgenden Leistungen wird von den Verbraucherberatungsstellen nicht erbracht?

1 Verbraucherberatungsstellen sammeln Informationen über Produkte und Preise. Dieses Material kann kostenlos eingesehen werden.

2 Verbraucherberater kennen die Rechte des Verbrauchers. Sie geben Rat bei Streitigkeiten mit Händlern, Vertretern und Vermietern.

3 Verbraucherberatungsstellen informieren darüber, wie man Strom-, Gas- oder Heizölkosten senken kann.

4 Verbraucherberatungsstellen vertreten Verbraucher in Angelegenheiten des Kaufvertrages vor Gericht.

5 Verbraucherberatungsstellen leisten Beratung in Fragen der Kreditfinanzierung von Anschaffungen.

3 Welche der folgenden Aussagen zum Produkthaftungsgesetz trifft nicht zu?

1 Der Hersteller haftet nur bei Verschulden, also dann, wenn dem Betroffenen der Nachweis gelingt, dass der Hersteller fahrlässig oder vorsätzlich gehandelt hat.

2 Der Hersteller muss seine Produkte so sicher machen, dass auch bei fehlerhafter Bedienung keine Gefahr davon ausgeht.

3 Der Haftungsumfang bei Personenschäden ist auf eine Höchstgrenze beschränkt.

4 Ausgeschlossen sind die Haftung für privat hergestellte Gegenstände sowie landwirtschaftliche Naturprodukte und Jagderzeugnisse.

5 Der Hersteller haftet für Schäden an Personen und/oder Sachen, wenn diese durch fehlerhafte Produkte aus seiner Produktion entstanden sind.

4 An einem Obststand in einem Frischwarengeschäft finden Sie unten stehende Preisangaben.

Welche Preisangabe entspricht nicht den gesetzlichen Vorschriften?

1 Kartoffeln: 1 kg = 3,40 EUR

2 Champignons: 100 g = 0,50 EUR

3 Äpfel: 1 kg = 1,20 EUR

4 Pfifferlinge: 75 g = 1,00 EUR

5 Welche der unten stehenden Aussagen zur Preisangabenverordnung treffen zu?

1 Die Preise gegenüber Letztverbrauchern sind einschließlich der Umsatzsteuer und sonstiger Preisbestandteile auszuweisen.

2 Für Tankstellen reicht es aus, wenn im Büro eine Preisliste ausgehängt wird.

3 Bei losen Waren ist der Preis für eine übliche Einheit (1 kg, 100 g) anzugeben.

4 Restaurants müssen ihre Preise nur am Eingang aushängen.

5 Sollte eine Ware nicht ausgezeichnet sein, gilt immer der Preis, den der Kunde bei seinem letzten Kauf bezahlt hat.

6 Der Privatmann Marcus P. aus Stuttgart hat mit dem Versandhaus Kiesel GmbH in München einen Verbraucherdarlehensvertrag über 17 800,00 EUR abgeschlossen. Nachdem die mit dem Geld gekauften Möbel nach zwei Monaten Mängel aufweisen, stellt Marcus P. die Zahlungen an die Kiesel GmbH ein.

Welches Gericht ist zuständig, wenn die Kiesel GmbH den Privatmann auf Zahlung der gesamten Restsumme von 7 200,00 EUR verklagen will?

1 Amtsgericht München

2 Landgericht München

3 Amtsgericht Stuttgart

4 Landgericht Stuttgart

5 Bundesgerichtshof

7 Einen Verbraucherdarlehensvertrag kann der Käufer nach Abschluss noch rückgängig machen.

Innerhalb welcher Frist nach Aushändigung des Vertrages kann der Käufer den Vertrag schriftlich widerrufen?

1 2 Tage

2 7 Tage

3 14 Tage

4 30 Tage

5 90 Tage

8 Welche der folgenden Angaben ist nicht zwingend Inhalt eines Verbraucherdarlehensvertrages?

1 Nettodarlehensbetrag

2 Gesamtbetrag

3 zu bestellende Sicherheiten

4 effektiver Jahreszins

5 Berechnungsverfahren zur Berechnung des effektiven Zinssatzes

Welche Mängel lassen sich nach dem Merkmal „Erkennbarkeit" unterscheiden?

Mangel nach der Erkennbarkeit	▸ **Offene Mängel** sind sofort erkennbar. ▸ **Versteckte Mängel** sind nicht sofort erkennbar. ▸ **Arglistig verschwiegene Mängel** sind dem Verkäufer bekannt, wurden jedoch verschwiegen.

Welche Mängel lassen sich bei einer gelieferten Ware unterscheiden?

Sachmangel	Qualitätsmangel (Mangel in der Beschaffenheit)	Die Kaufsache ist fehlerhaft, wenn ▸ sie bei Gefahrübergang die vereinbarte Beschaffenheit nicht hat, ▸ sie einen gewöhnlichen Gebrauch nicht zulässt, der bei gleichen Sachen der Art üblich ist, ▸ sie einen von den Vertragspartnern bei Kaufvertragsabschluss vereinbarten Gebrauch nicht zulässt.
	Mangel in der Werbeaussage/ Kennzeichnung	Fehlen dem Produkt bestimmte Eigenschaften, die öffentlich, insbesondere in Werbung oder bei Kennzeichnung des Produkts, versprochen wurden, so liegt ein Sachmangel vor. Dabei ist es unerheblich, ob diese Aussagen vom Verkäufer selbst, vom Hersteller oder von einem Gehilfen veranlasst wurden.
	Mangel in der Montage oder -anleitung	Ein Mangel liegt vor bei unsachgemäßer vereinbarter Montage. Ebenso stellt eine fehlerhafte Anleitung einen Sachmangel dar (IKEA-Klausel).
	Falschlieferung (Mangel in der Art)	Ein Gattungsmangel liegt vor, wenn eine andere als die geschuldete Sache geliefert wurde. Auch hierbei handelt es sich um einen Sachmangel.
	Quantitätsmangel (Mangel in der Menge)	Wird nicht die vereinbarte Menge geliefert, so handelt es sich um eine Zuwenigliefe-rung bzw. Minderlieferung, die zu einer Leistungsstörung führt.

Beschreiben Sie die Käuferrechte bei der Schlechtleistung.

Vorrangig	Nacherfüllung	Der Käufer kann nach seiner Wahl Nachbesserung oder Ersatzlieferung verlangen. ▸ **Nachbesserung:** Der Verkäufer kann jedoch die gewählte Form der Nacherfüllung verweigern, wenn sie nur mit unverhältnismäßig hohen Kosten möglich ist. ▸ **Ersatzlieferung:** Nach zwei erfolglosen Nachbesserungsversuchen steht dem Käufer das Recht auf Neulieferung zu.	
Nachrangig	Minderung	Reduzierung des Kaufpreises	Eine **angemessene Nachfrist** ist ent-behrlich, wenn ▸ der Verkäufer die Leistung verweigert, ▸ zwei Nacherfüllungsversuche fehlschlugen, ▸ die Nacherfüllung unzumutbar ist, ▸ es sich um ein Fixgeschäft, einen Zweckkauf handelt, ▸ besondere Umstände vorliegen.
	Rücktritt und/oder	Der Rücktritt vom ganzen Vertrag ist nicht möglich bei unerheblichem Mangel (Minimal-Klausel).	
	Schadenersatz (statt Leistung) oder	Der Schadenersatz kann nur in Anspruch genommen werden, wenn der Schuldner die Pflichtverletzung zu vertreten hat (Verschulden).	
	Ersatz vergeblicher Aufwendungen		

Erläutern Sie die Verjährung der Mängelansprüche.

Zeiten	2 Jahre	Die kauf- und werkvertraglichen Gewährleistungsansprüche verjähren nach zwei Jahren. Nur bei arglistigem Verschweigen des Mangels und bei nicht körperlichen Werken gilt die Regelverjährungszeit von drei Jahren.
	5 Jahre	Die kauf- und werkvertragliche Gewährleistung für Mängel bei Bauwerken unterliegt der fünfjährigen Verjährung.
	30 Jahre	Dazu zählen Herausgabeansprüche aus Eigentum und anderen dinglichen Rechten.

Nennen Sie Besonderheiten beim Verbrauchsgüterkauf.

Beweislast-umkehr	In den ersten 6 Monaten: Beweis-last = Verkäufer	Bei Mängeln, die innerhalb von sechs Monaten nach Gefahrübergang gerügt werden, wird vermutet, dass der Mangel bei Gefahrübergang bestand. Der Gegen-beweis muss vom Verkäufer erbracht werden.
	Beweislast = Käufer	Nach Ablauf der sechs Monate muss der Käufer beweisen, dass der Sachmangel bereits bei Gefahrübergang bestand.
Ausnahme für gebrauchte Sachen	1 Jahr	Für gebrauchte Sachen kann eine Verkürzung der Verjährungsfrist für Mängel vereinbart werden. (Bei Verträgen von Privatpersonen untereinander kann eine Gewährleistung ausgeschlossen werden.)

1 Tragen Sie im Folgenden eine
1 ein bei Qualitätsmangel,
2 ein bei Mangel in der Werbeaussage,
3 ein bei Mangel in der Montage/-anleitung,
4 ein bei Gattungsmangel,
5 ein bei Quantitätsmangel,
6 ein bei Mangel im Recht.

Tragen Sie eine 9 ein, wenn es sich um keinen Mangel handelt, der gerügt werden kann.

a. Bestellung: 10 Maschinen – Lieferung: 9

b. Statt bestellter Rotweinkaraffen wurden Rotweingläser geliefert.

c. Lieferung einer Maschine, die sicherungsübereignet ist

d. Haussauna, die durch unsachgemäße Montage des Käufers nach dem Aufbau Mängel aufweist

e. Auf der gelieferten Projektionswand befinden sich Risse.

f. Kauf eines Rasierwassers, das nicht alle Frauen dazu veranlasst, den Benutzer wie in der Fernsehwerbung zu umarmen

2 Die Auszubildende erwirbt am Tag ihres 18. Geburtstags am 07.05. vom Händler ein gebrauchtes Kabriolett. Vertraglich wurde eine Gewährleistungsfrist von einem Jahr vereinbart. Im September des folgenden Jahres stellt die Auszubildende einen erheblichen Mangel fest.

Tragen Sie eine
1 ein, wenn die Aussage zutrifft,
9 ein, wenn die Aussage nicht zutrifft.

a. Die Gewährleistungsansprüche sind verjährt.

b. Bei gebrauchten Gütern kann die Gewährleistungsfrist auf ein Jahr verkürzt werden.

c. Die Gewährleistungsansprüche sind noch nicht verjährt, da die Regelverjährung von drei Jahren Gültigkeit hat.

3 Der Privatmann Dietmar Vogel kauft sich einen neuen Computer und Zubehör im Fachgeschäft. Nach drei Monaten stellt er fest, dass die Soundkarte nicht mehr funktioniert.

Überprüfen Sie die Aussagen des Händlers und des Privatmanns Dietmar Vogel und tragen Sie eine
1 ein, wenn die Aussage zutrifft,
9 ein, wenn die Aussage nicht zutrifft.

a. Händler: „Sie müssen mir schon beweisen, dass die Soundkarte nicht durch falschen Einbau kaputtging!"

b. Dietmar Vogel: „Vom Grundsatz her müssen Sie beweisen, dass die Soundkarte bei Übergabe fehlerfrei war."

c. Händler: „Da es sich um einen Mangel in der Herstellung handelt, müssen Sie sich direkt an den Hersteller wenden."

d. Dietmar Vogel: „Aufgrund der defekten Soundkarte kann ich den Computer nicht wie vorgestellt nutzen. Aus diesem Grund kann ich vom Vertrag zurücktreten."

4 Überprüfen Sie, ob in den folgenden Fällen die Gewährleistungsansprüche verjährt sind, und tragen Sie eine
1 ein, wenn die Gewährleistungsansprüche nicht verjährt sind,
9 ein, wenn die Gewährleistungsansprüche verjährt sind.

a. Am 10.10.10 lässt sich die Hauseigentümerin H. Lübke eine Dach-Solaranlage von der L. Hoppe GmbH einbauen. Am 10.12.15 werden erhebliche Mängel festgestellt, die durch den falschen Einbau entstanden sind.

b. Die Mutter A. Janert erwirbt für ihre Tochter Charlotta zur Osterzeit eine Jacke, die in den Werbebroschüren mit „wasserundurchlässig und atmungsaktiv" angepriesen wird. Während des Sommers stellt die Mutter bei Dauerregen fest, dass die Jacke dem Regen nicht standhält. Diesen Mangel rügt sie erst Anfang Januar des nächsten Jahres.

c. Der Hausmeister Duvendack kauft sich für den Privatgebrauch einen Fitnesstrainer, der nach der ersten Inbetriebnahme jedoch funktionsunfähig wird, da die Montage falsch erfolgte. Bei Überprüfung wird festgestellt, dass exakt nach der Anleitung montiert wurde.

5 Überprüfen Sie folgende Aussagen zum Letztverkäufer.

Tragen Sie eine
1 ein, wenn die Aussage zutrifft,
9 ein, wenn die Aussage nicht zutrifft.

a. Der Letztverkäufer muss sich bei einem Fabrikationsfehler direkt an den Hersteller wenden.

b. Der Letztverkäufer hat als Käufer gegenüber seinen Vorlieferanten (z. B. Großhändler, Hersteller) sämtliche kaufrechtlichen Ansprüche.

c. Bei Mängelrüge eines Endverbrauchers kann ein Einzelhändler ohne angemessene Nachfrist an seinen Vorlieferanten herantreten.

d. Der Letztverkäufer haftet nur für Mängel, die er zu vertreten hat. Für Mängel, die z. B. ein Hersteller zu verantworten hat, muss der Hersteller auch haften; der Kunde muss sich direkt an ihn wenden.

6 Die Französischlehrerin A. Meichsner erwirbt einen CD-Player. Beim Erstgebrauch nach vier Wochen stellt sie fest, dass sich die CD-Ausgabe nicht ordnungsgemäß öffnet.

Überprüfen Sie die folgenden Feststellungen und tragen Sie eine
1 ein, wenn die Feststellung zutrifft,
9 ein, wenn die Feststellung nicht zutrifft.

a. Die Käuferin kann Neulieferung verlangen, auch wenn der Mangel unerheblich ist.

b. Nach dem ersten gescheiterten Nachbesserungsversuch kann A. Meichsner Schadenersatz statt Leistung fordern.

c. Die Französischlehrerin kann keine Rechte mehr wahrnehmen, da sie den Mangel zu spät gerügt hat.

d. Nach mehreren Reparaturversuchen schließt die CD-Ausgabe immer noch nicht einwandfrei. Frau Meichsner kann nunmehr Rücktritt und/oder Schadenersatz verlangen.

Beschreiben Sie die Voraussetzungen für die Nicht-rechtzeitig-Lieferung.

Fälligkeit	Schuldner kommt **ohne Mahnung** in Verzug ...	▸ wenn der Liefertermin kalendermäßig bestimmbar ist. *Beispiele: Lieferung am 18.09.20.., Lieferung Mitte des Monats, Lieferung vier Wochen nach Ostermontag* ▸ wenn der Verkäufer die Leistung verweigert. *Beispiel: Die Lieferung kann nicht erfolgen, da wir Produktionsausfall haben.* ▸ wenn der Leistung ein Ereignis vorauszugehen hat und eine angemessene Zeit für die Leistung in der Weise bestimmt ist, dass sie sich von dem Ereignis an nach dem Kalender berechnen lässt. *Beispiel: vertragliche Vereinbarung, dass die Lieferung drei Wochen nach Ausbau des Dachbodens erfolgen soll* ▸ wenn besondere Gründe vorliegen. *Beispiele: Wasserrohrbruch, Kabelbrand* Der Mahnung stehen die Erhebung der Klage sowie die Zustellung eines Mahnbescheides gleich.
	Schuldner kommt **mit Mahnung** in Verzug ...	wenn der Liefertermin kalendermäßig nicht bestimmt ist. *Beispiele: Lieferung so bald wie möglich, Lieferung sofort*
Verschulden	Der Schuldner kommt nicht in Verzug, solange die Leistung infolge eines Umstandes unterbleibt, den er nicht zu vertreten hat.	

Welche Rechte hat ein Käufer, wenn der Lieferer nicht rechtzeitig liefert?

Ohne Fristsetzung	Erfüllung des Vertrages	*Beispiel: Der Käufer wünscht trotz der zeitlichen Verzögerung die Lieferung der Ware, da diese von keinem anderen Lieferanten in der gewünschten Zeit und/ oder Qualität geliefert werden kann.*	
	Erfüllung des Vertrages und Berechnung eines Verzugsschadens	*Beispiel: Durch die nicht fristgemäße Lieferung konnte die Produktion erst verspätet beginnen. Der dadurch entstandene Schaden muss dann vom Lieferer ersetzt werden (konkreter Schaden).*	
Mit Fristsetzung	Rücktritt und/oder	*Beispiel: Der Käufer kann die Ware inzwischen preiswerter und/oder in einer besseren Qualität/Ausführung bei einem anderen Lieferanten erwerben.*	Eine angemessene Nachfrist ist entbehrlich, wenn ▸ der Verkäufer die Leistung verweigert, ▸ der Liefertermin kalendermäßig bestimmt war (Fixgeschäft, Zweckkauf), ▸ besondere Umstände vorliegen.
	Schadenersatz (statt Leistung) oder	*Beispiele: Der Käufer musste die Ware bei einem anderen Lieferer zu einem höheren Preis einkaufen (Deckungskauf = konkreter Schaden). Der Käufer konnte ein lohnendes Geschäft nicht durchführen (abstrakter Schaden).*	
	Ersatz vergeblicher Leistungen	*Beispiel: Der Gläubiger hat für die Anlieferung der Ware eine Halle angemietet.*	

Unterscheiden Sie den konkreten Schaden, den abstrakten Schaden und die Vertragsstrafe.

Konkreter Schaden	Konkreter Schaden ist ein Schaden, der dem Käufer tatsächlich entstanden ist und den er mithin aufgrund von Belegen nachweisen kann. *Beispiel: Der Käufer nimmt für die nicht gelieferte Ware einen Deckungskauf vor. Ein eventueller Mehrpreis und angefallene Kosten müssen ersetzt werden.*
Abstrakter Schaden	Ein abstrakter Schaden lässt sich nicht so leicht nachweisen wie ein konkreter Schaden. Er besteht aus entgangenem Gewinn sowie aus einem möglichen Imageverlust bei den eigenen Kunden. *Beispiel: Der Schadenersatz besteht aus dem Gewinn, der möglicherweise bei rechtzeitiger Lieferung hätte erzielt werden können. Dies ist in der Regel die Differenz zwischen dem vertraglichen Einkaufspreis und dem üblichen Verkaufspreis.*
Vertragsstrafe	Die Vertragsstrafe ist eine Konventionalstrafe, die im Kaufvertrag unabhängig von dem tatsächlich entstandenen Schaden vereinbart werden kann. *Beispiel: Ein Käufer vereinbart mit einem Maschinenhersteller für jeden Tag, der über den vereinbarten Liefertermin hinausgeht, eine Vertragsstrafe von 1 500,00 EUR.*

1 Kennzeichnen Sie die unten aufgeführten Sachverhalte mit einer

1, wenn der Käufer Schadenersatz statt Leistung verlangt,
2, wenn der Käufer die Lieferung ablehnt und Rücktritt vom Kaufvertrag verlangt,
3, wenn der Käufer keines der aufgeführten Rechte wahrnehmen kann,
4, wenn der Käufer auf Lieferung besteht und einen Verzögerungsschaden geltend macht,
5, wenn der Käufer auf Lieferung besteht.

a. Der Käufer kann eine Kühlmaschine nur von dem bereits angemahnten Alleinimporteur beziehen. Ein Schaden ist ihm nicht entstanden.

b. Andere Lieferer bieten die bestellte, aber trotz Mahnung und Nachfristsetzung noch nicht gelieferte Ware aufgrund des Dollarverfalls bereits günstiger an.

c. Der Käufer konnte wegen der Nichtlieferung bis zum 08.11.20.. fest zwei Tage danach ein gewinnbringendes Geschäft nicht ausführen.

d. Die vom Alleinhersteller gelieferte Ware ist leicht beschädigt, wird jedoch dringend benötigt. Eine Verwendung ist denkbar.

2 Entscheiden Sie bei den folgenden Angaben der Leistungszeit, ob eine Mahnung des Käufers notwendig ist, um den Lieferer in Leistungsverzug zu setzen.

Tragen Sie eine
1 ein, wenn eine Mahnung notwendig ist,
9 ein, wenn keine Mahnung notwendig ist.

a. Lieferung sofort

b. Lieferung am 18.07.20..

c. Lieferung drei Tage nach Ostermontag 20..

d. Lieferung im Laufe des Monats Mai

3 Die TINA GmbH & Co. KG konnte aufgrund einer falschen Disposition eine Ware an das Schreibbüro Anne Langenscheid nicht pünktlich liefern. Es erfolgte eine Mahnung nach der Fälligkeit der Lieferung.

Ordnen Sie zu, welche der folgenden Rechte das Schreibbüro
1 wahrnehmen kann,
9 nicht wahrnehmen kann.

a. Erfüllung des Vertrages

b. Rücktritt vom Kaufvertrag mit angemessener Nachfristsetzung

c. Minderung

d. Schadenersatz statt Leistung mit angemessener Nachfristsetzung

e. Umtausch

4 Erika Händeler, Inhaberin eines Feinkostgeschäftes in Prien, bestellt am 15. Juni für ihre Vollwertabteilung bei der Großbäckerei Roseneck GmbH 120 Pakete Gewürzkuchen zum 30. Juni. Die Lieferung erfolgt nicht. Da Frau Händeler die Ware dringend benötigt, setzt sie eine Nachfrist von 14 Tagen mit dem Hinweis, dass sie danach auf Rücktritt oder auf Schadenersatz statt Leistung besteht.
Nachdem keine Lieferung erfolgt, bestellt sie am 21. Juli die Gewürzkuchen bei einem Bäcker, der jedoch 3,00 EUR pro Paket mehr verlangt.
Den Betrag in Höhe von 360,00 EUR stellt Frau Händeler der Großbäckerei Roseneck GmbH als Schadenersatz für die Nichtlieferung in Rechnung.

Tragen Sie eine
1 ein, wenn die Aussage zutrifft,
9 ein, wenn die Aussage nicht zutrifft.

a. Schadenersatz statt Leistung kann nicht verlangt werden, da die Nachfristsetzung zu kurz war.

b. Frau Händeler kann nur die Hälfte des ihr entstandenen Schadens von der Roseneck GmbH verlangen.

c. Frau Händeler muss einen Konkurrenzbäcker finden, der zu den gleichen Bedingungen liefert wie die Roseneck GmbH.

d. Die Großbäckerei Roseneck GmbH muss für den konkreten Schaden in Höhe von 360,00 EUR aufkommen. Es handelt sich um einen Deckungskauf, der aufgrund der Nichtlieferung vorgenommen werden kann.

5 Ordnen Sie den unten stehenden Sachverhalten die folgenden Begriffe richtig zu:
1 konkreter Schaden
2 abstrakter Schaden

a. Der Käufer kann beweisen, dass er durch die zu spät eingetroffene Lieferung sechs Skianzüge nicht verkaufen konnte. An jedem Anzug hätte er einen Gewinn in Höhe von 110,00 EUR machen können.

b. Der Käufer musste einen Deckungskauf bei einem anderen Verkäufer zu einem höheren Preis vornehmen.

c. Der Käufer fordert die ihm aufgrund der Nicht-rechtzeitig-Lieferung (Lieferungsverzug) entstandenen Büro- und Rechtsberatungskosten.

6 Der Einzelhändler Otto Ottens bestellt 120 wasserdichte Fahrradmützen mit Spezialverschluss. Als Liefertermin wird der 12.03. fest vereinbart. Da die Lieferung am 15.04. noch nicht erfolgt war, gibt Otto Ottens die Anweisung, einen Deckungskauf bei der Konkurrenzfirma des Lieferers vorzunehmen.

Ordnen Sie den unten stehenden Aussagen eine
1 zu, wenn die Aussage zutrifft,
9 zu, wenn die Aussage nicht zutrifft.

a. Die Lieferfirma kam ohne Mahnung in Verzug.

b. Der Einzelhändler handelt richtig, denn nach über einem Monat hätte der Fahrradmützenlieferant liefern müssen.

c. Es handelt sich hierbei um einen Fixkauf.

Unter welchen Voraussetzungen gerät ein Käufer in Annahmeverzug?

Voraussetzungen	▸ Fälligkeit der Leistung ▸ tatsächliches Angebot der geschuldeten Leistung Ein wörtliches Angebot reicht, wenn der Gläubiger erklärt, dass er die Leistung nicht annehmen werde, oder wenn der Gläubiger die Leistung abzuholen hat.

Welche Folgen hat ein Annahmeverzug für den Gläubiger?

Gefahrübergang	Die Gefahr des zufälligen Untergangs der Ware geht mit dem Eintritt des Verzugszeitpunktes auf den Gläubiger über.
Haftungs-minderung	Der Schuldner hat nur noch Vorsatz und grobe Fahrlässigkeit zu vertreten, d. h., für leichte Fahrlässigkeit haftet er nicht mehr.
Wegfall der Verzinsung	Vom Zeitpunkt des Annahmeverzugs an sind für Geldschulden keine Zinsen mehr zu zahlen.

Beschreiben Sie die Rechte des Lieferers beim Annahmeverzug des Käufers.

Rücktritt vom Kaufvertrag	Der Lieferer kann die Ware ohne Schwierigkeiten an andere Kunden verkaufen und/oder er möchte mit dem in Annahmeverzug geratenen Kunden weiterhin konfliktfrei in Geschäftsverbindung bleiben und vereinbart diese vertragliche Möglichkeit.	
Hinterlegung der Ware	Der Verkäufer kann die Ware im eigenen Lager oder in einem öffentlichen Lagerhaus auf Gefahr und Kosten des Käufers einlagern.	
	Klage auf Abnahme	Dieser Ablauf dauert meist länger als der Selbsthilfeverkauf und bietet sich bei schwer verkäuflicher Ware an.
	Vornahme eines Selbsthilfeverkaufs	Dieses ist nur möglich, wenn der Selbsthilfeverkauf dem Käufer angedroht wurde. Die Androhung entfällt, wenn die Ware dem Verderb ausgesetzt ist. Der Verkäufer kann dann einen **Notverkauf** vornehmen lassen.

Welche Möglichkeiten des Selbsthilfeverkaufs kennen Sie? Beschreiben Sie die Abwicklung.

Verkauf zum laufenden Preis	Dies ist nur möglich, wenn die Ware an der Börse gehandelt wird. Durchführung: Der Verkauf zum laufenden Preis kann von einem Handelsmakler oder einer sonst zur öffentlichen Versteigerung ermächtigten Person vorgenommen werden.	
Öffentliche Versteigerung	Sofern die Ware nicht an der Börse gehandelt wird, kann der Verkäufer die Ware öffentlich versteigern lassen. Durchführung: Sie erfolgt durch einen Notar oder öffentlich bestellten Versteigerer oder Gerichtsvollzieher an jedem geeigneten Ort unter Berücksichtigung der Wahrung der Interessen des Käufers.	
Besonderheiten	▸ Beim Verkauf zum laufenden Preis und der öffentlichen Versteigerung muss der Verkäufer dem Käufer den Ort und den Zeitpunkt der Versteigerung mitteilen. ▸ An der Versteigerung können sich neben den anderen Mitbewerbern auch der Verkäufer und der Käufer beteiligen. ▸ Das Ergebnis des Selbsthilfeverkaufs muss dem Käufer mitgeteilt werden. Der Verkauf wird auf Rechnung des Käufers durchgeführt.	
	Ergebnis des Selbsthilfe-verkaufs	▸ **Mehrerlös:** Ist die Summe aus dem Versteigerungserlös höher als der Kaufpreis zuzüglich Auslagen und sonstiger Forderungen des Lieferers, dann erhält der Kunde den Mehrerlös. ▸ **Mindererlös:** Ist die Summe aus dem Versteigerungserlös niedriger als der Kaufpreis zuzüglich Auslagen und sonstiger Forderungen des Lieferers, dann hat der Lieferer in Höhe des Mindererlöses eine Forderung gegenüber dem Kunden.

1 *In welchem der folgenden Fälle liegt ein Annahmeverzug vor?*

Ordnen Sie eine

1 zu, wenn es sich um einen Annahmeverzug handelt,
9 zu, wenn es sich nicht um einen Annahmeverzug handelt.

a. Ein Kunde hat die telefonisch bestellte Ware drei Tage danach noch nicht abgeholt.

b. Ein Käufer hat eine Bodenvase gekauft und 1/3 angezahlt. Nach einer Woche holt der Käufer die Ware nicht wie vereinbart ab. Der Verkäufer schickt daraufhin nach weiteren 14 Tagen eine Erinnerung und, nachdem keine Reaktion erfolgt, eine Mahnung.

c. Eine zum 15.04.20.. bestellte Wohnzimmerschrankwand wird vier Tage später angeliefert. Der Käufer verweigert die Annahme.

d. Der Lieferer hat statt 1 000 verkupferter Spritzteile 1 100 vernickelte Spritzteile angeliefert. Der Käufer verweigert die Annahme der Lieferung.

e. Der Lieferer verzichtet auf die Anlieferung der Ware, weil der Käufer ihm am Telefon auf sein wörtliches Angebot der Lieferung mitteilte, er würde den mit ihm abgeschlossenen Vertrag für nichtig halten, da die Ware bei ihm 20 % teurer sei als bei der Konkurrenz.

2 *Eine Gemüsegroßhandlung liefert laut Vertrag 100 kg Spargel und 70 Körbchen Erdbeeren an den Einzelhandel. Da aufgrund eines Rohrbruchs und der damit verbundenen Reparaturarbeiten das Einzelhandelsgeschäft für sieben Tage geschlossen bleibt, lehnt der Einzelhändler die Abnahme der Ware ab mit dem Hinweis, er habe sofort nach Eintritt des Rohrbruchs die Bestellung per Telefax storniert.*

Ordnen Sie den folgenden Aussagen eine
1 zu, wenn es sich um eine zutreffende Aussage zu diesem Fall handelt,
9 zu, wenn es sich um eine nicht zutreffende Aussage zu diesem Fall handelt.

a. Der Einzelhändler befindet sich nicht in Annahmeverzug, da er den Schaden nicht selbst verschuldet hat.

b. Die Gemüsegroßhandlung kann ohne Androhung einen Notverkauf durchführen lassen.

c. Es handelt sich um einen Annahmeverzug und die Gemüsegroßhandlung haftet nur noch für Vorsatz und grobe Fahrlässigkeit.

d. Die Gemüsegroßhandlung kann die Ware in einem öffentlichen Lagerhaus auf Gefahr und Kosten des Käufers hinterlegen und einen Notverkauf vornehmen.

e. Da der Einzelhändler die Annahme verweigert hat, kann die Gemüsegroßhandlung die Produkte eigenständig verkaufen und die Differenz dem Einzelhändler in Rechnung stellen.

3 *Ordnen Sie zu den unten stehenden Fällen zu:*

1 grobe Fahrlässigkeit
2 leichte Fahrlässigkeit
3 Vorsatz

a. Beim Transport der Ware vom Fertiglager I in das Fertiglager II gerät der Erfüllungsgehilfe aufgrund seiner nicht rutschfesten Schuhsohlen ins Schwanken und beschädigt die Ware durch den Aufprall auf den Boden.

b. Der Arbeitnehmer benutzt für den Versand der Ware aus Kostengründen die einfache einwellige Verpackung, obwohl eine stabile dreiwellige Verpackung vereinbart war. Der Arbeitnehmer hofft, dass kein Transportschaden eintritt.

c. Der Lagerarbeiter legt im Einkaufswarenlager einen Brand, um den Diebstahl von Waren zu verheimlichen.

4 *Das Ergebnis der öffentlichen Versteigerung aufgrund eines Annahmeverzuges beträgt 5 700,00 EUR; Auslagen des Lieferers: 330,00 EUR. Bestätigen Sie zutreffende Aussagen mit einer 1, nicht zutreffende Aussagen mit einer 9.*

a. Bei einem vereinbarten Kaufpreis von 5 500,00 EUR erhält der Lieferer noch 130,00 EUR vom Käufer.

b. Bei einem vereinbarten Kaufpreis von 5 900,00 EUR erhält der Lieferer keinen weiteren Ersatz vom Käufer, dem Käufer stehen jedoch 130,00 EUR Mehrerlös zu.

c. Liegt der Versteigerungserlös über dem Kaufpreis und den aufgelaufenen Auslagen, so erhält der Käufer den Mehrerlös.

5 *Bei welcher der nachstehend aufgeführten Waren wird der Lieferant im Falle eines Annahmeverzuges einen Notverkauf durchführen lassen?*

1 Künstlersammeltassen
2 belgische Paprikaschoten
3 Solartaschenrechner

6 *Im Falle eines Annahmeverzugs stehen dem Lieferer unterschiedliche Rechte zu. Bestätigen Sie*

zutreffende Aussagen mit einer 1,
nicht zutreffende Aussagen mit einer 9.

a. Der Lieferer kann die Ware auf Kosten des Käufers in einem fremden öffentlichen Lager unterbringen, obwohl er über Platz im eigenen Lager verfügt.

b. Der Verkäufer kann die angelieferte Ware an jedem geeigneten Ort unter Berücksichtigung der Wahrung der Interessen des Käufers versteigern lassen.

c. Handelt es sich um Ware, die an der Börse gehandelt wird, kann der Verkäufer die Ware von einem Makler zum laufenden Preis verkaufen lassen.

Nehmen Sie eine mögliche Einteilung der Unternehmen hinsichtlich der Rechtsform vor.

Einzelunternehmung	**Gesellschaften**

unvollständige Gesellschaften	vollständige Gesellschaften
▸ Stille Gesellschaft ▸ BGB-Gesellschaft	

Kapitalgesellschaften	**Personengesellschaften**	**Andere Gesellschaftsformen**
▸ Gesellschaft mit beschränkter Haftung (GmbH) ▸ Aktiengesellschaft (AG) ▸ Kommanditgesellschaft auf Aktien (KGaA)	▸ Offene Handelsgesellschaft (OHG) ▸ Kommanditgesellschaft (KG) ▸ GmbH & Co. KG ▸ GmbH & Co. OHG ▸ Partnerschaftsgesellschaft (PartGG)	▸ Genossenschaft (eG) ▸ Versicherungsverein auf Gegenseitigkeit (VVaG)

Nennen Sie die Firmierungsvorschrift der Einzelunternehmung. Welche Vor- und Nachteile weist diese Rechtsform auf?

Firmierung	Die Firma muss die Bezeichnung „eingetragener Kaufmann", „eingetragene Kauffrau" oder eine allgemein verständliche Abkürzung dieser Bezeichnung wie „e. K.", „e. Kfm.", „e. Kfr." enthalten. Personen-, Sach-, Fantasie- und gemischte Firma sind unter Beachtung des Irreführungsverbotes erlaubt.
Vorteile	▸ Entscheidungen können allein und dadurch bedingt schnell getroffen werden. ▸ Der Unternehmer hat einen alleinigen Gewinnanspruch.
Nachteile	▸ Die Haftung für Verbindlichkeiten bezieht sich nicht nur auf das Geschäftsvermögen, sondern auch auf das Privatvermögen. ▸ Die Kapitalaufbringung ist begrenzt.

Erklären Sie die „stille Gesellschaft" im Rahmen eines Handelsgewerbes anhand wesentlicher Merkmale.

Vermögenseinlage	Ein stiller Gesellschafter beteiligt sich an einem Handelsgewerbe eines anderen mit einer Vermögenseinlage, die in das Vermögen des Kaufmanns übergeht.
Firmierung	Der Name des stillen Gesellschafters erscheint nicht in der Firma.
Rechte und Pflichten des stillen Gesellschafters	▸ Der stille Gesellschafter hat – obwohl es sich um ein Gläubigerverhältnis handelt – ein Recht auf Gewinnbeteiligung (**typische stille Gesellschaft**). Es kann auch im Gesellschaftsvertrag vereinbart werden, dass der stille Gesellschafter am Geschäftswert und den stillen Reserven der Unternehmung Anteil hat (**atypische stille Gesellschaft**). ▸ Der stille Gesellschafter ist berechtigt, die Bilanz zu kontrollieren. ▸ Die Kündigung kann für den Schluss eines Geschäftsjahres erfolgen und muss mindestens sechs Monate vor diesem Zeitpunkt stattfinden. ▸ Die Verlustbeteiligung ist bis zur Einlagenhöhe vorgesehen oder kann vertraglich ausgeschlossen werden.

Nennen Sie die wichtigsten Merkmale der „Gesellschaft des bürgerlichen Rechts". Geben Sie Beispiele.

Gründung	Zwei oder mehr Personen schließen sich vorübergehend oder für längere Dauer formlos zusammen, um ein bestimmtes Geschäft gemeinsam abzuwickeln. Diese vertragliche Vereinigung wird auch BGB-Gesellschaft oder Gelegenheitsgesellschaft genannt.
Beiträge	Die geleisteten Beiträge der Gesellschafter stellen das Gesellschaftsvermögen dar und sind Gesamthandsvermögen. Die Beiträge können Bar-, Sach- und Rechtswerte sein oder als Dienstleistungen erbracht werden.
Geschäftsführung und Vertretung	Die gemeinschaftliche Geschäftsführung bedingt die Zustimmung aller Gesellschafter – es sei denn, die Geschäftsführung wurde einem Gesellschafter übertragen.
Gewinn/Verlust	Die Anteile am Gewinn und Verlust sind für alle Gesellschafter gleich.

Beispiele für BGB-Gesellschaften	▸ BGB-Gesellschaft von Kaufleuten
	  – *Bankenkonsortium: Mehrere Banken organisieren z. B. bei Neugründung einer AG die Ausgabe der Aktien.*
	  – *Mehrere Handwerker gründen vorübergehend eine BGB-Gesellschaft zur gemeinsamen Erfüllung eines Bauvorhabens.*
	▸ BGB-Gesellschaft von Privatleuten
	  – *Mehrere Personen spielen gemeinsam Lotto.*
	  – *Mehrere Personen bilden eine Fahrgemeinschaft.*
	▸ BGB-Gesellschaft von Freiberuflern
	  – *Rechtsanwälte üben eine Praxis gemeinsam aus (Anwaltssozietät).*
	  – *Ärzte üben ihre Tätigkeit in einer Gemeinschaftspraxis aus.*

1 *Ordnen Sie die Ziffern den folgenden Gesellschafts-formen zu:*

1 *Personengesellschaft*
2 *Kapitalgesellschaft*
9 *wenn eine solche Zuordnung nicht sinnvoll ist*

a. KG

b. GmbH

c. Einzelunternehmung

2 *Welche der folgenden Aussagen zur Einzel-unternehmung trifft nicht zu?*

1 Die Firma bei Einzelkaufleuten muss die Bezeich-nung „eingetragener Kaufmann", „eingetragene Kauffrau" oder die allgemein verständliche Abkürzung dieser Begriffe beinhalten.

2 Einzelunternehmer können nur eine Personen-firma wählen.

3 Die Haftung für Verbindlichkeiten bezieht sich auf das Geschäfts- und Privatvermögen.

3 *Ordnen Sie den folgenden Aussagen zum „stillen Gesellschafter" eine*

1 *zu, wenn es sich um eine zutreffende Aussage handelt,*
9 *zu, wenn es sich um eine nicht zutreffende Aussage handelt.*

a. Die Vermögenseinlage des stillen Gesellschafters wird in der Bilanz als Fremdkapital ausgewiesen.

b. Die Vermögenseinlage des stillen Gesellschafters geht in das Vermögen des Kaufmanns über.

c. Die Vermögenseinlage des stillen Gesellschafters wird buchhalterisch überhaupt nicht berück-sichtigt.

d. Ein stiller Gesellschafter kann sich z. B. an einem Einzelunternehmen, einer GmbH oder KG beteiligen.

e. Der stille Gesellschafter hat ein Recht auf Gewinn-beteiligung – die Verlustbeteiligung kann jedoch vertraglich ausgeschlossen werden.

4 *Sybille Queißer-Giese möchte sich als Kannkaufmann in das Handelsregister eintragen lassen. Sie stellt spanische Tanzkleider her.*

Überprüfen Sie die folgenden Firmierungen. Tragen Sie eine

1 *ein, wenn die Firmierung möglich ist,*
9 *ein, wenn die Firmierung nicht möglich ist.*

a. Sybille Queißer-Giese, Herstellung spanischer Tanzkleider

b. Queißer-flamenco e. K.

c. Andalusische Bekleidung e. Kffr.

d. Queißer-Giese, e. Kauffrau

e. Bekleidungs-Bille – eingetr. Kauffrau

5 *Beurteilen Sie folgenden Rechtsfall und ordnen Sie eine*
1 *zu, wenn die Aussage zutrifft,*
9 *zu, wenn die Aussage nicht zutrifft.*

An einer Lottogesellschaft sind fünf Personen beteiligt, die vereinbaren, ihre Beiträge in bar wöchentlich zu leisten. Weiterhin wurde vereinbart, dass im Falle der Nichtzahlung die Nachzahlung in den nächsten Wochen erfolgen kann.

Da die Zahlung der Beiträge recht schleppend erfolgt, beschließen drei Gesellschafter, dass eine nicht erbrachte Leistung nicht mehr nachträglich geleistet werden kann und damit auch im Falle eines Lottogewinns der Anspruch entfällt. Zwei Wochen nach dieser Beschlussfassung gewinnt die Gemein-schaft eine höhere Summe in der Lotterie. Eingezahlt hatten nur vier Gesellschafter.

a. Es handelt sich um eine BGB-Gesellschaft von Nichtkaufleuten.

b. Der Gewinn ist ordnungsgemäß verteilt, wenn die Gewinnsumme auf die vier Gesellschafter ausgezahlt wird, die ihren Beitrag erbracht haben.

c. Der fünfte Lottospieler, der seinen Beitrag nicht erbracht hat, kann seinen Anspruch trotzdem geltend machen, da er noch die Möglichkeit der Nachzahlung hat. Der Beschluss der drei Lotto-spieler, dass eine nicht pünktlich erbrachte Leistung nicht mehr nachträglich erbracht werden kann, war nicht gültig, weil eine Beschlussfassung nur gemeinschaftlich erfolgen kann.

d. Die Geschäftsführung der Gesellschaft des bürger-lichen Rechts wird gemeinschaftlich durchgeführt, d. h., für jedes Geschäft ist die Zustimmung aller Gesellschafter erforderlich.

6 *Nehmen Sie zu den wichtigsten Merkmalen der BGB-Gesellschaft Stellung und ordnen Sie eine*

1 *zu, wenn die Aussage zutrifft,*
9 *zu, wenn die Aussage nicht zutrifft.*

a. Eine Gesellschaft des bürgerlichen Rechts kann vorübergehend oder auch für längere Dauer gegründet werden.

b. Eine Gesellschaft des bürgerlichen Rechts kann immer nur für längere Zeit gegründet werden.

c. Die BGB-Gesellschaft wird in das Handelsregister A eingetragen.

d. Die Gesellschaft des bürgerlichen Rechts kann nur von Kaufleuten gegründet werden, z. B. von mehreren Industrieunternehmen zur Durchfüh-rung eines Forschungsprojektes. Nichtkaufleute können keine BGB-Gesellschaft gründen.

e. Über das Vermögen einer BGB-Gesellschaft kann das Insolvenzverfahren eröffnet werden.

f. Alle Gesellschafter der BGB-Gesellschaft haben – wenn vertraglich nichts anderes vereinbart wurde – einen Anspruch auf Anteil am Gewinn der Gesell-schaft.

Erläutern Sie anhand der wichtigsten Merkmale die Offene Handelsgesellschaft (OHG).

Firmierung	Die Firma muss die Bezeichnung „Offene Handelsgesellschaft" oder eine allgemein verständliche Abkürzung dieser Bezeichnung beinhalten. Personen-, Sach-, Fantasie- und gemischte Firma sind unter Beachtung des Irreführungsverbotes erlaubt.	
Gründung	Anzahl Gründer	Für die Gründung sind mindestens zwei Gesellschafter erforderlich.
	Form des Gesellschaftsvertrages	Für den Gesellschaftsvertrag ist keine Form vorgeschrieben, jedoch ist die Schriftform üblich. Werden Grundstücke in die Gesellschaft eingebracht, so ist eine notarielle Beurkundung des Gesellschaftsvertrages notwendig.
	Beginn der Gesellschaft	▸ Im **Innenverhältnis** entsteht die Gesellschaft mit dem im Vertrag vereinbarten Termin. ▸ Im **Außenverhältnis** entsteht die Gesellschaft mit dem Tätigwerden im Namen für das Geschäft, spätestens jedoch mit Eintragung in das Handelsregister Abteilung A. Gewerbetreibende ohne kaufmännische Organisation werden erst durch die freiwillige Eintragung in das Handelsregister zum Kannkaufmann.
Rechte der Gesellschafter	Geschäftsführung	▸ Jeder Gesellschafter ist grundsätzlich allein zur Geschäftsführung berechtigt. Diese Einzelgeschäftsführungsbefugnis bezieht sich auf alle Handlungen, die der gewöhnliche Betrieb des Handelsgewerbes mit sich bringt, z. B. Einkauf, Verkauf, Entlassungen, Einstellungen, Wechselausstellung, Wechselakzeptierung. ▸ Für außergewöhnliche Rechtsgeschäfte bedarf es der Zustimmung aller Gesellschafter, z. B. Aufnahme eines stillen Gesellschafters, Kauf/Verkauf von Grundstücken. ▸ Prokuristen können nur mit Zustimmung der geschäftsführenden Gesellschafter bestellt werden, der Widerruf der Prokura kann von jedem geschäftsführenden Gesellschafter erfolgen.
	Vertretung	Grundsätzlich hat jeder Gesellschafter Einzelvertretungsmacht für alle Rechtsgeschäfte. Der Umfang der Vertretungsmacht ist nicht beschränkbar, möglich ist jedoch z. B. das Abweichen von der Einzelvertretung durch vertraglich vereinbarte Gesamtvertretung.
	Kontrolle	Jeder Gesellschafter kann sich jederzeit persönlich über die Angelegenheiten der Gesellschaft unterrichten, Einsicht in die Handelsbücher und Papiere der Gesellschaft nehmen und sich daraus eine Bilanz anfertigen.
	Ersatz von Aufwendungen	Werden aus Privatmitteln Aufwendungen für das Geschäft getätigt, so haben die Gesellschafter Anspruch auf Ersatz.
	Kapitalentnahme	Jeder Gesellschafter ist berechtigt, 4 % seines Kapitalanteils zu entnehmen, auch wenn die Gesellschaft Verluste hatte.
	Gewinnanteil	Jeder Gesellschafter erhält, wenn vertraglich keine andere Regelung besteht, 4 % des Kapitalanteils, der Mehrgewinn wird nach Köpfen verteilt. Entnahmen und Einlagen der Gesellschafter sind bei der Verteilung zu berücksichtigen.
	Kündigung	Ein Gesellschafter kann auf den Schluss eines Geschäftsjahres kündigen. Dabei muss eine Frist von sechs Monaten eingehalten werden.
	Liquidationsanteil	Bei Auflösung des Unternehmens wird der Liquidationserlös nach Abzug der Schulden im Verhältnis der Kapitalanteile verteilt.
Pflichten der Gesellschafter	Leistung der Kapitaleinlage	Eine Mindesthöhe ist nicht vorgeschrieben. Die Einlagen können in bar, in Sach- oder auch Rechtswerten eingebracht werden.
	Wettbewerbsverbot	Verboten sind Geschäfte im gleichen Handelszweig und die Teilnahme mit persönlicher Haftung an einer gleichartigen Gesellschaft.
	Verlustanteil	Der Verlust wird nach Köpfen verteilt.
	Haftung	▸ **Unbeschränkt:** Der Gesellschafter haftet mit dem Gesellschaftsvermögen und seinem Privatvermögen. (Keine Einrede der Haftungsbeschränkung!) ▸ **Unmittelbar:** Jeder Gläubiger kann sich direkt an jeden Gesellschafter mit seiner Forderung wenden. (Keine Einrede der Vorausklage!) ▸ **Solidarisch:** Jeder Gesellschafter haftet für die gesamten Schulden der Gesellschaft. (Keine Einrede der Haftungsteilung!)
Auflösungsgründe	Zeitablauf, Beschluss der Gesellschafter, gerichtliche Entscheidung, Eröffnung des Insolvenzverfahrens, Tod oder Kündigung eines Gesellschafters sowie die Eröffnung des Insolvenzverfahrens über das Vermögen des Gesellschafters führen zum Ausscheiden des Gesellschafters unter Fortbestand der Gesellschaft.	

1 Die V. Voß OHG ist aufgrund falscher Einschätzungen der zukünftigen Marktlage hoch verschuldet. Ihr Rohstofflieferant hat kein Vertrauen mehr in die Zahlungsfähigkeit der V. Voß OHG und will die OHG auf Zahlung der längst fälligen Beträge verklagen.

Nehmen Sie aufgrund des geschilderten Sachverhaltes zu folgenden Aussagen Stellung.

Tragen Sie eine
1 ein, wenn die Aussage zutrifft,
9 ein, wenn die Aussage nicht zutrifft.

a. Der Lieferer kann nur die V. Voß OHG als Gesellschaft verklagen, da es sich um Forderungen aus Warenlieferungen für das Unternehmen handelt.

b. Der Lieferer kann neben der V. Voß OHG auch jeden einzelnen Gesellschafter verklagen.

c. Der Lieferer kann entweder die V. Voß OHG als Gesellschaft oder einen einzelnen Gesellschafter auf Zahlung verklagen. Alle auf einmal zu verklagen ist nicht möglich.

2 Die OHG-Gesellschafter haften

1 unbeschränkt,
2 unmittelbar,
3 solidarisch.

Ordnen Sie diese Begriffe den folgenden Aussagen zu.

Die Gesellschafter der OHG haben …

a. … keine Einrede der Haftungsteilung.

b. … keine Einrede der Haftungsbeschränkung.

c. … keine Einrede der Vorausklage.

3 An einer OHG sind als Gesellschafter beteiligt:

A mit 400 000,00 EUR
B mit 800 000,00 EUR
C mit 200 000,00 EUR

a. Der Gewinn im ersten Geschäftsjahr in Höhe von 146 000,00 EUR wird nach den gesetzlichen Vorschriften verteilt.

Wie viel Euro erhält der Gesellschafter B auf seinem Kapitalkonto gutgeschrieben?

1 48 666,67 EUR
2 83 428,57 EUR
3 62 000,00 EUR
4 anderes Ergebnis

b. Der erzielte Verlust in Höhe von 123 400,00 EUR im zweiten Geschäftsjahr wird ebenfalls nach den gesetzlichen Vorschriften verteilt. Die Höhe des Eigenkapitals hat sich nur bei B um 20 000,00 EUR aufgrund einer Entnahme verringert.

Wie viel Euro Verlust wird auf den Gesellschafter B verteilt?

1 41 133,33 EUR
2 53 933,33 EUR
3 anderes Ergebnis

4 An einer OHG beteiligen sich die Gesellschafter Hans Peter Schubert und Karl-Heinz Bolz. Gegenstand des Unternehmens sind Datenverarbeitungsanlagen.

Überprüfen Sie folgende Firmierungen. Tragen Sie eine
1 ein, wenn die Firmierung möglich ist,
9 ein, wenn die Firmierung nicht möglich ist.

a. Compu.doc OHG, Hardware, Software, Individuelle Netzwerklösungen

b. H P Schubert & Co.

c. Multimedia Bolz OHG

d. Informationssysteme Bolz & Schubert

e. BOS-Computerecke offene Handelsgesellschaft

f. Info-Schub OHG

g. Karl-Heinz Bolz und Hans Peter Schubert, Computersysteme

5 Annette Weiffenbach und Horst Klausing gründen eine OHG. Die Gesellschafterin Annette Weiffenbach leistet ihre Einlage, indem sie ihr Einzelunternehmen, ein Schmuckwarengeschäft, einbringt. Das Grundstück wird mit 210 000,00 EUR bewertet und das sonstige Anlage- und Umlaufvermögen mit 300 000,00 EUR. Der Gesellschafter Horst Klausing leistet seine Einlage in Höhe von 200 000,00 EUR in bar.

Im Gesellschaftsvertrag wird vereinbart, dass Annette Weiffenbach nur mit ihrem Geschäftsvermögen haftet.

Nehmen Sie aufgrund des geschilderten Sachverhaltes zu folgenden Aussagen Stellung.

Tragen Sie eine
1 ein, wenn die Aussage zutrifft,
9 ein, wenn die Aussage nicht zutrifft.

a. Der Gesellschaftsvertrag bedarf in diesem Fall der notariellen Beurkundung.

b. Der Gesellschaftsvertrag kann formfrei abgeschlossen werden, sinnvoll ist jedoch die Schriftform.

c. Nach der Einbringung in die OHG gehören die Sachmittel und die Barmittel den beiden Gesellschaftern gemeinsam (Gesamthandsvermögen).

d. Obwohl unterschiedliche Werte in das gemeinsame Unternehmen eingebracht wurden, ist jeder Gesellschafter zur Geschäftsführung berechtigt.

e. Horst Klausing ist aufgrund der gesetzlich geregelten Einzelgeschäftsführungsbefugnis berechtigt, Mitarbeiter einzustellen und zu entlassen, ohne seine Geschäftspartnerin Annette Weiffenbach zu informieren.

f. Die Vertretungsmacht erstreckt sich auf alle Rechtsgeschäfte, d. h., es wäre möglich, dass Annette Weiffenbach ohne Wissen ihres Geschäftspartners ein weiteres Grundstück rechtsgültig erwirbt.

g. Die im Vertrag vereinbarte Klausel bezüglich der Haftungsbeschränkung auf das Gesellschaftsvermögen von Annette Weiffenbach hat nur Gültigkeit im Innenverhältnis, nicht jedoch im Außenverhältnis.

Erläutern Sie anhand der wichtigsten Merkmale die Kommanditgesellschaft (KG).

Firmierung		Die Firma muss die Bezeichnung „Kommanditgesellschaft" oder eine allgemein verständliche Abkürzung dieser Bezeichnung beinhalten. Personen-, Sach-, Fantasie- und gemischte Firma sind unter Beachtung des Irreführungsverbotes erlaubt.
Gründung	Anzahl Gründer	Zur Gründung sind mindestens zwei Gesellschafter notwendig: Vollhafter = Komplementär, Teilhafter = Kommanditist.
	Beginn der Gesellschaft	▶ Im **Innenverhältnis** entsteht die Gesellschaft mit dem im Vertrag vereinbarten Termin. ▶ Im **Außenverhältnis** entsteht die Gesellschaft mit dem Tätigwerden im Namen für das Geschäft, spätestens jedoch mit Eintragung in das Handelsregister Abt. A. Gewerbetreibende ohne kaufmännische Organisation werden erst durch die freiwillige Eintragung in das Handelsregister zum Kannkaufmann.
	Form des Gesellschafts-vertrages	Für den Gesellschaftsvertrag ist keine Form vorgeschrieben, jedoch ist die Schriftform üblich. Bei Einbringung von Grundstücken ist eine notarielle Beurkundung des Gesellschaftsvertrages notwendig.
Rechte und Pflichten der Vollhafter		Für die Komplementäre gelten die gleichen Vorschriften wie für die Gesellschafter der OHG. Die Gewinn- und Verlustbeteiligung erfolgt jedoch für die Komplementäre wie für die Kommanditisten.
Rechte der Teilhafter	Widerspruch	Die Kommanditisten sind von der Geschäftsführung ausgeschlossen. Für Handlungen, die über den gewöhnlichen Betrieb des Handelsgewerbes hinausgehen, haben sie jedoch ein Widerspruchsrecht gegenüber den persönlich haftenden Gesellschaftern.
	Kontrolle	Der Kommanditist hat das Recht, dass ihm die jährlich erstellten Bilanzen mitgeteilt werden. Die Richtigkeit des Jahresabschlusses kann er durch Einsicht in die Bücher und Papiere der Gesellschaft überprüfen.
	Gewinnanteil	▶ Jeder Gesellschafter erhält, wenn vertraglich keine andere Regelung besteht, 4 % des Kapitalanteils, der Mehrgewinn wird im angemessenen Verhältnis verteilt. Die Gesellschafter einer KG sollten deshalb die Gewinnverteilung im Gesellschaftsvertrag festlegen, um Streitigkeiten über den Begriff „angemessen" zu vermeiden. ▶ Der Gewinnanteil wird so lange dem Kapitalkonto zugeschrieben, bis der Kapitalanteil die fest im Handelsregister einzutragende Einlage erreicht hat. Weitere Gewinne werden außerhalb des Kapitalkontos gutgeschrieben oder ausgezahlt. Sie stellen Verbindlichkeiten der KG gegenüber dem Kommanditisten dar.
	Kündigung	Ein Kommanditist kann auf den Schluss eines Geschäftsjahres kündigen. Dabei muss eine Frist von sechs Monaten eingehalten werden.
Pflichten der Teilhafter	Leistung der Kapitaleinlage	Die Pflichteinlage kann von der Haftsumme abweichen. Die Haftsumme ist der im Handelsregister eingetragene Betrag.
	Haftung vor Eintragung	Ist die Eintragung in das Handelsregister noch nicht erfolgt, so haftet der Kommanditist für die Gesellschaftsschulden zwischen Geschäftsbeginn und Eintragung wie ein Komplementär.
	Haftung bei Eintritt in eine Gesellschaft	Der Kommanditist haftet unbeschränkt für die zwischen seinem Eintritt und dessen Eintragung in das Handelsregister entstandenen Gesellschaftsschulden. Für alle anderen bestehenden Verbindlichkeiten haftet der Kommanditist nur mit der im Handelsregister eingetragenen Einlage.
	Verlustanteil	Der Verlust wird im angemessenen Verhältnis verteilt.
Auflösungsgründe		Zeitablauf, Beschluss der Gesellschafter, gerichtliche Entscheidung, Eröffnung des Insolvenzverfahrens. Die KG wird bei Tod eines Kommanditisten – mangels abweichender vertraglicher Bestimmung – mit dem Erben fortgesetzt.
Besonderheit GmbH & Co. KG		Die GmbH & Co. KG ist eine Personengesellschaft, bei der der Vollhafter eine GmbH ist, die in ihrer Haftung beschränkt ist. *Beispiele:* ▶ *KG als personengleiche GmbH & Co. KG:* *Es handelt sich um eine KG, bei der der Vollhafter eine GmbH ist. Die Gesellschafter der GmbH sind identisch mit den Kommanditisten. Somit ist die Haftung insgesamt beschränkt. Auch möglich ist eine Einmann GmbH & Co. KG.* ▶ *KG als nicht personengleiche GmbH & Co. KG:* *Die Gesellschafter der GmbH und die Kommanditisten sind verschiedene Personen.*

1 An einer KG sind der Vollhafter Wolfgang Clauß und die Teilhafterin Brigitte Schauffert beteiligt. Sie betreiben eine Druckerei.

Welche der folgenden Firmierungen ist nicht möglich?

1 W. Clauß KG

2 Wolfgang Clauß und Brigitte, Formulardruck

3 Clauß KG

4 Wolfgang Clauß KG, Geschäftsdrucksachen

5 COLOR FORM DRUCK KG

2 Überprüfen Sie die folgenden Aussagen zur GmbH & Co. KG.

Ordnen Sie eine
1 zu, wenn die Aussage zutrifft,
9 zu, wenn die Aussage nicht zutrifft.

a. Die GmbH & Co. KG ist eine Kapitalgesellschaft.

b. Die GmbH & Co. KG kann eine Kommanditgesellschaft sein, bei der der Vollhafter eine GmbH ist.

c. Eine GmbH & OHG kann eine OHG sein, bei der der Vollhafter eine GmbH ist.

3 Beurteilen Sie die folgenden Aussagen zu den Rechten der Teil- und Vollhafter.

Ordnen Sie eine
1 zu, wenn die Antwort zutrifft,
9 zu, wenn die Antwort nicht zutrifft.

a. Der Kommanditist ist grundsätzlich von der Geschäftsführung ausgeschlossen, hat jedoch bei außergewöhnlichen Rechtsgeschäften ein Widerspruchsrecht gegenüber den persönlich haftenden Gesellschaftern.

b. Hat der Kommanditist seine Kapitaleinlage voll eingezahlt, so hat er Anspruch auf Auszahlung des Gewinns.

c. Der Kommanditist hat bei gewöhnlichen Rechtsgeschäften ein Alleinvertretungsrecht.

d. Die Gewinnverteilung nach dem HGB lautet: „4 % des Gewinns, Rest im angemessenen Verhältnis.“

e. Der Vollhafter haftet unbeschränkt, unmittelbar und solidarisch.

f. Ein möglicher Verlust der Gesellschaft wird im angemessenen Verhältnis verteilt.

g. Wenn im Gesellschaftsvertrag keine andere Regelung getroffen wurde, so führt der Tod eines Vollhafters zum Ausscheiden aus der Gesellschaft.

h. Beim Tod eines Kommanditisten wird die Gesellschaft mangels abweichender vertraglicher Bestimmungen mit dem Erben fortgesetzt.

4 Ordnen Sie den folgenden Aussagen zum Gesellschaftsvertrag der KG eine

1 zu, wenn die Antwort zutrifft,
9 zu, wenn die Antwort nicht zutrifft.

a. Der Gesellschaftsvertrag bedarf nicht der Schriftform, wenn die Einlagen der drei Gesellschafter in bar erbracht wurden.

b. Der Gesellschaftsvertrag bedarf nur dann der notariellen Beurkundung, wenn ein Grundstück mit in die Gesellschaft eingebracht wird.

5 Der Kommanditist einer KG hat Rechte und Pflichten.

Ordnen Sie eine

1 zu, wenn es sich um Pflichten des Kommanditisten handelt,
2 zu, wenn es sich um Rechte des Kommanditisten handelt,
9 zu, wenn diese Aussage auf den Kommanditisten nicht zutrifft.

a. Der Kommanditist zahlt vereinbarungsgemäß die Kapitaleinlage.

b. Der Verlust wird im angemessenen Verhältnis verteilt.

c. Der Gesellschafter verlangt die Auszahlung des Gewinns mit der Begründung, dass die in das Handelsregister eingetragene Einlage erreicht wurde.

d. Der Gesellschafter haftet unbeschränkt, unmittelbar und solidarisch.

e. Der Gesellschafter hat ein Widerspruchsrecht für alle gewöhnlichen und außergewöhnlichen Handlungen des Handelsgewerbes.

6 Nehmen Sie aufgrund der folgenden Bedingungen eine Gewinnverteilung vor:

Vollhafter A: Einlage 230 000,00 EUR
Vollhafter B: Einlage 600 000,00 EUR
Teilhafter C: Einlage 150 000,00 EUR
Teilhafter D: Einlage 700 000,00 EUR

Die Einlagen sind alle voll erbracht. Entnahmen wurden nicht vorgenommen. Der Gewinn beträgt 300 000,00 EUR und wird laut Gesellschaftsvertrag wie folgt verteilt: Jeder Gesellschafter erhält zunächst eine Verzinsung seines Kapitals in Höhe von 8 %. Bei einem Mehrgewinn erhalten die Komplementäre je fünf Anteile und die Kommanditisten je einen Anteil.

a. Ermitteln Sie den Gewinn für den Gesellschafter B.

b. Ermitteln Sie den Gewinn für den Gesellschafter D.

c. Ermitteln Sie das neue Eigenkapital des Gesellschafters B.

d. Ermitteln Sie das neue Eigenkapital der Gesellschaft.

Erläutern Sie anhand der wichtigsten Merkmale die Gesellschaft mit beschränkter Haftung (GmbH).

Firmierung		Die Firma der GmbH muss die Bezeichnung „Gesellschaft mit beschränkter Haftung" oder eine allgemein verständliche Abkürzung dieser Bezeichnung enthalten. Sie kann eine Personen-, Fantasie-, Sachfirma oder gemischte Firma sein.
Gründung	Mindestanzahl Gründer	Eine Person reicht zur Gründung.
	Form des Gesellschaftsvertrages	Der Gesellschaftsvertrag (Satzung) bedarf der notariellen Beurkundung.
	Beginn der Gesellschaft	Durch die Eintragung in das Handelsregister Abteilung B entsteht die GmbH als juristische Person. Vor der Gründung haften die Gesellschafter persönlich und solidarisch.
Rechte der Gesellschafter	Gewinnanteil	Die Verwendung des im Jahresabschluss ausgewiesenen Geschäftsergebnisses wird von den Gesellschaftern entschieden. Eine Ausschüttung erfolgt im Verhältnis ihrer Geschäftsanteile. Möglich ist jedoch eine Reservebildung, d. h., Gewinn kann auch zur Eigenkapitalbildung verwendet werden.
	Mitverwaltung	Die Gesellschafter haben ein Mitverwaltungsrecht. Die Geschäftsführungsbefugnis und Vertretungsmacht können von einem oder mehreren Gesellschaftern selbst wahrgenommen werden oder von beauftragten Fremdgeschäftsführern.
	Auskunfts- und Einsichtsrecht	Auf Wunsch eines Gesellschafters hat der Geschäftsführer Auskunft über die Angelegenheiten der Gesellschaft zu geben und Einsicht in die Bücher und Schriften zu gestatten.
Pflichten der Gesellschafter	Leistung der Einlage	Auf jeden Geschäftsanteil ist eine Einlage zu leisten. Die Höhe richtet sich nach dem im Gesellschaftsvertrag festgesetzten Nennbetrag des Geschäftsanteils. Bei Bargründung kann die Handelsregisteranmeldung erfolgen, wenn auf jeden Geschäftsanteil ein Viertel des Nennbetrags eingezahlt ist. Insgesamt muss die Hälfte des Mindeststammkapitals eingezahlt worden sein. Bei Sachgründung müssen der Gegenstand der Sacheinlage und der Nennbetrag des Geschäftsanteils, auf den sich die Sacheinlage bezieht, im Gesellschaftsvertrag festgesetzt werden.
	Nachschusspflicht	Der Gesellschaftsvertrag kann eine beschränkte oder unbeschränkte Nachschusspflicht über die Nennbeträge der Geschäftsanteile hinaus vorsehen.
Besonderheiten	Stammkapital	Das Stammkapital der Gesellschaft muss mindestens 25 000,00 EUR betragen. Die Summe der Nennbeträge aller Geschäftsanteile muss mit dem Stammkapital übereinstimmen.
	Nennbetrag des Geschäftsanteils	Der Nennbetrag jedes Geschäftsanteils muss auf volle Euro lauten. Die Höhe der Nennbeträge der einzelnen Geschäftsanteile kann unterschiedlich hoch sein.
Organe	Geschäftsführer	Sie haben die Geschäftsführungsbefugnis und die Vertretungsmacht. Die Geschäftsführer haben die Liste der Gesellschafter zum Handelsregister einzureichen (Name, Vorname, Geburtsdatum, Wohnort, übernommene Geschäftsanteile mit den Nennbeträgen).
	Aufsichtsrat	Ein Aufsichtsrat ist aufgrund der gesetzlich bestimmten überbetrieblichen Mitbestimmung ab 500 Arbeitnehmern notwendig.
	Gesellschafterversammlung	Sie ist das Beschluss fassende Organ. Die Einberufung erfolgt durch eingeschriebenen Brief durch die Geschäftsführer. Über wesentliche Punkte beschließen die Gesellschafter (z. B. Bestellung, Entlastung und Abberufung von Geschäftsführern, Gewinnverwendung, Prokuraerteilung). Jeder Euro eines Geschäftsanteils gewährt eine Stimme.
Besonderheit: „Mini-GmbH"		Die Gründung ist ab einem Euro Stammkapital möglich (keine Sacheinlagen). Die Gewinnausschüttung ist begrenzt, da 25 % des Gewinns angespart werden müssen, bis das Stammkapital von 25 000,00 EUR erreicht ist. Die Kennzeichnung als „Unternehmergesellschaft (haftungsbeschränkt)" oder „UG (haftungsbeschränkt)" ist vorgeschrieben. Der Eintrag in das Handelsregister erfolgt erst mit Erreichen der vorgeschriebenen Stammkapitalhöhe.
Auflösungsgründe		Zeitablauf, Beschluss der Gesellschafter, Insolvenzverfahren, Löschung wegen Vermögenslosigkeit. Ein GmbH-Gesellschafter hat die Möglichkeit des Ausstiegs aus der Gesellschaft durch den Verkauf seines GmbH-Anteils.

1 Welche der folgenden Aussagen trifft nicht zu?

1 Die GmbH ist eine Gesellschaft mit eigener Rechtspersönlichkeit, deren Gesellschafter nicht persönlich für die Verbindlichkeiten der Gesellschaft haften.

2 Eine GmbH kann von einem oder mehreren Gesellschaftern gegründet werden.

3 Die GmbH wird durch einen notariell beurkundeten Gesellschaftsvertrag gegründet; die Eintragung in das Handelsregister hat deklaratorische (rechtserklärende) Wirkung.

2 Der Unternehmer Horst Kettler möchte eine GmbH gründen. Gegenstand des Unternehmens ist der Handel mit Damenbekleidung. Entscheiden Sie, ob folgende Firmierungen möglich sind.

Tragen Sie eine

1 ein, wenn die Firmierung den gesetzlichen Vorschriften entspricht,
9 ein, wenn die Firmierung nicht den gesetzlichen Vorschriften entspricht.

a. Kettler GmbH

b. Horst Kettler GmbH

c. H. Kettler, Damenbekleidung

d. Damenbekleidung Kettler GmbH

e. Damenbekleidung Kettler mbH

3 Überprüfen Sie folgende Aussagen zum Stammkapital und Geschäftsanteil.

Tragen Sie die Ziffer vor der richtigen Aussage in das Kästchen ein.

1 Das Mindeststammkapital in Höhe von 25 000,00 EUR muss bei Bargründung voll eingezahlt worden sein, bevor die Eintragung ins Handelsregister erfolgt.

2 Die Nennbeträge der Geschäftsanteile sind immer gleich hoch; jedoch kann ein Gesellschafter mehrere Geschäftsanteile erwerben.

3 Die Summe aller Nennbeträge der Geschäftsanteile muss mit dem Stammkapital übereinstimmen.

4 Welche der folgenden Aussagen trifft nicht zu?

Tragen Sie die Ziffer in das Kästchen ein.

1 Die GmbH ist eine Kapitalgesellschaft.

2 Die GmbH ist im Handelsregister B eingetragen.

3 Die GmbH kann auch mit der Bezeichnung „mbH" firmieren – es muss nicht „GmbH" in der Firmierung genannt sein.

4 Die GmbH wird von mindestens zwei Gesellschaftern gegründet. Möglich ist das Ausscheiden eines Gesellschafters.

5 An einer GmbH sind drei Gesellschafter beteiligt. Sie unterhalten sich über die Rechte und Pflichten der Gesellschafter einer GmbH.

Ordnen Sie eine
1 zu, wenn die Aussage zutreffend ist,
9 zu, wenn die Aussage nicht zutreffend ist.

a. Gesellschafter A: „Die Geschäftsführung und Vertretung ist nur durch alle drei Gesellschafter möglich."
b. Gesellschafter B: „Als Geschäftsführer kann auch eine fremde Person benannt werden."
c. Gesellschafter A: „Die Gesellschafter müssen die vereinbarten Einlagen erbringen. Die Höhe der Einlagen kann unterschiedlich sein."
d. Gesellschafter B: „Die Einlagen einer GmbH sind alle gleich hoch. Jedoch ist es möglich, mehrere Einlagen zu erwerben."
e. Gesellschafter C: „Über wesentliche Punkte der Gesellschaft beschließen die Gesellschafter. Je Kopf wird eine Stimme gewährt."

6 Ordnen Sie eine
1 zu, wenn die Aussage zur GmbH zutreffend ist,
9 zu, wenn die Aussage zur GmbH nicht zutreffend ist.

a. Die GmbH ist eine Personengesellschaft.

b. Die GmbH ist aufgrund der verschärften Haftungsbedingungen eine nicht häufig gewählte Unternehmensrechtsform.

c. Die Eintragung einer GmbH erfolgt in das Handelsregister Abteilung B.

d. Über wesentliche Punkte der Gesellschaft beschließen die Gesellschafter, z. B. über die Bestellung der Prokuristen.

e. Der Gesellschaftsvertrag kann eine beschränkte oder unbeschränkte Nachschusspflicht vorsehen.

f. Die Gründung einer GmbH ist durch eine Person möglich.

g. Das Stammkapital der GmbH wird in das Handelsregister eingetragen.

7 Volker Hoffmeister – 20 Jahre alt – möchte eine „Mini-GmbH" gründen. Eine Einlage in Höhe von 7 000,00 EUR kann er bar aufbringen.

Ordnen Sie eine
1 zu, wenn die Aussage zutrifft,
9 zu, wenn die Aussage nicht zutrifft.

a. Die Gründung einer „Mini-GmbH" ist bereits mit 1,00 EUR möglich.
b. Die Firmierung „Volker Hoffmeister, Unternehmergesellschaft (haftungsbeschränkt)" entspricht den gesetzlichen Vorschriften.
c. Die Firmierung „Volker Hoffmeister, UG (haftungsbeschränkt)" entspricht nicht den gesetzlichen Vorschriften, weil eine unerlaubte Abkürzung verwendet wurde.
d. Die Gründung ist nicht möglich, weil das Mindestalter für eine haftungsbeschränkte Unternehmensgesellschaft 25 Jahre beträgt.
e. Die Gesellschaft muss ins Handelsregister eingetragen werden.

Welche Arten von Mitarbeitern hat ein Kaufmann?

> ‣ **Angestellte** sind gewöhnlich mit verwaltenden, technischen und kaufmännischen Tätigkeiten befasst.
> ‣ **Arbeiter**, auch gewerbliche Arbeitnehmer genannt, üben vorwiegend Tätigkeiten in der Produktion oder im Lager aus.
> ‣ **Auszubildende** sind Personen, die zum Zweck des Erlernens eines Ausbildungsberufes beschäftigt werden.

Erläutern Sie die Prokura und nennen Sie wesentliche Punkte.

Begriff	‣ Die Prokura ermächtigt zu allen Arten von gerichtlichen und außergerichtlichen Geschäften und Rechtshandlungen, die der Betrieb eines Handelsgewerbes mit sich bringt. ‣ Zur Veräußerung und Belastung von Grundstücken ist der Prokurist nur ermächtigt, wenn ihm diese Befugnis besonders erteilt ist.
Arten der Prokura	‣ **Einzelprokura:** Eine Person allein ist vertretungsberechtigt. Die Zeichnung erfolgt mit „pp." oder „ppa.". ‣ **Gesamtprokura:** Mehrere Personen sind nur gemeinschaftlich vertretungsberechtigt. Die Zeichnung erfolgt auch hier mit „pp." oder „ppa." für jeden Vertretungsbevollmächtigten.
Erteilung	Nur ein Kaufmann oder der gesetzliche Vertreter kann die Prokura erteilen. Dies muss ausdrücklich erfolgen.
Einschränkung	‣ Im **Außenverhältnis** (Dritten gegenüber) ist eine Beschränkung des Umfangs der Prokura unwirksam. Im Innenverhältnis (zwischen Kaufmann und Prokurist) ist diese durch vertragliche Absprachen möglich. ‣ Bei **Filialbetrieben** ist eine Beschränkung der Prokura auf eine oder mehrere Niederlassungen möglich, wenn sie unterschiedlich firmieren.
Beginn	‣ Im **Innenverhältnis** wird die Prokura mit der ausdrücklichen Erteilung wirksam. Im **Außenverhältnis** beginnt die Prokura, wenn Dritte davon Kenntnis haben oder wenn die Prokura durch das Handelsregister verlautbart wurde. ‣ Die Eintragung hat deklaratorische (rechtsbezeugende) Wirkung.
Beendigung	Die Prokura erlischt ‣ durch Widerruf, ‣ mit Beendigung des Rechtsverhältnisses, ‣ durch Betriebsübergang, ‣ durch Einstellung des Handelsgeschäfts, ‣ durch den Tod des Bevollmächtigten, nicht jedoch durch den Tod des Geschäftsinhabers.

Zwischen Innenverhältnis und Außenverhältnis der Prokura bestehen wichtige Unterschiede.

Erläutern Sie die Handlungsvollmacht und beschreiben Sie wesentliche Punkte.

Arten	**Allgemeine Handlungsvollmacht**	**Artvollmacht**	**Einzelvollmacht**
	Sie berechtigt zur Vornahme aller Geschäfte und Rechtshandlungen, die der Betrieb eines derartigen Handelsgewerbes gewöhnlich mit sich bringt (einkaufen, verkaufen, Personal einstellen etc.).	Sie berechtigt die Vornahme einer bestimmten immer wiederkehrenden Art von Rechtsgeschäften (verkaufen oder einkaufen).	Sie ermächtigt zur Vornahme eines einzelnen Rechtsgeschäftes (500 Blatt Kopierpapier im Bürofachgeschäft einkaufen).
	‣ Eine besondere Befugnis muss erteilt werden zur Veräußerung und Belastung von Grundstücken, Eingehung von Wechselverbindlichkeiten, Aufnahme von Darlehen, Prozessführung. ‣ Die Zeichnung der Handlungsbevollmächtigten erfolgt in der Praxis mit dem Zusatz „i. V." oder „i. A.". ‣ Die **Vollmacht für einen Ladenangestellten** ermächtigt zu Verkäufen und Empfangnahmen, die in einem derartigen Laden oder Warenlager gewöhnlich geschehen. Ein Verkäufer hat jedoch nur dann Inkassovollmacht, wenn keine besonderen Ladenkassen aufgestellt sind.		
Erteilung	Die Handlungsvollmacht muss nicht ausdrücklich erteilt werden, sie kann auch stillschweigend erfolgen. Im Gegensatz zur Prokura kann sie auch von Nichtkaufleuten erteilt werden. Eine Eintragung ins Handelsregister erfolgt nicht.		
Beendigung	Die Handlungsvollmacht erlischt ‣ durch Widerruf, ‣ mit Beendigung des Rechtsverhältnisses, ‣ durch Einstellung des Handelsgeschäftes, ‣ durch den Tod des Bevollmächtigten, nicht jedoch durch den Tod des Geschäftsinhabers.		

Nennen Sie Geschäfte, für die die Vertretungsvollmachten gesetzlich verboten sind.

Untersagte Rechtsgeschäfte	‣ Prokura erteilen ‣ Steuererklärungen unterschreiben ‣ Bilanzen unterschreiben ‣ Eintragungen ins Handelsregister anmelden	‣ Eid leisten ‣ Insolvenzverfahren anmelden ‣ Gesellschafter aufnehmen ‣ Geschäft verkaufen

1 Überprüfen Sie folgende Fälle zur Prokura.

Tragen Sie eine
1 ein, wenn die Prokura Gültigkeit hat,
9 ein, wenn die Prokura keine Gültigkeit hat.

a. Ein Kannkaufmann ermächtigt seinen Angestellten zur Zeichnung „ppa.".

b. Der Geschäftsführer einer GmbH erteilt einem Angestellten Prokura, ohne die Gesellschafter informiert zu haben.

c. Ein Formkaufmann erteilt einem Angestellten mündlich die Prokura.

d. Der Unternehmer stellt einen Buchhaltungsleiter ein. Aufgrund der Stellenbeschreibung ist der Unternehmer der Meinung, die Prokura sei dadurch stillschweigend erteilt.

e. Ein Kleingewerbetreibender ohne Eintragung im Handelsregister erteilt seinem Angestellten schriftlich die Prokura.

f. Der Mitarbeiterin wurde die Prokura ordnungsgemäß erteilt. Die Handelsregistereintragung ist jedoch noch nicht erfolgt.

2 Überprüfen Sie die folgenden Aussagen zur Prokura und Handlungsvollmacht.

Tragen Sie eine
1 ein, wenn die Aussage zutrifft,
9 ein, wenn die Aussage nicht zutrifft.

a. Die Eintragung der Prokura in das Handelsregister hat konstitutive (rechtserzeugende) Wirkung.

b. Nichtkaufleute und Kaufleute können Handlungsvollmachten erteilen.

c. Die Handlungsvollmacht kann auch stillschweigend erteilt werden.

d. Die Handlungsvollmacht wird wie die Prokura in das Handelsregister eingetragen.

e. Die Prokura ist im Innenverhältnis beschränkbar.

f. Gesamtprokura bedeutet, dass der Prokurist die Rechtshandlungen eines gesamten Betriebes stellvertretend für den Inhaber durchführen darf.

3 Entscheiden Sie, in welchen der folgenden Fälle eine rechtsgültige Handlung zwischen A und B zustande gekommen ist.

Tragen Sie eine 3 ein, wenn dies für beide Fälle zutrifft.

1 Der Prokurist von A akzeptiert am 19.03. einen Wechsel von B. Die Prokura wurde ihm erst am 18.03. erteilt, die Eintragung in das Handelsregister ist noch nicht erfolgt.

2 Der Prokurist von A akzeptiert am 29.03. einen Wechsel von B. Die Prokura wurde ihm am 18.03. erteilt, die Eintragung in das Handelsregister ist erfolgt.

4 Welche der folgenden Rechtshandlungen sind dem Inhaber der Prokura bzw. dem Inhaber der allgemeinen Handlungsvollmacht

1 nicht erlaubt,
2 nur mit einer besonderen Vollmacht erlaubt,
3 aufgrund der erteilten handelsrechtlichen Vollmacht erlaubt?

Ordnen Sie die Ziffern 1 bis 3 für den Prokuristen in Spalte A und für den Handlungsbevollmächtigten in Spalte B den folgenden Fällen zu.

	A	B
a. Akzeptierung eines Wechsels		
b. Verkauf eines Grundstücks		
c. Kauf eines Grundstücks		
d. Aufnahme von neuen Gesellschaften		
e. Entlassung von Mitarbeitern		
f. Erteilung einer Einzelvollmacht		

5 Entscheiden Sie in den folgenden Fällen, ob eine

1 allgemeine Handlungsvollmacht,
2 Artvollmacht,
3 Einzelvollmacht

vorliegt.

a. Der Leiter der Rechtsabteilung führt Prozesse für die Gesellschaft.

b. Die Ladenangestellte verkauft Ware.

c. Der Reisende nimmt Mängelrügen entgegen.

d. Der Sachbearbeiter in der Buchhaltung soll einen Wechsel in Höhe von 100 000,00 EUR akzeptieren. Zu seinen allgemeinen Aufgaben gehört diese Tätigkeit nicht.

6 Ordnen Sie den folgenden Aussagen zur Handlungsvollmacht und Prokura eine

1 zu, wenn die Aussage sich nur auf die Prokura bezieht,
2 zu, wenn die Aussage sich nur auf die Handlungsvollmacht bezieht,
3 zu, wenn die Aussage sich auf beide handelsrechtlichen Vollmachten bezieht.

Tragen Sie eine 9 ein, wenn die Aussage nicht zutrifft.

a. Die Vollmacht wird in das Handelsregister eingetragen.

b. Die Vollmacht kann von Nichtkaufleuten erteilt werden.

c. Die Vollmacht kann von Kaufleuten erteilt werden.

d. Die Vollmacht erlischt durch Widerruf.

e. Eine besondere Befugnis muss erteilt werden zur Veräußerung von Grundstücken.

Unterscheiden Sie individuelles und kollektives Arbeitsrecht. Nennen Sie Rechtsquellen des Arbeitsrechts.

Arbeitsrecht	Das Arbeitsrecht ist diejenige rechtliche Ordnung, die die Leistung abhängiger Arbeit festlegt. Abhängige Beschäftigung bedeutet, dass Arbeitnehmer (Arbeiter und Angestellte) in ihrer Arbeit unselbstständig sind. Sie stehen im Dienste eines anderen (Arbeitgeber oder Unternehmer) und sind diesem zur Arbeit nach bestimmten Weisungen verpflichtet. Das Arbeitsrecht ist in vielen verschiedenen Einzelgesetzen niedergelegt.	
	Individuelles Arbeitsrecht	**Kollektives Arbeitsrecht**
	Gesetze/Verordnungen, die Regelungen für einen einzelnen Arbeitnehmer beinhalten	Regelungen, die sich auf eine Gruppe von Arbeitnehmern (z. B. Belegschaft eines Betriebes – Betriebsvereinbarung) beziehen
Rechtsquellen	▸ Bürgerliches Gesetzbuch BGB ▸ Handelsgesetzbuch HGB ▸ Berufsbildungsgesetz BBiG ▸ Kündigungsschutzgesetz KSchG ▸ Bundesurlaubsgesetz BUrlG ▸ Arbeitszeitordnung AZO ▸ Mutterschutzgesetz MuSchG ▸ Jugendarbeitsschutzgesetz JArbSchG ▸ Arbeitsplatzschutzgesetz ArbPlSchG ▸ Handwerksordnung HO ▸ Gewerbeordnung GO	▸ Betriebsverfassungsgesetz BetrVerfG ▸ Gesetz über die Mitbestimmung der Arbeitnehmer MitbestG ▸ Montan-Mitbestimmungsgesetz MoMitbestG ▸ Tarifvertragsgesetz TVG

Beschreiben Sie das Günstigkeitsprinzip im Arbeitsrecht.

Wenn ein Arbeitsverhältnis geschlossen wird, müssen die Regelungen zu diesem Arbeitsverhältnis unter Berücksichtigung von Gesetzen, von eventuell geltenden Tarifverträgen oder Betriebsvereinbarungen getroffen werden.

Das Günstigkeitsprinzip besagt, dass die einzelvertraglichen Regelungen immer zugunsten des Arbeitnehmers erfolgen.

Beispiel: Laut Bundesurlaubsgesetz (BUrlG) beträgt der Urlaubsanspruch eines Arbeitnehmers mindestens 24 Werktage pro Jahr. Im Tarifvertrag für die Branche einer bestimmten Region darf dieser Mindesturlaub nicht unterschritten werden. Sieht dieser Tarifvertrag vor, dass ein Urlaubsanspruch von z. B. 30 Tagen besteht, darf diese Regelung einzelvertraglich ebenfalls nicht unterschritten werden.

Günstigkeitsprinzip →

Rechtsquelle	Gesetz	Tarifvertrag	Betriebsvereinbarung	Arbeitsvertrag
Geltungsbereich: Rechtsquelle gilt für	die Bundesrepublik Deutschland	die Branche einer Region	einen einzelnen Betrieb	ein einzelnes Arbeitsverhältnis
Verhandlungspartner	Fraktionen der Parlamente (Bund oder Länder)	Arbeitgeberverband bzw. Arbeitgeber und Gewerkschaften	Arbeitgeber und Betriebsrat	Arbeitgeber und Arbeitnehmer
Beispiele für Inhalte	▸ Entgeltfortzahlung im Krankheitsfall ▸ Arbeitsplatzschutz	▸ Höhe des Entgelts ▸ max. wöchentliche Arbeitszeit ▸ Urlaubsanspruch	▸ Beginn und Ende der täglichen Arbeitszeit ▸ Pausenregelung ▸ Lage des Urlaubs	▸ auszuführende Tätigkeit ▸ Höhe des Entgelts

Erklären Sie die Zuständigkeit und den Instanzenweg der Arbeitsgerichte.

Bedeutung	Um die Durchsetzbarkeit des Arbeitsrechts zu gewährleisten, hat der Staat eine eigene Rechtspflege für das Arbeitsrecht geschaffen:
Arbeitsgericht 1. Instanz	… ist in allen arbeitsrechtlichen Streitigkeiten ohne Rücksicht auf den Streitwert zuständig.
Landesarbeitsgericht 2. Instanz	… ist zuständig für Berufungen oder Beschwerden gegen Urteile und Beschlüsse des Arbeitsgerichts.
Bundesarbeitsgericht 3. Instanz	Hier werden Revisionen oder Rechtsbeschwerden gegen Urteile und Beschlüsse des Landesarbeitsgerichts bzw. Arbeitsgerichts eingereicht (Sitz: Erfurt).

1 *Überprüfen Sie, ob die unten aufgeführten arbeitsrechtlichen Regelungen*

   1 in einem Gesetz,
   2 in einem Tarifvertrag,
   3 in einer Betriebsvereinbarung,
   4 in einem Dienst-/Arbeitsvertrag,
   9 in keiner der aufgeführten Rechtsquellen

enthalten sind.

a. Der Vertragspartner übernimmt alleinverantwort-
   lich den Posten eines Abteilungsleiters.

b. Der Mindesturlaubsanspruch pro Kalenderjahr
   beträgt 24 Werktage.

c. Arbeitsbeginn: 08:00 Uhr, Arbeitsende: 18:30 Uhr
   (für alle Arbeitnehmer)

d. gesetzlicher Mindestlohn: Sozialhilfesatz + 30%

e. Gehaltsgruppe 1: Tätigkeit, für die keine Ausbildung notwendig ist

2 *Stellen Sie fest, welche Verhandlungspartner unten
stehende Regelungen aushandeln.*

   1 Arbeitgeberverband
   2 Gewerkschaft
   3 einzelner Arbeitgeber
   4 Betriebsrat
   5 einzelner Arbeitnehmer
   9 keine der vorgenannten Personen/Institutionen

a. Firmen-/Haustarifvertrag

b. Regelung über Verbesserung der sanitären
   Anlagen

c. Vertrag über Mitgliedschaft in der Haupt-
   gemeinschaft des deutschen Einzelhandels

d. gesetzliche Regelung über Ladenschluss-
   zeiten

e. übertarifliches Gehalt

f. Manteltarifvertrag für die Beschäftigten in
   Einzelhandelsunternehmen einer Region

3 *Kennzeichnen Sie unten stehende Aussagen mit einer*

   1, wenn diese zutreffend sind,
   9, wenn diese nicht zutreffend sind.

a. Ein Arbeitgeber, der keinem Arbeitgeberverband
   angehört, ist auch nicht an Tarifverträge gebunden.

b. Beamte und Richter gelten, bezogen auf das
   Arbeitsrecht, ebenso als Arbeitnehmer.

c. Arbeiter sind gegenüber Angestellten grundsätzlich gleichgestellt.

d. Bei entsprechender Größe des Unternehmens
   kann ein einzelner Arbeitgeber mit der zuständigen Gewerkschaft einen Tarifvertrag aushandeln.

e. Ein tarifvertraglich festgelegter Urlaubsanspruch
   darf nicht überschritten werden.

4 *Prüfen Sie, ob folgende Gesetze/Verordnungen*

   1 dem Individualarbeitsrecht,
   2 dem Kollektivarbeitsrecht,
   9 keinem der beiden Rechtsgebiete

zuzuordnen sind.

a. Mitbestimmungsgesetz von 1976

b. Zivilprozessordnung

c. Schwerbehindertenrecht (Sozialgesetzbuch)

d. Montan-Mitbestimmungsgesetz

e. Tarifvertragsgesetz

f. Abgabenordnung

g. Bundesurlaubsgesetz

5 *Für die unten stehenden Rechtsfälle sind bestimmte
Gerichte zuständig.*

Kennzeichnen Sie die Rechtsfälle mit einer

   1, wenn das Arbeitsgericht zuständig ist,
   2, wenn das Sozialgericht zuständig ist,
   9, wenn ein anderes Gericht zuständig ist.

a. Ein Arbeitgeber meldet einen Arbeitnehmer nicht
   bei der Sozialversicherung an, obwohl er
   sozialversicherungspflichtig ist. Der Arbeitnehmer
   möchte das gerichtlich durchsetzen.

b. Aufgrund einer Kündigung, die vom Arbeitnehmer ausging, erhält der Arbeitnehmer für eine
   Sperrfrist von sechs Wochen kein Arbeitslosengeld. Er ist der Auffassung, dass die Tatsache nicht
   den gesetzlichen Vorschriften entspricht.

c. Auf dem Weg von der Arbeit nach Hause wird ein
   Arbeitnehmer bei einem Unfall verletzt. Die
   Berufsgenossenschaft will keine Leistungen
   erbringen, weil der Arbeitnehmer nicht auf dem
   direkten Weg nach Hause fuhr, sondern private
   Dinge erledigte.

d. Die Zahlung von Leistungen aus einer privaten
   Lebensversicherung wird absichtlich verzögert.

e. Ein Arbeitnehmer ist mit der betrieblichen
   „Kleiderordnung" nicht einverstanden und beruft
   sich auf das Recht der freien Entfaltung der
   Persönlichkeit.

6 *Das Arbeitsgericht ist zuständig für alle Streitigkeiten, die sich aus dem Arbeitsrecht ergeben können.
Welche der Aussagen über das Arbeitsgericht trifft
nicht zu?*

   1 Das Bundesarbeitsgericht hat seinen Sitz in Erfurt.

   2 In erster Instanz besteht kein Anwaltszwang.

   3 In sämtlichen Instanzen sind neben Berufsrichtern
      ehrenamtliche Richter.

   4 Der Berufsrichter kann in den ersten beiden
      Instanzen von den ehrenamtlichen Richtern
      überstimmt werden.

   5 Streitigkeiten über Tarifverträge werden nur vor
      dem Bundesarbeitsgericht verhandelt.

Erklären Sie das duale System der Berufsausbildung.

Das gesamte Ausbildungssystem (nicht nur die kaufmännische, sondern auch die gewerbliche Ausbildung) in der Bundesrepublik Deutschland basiert darauf, dass für das Erlernen eines Ausbildungsberufes zwei Lernorte zuständig sind.

Lernort	Betrieb	Schule
	Ausbildungsbetriebe der Industrie, des Handwerks sowie Betriebe aus dem Bereich Handel und Dienstleistungen *Beispiel: „GH-Großhandelsmarkt GmbH", Herford*	alle berufsbildenden Schulen, die entsprechend ihrer Größe eine unterschiedliche Zahl von Berufen ausbilden *Beispiel: Berufskolleg Herford*
Aufgabe	Vermittlung von fachpraktischen Kenntnissen und Fertigkeiten entsprechend der Ausbildungsordnung und dem Ausbildungsberufsbild in den verschiedenen Abteilungen des Betriebes *Beispiel: Warenpflege im Lager*	Vermittlung von fachtheoretischen, berufsbezogenen (Fächer: Großhandelsgeschäfte, Kaufmännische Steuerung und Kontrolle) und berufsübergreifenden Lerninhalten (Fächer: Deutsch, Gesellschaftslehre mit Geschichte, Religion, Sport) *Beispiel: Berechnung der Lagerkennziffern*

Beschreiben Sie die Inhalte des Berufsbildungsgesetzes.

Aufgabe	Das Berufsbildungsgesetz ist die rechtliche Grundlage für alle anerkannten Ausbildungsberufe. Es enthält allgemeine Vorschriften, die für alle Ausbildungsberufe einheitlich gelten.
Wesentliche Inhalte	Allgemeine Regelungen über ▸ Berufsausbildungsvertrag, ▸ Beginn und Beendigung des Berufsausbildungsverhältnisses, ▸ Pflichten des Ausbildenden, ▸ Berechtigung zum Einstellen und Ausbilden, ▸ Pflichten des Auszubildenden, ▸ Änderung der Ausbildungszeit. ▸ Vergütung,

Wie kommt ein Berufsausbildungsvertrag zustande?

Ablauf	▸ **Formvorschrift:** keine; jedoch müssen wesentliche Inhalte schriftlich festgehalten werden (§ 4 BBiG) ▸ **Vertragspartner:** Ausbildender und Auszubildender (bei Minderjährigen: gesetzlicher Vertreter) ▸ **Eintragung:** in das Verzeichnis der Ausbildungsverhältnisse bei der zuständigen Kammer (z. B. IHK)

Nennen Sie die Mindestinhalte eines Berufsausbildungsvertrages nach § 4 BBiG.

Mindestinhalte	▸ Art, Gliederung und Ziel der Ausbildung (Ausbildungsberuf, Ausbildungsplan) ▸ Beginn und Dauer der Ausbildung ▸ (i. d. R. Beginn am 01.08., Dauer 3 Jahre) ▸ Ausbildungsmaßnahmen außerhalb der Ausbildungsstätte (z. B. Seminar über Verkaufstraining)	▸ Dauer der täglichen Arbeitszeit ▸ Probezeit (zwischen ein und vier Monaten) ▸ Zahlung und Höhe der Vergütungen (gestaffelt nach jährlicher Steigerung) ▸ Dauer des Urlaubs ▸ Kündigungsmöglichkeiten

Nennen Sie die Mindestinhalte eines Berufsausbildungsvertrages nach § 4 BBiG.

Rechte und Pflichten	Pflichten des Auszubildenden (= Rechte des Ausbildenden)	Pflichten des Ausbildenden (= Rechte des Auszubildenden)
	▸ Lern-/Dienstleistungspflicht ▸ Weisungen befolgen ▸ sorgfältige Ausführung der Weisungen ▸ Berufsschulpflicht ▸ Berichtsheft führen ▸ Einhaltung der betrieblichen Ordnung ▸ Einrichtungen pfleglich behandeln ▸ „Kleiderordnung" einhalten ▸ Wahrung von Geschäftsgeheimnissen (z. B. Bezugsquellen, Preiskalkulationen)	▸ korrekte Durchführung der Ausbildung ▸ keine „ausbildungsfremden" Tätigkeiten ▸ geeignete Ausbilder ▸ kostenlose Ausbildungsmittel ▸ Besuch der Berufsschule ermöglichen ▸ Sorgepflicht ▸ Arbeitsschutz ▸ Zahlung der Vergütung ▸ Gewähren von Urlaub ▸ Zeugniserteilung nach Beendigung der Ausbildung

Wie wird ein Ausbildungsverhältnis beendet?

Mit bestandener Abschlussprüfung	Entscheidend ist der Tag der Abschlussprüfung, nicht das Datum laut Ausbildungsvertrag (bei Nichtbestehen: Verlängerung bis zur nächsten Prüfung, höchstens um ein Jahr).

Durch Kündigung (Formvorschrift: schriftlich)	▸ während der Probezeit: von beiden Seiten ohne Angabe von Gründen möglich
	▸ nach der Probezeit:
	  – vom Auszubildenden: mit Kündigungsfrist von 4 Wochen, wenn ein anderer Beruf angestrebt wird oder die Ausbildung aufgegeben wird
	  – von beiden Seiten: ohne Einhalten einer Frist bei einem „wichtigen Grund", z. B. einer Tätlichkeit

1 *Kennzeichnen Sie unten stehende Fälle mit einer*

1, wenn es sich um eine wirksame Kündigung handelt,
9, wenn es sich um eine unwirksame Kündigung handelt.

a. Jost Abele stellt nach einem halben Jahr fest, dass er aus gesundheitlichen Gründen die Ausbildung zum Bäcker nicht fortsetzen kann. Er kündigt mit einer Kündigungsfrist von vier Wochen schriftlich mit Angabe des Grundes.

b. Lisa Stickling hat während der ersten zwei Monate in der Ausbildung zur Kauffrau im Einzelhandel nur ausbildungsfremde Tätigkeiten zugewiesen bekommen. Sie kündigt in der Probezeit schriftlich ohne Angabe von Gründen.

c. Bei einer Unterredung zwischen Eugen Zimmerer, Auszubildender im Fleischerhandwerk, und seinem Meister über die bisherigen Leistungen nach einem Jahr Ausbildung beleidigt ihn der Meister mit den Worten: „Du fauler Sack!" Daraufhin gibt Eugen dem Meister eine saftige Ohrfeige und bekommt von ihm zu hören: „Pack deine Sachen, du bist gekündigt!"

2 *Entscheiden Sie, ob in den folgenden Fällen*

1 hauptsächlich der Lernort Betrieb zuständig ist,
2 hauptsächlich der Lernort Schule zuständig ist,
3 beide Lernorte zuständig sind,
9 keiner der beiden Lernorte zuständig ist.

a. Die Ausbildung erfolgt nach dem schriftlich vorliegenden Ausbildungsplan.

b. Die Ausbildung soll u. a. auch so gestaltet sein, dass der Auszubildende optimal auf die Abschlussprüfung der Industrie- und Handels kammer vorbereitet wird.

c. Grundlage für die Ausbildungsinhalte sind die geltenden Lehrpläne des entsprechenden Bundeslandes.

d. Vermittlung theoretischen Wissens und Könnens

e. Die Kriterien der Berufsschulpflicht sollen geändert werden.

f. Eine Eintragung des Ausbildungsvertrages in das Verzeichnis der Berufsausbildungsverhältnisse bei der Industrie- und Handelskammer ist zu beantragen.

3 *Welche der unten stehenden Aussagen sind nicht im Berufsbildungsgesetz enthalten?*

1 Der Ausbildende hat den Auszubildenden für die Teilnahme am Berufsschulunterricht und an Prüfungen freizustellen.

2 Ein Auszubildender darf nicht im Betrieb seiner Eltern seine Ausbildung absolvieren.

3 Der Ausbildende hat dem Auszubildenden bei Beendigung des Berufsausbildungsverhältnisses ein Zeugnis auszustellen.

4 Der Ausbildende hat dem Auszubildenden kostenlos die Ausbildungsmittel zur Verfügung zu stellen.

5 Das Berufsbildungsgesetz verbietet Berufsausbildungsverträge mit Auszubildenden, die das 50. Lebensjahr vollendet haben.

4 *Kennzeichnen Sie unten stehende Inhalte des Berufsausbildungsvertrages mit einer*

1, wenn sie gesetzlich vorgeschrieben sind,
9, wenn sie nicht gesetzlich vorgeschrieben sind.

a. Beruf, in dem der Auszubildende ausgebildet wird

b. Beginn und Dauer der Ausbildung

c. regelmäßige wöchentliche Arbeitszeit

d. Dauer der Probezeit

e. Anspruch auf Urlaubsgeld

f. Voraussetzung für eine eventuelle Kündigung

5 *Bei welcher der unten genannten Pflichten handelt es sich weder um eine Pflicht des Auszubildenden noch um eine Pflicht des Ausbildenden aus einem Berufsausbildungsvertrag?*

1 Lernpflicht

2 Wahrung von Betriebs- und Geschäftsgeheimnissen

3 Pflicht zur Ausstellung eines Zeugnisses bei Beendigung der Ausbildung

4 Zahlung der Ausbildungsvergütung

5 Pflicht zum Abschluss einer Ausbildungsversicherung

6 *Innerhalb welcher Frist kann ein Auszubildender bzw. ein Ausbildender den Berufsausbildungsvertrag ohne Angaben von Gründen kündigen?*

1 überhaupt nicht

2 innerhalb der Probezeit

3 innerhalb von 4 Monaten nach Beginn der Ausbildung

4 innerhalb von 5 Monaten nach Beginn der Ausbildung

5 innerhalb von 6 Monaten nach Beginn der Ausbildung

7 *Welche der unten stehenden Satzergänzungen trifft nicht zu?*

Der Ausbildende hat im Rahmen der Berufsausbildung dafür zu sorgen, dass ...

1 ... die Sicherheitsvorschriften zur Vermeidung von Unfällen eingehalten werden.

2 ... die Geschäftsgeheimnisse gewahrt werden.

3 ... dem Auszubildenden Fertigkeiten und Kenntnisse vermittelt werden, die zum Erreichen des Ausbildungszieles erforderlich sind.

4 ... ein geeigneter Ausbilder gestellt wird.

5 ... dem Auszubildenden kostenlos Ausbildungsmittel zur Verfügung gestellt werden.

Wie kommt ein Arbeitsvertrag zustande? Welche Inhalte sollten geregelt sein?

Ablauf	Der Arbeitsvertrag ist nach §611 BGB ein **Dienstvertrag**, durch den sich ein **Arbeitnehmer** gegenüber seinem **Arbeitgeber** zur entgeltlichen Arbeitsleistung verpflichtet. Durch das „Gesetz über den Nachweis der für ein Arbeitsverhältnis geltenden wesentlichen Bedingungen" ist die **Schriftform** zwingend vorgeschrieben. Der Arbeitgeber hat **wesentliche Vertragsbedingungen** spätestens einen Monat nach Beginn des Arbeitsverhältnisses schriftlich niederzulegen.
Wesentliche Inhalte	▸ Name und Anschrift der Vertragsparteien ▸ Arbeitszeit ▸ Beginn und evtl. Dauer des Arbeitsverhältnisses ▸ Dauer des Urlaubs ▸ Arbeitsort ▸ Kündigungsfristen ▸ Bezeichnung der Tätigkeit ▸ Hinweise auf Tarifverträge bzw. ▸ Höhe des Arbeitsentgeltes Betriebsvereinbarungen

Welche Regeln schränken die Vertragsfreiheit beim Arbeitsvertrag ein?

Günstigkeits-prinzip	Der Arbeitsvertrag ist eine besondere Form des Dienstvertrages. In ihm werden unter Berücksichtigung des **Günstigkeitsprinzips** die für das individuelle Arbeitsverhältnis wichtigsten Einzelheiten festgehalten. Der Arbeitsvertrag darf den Arbeitnehmer jedoch nicht schlechter stellen als ▸ im Betrieb geltende Betriebsvereinbarungen, ▸ in der Branche geltende Tarifverträge (sofern der Arbeitgeber dem zuständigen Arbeitgeberverband angehört), ▸ in der Bundesrepublik Deutschland geltende Gesetze.

Nennen Sie die Pflichten aus dem Arbeitsvertag.

Pflichten	**Pflichten des Arbeitnehmers**	**Pflichten des Arbeitgebers**

	▸ **Dienstleistungspflicht:** Erfüllung der Leistungen aus dem Arbeitsvertrag
	▸ **Treuepflicht:** Wahrung von Geschäftsgeheimnissen, Unterstützung der Unternehmensziele
	▸ **Handels- und Wettbewerbsverbot**
	  – gesetzlich: Während des Arbeitsverhältnisses darf kein eigenes Handelsgewerbe im Geschäftszweig (Wettbewerbsverbot) und außerhalb des Geschäftszweiges des Arbeitgebers (Handelsverbot) ausgeübt werden.
	  – vertraglich (**Konkurrenzklausel**): Nach Beendigung des Arbeitsverhältnisses ist das Verbot aufgehoben. Soll es nach Beendigung weiter gelten, muss es vor Beendigung des Arbeitsverhältnisses vertraglich vereinbart worden sein. Voraussetzungen: Schriftform, für höchstens zwei Jahre, gegen Entgelt
		▸ **Fürsorgepflicht**
		  – Sorge für die Erhaltung der Gesundheit der Arbeitnehmer
		  – Anmeldung des Arbeitnehmers zur Sozialversicherung
		▸ **Entgeltzahlung**
		  – spätestens am Ende eines jeden Monats
		  – Entgeltfortzahlung im Krankheitsfalle (6 Wochen)
		▸ **Gewährung von Urlaub**
		  – Mindesturlaub laut Bundesurlaubsgesetz: 24 Werktage
		  – tarifvertraglich zumeist mehr
		▸ **Pflicht zur Ausstellung eines Zeugnisses**
		  – einfaches Zeugnis: nur über Art und Dauer der Beschäftigung
		  – qualifiziertes Zeugnis: zusätzlich über Führung und Leistung

Bei Verstößen gegen diese Pflichten	▸ Abmahnungen durch Arbeitnehmer: sollten schriftlich erfolgen ▸ Abmahnungen durch Arbeitgeber: schriftlich (Personalakte) ▸ bei mehreren Abmahnungen oder groben Verstößen: Kündigungsgrund	

Wie ist ein qualifiziertes Zeugnis aufgebaut?

Aufbau	▸ **Allgemeine Angaben** (Persönliche Daten, Dauer des Arbeitsverhältnisses, Beschreibung der Stelle, Aufgaben) ▸ **Führung** (Sozialverhalten gegenüber Mitarbeitern, Vorgesetzten, Geschäftspartnern)	▸ **Leistung** (Arbeitsmenge, Arbeitsqualität, Arbeitsstil, Fachwissen, Arbeitsbefähigung) ▸ **Schlussbemerkung** (Bedauern über Weggang, Wünsche für die Zukunft)

Gesetzliche Vorgaben	Das Zeugnis muss wahr sein und lt. Bundesarbeitsgericht „von verständigem Wohlwollen" getragen sein. Deshalb gelten bestimmte Formulierungen, die umgangssprachlich positiv erscheinen, als verschlüsselte Hinweise für negative Beurteilungen (siehe Beispiele).
	▸ **Positive Beurteilungen:**
	  – „Ihr Verhalten gegenüber den Mitarbeitern war in jeder Hinsicht einwandfrei."
	  – „Herr X erzielte stets herausragende Ergebnisse."
	▸ **Negative Beurteilungen:**
	  – „Ihr Verhalten gegenüber den Mitarbeitern war im Wesentlichen einwandfrei."
	  – „Herr X war um eine zuverlässige und genaue Arbeitsweise bemüht."	

1 *Welche der unten stehenden Aussagen sind zutreffend?*

1 Die Krankenkasse übernimmt bei Krankheit eines Arbeitnehmers die Fortzahlung des Entgelts ab dem 1. Tag der Arbeitsunfähigkeit.

2 Ein qualifiziertes Zeugnis enthält außer den Angaben über Art und Dauer der Beschäftigung Angaben über Führung und Leistung.

3 Ein qualifiziertes Zeugnis muss von verständigem Wohlwollen des Arbeitgebers getragen sein und das weitere Fortkommen des Arbeitnehmers nicht unnötig erschweren.

4 Der Arbeitnehmer kann nicht die Ausstellung eines neuen Zeugnisses verlangen, wenn es falsche Tatsachen oder unrichtige Beurteilungen enthält.

5 Das Entgelt für einen Angestellten muss spätestens am 10. des laufenden Monats überwiesen sein.

2 *Das Wettbewerbsverbot besagt, dass ein Arbeitnehmer nicht in Wettbewerb zu seinem Arbeitgeber treten darf.*

Überprüfen Sie, welche der Aussagen über das Wettbewerbsverbot nicht zutrifft.

Tragen Sie eine 9 ein, wenn alle Aussagen zutreffen.

1 Das Wettbewerbsverbot gilt für die Dauer des Arbeitsverhältnisses, ohne dass der Arbeitgeber ausdrücklich darauf hinweist.

2 Das Wettbewerbsverbot kann auch nach Beendigung des Arbeitsverhältnisses vertraglich vereinbart werden.

3 Das Wettbewerbsverbot kann bis zu maximal zwei Jahren nach Beendigung des Arbeitsverhältnisses ausgedehnt werden.

4 Das Wettbewerbsverbot nach Beendigung des Arbeitsverhältnisses muss schriftlich festgelegt sein.

5 Für die Dauer des Wettbewerbsverbots muss dem Arbeitnehmer ein Entgelt gezahlt werden.

3 *Welche der unten stehenden Aussagen über den Arbeitsvertrag treffen zu?*

1 Die einseitige Änderung eines Vertragsinhalts durch den Arbeitgeber oder Arbeitnehmer ist nicht möglich.

2 Einzelvertragliche Regelungen dürfen im Vergleich zu bestehenden Betriebsvereinbarungen zum Vorteil des Arbeitnehmers getroffen werden.

3 Tarifvertragliche Regelungen dürfen im Arbeitsvertrag in keinem Fall abgeändert werden.

4 Derzeit geltende gesetzliche Regelungen zur Arbeitszeit haben nur empfehlenden Charakter.

5 Verstöße gegen die Pflichten aus dem Arbeitsvertrag werden ausschließlich von der Berufsgenossenschaft geahndet.

4 *Bei welchen der unten stehenden Beurteilungen handelt es sich um eine positive Beurteilung?*

1 „Sie hat sich bemüht, die ihr übertragenen Arbeiten zu unserer Zufriedenheit zu erledigen."

2 „Herr ... wird als Vorgesetzter von den Mitarbeitern geschätzt. Er versteht es hervorragend, diese entsprechend ihren Fähigkeiten einzusetzen und zu guten Leistungen zu führen."

3 „Die Arbeitsweise von Herrn ... war im Allgemeinen zufriedenstellend."

4 „Herr ... erledigte die wesentlichen Aufgaben in der Regel zuverlässig."

5 „Die Arbeitsergebnisse von Frau ... waren stets überdurchschnittlich."

5 *In welchem Fall verstößt der Arbeitgeber nicht gegen die Fürsorgepflicht gegenüber dem Arbeitnehmer?*

1 Der Arbeitgeber erklärt dem Arbeitnehmer, dass er nicht die Kosten für die Schutzkleidung übernimmt.

2 Von einem nicht rauchenden Arbeitnehmer wird verlangt, dass er rauchende Kollegen am Arbeitsplatz toleriert.

3 Der Arbeitgeber unternimmt nichts gegen ständiges Mobbing.

4 Der Arbeitgeber verweigert nach sechs Wochen die Entgeltfortzahlung für einen erkrankten Mitarbeiter.

5 Die Unfallschutzvorschriften werden nicht öffentlich ausgehängt.

6 *Welche Aussagen über den Abschluss eines Arbeitsvertrages treffen zu?*

1 Der Abschluss eines Arbeitsvertrages ist grundsätzlich formlos.

2 Ein Arbeitsvertrag muss nur dann schriftlich abgeschlossen werden, wenn das Arbeitsverhältnis über mehr als ein Jahr dauern soll.

3 Ein Arbeitsvertrag muss nur dann schriftlich abgeschlossen werden, wenn das Arbeitsverhältnis über mehr als einen Monat dauern soll.

4 Der Arbeitsvertrag ist im Bürgerlichen Gesetzbuch (BGB) geregelt.

5 Nur wenn man einen schriftlichen Arbeitsvertrag abgeschlossen hat, beginnt ein Arbeitsverhältnis.

7 *Bei welchen der genannten Pflichten handelt es sich nicht um Pflichten des Arbeitnehmers aus dem Arbeitsvertrag?*

1 Wahrung von Geschäftsgeheimnissen

2 Fürsorgepflicht

3 Unterlassung des Betreibens gefährlicher Sportarten, z. B. Drachenfliegen

4 Wettbewerbsverbot

5 Dienstleistungspflicht

Was versteht man unter den Begriffen „Tarifrecht" und „Tarifautonomie"?

Tarifrecht	Art. 9 Abs. 3 des Grundgesetzes garantiert Arbeitgebern und Arbeitnehmern, sich in Interessenverbänden zusammenzuschließen (**Koalitionsfreiheit**). Das Tarifrecht als Teil des kollektiven Arbeitsrechts regelt die Auseinandersetzungen zwischen den Arbeitnehmerverbänden (Gewerkschaften) und den Arbeitgeberverbänden. Die zwischen diesen Tarifpartnern ausgehandelten Rahmenbedingungen (**Tarifverträge**) gelten jeweils für eine Vielzahl von einzelnen Arbeitsverhältnissen.
Tarifautonomie	Die Tarifpartner sind in ihren Entscheidungen hinsichtlich des Abschlusses von Tarifbedingungen unabhängig
	Eine Einflussnahme auf die Ergebnisse der Verhandlungen ist dem Staat durch die Tarifautonomie untersagt.

Nennen Sie die Tarifparteien und deren Hauptaufgabe.

Tarifparteien	Gewerkschaften	Arbeitgeberverbände
	Die Gewerkschaften sind freiwillige Zusammenschlüsse von Arbeitnehmern zum Zwecke der Wahrung und Förderung ihrer Arbeitsbedingungen. **Dachorganisation:** Deutscher Gewerkschaftsbund (DGB) **8 Einzelgewerkschaften z. B.** IG Bauen-Agrar-Umwelt; IG Bergbau, Chemie, Energie; Gewerkschaft Erziehung und Wissenschaft	Die Arbeitgeberverbände sind freiwillige Zusammenschlüsse von Arbeitgebern gleicher Wirtschaftszweige einer bestimmten Region (z. B. Bauindustrie), deren Zweck die Wahrung und Förderung der Interessen ihrer Mitglieder ist. **Dachverband:** Bundesverband deutscher Arbeitgeberverbände BDA **Landesverbände:** z. B. Landesvereinigung der Arbeitgeber- und Wirtschaftsverbände Sachsen-Anhalt und **Fachspitzenverbände:** z. B. Gesamtverband der metallindustriellen Arbeitgeberverbände e. V.

Beschreiben Sie die Aufgaben der Gewerkschaften.

Abschluss von Tarifverträgen	Hauptaufgabe der Gewerkschaften ist das Führen von Tarifverhandlungen und der Abschluss von Tarifverträgen. Dabei geht es nicht nur darum, hohe Lohnabschlüsse zu tätigen, sondern auch die übrigen Arbeitsbedingungen (z. B. Arbeitszeiten) im Sinne der Arbeitnehmer zu verbessern.
Einflussnahme auf der betrieblichen Ebene	Die gewerkschaftlichen Vertrauensleute sind in Abstimmung mit dem Betriebsrat zuständig für die Wahrnehmung der Interessen ihrer Gewerkschaftsmitglieder in den Betrieben. Diese Einflussnahme ist in vielen Bestimmungen des Betriebsverfassungsgesetzes bzw. der Mitbestimmungsgesetze verankert.
Sozialpolitik	Die Gewerkschaften geben Stellungnahmen zu Problemen der Sozialpolitik und im Vorfeld von gesetzgeberischen Maßnahmen ab, die die Arbeitnehmer direkt betreffen (z. B. Einführung der Pflegeversicherung).

Was ist ein Tarifvertrag? Nennen Sie Arten von Tarifverträgen und deren Inhalte.

Begriff	Der Tarifvertrag regelt die Rechte und Pflichten der Tarifvertragsparteien und enthält Rechtsnormen, die den Inhalt, den Abschluss und die Beendigung von Arbeitsverhältnissen sowie betriebliche und betriebsverfassungsrechtliche Fragen ordnen können. Rechtliche Grundlage für Tarifverträge ist das Tarifvertragsgesetz (TVG).
Formvorschrift	Tarifverträge bedürfen der Schriftform und werden im Tarifregister eingetragen, das beim Bundesminister für Arbeit und Sozialordnung geführt wird.	
Arten von Tarifverträgen	Unterscheidung nach Vertragspartnern	▸ **Verbandstarifverträge** Vertragspartner: Arbeitgeberverbände (Zusammenschluss mehrerer Arbeitgeber einer Branche in einer Region) und Gewerkschaften ▸ **Haus-, Firmen- oder Werktarifverträge** Vertragspartner: ein einzelner Arbeitgeber und die für den Betrieb zuständige Gewerkschaft
	Unterscheidung nach dem Inhalt	▸ **Lohn-/Gehaltstarifverträge** – regeln vorwiegend die geldlichen Arbeitsbedingungen, z. B. Arbeitsentgelt pro Stunde bzw. pro Monat (gestaffelt nach Entgeltgruppen); Ausbildungsvergütungen für Auszubildende, gestaffelt nach Ausbildungsjahren – haben kurze Laufzeiten ▸ **Rahmentarifverträge** – regeln die Entgeltgruppen unter Berücksichtigung von Ausbildung, Alter, Schwierigkeitsgrad der auszuführenden Arbeit – haben in der Regel eine Laufzeit von mehreren Jahren ▸ **Manteltarifverträge** – regeln allgemeine Arbeitsbedingungen, z. B. Anzahl der wöchentlichen Arbeitsstunden, Anzahl der Urlaubstage pro Kalenderjahr, Regelungen zum 13. Monatsgehalt, Weihnachtsgeld bzw. Urlaubsgeld, Höhe des Arbeitgeberanteils zu den vermögenswirksamen Leistungen, Zuschläge für Mehr-, Nacht-, Sonntags-, Feiertags-, Akkordarbeit, Rationalisierungsschutz – haben in der Regel eine Laufzeit von mehreren Jahren

1 Welche Verhandlungspartner können Tarifverträge abschließen?

1 einzelner Arbeitgeber und Betriebsrat

2 einzelner Arbeitgeber und Gewerkschaft

3 Arbeitgeberverband und Betriebsrat

4 Arbeitgeberverband und Gewerkschaft

5 Bundeswirtschaftsminister und Gewerkschaft

2 Vor welchem Gericht müssen Streitigkeiten zwischen den Sozialpartnern aufgrund eines Tarifvertrages ausgetragen werden?

1 Sozialgericht

2 Verwaltungsgericht

3 Arbeitsgericht

4 Landgericht

5 Verfassungsgericht

3 Prüfen Sie folgende Satzergänzungen und tragen Sie die Ziffer vor der zutreffenden Aussage in das Kästchen ein.

Der Begriff „Tarifautonomie" bedeutet, dass ...

1 ... der ausgehandelte Tarifvertrag ausschließlich für ein bestimmtes Tarifgebiet gilt.

2 ... die Tarifpartner ohne Eingriffe von außen die Verhandlungen führen und eine Einigung erzielen.

3 ... der Staat in die Tarifverhandlungen eingreifen darf, wenn die Tarifpartner zu keiner Einigung kommen.

4 ... bei Differenzen zwischen den Tarifpartnern ein Vertreter des Bundeswirtschaftsministeriums als „neutraler Schlichter" versucht, eine Kompromisslösung zu finden.

5 ... der ausgehandelte Tarifvertrag ausschließlich für eine bestimmte Branche gilt.

4 Kennzeichnen Sie die unten stehenden arbeitsrechtlichen Bedingungen mit einer

1, wenn sie Inhalt eines Lohn- bzw. Gehaltstarifvertrages sind,
2, wenn sie Inhalt eines Rahmentarifvertrages sind,
3, wenn sie Inhalt eines Manteltarifvertrages sind,
9, wenn sie weder in einem Lohn- bzw. Gehaltstarifvertrag noch in einem Rahmen- bzw. Manteltarifvertrag aufgeführt sind.

a. Höhe des Ecklohns

b. Urlaubsanspruch

c. Tantiemen der Aufsichtsratsmitglieder

d. Höhe der Ausbildungsvergütung im 3. Ausbildungsjahr

e. Kündigungsfristen

f. betriebliche Altersversorgung

g. Gehaltsgruppen

h. Voraussetzungen für einen Streik

5 Welche Aussage zum Tarifvertrag trifft nicht zu?

1 Der Tarifvertrag ist ein schriftlicher Vertrag zwischen einem Arbeitgeberverband bzw. einem einzelnen Arbeitgeber und den Gewerkschaften.

2 Der Tarifvertrag enthält einheitliche Mindestarbeitsbedingungen für die Beschäftigten einer Branche in einer Region.

3 Diese Mindestarbeitsbedingungen gelten zunächst nur für die Tarifpartner und ihre Mitglieder.

4 Erst wenn der Tarifvertrag als „allgemein verbindlich" anerkannt worden ist, gelten die Bedingungen für alle Arbeitgeber und Arbeitnehmer in der Branche der entsprechenden Region.

5 Da die Laufzeit eines Tarifvertrages immer ein Jahr beträgt, finden jährlich neue Tarifverhandlungen statt.

6 Welche der folgenden Erläuterungen bzw. Begriffspaare ergibt keine sinnvolle Zuordnung?

1 Koalitionsfreiheit – Zusammenschluss von Mitgliedern zu Interessenverbänden

2 Arbeitnehmerverbände – Gewerkschaften

3 Tarifverträge – arbeitsrechtliche Rahmenbedingungen

4 kollektives Arbeitsrecht – Regelungen gelten für eine Vielzahl von Arbeitnehmern

5 Arbeitgeberverbände – Haustarifvertrag

7 Prüfen Sie unten stehende Satzergänzungen.

Tragen Sie in das Kästchen eine

1 ein, wenn die Aussage zutrifft,
9 ein, wenn die Aussage nicht zutrifft.

Zu den Aufgaben der Gewerkschaften gehört u. a. ...

a. ... die Interessenvertretung in sozialpolitischen Fragen.

b. ... die Entscheidung über die Allgemeinverbindlichkeit von Tarifverträgen.

c. ... die Durchführung der Wahl der Betriebsratsmitglieder in einem Betrieb.

d. ... der Abschluss von Tarifverträgen.

e. ... die Wahrnehmung der Interessen der Gewerkschaftsmitglieder eines Betriebes.

8 Ergänzen Sie folgenden Satzanfang, indem Sie die Ziffer vor der zutreffenden Satzergänzung in das Kästchen eintragen.

Kein Inhalt eines Manteltarifvertrages ist eine Regelung über ...

1 ... das Weihnachtsgeld.

2 ... die Höhe des Arbeitgeberanteils zu den vermögenswirksamen Leistungen.

3 ... die Zuschläge für Nachtarbeit.

4 ... die Anzahl der Urlaubstage pro Kalenderjahr.

5 ... das Arbeitsentgelt pro Stunde.

Was versteht man unter der „Allgemeinverbindlichkeit" von Tarifverträgen?

Bedeutung	▶ Tarifverträge gelten zunächst nur für Mitglieder der für den Betrieb zuständigen Gewerkschaft und für einen Arbeitgeber, der einem Arbeitgeberverband angehört (Tarifgebundenheit). Ein Mitarbeiter eines Betriebes, der nicht einer Gewerkschaft angehört, kann demnach die Regelungen eines Tarifvertrages nicht beanspruchen. ▶ Durch die Allgemeinverbindlichkeitserklärung (§5 TVG) kann ein Tarifvertrag auch auf Arbeitsverhältnisse angewendet werden, bei denen der Arbeitgeber nicht tarifgebunden ist bzw. der Arbeitnehmer keiner Gewerkschaft angehört. ▶ Auf Antrag einer Tarifvertragspartei (Arbeitgeberverband bzw. Gewerkschaft) kann der Bundesminister für Arbeit und Sozialordnung im Einvernehmen mit einem Tarifausschuss (je drei Vertreter der Spitzenorganisationen der Arbeitgeber und der Arbeitnehmer) diese Allgemeinverbindlichkeitserklärung abgeben.

Beschreiben Sie den Ablauf von Tarifverhandlungen.

Ablauf	Die Tarifverträge kommen in Verhandlungen zwischen den Tarifparteien zustande. Können sich die Vertragspartner nicht einigen, wird entweder ein Schlichter eingeschaltet oder es kommt zu **Arbeitskampfmaßnahmen**.
Schlichtung	Die Schlichtung ist ein Verfahren zur Verhinderung bzw. Beilegung von Streitigkeiten zwischen den Tarifvertragsparteien. Ein Schlichter ist eine neutrale Person, die bei beiden Parteien ein hohes Ansehen genießen sollte. Der Schlichter versucht zwischen den Parteien zu vermitteln und bietet einen Schiedsspruch an. Dieser kann, muss aber nicht akzeptiert werden. **Schlichtung geht vor Streik.**
Streik	Ein Streik ist eine planmäßig durchgeführte, vorübergehende Arbeitsniederlegung einer größeren Zahl von Arbeitnehmern zur Erlangung der in den Tarifverhandlungen vertretenen Ziele. Die Arbeitsverhältnisse ruhen und die Arbeitnehmer erhalten keinen Lohn, lediglich eine Unterstützung aus der Gewerkschaftskasse.
Aussperrung	Die Aussperrung ist eine Arbeitskampfmaßnahme der Arbeitgeber, mit der die Arbeitsverhältnisse einer größeren Zahl von Arbeitnehmern aufgehoben werden. Die Arbeits- und Lohnzahlungspflicht entfällt für diese Zeit.

Erläutern Sie die Begriffe „tarifliche Friedenspflicht" und „Urabstimmung".

Tarifliche Friedenspflicht	Während der Laufzeit eines Tarifvertrages dürfen die Tarifvertragsparteien keine Arbeitskampfmaßnahmen (Streik bzw. Aussperrung) zur Durchsetzung neuer Forderungen durchführen. Andernfalls sind sie zu Schadenersatz verpflichtet.
Urabstimmung	Nachdem ein Schlichtungsversuch eines neutralen Schlichters gescheitert ist, kommt es zu einer 1. Urabstimmung der Gewerkschaftsmitglieder über den Einsatz von Arbeitskampfmaßnahmen. Dabei müssen mindestens 75% der abstimmungsberechtigten Gewerkschaftsmitglieder einem Streik zustimmen. Kommt es danach zu Gegenmaßnahmen der Arbeitgeber und zu neuen Verhandlungen, wird über den erneuten Vorschlag in einer 2. Urabstimmung abgestimmt, in der nur 25% Zustimmung erforderlich ist.

Nennen Sie Arten von Streiks.

Wilder Streik	▶ Wilde Streiks sind spontane Arbeitsniederlegungen, die von der zuständigen Gewerkschaft auch im Nachhinein nicht gebilligt werden. ▶ Wilde Streiks sind rechtswidrig.
Vollstreik	▶ Alle Arbeitnehmer eines Tarifgebietes bzw. eines Betriebes legen die Arbeit nieder. ▶ Vollstreiks sind rechtlich zulässig.
Schwerpunkt- oder Teilstreik	▶ Bestimmte Schlüsselbetriebe einer Branche werden bestreikt. ▶ Ziel: Mit geringerem Aufwand der Gewerkschaften soll die Leistungsfähigkeit der gesamten Branche geschwächt werden. ▶ Schwerpunktstreiks sind rechtlich zulässig.
Warnstreik	▶ Warnstreiks sind zeitlich befristete Arbeitsniederlegungen während der Tarifverhandlungen. ▶ Sie sind rechtlich zulässig.
Sympathie- oder Solidaritätsstreik	▶ Andere Gewerkschaften, die nicht als Tarifpartner bei den Tarifverhandlungen anzusehen sind, unterstützen den Streik der tarifführenden Gewerkschaft. ▶ Sie sind grundsätzlich unzulässig, es sei denn, es liegt ein Ausnahmefall vor.

1 Welche Form des Streiks ist grundsätzlich nicht zulässig?

1 Sympathiestreik

2 Warnstreik

3 Schwerpunktstreik

4 Teilstreik

5 Vollstreik

2 Welche der folgenden Erläuterungen passt zu dem Begriff „Aussperrung"?

1 Gewerkschaftlich organisierte Arbeitnehmer schließen die nicht organisierten vom Streik aus.

2 Die Aussperrung ist eine Arbeitskampfmaßnahme der Arbeitgeber. Die Arbeitnehmer werden nicht zur Arbeit zugelassen und erhalten daher auch kein Arbeitsentgelt.

3 Die Streikposten der Gewerkschaft verbieten den arbeitswilligen Arbeitnehmern den Zutritt zum Betriebsgelände.

4 Der Arbeitgeber kündigt während eines Streiks den gewerkschaftlich organisierten Arbeitnehmern.

5 Der Arbeitgeber kündigt während eines Streiks den nicht gewerkschaftlich organisierten Arbeitnehmern.

3 Welche der folgenden Reihenfolgen im Ablauf von Tarifauseinandersetzungen ist gesetzlich nicht möglich?

1 Kündigung des alten Tarifvertrages – Tarifverhandlungen – neuer Tarifvertrag

2 Tarifverhandlungen – Schlichtungsverfahren – Urabstimmung über Streik

3 51 % der Gewerkschaftsmitglieder stimmen bei der 1. Urabstimmung einem Streik zu – Streik – Aussperrung

4 Streik – Aussperrung – erneute Verhandlungen

5 erneute Verhandlungen nach Arbeitskampfmaßnahmen – erneute Urabstimmung über Ergebnisse der Verhandlungen – 25 % der Gewerkschaftsmitglieder stimmen dem neuen Vorschlag zu – Streik-Ende – neuer Tarifvertrag

4 Welche der unten genannten Personengruppen gibt den vollständigen Personenkreis wieder, der bei einer Urabstimmung über einen Streik stimmberechtigt ist?

1 alle gewerkschaftlich organisierten Arbeiter

2 alle gewerkschaftlich organisierten Arbeitnehmer (Arbeiter und Angestellte)

3 alle Arbeiter ohne Rücksicht auf eine Mitgliedschaft in der Gewerkschaft

4 alle Angestellten ohne Rücksicht auf eine Mitgliedschaft in der Gewerkschaft

5 alle Arbeitnehmer (Arbeiter und Angestellte) ohne Rücksicht auf eine Mitgliedschaft in der Gewerkschaft

5 Wer kann einen Tarifvertrag für allgemein verbindlich erklären?

1 der Bundesminister für Arbeit und Soziales

2 die zuständige Gewerkschaft

3 der zuständige Arbeitgeberverband

4 der Tarifausschuss

5 der Bundeskanzler

6 Welche Aussagen zur Schlichtung von Tarifauseinandersetzungen treffen nicht zu?

1 Die Schlichtung ist ein Verfahren zur Verhinderung oder Beilegung von Streitigkeiten zwischen Arbeitgeber- und Arbeitnehmerseite.

2 Erst bei einem nicht erfolgreichen Streik wird eine Schlichtung herbeigerufen.

3 Der Schlichter ist eine neutrale Person.

4 Der Schlichter ist immer eine von der Bundesregierung ausgesuchte Person.

5 Der Schiedsspruch eines Schlichters kann, muss aber nicht akzeptiert werden.

7 Gewerkschaften können in bestimmten Situationen Arbeitskampfmaßnahmen nur dann ergreifen, wenn sie das Votum der Mitglieder haben.

Ordnen Sie den unten stehenden Fragen die zutreffenden Prozentsätze zu.

1 25 %

2 50 %

3 75 %

4 80 %

5 90 %

a. Wie viel Prozent der abstimmungsberechtigten Gewerkschaftsmitglieder müssen mindestens bei einer 1. Urabstimmung zustimmen, damit es zu einem Streik kommt?

b. Wie viel Prozent der abstimmungsberechtigten Gewerkschaftsmitglieder müssen mindestens bei der 2. Urabstimmung zustimmen, damit es zu einem neuen Tarifvertrag kommt?

8 In welchem Fall handelt es sich um einen „wilden Streik"?

1 Alle Arbeitnehmer des gesamten Bundesgebietes gehen nach Aufruf der Gewerkschaften in Streik.

2 zeitlich befristete Streiks, die von der Gewerkschaft ausgerufen werden

3 spontane Arbeitsniederlegungen, die nicht von der Gewerkschaft genehmigt sind

4 Nur besonders wichtige Unternehmen in einer Branche werden – in Abstimmung mit der Gewerkschaft – bestreikt.

5 ein Streik, bei dem es zu körperlichen Auseinandersetzungen kommt

Nennen Sie Ziel, Rechtsgrundlage und Inhalte des Mutterschutzes.

Ziel und Rechts-grundlage	▸ Das Mutterschutzgesetz trägt der besonderen Schutzwürdigkeit von Schwangeren sowie Müttern nach der Entbindung Rechnung. ▸ **Mutterschutzgesetz (MuSchG)** und **Bundeselterngeld- und Elternzeitgesetz (BEEG)**
Wesentliche Inhalte	▸ keine Kündigung während der Schwangerschaft und bis zu vier Monate nach der Entbindung sowie während der Elternzeit ▸ Beschäftigungsverbot für werdende Mütter grundsätzlich, wenn Gefahren für die Schwangere oder das Kind bestehen sowie für Mehrarbeit, Nacht- und Sonntagsarbeit. Eine Beschäftigung während der letzten sechs Wochen der Schwangerschaft und acht Wochen nach der Entbindung ist untersagt. ▸ Nach der Entbindung kann eine Elternzeit von 36 Monaten genommen werden, die wahlweise der Mutter oder dem Vater zusteht. In dieser Zeit wird für maximal 14 Monate Elterngeld gezahlt. ▸ Ein Betreuungsgeld im Anschluss an das Elterngeld für bis zu 22 Monate in Höhe von 150,00 EUR erhalten Eltern, wenn sie ihr Kind nicht in einer öffentlich geförderten Kindertageseinrichtung betreuen lassen, sondern ihr Kind zu Hause selbst betreuen.

Nennen Sie Ziel, Rechtsgrundlage und Inhalte des Schutzes Schwerbehinderter.

Ziel und Rechtsgrundlage	▸ Schwerbehindert ist eine Person, die körperlich, seelisch oder geistig behindert und dadurch in ihrer Erwerbsfähigkeit um mindestens 50 % gemindert ist. Sie soll im Arbeitsleben besonders geschützt werden. ▸ **Sozialgesetzbuch (SGB) 9. Buch** (ehem. Schwerbehindertengesetz)
Wesentliche Inhalte	▸ Betriebe, die über mindestens 20 Arbeitsplätze verfügen, müssen auf wenigstens 5 % der Arbeitsplätze Schwerbehinderte beschäftigen. ▸ Jeder unbesetzte Pflichtplatz wird mit einer monatlichen Ausgleichsabgabe belegt. ▸ Schwerbehinderte genießen einen erweiterten Kündigungsschutz (Mindestkündigungsfrist: vier Wochen) und haben einen Anspruch auf zusätzlichen Urlaub von einer Kalenderwoche.

Nennen Sie Ziel, Rechtsgrundlage und Inhalte des Arbeitszeitschutzes.

Ziel und Rechtsgrundlage	▸ Der Arbeitszeitschutz setzt Rahmenbedingungen für die Arbeitszeit im Betrieb. ▸ **Gesetz zur Vereinheitlichung und Flexibilisierung des Arbeitsrechts (Arbeitszeitgesetz)**
Wesentliche Inhalte	▸ Arbeitszeit ist die Zeit vom Beginn bis zum Ende der Arbeit ohne Ruhepausen. ▸ regelmäßige Arbeitszeit an Werktagen: acht Stunden ▸ Die tägliche Ruhezeit nach Beendigung der Arbeit beträgt mindestens elf Stunden. ▸ Arbeitsruhe an Sonn- und Feiertagen (Sonntagsgewerbe ausgenommen); im Einzelhandel Ausnahmen bei Milcherzeugnissen, Bäcker- und Konditorwaren, Blumen und Zeitungen ▸ Nach sechs Stunden ist jedem Arbeitnehmer eine Ruhepause von 30 Minuten, ab neun Stunden von 45 Minuten zu gewähren.

Nennen Sie wichtige Vorschriften des Jugendarbeitsschutzgesetzes.

Grundlegendes	▸ geschützter Personenkreis: Kinder (Personen, die noch nicht 15 Jahre alt sind); Jugendliche (Personen, die 15 Jahre, aber noch nicht 18 Jahre alt sind) ▸ Überwachende Behörde ist das Gewerbeaufsichtsamt. ▸ Kinderarbeit ist bis auf Ausnahmen verboten. ▸ Akkordarbeit ist verboten.
Arbeitszeit	▸ täglich maximal acht Stunden (bzw. achteinhalb Stunden, wenn an einem Wochentag die Mehrstunden abgegolten werden); wöchentlich maximal 40 Stunden ▸ an Samstagen, Sonn- und Feiertagen keine Beschäftigung; Ausnahmen sind zulässig. ▸ Schichtzeit ist die Arbeitszeit inkl. Ruhepausen (maximal zehn Stunden). ▸ tägliche Freizeit: mindestens zwölf Stunden zwischen Arbeitsende und Arbeitsbeginn am nächsten Tag
Ruhepausen	▸ bei einer täglichen Arbeitszeit von viereinhalb bis sechs Stunden mindestens 30 Minuten ▸ bei einer täglichen Arbeitszeit von über sechs Stunden mindestens 60 Minuten
Nachtruhe	Beschäftigung nur zwischen 06:00 und 20:00 Uhr, Ausnahmen: z. B. im Gaststättengewerbe bis 22:00 Uhr, in Bäckereien ab 05:00 Uhr, in mehrschichtigen Betrieben bis 23:00 Uhr
Urlaub	▸ 30 Werktage für 15-Jährige ▸ 27 Werktage für 16-Jährige ▸ 25 Werktage für 17-Jährige
Berufsschule	▸ Freistellung für den Berufsschulunterricht ▸ Arbeitsentgelt für die Zeit, die in der Berufsschule verbracht wird ▸ keine Beschäftigung an einem Berufsschultag in der Woche bei mindestens sechs Unterrichtsstunden
Einstellungs-untersuchung	▸ Erstuntersuchung: innerhalb der letzten 14 Monate vor Beginn der Ausbildung/Beschäftigung ▸ Nachuntersuchung: ein Jahr bis spätestens 14 Monate nach Beginn der Ausbildung/Beschäftigung

1 In welchem der folgenden Gesetze finden sich Vorschriften über den Gesundheits- und Unfallschutz?

   1 Aktiengesetz
   2 Bürgerliches Gesetzbuch
   3 Gewerbeordnung
   4 Gesetz gegen den unlauteren Wettbewerb
   5 Handelsgesetzbuch

2 Ordnen Sie die folgenden Arbeitsschutzgesetze den
   unten stehenden Schutzvorschriften zu:

   1 Schwerbehindertengesetz
   2 Mutterschutzgesetz
   3 Bundesurlaubsgesetz
   4 Arbeitszeitgesetz

   a. Die tägliche Ruhezeit nach Beendigung der Arbeit
      beträgt mindestens elf Stunden.

   b. Diese Personen genießen einen besonderen
      Kündigungsschutz und haben einen Anspruch
      auf einen zusätzlichen Urlaub von einer Kalender-
      woche pro Jahr.

   c. Der Kündigungsschutz dieser Personengruppe
      kann u. U. mehr als 36 Monate betragen.

   d. Diese Personengruppe hat Anspruch auf einen
      bezahlten Erholungsurlaub von mindestens
      24 Tagen pro Jahr.

   e. Dem Arbeitnehmer steht nach sechs Stunden
      Arbeit eine Pause von 30 Minuten zu.

3 Kennzeichnen Sie unten stehende Aussagen mit einer

   1, wenn diese zutreffen,
   9, wenn diese nicht zutreffen.

   a. Schwerbehindert ist eine Person, die körperlich,
      seelisch oder geistig behindert und dadurch in
      ihrer Erwerbsfähigkeit um mindestens 40 %
      gemindert ist. Sie soll im Arbeitsleben besonders
      geschützt werden.

   b. Betriebe, die über mindestens 20 Arbeitsplätze
      verfügen, müssen auf wenigstens 5 % der
      Arbeitsplätze Schwerbehinderte beschäftigen.

   c. Der Arbeitszeitschutz setzt Rahmenbedingungen
      für alle Fragen, die mit der Arbeitszeit im Betrieb
      zusammenhängen. Die gesetzten Grenzen stellen
      eine Empfehlung für Arbeitgeber und Arbeitneh-
      mer dar.

   d. Unfallverhütungsvorschriften, die von den
      Berufsgenossenschaften erlassen werden, müssen
      an jeden Arbeitnehmer ausgehändigt werden. Der
      Arbeitnehmer hat durch seine Unterschrift den
      Empfang zu bestätigen.

   e. Der Jahresurlaub ist grundsätzlich zusammenhän-
      gend zu gewähren und im laufenden Kalenderjahr
      zu nehmen. In Ausnahmefällen kann der Arbeit-
      nehmer mit Zustimmung des Arbeitgebers
      geringe Teile des Urlaubs auf das folgende
      Kalenderjahr übertragen.

   f. Jeder Arbeitnehmer (einschließlich Aushilfen und
      Teilzeitbeschäftigte) hat Anspruch auf einen
      bezahlten Erholungsurlaub von mindestens 30
      Werktagen pro Jahr unter Weiterzahlung des
      Arbeitsentgelts.

4 Welche der folgenden Regelungen steht nicht im
   Schwerbehindertengesetz?

   1 Betriebe, die über mindestens 20 Arbeitsplätze
      verfügen, müssen auf wenigstens 5 % der
      Arbeitsplätze Schwerbehinderte beschäftigen.

   2 Jeder unbesetzte Pflichtplatz wird mit einer
      monatlichen Ausgleichsabgabe belegt.

   3 Schwerbehinderte erhalten, gestaffelt nach dem
      Grad ihrer Behinderung, eine Zulage zwischen
      10 und 20 % zum Grundgehalt oder Grundlohn.

   4 Schwerbehinderte genießen einen erweiterten
      Kündigungsschutz und haben einen Anspruch
      auf zusätzlichen Urlaub von sechs Tagen.

5 Stellen Sie fest, ob die unten stehenden Tatbestände
   gegen die Bestimmungen des
   1 Berufsbildungsgesetzes verstoßen,
   2 Jugendarbeitsschutzgesetzes verstoßen.
   Tragen Sie eine 9 ein, wenn der Tatbestand keinen
   Verstoß gegen eines der vorgenannten Gesetze
   darstellt.

   a. Die Schnell GmbH vereinbart mit ihren künftigen
      Auszubildenden grundsätzlich eine Probezeit von
      zwei Monaten.

   b. Die F. Schrupp KG gibt ihren noch nicht 18 Jahre
      alten Auszubildenden an keinem Berufsschultag in
      der Woche nachmittags frei, obwohl an beiden
      Tagen fünf Unterrichtsstunden stattfinden.

   c. Die Auszubildenden der W. Krause OHG, die in
      ein Angestelltenverhältnis übernommen werden,
      erhalten trotz vorzeitig bestandener Abschlussprü-
      fung noch bis zum Ende der im Ausbildungsver-
      trag festgelegten Ausbildungszeit die
      Ausbildungsvergütung.

   d. Der Auszubildende Friedhelm Flink (17 Jahre alt)
      arbeitet von 7 bis 16 Uhr (15 Minuten Früh-
      stücks- und 45 Minuten Mittagspause) im
      Akkord.

   e. Der Auszubildende Strehes erhält von seinem
      Ausbildenden nach Abschluss der Ausbildung kein
      Zeugnis.

6 Das Jugendarbeitsschutzgesetz soll den Jugendlichen
   vor körperlichen Überbelastungen im Arbeitsleben
   schützen.

   Tragen Sie die in den nachfolgenden Aussagen zu
   ergänzenden Ziffern ein.

   a. Die Dauer der täglichen Arbeitszeit darf ...
      Stunden nicht überschreiten, wenn die Arbeitszeit
      an allen Tagen in der Woche gleich ist.

   b. Die Wochenarbeitszeit darf ... Stunden nicht
      überschreiten.

   c. Jugendliche dürfen (von einzelnen Ausnahmen
      abgesehen) grundsätzlich nur in der Zeit
      von ... Uhr bis ... Uhr beschäftigt werden.

   d. Der Jahresurlaub beträgt je nach Alter bis zu ...
      Werktagen.

   e. Die tägliche Freizeit (Zeit zwischen Arbeitsende
      und Arbeitsanfang des nächsten Tages) muss
      mindestens ... Stunden betragen.

Welche grundlegende Aufgabe hat die Sozialversicherung?

Aufgaben	Die Sozialversicherung sichert die Arbeitnehmer und deren Angehörige gegen Risiken ab, die durch Krankheit, Arbeitslosigkeit, Alter oder betriebliche Unfälle entstehen können. Durch die Mitwirkung des Staates und die Versicherungpflicht ist sie ein Teil der staatlichen Sozialpolitik.
Gesetzliche Festlegungen	Für jeden Sozialversicherungszweig sind im Gesetz (Sozialgesetzbuch) festgelegt: ▶ die versicherungspflichtigen Personen; ▶ die Personen, die Leistungen in Anspruch nehmen können; ▶ die Leistungen, die in Anspruch genommen werden können; ▶ die Versicherungträger, die für den jeweiligen Versicherungszweig zuständig sind.

Auf welchen Grundprinzipien basiert das System der Sozialversicherung in der Bundesrepublik Deutschland?

Solidaritätsprinzip	Das Solidaritätsprinzip besagt, dass die Versichertengemeinschaft jedem Mitglied gemeinschaftlich (solidarisch) nach dem Grundsatz hilft: „Einer für alle, alle für einen."
Subsidiaritätsprinzip	Das Subsidiaritätsprinzip besagt, dass die einzelne Person zunächst einmal sich selbst helfen soll. Erst wenn dies nicht mehr möglich ist, greift die Hilfe der jeweils stärkeren Gemeinschaft ein (Familie, Staat).

Die Sozialversicherung ist eine Pflichtversicherung. Was bedeutet das im Einzelnen?

Pflichtversicherung	Die Sozialversicherung ist eine Pflichtversicherung. Das bedeutet, dass jeder Arbeitgeber verpflichtet ist, die Arbeitnehmer bei den entsprechenden Versicherungszweigen anzumelden.
Beiträge	Der Arbeitgeber hat die Beiträge ordnungsgemäß zu ermitteln und an die Versicherung abzuführen. Unterlässt er dies, gilt das als eine grobe Verletzung seiner Fürsorgepflicht, für die er haftet. Die Beiträge richten sich nicht nach der Inanspruchnahme durch den einzelnen Versicherten, sondern im Wesentlichen nach der Lohnhöhe.

Beschreiben Sie das Prinzip der Selbstverwaltung der Sozialversicherung. Nennen Sie die Organe und deren Aufgaben.

Begriff		Die Selbstverwaltung ist das Organisationsprinzip der Versicherungträger der Sozialversicherung. Diese müssen sich selbst verwalten. Die Wahlen zu diesen Organen finden alle sechs Jahre statt.
Organe	**Vertreterversammlung**	Die Vertreterversammlung ist das beschlussfassende Organ (Legislative). Ihre Vertreter sind ehrenamtlich tätig. ▶ Wahl und Zusammensetzung: In der Krankenversicherung, Rentenversicherung und Unfallversicherung werden die Mitglieder der Vertreterversammlung je zur Hälfte von Arbeitnehmern (= Versicherte) und Arbeitgebern gewählt. Ausnahmen in der Zusammensetzung sind möglich. ▶ Aufgaben: Aufstellung und Änderung der Satzung; Beschluss über die Höhe des Beitragssatzes; Feststellung des Haushaltsplanes; Kontrolle des Jahresabschlusses
	Vorstand	Der Vorstand ist das vollziehende Organ (Exekutive). Seine Mitglieder sind ehrenamtlich tätig. Ihm zur Seite stehen hauptamtliche Geschäftsführer, die die laufenden Verwaltungsgeschäfte führen. ▶ Wahl: Vorstand und Geschäftsführer werden von der Vertreterversammlung gewählt. ▶ Aufgaben: Aufstellung des Haushaltsplanes; Aufbereitung von Vorlagen (Anträgen) für die Vertreterversammlung; Überwachung und Prüfung der laufenden Geschäftsführung

Erläutern Sie die wesentlichen Informationen zur gesetzlichen Unfallversicherung.

Versicherungträger	Träger sind die jeweils für die entsprechende Branche bzw. Berufsgruppe zuständigen Berufsgenossenschaften. *Beispiel: Bau-Berufsgenossenschaft, Hannover*
Versicherungspflicht	▶ alle Arbeitnehmer (Angestellte, Arbeiter, Auszubildende) unabhängig von der Art und Dauer der Beschäftigung und der Höhe des Einkommens ▶ der Arbeitgeber ▶ Kinder während des Besuches von Kindergärten ▶ Schüler und Studierende
Beitragsaufbringung	Die Beitragshöhe ist unterschiedlich. Sie richtet sich nach dem Arbeitsverdienst der Arbeitnehmer des Unternehmens und dem Grad der Unfallgefahr (besonders unfallgefährdete Betriebe werden mit höheren Beiträgen belegt). Beitragszuschläge bzw. -nachlässe werden erhoben bei über- bzw. unterdurchschnittlicher Unfallhäufigkeit. Die Beiträge trägt der Arbeitgeber allein. Sie werden von ihm direkt an die zuständige Berufsgenossenschaft abgeführt.

Leistungen	▶ Maßnahmen zur Unfallverhütung, wie der Erlass von Unfallverhütungsvorschriften und die Überwachung der Einhaltung dieser Vorschriften
	▶ Leistungen im Zusammenhang mit Arbeitsunfällen und Unfällen auf dem Weg zur Arbeit bzw. nach Hause sowie bei beruflich bedingten Erkrankungen:
	  – Heilbehandlung (ärztliche, zahnärztliche Behandlung, Arzneimittel)
	  – Verletztengeld (entsprechend dem Krankengeld in der Krankenversicherung)
	  – Berufshilfe (Zahlung von Übergangsgeld, Kosten für eine Umschulung)
	  – Verletztenrente, Sterbegeld und Hinterbliebenenrente

1 Welche der folgenden Aussagen zur Sozialversicherung sind zutreffend?

1　Die Sozialversicherung ist ein Teil der staatlichen Sozialpolitik.

2　Die Sozialversicherung sichert Unternehmer gegen unternehmerische Risiken ab.

3　Die Sozialversicherung ist weitgehend eine freiwillige Versicherung.

4　Die Sozialversicherung sichert Arbeitnehmer gegen alle Risiken des Lebens ab.

5　Die Sozialversicherung ist eine Pflichtversicherung.

2 Welcher der folgenden Punkte ist nicht in den gesetzlichen Vorschriften zur Sozialversicherung geregelt?

1　der versicherungspflichtige Personenkreis

2　der Kreis der möglichen Leistungsempfänger

3　die Art der Leistungen, die in Anspruch genommen werden können

4　das Gesetzgebungsverfahren zur Änderung von Gesetzen zur Sozialversicherung

5　die Versicherungsträger, die für den jeweiligen Versicherungszweig zuständig sind

3 Welche der folgenden Leistungen werden von der gesetzlichen Unfallversicherung getragen?

1　Verletztengeld nach einem berufsbedingten Unfall

2　Heilbehandlung bei einer Berufskrankheit

3　Berufsunfähigkeitsrente nach einem Unfall in der Freizeit

4　Ersatz des materiellen Schadens bei einem Unfall im eigenen Haushalt

5　Krankengeld

4 Prüfen Sie die folgenden Aussagen.

Kennzeichnen Sie
zutreffende Aussagen mit einer 1,
nicht zutreffende Aussagen mit einer 9.

a.　Das Solidaritätsprinzip besagt, dass der Staat sich im Rahmen seiner Sozialpolitik zu seinen Bürgern solidarisch verhalten muss.

b.　Das Subsidiaritätsprinzip besagt, dass die Hilfe der Gemeinschaft immer erst dann einsetzt, wenn der Einzelne sich nicht mehr selbst helfen kann.

c.　Das Organisationsprinzip der Sozialversicherung ist im Wesentlichen durch den Begriff „Selbstverwaltung" gekennzeichnet.

d.　Das Pflichtversicherungsprinzip in der Sozialversicherung besagt, dass jeder Arbeitnehmer verpflichtet ist, sich bei der zuständigen Sozialversicherung anzumelden, sobald er eine Arbeit aufgenommen hat.

5 Welche der folgenden Aussagen zur Sozialversicherung sind nicht zutreffend?

1　Jeder Arbeitgeber ist verpflichtet, den Arbeitnehmer bei den entsprechenden Versicherungen anzumelden.

2　Personen, die keine Versicherungsleistungen in Anspruch genommen haben, erhalten am Ende des Jahres eine Rückvergütung.

3　Der Arbeitgeber hat die Beiträge zur Sozialversicherung abzuführen.

4　Die Höhe der Beiträge zur Sozialversicherung ist abhängig von der Einkommenshöhe der Versicherten.

5　Der Umfang der Leistungen der Sozialversicherung ist abhängig von der konjunkturellen Situation.

6 Bei welchem der folgenden Begriffe sind Organe der Sozialversicherungen genannt?

1　Gesellschafterversammlung

2　Vertreterversammlung

3　Aufsichtsrat

4　Vorstand

5　Beirat

7 Welches der folgenden Kriterien spielt keine Rolle bei der Berechnung der Höhe der Beiträge für die Unfallversicherung eines Betriebes?

Tragen Sie eine 6 ein, wenn alle Kriterien zu berücksichtigen sind.

1　Jahreslohnsumme

2　Anzahl der Mitarbeiter

3　durchschnittliche Unfallhäufigkeit im Betrieb

4　Anteil männlicher Arbeitnehmer

5　Gefahrenklasse des Betriebes

8 Welche der folgenden Aussagen zu den Organen der Sozialversicherungsträger trifft nicht zu?

1　Die Vertreterversammlung ist das beschlussfassende Organ.

2　Die Mitglieder der Vertreterversammlung und des Vorstandes sind ehrenamtlich tätig.

3　Der Vorstand ist das vollziehende Organ.

4　Die Wahlen zu den Organen der Sozialversicherungsträger finden alle sechs Jahre statt.

5　Die Kontrolle wird durch die Vertreterversammlung ausgeübt.

Beschreiben Sie Träger, Versicherungspflicht, Beitragsaufkommen und Leistungen der gesetzlichen Krankenversicherung und Pflegeversicherung.

Versicherungszweig	Krankenversicherung	Pflegeversicherung
Versicherungsträger	Träger sind die Krankenkassen, wie z. B. ▸ Allgemeine Ortskrankenkassen (AOK) ▸ Betriebskrankenkassen (BKK) ▸ Innungskrankenkassen (IKK) ▸ Techniker Krankenkasse, Deutsche Angestellten Krankenkasse, Barmer Ersatzkasse	Träger der Pflegeversicherung sind die Pflegekassen, die den Krankenkassen angegliedert sind.
Versicherungspflicht	▸ alle Arbeitnehmer bis zur Versicherungspflichtgrenze von 54 900,00 EUR jährlich (2015) für die alten Bundesländer (West) und für die neuen Bundesländer (Ost) ▸ Auszubildende ▸ Rentner, Studierende, Arbeitslose ▸ selbstständige Landwirte und deren Familienangehörige	Die Versicherungspflicht ist genauso geregelt wie bei der Krankenversicherung. **Begriff der Pflegebedürftigkeit:** Pflegebedürftig sind Personen, die wegen einer körperlichen, geistigen oder seelischen Krankheit oder Behinderung auf Dauer, voraussichtlich für mindestens sechs Monate, in erheblichem oder höherem Maße der Hilfe bedürfen.
Beitragssatz	Der Beitragssatz ist nach Krankenkassen unterschiedlich. ▸ Er beträgt 14,6 % des sozialversicherungspflichtigen Bruttoverdienstes, ▸ maximal jedoch bis zu der Beitragsbemessungsgrenze: 4 125,00 EUR (2015/West und Ost). ▸ Arbeitnehmer, die über die Beitragsbemessungsgrenze hinaus verdienen, zahlen den Beitrag nur bis zu dieser Grenze.	Der Beitragssatz beträgt: ▸ 2,35 % (jeweils vom sozialversicherungspflichtigen Bruttoverdienst) + Kinderlosenzuschlag 0,25 %, bei über 23 Jahre alten Arbeitnehmern, ▸ maximal jedoch bis zu der Beitragsbemessungsgrenze: 4 125,00 EUR (2015/West und Ost). ▸ Arbeitnehmer, die über die Beitragsbemessungsgrenze hinaus verdienen, zahlen den Beitrag nur bis zu dieser Grenze.
Beitragsaufbringung	▸ Arbeitgeber und Arbeitnehmer zahlen den allgemeinen Beitragssatz je zur Hälfte = 7,3 %/2015). Jede Krankenkasse kann einen einkommensabhängigen Zusatzbeitrag für die Arbeitnehmer festlegen. ▸ Der Beitrag des Arbeitnehmers wird vom Lohn bzw. Gehalt einbehalten, der Arbeitgeber legt seinen Anteil dazu. ▸ Der Gesamtbetrag wird zusammen mit den Beiträgen für die Rentenversicherung und die Arbeitslosenversicherung an die zuständige Krankenkasse überwiesen. ▸ Für den Arbeitnehmer sind Monatsverdienste bis zu 450,00 EUR (2015/West und Ost) versicherungsfrei → Minijobs.	▸ Arbeitgeber und Arbeitnehmer zahlen je die Hälfte = 1,175 % (2015). Versicherte ohne Kinder zahlen den Kinderlosenzuschlag, also insgesamt 425 %. ▸ Ausnahme: Im Bundesland Sachsen zahlen die Arbeitnehmer 1,675 % und die Arbeitgeber 0,675 % des Beitrages. ▸ Für den Arbeitnehmer sind Monatsverdienste bis zu 450,00 EUR (2015/West und Ost) versicherungsfrei → Minijobs.

Leistungen	▸ Leistungen im Zusammenhang mit Krankheiten:
	  – ärztliche und zahnärztliche Behandlung
	  – Medikamente (Der Versicherte hat eine anteilige Rezeptgebühr zu zahlen.)
	  – Zuschuss zum Zahnersatz
	  – Krankenhauspflege
	  – häusliche Krankenpflege
	  – Haushaltshilfe
	  – Krankengeld (nach Beendigung der Lohnfortzahlung durch den Arbeitgeber)
	  – Vorsorgeuntersuchungen zur Früherkennung von Krankheiten
	▸ Leistungen im Rahmen der Mutterschaft:
	  – ärztliche Betreuung
	  – Entbindungskosten
	  – Mutterschaftsgeld (6 Wochen vor bis 8 Wochen nach der Geburt)
		▸ Familienhilfe (nicht selbst verdienende Familienangehörige sind mitversichert)
		▸ Häusliche Pflege
		  – Sachleistungen für Pflegeeinsätze durch ambulante Dienste je nach Schwere der Pflegebedürftigkeit
		  – Anstelle der Sachleistungen kann ein Pflegegeld beansprucht werden, wenn der Pflegebedürftige die Grundpflege selbst sicherstellt.
		  – Eine Kombination aus Sachleistungen und Pflegegeld ist möglich.
		  – Sonstige Leistungen: Dazu gehören Pflegehilfsmittel (z. B. Pflegebetten) oder Zuschüsse für pflegebedingte Umbaumaßnahmen in der Wohnung.
		▸ Stationäre Pflege Übernahme der pflegebedingten Aufwendungen

1 Angenommen, Sie sind Sachbearbeiter in der Lohnbuchhaltung eines Unternehmens in Köln. Prüfen Sie unten stehende Aussagen zur Beitragsaufbringung in der gesetzlichen Krankenversicherung für das Unternehmen und die Mitarbeiter.

Kennzeichnen Sie die Aussagen mit

1, wenn diese zutreffen,

9, wenn diese nicht zutreffen.

a. Arbeitgeber und Arbeitnehmer tragen in allen Fällen von Lohn- oder Gehaltszahlungen den Beitrag je zur Hälfte.

b. Für Arbeitnehmer sind Monatsverdienste bis zu 450,00 EUR (2015/West und Ost) versicherungsfrei.

c. Hat ein Arbeitnehmer im Laufe eines Kalenderjahres Leistungen der Krankenkasse von mehr als 4 125,00 EUR (2015) in Anspruch genommen, trägt er den Beitrag für die Krankenversicherung allein.

d. Der Arbeitgeber kann vom Arbeitnehmer verlangen, dass er sich privat krankenversichert, wenn er im Laufe eines Kalenderjahres Leistungen von mehr als 4 125,00,00 EUR (2015) in Anspruch genommen hat.

2 Ein Mitarbeiter eines Einzelhandelsunternehmens in Hannover hat ein sozialversicherungspflichtiges Bruttogehalt von 2 200,00 EUR. Die Krankenkasse, in der er versichert ist, erhebt einen zusätzlichen Beitragssatz für den Arbeitnehmer von 0,9 %. Er ist kinderlos und 26 Jahre alt.

a. Ermitteln Sie den Arbeitnehmer-Beitrag zur Krankenversicherung (2015).

b. Ermitteln Sie den Arbeitgeber-Beitrag zur Krankenversicherung (2015).

c. Ermitteln Sie den Arbeitnehmer-Beitrag zur Pflegeversicherung (2015).

d. Ermitteln Sie den Arbeitgeber-Beitrag zur Pflegeversicherung (2015).

3 Welche der folgenden Aussagen zur Pflegeversicherung treffen zu?

1 Pflegebedürftig im Sinne der Pflegeversicherung sind Personen, die aufgrund einer Krankheit oder Behinderung voraussichtlich für mindestens drei Monate der Hilfe bedürfen.

2 Die Pflegebedürftigkeit wird in drei Stufen eingeteilt. Je nach Zuordnung können unterschiedliche Leistungen in Anspruch genommen werden.

3 Der Beitragssatz beträgt 2,35 % (2015) vom zu ermittelnden Nettoverdienst.

4 In der Pflegeversicherung gibt es im Gegensatz zur Krankenversicherung keine Beitragsbemessungsgrenze.

5 Es werden sowohl Leistungen für die häusliche als auch für die stationäre Pflege übernommen.

4 Welche Aussagen zum Beitragssatz in der gesetzlichen Krankenversicherung treffen zu?

1 Der Beitragssatz wird jedes Jahr vom Bundesminister für Arbeit und Sozialordnung neu festgelegt.

2 Der Beitragssatz ist je nach Krankenkasse unterschiedlich hoch.

3 Der Beitragssatz ist einheitlich und wird nach Abstimmung unter den Krankenkassen festgelegt.

4 Der Beitragssatz wird vom Bundesamt für Versicherungswesen festgelegt.

5 Der Beitragssatz wird von jeder Krankenkasse selbst festgelegt.

5 Welche der genannten Leistungen wird nicht von der Krankenversicherung übernommen?

Tragen Sie eine 6 ein, wenn alle aufgeführten Leistungen übernommen werden.

1 Mutterschaftsgeld
2 Krankengeld
3 Früherkennung von Krankheiten
4 zahnärztliche Behandlung
5 Krankentransporte

6 Ordnen Sie den Zweigen der Sozialversicherung

1 Krankenversicherung,
2 Rentenversicherung,
3 Arbeitslosenversicherung,
4 Unfallversicherung

nachfolgende Aussagen zu.

a. Liegt der Verdienst eines Mitarbeiters oberhalb der Versicherungspflichtgrenze, kann er aus der gesetzlichen Versicherung austreten.

b. Die Beiträge für die Versicherung werden vom Arbeitgeber allein getragen.

c. Für diese Versicherung muss der Arbeitnehmer den höchsten Beitrag bezahlen.

d. Die Beitragshöhe richtet sich u. a. nach dem gesamten Verdienst aller Arbeitnehmer eines Betriebes.

e. Der Arbeitnehmer hat die Pflicht, die jährlichen Entgeltbescheinigungen aufzubewahren, da diese die Grundlage für einen späteren Leistungsantrag sind.

7 Welche der unten genannten Merkmale ist eine Voraussetzung für die Möglichkeit, sich privat krankenversichern zu lassen?

Ein Verdienst (2015) von über

1   450,00 EUR monatlich
2   4 125,00 EUR monatlich
3   4 900,00 EUR monatlich
4   49 500,00 EUR jährlich
5   54 900,00 EUR jährlich

Beschreiben Sie Träger, Versicherungspflicht, Beitragsaufkommen und Leistungen der gesetzlichen Rentenversicherung und Arbeitslosenversicherung.

Versicherungszweig	Rentenversicherung	Arbeitslosenversicherung
Versicherungsträger	Deutsche Rentenversicherung Bund	Bundesagentur für Arbeit (Nürnberg) mit den regionalen Arbeitsagenturen vor Ort
Versicherungspflicht	▸ alle Arbeitnehmer (Angestellte und Arbeiter) ▸ Auszubildende ▸ Wehrdienstleistende ▸ Personen, die einen Bundesfreiwilligendienst ableisten	▸ alle Arbeitnehmer (Angestellte und Arbeiter) ▸ Auszubildende
Beitragssatz	▸ 18,7 % (2015) des sozialversicherungspflichtigen Bruttoverdienstes, maximal jedoch von der Beitragsbemessungsgrenze: 6 050,00 EUR (2015) für die alten Bundesländer (West), 5 200,00 EUR (2015) für die neuen Bundesländer (Ost) ▸ Arbeitnehmer, die über die Beitragsbemessungsgrenze hinaus verdienen, zahlen den Beitrag nur bis zu dieser Grenze.	▸ 3,0 % (2015) des sozialversicherungspflichtigen Bruttoverdienstes, maximal jedoch von der Beitragsbemessungsgrenze: 6 050,00 EUR (2015) für die alten Bundesländer (West), 4 900,00 EUR (2015) für die neuen Bundesländer (Ost) ▸ Arbeitnehmer, die über die Beitragsbemessungsgrenze hinaus verdienen, zahlen den Beitrag nur bis zu dieser Grenze.
Beitragsaufbringung	▸ Arbeitgeber und Arbeitnehmer zahlen je die Hälfte = 9,35 % (2015). ▸ Der Beitrag des Arbeitnehmers wird vom Lohn bzw. Gehalt einbehalten, der Arbeitgeber legt seinen Anteil dazu. ▸ Der Gesamtbeitrag wird zusammen mit den Beiträgen für die Kranken-, Pflege- und Arbeitslosenversicherung an die zuständige Krankenkasse überwiesen. Diese leitet die Beiträge an die entsprechenden Träger weiter. ▸ Für den Arbeitnehmer sind Monatsverdienste bis zu 450,00 EUR (2015/West und Ost) versicherungsfrei → Minijobs. ▸ Der Arbeitnehmer erhält am Jahresende einen Beitragsnachweis vom Arbeitgeber.	▸ Arbeitgeber und Arbeitnehmer zahlen je die Hälfte = 1,5 % (2015). ▸ Der Beitrag des Arbeitnehmers wird vom Lohn bzw. Gehalt einbehalten, der Arbeitgeber legt seinen Anteil dazu. Der Gesamtbeitrag wird zusammen mit den Beiträgen für die Kranken-, Pflege- und Rentenversicherung an die zuständige Krankenkasse überwiesen. Diese leitet die Beiträge an die Bundesagentur für Arbeit weiter. ▸ Für den Arbeitnehmer sind Monatsverdienste bis zu 450,00 EUR (2015/West und Ost) versicherungsfrei → Minijobs.

Leistungen	▸ Rente nach Erreichen der Altersgrenze
	  – Von 2013 an steigt die Altersgrenze schrittweise von 65 auf 67 Jahre (Ausnahme: für Arbeitnehmer, die mehr als 45 Beitragsjahre vorweisen können).
	▸ Rente wegen Erwerbsminderung
	▸ Rente an Hinterbliebene
	  – Witwenrente (ohne Rücksicht auf Alter, Erwerbsfähigkeit bzw. Bedürftigkeit; die Rente entfällt, wenn die Witwe wieder heiratet)
	  – Witwerrente (gleiche Voraussetzungen wie die Witwenrente)
	  – Waisenrente (bis zur Vollendung des 18. Lebensjahres, bei Schul- oder Berufsausbildung bis zur Vollendung des 25. Lebensjahres)
	▸ Maßnahmen zur Erhaltung, Besserung bzw. Wiederherstellung der Erwerbsfähigkeit (Rehabilitation)
	  – medizinische Leistungen
	  – berufsfördernde Leistungen (z. B. Ausbildung, Umschulung)
	  – Übergangsgeld (Einkommen während der Zeit der Rehabilitation)
		▸ Arbeitslosengeld I
		  Voraussetzungen:
		  – Antragsteller ist vorübergehend nicht beschäftigt und sucht eine mindestens 15 Std. wöchentlich umfassende Beschäftigung (Nachweis der Eigenbemühungen und Bereitschaft zur Annahme jeder zumutbaren Beschäftigung)
		  – persönliche Arbeitslosenmeldung
		  – Erfüllung der Anwartschaft (innerhalb der letzten 3 Jahre mindestens 12 Monate beitragspflichtig beschäftigt)
		  – Dauer des Anspruchs: 12 bis maximal 24 Monate
		  – Höhe des Arbeitslosengeldes I 67 % des pauschalierten Nettoentgelts (mit Kind) bzw. 60 % (ohne Kind)
		▸ Arbeitslosengeld II
		  – sofern die Anwartschaft für Arbeitslosengeld I nicht erfüllt ist oder Hilfsbedürftigkeit vorliegt
		  – wird nur für maximal 6 Monate bewilligt
		▸ Maßnahmen zur Fortbildung und Umschulung
		▸ Berufsberatung, Arbeitsberatung, Arbeitsvermittlung
		▸ Insolvenzausfallgeld ▸ Winterausfallgeld
		▸ Kurzarbeitergeld ▸ Bewerbungstraining

1 Welche der unten stehenden Leistungen wird von der gesetzlichen Rentenversicherung getragen?

  1 Vorsorgeuntersuchung zur Früherkennung von Krankheiten

  2 flexibles Altersruhegeld

  3 Insolvenzgeld

  4 ärztliche Behandlung nach einem Unfall auf dem Weg zur Arbeitsstelle

  5 Krankenhauspflege

2 Prüfen Sie, ob unten stehende Leistungen von
  1 den entsprechenden Krankenkassen,
  2 der Deutschen Rentenversicherung,
  3 der Bundesagentur für Arbeit,
  4 den Berufsgenossenschaften
getragen werden.

Tragen Sie eine 9 ein, wenn keiner der vorgenannten Träger zuständig ist.

  a. Für Krampfadern eines Verkäufers, die nicht als Berufskrankheit anerkannt werden, wird eine Heilbehandlung übernommen.

  b. Ein Auszubildender muss nach einem Unfall auf dem Weg zur Berufsschule in ärztliche Behandlung.

  c. Eine Näherin möchte sich beruflich umorientieren und strebt eine Umschulung an.

  d. Eine Angestellte in einem Steuerberaterbüro erhält nach einem nicht arbeitsbedingten Unfall Rente wegen Erwerbsunfähigkeit.

  e. Nach Erreichen des 60. Lebensjahres wird der Abteilungsleiterin Rechnungswesen das bisher angesparte Kapital aus einer Lebensversicherung ausgezahlt.

3 Vervollständigen Sie folgenden Satz, indem Sie die richtige Satzergänzung in das Kästchen eintragen.

Versicherungsträger für Maßnahmen zur Erhaltung, Besserung und Wiederherstellung der Erwerbsfähigkeit (Rehabilitation) ...

  1 ... ist die Bundesagentur für Arbeit.

  2 ... sind die Allgemeinen Ortskrankenkassen.

  3. ... ist die Deutsche Rentenversicherung.

  4 ... sind die Gewerbeaufsichtsämter.

  5 ... sind die Ersatzkrankenkassen.

4 Für welche der folgenden Sozialversicherungsarten muss der Arbeitnehmer den höchsten Beitragssatz bezahlen?

  1 Rentenversicherung

  2 Krankenversicherung

  3 Arbeitslosenversicherung

  4 gesetzliche Unfallversicherung

5 Welche Aussage zum Arbeitslosengeld I und II trifft zu?

  1 Das Arbeitslosengeld II wird bis zu max. einem Jahr gewährt.

  2 Ein beschäftigungsloser Berufsfußballer, der hohe Einnahmen aus der Vermietung seiner Wohnhäuser erzielt, erhält kein Arbeitslosengeld.

  3 Um Arbeitslosengeld zu erhalten, muss man zuvor über einen bestimmten Zeitraum einer beitragspflichtigen Beschäftigung nachgegangen sein.

  4 Die Höhe des Arbeitslosengeldes I und des Arbeitslosengeldes II ist identisch.

  5 Erst wenn jemand keinen Anspruch auf Arbeitslosengeld II nachweist, kann er Arbeitslosengeld I beantragen.

6 Welche der unten aufgeführten Personengruppen sind nicht arbeitslosenversicherungspflichtig?

  1 Auszubildende, deren Ausbildungsvergütung über der Geringfügigkeitsgrenze liegt

  2 Arbeiter, deren Verdienst oberhalb der Beitragsbemessungsgrenze liegt

  3 Angestellte, deren Verdienst oberhalb der Beitragsbemessungsgrenze liegt

  4 Beamte

  5 Selbstständige

7 Welche der folgenden Versicherungen ist kein Träger der gesetzlichen Krankenversicherung?

  1 Betriebskrankenkasse

  2 Innungskrankenkasse

  3 Barmer Ersatzkasse

  4 Techniker Krankenkasse

  5 Deutsche Rentenversicherung

8 Auf welche der unten aufgeführten Auswahlantworten trifft die folgende Aussage zu?

„Der Arbeitgeber zahlt die Beiträge zu der Versicherung bei einem monatlichen Verdienst bis zu 450,00 EUR (2015) allein."

  1 gilt nur für die Krankenversicherung
  2 gilt nur für die Rentenversicherung
  3 gilt nur für die Arbeitslosenversicherung
  4 gilt für alle vorgenannten Versicherungen
  5 gilt für keine der vorgenannten Versicherungen

9 Welche der genannten Leistungen wird nicht von der Arbeitslosenversicherung übernommen?

Tragen Sie eine 6 ein, wenn alle Leistungen von der Arbeitslosenversicherung getragen werden.

  1 Berufsberatung

  2 Kurzarbeitergeld

  3 Arbeitslosengeld II

  4 Arbeitsbeschaffungsmaßnahmen

  5 Umschulungsmaßnahmen

Beschreiben Sie die besondere Stellung und die allgemeinen Aufgaben eines Betriebsrates.

Bedeutung	▸ Der Betriebsrat (BR) ist die gewählte Vertretung der Arbeitnehmer eines Betriebes. ▸ Die Zusammenarbeit zwischen Arbeitgeber und der Belegschaft in einem Betrieb ist im **Betriebsverfassungsgesetz (BetrVerfG)** geregelt. ▸ Der Grundgedanke des BetrVG ist es, die Belegschaft an betrieblichen Entscheidungen des Arbeitgebers zu beteiligen. Die Belegschaft wird dabei in erster Linie durch den Betriebsrat vertreten.
Allgemeine Aufgaben	▸ Der BR hat mit dem Arbeitgeber (AG) in vertrauensvoller Zusammenarbeit zum Wohle der Belegschaft und zum Wohle des Betriebes zusammenzuarbeiten. ▸ Der BR hat die Einhaltung der im Betrieb geltenden Betriebsvereinbarungen, Tarifverträge und Gesetze zu überwachen sowie bei arbeitsrechtlichen Auseinandersetzungen zwischen AG und Belegschaft zu vermitteln.

Erläutern Sie wichtige Begriffe im Zusammenhang mit der Wahl eines Betriebsrates.

Voraussetzung	Die Wahl des Betriebsrates ist nur möglich in Betrieben mit mindestens fünf ständigen wahlberechtigten Arbeitnehmern.
Aktives Wahlrecht	Wahlberechtigt sind alle Arbeiter und Angestellte bzw. Auszubildende, die am Wahltag das 18. Lebensjahr vollendet haben, unabhängig von der Dauer der Betriebszugehörigkeit und der Staatsangehörigkeit. Wahlberechtigt sind auch Leiharbeiter, wenn sie länger als drei Monate im Entleiherbetrieb eingesetzt werden.
Passives Wahlrecht	Wählbar sind alle wahlberechtigten Personen (d. h. Vollendung des 18. Lebensjahres), die dem Betrieb mindestens sechs Monate angehören.
Amtszeit	Die Amtszeit beträgt vier Jahre.
Wahlvorstand	Die Wahl wird organisiert und durchgeführt vom Wahlvorstand. Er besteht in der Regel aus drei wahlberechtigten Arbeitnehmern. In größeren Betrieben kann die Anzahl erhöht werden.
Wahlverfahren	▸ unmittelbare Wahl: Jede wahlberechtigte Person gibt persönlich ihre Stimme ab. ▸ geheime Wahl: schriftlich, ohne Zuordnungsmöglichkeit der abgegebenen Stimmen, z. B. nicht durch Handzeichen
Größe	Die Mitgliederzahl richtet sich nach der Anzahl der wahlberechtigten Arbeitnehmer (AN): ▸ 5–20 AN: 1 Person (= Betriebsobmann) ▸ 21–50 AN: 3 Mitglieder ▸ 51–100 AN: 5 Mitglieder Größere Betriebe haben mehr Betriebsratsmitglieder.

Welche Besonderheiten sind für einen Betriebsrat zu beachten?

Kündigungsschutz	Eine ordentliche (fristgemäße) Kündigung gegenüber Mitgliedern des Betriebsrates ist ab Beginn der Amtszeit bis ein Jahr nach Ende der Amtszeit nicht zulässig. Eine außerordentliche (fristlose) Kündigung ist hingegen bei Vorliegen eines wichtigen Grundes erlaubt, bedarf aber der Zustimmung des Betriebsrates.
Freistellung	BR-Mitglieder müssen für ihre Tätigkeit von der Arbeit freigestellt werden. Sie dürfen wegen ihrer Tätigkeit im BR nicht benachteiligt oder begünstigt werden und in ihrer BR-Tätigkeit nicht behindert oder gestört werden.
Gesamtbetriebsrat	In größeren Unternehmen mit mehreren Betrieben (und damit auch mehreren Betriebsräten) wird ein Gesamtbetriebsrat gebildet. Jeder Betriebsrat entsendet einen bzw. zwei Vertreter. Der Gesamtbetriebsrat ist für Fragen zuständig, die das gesamte Unternehmen betreffen (z. B. Sozialplan).
Konzernbetriebsrat	In Konzernen (Zusammenschluss rechtlich selbstständiger Unternehmen unter einheitlicher Leitung) kann ein Konzernbetriebsrat errichtet werden. Jeder Gesamtbetriebsrat entsendet einen bzw. zwei Vertreter. Der Konzernbetriebsrat ist dem Gesamtbetriebsrat nicht übergeordnet.

Was ist eine Jugend- und Auszubildendenvertretung? Wofür ist die JAV zuständig? Wie wird sie gewählt?

Begriff	Die Jugend- und Auszubildendenvertretung (JAV) ist die gewählte Vertretung der Jugendlichen und Auszubildenden in einem Betrieb. Sie vertritt die Interessen dieses Personenkreises.
Zuständigkeit	Fragen der Berufsbildung/Überwachung der Einhaltung der Schutzbestimmungen für Jugendliche
Wahl	▸ **Voraussetzung:** In Betrieben mit mindestens fünf wahlberechtigten Arbeitnehmern (Arbeitnehmer, die das 18. Lebensjahr noch nicht vollendet haben) kann eine JAV gebildet werden. ▸ **Aktives Wahlrecht:** Wahlberechtigt sind alle Arbeiter und Angestellte, die am Wahltag das 18. Lebensjahr noch nicht vollendet haben, sowie alle Auszubildenden, die am Wahltag das 25. Lebensjahr noch nicht vollendet haben. ▸ **Passives Wahlrecht:** Wählbar sind alle Arbeitnehmer des Betriebes, die das 25. Lebensjahr noch nicht vollendet haben. ▸ **Wahltermin:** alle zwei Jahre

1 *In welchem Gesetz findet man die Regelungen zur Wahl eines Betriebsrates in einem Betrieb?*

1 Bürgerliches Gesetzbuch, BGB

2 Mitbestimmungsgesetz, MitbestG

3 Betriebsverfassungsgesetz, BetrVerfG

4 Handelsgesetzbuch, HGB

5 Tarifvertragsgesetz, TVG

2 *Welche Aussage zum Betriebsrat trifft nicht zu?*

Tragen Sie eine 9 ein, wenn alle Aussagen zutreffend sind.

1 Der Betriebsrat vertritt die Interessen der Arbeitnehmer eines Betriebes.

2 Der Betriebsrat überwacht die Einhaltung der Arbeitsschutzvorschriften.

3 Der Betriebsrat vermittelt bei Streitigkeiten zwischen Arbeitgeber und Arbeitnehmer.

4 Der Betriebsrat kann bei einigen unternehmerischen Entscheidungen, wie z. B. der betrieblichen Lohngestaltung, mitbestimmen.

5 Der Betriebsrat hat ein Mitbestimmungsrecht bei der Prokuraerteilung.

3 *Aus wie vielen Mitgliedern besteht ein Betriebsrat, der in einem Betrieb mit 100 wahlberechtigten Arbeitnehmern gebildet wird?*

1 eine Person

2 drei Mitglieder

3 fünf Mitglieder

4 sieben Mitglieder

5 neun Mitglieder

4 *Welche der unten genannten Mitarbeiter eines Betriebes haben bei der Betriebsratswahl*

1 nur ein aktives Wahlrecht,
2 nur ein passives Wahlrecht,
3 sowohl ein aktives als auch passives Wahlrecht,
4 kein Wahlrecht?

Tragen Sie die Ziffer vor der zutreffenden Aussage in das jeweilige Kästchen ein.

a. Person A: Arbeiter, 24 Jahre alt, drei Monate Betriebszugehörigkeit

b. Person B: Angestellte, 30 Jahre alt, acht Jahre Betriebszugehörigkeit

c. Person C: Leiharbeitnehmerin von einem externen Personalleasingunternehmen, acht Monate im Betrieb beschäftigt

d. Person D: Auszubildender, 20 Jahre alt, ein Jahr Betriebszugehörigkeit

e. Person E: Auszubildende, 17 Jahre alt, ein Jahr Betriebszugehörigkeit

5 *Welche der unten stehenden Kennzeichnungen gibt den vollständigen Personenkreis wieder, der ein passives Wahlrecht zur Jugend- und Auszubildendenvertretung besitzt?*

1 alle Mitarbeiter, die das 18. Lebensjahr vollendet haben

2 alle Mitarbeiter, die das 18. Lebensjahr noch nicht vollendet haben

3 alle Mitarbeiter, die das 21. Lebensjahr noch nicht vollendet haben

4 alle Mitarbeiter, die das 25. Lebensjahr noch nicht vollendet haben

5 alle Auszubildenden, die das 25. Lebensjahr noch nicht vollendet haben

6 *Welche Aussage zur Wahl des Betriebsrates trifft nicht zu?*

Tragen Sie eine 9 ein, wenn alle Aussagen zutreffend sind.

1 Es dürfen nur Arbeitnehmer gewählt werden, die einer Gewerkschaft angehören.

2 Wählbar ist jeder wahlberechtigte Arbeitnehmer, der mindestens sechs Monate dem Betrieb angehört.

3 Die Wahl findet nur alle vier Jahre statt.

4 In einem Betrieb mit 28 wahlberechtigten Arbeitnehmern hat der Betriebsrat drei Mitglieder.

5 In einem Betrieb mit vier wahlberechtigten Arbeitnehmern kann kein Betriebsrat gewählt werden.

7 *Für ein Mitglied des Betriebsrates endet die Amtszeit am 31.05.2013.*

Bis zu welchem der folgenden Termine genießt dieser Mitarbeiter einen besonderen Kündigungsschutz?

1 15.06.2013
2 30.06.2013
3 31.07.2013
4 31.12.2013
5 31.05.2014

8 *Welche Aussage über den Konzernbetriebsrat trifft zu?*

Tragen Sie eine 9 ein, wenn alle Aussagen nicht zutreffend sind.

1 Der Konzernbetriebsrat ist für Belange, die einen einzelnen Betrieb betreffen, zuständig.

2 Der Konzernbetriebsrat gibt Weisungen an den Gesamtbetriebsrat.

3 Die Mitglieder des Konzernbetriebsrates werden von den Gesamtbetriebsräten entsendet.

4 Der Konzernbetriebsrat wird alle vier Jahre in der Zeit vom 01.03. bis zum 31.05. gewählt.

5 Der Konzernbetriebsrat ist bei wirtschaftlichen Entscheidungen, die den Konzern betreffen, gegenüber der Arbeitgeberseite gleichberechtigt.

Welche Beteiligungsrechte hat ein Betriebsrat?

Mitbestimmung	Arbeitgeber und Betriebsrat können Entscheidungen nur gemeinsam treffen; bei Konflikten entscheidet die Einigungsstelle. *Beispiele: Beginn und Ende der täglichen Arbeitszeit einschließlich der Lage der Pausen, Betriebsordnung, Urlaubsgrundsätze und Urlaubsplan, betriebliche Lohngestaltung, betriebliche Berufsbildung, Sozialplan bei Betriebsänderung, Gestaltung des Personalfragebogens, Festlegung von Beurteilungsgrundsätzen*
Mitwirkung	Der Arbeitgeber muss den Betriebsrat anhören. Dieser hat ein Widerspruchsrecht. Im Falle eines Wiederspruches kann der Arbeitgeber dann versuchen, die verweigerte Zustimmung durch das Arbeitsgericht zu ersetzen. *Beispiele: Einstellungen, Versetzungen, Umgruppierungen, Kündigungen, Bekämpfung von Unfall- und Gesundheitsgefahren, Betriebsänderungen*
Vorschlag und Beratung	Der Arbeitgeber ist verpflichtet, von sich aus die Meinung des Betriebsrates einzuholen und die Angelegenheit sowie die Vorschläge des Betriebsrates dazu zu erörtern. *Beispiele: Personalplanung, Gestaltung von Arbeitsplätzen, Betriebsänderungen (Stilllegung oder Zusammenschluss von Betrieben), Investitionen*
Information	Der Betriebsrat hat das Recht, über betriebliche Vorgänge unterrichtet zu werden. Arbeitgeber muss den Betriebsrat jedoch erst nach Entscheidung informieren. *Beispiele: Maßnahmen des Arbeitsschutzes, Unterrichtung des Wirtschaftsausschusses über wirtschaftliche Angelegenheiten des Betriebes, Lohn- und Gehaltslisten, Einstellung leitender Angestellter*

Erklären Sie die Begriffe: Betriebsvereinbarung, Einigungsstelle, Betriebsversammlung, Wirtschaftsausschuss.

Betriebs-vereinbarung	▸ Vereinbarung über Regelungen des betrieblichen Geschehens oder einzelner betrieblicher Angelegenheiten, in denen der Betriebsrat ein Mitbestimmungsrecht hat, z. B. über Betriebsurlaub ▸ Schriftform mit Unterschrift beider Seiten ist erforderlich. ▸ Ansprüche können grundsätzlich alle Arbeitnehmer geltend machen. ▸ endet mit Fristablauf oder Kündigung einer Vertragspartei

Einigungsstelle	▸ Die Einigungsstelle dient zur Beilegung von Streitigkeiten zwischen Arbeitgeber und Betriebsrat im Rahmen der erzwingbaren Mitbestimmung.
	▸ Die Zusammensetzung erfolgt paritätisch (je zur Hälfte) aus Mitgliedern, die Betriebsrat und Arbeitgeber benennen. Der Vorsitzende wird von beiden Seiten gewählt und ist eine unparteiische Person (zumeist ein Arbeitsrichter).
	▸ Einigungsstellen sind hauptsächlich vorgesehen für Entscheidungen über
	  – Mitbestimmung in sozialen Angelegenheiten,
	  – Aufstellung eines Sozialplans bei Betriebsänderungen,
	  – Durchführung der Berufsbildungsmaßnahmen.

Betriebs-versammlung	▸ Die Betriebsversammlung ist eine Zusammenkunft aller Arbeitnehmer eines Betriebes. ▸ Termin: mindestens einmal in jedem Kalendervierteljahr (ordentliche Betriebsversammlung), auf Wunsch des Betriebsrates bzw. auf Antrag des Arbeitgebers können weitere außerordentliche Betriebsversammlungen stattfinden. ▸ Betriebsversammlungen finden während der Arbeitszeit statt. Den Arbeitnehmern ist das Arbeitsentgelt zu zahlen. ▸ Leitung der Betriebsversammlung: Betriebsratsvorsitzende(r) ▸ Inhalte: Tätigkeitsbericht des Betriebsrats und Information über Ergebnisse der Zusammenarbeit zwischen Arbeitgeber und Betriebsrat; Bericht des Arbeitgebers; Aussprache
Wirtschafts-ausschuss	▸ Beratungs- und Informationsgremium über wirtschaftliche Angelegenheiten *Beispiele: Produktions-, Absatz- und Finanzlage, Produktions- und Investitionsprogramm, Rationalisierungsvorhaben, Fabrikations- und Arbeitsmethoden, Einschränkung oder Stilllegung des Betriebes oder von Betriebsteilen, Verlegung von Betrieben oder Betriebsteilen, Zusammenschluss von Betrieben* ▸ nur in Betrieben mit mehr als 100 Arbeitnehmern

Erläutern Sie wichtige Mitbestimmungsrechte des Betriebsrates.

Einsicht in die Personalakte	Der Arbeitnehmer hat das Recht, Einsicht in die von der Personalabteilung des Betriebes geführte Personalakte zu nehmen. Hierzu kann er ein Mitglied des Betriebsrates hinzuziehen. Das Mitglied des Betriebsrates hat über den Inhalt Stillschweigen zu bewahren.
Anhörungsrecht bei Kündigung	Der Betriebsrat ist vor jeder Kündigung zu hören, ansonsten ist die ausgesprochene Kündigung unwirksam. Der Betriebsrat kann unter bestimmten Voraussetzungen innerhalb einer Frist von einer Woche einer ordentlichen Kündigung widersprechen.
Aufstellung eines Sozialplans	Betriebsrat und Arbeitgeber sollen eine Einigung über den Ausgleich oder die Milderung der Nachteile bei einer Betriebsänderung (Stilllegung des Betriebes, Verlegung des Betriebes, Zusammenschluss mit anderen Betrieben, Einführung grundlegend neuer Arbeitsmethoden und Fertigungsverfahren) erzielen. Der Sozialplan beinhaltet z. B. Abfindungen, Umschulungsmaßnahmen, Umzugskosten bei Versetzungen, vorzeitige Ruhestandsregelungen.

1 Der Betriebsrat kann sich laut Gesetz in bestimmten Angelegenheiten des Betriebes am Entscheidungsprozess beteiligen. Diese Rechte sind in ihrer Bedeutung abgestuft in

1 Mitbestimmungsrechte,
2 Zustimmungsrechte,
3 Beratungs- und Informationsrechte.

Ordnen Sie diese Beteiligungsrechte den folgenden Angelegenheiten zu, indem Sie die Ziffer vor dem zutreffenden Recht des Betriebsrates in das jeweilige Kästchen eintragen.

Tragen Sie eine 9 ein, wenn der Betriebsrat keine Einflussmöglichkeiten hat.

a. Kündigung eines Mitarbeiters

b. Festlegung von Beginn und Ende der täglichen Arbeitszeit

c. Planung von Investitionen

d. Gewinnverteilung an die Gesellschafter des Unternehmens

e. Urlaubsplan

f. Entscheidung zwischen zwei Angeboten beim Kauf eines neuen DV-Systems

g. Gestaltung des Kantinenraums

2 Welches Organ bzw. welche Einrichtung gehört nicht zur betrieblichen Mitbestimmung nach dem Betriebsverfassungsgesetz?

1 Jugend- und Auszubildendenvertretung

2 Einigungsstelle

3 Wirtschaftsausschuss

4 Tarifkommission

5 Betriebsversammlung

3 In welchem Zeitraum muss nach dem Gesetz eine ordentliche Betriebsversammlung einberufen werden?

1 mindestens einmal im Jahr

2 mindestens einmal im Kalendervierteljahr

3 mindestens einmal im Monat

4 Je nach Bedarf wird eine ordentliche Betriebsversammlung einberufen.

5 Es gibt keine gesetzlichen Vorschriften.

4 In welcher der folgenden Situationen kann der Arbeitgeber auch ohne Zustimmung des Betriebsrates Entscheidungen treffen?

1 Kauf eines neuen DV-Systems

2 Erstellen eines Urlaubsplanes

3 Aufstellung von Grundsätzen zur betrieblichen Lohngestaltung

4 Erstellen eines Sozialplans

5 Festlegung von Beginn und Ende der täglichen Arbeitszeit

5 Ordnen Sie den unten stehenden Erläuterungen folgende Begriffe zu:

1 Betriebsversammlung
2 Einigungsstelle
3 Wirtschaftsausschuss

Tragen Sie eine 9 ein, wenn sich keine sinnvolle Zuordnung ergibt.

a. Dieses Organ ist paritätisch mit Mitgliedern des Betriebsrates und Vertretern des Arbeitgebers besetzt.

b. Dieses Organ ist in seiner Zusammensetzung gesetzlich festgelegt: Es besteht zu 25 % aus Vertretern der Arbeitnehmer und zu 75 % aus Vertretern der Arbeitgeber.

c. In diesem Gremium werden Vertretern der Arbeitnehmer Informationen (z. B. über die finanzielle Lage des Unternehmens) gegeben.

d. Dieses Organ dient der Information der Arbeitnehmer über die Tätigkeit des Betriebsrates und die Zusammenarbeit mit dem Arbeitgeber.

6 Welche der folgenden Personenkreise dürfen an einer Betriebsversammlung teilnehmen?

1 Auszubildende des Betriebes

2 Pressevertreter

3 zuständige Bundestagsabgeordnete

4 Vertreter der im Betrieb vertretenen Gewerkschaften

5 Betriebsräte anderer Betriebe der gleichen Branche

7 Wie setzt sich die Einigungsstelle eines Betriebes zusammen?

1 50 % Vertreter der Arbeitnehmer, 50 % Vertreter des Arbeitgebers, ein neutraler Vorsitzender

2 1/3 Mitglieder des Betriebsrates, 1/3 Vertreter des Arbeitgebers, 1/3 Vertreter der zuständigen Gewerkschaft, ein neutraler Vorsitzender

3 jeweils 25 % Mitglieder des Betriebsrates, Vertreter des Arbeitgebers, Vertreter der Gewerkschaft und Vertreter der Arbeitgeberverbände, ein neutraler Vorsitzender

4 Der Arbeitgeber bestimmt die Mitglieder der Einigungsstelle.

5 Die Einigungsstelle ist eine Institution der Industrie- und Handelskammer bzw. der Handwerkskammern.

8 Welche Aussage zur Bildung eines Wirtschaftsausschusses trifft zu?

Ein Wirtschaftsausschuss wird gebildet ...

1 ... in jedem Betrieb.

2 ... nur in Betrieben mit mehr als 10 Arbeitnehmern.

3 ... nur in Betrieben mit mehr als 50 Arbeitnehmern.

4 ... nur in Betrieben mit mehr als 100 Arbeitnehmern.

5 ... nur in Betrieben mit mehr als 1 000 Arbeitnehmern.

Unterscheiden Sie die betriebliche Mitbestimmung und die Unternehmensmitbestimmung.

Betriebliche Mitbestimmung	Die betriebliche Mitbestimmung ist im BetrVG verankert, regelt jedoch auch die Mitbestimmung des Betriebsrates bei wichtigen unternehmerischen Entscheidungen. Aus diesem Grund ist die Einteilung in betriebliche Mitbestimmung und Unternehmensmitbestimmung ungenau, aber gebräuchlich.
Unternehmens-mitbestimmung	Die Mitbestimmung in den Unternehmensorganen Aufsichtsrat, Vorstand oder Geschäftsführung ist nur bei juristischen Personen vorgesehen. Dazu zählen AG, GmbH, KGaA und Genossenschaft, die durch gesetzlich vorgeschriebene Organe handeln. Bei Personengesellschaften sind keine Organe vorgeschrieben, da die Unternehmer selbst die Geschäfte führen und selbst haften.

Erläutern Sie die Gesetze der Unternehmensmitbestimmung. Berücksichtigen Sie dabei insbesondere die Regelungen für die GmbH.

Betriebsverfas-sungsgesetz, BetrVG 1952 Drittbeteiligung	Gültigkeit	Die Arbeitnehmermitbestimmung hat Gültigkeit für die Rechtsform der GmbH, wenn weniger als 2 000 Arbeitnehmer beschäftigt sind. Mitbestimmungsfrei bleiben diese Unternehmen jedoch, wenn nur bis zu 500 Arbeitnehmer beschäftigt werden. Diese Regelung trifft auch zu für die Genossenschaften und für die Aktiengesellschaften, die nach dem 9. August 1994 in das Handelsregister eingetragen wurden.
	Zusammenset-zung und Wahl des Aufsichtsrates	Der Aufsichtsrat setzt sich zusammen aus zwei Dritteln Anteilseigner (Wahl durch die Kapitalgeber) und einem Drittel Arbeitnehmervertreter (Wahl durch die Arbeitnehmer). Die Anzahl der Aufsichtsratsmitglieder ist abhängig von der Höhe des gezeichneten Kapitals: Bis 1,5 Millionen EUR　　　　　　　　　　　= 　9 Aufsichtsratsmitglieder > 　1,5 Millionen EUR bis 10 Millionen EUR 　= 　15 Aufsichtsratsmitglieder > 　10 　Millionen EUR　　　　　　　　　= 　21 Aufsichtsratsmitglieder
Mitbestimmungs-gesetz, MitbestG 1976 Gleichberechtigung	Gültigkeit	Eine speziellere Regelung für Unternehmen mit mindestens 2 000 Arbeitnehmern in der Rechtsform der GmbH, AG, KGaA und Genossenschaft enthält das MitbestG von 1976.
	Zusammenset-zung und Wahl des Aufsichtsrates	Der Aufsichtsrat setzt sich paritätisch aus den Vertretern der Anteilseigner und der Arbeitnehmer zusammen. Die Vertreter der Anteilseigner werden von der Hauptver-sammlung (AG), der Gesellschafterversammlung (GmbH) oder der Vertreterversammlung (Genossenschaft) direkt gewählt. Die Arbeitnehmervertreter setzen sich wie folgt zusammen: ▶ Vertreter aus der Gruppe der Arbeiter und Angestellten (Wahl durch Arbeiter und Angestellte) ▶ Vertreter aus der Gruppe der leitenden Angestellten (Wahl durch alle Angestellten) ▶ Vertreter der Gewerkschaften (Vorschlag durch die Gewerkschaften, Wahl durch die Belegschaft) Die Anzahl der Aufsichtsratsmitglieder ist abhängig von den beschäftigten Arbeitneh-mern: Von 2000 bis 10000 Arbeitnehmer　　　　　= 　12 Aufsichtsratsmitglieder > 10000 Arbeitnehmer bis 20000 Arbeitnehmer 　= 　16 Aufsichtsratsmitglieder > 20000 Arbeitnehmer　　　　　　　　　= 　20 Aufsichtsratsmitglieder
	Besonderheit Pattsituation	Ergibt die Abstimmung im Aufsichtsrat keine Mehrheit, so hat der Aufsichtsratsvorsit-zende doppeltes Stimmrecht. Der Aufsichtsrat wählt mit Zweidrittelmehrheit aus seiner Mitte einen Aufsichtsratsvorsitzen-den und einen Stellvertreter. Wird diese Mehrheit nicht erreicht, dann wählen – jeweils mit einfacher Stimmenmehrheit – die Aufsichtsratsmitglieder der Kapitalgeber den Aufsichts-ratsvorsitzenden und die Aufsichtsratsmitglieder der Arbeitnehmer den Stellvertreter.
	Arbeitsdirektor	Der zu wählende Arbeitsdirektor ist gleichberechtigtes Mitglied in dem zur gesetzli-chen Vertretung bestimmten Unternehmensorgan. Die Bestellung kann auch gegen den Willen der Arbeitnehmervertreter erfolgen.
Montan-mitbestimmung, Montan-MitbestG 1951 Paritätische Mitbestimmung	Gültigkeit	Für Unternehmen des Kohle- und Eisenerzbergbaus sowie für die Eisen und Stahl erzeugende Industrie in der Rechtsform einer GmbH oder AG mit mehr als 1 000 Arbeitnehmern findet das Montan-MitbestG Anwendung.
	Zusammenset-zung und Wahl des Aufsichtsrates	Es handelt sich um eine paritätische Besetzung des Aufsichtsrats mit Vertretern der Anteilseigner (Wahl durch die Anteilseigner) und der Arbeitnehmer (Wahl durch die Anteilseigner, die jedoch an die eingereichten Vorschläge des Betriebsrates und der Gewerkschaften gebunden sind). Die gewählten Anteilseigner und Arbeitnehmerver-treter im Aufsichtsrat müssen sich dann auf ein neutrales Mitglied einigen.
	Arbeitsdirektor	Der zu wählende Arbeitsdirektor des zur gesetzlichen Vertretung berufenen Organs kann nicht gegen die Mehrheit der Stimmen der Arbeitnehmervertreter im Aufsichts-rat bestellt oder abberufen werden.

1 *Überprüfen Sie, ob die genannten Unternehmen unter die überbetriebliche Mitbestimmung fallen.*

Tragen Sie eine
1 ein, wenn das Betriebsverfassungsgesetz von 1952 zutrifft,
2 ein, wenn das Montanmitbestimmungsgesetz von 1951 zutrifft,
3 ein, wenn das Mitbestimmungsgesetz von 1976 zutrifft.
Tragen Sie eine 9 ein, wenn eine überbetriebliche Mitbestimmung nicht zutrifft.

a. Gesellschaft mit beschränkter Haftung, 700 Arbeitnehmer

b. OHG, 3 000 Arbeitnehmer

c. Braunkohle AG, 2 600 Arbeitnehmer

d. Viermann Farben und Lacke AG, 14 000 Arbeitnehmer

e. Stahlux AG, Walzerzeugnisse, 1 400 Arbeitnehmer

f. Anke Rüter, eingetragene Kauffrau, Feinkost, 50 Arbeitnehmer

g. Gerd Wessel, Baustoffgroßhandel AG, 700 Arbeitnehmer

h. Transport Schnell GmbH, 200 Arbeitnehmer

i. Nils Bökenhagen, Blumenmarkt, nicht eingetragen im Handelsregister

2 *Die Ferdi Lamberts GmbH ist Hersteller, Importeur und Exporteur von Delikatessen und Spirituosen. Das Unternehmen ist vor drei Jahren in Düsseldorf gegründet worden und beschäftigt 660 Mitarbeiter. Eine Tochtergesellschaft befindet sich in Italien. Dort sind 200 Arbeitnehmer angestellt.*

Überprüfen Sie folgende Aussagen zur betrieblichen und überbetrieblichen Mitbestimmung.

Tragen Sie eine
1 ein, wenn die Aussage zutrifft,
9 ein, wenn die Aussage nicht zutrifft.

a. Für das Unternehmen in Düsseldorf muss kein Aufsichtsrat gebildet werden. Insgesamt sind 860 Mitarbeiter in zwei rechtlich selbstständigen Unternehmen tätig. Damit bleibt das Unternehmen mitbestimmungsfrei.

b. Da in Düsseldorf ein Betriebsrat besteht, ist dieses Organ auch zwingend notwendig für das Unternehmen in Italien.

c. Der Aufsichtsrat setzt sich paritätisch zusammen, d.h., die Hälfte der Aufsichtsratsmitglieder wird von der Kapitalseite gewählt, die andere Hälfte von den Arbeitnehmern.

d. Das Unternehmen in Düsseldorf fällt unter die Vorschriften des Betriebsverfassungsgesetzes. Somit ist ein Aufsichtsrat zu wählen.

e. Die Anzahl der Aufsichtsratsmitglieder ist abhängig von der Anzahl der Angestellten und Arbeiter in Düsseldorf.

f. Die Anzahl der Aufsichtsratsmitglieder ist abhängig von der Höhe des gezeichneten Kapitals.

g. Ein Aufsichtsrat muss nur gewählt werden, wenn der Betriebsrat einen Antrag gestellt hat.

3 *Die Zusammensetzung des Aufsichtsrates einer GmbH kann unter das*
1 Mitbestimmungsgesetz von 1976,
2 Betriebsverfassungsgesetz von 1952,
3 Montanmitbestimmungsgesetz von 1951
fallen.

Ordnen Sie diese Gesetze den folgenden Sachverhalten zu. Falls keine überbetriebliche Mitbestimmung zutrifft, tragen Sie eine 9 ein.

a. Pax-de-vex GmbH, Internationaler Vertrieb medizinischer Geräte, drei Geschäftsführer, 130 Mitarbeiter

b. Computer FEST Gesellschaft mbH, 2 300 Mitarbeiter

c. Stahlwerke Osnaberg GmbH, 2 100 Mitarbeiter

4 *Überprüfen Sie folgende Aussagen zum Mitbestimmungsgesetz von 1976.*

Tragen Sie eine
1 ein, wenn die Aussage zutreffend ist,
9 ein, wenn die Aussage nicht zutreffend ist.

a. Für Unternehmen, die mindestens 2 000 Arbeitnehmer beschäftigen und eine bestimmte Rechtsform aufweisen, hat das Mitbestimmungsgesetz Gültigkeit.

b. Der Aufsichtsrat setzt sich paritätisch aus den Anteilseignern und den Arbeitnehmern zusammen.

c. Auf der Seite der Arbeitnehmervertreter befinden sich auch Gewerkschaftsvertreter, die auf Vorschlag durch die Gewerkschaften von der Belegschaft gewählt werden.

d. Die Zahl der Aufsichtsratsmitglieder ist ungerade, damit es nicht bei Abstimmung zu Pattsituationen kommen kann.

5 *Auf welches der drei Mitbestimmungsgesetze trifft die folgende Feststellung zu?*

„Der Aufsichtsratsvorsitzende hat bei Pattsituationen das doppelte Stimmrecht. Dabei handelt es sich bei dem Aufsichtsratsvorsitzenden i.d.R. um einen Vertreter der Kapitalseite."

1 Mitbestimmungsgesetz von 1976
2 Betriebsverfassungsgesetz von 1952
3 Montanmitbestimmungsgesetz von 1951

6 *Welche der folgenden Aussagen zum Aufsichtsrat trifft nicht zu?*

1 Der Aufsichtsrat wird alle vier Jahre neu gewählt.
2 Die Aufsichtsratsmitglieder erhalten für ihre Tätigkeit eine Tantieme, die laut Satzung oder auch durch Beschluss der Hauptversammlung bestimmt wird.
3 Zu den Aufgaben des Aufsichtsrates gehört die Überwachung des Vorstandes.
4 Der Aufsichtsrat hat Bericht zu erstatten über den vom Vorstand aufgestellten Jahresabschluss.
5 Die Aufsichtsratsmitglieder müssen ein juristisches Studium nachweisen, um ihre Tätigkeit durchführen zu können.

Beschreiben Sie Begriff, Ziele und Aufgaben in der Personalplanung.

Begriff und Ziele	Die Personalplanung bildet die Grundlage der Personalwirtschaft. Ihr Ziel ist es, dem Betrieb die für die Erfüllung betrieblicher Aufgaben erforderlichen Mitarbeiter in der richtigen Menge mit der richtigen Qualifikation rechtzeitig zur Verfügung zu stellen.
Aufgaben	Aufgabe der Personalplanung ist vor allem die Ermittlung des Personalbedarfs: ▸ **Quantitativer Personalbedarf:** Menge des zu beschaffenden Personals ▸ **Qualitativer Personalbedarf:** Qualifikationen, die die zu beschaffenden Mitarbeiter vorweisen müssen

Unterscheiden Sie Personalpläne nach der Fristigkeit. Stellen Sie die Vorgehensweise bei der Personalplanung dar.

Fristigkeit der Personalpläne	▸ **Kurzfristige Personalpläne** beziehen sich auf einen Zeitraum von bis zu sechs Monaten. Dazu gehört z. B. die monatliche und wöchentliche Personaleinsatzplanung. ▸ **Mittelfristige Personalpläne** werden für einen Zeitraum von sechs Monaten bis zu drei Jahren erstellt. Sie beinhalten z. B. die Ausbildungsplanung oder die Einsatzplanung von Führungskräften in der Einarbeitungsphase. ▸ **Langfristige Personalpläne** gehen über einen Planungshorizont von bis zu fünf oder zehn Jahren. Sie werden allerdings zumeist nur in Großunternehmen eingesetzt. Der Schwerpunkt in kleinen und mittleren Betrieben sowie einzelnen Abteilungen liegt auf der kurzfristigen Personalplanung, insbesondere der Personaleinsatzplanung (PEP).		
Vorgehensweise der Personalplanung	▸ Die Personalabteilung benötigt Mengenangaben der zu erstellenden Leistungen und Einsatzzeiten sowie die Anforderungsprofile der zu bewältigenden Aufgaben. ▸ Unter Berücksichtigung der betriebsindividuellen Krankheitsquote, der Urlaubsplanung und der bekannten Anzahl und Lage von Feiertagen ist man sodann in der Lage, die Anzahl von Mitarbeitern mit den nötigen Qualifikationen für bestimmte Bereiche und Tätigkeitsfelder zu berechnen.		
	benötigte Daten	**Innerbetriebliche Daten:** ▸ Absatzplanung ▸ Fehlzeitenstatistik ▸ Urlaubsplanung ▸ Fluktuationsquote (Personalwechsel) ▸ Altersstruktur	**Externe Daten:** ▸ Arbeitsmarktentwicklung ▸ Tarifverträge ▸ Arbeitszeitordnung ▸ konjunkturelle Daten ▸ neue Entwicklungen in der Sozialgesetzgebung

In welche Teilbereiche lassen sich die Aktivitäten der Personalplanung untergliedern?

Arbeitsforschung	▸ Liefert Grundlagen für die Entscheidungsprozesse in der Personalplanung. ▸ Ermittelt das regionale bzw. überregionale Arbeitskräfteangebot. ▸ Liefert Ergebnisse über die quantitative (mengenmäßige) bzw. qualitative Entwicklung (Fachkräftebedarf) des Arbeitskräfteangebots.	
Personalbedarfs-planung	**Arten des Personalbedarfs**	Nach der Art des Personalbedarfs wird unterschieden in: ▸ Ersatzbedarf für ausscheidende Mitarbeiter; ▸ Zusatzbedarf für die Verwirklichung von Kapazitätserweiterungen durch neue Ladenflächen oder durch die Entstehung neuer Berufe; ▸ **Personaleinschränkungen** als Reaktion auf konjunkturelle Schwankungen, branchenspezifische oder unternehmensspezifische Marktprobleme; ▸ **Nachholbedarf** für Stellen, die bis zum Zeitpunkt der Beschaffung zwar vorgesehen, aber noch nicht besetzt sind.

	Abgangs-Zugangs-Tabelle	Die Personalbedarfsplanung erfolgt in der Regel nach folgendem Schema:
		    zukünftiger Belegschaftsstand (geplanter Bestand)
		    – gegenwärtige Ist-Belegschaft
		    + voraussichtliche Abgänge (z. B. durch Altersruhestand, Bundeswehr)
		    – voraussichtliche Zugänge (z. B. durch Rückkehr aus der Elternzeit)
		    = zukünftiger Personalbedarf

Personal-einsatzplanung	Die Personaleinsatzplanung hat die Optimierung des innerbetrieblichen Einsatzes der Mitarbeiter zum Ziel. Dazu gehören die ▸ Einführung und Einarbeitung neuer Mitarbeiter, ▸ Neuorganisation des Personaleinsatzes bei Änderung des Arbeitsablaufes, ▸ optimale Gestaltung der Arbeitsplätze.	
Personal-entwicklungsplanung	Ziel der Personalentwicklungsplanung ist die Anpassung der Qualifikation der Mitarbeiter an die ständig steigenden Anforderungen des Betriebes. Zu ihren Aufgaben gehört die Planung der ▸ Berufsausbildung, ▸ Weiterbildung durch Seminare und Fortbildungsmaßnahmen, ▸ Führungskräfteentwicklung.	

1 Ordnen Sie unten stehenden Aussagen zu, ob diese verwendet werden können zur Ermittlung des
  1 quantitativen Personalbedarfs,
  2 qualitativen Personalbedarfs.
  Tragen Sie eine 9 ein, wenn dem Sachverhalt keine Angaben zum Personalbedarf zu entnehmen sind.

  a. Für neu zu besetzende Stellen von Junior-Controllern wird künftig eine abgeschlossene Fachhochschulausbildung mit Schwerpunkt Rechnungswesen verlangt.

  b. In der Abteilung Qualitätskontrolle ist die Menge der zu prüfenden Produkte um 20 % gestiegen.

  c. Der Krankenstand im Werk III ist in den letzten vier Wochen um acht Prozentpunkte angestiegen.

  d. Der neue Tarifvertrag sieht eine regelmäßige wöchentliche Arbeitszeit von 36 Stunden vor.

  e. Der Bundestag beschließt aufgrund einer Vorlage des Bundesarbeitsministers eine Erhöhung der Rentenversicherungsbeiträge um 0,5 %.

  f. Die Industrie- und Handelskammer erteilt nur noch Betrieben eine Ausbildungserlaubnis, die im auszubildenden Berufsfeld über mindestens einen Ausbilder verfügen, der die Ausbildereignungsprüfung abgelegt hat.

2 Prüfen Sie nachstehende Aussagen. Ordnen Sie zu, ob diese Sachverhalte Maßnahmen der
  1 kurzfristigen Personalplanung,
  2 mittelfristigen Personalplanung,
  3 langfristigen Personalplanung

  auslösen werden.

  a. Ein Unternehmen der Maschinenbauindustrie aus Schwäbisch-Hall will in den folgenden drei Jahren ein neues Zweigwerk in Zwickau errichten.

  b. Ein Textileinzelhandelsunternehmen bereitet sich auf den bevorstehenden Sommerschlussverkauf vor.

  c. Ein EDV-Hersteller aus München will den Führungskräftenachwuchs forcieren. Absolventen von Fachhochschulen sollen in einem zweijährigen Trainee-Programm auf zukünftige Aufgaben vorbereitet werden.

  d. Der Leiter des Rechnungswesens eines Baustoffgroßhandels in Wismar bereitet die Inventur vor.

3 Für einen Bürofachgroßhandel liegen folgende Daten vor:
  – derzeitige Ist-Belegschaft: 50 Mitarbeiter;
  – durchschnittlicher derzeitiger Umsatz je Mitarbeiter: 30 000,00 EUR;
  – erwartete Abgänge: zwei Mitarbeiter wegen Ruhestand, eine Mitarbeiterin wegen Elternzeit, vier Mitarbeiter wegen Kündigung;
  – erwartete Zugänge: zwei Mitarbeiter wegen Übernahme aus dem Ausbildungsverhältnis, zwei Mitarbeiterinnen wegen Rückkehr aus der Elternzeit.
  – Der Gesamtumsatz soll auf 2,1 Mio. EUR erhöht werden. Der durchschnittliche Umsatz je Mitarbeiter bleibt konstant.
  Berechnen Sie aus den genannten Angaben den zusätzlichen Bedarf an Personal für die zukünftige Periode.

4 Welche Aufgaben hat die Arbeitsmarktforschung im Zusammenhang mit der Personalplanung?

  Tragen Sie eine 4 ein, wenn alle Aussagen zutreffen.

  1 Die Arbeitsmarktforschung hat die Aufgabe, Zahlenmaterial über den Arbeitsmarkt für Entscheidungsprozesse in der Personalplanung bereitzustellen.

  2 Die Arbeitsmarktforschung hat nicht nur das regionale Arbeitskräfteangebot, sondern auch das überregionale Arbeitskräfteangebot zu ermitteln.

  3 Die Arbeitsmarktforschung hat die Aufgabe, Ergebnisse über die qualitative Entwicklung des Arbeitskräfteangebots zu liefern.

5 Ordnen Sie die folgenden Teilbereiche der Personalplanung den unten stehenden Einzelaufgaben der Personalplanung zu.
  Teilbereiche der Personalplanung:
  1 Arbeitsmarktforschung
  2 Personalbedarfsplanung
  3 Personaleinsatzplanung
  4 Personalentwicklungsplanung

  a. Ermittlung der einzustellenden Mitarbeiter anhand des Stellenbesetzungsplanes

  b. Beschaffung von Informationen über die Erwerbsquote (Anteil der Erwerbspersonen in der Bevölkerungszahl) in der Bundesrepublik Deutschland

  c. Planung der Kosten für Fortbildungsseminare über Kostenkontrolle

  d. Anlernen am Arbeitsplatz durch andere Mitarbeiter

  e. Ermittlung der Eignungsmerkmale (Qualifikationen) für neu einzustellende Mitarbeiter

  f. Überlegungen zur Deckung eines kurzfristigen Personalengpasses

6 Welche der folgenden Unterlagen liefert keine Daten für die betriebliche Personalplanung?

  1 Tarifvertrag

  2 Altersstatistik

  3 Arbeitszeitordnung

  4 Einkommensteuerdurchführungsverordnung

  5 aktueller Monatsbericht der Deutschen Bundesbank

7 Für die Debitorenabteilung einer Großhandlung liegen der Personalplanung folgende Daten vor:
  – Es sind monatlich durchschnittlich 10 000 Rechnungen und Zahlungseingänge zu bearbeiten. Jeder Vorgang benötigt durchschnittlich fünf Minuten.
  – Das folgende Jahr hat 245 reguläre Arbeitstage. Der Tarifvertrag sieht einen Urlaub von 30 Tagen vor sowie eine regelmäßige Arbeitszeit von 7,5 Stunden täglich.
  – Im Unternehmen rechnet man mit einer durchschnittlichen Krankheitsquote im Angestelltenbereich von 8 %.
  Wie viele Mitarbeiter müssen in der Abteilung vorgehalten werden, um das Arbeitspensum zu schaffen? (auf volle Stellenzahl aufrunden)

Welcher Grundsatz sollte bei der Einstellung von Mitarbeitern stets beachtet werden?

Grundsatz	Die Qualifikationen eines neu einzustellenden Mitarbeiters richten sich nach den Anforderungen der zu besetzenden Stelle. Diese Anforderungen lassen sich aus der Stellenbeschreibung oder aus einem Anforderungsprofil der Stelle entnehmen.
Begründung	▸ Die Orientierung an den Anforderungen soll eine optimale Stellenbesetzung gewährleisten. ▸ Fehlbesetzungen von Stellen führen – zu erhöhten Personalkosten aufgrund eines vermehrten Personalwechsels; – unter Umständen zu Unzufriedenheit in der Belegschaft, einem gestörtem Betriebsklima und zu geringen Leistungen des Personals.

Welche Qualifikationsgruppen sind bei der Beschaffung von Mitarbeitern zu unterscheiden?

Ungelernte Mitarbeiter	Sie haben keinerlei Ausbildung und können lediglich einfache Arbeiten erledigen, z.B. Transport- und Reinigungsarbeiten, Einräumen von Regalen.
Angelernte Mitarbeiter	Sie haben ebenfalls keine abgeschlossene Ausbildung, sind jedoch in einem genau abgegrenzten Arbeitsgebiet für kurze Zeit eingeführt worden. Sie erledigen Arbeiten, die keinen gesonderten Einblick in komplexe Arbeitsabläufe erfordern, wie kassieren, Telefon bedienen.
Gelernte Mitarbeiter	Sie haben eine abgeschlossene kaufmännische Ausbildung wie z.B. Bürokaufmann/Bürokauffrau oder Informationselektroniker/-in. Sie können somit für qualifizierte Tätigkeiten eingesetzt werden.
Hoch qualifizierte Mitarbeiter	Sie haben sich über den Ausbildungsberuf hinaus noch eine Zusatzqualifikation erworben. Diese kann bestehen aus einer berufsbegleitenden Fortbildung (z.B. Fachwirt der IHK) oder einem Studium (z. B. Fachhochschul- oder Hochschulstudium). Diese Mitarbeiter werden vorwiegend für Führungsaufgaben benötigt.

Erläutern Sie die beiden grundsätzlich verschiedenen Möglichkeiten der Personalbeschaffung.
Nennen Sie deren Vor- und Nachteile.

Interne Personalbeschaffung	Externe Personalbeschaffung
Eine frei werdende Stelle wird mit einer Arbeitskraft aus dem eigenen Betrieb besetzt. Dies erfolgt in größeren Unternehmen zumeist über eine innerbetriebliche Stellenausschreibung. Vorteile: ▸ Mitarbeiter ist bekannt ▸ erhöhte Bindung an den Betrieb ▸ positive Auswirkung auf das Betriebsklima ▸ Betriebskenntnis ▸ Einhaltung des betrieblichen Gehaltsniveaus	Die Stelle wird mit einem Bewerber vom Arbeitsmarkt besetzt. Der Betrieb kann ▸ auf die Arbeitsagentur zurückgreifen, private Arbeitsvermittler beauftragen, ▸ eine eigene Stellenanzeige schalten, ▸ mit Berufsschulen und Hochschulen zusammenarbeiten. Vorteile: ▸ umfangreiche Auswahlmöglichkeit ▸ neue Impulse und Anregungen für den Betrieb ▸ Ausschalten innerbetrieblicher Konflikte

Stellen Sie den Ablauf eines Bewerbungs- und Einstellungsverfahrens dar.

Personalanforderung	Auslöser eines Bewerbungsverfahrens ist die Anforderung eines bzw. mehrerer Mitarbeiter durch die Abteilung, in der Personalbedarf besteht.
Stellenbeschreibung	Diese beinhaltet die Anforderungen und Qualifikationen der zu besetzenden Stelle.
Interne bzw. externe Personalwerbung	Einleitung des Bewerbungsverfahrens durch innerbetriebliche Stellenausschreibung bzw. durch Anzeigen in Tageszeitungen/Fachzeitschriften, Auswertung von Anzeigen von Stellensuchenden oder Vermittlung durch die Arbeitsagentur.
Bewerbungseingang und 1. Vorauswahl	Eingegangene Bewerbungsunterlagen werden in einer ersten Vorauswahl gesichtet. Ungeeignet erscheinende Bewerber erhalten eine Absage.
Zusätzliche Informationsbeschaffung	Verschicken eines einheitlichen Personalfragebogens. Dieser ist vom Bewerber wahrheitsgemäß auszufüllen und an das Unternehmen zurückzuschicken.
2. Vorauswahl/Einladung zum Vorstellungsgespräch	Aus dem übrigen Bewerberkreis werden die aussichtsreichsten Bewerber zu einem Vorstellungsgespräch eingeladen. Nicht berücksichtigte Bewerber erhalten eine Absage.
Vorstellungsgespräch/Tests	Interviews durch Personal- und/oder Abteilungsleiter, Leistungstests, Intelligenztests und Persönlichkeitstests geben ein genaueres Bild über die Bewerber.
Entscheidung und vorläufige Einstellung (Probezeit)	Das Unternehmen wählt den aus seiner Sicht geeignetsten Bewerber aus und bietet einen Arbeitsvertrag an. Der Bewerber entscheidet, ob er den Vertrag annimmt. Über die geplante Einstellung muss der Betriebsrat unterrichtet werden

1 Prüfen Sie die folgenden Aussagen aus dem Gespräch zweier Personalleiter.
Kennzeichnen Sie
zutreffende Aussagen mit einer 1,
unzutreffende Aussagen mit einer 9.

a. „Um eine effiziente Personalarbeit zu leisten, müssen Anforderungsprofil und Bewerberprofil möglichst weitgehend übereinstimmen."

b. „Wenn es keine Übereinstimmung gibt, sollte man auch den Bewerber nehmen, der dem Anforderungsprofil der Stelle am ehesten entspricht."

c. „Es ist besser, erst einmal weiterzusuchen, um unnötige Fluktuationskosten zu vermeiden."

2 Entscheiden Sie in den folgenden Fällen, ob es sich dabei um die Beschaffung eines
1 ungelernten Mitarbeiters,
2 angelernten Mitarbeiters,
3 gelernten Mitarbeiters,
4 hoch qualifizierten Mitarbeiters

handelt.

a. Die Stabsstelle „Vertragsrecht" des Unternehmens ist zu besetzen.

b. Für einen Dachdeckerbetrieb wird ein Handlanger benötigt.

c. Die Stelle der Fremdsprachenkorrespondentin ist frei geworden.

d. Eine Exportsachbearbeiterin wird benötigt.

e. In der Endmontage eines Fahrzeugherstellers wird ein Mitarbeiter für die Fenstermontage gesucht.

f. In einem Großhandel wird jemand gesucht, der die Telefonzentrale, das Kopiergerät und das Faxgerät bedient.

g. Ein Heizungsinstallateur sucht für die Verlegung von Gasleitungen einen neuen Mitarbeiter.

3 Welche der folgenden Merkmale gehören nicht zu den Nachteilen einer innerbetrieblichen Personalbeschaffung?

1 geringe Auswahl

2 Betriebsblindheit

3 Zurücksetzung langjähriger Mitarbeiter

4 Blockierung von innerbetrieblichen Aufstiegsmöglichkeiten

5 Quantitativer Bedarf wird nicht gedeckt.

4 Welches der folgenden Merkmale gehört nicht zu den Nachteilen einer außerbetrieblichen Personalbeschaffung?

1 Stellenbesetzung ist kostenintensiv.

2 Eingewöhnungsschwierigkeiten

3 Stellenbesetzung ist zeitintensiv.

4 keine Betriebskenntnis der Bewerber

5 geringe Auswahlmöglichkeiten

5 Nicht zur externen Personalbeschaffung gehört der Beschaffungsweg über

1 Arbeitsagenturen,

2 Stellenanzeigen,

3 Kontakte zu Schulen bzw. (Fach-)Hochschulen,

4 Stellenausschreibung in einer Zweigstelle.

6 Welche der folgenden Aussagen zur Auswahl von außerbetrieblichen Bewerbern ist falsch?

Tragen Sie eine 5 ein, wenn alle Aussagen zutreffen.

1 Zu den Bewerbungsunterlagen gehören ein Anschreiben, ein Lebenslauf mit Darstellung des Werdegangs sowie die erforderlichen Zeugnisse.

2 Das Vorstellungsgespräch dient dazu, einen persönlichen Eindruck über den Bewerber zu gewinnen.

3 Im Vorstellungsgespräch wird der Bewerber auch über den Betrieb und den Arbeitsplatz informiert.

4 Eignungstests dienen der zusätzlichen Information über den Bewerber.

7 Bringen Sie die folgenden Maßnahmen eines Großhandels bei einem Bewerbungsverfahren in eine schlüssige Reihenfolge, indem Sie die Ziffern 1 bis 10 vergeben.

a. Vorstellungsgespräch einschließlich Tests

b. Stellenbeschreibung als Grundlage für eine Stellenausschreibung

c. Entscheidung über den einzustellenden Bewerber

d. Bewerbungseingang

e. Aushändigung des Arbeitsvertrages

f. Personalanforderung

g. interne bzw. externe Stellenausschreibung

h. Einladung zu einem Vorstellungsgespräch

i. Information des Betriebsrates

j. Prüfen der Bewerbungsunterlagen

8 Welche der folgenden Wege wird ein Unternehmen in der Personalbeschaffung beschreiten, wenn die unten stehenden Mitarbeiter gesucht werden? Es sind jeweils zwei Nennungen möglich.

1 Kleinanzeige/regionale Tageszeitung
2 Personalanzeige/regionale Tageszeitung
3 Personalanzeige/überregionale Zeitung
4 Arbeitsagentur
5 Personalberater

a. Produktmanager

b. Sachbearbeiter im Einkauf

c. Lagerarbeiter

d. Bilanzbuchhalter

e. Friseurin

f. Chefredakteurin

Welches Ziel und welche Aufgaben hat die Personalverwaltung?

Ziel	Ziel der Personalverwaltung ist die reibungslose Abwicklung aller Personalangelegenheiten bei der Auswahl, Einstellung, Betreuung und Kündigung von Mitarbeitern.
Aufgaben	Die Hauptaufgaben der Personalverwaltung betreffen vornehmlich ▶ die Anlage und Führung der **Personalakten** und die Verwaltung der **Personaldaten**; ▶ die **Abwicklung aller personalwirtschaftlichen Vorgänge,** die bei der Einstellung, Verwaltung und Entlassung von Mitarbeitern anfallen, z. B. die An- und Abmeldung bei den Sozialversicherungsträgern, Ausstellung von Bescheinigungen; ▶ die Erstellung von **Personalstatistiken**.

Erläutern Sie den Begriff, die Inhalte und die Aufgaben der Personalakte.

Begriff	Die Personalakte ist das zentrale Instrument der Dokumentation des Personalwesens. Sie enthält alle personalwirtschaftlich bedeutsamen Daten des Arbeitnehmers vom Eintritt in das Unternehmen bis zum Austritt.
Inhalte	▶ Bewerbungsunterlagen/Personalbogen ▶ Arbeitsvertrag/zusätzliche Vereinbarungen ▶ Schriftverkehr, soweit dieser sich auf das Arbeitsverhältnis bezieht ▶ Beurteilungen ▶ Kopien ausgestellter Bescheinigungen und Zeugnisse ▶ Unterlagen über die Bezüge, wie Kopien der Lohnabrechnungen ▶ Urlaubsscheine ▶ Krankheitsnachweise
Aufgaben	▶ Dokumentation und Archivierung (Aufbewahrung) ▶ Aktualisierung und Fortschreibung der laufenden Daten ▶ Auskunftsbereitschaft gegenüber den verschiedenen Stellen des Unternehmens (Lohn- und Gehaltsabteilung, Vorgesetzter, Organisationsabteilung) ▶ Überwachung der mitarbeiterbezogenen Daten (Krankheitsquote, Urlaubstage, Gleitzeitabrechnungen)

Was ist eine Personaldatei/-kartei? Welche Daten können darin gespeichert werden?

Begriff	Die Personaldatei oder Personalkartei enthält alle Daten des Mitarbeiters, die der Abwicklung der Entlohnung, der Sozialversicherung und sonstiger verwaltungstechnischer Vorgänge dienen.
Inhalte	▶ **Allgemeine Daten**: z. B. Personalnummer, Name, Anschrift, Geburtsdatum, Staatsangehörigkeit, Geschlecht ▶ **Persönlichkeitsprofildaten**: z. B. Schul- und Berufsausbildung, Berufserfahrung, Weiterbildungsmaßnahmen, Beurteilungsdaten ▶ **Abrechnungsdaten**: z. B. Lohnsteuerklasse, Familienstand, Anzahl der Kinder, Religionszugehörigkeit, Sozialversicherungsdaten, Angaben über Fehlzeiten und Urlaub

Was muss der Arbeitgeber bei der Führung von Personalakten und Personaldateien beachten?
Welche Rechte hat der Arbeitnehmer in Bezug auf seine Personalakte?

Wichtige Punkte, die der Arbeitgeber beachten sollte	▶ Für jeden Arbeitnehmer sollte eine Personalakte und ein Personalstammsatz/ eine Karteikarte angelegt werden. ▶ Die Personalakten sollten zentral in der Personalabteilung geführt werden. ▶ Bei der Führung der Personalakte, der Personalkartei oder -datei hat der Arbeitgeber die Vorschriften des Datenschutzgesetzes zu beachten. Da es sich um sehr sensible Daten handelt, muss er diese vor allem vor dem Zugriff unberechtigter Personen schützen. ▶ Es darf grundsätzlich nur eine Personalakte geführt werden. Sogenannte „Schattenakten", in denen Unterlagen aufbewahrt werden, über die der Mitarbeiter nichts erfahren soll, sind unzulässig.

Rechte des Mitarbeiters	▶ **Betriebsverfassungsgesetz:** Der Mitarbeiter hat ein Recht darauf, jederzeit Einsicht in seine Personalakte zu nehmen.
	▶ **Datenschutzgesetz:** Der Arbeitnehmer hat ein Recht auf
	  – Benachrichtigung über die Erfassung und Speicherung;
	  – Berichtigung falscher Daten und Löschung von unzulässig gespeicherten Daten;
	  – Sperrung von Daten, deren Richtigkeit vom Arbeitnehmer angezweifelt wird.

Welche Aufgabe erfüllt die Personalstatistik? Geben Sie Beispiele für Auswertungen.

Begriff	Die Personalstatistik ist ein wichtiges Instrument für die Personalplanung, Aus- und Fortbildung sowie die Personalbeschaffung. Sie wertet die Daten des vorhandenen Personals nach verschiedenen Gesichtspunkten aus und ermöglicht somit Perioden- und Betriebsvergleiche.
Auswertungen	▶ **Personalstruktur:** Mitarbeiter nach Alter, Geschlecht, Funktionen ▶ **Personalkosten:** Personalkosten nach Struktur, Lohnnebenkostenentwicklung ▶ **Personalbewegungen:** Fluktuationsquote, innerbetrieblicher Stellenwechsel ▶ **Ausfallzeiten:** Krankheitsquote, Ausfallzeiten nach Wochentagen und Jahreszeiten, Urlaubsverteilung

1 Welche der folgenden Aufgaben fällt nicht in den Tätigkeitsbereich der Personalverwaltung?

1 Erstellen eines Zeugnisses

2 Prüfen eines eingegangenen Personalbogens

3 Erstellen der monatlichen Personalstrukturstatistik

4 Buchen der monatlichen Lohn- und Gehaltsaufwendungen

5 Prüfen der monatlichen Gleitzeitbelege

2 Welche der folgenden Unterlagen wird nicht in der Personalakte aufbewahrt?

1 Kopien der Beurteilungen

2 Arbeitsunfähigkeitsbescheinigungen

3 Lohnsteuervoranmeldungen

4 Personalbogen

5 Zeugnisse des Arbeitnehmers aus früheren Beschäftigungsverhältnissen

3 Ordnen Sie unten stehenden Daten eines Personalstammsatzes zu, ob es sich dabei um

1 allgemeine Daten,
2 Persönlichkeitsprofildaten,
3 Abrechnungsdaten

handelt.

Kennzeichnen Sie die Daten mit einer 9, wenn diese nicht in die Personalstammdatei hineingehören.

a. Lohnsteuerklasse

b. Geschlecht

c. Grad der Schwerbehinderung

d. besuchte Fortbildungen

e. Religionszugehörigkeit

f. Anschrift

g. Gehaltsgruppe

h. Krankenkasse

i. Sprachkenntnisse

j. Haftpflichtversicherungsnummer

k. Nummer des VL-Sparvertrages

4 Prüfen Sie unten stehende Aussagen. Kennzeichnen Sie zutreffende Aussagen mit einer 1, unzutreffende Aussagen mit einer 9.

a. Personenbezogene Daten unterliegen dem Datenschutz.

b. Eine Personalakte wird erst angelegt, wenn der Arbeitnehmer länger als ein Jahr beschäftigt wird.

c. Eine Personalakte wird zentral in der Personalabteilung geführt, eine zweite Personalhandakte bei dem jeweiligen Vorgesetzten.

d. Unterlagen des Werksarztes über Untersuchungen des Arbeitnehmers dürfen nicht in die Personalakte aufgenommen werden.

5 Ordnen Sie zu, welche der folgenden Teilbereiche der Statistik die unten stehenden Sachverhalte aufnehmen und verarbeiten.
1 Personalstrukturstatistik
2 Personalkostenstatistik
3 Personalbewegungsstatistik
4 Personalausfallzeitenstatistik

Tragen Sie eine 9 ein, wenn keiner der Sachverhalte in der Personalstatistik Berücksichtigung findet.

a. Herr Schmidt wird ab dem 01.01. des folgenden Jahres in die nächsthöhere Gehaltsgruppe eingestuft.

b. Herr Tischler wird ab 01.10. die Leitung der Abteilung Umweltprojekte übernehmen.

c. Frau Ritter hat geheiratet.

d. Bundestag und Bundesrat haben die Einführung einer Pflegeversicherung beschlossen.

e. Herr Press muss für zwei Wochen ins Krankenhaus.

f. Herr Wiegmann ist Angestellter.

g. Frau Bruning wird in die Zweigstelle 8 versetzt.

h. Herr Honermeier ist Bereichsleiter.

i. Die Geschäftsleitung entschließt sich, eine betriebliche Altersversorgung einzuführen.

j. Ab dem 01.01. des folgenden Jahres wird der Solidaritätszuschlag wieder in Kraft gesetzt.

k. Herr Rehuis hat die niederländische Staatsangehörigkeit.

6 Werten Sie das folgende Zahlenmaterial aus.
Personalstand Ende des Monats:
männliche Mitarbeiter: weibliche Mitarbeiter:
– Angestellte   202   – Angestellte   315
– Arbeiter   430   – Arbeiter   320

Bruttolohn- und Gehaltssumme des Monats:
– Angestellte   1 861 200,00 EUR
– Arbeiter   2 437 500,00 EUR
Lohnnebenkosten   3 610 908,00 EUR
Berechnen Sie ...

a. ... den Anteil der Angestellten an den Beschäftigten in Prozent.

b. ... den Anteil der Lohnnebenkosten an den gesamten Personalkosten.

c. ... den durchschnittlichen Bruttoverdienst der Arbeiter des Unternehmens.

d. ... den Anteil der weiblichen Arbeiter an den Beschäftigten in Prozent.

e. ... die durchschnittlichen Personalkosten der Angestellten.

f. ... die Lohnnebenkosten in Prozent der Bruttolohn- und Gehaltssumme.

g. ... die Fluktuationsquote, wenn im vergangenen Monat 40 Mitarbeiter das Unternehmen verlassen haben und dafür 40 neue Mitarbeiter wieder eingestellt wurden.

Erklären Sie die Möglichkeiten zur Beendigung des Arbeitsverhältnisses.

Fristablauf	Ist der Arbeitsvertrag nur für einen bestimmten Zeitraum abgeschlossen worden, so endet er mit Ablauf der Frist.
Aufhebungs-vertrag	Arbeitgeber und Arbeitnehmer erklären in einem Vertrag übereinstimmend, dass das Arbeitsverhältnis beendet sein soll.
Kündigung	▸ Die **ordentliche Kündigung** kann nur schriftlich unter Einhaltung einer Kündigungsfrist erfolgen. Für alle Arbeitnehmer (Arbeiter und Angestellte) gilt eine Mindestkündigungsfrist von vier Wochen zum Ende oder zur Mitte eines Monats. Ausnahmen hierzu sind bei Betrieben unter 20 Beschäftigten und bei Aushilfstätigkeiten von weniger als drei Monaten Dauer möglich. In der Probezeit beträgt die Frist zwei Wochen. Bei längerer Betriebszugehörigkeit gelten erweiterte Fristen (jeweils zum Monatsende): ab 2 Jahren – 1 Monat ab 12 Jahren – 5 Monate ab 5 Jahren – 2 Monate ab 15 Jahren – 6 Monate ab 8 Jahren – 3 Monate ab 20 Jahren – 7 Monate ab 10 Jahren – 4 Monate ▸ Die **außerordentliche Kündigung** erfolgt fristlos aus wichtigem Grund (Schriftform ist vorgegeben). Ein solcher ist die grobe Verletzung einer vertraglichen Pflicht. Entscheidend ist, dass dem kündigenden Teil die Fortsetzung des Arbeitsverhältnisses nicht mehr zugemutet werden kann. Dies wird z. B. für den Arbeitgeber dann der Fall sein, wenn der Arbeitnehmer gestohlen hat, für den Arbeitnehmer, wenn der Arbeitgeber gröblich die Sicherheitsvorschriften vernachlässigt.

Beschreiben Sie die Ziele und Voraussetzungen des Kündigungsschutzgesetzes.

Ziele	Für einen Arbeitnehmer ist der Arbeitsplatz Grundlage zur Sicherung der materiellen und sozialen Existenz. Aus diesem Grund soll das Kündigungsschutzgesetz (KSchG) Arbeitnehmer vor willkürlichen Kündigungen durch den Arbeitgeber schützen. Kündigungen sind demnach rechtsunwirksam, wenn sie „sozial unge-rechtfertigt" sind. Rechtswirksame Kündigungen liegen nur dann vor, wenn bestimmte Gründe gegeben sind. Bei personen- oder verhaltensbedingten Kündigungen müssen vorherige Abmahnungen erfolgt sein.
Voraussetzungen für die Anwendung des KSchG	▸ Das Unternehmen muss mehr als zehn Arbeitnehmer beschäftigen. ▸ Das Arbeitsverhältnis muss mindestens sechs Monate bestehen.

Nennen Sie Gründe, die aus der Sicht des Kündigungsschutzgesetzes sozial gerechtfertigt sind.

Personenbedingt	*Beispiele: fehlende Eignung, mangelhafte Leistung, häufige Erkrankungen, Alkoholabhängigkeit*
Verhaltensbedingt	*Beispiele: unberechtigte Krankmeldung, Störung des Betriebsfriedens, häufige Unpünktlichkeit*
Betriebsbedingt	*Beispiele: Rationalisierung, Einschränkung der Produktion, Auftragsmangel, Umsatzrückgang*

Beschreiben Sie das Kündigungsschutzverfahren.

▸ Die Kündigung bedarf der vorherigen Anhörung des Betriebsrates. Eine ohne Anhörung ausgesprochene Kündigung ist nichtig. Der Betriebsrat kann einer ordent-lichen Kündigung innerhalb von einer Woche, einer außerordentlichen Kündigung unverzüglich, spätestens innerhalb von drei Tagen schriftlich unter Angabe von Gründen widersprechen.

▸ Gegen eine seiner Meinung nach sozial ungerechtfertigte Kündigung kann der Arbeitnehmer innerhalb einer Woche Einspruch beim Betriebsrat einlegen. Soweit dieser den Einspruch für begründet hält, hat er sich um eine Verstän-digung mit dem Arbeitgeber zu bemühen.

▸ Um ein endgültiges Wirksamwerden der Kündigung zu verhindern, muss der Arbeitnehmer innerhalb von drei Wochen nach Zugang der Kündigung Klage beim Arbeitsgericht erheben. Dort soll festgestellt werden, dass das Arbeitsverhältnis durch die Kündigung nicht aufgelöst ist. Gleiches gilt für außerordentliche Kündigungen.

▸ Stellt das Arbeitsgericht die Unwirksamkeit fest, muss der Arbeitnehmer entweder weiterbeschäftigt werden oder der Arbeitgeber hat ihm eine Abfindung zu zahlen, falls die Fortsetzung des Arbeitsverhältnisses unzumutbar ist.

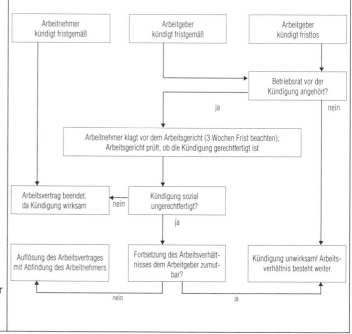

1 Welche Kündigungsfrist gilt für unten stehende Angestellte in einem Betrieb mit mehr als 50 Beschäftigten im Jahr 2020, wenn sie vom Arbeitgeber ordentlich gekündigt werden und die Kündigungsfristen tarifvertraglich nicht geregelt sind?

1 ein Monat zum Monatsende
2 zwei Monate zum Monatsende
3 drei Monate zum Monatsende
4 vier Monate zum Monatsende
5 fünf Monate zum Monatsende
6 sechs Monate zum Monatsende
7 sieben Monate zum Monatsende
8 vier Wochen zum Ende/zur Mitte eines Monats

a. Anita Alfinger, 35 Jahre alt, Betriebseintritt: vor neun Jahren

b. Bernd Blome, 50 Jahre alt, Betriebseintritt: vor 19 Jahren

c. Claus Cordes, 38 Jahre alt, Betriebseintritt: vor elf Jahren

d. Dagobert Deiter, 28 Jahre alt, Betriebseintritt: vor einem Jahr

e. Erika Ernstmeier, 35 Jahre alt, Betriebseintritt: vor vier Jahren

2 Arbeitnehmer sollen vor willkürlichen Kündigungen durch den Arbeitgeber geschützt werden. Gesetzliche Grundlage hierfür ist das Kündigungsschutzgesetz (KSchG).
Welche der unten stehenden Aussagen sind notwendige Voraussetzungen für die Anwendung des Kündigungsschutzes?

1 Das Unternehmen des gekündigten Arbeitnehmers muss in der Regel mindestens elf Arbeitnehmer beschäftigen.

2 Das Arbeitsverhältnis muss mindestens sechs Monate bestehen.

3 Der Arbeitgeber muss einem Arbeitgeberverband angeschlossen sein.

4 Der Arbeitnehmer muss gewerkschaftlich organisiert sein.

5 Der Arbeitgeber muss vor der Kündigung mindestens zwei Abmahnungen erteilt haben.

3 Entscheiden Sie, ob es sich in unten stehenden Fällen um
1 einen wichtigen Grund handelt, der eine außerordentliche Kündigung rechtfertigt,
9 keinen wichtigen Grund handelt und somit eine außerordentliche Kündigung nicht gerechtfertigt ist.

a. Eine Angestellte erhält seit zwei Jahren in der Zeit vor Weihnachten keinen Urlaub, da der Betrieb in dieser Zeit einen hohen Arbeitsaufwand hat.

b. Ein Angestellter erscheint in einem halben Jahr fünfmal zu spät zur Arbeit, ohne dass er bisher Abmahnungen erhielt.

c. Eine Mitarbeiterin entwendet aus dem Büro fünf Päckchen Disketten. Nach zwei Tagen bringt sie diese reumütig zurück und informiert den Arbeitgeber.

d. Aufgrund eines Fehlers in der Datenverarbeitungsanlage kann das Februar-Entgelt erst Mitte März ausgezahlt werden.

4 Bis zu welchem Termin muss der Arbeitgeber unten stehende Angestellte mindestens weiterbeschäftigen, wenn er die ordentliche Kündigung am 15.01. ausspricht?

a. Person A: Alter 35 Jahre, sieben Jahre Betriebszugehörigkeit

b. Person B: Alter 25 Jahre, ein Jahr Betriebszugehörigkeit

c. Person C: Alter 50 Jahre, 21 Jahre Betriebszugehörigkeit

d. Person D: Alter 40 Jahre, zehn Jahre Betriebszugehörigkeit

5 Das Kündigungsschutzgesetz lässt für eine ordentliche Kündigung eines Arbeitnehmers nur bestimmte Gründe zu, die eine Kündigung durch den Arbeitgeber sozial rechtfertigen.
Welcher der im Folgenden genannten Gründe gehört nicht dazu?

1 Gründe, die in der Person des Arbeitnehmers liegen

2 Gründe, die in der Person des Arbeitgebers liegen

3 Gründe, die im Verhalten des Arbeitnehmers liegen

4 betriebsbedingte Gründe

6 Innerhalb welcher Frist muss ein Arbeitnehmer Klage beim Arbeitsgericht erheben, damit eine ausgesprochene Kündigung nicht endgültig wirksam wird?

1 drei Tage
2 eine Woche
3 zwei Wochen
4 drei Wochen
5 ein Monat

7 Welcher der unten aufgeführten Gründe ist kein betriebsbedingter Grund für eine sozial gerechtfertigte Kündigung?

1 Umsatzrückgang
2 Auftragsmangel
3 Rationalisierungsmaßnahmen
4 negativer Einfluss auf das Betriebsklima
5 Einschränkung der Produktion

8 Welche der unten aufgeführten Aussagen zum Kündigungsschutzverfahren trifft nicht zu?
Tragen Sie eine 5 ein, wenn alle Aussagen zutreffen.

1 Eine Kündigung, die ohne vorherige Anhörung des Betriebsrates ausgesprochen wurde, ist nichtig.

2 Der Betriebsrat kann einer ordentlichen Kündigung innerhalb von einer Woche widersprechen.

3 Einer außerordentlichen Kündigung kann der Betriebsrat nicht widersprechen.

4 Durch einen Klageantrag beim Arbeitsgericht innerhalb von drei Wochen nach Zugang der Kündigung kann der Arbeitnehmer verhindern, dass die Kündigung endgültig wirksam wird.

Beschreiben Sie die Einflussgrößen menschlicher Arbeit im Betrieb.

Leistungsfähigkeit	Begabung/ Potenzial	Die Begabung ist im Menschen von Geburt her angelegt und im weiteren Leben durch Eltern, Freunde, Schule und Betrieb geprägt und verändert worden.
	Körperliche Fähigkeiten	Sie werden im Wesentlichen bestimmt durch den gegebenen Körperbau, den Gesundheitszustand, die körperliche Betätigung und die Ernährungsgewohnheiten.
	Geistige Fähigkeiten	Sie werden vor allem bestimmt durch die allgemeine Intelligenz, die Qualität der Ausbildung, die Lernfähigkeit, die Fähigkeit, zu denken und Probleme zu lösen.
	Charakterliche Eigenschaften	Hierzu gehören z. B. die Bereitschaft zur Übernahme von Verantwortung, Vertrauenswürdigkeit, Zuverlässigkeit und soziale Fähigkeiten, wie Mitgefühl für andere.
	Lebensalter	Das Lebensalter hat unterschiedliche Auswirkungen: Jüngere Menschen sind körperlich leistungsfähiger und reaktionsschneller, ältere Menschen haben eine höhere Berufserfahrung, eine größere geistige Reife und sie denken komplexer.
Leistungswille	Arbeitsbedingungen	Als Grundvoraussetzungen müssen die äußeren Arbeitsbedingungen in einem für den Mitarbeiter befriedigenden Ausmaß gegeben sein. Dazu hören u. a. ▸ eine leistungsgerechte Entlohnung sowie angemessene Arbeitsräume, ▸ Höflichkeit, Freundlichkeit und soziale Leistungen des Arbeitgebers.
	Motivation	Motivation bedeutet, einen Menschen dazu zu bringen, etwas zu leisten, indem man seine Bedürfnisse erkennt, sie ernst nimmt und ihnen entgegenkommt. Das sind u. a. ▸ Bedürfnisse nach persönlicher Herausforderung und anschließendem Erfolg, ▸ angemessene Anerkennung der Leistungen, ▸ Gelegenheiten, selbst entscheiden zu können (Autonomie).

Vergleichen Sie den kooperativen und den autoritären Führungsstil anhand geeigneter Merkmale.

Merkmal	Kooperativer Führungsstil	Autoritärer Führungsstil
Leitbild der Führung	Vorgesetzte und Mitarbeiter sind Partner. Der Vorgesetzte koordiniert und bezieht seine Autorität aus seiner fachlichen und persönlichen Kompetenz.	Die Mitarbeiter sind dem Vorgesetzten untergeordnet. Der Vorgesetzte ordnet an und bezieht seine Autorität aus seiner Stellung als Vorgesetzter.
Entscheidungsfindung	Die Entscheidungsfindung erfolgt durch Beteiligung der Mitarbeiter. Der Vorgesetzte beschreibt das Problem und lässt die Mitarbeiter selbst entscheiden.	Die Entscheidung erfolgt durch den Vorgesetzten, der festlegt, was und wie dies zu tun ist. Die Mitarbeiter nehmen die Entscheidung zur Kenntnis.
Anforderungen an den Vorgesetzten	▸ Vertrauen in die Mitarbeiter ▸ Delegationsfähigkeit ▸ Aufgeschlossenheit	▸ Entscheidungsfähigkeit ▸ Durchsetzungsvermögen ▸ Selbstverantwortung

Welche Ziele verfolgt die Personalentwicklung und welche Instrumente stehen ihr zur Verfügung?

Begriff		Die betriebliche Personalentwicklung beinhaltet alle Maßnahmen, mit deren Hilfe die persönliche und fachliche Kompetenz von Mitarbeitern sowie deren Leistungsbereitschaft im Rahmen der bestehenden Stelle oder in Bezug auf andere Stellen verbessert werden soll.
Instrumente	Laufbahnpläne	▸ Aufzeigen von allgemeinen und speziellen beruflichen Zielen ▸ Aufzeigen von Wegen, die zu bestimmten Positionen im Unternehmen führen
	Individuelle Fördermaßnahmen	▸ Beratungs- und Fördergespräche ▸ Training on the Job: planmäßige Unterweisung und Coaching ▸ Training off the Job: Fort- und Weiterbildung durch Schulungen und Seminare
	Arbeitsorganisation	▸ Jobenlargement: Arbeit wird durch Hinzufügung anderer Aufgaben erweitert ▸ Jobenrichment: Arbeit wird durch qualitative Elemente bereichert ▸ Jobrotation: regelmäßiger Tausch des Arbeitsplatzes mit anderen Mitarbeitern ▸ Teamarbeit: Aufgaben sind in der Gruppe zu lösen und zu erledigen

Welche Punkte müssen bei der Einführung einer Personalbeurteilung beachtet werden?

Begriff	Aufgabe der Personalbeurteilung ist es, das Leistungs- und Sozialverhalten eines Mitarbeiters möglichst objektiv zu beobachten, zu erfassen, zu dokumentieren und mit dem Mitarbeiter zu besprechen.
Gründe für Personalbeurteilung	▸ gezielte Personalentwicklung ▸ möglichst optimaler Personaleinsatz ▸ angemessene Zeugniserteilung ▸ leistungsgerechte Entlohnung
Bewertungskriterien	▸ Leistungsverhalten, z. B. Arbeitsmenge, Arbeitsqualität, Belastbarkeit, Fachkenntnisse, Pünktlichkeit ▸ Sozialverhalten, z. B. Teamfähigkeit, Aufgeschlossenheit, Hilfsbereitschaft ▸ geistige Fähigkeiten, z. B. Merkfähigkeit, Kreativität, Auffassungsgabe ▸ persönliches Erscheinungsbild, z. B. Umgangsformen, Ausdrucksfähigkeit ▸ Führungsverhalten, z. B. Delegations- und Motivationsfähigkeit, Konfliktfähigkeit

1 Welche der nachfolgenden Aussagen zur beruflichen Mobilität treffen zu?

1 Es handelt sich dabei um die körperliche Beweglichkeit eines Arbeitnehmers am Arbeitsplatz.

2 Darunter ist die Fähigkeit zu verstehen, sich an die wechselnden Anforderungen des Arbeitsmarktes und die betrieblichen Veränderungen anzupassen.

3 Beruflich mobil ist jemand, der mit seinem eigenen Pkw den Weg zwischen Wohnung und Arbeitsstätte bewältigen kann.

4 Damit ist die Notwendigkeit gemeint, z.B. durch Weiterbildung die erlernten beruflichen Kenntnisse zu erhalten und zu erweitern.

5 Berufliche Mobilität zeichnet sich durch die Bereitschaft des Arbeitnehmers aus, flexible Arbeitszeitregelungen zu akzeptieren.

6 Beruflich mobil ist jemand, der über ein mobiles Telefon (Handy) verfügt, um damit stets erreichbar zu sein.

2 Welche der folgenden Aussagen sind keine Argumente für eine ständige betriebliche Personalentwicklung?

1 Die beruflichen und allgemeinen Lerninhalte verändern sich ständig durch Forschung und technischen Fortschritt.

2 Die Arbeitszeiten werden sich weiter verkürzen, wodurch die Freizeit weiter zunehmen wird.

3 Die Wirtschaft unterliegt durch die Veränderung des technischen Wissens, durch Konkurrenzdruck und Globalisierung einem stetigen Strukturwandel.

4 Die Automobiltechnik wird sich weiter entwickeln, während der öffentliche Nahverkehr weiter eingeschränkt wird.

5 Alte Berufe werden wegfallen und es werden neue Berufe entstehen.

3 Welche der folgenden Maßnahmen einer Personalabteilung gehört nicht zu den Mitteln der Personalentwicklung?

1 Jedem Mitarbeiter werden jedes Jahr zwei Fortbildungsmaßnahmen von je einer Woche Dauer angeboten.

2 Jeder Mitarbeiter unterliegt einer zweimaligen Beurteilung pro Jahr, die mit dem Mitarbeiter durchzusprechen ist.

3 Jeder Mitarbeiter erhält auf Einkäufe für den persönlichen Bedarf einen Personalrabatt von 20 %.

4 Jeder Vorgesetzte führt einmal im Jahr ein Zielvereinbarungsgespräch mit dem Mitarbeiter.

4 Welche der nachfolgenden Eigenschaften ist kein geeignetes Kriterium für die Beurteilung von Mitarbeitern.
Tragen Sie eine 6 ein, wenn alle Kriterien für die Beurteilung von Mitarbeitern zulässig sind.

1 Merkfähigkeit

2 Pünktlichkeit

3 Motivationsfähigkeit

4 Lebensalter

5 Konfliktfähigkeit

5 Bei welchen der folgenden Verhaltensweisen eines Vorgesetzten handelt es sich eher um Elemente eines kooperativen Führungsstils?

1 Der Vorgesetzte trifft sich jeden Morgen zu einem festen Termin mit seinen Mitarbeitern und bespricht anstehende Aufgaben und Probleme des Tages.

2 Der Vorgesetzte hört sich die Meinung seiner Mitarbeiter an und entscheidet dann, was zu tun ist.

3 Der Vorgesetzte übergibt einem Mitarbeiter eine Akte und weist ihn an, den Vorgang auf eine bestimmte Weise zu bearbeiten.

4 Der Vorgesetzte stellt fest, dass bei einem geplanten Geschäft ein Fehler gemacht wurde. Er sucht nach dem schuldigen Mitarbeiter in der Abteilung und erteilt diesem eine Abmahnung.

5 Der Vorgesetzte und einige seiner Mitarbeiter sind in einer Frage, wie ein Problem zu lösen ist, unterschiedlicher Meinung. Der Vorgesetzte diskutiert das Problem in der Gruppe mit allen Mitarbeitern und lässt anschließend abstimmen. Das Abstimmungsergebnis wird als bindend für alle Mitarbeiter akzeptiert.

6 Welches der in den folgenden Beispielen beschriebenen Merkmale hat keine Auswirkung auf die Leistungsfähigkeit eines Mitarbeiters, sondern eher Einfluss auf den Leistungswillen?

1 Der Mitarbeiter ist 1,78 m groß und wiegt 85 kg.

2 Der Mitarbeiter hat einen Realschulabschluss.

3 Der Mitarbeiter erhält ein Gehalt in Übereinstimmung mit dem Tarifvertrag und der hauseigenen Zulagenordnung.

4 Die Mitarbeiterin verfügt über ein ausgeprägt gutes Zahlengedächtnis.

5 Der Mitarbeiter kann sich gut ausdrücken, weil er viel liest.

6 Der Mitarbeiter ist 58 Jahre alt.

7 Was sollte ein Vorgesetzter vermeiden, wenn er das Ziel hat, seine Mitarbeiter zu motivieren?
Der Vorgesetzte sollte …

1 … dem Mitarbeiter Verantwortung übertragen.

2 … den Mitarbeiter möglichst genau kontrollieren, um Fehler zu vermeiden.

3 … dem Mitarbeiter gegenüber gute Leistungen anerkennen.

4 … dem Mitarbeiter auch Aufgaben übertragen, die ihn vor Probleme stellen, die er alleine lösen muss.

5 … dem Mitarbeiter zuhören, wenn dieser über berufliche oder persönliche Probleme reden will.

Erläutern Sie Notwendigkeit und Arten öffentlich-rechtlicher Abgaben, insbesondere den Steuerbegriff.

Um die Ausgaben des Staates für soziale Sicherung, Verteidigung, Bildung, Wissenschaft, Forschung, Verkehrswesen und Wirtschaftsförderung sowie allgemeine Finanzwirtschaft finanzieren zu können, benötigt der Staat Einnahmen. Neben den Erwerbseinkünften (z. B. aus dem Betrieb von gewerblichen Unternehmen) und Kreditaufnahmen des Staates zählen zu den wichtigsten Einnahmen des Staates die Steuern, Gebühren und Beiträge.

Gebühren	Steuern	Beiträge
werden von einem öffentlich-rechtlichen Gemeinwesen für unmittelbar erbrachte Leistungen vom Wirtschaftssubjekt erhoben, z. B. Antrag auf Erlass eines Mahnbescheids, Handelsregistereintragungen.	sind Geldleistungen, die keine Gegenleistung für eine besondere Leistung darstellen und von einem öffentlich-rechtlichen Gemeinwesen zur Erzielung von Einnahmen allen auferlegt werden, bei denen der Tatbestand zutrifft, an den das Gesetz die Leistungspflicht knüpft.	werden zum Ausgleich indirekter Vorteile aus einer öffentlichen Leistung verlangt, z. B. Straßenanliegerbeiträge, Sozialversicherungsbeiträge, Steuerberaterkammerbeiträge.

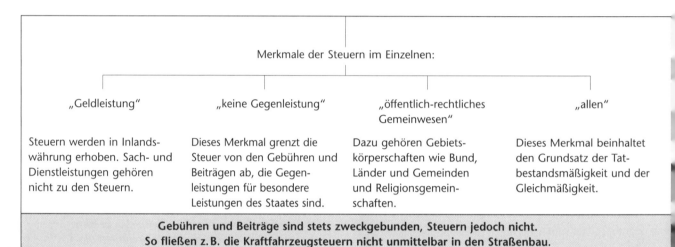

Merkmale der Steuern im Einzelnen:

„Geldleistung"	„keine Gegenleistung"	„öffentlich-rechtliches Gemeinwesen"	„allen"
Steuern werden in Inlandswährung erhoben. Sach- und Dienstleistungen gehören nicht zu den Steuern.	Dieses Merkmal grenzt die Steuer von den Gebühren und Beiträgen ab, die Gegenleistungen für besondere Leistungen des Staates sind.	Dazu gehören Gebietskörperschaften wie Bund, Länder und Gemeinden und Religionsgemeinschaften.	Dieses Merkmal beinhaltet den Grundsatz der Tatbestandsmäßigkeit und der Gleichmäßigkeit.

**Gebühren und Beiträge sind stets zweckgebunden, Steuern jedoch nicht.
So fließen z. B. die Kraftfahrzeugsteuern nicht unmittelbar in den Straßenbau.**

Nehmen Sie eine Einteilung der Steuern nach verschiedenen Gesichtspunkten vor.

Einteilung nach der Ertragshoheit	▸ **Gemeinschaftssteuern:** Die erhobenen Steuern werden zwischen Bund, Ländern und Gemeinden nach bestimmten Schlüsseln aufgeteilt. Dies gilt z. B. für Umsatzsteuer, Einkommensteuer, Körperschaftsteuer, Kapitalertragsteuer. ▸ **Bundessteuern:** Diese Steuern fließen ausschließlich dem Bund zu, z. B. alle Verbrauchsteuern (außer Biersteuer). ▸ **Landessteuern:** Diese Steuern fließen dem Land zu, z. B. Kraftfahrzeugsteuer, Biersteuer. ▸ **Gemeindesteuern:** Diese Steuern werden von den Gemeinden erhoben, z. B. Gewerbesteuer, Grundsteuer.
Einteilung nach dem Gegenstand der Besteuerung	▸ **Besitzsteuern:** Versteuert wird das Einkommen und das Vermögen, z. B. Einkommensteuer, Körperschaftsteuer, Gewerbesteuer. ▸ **Verkehrssteuern:** Versteuert werden alle Vorgänge, die Vermögenswerte übertragen, z. B. Umsatzsteuer, Grunderwerbsteuer, Versicherungsteuer, Kraftfahrzeugsteuer. ▸ **Verbrauchsteuern:** Versteuert wird die konsumtive Verwendung bestimmter Güter, z. B. Tabaksteuer, Mineralölsteuer, Biersteuer, Zuckersteuer.
Einteilung nach der Art der Erhebung	▸ **Direkte Steuern:** Der Steuerschuldner ist der Steuerträger, z. B. bei Einkommensteuer, Grundsteuer, Grunderwerbsteuer. ▸ **Indirekte Steuern:** Der Steuerschuldner ist nicht der Steuerträger, z. B. bei Umsatzsteuer und allen Verbrauchsteuern.
Einteilung nach der Abzugsfähigkeit	▸ **Abzugsfähige Steuern:** Sachsteuern, die an einen Gegenstand sowie an einen Verkehrsvorgang die Besteuerung anknüpfen, z. B. Gewerbesteuern, Kraftfahrzeugsteuer für einen Firmenwagen ▸ **Nicht abzugsfähige Steuern:** Personensteuern, die die private Lebensführung der Steuerpflichtigen betreffen, z. B. Einkommensteuer, Körperschaftsteuer

1 Welcher der folgenden Begriffe stellt keine öffentlich-rechtliche Abgabe dar?

1 Anleihen

2 Gebühren

3 Steuern

2 Ordnen Sie folgende Begriffe den unten stehenden Aussagen zu:

1 Gebühren
2 Beiträge
3 Steuern
4 keine der genannten Abgaben

a. Die Ausstellung eines Reisepasses erfolgt gegen Entgelt.

b. Der Unternehmer zahlt wegen zu später Abgabe seiner Steuererklärung einen Verspätungszuschlag.

c. Der Arbeitgeber führt den Arbeitgeberanteil an der Sozialversicherung an die Krankenkasse ab.

d. Für die Zulassung eines Kraftfahrzeuges muss ein Entgelt geleistet werden.

e. Es handelt sich um eine Abgabe, die als Entgelt für eine bestimmte Dienstleistung an eine öffentliche Einrichtung zu entrichten ist.

f. Es handelt sich um eine einmalige oder laufende Leistung, die ohne direkte Gegenleistung von einem öffentlich-rechtlichen Gemeinwesen allen auferlegt wird, auf die der Tatbestand zutrifft.

3 Das Recht, Steuern zu erheben, wird als Ertragshoheit bezeichnet.

Ordnen Sie in den folgenden Fällen zu, um welche Art von Steuer es sich handelt:

1 Bundessteuern
2 Landessteuern
3 Gemeindesteuern
4 Gemeinschaftssteuern

a. Umsatzsteuer

b. Grundsteuer

c. Kraftfahrzeugsteuer

d. Biersteuer

e. Einkommensteuer

f. Mineralölsteuer

g. Tabaksteuer

4 Welche der folgenden Steuern ist eine direkte Steuer?

1 Lohnsteuer

2 Umsatzsteuer

3 Mineralölsteuer

4 Schaumweinsteuer

5 Die Steuern können eingeteilt werden nach dem Gegenstand der Besteuerung.

Ordnen Sie den folgenden Steuern eine
1 zu, wenn es sich um eine Besitzsteuer,
2 zu, wenn es sich um eine Verkehrssteuer,
3 zu, wenn es sich um eine Verbrauchsteuer
handelt.

a. Biersteuer

b. Tabaksteuer

c. Kraftfahrzeugsteuer

d. Grunderwerbsteuer

e. Einkommensteuer

6 Ordnen Sie eine
1 zu bei abzugsfähigen Steuern,
2 zu bei nicht abzugsfähigen Steuern.

a. Körperschaftsteuer

b. Kraftfahrzeugsteuer für ein Betriebsfahrzeug

c. Gewerbesteuer

7 Ordnen Sie die folgenden Begriffe den entsprechenden Lücken im Text zu:
1 Verkehrssteuern
2 Verbrauchsteuern
3 Besitzsteuern

a. … sind Steuern, deren Gegenstand Besitzwerte sind.

b. … sind Steuern, die an rechtliche oder wirtschaftliche Vorgänge gebunden sind. Der Steuergegenstand ist ein Vorgang im Rahmen einer Tauschbeziehung.

c. … können eingeteilt werden in Personensteuern oder Realsteuern.

8 Ordnen Sie bei den unten stehenden Steuerarten zu:

– in Spalte A: 1   Besitzsteuer
                  2   Verkehrssteuer
                  3   Verbrauchsteuer

– in Spalte B: 1   direkte Steuer
                  2   indirekte Steuer

– in Spalte C: 1   Bundessteuer
                  2   Landessteuer
                  3   Gemeindesteuer
                  4   Gemeinschaftssteuer

	A	B	C
a. Grundsteuer			
b. Umsatzsteuer			
c. Biersteuer			

Beschreiben Sie in Grundzügen die Körperschaftsteuer.

Körperschaftsteuer	Die Körperschaftsteuer ist die Einkommensteuer der juristischen Personen (z. B. Aktiengesellschaft, GmbH, Genossenschaft).
Steuerpflicht	Unbeschränkt steuerpflichtig sind alle juristischen Personen, die ihren Geschäftssitz im Inland haben. Ausnahmen sind gemeinnützige Körperschaften, Gewerkschaften sowie einige Körperschaften des Bundes und der Länder.
Besteuerungs-grundlage	Besteuerungsgrundlage ist grundsätzlich der nach den Vorschriften des Einkommensteuergesetzes ermittelte Gewinn.
Steuertarif	Der Steuertarif beträgt für ausgeschüttete Gewinne und für nicht ausgeschüttete Gewinne 25 %.

Beschreiben Sie in Grundzügen die Abgeltungssteuer.

Abgeltungssteuer	Die Abgeltungssteuer ist eine besondere Erhebungsform der Einkommensteuer. Diese Steuer auf Kapitalvermögen wird direkt an der Quelle beim inländischen Kreditinstitut einbehalten und an die Finanzverwaltung abgeführt.
Steuerpflicht	Steuerpflichtig sind alle Einkünfte aus Kapitalvermögen. Dazu zählen u. a. Dividenden, Zinsen und Erträge aus Kapitalforderungen.
Steuersatz	Der Steuersatz beträgt einheitlich 25 % zuzüglich Solidaritätszuschlag und ggf. Kirchensteuer.
Pauschbetrag	Der Sparerpauschbetrag beträgt 801,00 EUR, bei Ehegatten 1 602,00 EUR. Der Ansatz der tatsächlichen Werbungskosten ist nicht möglich.

Nennen Sie die wichtigsten Vorschriften zur Umsatzsteuer.

Umsatzsteuer	Die Umsatzsteuer ist eine Verkehrssteuer und hinsichtlich der Erhebungsform eine indirekte Steuer. Sie wird vom Endverbraucher getragen, aber nicht von ihm an das Finanzamt abgeführt.
Steuerschuldner	Unternehmer, d. h. alle natürlichen oder juristischen Personen, die beruflich oder gewerblich selbstständig tätig sind, auch wenn die Absicht der Gewinnerzielung fehlt
Steuerbare Umsätze	1. *Lieferungen* (z. B. Waren) und sonstige *Leistungen* (z. B. Reparaturen), die ein Unternehmer im Rahmen seines Unternehmens im *Inland gegen Entgelt* erbringt 2. *Eigenverbrauch* des Unternehmers (Entnahme von Waren aus dem Betrieb oder Nutzung betrieblicher Gegenstände) 3. *Einfuhr* von Gegenständen in das Zollgebiet der Bundesrepublik Deutschland (**Einfuhrumsatzsteuer**)
Steuer-befreiungen	Manche Umsätze sind, obwohl steuerbar, dennoch von der Steuer befreit. *Beispiele: Umsätze aus Kreditgeschäften, medizinische Versorgung*
Steuersätze	▶ Der allgemeine Steuersatz beträgt 19 %. ▶ Der ermäßigte Steuersatz beträgt 7 %. Er wird z. B. erhoben für bestimmte tierische und pflanzliche Produkte, für Druckerzeugnisse und Kunstgegenstände.
Vorsteuerabzug	▶ Von anderen Unternehmen in Rechnungen gesondert ausgewiesene Umsatzsteuer kann als Vorsteuer geltend gemacht werden. ▶ Stehen die Lieferungen und sonstigen Leistungen im Zusammenhang mit steuerfreien Umsätzen, so ist ein Vorsteuerabzug ausgeschlossen. ▶ Als Vereinfachung ist es zugelassen, in Rechnungen mit Beträgen bis 150,00 EUR den Steuersatz anzugeben. Der Unternehmer kann dann den Vorsteuerbetrag selbst ermitteln und ausweisen.
Zahllast	Eingenommene Umsatzsteuer auf Waren und Leistungen (**Mehrwertsteuer**) – gezahlte Umsatzsteuer für Waren/Leistungen/Einfuhren (**Vorsteuer**) = Umsatzsteuerschuld (**Zahllast**)
Umsatzsteuer-voranmeldung und -erklärung	▶ Steuerpflichtige Unternehmen erstellen für das Finanzamt im Allgemeinen monatlich eine Umsatzsteuervoranmeldung und überweisen die Zahllast bis zum 10. des Folgemonats an das Finanzamt. Entsteht ein Vorsteuerüberhang, hat das Unternehmen gegenüber dem Finanzamt eine Forderung. ▶ Nach Ablauf des Kalenderjahres wird eine Umsatzsteuererklärung erstellt und ein ggf. sich ergebender Differenzbetrag nachüberwiesen oder zurückgefordert.

1 Prüfen Sie die folgenden Aussagen zur Umsatzsteuer.

Kennzeichnen Sie
zutreffende Aussagen mit einer 1,
nicht zutreffende Aussagen mit einer 9.

a. Die Umsatzsteuer ist eine direkte Steuer.

b. Die Umsatzsteuer ist für die betroffenen Unternehmen eine Betriebssteuer.

c. Steuerschuldner bei der Umsatzsteuer ist der Unternehmer, auch wenn die Absicht zur Gewinnerzielung fehlt.

d. Der Unternehmer muss monatlich eine Umsatzsteuererklärung abgeben.

e. Die Überweisung der Zahllast an das Finanzamt erfolgt aufgrund der gegenüber dem Finanzamt abgegebenen Umsatzsteuervoranmeldung.

f. Es kann sein, dass Umsätze, die steuerbar sind, dennoch von der Umsatzsteuer befreit sind.

g. Die Umsatzsteuer ist eine Verkehrssteuer.

2 Welche der folgenden Umsätze eines Unternehmers sind nicht steuerbar?

1 Ein Computerhersteller führt bei seinen Kunden eine jährliche Wartung der Geräte durch. Dafür berechnet er eine Pauschale von 2 000,00 EUR.

2 Der Inhaber eines Einzelhandelsunternehmens entnimmt Waren für den privaten Verbrauch.

3 Der Inhaber einer Tischlerei veräußert seine Filmausrüstung an einen Freund.

4 Der Inhaber einer Spedition kauft im Ausland einen Lastkraftwagen.

5 Der Inhaber eines Sanitärinstallationsbetriebes repariert bei einer Bekannten unentgeltlich die Heizung.

3 Beurteilen Sie folgende Aussagen über den Vorsteuerabzug.

Kennzeichnen Sie
zutreffende Aussagen mit einer 1,
nicht zutreffende Aussagen mit einer 9.

a. Zum Vorsteuerabzug ist jeder Unternehmer berechtigt.

b. Bei Rechnungen bis zu einem Nettowarenwert von 500,00 EUR ist der Vorsteuerabzug ausgeschlossen.

c. Stehen die Lieferungen und sonstigen Leistungen im Zusammenhang mit steuerfreien Umsätzen, so ist ein Vorsteuerabzug ausgeschlossen.

d. Als Vereinfachung ist es zugelassen, in Rechnungen mit Beträgen bis 150,00 EUR den Steuersatz anzugeben. Der Unternehmer kann dann den Vorsteuerbetrag selbst ermitteln und ausweisen.

e. Von anderen Unternehmen in Rechnungen gesondert ausgewiesene Umsatzsteuer kann als Vorsteuer geltend gemacht werden.

4 Welche der folgenden Umsätze sind nach dem Umsatzsteuergesetz von der Umsatzsteuer befreit?

1 Lieferung einer Küche durch einen Möbelhersteller

2 Verkauf von Briefmarken durch die Post

3 Beurkundung eines Kaufvertrages über ein Grundstück durch einen Notar

4 Behandlung einer Magenschleimhautentzündung durch einen Arzt

5 privater Nutzungsanteil des Firmenfahrzeuges

5 Prüfen Sie die folgenden Aussagen.

Kennzeichnen Sie
zutreffende Aussagen mit einer 1,
nicht zutreffende Aussagen mit einer 9.

a. Die Abgeltungssteuer ist die Einkommensteuer der Kapitalgesellschaften.

b. Die Abgeltungssteuer ist eine besondere Erhebungsform der Einkommensteuer.

c. Die Abgeltungssteuer ist eine direkte Steuer.

d. Die Abgeltungssteuer wird für alle Einkünfte aus Kapitalvermögen erhoben.

e. Die Abgeltungssteuer wird direkt an der Quelle beim inländischen Kreditinstitut erhoben.

f. Der Steuersatz der Abgeltungssteuer beträgt einheitlich 25 % für alle Gewinne zuzüglich Solidaritätszuschlag und ggf. Kirchensteuer.

6 Welche der folgenden Gesellschaften unterliegen nicht der Körperschaftsteuer?

1 GmbH

2 AG

3 Einzelunternehmen

4 Genossenschaft

5 OHG

7 Welche der folgenden Aussagen zur Körperschaftsteuer einer GmbH ist falsch?

1 Die GmbH ist körperschaftsteuerpflichtig.

2 Gemeinnützige Körperschaften sind nicht körperschaftsteuerpflichtig.

3 Der Steuertarif beträgt für ausgeschüttete Gewinne 25 %. Dieser Prozentsatz gilt auch für nicht ausgeschüttete Gewinne.

4 Belassen die Unternehmer den Gewinn im Unternehmen, so fallen 10 % Steuern an. Mit diesem niedrigen Steuersatz sollen die Unternehmer zur Eigenkapitalbildung angeregt werden.

Nennen Sie die sieben Einkunftsarten des Einkommensteuergesetzes. Stellen Sie die Berechnung des zu versteuernden Einkommens dar.

Gewinneinkünfte	Überschusseinkünfte
1. Einkünfte aus Land- und Forstwirtschaft, z. B. Obstanbau, Weinbau, Teichwirtschaft 2. Einkünfte aus Gewerbebetrieb, z. B. gewerbliche Unternehmen, Gewinnanteile Offene Handelsgesellschaft 3. Einkünfte aus selbstständiger Arbeit, z. B. Ärzte, Rechtsanwälte, Heilpraktiker	4. Einkünfte aus nicht selbstständiger Arbeit, z. B. Löhne, Gehälter 5. Einkünfte aus Kapitalvermögen, z. B. Dividende, Zinsen 6. Einkünfte aus Vermietung und Verpachtung, z. B. Grundstücke, Gebäude, Schiffe 7. sonstige Einkünfte, z. B. Leibrenten, Unterhaltszahlungen, Spekulationsgewinne

Ermittlung der Einkünfte:
 	
   Betriebseinnahmen
– Betriebsausgaben
= **Gewinn oder Verlust**
	Ermittlung der Einkünfte:
	
	   Summe der Einnahmen
	– Werbungskosten
	= **Überschuss oder Verlust**

Summe der Einkünfte
– abzuziehende Beträge (z. B. Altersentlastungsbetrag)
= **Gesamtbetrag der Einkünfte**
– Sonderausgaben
– außergewöhnliche Belastung
– Verlustabzug (= Verluste aus Vorperioden)
= **Einkommen**
– bestimmte Freibeträge (z. B. Kinderfreibetrag)
= **zu versteuerndes Einkommen**

Erläutern Sie die unbeschränkte und beschränkte Steuerpflicht bei der Einkommensteuer.

Unbeschränkte Steuerpflicht	Unbeschränkt steuerpflichtig sind alle natürlichen Personen, die im Inland einen Wohnsitz oder ihren gewöhnlichen Aufenthalt haben. ▸ Bei *natürlichen* Personen beginnt die Steuerpflicht mit der Rechtsfähigkeit. ▸ *Juristische Personen* (z. B. Gesellschaften mit beschränkter Haftung) unterliegen nicht der Einkommensteuer, sondern der Körperschaftsteuer.
Beschränkte Steuerpflicht	Beschränkt steuerpflichtig sind natürliche Personen, die im Inland weder einen Wohnsitz noch ihren gewöhnlichen Aufenthalt haben, mit ihren inländischen Einkünften. Dazu gehören z. B. sogenannte Grenzgänger, die im Ausland ihren Wohnsitz haben, aber im Inland arbeiten.

Beschreiben Sie die einzelnen Lohnsteuerklassen.

Die **Lohnsteuerklassen** dienen zur Einordnung der lohnsteuerpflichtigen Personen. Jede Lohnsteuerklasse steht dabei für bestimmte persönliche Verhältnisse. Die Einordnung führt je nach Steuerklasse zu einer unterschiedlichen Höhe der individuellen Lohnsteuer, die bei der Berechnung des Nettolohnes einer amtlichen **Lohnsteuertabelle** entnommen wird.

Steuerklasse I	Arbeitnehmer, die a. ledig sind, b. verheiratet, verwitwet oder geschieden sind und bei denen die Voraussetzungen für die Steuerklasse III oder IV nicht erfüllt sind
Steuerklasse II	die unter Steuerklasse I bezeichneten Arbeitnehmer, wenn sie mindestens ein Kind haben, das zum Haushalt gehört
Steuerklasse III	1. verheiratete Arbeitnehmer, wenn beide Ehegatten unbeschränkt einkommensteuerpflichtig sind und nicht dauernd getrennt leben und a. ein Ehegatte nicht berufstätig ist oder b. ein Ehegatte auf Antrag beider Ehegatten in die Steuerklasse V eingereiht wird 2. verwitwete Arbeitnehmer für das Kalenderjahr, das dem Todesjahr des Ehegatten folgt 3. geschiedene Arbeitnehmer im Jahr der Ehescheidung
Steuerklasse IV	verheiratete Arbeitnehmer, wenn der Ehegatte ebenfalls Arbeitslohn bezieht
Steuerklasse V	die unter Steuerklasse IV bezeichneten Arbeitnehmer, wenn der Ehegatte auf Antrag beider Ehegatten in die Steuerklasse III eingereiht wird
Steuerklasse VI	Arbeitnehmer, die nebeneinander von mehreren Arbeitgebern Arbeitslohn beziehen, für die Einbehaltung der Lohnsteuer vom Arbeitslohn aus dem zweiten und weiteren Dienstverhältnissen

1 Tragen Sie hinter den unten stehenden Aussagen eine

   1 ein, wenn die genannte Person mit ihren Einkünften unbeschränkt einkommensteuerpflichtig ist,
   2 ein, wenn die genannte Person mit ihren Einkünften beschränkt einkommensteuerpflichtig ist,
   3 ein, wenn keine Antwort zutrifft.

  a. Der Sizilianer Romolo Lanfrancie hat in Taormina und in Bremen je eine Wohnung, die er benutzt.

  b. Pamela Kraus ist Angestellte einer Wiener Bank. Sie hat ihren Wohnsitz in Wien. In den Monaten Mai und Juni des Jahres arbeitete sie bei einer Frankfurter Filiale der Wiener Bank. Während der Zeit wohnte sie in einem Frankfurter Hotel.

  c. Die Papierspielzeug Kettler GmbH hat ihren Geschäftssitz in Köln.

2 Das Einkommensteuergesetz nennt verschiedene Einkunftsarten.

  Ordnen Sie eine
   1 zu, wenn es sich um eine Überschusseinkunftsart handelt,
   2 zu, wenn es sich um eine Gewinneinkunftsart handelt.

  Einkünfte …

  a. … aus der Verpachtung von Grundstücken

  b. … eines Rechtsanwaltes

  c. … aufgrund gezahlter Tantiemen

  d. … aus der Tierzucht

  e. … aus dem Gemüseanbau

  f. … aufgrund von monatlichen Gehaltszahlungen

3 Überprüfen Sie, ob es sich bei den Angaben um Einkünfte aus Kapitalvermögen handelt.

  Tragen Sie eine
   1 ein, wenn dies zutrifft,
   9 ein, wenn dies nicht zutrifft.

  a. Zinsen aus Sparguthaben

  b. Zinsen aus Bausparguthaben

  c. Zinsen aus Pfandbriefen

  d. Zinsen aus Obligationen

  e. Vermögen aufgrund eines Grundstücks

  f. Münzsammlung, deponiert bei der Bank

4 Unterscheiden Sie Werbungskosten bei Einkünften aus

   1 nicht selbstständiger Arbeit,
   2 Vermietung und Verpachtung,
   3 Kapitalvermögen,
   4 sonstigen Einkünften.

  Handelt es sich nicht um Werbungskosten, tragen Sie eine 9 ein.

  a. Gewerkschaftsbeiträge

  b. Depotgebühren für Aktien bei der Bank

  c. Mehraufwendungen für doppelte Haushaltsführung aufgrund eines neuen Arbeitsplatzes

  d. Bezahlung der Raumpflegerin für Säuberungsarbeiten in der vermieteten Wohnung

5 Die Arbeitnehmerin Annette Spaunhorst fährt mit dem eigenen Pkw an 195 Arbeitstagen von ihrer Wohnung zur Arbeitsstätte. Die Fahrstrecke hin und zurück beträgt 46 km. Der Anleitung zur Einkommensteuererklärung entnimmt sie, dass pro Entfernungskilometer 0,30 EUR steuerlich absetzbar sind.

  Wie viel Euro kann Frau Spaunhorst als Werbungskosten für die Aufwendungen für die Fahrten zwischen Wohnung und Arbeitsstätte im Rahmen ihrer Einkommensteuererklärung geltend machen?

  Tragen Sie die Ziffer vor der zutreffenden Antwort in das Kästchen ein.

  1 1 345,50 EUR

  2 2 691,00 EUR

  3 0,00 EUR

  4 anderes Ergebnis

6 Die steuerpflichtige Kerstin Stegmann hat folgende Beträge ermittelt:

Einkünfte aus nicht selbstständiger Arbeit	18 500,00 EUR
Einkünfte aus Kapitalvermögen	3 500,00 EUR
Sonderausgaben	4 000,00 EUR

  Ermitteln Sie aufgrund dieser Angaben:

  a. die Summe der Einkünfte

  b. das Einkommen

  Tragen Sie die Ziffer vor der jeweils zutreffenden Antwort in das entsprechende Kästchen ein.

  1 18 000,00 EUR

  2 18 500,00 EUR

  3 22 000,00 EUR

  4 anderes Ergebnis

Definieren Sie den Begriff „Sonderausgaben". Nennen Sie die wichtigsten Arten von Sonderausgaben.

Begriff	**Sonderausgaben** sind Aufwendungen, wenn sie weder Betriebsausgaben noch Werbungskosten noch außergewöhnliche Belastungen sind.
Arten	**Unbeschränkt abzugsfähige Sonderausgaben** sind Renten, dauernde Lasten und gezahlte Kirchensteuer.
	Beschränkt abzugsfähige Sonderausgaben werden unterschieden in: ▸ Sonderausgaben, die nicht Vorsorgeaufwendungen sind: Unterhaltsleistungen an bestimmte Angehörige, Aufwendungen für die eigene Berufsausbildung, Spenden ▸ Sonderausgaben, die Vorsorgeaufwendungen sind: Kranken-, Unfall- und Haftpflichtversicherungen, gesetzliche Rentenversicherungen, Beiträge zu bestimmten Versicherungen auf den Erlebens- oder Todesfall

Was versteht man unter „außergewöhnlichen Belastungen" im Rahmen des Einkommensteuerrechts?

Begriff	**Außergewöhnliche Belastungen** sind Aufwendungen, denen sich der Steuerpflichtige aus tatsächlichen, rechtlichen und sittlichen Gründen nicht entziehen kann. Sie sind nur dann zu berücksichtigen, wenn sie von dritter Seite (z. B. Krankenkasse) nicht ersetzt werden und die Aufwendungen über der zumutbaren Eigenbelastung liegen oder gewisse Höchstbeträge nicht überschritten werden.	
Arten	**Außergewöhnliche Belastungen allgemeiner Art**	Krankheitskosten, Beerdigungskosten, Kurkosten, Kinderbetreuungskosten
	Außergewöhnliche Belastungen in besonderen Fällen	Unterhaltsaufwendungen, Ausbildungsfreibeträge, Beschäftigung einer Haushaltshilfe
	Pauschbeträge für Körperbehinderte und Hinterbliebene	Die Höhe ist abhängig von dem jeweiligen Grad der Behinderung.

Definieren Sie „Werbungskosten" und nennen Sie zu jeder Überschusseinkunftsart die wichtigsten Werbungskosten.

Begriff	**Werbungskosten** sind Aufwendungen, die dem Erwerb, der Sicherung und der Erhaltung der Einnahmen dienen.
Werbungskosten bei Einkünften aus ... „nichtselbstständiger Arbeit"	▸ **Aufwendungen für Fahrten zwischen Wohnung und Arbeitsstätte** Bei öffentlichen Verkehrsmitteln werden die tatsächlichen Kosten berücksichtigt; bei Nutzung eines Kraftfahrzeugs, Motorrollers etc. werden nur gesetzlich vorgeschriebene Kilometerpauschbeträge anerkannt. ▸ **Aufwendungen für Arbeitsmittel** Hierzu zählen: typische Berufskleidung, Werkzeuge, Fachbücher und -zeitschriften. Betragen die Anschaffungskosten nicht mehr als 410,00 EUR, so können sie voll geltend gemacht werden, sonst müssen sie auf die Jahre der üblichen Nutzungsdauer verteilt werden. ▸ **Bewerbungskosten** Hierzu zählen: Kosten für Anzeigen, Telefon, Porto, Fotokopien sowie nicht erstattete Reisekosten. ▸ **Fortbildungskosten** Dazu zählen Ausgaben für den Besuch von Lehrgängen, Tages- oder Abendschulen, die berufsbezogenen Lehrstoff vermitteln, wie z. B.: Fachbücher, Kopien, Schreibmaterialien, Reisekosten. ▸ **Kontoführungsgebühren** Ohne Einzelnachweis wird ein Pauschbetrag anerkannt. ▸ **Reisekosten bei Dienstreisen und Dienstgängen** Anerkannt werden Fahrtkosten, Verpflegungsmehraufwendungen, Übernachtungskosten bei mehrtägigen Reisen sowie Telefon-, Parkgebühren und sonstige nicht erstattete Ausgaben. ▸ **Umzugskosten** Sie werden erstattet, wenn der Umzug beruflich bedingt war. ▸ **Mehraufwendungen für Verpflegung bei Einsatzwechseltätigkeit und Fahrtätigkeit** ▸ Bei ständig wechselnden Einsatzstellen können Mehraufwendungen für Verpflegung geltend gemacht werden. ▸ **Mehraufwendungen für doppelte Haushaltsführung** Ist eine Unterkunft außerhalb des Ortes, an dem ein eigener Hausstand besteht, aus beruflichem Anlass notwendig, können notwendige Mehraufwendungen geltend gemacht werden. ▸ **Häusliches Arbeitszimmer** Ausgaben für ein häusliches Arbeitszimmer werden anerkannt, wenn es der Mittelpunkt der gesamten beruflichen Tätigkeit ist. ▸ **Gewerkschaftsbeiträge** ▸ Zahlungen an die Berufsverbände werden als Werbungskosten anerkannt.
„Vermietung und Verpachtung"	Schuldzinsen, Absetzungen für Abnutzung (AfA), sonstige öffentliche Abgaben und Versicherungsbeiträge für den Grundbesitz, Ausgaben für Hausverwaltung und Hausmeister, Steuerberatungskosten
„Kapitalvermögen"	Der Sparer-Pauschbetrag beträgt 801,00 EUR. Bei Ehegatten verdoppelt sich der Pauschbetrag auf 1 602,00 EUR.
„sonstigen Einkünften"	Bankprovision, Telefongebühren

1 Welche der folgenden Ausgaben sind

   1 beschränkt abzugsfähige Sonderausgaben,
   2 unbeschränkt abzugsfähige Sonderausgaben,
   3 nicht abzugsfähig als Sonderausgaben?

   a. Krankenversicherung

   b. gesetzliche Rentenversicherung

   c. Aufwendungen für Arbeitsmittel

   d. Unfallversicherung

   e. Spenden

   f. Reisekosten für Dienstreisen

2 Welche der folgenden Ausgaben eines Arbeitnehmers sind

   1 Werbungskosten,
   2 Sonderausgaben,
   3 außergewöhnliche Belastungen,
   4 nicht abzugsfähige Ausgaben?

   a. Abonnement einer Tageszeitung

   b. Abonnement einer Fachzeitschrift des Arbeits-
      bereiches

   c. Abonnement bei einer Buchgemeinschaft

   d. regelmäßige Unterstützung des bedürftigen Vaters

   e. gezahlte Kirchensteuer

   f. Berufskleidung

   g. durch den Arbeitgeber einbehaltene Sozial-
      versicherungsbeiträge

3 Ein kaufmännischer Angestellter hat Einkünfte aus
   nicht selbstständiger Arbeit und möchte die folgenden Ausgaben im Rahmen seiner Einkommensteuererklärung geltend machen.

   Ordnen Sie den unten stehenden Ausgaben eine
   1 zu, wenn es sich um Werbungskosten handelt,
   2 zu, wenn es sich um Sonderausgaben handelt,
   3 zu, wenn es sich um außergewöhnliche Belastun-
      gen handelt,
   4 zu, wenn die Ausgaben nicht abzugsfähig sind.

   a. Familienhaftpflichtversicherung

   b. Fachliteratur

   c. Gewerkschaftsbeiträge

   d. Hausratversicherung

   e. Kaskoversicherung

   f. Hagelversicherung

   g. Unfallversicherung

   h. Krankentagegeldversicherung

4 Ergänzen Sie die unten stehenden Textstellen.

   1 Sonderausgaben
   2 Werbungskosten
   3 außergewöhnliche Belastungen

   a. … sind Aufwendungen zur Erwerbung, Sicherung
      und Erhaltung der Einnahmen.

   b. … sind meist Aufwendungen der Lebensführung,
      die mit keiner Einkunftsart in wirtschaftlichem
      Zusammenhang stehen. Sie werden z. B. aus
      sozialpolitischen Gründen steuerlich begünstigt.

   c. … sind Aufwendungen, die zwangsläufig entstan-
      den sind und dem Steuerpflichtigen in höherem
      Maße erwachsen als der überwiegenden Mehr-
      zahl der Steuerpflichtigen.

   d. Gründe für … können z. B. die Berufsausbildung
      von Kindern oder die Beschäftigung einer
      Haushaltsgehilfin sein.

   e. Zu den … zählen z. B. Spenden zur Förderung
      mildtätiger, kirchlicher, wissenschaftlicher,
      religiöser und staatspolitischer Zwecke.

   f. In unbegrenzter Höhe abzugsfähig sind Renten,
      dauernde Lasten und gezahlte Kirchensteuer. Es
      handelt sich hierbei um …

5 Welche der folgenden Ausgaben eines Arbeitnehmers
   sind

   1 Werbungskosten,
   2 Sonderausgaben,
   3 außergewöhnliche Belastungen,
   4 nicht abzugsfähige Ausgaben?

   Tragen Sie die Ziffer vor der jeweils zutreffenden
   Antwort in das Kästchen ein.

   a. Kirchensteuer

   b. Spende an eine als gemeinnützig anerkannte
      Organisation

   c. Reinigungskosten für notwendige Berufskleidung

6 Ordnen Sie unten stehenden Aussagen eine
   1 zu, wenn die Feststellung zutrifft,
   9 zu, wenn die Feststellung nicht zutrifft.

   a. Der Arbeitgeber muss die errechnete Lohnsteuer
      des Arbeitnehmers bei jeder Lohnzahlung
      einbehalten und an das Finanzamt abführen.

   b. Aus der Lohnsteuerkarte sind die an das Finanz-
      amt abzuführenden Beträge der Höhe nach zu
      entnehmen.

   c. Von der Gemeindebehörde werden der Familien-
      stand und die Zahl der Kinder eingetragen, von
      der Finanzbehörde die jeweilige Steuerklasse.

   d. Die Lohnsteuerkarte gilt für mehrere Jahre und
      wird nur auf Antrag des Steuerpflichtigen neu von
      der Gemeinde ausgestellt.

Was ist ein Markt?

Jeden Ort, an dem Güter und Dienstleistungen angeboten und nachgefragt werden, bezeichnet man als Markt.
▸ Der Markt setzt das Zusammentreffen von kaufkräftiger Nachfrage und lieferfähigem Angebot voraus.
▸ Am Markt findet der Ausgleich zwischen Angebot und Nachfrage statt.
▸ Der Markt ist der Ort, an dem sich als Ergebnis des Marktgeschehens ein Preis bildet.

Nach welchen Gesichtspunkten können Märkte aufgeteilt werden?

Unterscheidung nach der Güterart	Unterscheidung nach dem Organisationsgrad	Unterscheidung nach den Zugangsmöglichkeiten
▸ **Faktormärkte** – Arbeitsmarkt – Kapitalmarkt ▸ **Gütermärkte** – Sachgütermarkt – Dienstleistungsmarkt	▸ **organisierte Märkte,** die an Ort und Zeit gebunden sind ▸ **nicht organisierte Märkte,** die nicht an feste Zeiten oder einen Ort gebunden sind	▸ **offener Markt** Jede Person kann an diesem Markt teilnehmen. ▸ **geschlossener Markt** Zugang ist durch bestimmte Beschränkungen behindert oder ausgeschlossen.

Unterscheidung nach der Vollkommenheit des Marktes	
▸ **vollkommener Markt** – Gleichartigkeit von Gütern – Fehlen jeglicher Präferenzen (Vorzüge) in Bezug auf Personen, Zeit und Raum – vollständige Marktübersicht für Anbieter und Nachfrager	▸ **unvollkommener Markt** Dem unvollkommenen Markt fehlen eine oder mehrere Bedingungen des vollkommenen Marktes. Unvollkommene Märkte sind heute die Regel, da auf nahezu allen Konsumgütermärkten, z. B. durch Werbung, Präferenzen geschaffen werden.

Beschreiben Sie den Zusammenhang von Nachfrage, Angebot und Preis.

Angebot	Nachfrage
Das Angebot ist die Absicht einer Person, eine bestimmte Menge eines bestimmten Gutes dann zu verkaufen, wenn der Preis dafür mindestens eine Höhe erreicht hat, die mit ihren Vorstellungen übereinstimmt. Die Summe der Angebote eines Gutes macht das Gesamtangebot aus.	Die Nachfrage ist die Absicht einer Person, eine bestimmte Menge eines Gutes dann zu kaufen, wenn der Preis für dieses Gut so niedrig ist, dass er den Vorstellungen dieser Person entspricht. Die Summe der individuellen Nachfragen nach einem Gut stellt die Nachfrage nach diesem Gut dar.

Angebot → **Markt** ← Nachfrage

Bestimmungsfaktoren des Angebots	Bestimmungsfaktoren der Nachfrage
▸ **Preis des angebotenen Gutes** Je höher der Preis für ein Gut ist, desto größer wird die Bereitschaft des Anbieters sein, das Gut zu verkaufen. ▸ **Preise der Produktionsfaktoren** Die untere Grenze, die ein Anbieter akzeptieren kann, sind die Produktionskosten für die Herstellung eines Gutes. Kann der Preis die Kosten nicht mehr decken, wird der Anbieter nicht mehr bereit sein, das Gut anzubieten. ▸ **Preise der übrigen Güter** Die Preisentwicklung bei anderen Gütern beeinflusst das Angebot der Betriebe. Das gilt besonders für Güter, die zu dem angebotenen Gut eine bestimmte Beziehung haben. Steigen z. B. die Preise für Teppichböden sehr stark, wird ein Anbieter von Parkettfußboden sein Angebot ausdehnen, weil er damit rechnet, dass die Konsumenten auf Parkettfußboden ausweichen. ▸ **Stand des technischen Wissens** Je höher der Technologievorsprung eines Anbieters ist, desto größer wird sein Angebot sein, weil er damit seine Produkte insgesamt kostengünstiger herstellen kann. ▸ **Gewinnerwartungen** Bestehen bei einem Gut hohe zukünftige Gewinnchancen, wird ein Anbieter in diesem Markt investieren. Die Folge ist ein erhöhtes Angebot.	▸ **Preis des nachgefragten Gutes** Je niedriger der Preis für ein Gut ist, desto eher wird der Nachfrager bereit sein, dieses Produkt zu kaufen. Dieses Verhalten gilt jedoch nur, soweit man dem Nachfrager rationales Verhalten unterstellt. Bei einer Reihe von Gütern wird der Preis überhaupt keine Rolle spielen, weil die Nachfrager eine bestimmte Menge des Gutes unbedingt benötigen (lebenswichtige Güter). Bei anderen Gütern wiederum wird es für bestimmte Nachfrager erst dann interessant, wenn der Preis des Gutes besonders hoch ist (z. B. Designer-Möbel). ▸ **Konsumsumme** Jeder Nachfrager hat nur einen begrenzten Teil seines Einkommens, das er konsumieren kann. Steigt das Einkommen, kann der Nachfrager sich „mehr leisten", sinkt das Einkommen hingegen, muss er auf Güter verzichten. Dies wirkt sich jedoch zumeist nicht bei den Gütern aus, die der Nachfrager in jedem Fall erwerben muss oder die er nur in begrenzter Menge benötigt. ▸ **Preise der anderen Güter** Preisveränderungen bei einigen Gütern wirken sich unmittelbar auf die zur Verfügung stehende Summe für andere Güter aus. Steigen z. B. die Preise für Mieten und Grundnahrungsmittel, bleiben dem Haushalt weniger Mittel, um Güter des gehobenen Bedarfs zu erwerben.

1 *Prüfen Sie die folgenden Aussagen.*

Kennzeichnen Sie
zutreffende Aussagen mit einer 1,
nicht zutreffende Aussagen mit einer 9.

a. Der Markt ist der Ort, an dem Anbieter und Nachfrager mit ihren Gütern aufeinandertreffen.

b. Das Ergebnis des ökonomischen Geschehens auf einem Markt ist der Preis.

c. Die Nachfrager wollen auf dem Markt ihren Konsumplan mit einem möglichst hohen Gewinn realisieren.

d. Jeder Markt ist in seiner Grundstruktur darauf angelegt, einen Wettbewerb zwischen den Marktteilnehmern zu erzeugen.

e. Ein Wochenmarkt unterliegt im Prinzip den gleichen Marktgesetzen wie die Börse.

f. Angebot und Nachfrage auf einem bestimmten Markt unterliegen den gleichen Einflussfaktoren.

2 *Angebot und Nachfrage unterliegen verschiedenen Einflussgrößen. Ordnen Sie zu.*

1 Bestimmungsfaktor des Angebots
2 Bestimmungsfaktor der Nachfrage
3 Bestimmungsfaktor, der sich sowohl auf die Nachfrage als auch auf das Angebot auswirkt.

Tragen Sie eine 9 ein, wenn sich die genannte Größe weder auf das Angebot noch auf die Nachfrage auswirkt.

a. Preis eines Gutes

b. Preise der Produktionsfaktoren

c. Stand des technischen Wissens

d. Konsumsumme

e. Preise anderer Güter

f. Gewinnerwartungen

g. Kapazitätsauslastung

3 *Welche der nachstehend aufgeführten Bedingungen ist kein Bestimmungsfaktor des Angebotes?*

1 Preise der Produktionsfaktoren

2 Preise der übrigen Güter

3 Stand des technischen Wissens

4 Leitzinssatz der EZB

5 Gewinnerwartungen der Anbieter

4 *Die Preisbildung auf einem vollkommenen Markt vollzieht sich unter bestimmten Voraussetzungen.*

Entscheiden Sie, ob unten stehende Merkmale
1 zu den Voraussetzungen eines vollkommenen Marktes gehören,
9 nicht zu den Voraussetzungen eines vollkommenen Marktes gehören.

a. Gleichartigkeit der Güter

b. geringe Anzahl von Anbietern

c. Marktübersicht

d. Marktforschung

5 *Prüfen Sie die folgenden Aussagen.*

Kennzeichnen Sie
zutreffende Aussagen mit einer 1,
nicht zutreffende Aussagen mit einer 9.

a. Je niedriger der Preis eines Gutes ist, desto eher wird der Nachfrager bereit sein, dieses Gut zu kaufen.

b. Je höher der Preis eines Gutes ist, desto eher wird der Konsument bereit sein, das Komplementärgut zu kaufen.

c. Je niedriger der Preis eines Gutes ist, desto eher werden die Haushalte bereit sein, das Substitutionsgut zu kaufen.

d. Je größer das Einkommen eines Haushaltes ist, desto eher wird dieser bereit sein, bei gleichbleibendem Preis eine höhere Menge eines Gutes zu kaufen.

e. Steigt der Preis eines Gutes G1, so wird der Haushalt eine geringe Menge des hierzu indifferenten Gutes G2 kaufen.

6 *Welche der nachstehend aufgeführten Bedingungen ist kein Bestimmungsfaktor der Nachfrage?*

1 Preis des nachgefragten Gutes

2 Zinssatz für kurzfristige Kredite

3 Konsumsumme

4 Preise der anderen Güter

7 *Kennzeichnen Sie unten stehende Aussagen mit einer 1, wenn diese zutreffen sind, 9, wenn diese nicht zutreffen.*

a. Zu den Faktormärkten gehören der Kapitalmarkt, der Arbeitsmarkt, der Immobilienmarkt und der Konsumgütermarkt.

b. Bei einem geschlossenen Markt ist einer bestimmten Anzahl von Marktteilnehmern der Zugang durch gewisse Beschränkungen versagt.

c. Als nicht organisierte Märkte bezeichnet man solche Märkte, die nicht an Zeit und Ort gebunden sind.

Stellen Sie die Angebotskurve und die Nachfragekurve dar. Erläutern Sie den Begriff der „Elastizität".

Angebotskurve: grafische Darstellung des Angebots	Nachfragekurve: grafische Darstellung der Nachfrage
▸ Sinkt der Preis, dann sinkt auch das Angebot.	▸ Sinkt der Preis, dann steigt die Nachfrage.
▸ Steigt der Preis, dann steigt auch das Angebot.	▸ Steigt der Preis, dann sinkt die Nachfrage.

Die Elastizität von Nachfrage und Angebot drückt aus, welche Mengenänderung auf eine Änderung des Preises erfolgt.
- ▸ Normale Elastizität: Die Mengenänderung verhält sich proportional zur Preisentwicklung.
- ▸ Hohe Elastizität: Die Mengenänderung verhält sich zu einer Preisänderung überproportional.
- ▸ Niedrige Elastizität: Die Mengenänderung verhält sich zu einer Preisänderung unterproportional.

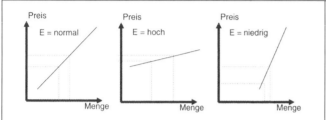 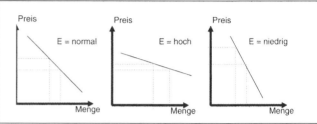

Beschreiben Sie die Merkmale des vollkommenen und des unvollkommenen Marktes.

Vollkommener Markt	Unvollkommener Markt
Der vollkommene Markt ist ein Modell, in dem das Verhalten der Anbieter und Nachfrager eines Marktes genau untersucht werden kann. Annahmen: ▸ Die gehandelten Güter sind homogen, d. h. nicht unterscheidbar und außerdem beliebig teilbar. ▸ Es gibt keine räumliche Ausdehnung des Marktes, d. h., alle möglichen Nachfrager haben jederzeit freien Zugang zu diesem Markt (Punktmarkt). ▸ Die Marktteilnehmer verfügen über eine lückenlose Marktkenntnis (vollkommene Markttransparenz). ▸ Es wird eine hohe Anpassungsgeschwindigkeit der Marktteilnehmer an Veränderungen unterstellt. ▸ Alle Marktteilnehmer handeln rational. ▸ Auf einem vollkommenen Markt herrscht für jedes Gut zu jedem Zeitpunkt nur ein Marktpreis.	Kaum eine der Bedingungen des vollkommenen Marktes entspricht der Realität: ▸ Es gibt nur wenige Güterarten, die völlig homogen sind (z. B. Zement). Jeder Anbieter versucht, sein Produkt von dem der Konkurrenz abzugrenzen. ▸ Nahezu alle Märkte haben eine räumliche Ausdehnung. Punktmärkte wie die Börse sind sehr selten. ▸ Eine vollständige Marktübersicht für alle Marktteilnehmer ist wirtschaftlich unmöglich. ▸ Kein Marktteilnehmer kann sich mit „unendlich hoher Geschwindigkeit" an den Markt anpassen. ▸ Die meisten Verbraucher lassen sich unterschwellig durch Werbung und Produktdesign beeinflussen. ▸ Aktive Preisgestaltung der Anbieter sorgt dafür, dass fast jedes Gut zu unterschiedlichen Preisen angeboten wird.

Erläutern Sie die Marktpreisbildung.

Mit den Modell der Preisbildung lassen sich die grundlegenden Zusammenhänge zwischen Angebot, Nachfrage und Preisbildung verdeutlichen. Die Aussagen zu diesem Modell treffen jedoch nur auf die Bedingungen des vollkommenen Marktes zu.

Je höher der Preis, desto geringer ist die nachgefragte Menge (Nachfragekurve).
Je höher der Preis, desto größer ist die angebotene Menge (Angebotskurve).

▸ Bei einem hohen Preis von 70,00 EUR wird zwar eine große Menge (350 Stück) angeboten, aber zu diesem Preis gibt es nur eine Nachfrage von 150 Stück (**Angebotsüberschuss/ Käufermarkt**).

▸ Bei einem niedrigen Preis von 20,00 EUR wird eine große Menge (400 Stück) nachgefragt, aber zu diesem Preis werden nur 100 Stück angeboten (**Nachfrageüberschuss/Verkäufermarkt**).

▸ Die größtmögliche Menge wird bei einem Preis von 50,00 EUR am Markt umgesetzt. Einem Angebot von 250 Stück steht eine Nachfrage von 250 Stück gegenüber. Diesen Preis bezeichnet man auch als **Gleichgewichtspreis**.

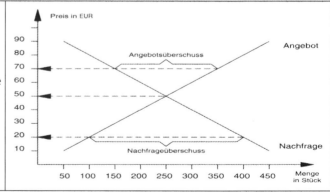

Welche Funktionen erfüllt der Marktpreis?

Lenkungsfunktion	Niedrige Preise zeigen den Unternehmern, dass es sich nicht mehr lohnt, die Produktionsfaktoren in diesem Markt einzusetzen. Umgekehrt zeigen hohe Preise lohnende Märkte auf.
Ausgleichsfunktion	Die Nachfrager wollen mit den Gütern ihr Nutzenmaximum verwirklichen, die Anbieter streben nach dem Gewinnmaximum. Diese gegensätzlichen Interessen werden über den Marktpreis ausgeglichen.
Anreizfunktion	Die Preise für die Produktionsfaktoren stellen ein Anreizsystem für die Anbieter von Produktionsfaktoren dar.

1 *Überprüfen Sie unten stehende Aussagen zum vollkommenen Markt und der Preisbildung auf diesem Markt auf ihre Richtigkeit.*

Tragen Sie eine
1 ein, wenn die Aussage zutrifft,
9 ein, wenn die Aussage nicht zutrifft.

a. Der Marktpreis wird ausschließlich von den Nachfragern bestimmt.

b. Der Gleichgewichtspreis ist der Preis, bei dem die angebotene Menge gleich der nachgefragten Menge ist.

c. Die angebotene Menge ist umso größer, je niedriger der Preis ist.

d. Liegt der Preis unterhalb des Gleichgewichtspreises, spricht man von einem Nachfrageüberschuss.

e. Liegt der Preis oberhalb des Gleichgewichtspreises, spricht man von einem Verkäufermarkt.

f. Je größer der Angebotsüberschuss, desto größer die Menge, die am Markt umgesetzt wird.

g. Die Bedingungen des vollkommenen Marktes treffen in der Realität für fast alle im Großhandel angebotenen Waren zu.

2 *Ordnen Sie die Ziffern in der folgenden Skizze den unten stehenden Begriffen zu.*

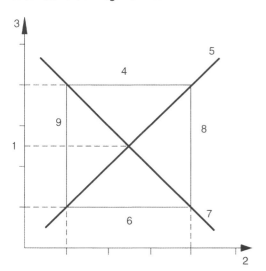

a. Nachfragekurve

b. Angebotskurve

c. Nachfrageüberhang

d. Angebotsüberhang

e. Gleichgewichtspreis

f. Käufermarkt

g. Verkäufermarkt

3 *Der Preis eines Gutes ändert sich von 2,50 EUR auf 2,25 EUR. Daraufhin steigt die Gesamtnachfrage von 500 000 Stück auf 525 000 Stück.*

Berechnen Sie die Elastizität der Nachfrage.

4 *Welche der nachstehenden Bedingungen ist keine Voraussetzung eines vollkommenen Marktes?*

1 Gleichartigkeit der Güter
2 räumliche Ausdehnung des Marktes
3 Markttransparenz
4 Handeln nach dem Rationalprinzip
5 hohe Anpassungsgeschwindigkeit der Marktteilnehmer

5 *In welchen der unten stehenden Situationen sind*
1 persönliche Präferenzen,
2 zeitliche Präferenzen,
3 räumliche Präferenzen
beschrieben?

Tragen Sie eine 9 ein, wenn keine Präferenzen gegeben sind.

a. Ein Großhändler kauft trotz höherer Preise bei einem Lieferanten, mit dem er schon seit langer Zeit zusammenarbeitet.

b. Ein älterer Kunde besorgt seine Lebensmittel in einem Tante-Emma-Laden, da er keine Möglichkeit hat, zum nächsten Supermarkt zu fahren.

c. Der Kaufinteressent für einen bestimmten Typ einer Automarke vergleicht die Preise vieler Händler und entscheidet sich für das günstigste Angebot.

d. Aufgrund der sehr früh einsetzenden kalten Witterung ordert ein Textilgroßhändler Mäntel bei dem Lieferanten mit der kürzesten Lieferfrist, obwohl die Waren erheblich teurer sind.

6 *Ordnen Sie die folgenden Marktbedingungen den unten stehenden Beschreibungen von Marktsituationen zu.*

1 *Homogenität der Produkte*
2 *Markttransparenz*
3 *Rationalprinzip*
4 *räumliche Präferenzen*
5 *zeitliche Präferenzen*
6 *persönliche Präferenzen*

a. Eine Tankstelle bietet rund um die Uhr neben Benzin auch Lebensmittel an. Diese sind allerdings erheblich teurer als im Supermarkt.

b. Eine pfiffige Werbung hat dazu geführt, dass ein bestimmter Schokoriegel häufiger gekauft wird als das Produkt der Konkurrenz, das 20 % billiger ist.

c. Auf einem Wochenmarkt sind Anbieter und Nachfrager genauestens über die Angebotspreise informiert.

d. Eine Hausfrau benötigt Weizenmehl (Type 405). Im Regal des Supermarktes stehen Packungen von drei verschiedenen Firmen.

e. Ein Hotel im Sauerland hat eine herrliche Lage mit Blick auf das Rothaargebirge. Der Wirt verlangt ca. 20 % höhere Preise als vergleichbare Hotels.

f. Einige Nachfrager gehen erst sehr spät auf den Wochenmarkt, da sie wissen, dass gegen Ende der Veranstaltung die Preise sinken.

Erläutern Sie, welche Besonderheiten ein unvollkommener Markt aufweist.

Preisdifferenzierung		Auf unvollkommenen Märkten können Anbieter ihre Leistungen zu unterschiedlichen Preisen anbieten mit dem Ziel, die Konsumentenrente abzuschöpfen und dadurch ihre Gewinne zu maximieren.
Arten der Preisdifferenzierung	räumlich	An unterschiedlichen Orten wird eine Leistung zu unterschiedlichen Preisen angeboten, z. B. bietet ein Autohersteller seine Pkw im Ausland günstiger an als im Inland.
	zeitlich	Eine Leistung wird zu unterschiedlichen Zeitpunkten zu unterschiedlichen Preisen angeboten. So sind z. B. Telefongespräche am Tag teurer als in der Nacht.
	persönlich	Bestimmte Personengruppen, z. B. Schüler, Studenten und Rentner, können eine Leistung günstiger beziehen als andere, z. B. bei der Bahn.
	nach Verwendungszweck nach Absatzmenge	Je nach Verwendungszweck eines Gutes werden unterschiedliche Preise erhoben, z. B. für Heizöl und Diesel. Je mehr ein Nachfrager bereit ist zu kaufen, desto niedriger wird der Stückpreis eines Gutes, z. B. durch Mengenrabatt.
Marktformen		Auf einem unvollkommenen Markt können Anbieter und Nachfrager in unterschiedlicher Anzahl auftreten. Man spricht je nach der zahlenmäßigen Struktur von einer bestimmten Marktform, auf der wir aufgrund der Machtstrukturen ein unterschiedliches Preisverhalten der Marktteilnehmer vorfinden. Die volkswirtschaftlich bedeutsamen Marktformen hat der Ökonom Heinrich von Stackelberg in der folgenden Matrix dargestellt.

Angebot / Nachfrage	atomistisch (viele Anbieter)	oligopolistisch (wenige Anbieter)	monopolistisch (ein Anbieter)
atomistisch (viele Nachfrager)	atomistische Konkurrenz z. B. viele Bäckereien/ viele Konsumenten	Angebotsoligopol z. B. wenige Benzinanbieter/viele Autofahrer	Angebotsmonopol z. B. Deutsche Bahn AG für Bahnfernreisen
oligopolistisch (wenige Nachfrager)	Nachfrageoligopol z. B. wenige Molkereien/ viele Landwirte	bilaterales Oligopol z. B. wenige Fluglinien/ wenige Flugzeughersteller	beschränktes Angebotsmonopol z. B. Hersteller eines Spezialstoffes/ Chemieunternehmen
monopolistisch (ein Nachfrager)	Nachfragemonopol z. B. Bahn/viele Anbieter von Bahnschwellen	beschränktes Nachfragemonopol z. B. Staat/ wenige Straßenbauunternehmen	bilaterales Monopol z. B. Staat/Hersteller eines bestimmten Waffensystems

Geben Sie Beispiele für die Preisstrategien der Anbieter in einem unvollkommenen Markt.

Preisbildung im unvollkommenen Polypol	Aufgrund der fehlenden Markttransparenz der Marktteilnehmer, der Produktdifferenzierung und der Schaffung von Präferenzen durch die Anbieter entstehen Preisklassen, in denen der Polypolist einen gewinnmaximierenden Preis festsetzen kann.
Preisbildung im Oligopol	▸ **Ruinöse Konkurrenz:** Der Oligopolist kann unter kurzfristigem Verzicht auf das Gewinnmaximierungsziel versuchen, durch Preissenkungen die Marktanteile seiner Konkurrenten zu gewinnen. Die anderen Anbieter werden darauf ihrerseits mit Preissenkungen reagieren müssen. ▸ **Preisführerschaft:** Häufig meiden Oligopolisten die Kampfsituation und schließen sich einem Preisführer an. Dieser Preisführer erhöht bzw. senkt seinen Preis und die anderen Oligopolisten folgen ihm. ▸ **Preisabsprachen:** Vereinzelt werden die Preise auch vertraglich oder mündlich („Frühstückskartelle") unter den Anbietern abgesprochen. Dies stellt ein Preiskartell dar, das gesetzwidrig ist.
Preisbildung im Monopol	Der Monopolist kann entweder den Preis autonom bestimmen, muss dann aber die Menge, die die Nachfrager zu diesem Preis kaufen wollen, hinnehmen, oder er bestimmt die Menge, die er absetzen will, dann muss er den Preis hinnehmen, zu dem diese Menge nachgefragt wird. In welchem Umfang und mit welcher Zielsetzung Preis und Menge bestimmt werden, hängt von der Art des Monopols ab.

Welche Möglichkeiten hat der Staat, um in den Marktmechanismus einzugreifen?

Marktkonforme Maßnahmen	Bei marktkonformen Interventionen bildet sich ebenfalls ein Gleichgewichtspreis und alle Funktionen des Gleichgewichtspreises werden erfüllt. Beispiele hierfür sind die Erhöhung der Nachfrage bei zu niedrigem Preis (Anbieterschutz) durch staatliche Käufe und Vorratshaltung oder die Erhöhung des Angebotes bei zu hohen Preisen (Nachfragerschutz) durch Verkauf aus staatlichen Beständen.
Nicht marktkonforme Maßnahmen	Die Folge dieser Maßnahmen ist in der Regel, dass auf dem Markt kein Gleichgewicht entsteht und dadurch die Selbststeuerung des Marktes nicht mehr gegeben ist. Der Staat diktiert dem Markt einen Preis oder eine Menge, die vom Marktgleichgewicht abweicht, um die Anbieter vor zu niedrigen oder die Nachfrager vor zu hohen Preisen zu schützen. Als Preismaßnahmen sind hierbei Höchst-, Mindest- oder Festpreise (Preisstopp) anzusehen. Zu den Mengenmaßnahmen zählen Investitionsverbote, Devisenbewirtschaftung, Export- oder Importverbote sowie Produktionsauflagen.

1 In einer Volkswirtschaft kann die Regierung verschiedene Maßnahmen ergreifen, um in den Markt einzugreifen.

Ordnen Sie den unten stehenden Maßnahmen eine

1 zu, wenn es sich dabei um marktkonforme Maßnahmen handelt,
2 zu, wenn es sich um nicht marktkonforme Maßnahmen handelt.

a. Die EZB verkauft am Devisenmarkt japanische Yen, um den Eurokurs zu stützen. ☐

b. Die EU garantiert den Bauern einen Mindestpreis, zu dem sie bereit ist, Getreide anzukaufen. ☐

c. Die EU verkauft nach einer Missernte aus ihren Lagerbeständen Getreide, um den steigenden Preis zu dämpfen. ☐

d. Die EU verbietet die Einfuhr eines Rohstoffes, der auch in der EU abgebaut wird. ☐

e. Die EU garantiert den Bauern einen Mindestpreis für jeden Liter Milch. ☐

2 Entscheiden Sie, um welche der folgenden Marktformen es sich bei den unten aufgeführten Beispielen handelt, und ordnen Sie die richtige Kennziffer zu.

1 Angebotsoligopol
2 Nachfrageoligopol
3 bilaterales Oligopol
4 Angebotsmonopol
5 Nachfragemonopol
6 bilaterales Monopol
7 beschränktes Angebotsmonopol
8 atomistische Konkurrenz

a. Auf dem Markt für Autoreifen stehen sich wenige Reifenhersteller und wenige Automobilhersteller gegenüber. ☐

b. Der Markt für Unterhaltungselektronik besteht aus wenigen Anbietern und vielen Nachfragern. ☐

c. In einer bestimmten Region können die Bauern ihre Zuckerrüben nur einer Zuckerfabrik anbieten. ☐

d. Ein Hersteller von Eisenbahnfahrzeugen hat ein Patent auf Triebwagen, die mit Neigetechnik ausgestattet sind, und bietet diese Fahrzeuge der Deutschen Bahn AG an. ☐

e. Auf dem Markt für Frischobst sehen sich viele Obstbauern mit wenigen Aufkaufgroßhändlern für Obst konfrontiert. ☐

f. Der Hersteller einer patentierten Einspritzpumpe bietet sein Produkt fünf verschiedenen Automobilherstellern an. ☐

3 Welche der folgenden Maßnahmen einer Regierung oder staatlichen Stelle ist eine marktkonforme Maßnahme? ☐

1 Die Regierung legt einen Mindestpreis für Kartoffeln fest.

2 Um die steigenden Preise auf dem Getreidemarkt in den Griff zu bekommen, legt die Regierung einen Höchstpreis fest.

3 Zur Vermeidung von Preissteigerungen auf dem Getreidemarkt tritt die Regierung selbst als Anbieter auf und verkauft Getreide aus eigenen Lagerbeständen.

4 Um die Überproduktion von Milch aufgrund von garantierten Mindestpreisen einzudämmen, legt die EU eine Quote fest, die an die Größe des Bauernhofes gekoppelt ist.

5 Um die Produktion von Schweinefleisch einzudämmen, senkt die Regierung den garantierten Preis.

4 Um in einem Käufermarkt eine eigenständige Preispolitik betreiben zu können, greifen viele Anbieter von Produkten und Dienstleistungen zu dem Instrument der Preisdifferenzierung.

1 räumliche Preisdifferenzierung
2 zeitliche Preisdifferenzierung
3 persönliche Preisdifferenzierung
4 Preisdifferenzierung nach dem Verwendungszweck
5 Preisdifferenzierung nach der Menge

Ordnen Sie den unten stehenden Beispielen zu, um welche Arten der Preisdifferenzierung es sich dabei handelt.

a. Wer mit seinem Handy wenig telefoniert, kann sich bei den meisten Anbietern für einen Tarif mit niedrigem Grundpreis und hohem Minutenpreis entscheiden. Personen mit vielen Gesprächen entscheiden sich dagegen für den höheren Grundpreis bei einem niedrigen Minutenpreis. ☐

b. Ein Baustoffhändler bietet seinen Kunden bei Sand und Kies eine Rabattstaffel an, die abhängig ist von der abgenommenen Tonnage. ☐

c. Ein Großhändler für Haushaltswaren veranstaltet im Januar mit den angeschlossenen Einzelhändlern eine Sonderaktion, bei der die Haushaltswaren zu besonders günstigen Preisen angeboten werden. ☐

d. Ein Stromlieferant bietet seinen Strom zu unterschiedlichen Preisen an, je nachdem, ob dieser im Haushalt oder zu gewerblichen Zwecken genutzt wird. ☐

e. Für Schüler bietet ein Kino 20 % Ermäßigung auf alle Eintrittspreise an. ☐

f. Es ist bekannt, dass Arzneimittel, die in Deutschland hergestellt werden, im Ausland zum Teil erheblich günstiger zu haben sind. ☐

g. Eine Schulklasse nimmt bei einer Fahrt mit der Bundesbahn im Rahmen einer Exkursion den günstigen Gruppentarif in Anspruch. ☐

h. Skischuhe werden im Sommer üblicherweise günstiger angeboten als im Winter. ☐

5 Prüfen Sie die folgenden Aussagen über Preisbildung in unvollkommenen Märkten.

Kennzeichnen Sie
zutreffende Aussagen mit einer 1,
unzutreffende Aussagen mit einer 9.

a. Die Preisabsprache ist die übliche preispolitische Strategie in einem monopolistischen Markt. ☐

b. Im Oligopol ist der Preis für den Anbieter ein Datum, das er hinnehmen muss. ☐

c. Im Polypol kann der Anbieter unter anderem im Wege der Preisdifferenzierung einen gewinnmaximierenden Preis erlangen. ☐

d. Der Gewinn von Marktanteilen durch Preissenkungen im Oligopol kann u. U. zu einer ruinösen Konkurrenz führen. ☐

e. Wenn in einem Monopol der einzige Anbieter den Preis diktiert, nennt man diese Strategie „Preisführerschaft". ☐

Erläutern Sie die Probleme einer reinen Marktwirtschaft.

> ‣ Die Unternehmen tendieren aufgrund des herrschenden Wettbewerbs zur Monopolisierung von Märkten.
> ‣ Das Privateigentum an Produktionsmitteln führt dazu, dass die Arbeitnehmer in einer schwächeren Position sind.
> ‣ Die reine Anwendung des erwerbswirtschaftlichen Prinzips führt zur Vernachlässigung bestimmter Bereiche der Gesellschaft.
> ‣ Der ausschließliche Wettbewerb über den Preis führt dazu, dass schwache Mitglieder der Gesellschaft an den Rand gedrängt werden.

Was versteht man in der Bundesrepublik Deutschland unter der „sozialen Marktwirtschaft"?

> Die soziale Marktwirtschaft ist eine Wirtschaftsordnung, in der das Prinzip der Freiheit des Marktes (**marktwirtschaftliche Komponente**) mit dem Prinzip des sozialen Ausgleichs (**soziale Komponente**) verbunden wird. Das Prinzip des sozialen Ausgleichs ist nur über marktkonforme Eingriffe des Staates in den Wirtschaftsprozess zu erreichen. Marktkonform bedeutet, dass keine Maßnahmen ergriffen werden dürfen, die den Marktmechanismus außer Kraft setzen.

Durch welche Merkmale ist die soziale Marktwirtschaft gekennzeichnet?

Vertragsfreiheit	Die Vertragsfreiheit ist ein Grundsatz, der das Recht der Schuldverhältnisse im bürgerlichen Recht beherrscht. Dieser Grundsatz bedeutet, ‣ dass jede Person frei entscheiden kann, ob sie ein Vertragsangebot annimmt oder nicht; ‣ dass es den Vertragsparteien überlassen bleibt, welche Inhalte sie zum Gegenstand des Vertrages machen.
Eigentumsgarantie	Das **Grundgesetz** garantiert im Artikel 14 Abs. 1 Eigentum und Erbrecht. Das bedeutet, dass das Eigentumsrecht zu einem absoluten Recht erhoben wird, das gegen jedermann gilt, also auch gegenüber dem Staat.
Sozialbindung des Eigentums	In Artikel 14 Abs. 2 wird die Sozialbindung des Eigentums hervorgehoben. Danach soll der Gebrauch des Eigentums zugleich dem Wohle der Allgemeinheit dienen. Gleichfalls ist eine Enteignung von Eigentum möglich, sofern dies im Interesse der Allgemeinheit zulässig ist und die enteignete Person dafür entschädigt wird.
Erwerbswirtschaftliches Prinzip	Die Eigentumsgarantie in Verbindung mit Vertragsfreiheit und Gewerbefreiheit (§ 1 Gewerbeordnung) führt zur Verwirklichung des erwerbswirtschaftlichen Prinzips. Das bedeutet, dass ein Unternehmer diejenige Kombination von Produktionsfaktoren wählen kann, mit der er ein Gewinnmaximum erreicht.
Tarifautonomie der Sozialpartner	Die Tarifautonomie ist durch das Grundrecht auf Vereinigungsfreiheit gewährleistet (Art. 9 Abs. 3 GG). Danach können alle Deutschen zur Wahrung und Förderung der Arbeits- und Wirtschaftsbedingungen Vereinigungen gründen. Auf Arbeitnehmerseite sind solche Vereinigungen die Gewerkschaften, auf Arbeitgeberseite die Arbeitgebervereinigungen. Die Tarifautonomie eröffnet die Möglichkeit, in dem von der staatlichen Rechtssetzung freigelassenen Raum durch freie Verhandlungen Tarifverträge zu schließen, die das Arbeitsleben ordnen.

Wirtschafts- und sozialpolitische Ziele des Staates	Wirtschaftspolitische Ziele	Sozialpolitische Ziele
	‣ Vollbeschäftigung ‣ Preisniveaustabilität ‣ angemessenes Wachstum ‣ außenwirtschaftliches Gleichgewicht	‣ soziale Sicherheit ‣ gerechte Einkommens- und Vermögensverteilung ‣ gleiche Startchancen für alle Bürger

Nennen Sie Unterschiede zwischen dem marktwirtschaftlichen Modell und der Realität.

Wirtschaftskonzentration	Einzelne Marktteilnehmer werden immer wieder gewollt oder ungewollt den freien Wettbewerb beschränken. Unternehmen versuchen, wirtschaftliche Macht durch die Konzentration von Unternehmen zu erlangen (Konzernbildung), oder sie sprechen sich zum Nachteil anderer Marktteilnehmer in ihren Aktionen ab oder sie vereinbaren vertraglich ein abgestimmtes Vorgehen im Markt (Kartellbildung).
Konjunkturpolitik	In einer Marktwirtschaft gestalten die Wirtschaftssubjekte ihre Pläne weitgehend individuell. Die Abstimmung dieser Pläne auf dem Markt geschieht jedoch nicht koordiniert und es kommt zu Störungen. Im Rahmen der Konjunkturpolitik sind Bund und Länder deshalb dazu verpflichtet, die Ziele Vollbeschäftigung, Preisniveaustabilität, angemessenes Wirtschaftswachstum und außenwirtschaftliches Gleichgewicht zu verfolgen.
Strukturpolitik	Die Wirtschaftsstruktur der Bundesrepublik ist nicht einheitlich. Im Rahmen der Strukturpolitik kann der Staat durch den gezielten Einsatz von Subventionen ‣ strukturschwache Gebiete oder Branchen fördern, ‣ Umstrukturierungsprozesse in bestimmten Branchen fördern.
Einkommens- und Vermögenspolitik	‣ Im Rahmen der Einkommenspolitik werden bei der Verteilung des Sozialproduktes Komponenten wie Alter, Familienstand, Anzahl der Kinder oder Gesundheit berücksichtigt. ‣ Im Rahmen der Vermögenspolitik wird, z.T. durch fiskalische Maßnahmen, die Vermögensbildung in Arbeitnehmerhand gefördert.

1   *Die reine Anwendung der freien Marktwirtschaft wirft eine Reihe von Problemen auf.*
Welches der unten stehenden Probleme ist nicht ursächlich auf die freie Marktwirtschaft zurückzuführen?

   Tragen Sie eine 6 ein, wenn es sich ausschließlich um Probleme der freien Marktwirtschaft handelt.

   1 Die Unternehmen tendieren aufgrund des herrschenden Wettbewerbs zur Monopolisierung von Märkten.
   2 Das Privateigentum an Produktionsmitteln führt dazu, dass die Arbeitnehmer in einer schwächeren Position sind.
   3 Die reine Anwendung des erwerbswirtschaftlichen Prinzips führt zur Vernachlässigung bestimmter Bereiche der Gesellschaft.
   4 Güter, die staatlich subventioniert und damit preiswert sind, werden von den Wirtschaftssubjekten nicht als knapp empfunden und u. U. verschwendet.
   5 Der ausschließliche Wettbewerb über den Preis führt dazu, dass schwache Mitglieder der Gesellschaft an den Rand gedrängt werden.

2   *Die soziale Marktwirtschaft ist gegenüber der freien Marktwirtschaft durch eine Reihe zusätzlicher Merkmale gekennzeichnet.*
Welches der folgenden Merkmale trifft nicht auf die soziale Marktwirtschaft zu?

   Tragen Sie eine 5 ein, wenn alle Merkmale zutreffen.

   1 Tarifautonomie der Sozialpartner
   2 Sozialbindung des Eigentums
   3 Kontrolle der Preise für Grundnahrungsmittel
   4 Aufbau eines Systems der sozialen Sicherheit

3   *Im Folgenden finden Sie fünf Aussagen zur sozialen Marktwirtschaft in der Bundesrepublik Deutschland.*

   Tragen Sie eine
   1 ein, wenn die Aussage zutreffend ist,
   9 ein, wenn die Aussage nicht zutreffend ist.

   a. Im Rahmen der Einkommenspolitik werden bei der Verteilung des Sozialproduktes Komponenten wie Alter, Familienstand, Anzahl der Kinder oder Gesundheit berücksichtigt.
   b. Im Rahmen der Vermögenspolitik wird, z. T. durch fiskalische Maßnahmen, die Vermögensbildung in Arbeitnehmerhand gefördert.
   c. Im Rahmen der Strukturpolitik kann der Staat durch den gezielten Einsatz von Subventionen strukturschwache Gebiete oder Branchen fördern oder Umstrukturierungsprozesse in bestimmten Branchen fördern.
   d. Im Rahmen der Konjunkturpolitik sind Bund und Länder dazu verpflichtet, die Ziele Vollbeschäftigung, Preisniveaustabilität, angemessenes Wirtschaftswachstum und außenwirtschaftliches Gleichgewicht zu verfolgen.
   e. Im Rahmen der Wettbewerbspolitik muss jede Fusion von Unternehmen mit mehr als 5 000 Arbeitnehmern genehmigt werden.

4   *Welche der folgenden Aussagen zum Eigentumsbegriff in der sozialen Marktwirtschaft trifft nicht zu?*

   Tragen Sie eine 6 ein, wenn alle Aussagen zutreffen.

   1 Eigentum ist die rechtliche Herrschaftsgewalt über eine Sache oder ein Recht.
   2 Eigentum ist ein absolutes Recht. Das bedeutet, dass es gegen jedermann, also auch gegenüber dem Staat, gilt.
   3 Die Sozialbindung des Eigentums beinhaltet, dass der Gebrauch des Eigentums zugleich auch dem Wohle der Allgemeinheit dienen soll.
   4 Eigentum an einer Sache oder an einem Recht kann immer nur eine Person haben. Ein gemeinschaftliches Eigentum gibt es nicht.
   5 Eine Enteignung von Eigentum durch staatliche Instanzen auf dem Rechtswege ist möglich, wenn dies im Interesse der Allgemeinheit liegt und die enteignete Person dafür angemessen entschädigt wird.

5   *Ordnen Sie den unten stehenden Zeitungsmeldungen über politische Maßnahmen zu, ob es sich dabei um die Verfolgung*
   1 wirtschaftspolitischer Ziele,
   2 sozialpolitischer Ziele
   handelt.

   a. „Die Bundesregierung bemüht sich weiterhin um einen Konsens aller Parteien über die Gestaltung der Pflegeversicherung."

   b. „Durch die Zurückhaltung der staatlichen Stellen bei der Investitionstätigkeit soll ein Beitrag zur Preisniveaustabilität geleistet werden."

   c. „Die Steuerreform zeichnet sich durch die Entlastung besonders der unteren und mittleren Einkommensstufen aus."

   d. „Der Bundeswirtschaftsminister wird alle Maßnahmen ergreifen, um das Defizit in der Handelsbilanz zu verringern."

6   *Welche der folgenden Aussagen zur Tarifautonomie trifft nicht zu?*

   Tragen Sie eine 5 ein, wenn alle Aussagen zutreffen.

   1 Alle Tarifverträge einer Branche werden für allgemein verbindlich erklärt, damit sämtliche Arbeitnehmer die Rechte aus diesen Tarifverträgen in Anspruch nehmen können.
   2 Die Tarifautonomie ist durch das Grundrecht auf Vereinigungsfreiheit gewährleistet (Art. 9 Abs. 3 GG). Das bedeutet, dass alle Deutschen zur Wahrung und Förderung der Arbeits- und Wirtschaftsbedingungen Vereinigungen gründen können.
   3 Die Arbeitnehmer werden in der Bundesrepublik Deutschland durch die Gewerkschaften vertreten, die Arbeitgeber durch Arbeitgebervereinigungen.
   4 Die Tarifautonomie eröffnet den Vereinigungen die Möglichkeit, in dem von der staatlichen Rechtsetzung freigelassenen Raum durch freie Verhandlungen Tarifverträge zu schließen, die das Arbeitsleben ordnen.

Erklären Sie die Güter- und Geldströme in einer Volkswirtschaft.

Begriff	Der einfache Wirtschaftskreislauf ist eine bildhafte Darstellung (Modell) der zusammengefassten Beziehungen zwischen den Unternehmen (Sektoren 1 bis 3) auf der einen und den Haushalten auf der anderen Seite. Anhand des Modells können die wirtschaftlichen Beziehungen untersucht werden.
Annahmen	▶ Es bestehen nur zwei Sektoren (Haushalte und Unternehmen). Der Staat greift nicht in die Wirtschaft ein. Zum Ausland bestehen keine wirtschaftlichen Beziehungen. ▶ Das gesamte Einkommen der Haushalte wird konsumiert. Damit kann auch nicht gespart und folglich nicht investiert werden. Die aufgezeigte Volkswirtschaft verändert sich damit nicht (Modell einer stationären Wirtschaft). ▶ Das in der Wirtschaft vorhandene Kapital verändert sich nicht.
Güterstrom	Die Haushalte stellen den Unternehmen Produktionsfaktoren zur Verfügung: Arbeit, Boden, Kapital. Die Unternehmen produzieren damit Güter und stellen diese den Haushalten zur Verfügung.
Geldstrom	Die Haushalte beziehen von den Unternehmen Einkommen aus der Überlassung von Produktionsfaktoren. Das Einkommen umfasst ▶ den Lohn für die Leistungen des Produktionsfaktors Arbeit, ▶ die Grundrente (bzw. Miete/Pacht) für den Einsatz und die Überlassung des Bodens, ▶ den Zins für den Einsatz des Kapitals, ▶ den Gewinn für die unternehmerische Tätigkeit. Für die von den Unternehmen gekauften Güter geben die Haushalte ihr Einkommen aus.

Erklären Sie die Güter- und Geldströme im erweiterten Wirtschaftskreislauf.

Begriff	Der erweiterte Wirtschaftskreislauf ist die bildhafte Darstellung (Modell) der zusammengefassten Beziehungen zwischen den Unternehmen (Sektoren 1 bis 3), den Banken, dem Staat, dem Ausland und den Haushalten einer Volkswirtschaft.
Güterstrom	Zusätzlich zu den Güterströmen des einfachen Kreislaufmodells gehen Güterströme in das Ausland (Export), vom Ausland in das Inland (Import) und an den Staat (öffentlicher Verbrauch).
Geldstrom	▶ Zahlungen für Güter leisten die Unternehmen, der Staat und das Ausland. ▶ Transferzahlungen beinhalten Gelder, für die der Empfänger keine konkrete Gegenleistung erbringen muss (Übertragungen). Beispiele: – Staat an Haushalte: Sozialhilfe, Pensionen, Wohngeld – Staat an Unternehmen: Subventionen – Haushalte an Ausland: Überweisungen von ausländischen Arbeitnehmern an ihre Familien im Ausland – Staat an Ausland: Entwicklungshilfe, Wiedergutmachung

Stellen Sie die Zusammenhänge im einfachen und erweiterten Wirtschaftskreislauf formelmäßig dar.

Verwendete Symbole	Y = Einkommen (vom englischen „yield"); I = Investitionssumme S = Sparsumme; C = Konsumsumme
Einfacher Wirtschaftskreislauf	Hier wird angenommen, dass das gesamte Einkommen der Haushalte in der gleichen Periode konsumiert wird. In diesem Modell wird nicht gespart und folglich auch nicht investiert. Man spricht von einer „stationären Wirtschaft". Es gilt die Formel: Y = C.
Erweiterter Wirtschaftskreislauf	Im erweiterten Wirtschaftskreislauf wird angenommen, dass die Haushalte einen Teil ihres Einkommens sparen. Es gilt für die Einkommensverwendung die Formel Y = C + S. Die gesparten Beträge versetzen die Unternehmen in die Lage zu investieren. Hier gilt: S = I. Aufgrund der Investitionen ist die Wirtschaft in der Lage zu wachsen. Man spricht deshalb von einer „dynamischen Wirtschaft".

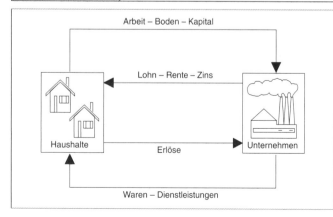

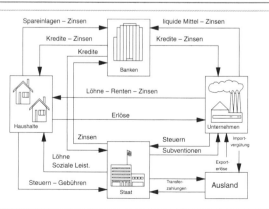

In der unten aufgeführten Skizze ist das Modell des einfachen Wirtschaftskreislaufs mit den entsprechenden Geld- und Güterströmen dargestellt.

Kennzeichnen Sie die nachstehenden Situationen mit den dazugehörigen Ziffern aus der Skizze.

Tragen Sie eine 9 ein, wenn es sich um keinen dieser Ströme handelt.

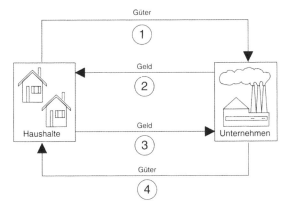

a. Ein Unternehmen überweist einem Privatmann den Kaufpreis für ein Grundstück.

b. Ein Großhändler liefert an einen Einzelhändler Waren.

c. Der Auszubildende in einem Textileinzelhandelsgeschäft führt Lagerarbeiten aus.

d. Für eine private Feier erhält eine Gaststätte die Saalmiete in Höhe von 500,00 EUR.

e. Die Mitarbeiterin eines Reisebüros vermittelt eine private Urlaubsreise.

f. Ein Verkäufer erhält beim Lohnsteuerjahresausgleich 1 200,00 EUR vom Finanzamt.

2 Die Volkswirtschaft eines Landes wird in Sektoren eingeteilt.

Entscheiden Sie, ob die unten stehenden Sachverhalten dem

1 *primären Sektor,*
2 *sekundären Sektor,*
3 *tertiären Sektor,*
4 *quartären Sektor*

zuzuordnen sind.

a. Ein Tischler stellt einen Schrank nach den Angaben des Bestellers her.

b Ein Landwirt erntet seinen Weizen mit einem Mähdrescher.

c. Ein Unternehmen stellt Schuhe aus Leder her.

d. Die Gemeinde Uslar schafft für die öffentliche Feuerwehr zwei neue Löschzüge an.

e. Ein Unternehmen in Bremerhaven kauft Rohkaffee aus Kolumbien auf und liefert diesen an eine Großrösterei in Bremen.

f. Ein Rechtsanwalt berät einen Klienten in einer Strafsache wegen eines Verkehrsdeliktes.

3 Ordnen Sie den unten stehenden Zahlungsvorgängen die zugehörigen Ziffern aus der folgenden Skizze eines erweiterten Wirtschaftskreislaufes zu.

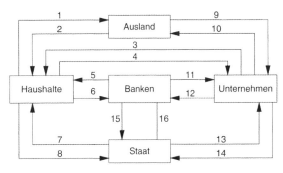

a. Ein deutscher Tourist bezahlt seine Hotelrechnung in Österreich.

b. Die Stadtverwaltung gleicht die Rechnung eines Dachdeckers für Bauarbeiten an einem Hallenschwimmbad aus.

c. Eine Hausfrau bezahlt an der Kasse eines Supermarktes die eingekauften Artikel.

d. Ein Landwirt erhält eine Prämie für die Stilllegung von landwirtschaftlichen Nutzungsflächen.

e. Ein Unternehmen überweist die fällige Körperschaftsteuer an das Finanzamt.

f. Ein Unternehmen in Bremen erhält die zweite Rate aus einem Geschäft mit einem brasilianischen Importeur.

g. Das Vorstandsmitglied einer Aktiengesellschaft überweist seine Einkommensteuer.

h. Die Landesregierung überzieht ihr Girokonto bei der Westdeutschen Landesbank.

i. Ein Beamter im Ruhestand erhält seine monatliche Pension.

4 Beantworten Sie die unten stehenden Fragen, indem Sie folgende Abkürzungen zugrunde legen:

Y = *Summe der Einkommen*
C = *Summe der Konsumausgaben*
S = *Summe der Sparbeiträge*
I = *Summe der Nettoinvestitionen*

a. Welche der folgenden Formeln kennzeichnen die Situation in einer stationären Wirtschaft?

1 $Y = I$
2 $I = S$
3 $Y = S$
4 $Y = C$
5 $C = I$

b. Welche der folgenden Gleichungen beschreibt die Einkommensverwendung in einer dynamischen Wirtschaft aus Sicht der Haushalte?

1 $Y = C + I$
2 $Y = C - I$
3 $Y = S - I$
4 $Y = C + S$
5 $Y = C - S$

Erklären Sie wesentliche Begriffe im Zusammenhang mit der volkswirtschaftlichen Gesamtrechnung.

Volkswirtschaftliche Gesamtrechnung (VGR)	Die volkswirtschaftliche Gesamtrechnung erfasst alle wirtschaftlichen Transaktionen, die in einer Wirtschaftsperiode einer Volkswirtschaft innerhalb des Wirtschaftskreislaufes stattfinden. In Deutschland wird sie vom Statistischen Bundesamt in Wiesbaden durchgeführt.
Bruttoproduktions-wert	Der Bruttoproduktionswert misst das Ergebnis der erbrachten Leistungen der einzelnen Wirtschaftsbereiche. Es handelt sich also im Wesentlichen um die Umsatzerlöse aller Unternehmen.
Vorleistungen	Die Vorleistungen sind der Wert der gekauften, nicht dauerhaften Produktionsgüter, die in der gleichen Wirtschaftsperiode im Produktionsprozess eingesetzt werden (Einsatz an Material und Dienstleistungen).
Bruttowert-schöpfung	Zieht man vom Bruttoproduktionswert der Unternehmen die Vorleistungen ab, erhält man die unbereinigte Bruttowertschöpfung; nach Abzug der Bankgebühr erhält man die bereinigte Bruttowertschöpfung.
Produktions- und Importabgaben	Dazu zählen Steuern und Zölle, die in die Absatzpreise einkalkuliert und auf den Endabnehmer abgewälzt werden. Dies sind im Wesentlichen alle indirekten Steuern, wie Umsatzsteuer, Tabaksteuer, Mineralölsteuer etc.
Nettoproduktions-abgaben	Diese Größe (auch Nettogütersteuern genannt) stellt den Saldo zwischen den an den Staat abgegebenen Produktions- und Importabgaben und den empfangenen güterabhängigen Subventionen dar.
Konsum	Konsum ist der Verbrauch und/oder die Nutzung von materiellen oder immateriellen Gütern. Konsumausgaben können durch Haushalte oder Staat erfolgen.
Bruttoinvestitionen	Die Bruttoinvestitionen sind die gesamten Investitionen einer Volkswirtschaft und setzen sich aus den Ersatzinvestitionen und den Erweiterungsinvestitionen (Nettoinvestitionen) zusammen.
Arbeitnehmer-entgelte	Dazu zählen alle Einkommen von Nichtunternehmern, also alle Einkommen aus unselbstständiger Tätigkeit, wie das Einkommen der Angestellten, Arbeiter, Beamten und Auszubildenden.
Unternehmens- und Vermögens-einkommen	Die Einkommen aus gewerblicher und freiberuflicher Tätigkeit, aus Land- und Forstwirtschaft sowie aus Kapitalvermögen (Dividenden/Zinsen) werden hier zusammengezählt. Unternehmenseinkommen und Arbeitnehmerentgelte zusammen bilden das Volkseinkommen (auch Nettonationaleinkommen zu Herstellungspreisen genannt). Sie stellen aus Unternehmenssicht Entgelte für die Produktionsfaktoren dar.
Außenbeitrag	Diese Größe stellt die Differenz zwischen Exporterlösen und Importausgaben dar.
Saldo der Primär-einkommen aus der übrigen Welt	Hierbei handelt es sich um den Saldo der Erwerbs- und Vermögenseinkünfte, die aus dem Ausland bezogen wurden und an das Ausland bezahlt wurden, zuzüglich des Saldos aus von der EU empfangenen Subventionen und der an die EU geleisteten Produktions- und Importabgaben.
Bruttoinlands-produkt	Das Bruttoinlandsprodukt ist seit der Umstellung der VGR auf einheitliche europäische Normen der neue Maßstab zur Beurteilung der Leistungsfähigkeit einer Volkswirtschaft. Es gibt den Wert der im Inland erbrachten Leistungen einer Wirtschaftsperiode an, unabhängig davon, ob diese Leistung von Inländern oder Ausländern erbracht wurde. Die Größe folgt damit dem sogenannten *Inlandskonzept*. Zählt man zu dieser Größe den Saldo der Primäreinkommen aus der übrigen Welt, erhält man das Bruttonationaleinkommen zu Marktpreisen. Diese Größe folgt dem sogenannten *Inländerkonzept*.

Skizzieren Sie die Entstehungsrechnung, die Verwendungsrechnung und die Verteilungsrechnung des Bruttoinlandsproduktes in einer vergleichenden Darstellung.

Entstehungsrechnung	Verwendungsrechnung
Bei der Ermittlung des Bruttoproduktionswertes werden die Werte der Produktionsergebnisse aus sechs Wirtschaftsbereichen erfasst (Fischerei, Land-/Forstwirtschaft, produzierendes Gewerbe, Baugewerbe, Handel, Gastgewerbe und Verkehr, Finanzierung, Vermietung und Unternehmensdienstleister, Dienstleister).	Bei der Verwendungsrechnung wird das Bruttoinlandsprodukt von der Verbrauchsseite her ermittelt, d.h., man fragt, wem die produzierten Werte zugeführt wurden. Zu diesem Zweck ermittelt man den Wert der Güter- und Dienstleistungen, die zu den einzelnen Wirtschaftssektoren zur endgültigen Verwendung gelangten.
Bruttoproduktionswert **– Vorleistungen** **= Bruttowertschöpfung (unbereinigt)** – unterstellte Bankgebühr **= Bruttowertschöpfung (bereinigt)** + Nettogütersteuern	**private Konsumausgaben** **+ Konsumausgaben des Staates** **+ Bruttoinvestitionen** **+ Außenbeitrag**

= Bruttoinlandsprodukt
+ Saldo der Primäreinkommen aus der übrigen Welt
= Bruttonationaleinkommen zu Marktpreisen
– Abschreibungen
= Nettonationaleinkommen zu Marktpreisen
– Produktions- und Importabgaben + Subventionen (Nettoproduktionsabgaben)
= Volkseinkommen (Nettonationaleinkommen zur Herstellungspreisen)

Arbeitnehmerentgelt (Lohn und Gehalt)	Unternehmens- und Vermögenseinkommen (Mieten, Pachten, Dividenden, Zinsen und Gewinne)

Ansatz der Verteilungsrechnung ist die Summe der bei der Produktion der Güter- und Dienstleistungen innerhalb einer Wirtschaftsperiode entstandenen Faktoreinkommen deutscher Bundesbürger.

Verteilungsrechnung

1 *Prüfen Sie die folgenden Aussagen.*

Kennzeichnen Sie

zutreffende Aussagen mit einer 1,
nicht zutreffende Aussagen mit einer 9.

a. Die Summe der Bruttoproduktionswerte aller Wirt-
schaftsbereiche ergibt das Bruttoinlandsprodukt.

b. Der Bruttoproduktionswert eines Unternehmens
abzüglich der Vorleistungen ergibt die unberei-
nigte Bruttowertschöpfung.

c. Das Bruttonationaleinkommen zu Marktpreisen
abzüglich der Abschreibungen ergibt das Nettonationaleinkommen zu Marktpreisen.

d. Pacht, Miete und Zinsen zählen zu den Unterneh-
mer- und Vermögenseinkommen.

e. Der Unternehmergewinn ist die Differenz zwischen den Verkaufserlösen und den Faktorkosten
für die eingesetzten Produktionsfaktoren.

f. Im Rahmen der Verteilungsrechnung wird nach
dem Faktoreinkommen deutscher Bundesbürger
unterschieden.

2 *Welche der unten stehenden Wertgrößen ist das*
Ergebnis der folgenden Berechnung?

   private Konsumausgaben
+ Konsumausgaben des Staates
+ Bruttoinvestitionen
+ Außenbetrag

1 Bruttonationaleinkommen

2 Nettonationaleinkommen

3 Bruttoinlandsprodukt

4 Volkseinkommen

3 *Welche Größen eines Wirtschaftssektors müssen*
addiert werden, um die Wertschöpfung in diesem
Sektor zu ermitteln?

1 Vorleistungen

2 Einkommen

3 Bruttoproduktionswerte

4 Abschreibungen

5 Bruttoinvestitionen

4 *Welche der folgenden Einkommensarten kann*
Bestandteile aus allen drei Produktionsfaktoren
enthalten?

1 Einkommen aus nichtselbstständiger Arbeit

2 Einkommen aus Unternehmertätigkeit

3 Einkommen aus Besitz

4 Resteinkommen

5 *Kennzeichnen Sie unten stehende Aussagen mit einer*

1, wenn diese zutreffen,
9, wenn diese nicht zutreffen.

a. Das Volkseinkommen entspricht der Summe aller
Bruttoproduktionswerte.

b. Der Saldo der Primäreinkommen aus der übrigen
Welt stellt die Erwerbs- und Vermögenseinkünfte
aus dem Ausland und diejenigen, die an das
Ausland bezahlt wurden, gegenüber.

c. Nettoproduktionsabgaben stellen die Differenz
zwischen den Produktions- und Importabgaben
und den güterabhängigen Subventionen dar.

d. Der Außenbeitrag ist die Summe aller Entwicklungs-
hilfezahlungen in einer Wirtschaftsperiode.

6 *In einer Volkswirtschaft ist das nominale Bruttoin-*
landsprodukt von 4 000 Mio. Geldeinheiten (GE) im
Jahr 01 auf 4 620 Mio. GE im Jahr 02 gestiegen. Die
Preissteigerungsrate betrug in diesem Zeitraum 10 %.

Ermitteln Sie,

a. ... um wie viel Mio. GE das Bruttoinlandsprodukt real gestiegen
ist.

b. ... auf wie viel Prozent sich die
Steigerungsrate des realen
Bruttoinlandsprodukts beläuft.

7 *Kennzeichnen Sie unten stehende Gleichsetzungen*
mit einer

1, wenn diese zutrifft,
9, wenn diese nicht zutrifft.

a. Volkseinkommen = Nettoinlandsprodukt zu
Herstellungspreisen + Saldo der Primäreinkommen
aus der übrigen Welt

b. Bruttoinlandsprodukt = Summe der Umsätze aller
Unternehmen eines Landes

c. Nettoinlandsprodukt zu Marktpreisen =
Bruttoinlandsprodukt – Abschreibungen einer
Periode

d. Bruttonationaleinkommen =
Nettonationaleinkommen + Abschreibungen

e. Bruttoproduktionswert der Volkswirtschaft =
Leistungen aller Betriebe in einer Periode

f. Bruttonationaleinkommen =
Bruttoinlandsprodukt + Saldo der Primäreinkommen aus der übrigen Welt

Was ist unter dem Begriff „Wirtschaftspolitik" zu verstehen? Wer sind die Träger der Wirtschaftspolitik?

Begriff		Die Wirtschaftspolitik ist die Gesamtheit aller Aktivitäten und Maßnahmen zur Gestaltung, Beeinflussung und Stabilisierung eines Wirtschaftsprozesses unter Berücksichtigung der allgemeinen politischen Ziele.
	Ordnungspolitik	Die Ordnungspolitik befasst sich mit den wirtschaftlichen und rechtlichen Rahmenbedingungen für das wirtschaftliche Handeln der einzelnen Wirtschaftssubjekte. Damit ist die Gestaltung der Wirtschaftsordnung gemeint.
	Konjunkturpolitik	Die Konjunkturpolitik befasst sich mit den Maßnahmen, die ergriffen werden müssen, um bei bestimmten Problemsituationen (z. B. Inflation, Arbeitslosigkeit, Rezession) steuernd in den Wirtschaftsprozess einzugreifen.
Träger der Wirtschaftspolitik		Die Träger der Wirtschaftspolitik formulieren die Ziele, fällen die notwendigen Entscheidungen und legen damit die Maßnahmen fest, um die wirtschaftspolitischen Ziele zu erreichen.
	Regierungen	Wirtschaftspolitik wird getragen von den Regierungen des Bundes und der Länder mit den jeweils für die Wirtschaftspolitik verantwortlichen Ministerien für Wirtschaft, Finanzen, Arbeit und Soziales sowie Verwaltungen der Kommunen.
	EZB, Deutsche Bundesbank	Die Europäische Zentralbank EZB ist für die Geld- und Währungspolitik im Europäischen Wirtschafts- und Währungssystem EWWS zuständig. Sie wirkt darüber hinaus auch durch Stellungnahmen und Analysen auf das aktuelle Wirtschaftsgeschehen ein. Bei ihrer Aufgabe wird sie von den nationalen Notenbanken, in Deutschland von der Deutschen Bundesbank, unterstützt.
	Parlamente	Im Rahmen der Legislative sind die Parlamente des Bundes, der Länder und der Kreise sowie die Gemeinderäte Träger der Wirtschaftspolitik. Dies gilt dann, wenn Gesetze oder Verordnungen zu entscheiden sind.

Was sind die Ziele der Wirtschaftspolitik? Erklären Sie in diesem Zusammenhang den Begriff „Globalsteuerung".

Globalsteuerung der Wirtschaft

Die Globalsteuerung strebt ein **gesamtwirtschaftliches Gleichgewicht** in der deutschen Volkswirtschaft an. Die Träger der Wirtschaftspolitik haben sich dabei nach dem *„Gesetz zur Förderung der Stabilität und des Wachstums der Wirtschaft"* zu richten: *„Bund und Länder haben bei ihren wirtschafts- und finanzpolitischen Maßnahmen die Erfordernisse des gesamtwirtschaftlichen Gleichgewichts zu beachten."* (§ 1)

Stabilität des Preisniveaus	**Hoher Beschäftigungsstand**
Das Preisniveau in einer Volkswirtschaft bleibt stabil, wenn sich der Durchschnitt aller Preise in einer Periode nicht verändert. *Zielvorgabe:* Die Stabilität der Preise gilt bereits als erreicht, wenn das Preisniveau um nicht mehr als 2 % ansteigt.	Er gilt als erreicht, wenn fast jeder, der für eine Tätigkeit geeignet ist, eine entsprechende Beschäftigung zu einem angemessenen Lohn findet. *Zielvorgabe:* Es wird davon ausgegangen, dass die Vollbeschäftigung bei einer Arbeitslosenquote von 2 % realisiert ist.

Die Ziele unterstützen sich zum Teil gegenseitig (Vereinbarkeit der Ziele, z. B. hoher Beschäftigungsstand und Wirtschaftswachstum) und verhalten sich zum Teil konkurrierend zueinander (Zielkonflikt, z. B. hoher Beschäftigungsstand und Stabilität des Preisniveaus).
Es ist in jedem Fall unmöglich, alle Ziele gleichzeitig zu verwirklichen. Aus diesen Gründen spricht man bei den Zielen des Stabilitätsgesetzes von einem **„magischen Viereck"**. Ein oder zwei Ziele haben deshalb zumeist Vorrang (Priorität) vor den anderen.

Außenwirtschaftliches Gleichgewicht	**Angemessenes Wirtschaftswachstum**
Das außenwirtschaftliche Gleichgewicht ist erreicht, wenn der Außenbeitrag gerade so hoch ist, dass er die binnenwirtschaftliche Lage nicht stört bzw. ihr positive Impulse gibt. *Zielvorgabe:* Als Beitrag zum gesamtwirtschaftlichen Gleichgewicht wird ein Außenbeitrag angesehen, der 1 bis 2 % des BSP zu Marktpreisen nicht überschreitet.	Dieses Ziel ist erreicht, wenn das Bruttosozialprodukt stetig ansteigt und damit auch der Wohlstand der Bevölkerung. *Zielvorgaben:* Für die Bundesrepublik Deutschland bezeichnet man im Allgemeinen eine Wachstumsrate von ca. 3 % als angemessen.

Neben den gesetzlich fixierten Zielen haben sich in der politischen Diskussion weitere Ziele entwickelt. Dazu zählen
▸ ein **ökologisches Gleichgewicht** zur Sicherung unserer Lebensräume;
▸ ein **qualitatives Wachstum**, das Aspekte der Lebensqualität beachten soll;
▸ eine **gerechtere Einkommens- und Vermögensverteilung**, die die Zuwächse des Wohlstandes möglichst gerecht unter den Wirtschaftssubjekten aufteilt.

1 Prüfen Sie die folgenden Aussagen.

Kennzeichnen Sie
zutreffende Aussagen mit einer 1,
nicht zutreffende Aussagen mit einer 9.

a. Ein außenwirtschaftliches Gleichgewicht liegt vor, wenn die Exporte mindestens genauso hoch sind wie die Importe.

b. Ein positiver Außenbeitrag ergibt sich dann, wenn ein Netto-Güterexport vorliegt.

c. Die Stabilität des Preisniveaus gilt als erreicht, wenn der Geldwert einer Volkswirtschaft sich in der betreffenden Periode nicht verändert hat.

d. Bei einem negativen Außenbeitrag hat die Volkswirtschaft mehr Güter exportiert als importiert.

e. Eine Arbeitslosenquote von 0 % ist aufgrund der friktionellen Arbeitslosigkeit praktisch nicht realisierbar.

2 Welche der folgenden Erklärungen treffen auf den Begriff „Ordnungspolitik" zu?

1 Damit sind alle Maßnahmen zur Ordnung der Währung eines Landes gemeint.

2 Ordnungspolitik umfasst die Ziele und Maßnahmen zur Ordnung der Finanzen eines Staates.

3 Hierbei geht es um die Gestaltung der wirtschaftlichen und rechtlichen Rahmenbedingungen der Wirtschaftssubjekte eines Landes.

4 Damit sind alle politischen Maßnahmen im Rahmen der Raumordnung eines Landes gemeint.

5 Es geht hierbei um die Gestaltung der Wirtschaftsverfassung.

3 Welche der folgenden Aussagen treffen auf den Begriff „Globalsteuerung" zu?

1 Sie ist die Summe aller nicht marktkonformen Eingriffe des Staates in die Wirtschaft.

2 Es handelt sich dabei um alle Maßnahmen zur Veränderung der gesamtwirtschaftlichen Entwicklung.

3 Es handelt sich dabei um die Summe der fiskalpolitischen Maßnahmen eines Staates.

4 Damit sind dirigistische Eingriffe des Staates in das gesamtwirtschaftliche Geschehen gemeint.

5 Durch die Globalsteuerung wird ein gesamtwirtschaftliches Gleichgewicht angestrebt.

4 Welche der folgenden Maßnahmen eines Staates eignen sich zur marktkonformen Förderung der Stabilität des Wachstums der Wirtschaft eines Landes?

1 Lohnstopp

2 Preisstopp

3 Steuererleichterungen

4 Mindestpreise

5 Investitionsförderung

5 Ordnen Sie den unten stehenden Zielen zu, ob es sich dabei um
1 Ziele der Wirtschaftspolitik nach dem Stabilitätsgesetz,
2 zusätzliche Ziele der Wirtschaftspolitik aufgrund bestimmter Erkenntnisse und Notwendigkeiten handelt.

Tragen Sie eine 9 ein, wenn es sich nicht um wirtschaftspolitische Ziele handelt.

a. Stabilität des Preisniveaus

b. Senkung der Wirtschaftskriminalität

c. angemessenes Wirtschaftswachstum

d. ökologisches Gleichgewicht

e. gerechte Vermögensverteilung

f. hoher Bildungsstand breiter Bevölkerungsschichten

g. hoher Beschäftigungsstand

h. qualitatives Wachstum

i. außenwirtschaftliches Gleichgewicht

6 Welche der folgenden Aussagen trifft nicht zu?

Tragen Sie eine 4 ein, wenn alle Aussagen zutreffen.

1 Das Preisniveau in einer Volkswirtschaft bleibt stabil, wenn der Durchschnitt aller Preise in einer Periode sich nicht verändert.

2 Ein außenwirtschaftliches Gleichgewicht ist dann erreicht, wenn der Außenbeitrag gerade so hoch ist, dass er die binnenwirtschaftliche Lage nicht stört bzw. ihr nach Möglichkeit sogar positive Impulse gibt.

3 Ein Wachstum der Wirtschaft liegt immer dann vor, wenn pro Kopf der Bevölkerung das Angebot an Waren und Dienstleistungen gegenüber der Vorperiode steigt.

7 Welche der unten stehenden Aussagen zum „magischen Viereck" ist richtig?

Tragen Sie eine 9 ein, wenn keine Aussage zutrifft.

1 An der Wirtschaftspolitik sind drei Bundesministerien (Wirtschaft, Finanzen, Arbeit und Soziales) und die Bundesbank beteiligt. Diese vier wirtschaftspolitischen Instanzen werden als magisches Viereck bezeichnet.

2 Es ist unmöglich, alle wirtschaftspolitischen Ziele gleichzeitig zu verwirklichen. Aus diesen Gründen spricht man bei den Zielen des Stabilitätsgesetzes von einem magischen Viereck.

3 Inflation, Deflation, Unterbeschäftigung und Überbeschäftigung bilden als Problemfelder das magische Viereck der Wirtschaftspolitik.

4 Das magische Viereck ist eine ständige Konferenz zur schnellen Abstimmung zwischen Bundeskanzler, Bundesfinanzminister, Bundeswirtschaftsminister sowie der Bundesbank über alle Fragen der Wirtschaftspolitik.

Beschreiben Sie das Phänomen wirtschaftlicher Schwankungen. Erläutern Sie Arten von Schwankungen.

Entstehung und Verbrauch des Bruttosozialproduktes erfolgen nicht stets gleichmäßig, sondern vollziehen sich ungleichmäßig. Es kommt deshalb zu Schwankungen der wirtschaftlichen Aktivitäten in einer Volkswirtschaft. Die Schwankungen werden jeweils ausgedrückt in unterschiedlichen Wachstumsraten pro beobachtetem Zeitraum.	
Saisonale Schwankungen	Saisonale Schwankungen sind kurzfristige Ausschläge der Wirtschaftsentwicklung. Sie können sich in bestimmten Branchen (z. B. Bauwirtschaft, Landwirtschaft) und Zeiten (z. B. Winterschlussverkauf) ergeben.
Konjunkturelle Schwankungen	Die konjunkturelle Schwankung ist eine sich über mehrere Jahre zumeist mittelfristig vollziehende Wellenbewegung des Wachstums einer Volkswirtschaft.
Langfristiger Wachstumstrend	Der langfristige Wachstumstrend bezeichnet die langfristige Tendenz des Wachstums einer Volkswirtschaft. Zwar sind die jährlichen Wachstumsraten unterschiedlich hoch, manchmal sogar sinkend. In westlichen Industriegesellschaften lässt sich im Durchschnitt der letzten 40 Jahre ein steigender Wachstumstrend beobachten.

Erläutern Sie den Begriff „Konjunkturzyklus".

Der Konjunkturzyklus ist die Bezeichnung für den Zeitabschnitt einer zyklischen mittelfristigen Wellenbewegung des Wachstums der Volkswirtschaft. In der Regel werden Zyklen mit einer Länge von drei bis zehn Jahren beobachtet. Diese mittelfristigen Zyklen stehen im Vordergrund des Interesses der Konjunkturforscher und -politiker. Daneben wurden von den Konjunkturforschern auch noch langfristige Konjunkturzyklen der Weltkonjunktur beobachtet (50–60 Jahre), an deren Beginn zumeist die Erfindung von wichtigen Technologien stand, z. B. Dampfmaschine, Auto, Elektrik, Mikroelektronik.

Beschreiben Sie die einzelnen Phasen eines Konjunkturzyklus.

Jede konjunkturelle Wellenbewegung verläuft zumeist in vier Phasen. Damit sind markante Abschnitte des Konjunkturzyklus zu verstehen, die durch gesamtwirtschaftliche Daten beschrieben werden können.

Konjunkturphase / Daten	Aufschwung (Expansion)	Hochkonjunktur (Boom)	Abschwung (Rezession)	Tiefstand (Depression)
Produktion	steigende Kapazitätsauslastung	Vollauslastung der Kapazitäten	abnehmende Kapazitätsauslastung	nicht ausgelastete Kapazitäten (Stilllegungen)
Beschäftigung	Zunahme der Arbeitsplätze	hoher Beschäftigungsgrad (Überstunden)	abnehmende Beschäftigung (Kurzarbeit)	hohe Arbeitslosigkeit (Massenentlassungen)
Absatz	steigender Absatz	hoher Absatz, Lieferfristen	abnehmende Absatzzahlen	Absatzstau, hohe Lagerbestände
Investitionsneigung	zunehmende private Investitionen	Höchststand der Investitionen	abnehmende private Investitionen	Stillstand privater Investitionen
Einkommen	steigendes Volkseinkommen	hohes Volkseinkommen	sinkende Gewinne und Lohnsumme	niedrige Gewinne und Löhne
Preisentwicklung	geringe Preissteigerungen	hohes Preisniveau	abnehmende Preise	niedriges Preisniveau
Sparneigung	abnehmende Sparneigung	niedrige Sparneigung	zunehmende Sparneigung	hohe Sparneigung
Zinsniveau	leicht steigende Zinssätze	hohes Zinsniveau	sinkende Zinsen	niedriges Zinsniveau
Steueraufkommen	Zunahme von Besitz- und Verkehrssteuern	hohes Aufkommen an Besitz- und Verkehrssteuern	Abnahme des Steueraufkommens durch sinkende Gewinne	niedriges Aufkommen an Besitz- und Verkehrssteuern

1 Welche der folgenden Aussagen trifft auf den Begriff „konjunkturelle Schwankung" zu?

Tragen Sie eine 9 ein, wenn keine der Aussagen zutrifft.

1 Es handelt sich hier um kurzfristige Ausschläge der Wirtschaftsentwicklung aufgrund zeitlicher und branchenspezifischer Probleme.

2 Die Schwankung ist eine sich über mehrere Jahre zumeist mittelfristig vollziehende Wellenbewegung des Wachstums einer Volkswirtschaft.

3 Damit ist die langfristige Tendenz des Wachstums einer Volkswirtschaft gemeint.

4 Mit einer konjunkturellen Schwankung wird die Schwankung einer gesamten Branche bezeichnet, z. B. in der Möbelbranche.

5 Die konjunkturelle Schwankung ist gleichzusetzen mit dem Produktlebenszyklus eines Produktes.

2 Welche der folgenden Aussagen zu dem Begriff „Konjunkturzyklus"

1 *trifft zu,*
9 *trifft nicht zu?*

a. Jede konjunkturelle Wellenbewegung läuft zumeist in sechs Phasen ab.

b. Der Konjunkturzyklus ist die Bezeichnung für den Zeitabschnitt einer zyklischen mittelfristigen Wellenbewegung des Wachstums der Volkswirtschaft.

c. Konjunkturzyklen haben in der Regel eine Länge von zehn bis 30 Jahren.

d. Neben den mittelfristigen Zyklen werden von den Konjunkturforschern auch noch extrem kurzfristige Konjunkturzyklen mit einer Dauer von vier bis acht Monaten beobachtet.

e. Als langfristige Konjunkturzyklen der Weltkonjunktur werden solche Wellenbewegungen bezeichnet, die 50 bis 60 Jahre dauern und an deren Beginn zumeist die Erfindung von wichtigen Technologien stand, z. B. Dampfmaschine, Mikroelektronik.

3 Untersuchen Sie die folgenden Gleichsetzungen.

Kennzeichnen Sie diese mit einer
1, *wenn sie zutreffen,*
9, *wenn sie nicht zutreffen.*

a. Abschwung = Rezession

b. Hochkonjunktur = Boom

c. Rezession = Tiefstand

d. Boom = Aufschwung

e. Aufschwung = Expansion

f. Depression = Tiefstand

g. Hochkonjunktur = beginnt nach dem unteren Wendepunkt

h. Abschwung = beginnt nach dem oberen Wendepunkt

4 Konjunkturelle Schwankungen werden anhand von Konjunkturindikatoren gemessen.

Welche der unten stehenden Indikatoren
1 *eignen sich als Indikatoren für die Beschreibung eines Konjunkturzyklus,*
9 *eignen sich nicht als Indikatoren?*

a. Zinsniveau

b. Produktion

c. Beschäftigung

d. Entwicklung neuer Produkte

e. Sparneigung

f. Bevölkerungsentwicklung

g. Einkommen

h. Preisentwicklung

i. Anzahl neu bezogener Wohnungen

j. Investitionsneigung

5 Welcher der folgenden Indikatoren beschreibt nicht die Situation in einer Rezession?

Tragen Sie eine 8 ein, wenn alle Indikatoren für eine Rezession sprechen.

1 abnehmende Beschäftigung

2 abnehmende Absatzzahlen

3 abnehmende private Investitionen

4 abnehmende Sparneigung

5 sinkende Zinsen

6 abnehmende Kapazitätsauslastung

7 sinkende Preise

6 Prüfen Sie, welche konjunkturellen Situationen durch die unten stehenden Konjunkturindikatoren beschrieben werden.

Kennzeichnen Sie diese mit einer
1 *für einen Aufschwung,*
2 *für eine Hochkonjunktur,*
3 *für einen Abschwung,*
4 *für einen Tiefstand.*

a. nicht ausgelastete Kapazitäten (Betriebsstilllegungen)

b. Absatzstau (hohe Lagerbestände)

c. hohes Zinsniveau

d. abnehmende Sparneigung

e. sinkende Zinsen

f. Zunahme der Arbeitsplätze

g. Vollauslastung der Kapazitäten

h. Stillstand privater Investitionen

i. niedriges Zinsniveau

j. abnehmende Beschäftigung (Kurzarbeit)

Beschreiben Sie die geldpolitischen Instrumente der Europäischen Zentralbank EZB.

Begriff der Geldpolitik	Zur Geldpolitik gehören alle Maßnahmen, die der Steuerung der Geldmenge einer Volkswirtschaft dienen. Damit wird das Ziel der Geldwertstabilität verfolgt.
Ziele der Geldpolitik	Träger der Geldpolitik für die Mitglieder der europäischen Wirtschafts- und Währungsunion (EWWU) ist seit dem 01.01.1999 die Europäische Zentralbank (EZB) mit Sitz in Frankfurt. Sie ist an keinerlei Weisungen der einzelnen Regierungen der Mitgliedsländer gebunden. Die EZB ▶ legt die Geldpolitik der Gemeinschaft fest und führt sie aus, führt Devisengeschäfte durch und verwaltet die offiziellen Währungsreserven der teilnehmenden Mitgliedsstaaten; ▶ wickelt den Zahlungsverkehr im Bereich der EU und mit dem außereuropäischen Ausland ab.
Einwirkungs-möglichkeiten	▶ Die Zinspolitik der EZB verändert den Preis für das Geld, den Zins. Instrumente hierzu sind die Veränderung der Leitzinsen. ▶ Die Liquiditätspolitik der EZB verändert das umlaufende Geldvolumen. Instrumente der Liquiditätspolitik sind die Mindestreservepolitik und die Offenmarktpolitik.
Geldpolitische Instrumente	▶ **Offenmarktgeschäfte:** Zu den Maßnahmen der Offenmarktpolitik gehören der An- und Verkauf von fest verzinslichen Wertpapieren (z. B. Staatsanleihen) auf eigene Rechnung am offenen Markt. Durch Verkauf dieser Wertpapiere oder Devisen entzieht die Zentralbank der Wirtschaft Geld (Geldvernichtung), durch Kauf von festverzinslichen Wertpapieren oder Devisen erweitert sie die Geldmenge (Geldschöpfung). **Ständige Fazilitäten:** Den zugelassenen Kreditinstituten (Geschäftspartnern) wird die Möglichkeit gegeben, überschüssige Liquidität bei der Zentralbank über Nacht zu deponieren (Einlagefazilität) oder solche deponierten Gelder gegen Verpfändung von Sicherheiten in Anspruch zu nehmen (Spitzenrefinanzierungsfazilität). Diese Mittel werden dezentral von den nationalen Zentralbanken verwaltet. Der von der EZB festgelegte Zinssatz für die Einlagen bildet die Untergrenze des Tagesgeldsatzes. Der von der EZB festgelegte Zinssatz für die Inanspruchnahme dieser Mittel bildet die Obergrenze des Tagesgeldsatzes. ▶ **Mindestreservepolitik:** Die Geschäftsbanken müssen bestimmte Prozentsätze der Einlagen (z. B. Sparguthaben, Geschäftskontenguthaben) als Mindestreserve bei der EZB hinterlegen. – Erhöht die EZB die Mindestreservesätze, müssen die Geschäftsbanken mehr Geld bei der EZB abliefern. Das reduziert die Geldschöpfungsmöglichkeiten und die Geldmenge sinkt. – Senkt die EZB die Mindestreservesätze, verfügen die Geschäftsbanken wieder über mehr Geld und ihr Kreditspielraum wird größer, die Geldmenge steigt. ▶ **Leitzins:** Der Leitzins für den Euroraum ist der von der Europäischen Zentralbank (EZB) festgesetzte Zinssatz für die Abgabe von Zentralbankgeld. Früher wurden Diskont- und Lombardsatz (die alten Leitzinssätze) von der Deutschen Bundesbank festgelegt. Nachfolger ist der von der EZB festgelegte Hauptrefinanzierungssatz. Die Verantwortung für die Festlegung von Leitzinsen außerhalb des Euroraums obliegt i. d. R. der Notenbank des jeweiligen Landes.

Nennen und erklären Sie Möglichkeiten staatlicher Konjunkturpolitik.

Bei Übernachfrage, verbunden mit hohen Inflationsraten, werden **Maßnahmen zur Dämpfung der Konjunktur** eingeleitet.		Bei fehlender Auslastung der Kapazitäten mit hoher Arbeitslosigkeit werden **Maßnahmen zur Erhöhung der Nachfrage** veranlasst.
Der Staat kürzt seine Ausgaben und legt Einnahmen als Konjunkturausgleichsrücklage z. B. bei der Deutschen Bundesbank still. *Beispiel: Verschiebung des Baus einer neuen Autobahntrasse*	Die **Ausgabenpolitik** wirkt durch Erhöhung und Verminderung der Staatsausgaben ausgleichend zur privaten Nachfrage.	Der Staat erhöht seine Ausgaben durch Kreditaufnahme und Auflösung von Konjunkturausgleichsrücklagen. *Beispiel: Erneuerung der Kanalisation*
Die Nettokreditaufnahme wird gesenkt; der Staat zahlt Schulden in einem stärkeren Ausmaß zurück und diese Gelder werden nicht für Investitionen verwendet.	Die **Haushaltspolitik** wirkt durch Einnahmen und Ausgaben stabilisierend auf die Gesamtnachfrage.	Die Nettokreditaufnahme wird erhöht (*deficit spending*). Die erhaltenen Gelder verwendet der Staat zur Belebung der gesamtwirtschaftlichen Nachfrage.
Die Abschreibungsmöglichkeiten werden verbessert. So kann z. B. die degressive Abschreibung ausgesetzt werden. Investitionen lohnen sich dann nicht mehr in dem gewünschten Ausmaß.	Die **Investitionspolitik** soll durch Förderung oder Restriktion konjunkturgerechte Investitionsentscheidungen herbeiführen.	Die Abschreibungsmöglichkeiten werden verbessert und zusätzlich werden Investitionszuschüsse von bis zu 7,5 % der Anschaffungs- oder Herstellungskosten gewährt.

1 *Welche der folgenden Definitionen zum Begriff „Geldpolitik" trifft zu?*

2

1 Die Geldpolitik beinhaltet alle Maßnahmen der Geschäftsbanken zur Erhöhung ihrer Liquidität.

2 Die Geldpolitik beinhaltet alle Maßnahmen zur Steuerung der Geldmenge mit dem Ziel, die Geldwertstabilität zu gewährleisten.

3 Die Geldpolitik beinhaltet alle Maßnahmen der Bundesregierung zur Erhöhung ihrer Einnahmen.

4 Die Geldpolitik ist die Summe aller Maßnahmen, mit der Großunternehmen die Finanzierung ihrer Vorhaben gewährleisten.

2 *Welche der folgenden Institutionen ist verantwortlich für die Geldpolitik?*

4

1 Deutscher Sparkassen- und Giroverband

2 Bundesminister für Finanzen

3 Bundesminister für Wirtschaft

4 Europäische Zentralbank

5 Verband der Raiffeisen- und Volksbanken

6 Deutsche Bank

3 *Welches der folgenden Ziele gehört nicht zu dem Zielsystem der Geldpolitik?*

Tragen Sie eine 5 ein, wenn alle genannten Ziele dazugehören.

1 Die Geldpolitik hat die Sicherung der Geldwertstabilität im Inneren zum Ziel.

2 Die Geldpolitik muss gewährleisten, dass alle Wirtschaftssubjekte (Haushalte und Unternehmen) mit ausreichender Liquidität ausgestattet sind.

3 Die Geldpolitik hat die Währung der Volkswirtschaft nach außen zu schützen.

4 Die Geldpolitik hat die Wirtschafts- und Stabilitätspolitik der Bundesregierung zu unterstützen.

4 *Welche der unten stehenden Aussagen zu den Einwirkungsmöglichkeiten der Geldpolitik ist falsch?*

Tragen Sie eine 5 ein, wenn alle Aussagen zutreffen.

1 Die Zinspolitik der EZB verändert den Preis für das Geld, den Zins.

2 Die Liquiditätspolitik der EZB verändert das umlaufende Geldvolumen.

3 Instrument der Zinspolitik ist u. a. die Veränderung des Hauptrefinanzierungszinssatzes.

4 Instrument der Liquiditätspolitik ist u. a. die Mindestreservepolitik.

5 *Ordnen Sie die folgenden Begriffe den unten stehenden geldpolitischen Maßnahmen zu.*

1 Leitzinspolitik
2 ständige Fazilitäten
3 Mindestreservepolitik
4 Offenmarktpolitik

Tragen Sie eine 9 ein, wenn eine Zuordnung nicht sinnvoll erscheint.

a. Die EZB kann am Wertpapiermarkt als Anbieter und Nachfrager bestimmter Wertpapiere auftreten.

b. Die Geschäftsbanken müssen zur Sicherung ihrer eigenen Liquidität bestimmte Prozentsätze der Einlagen (z. B. Sparguthaben, Geschäftskontenguthaben) bei der EZB hinterlegen.

c. Zu einem bestimmten Zinssatz können sich die Geschäftsbanken bei der EZB kurzfristig Geld gegen Beleihung von Wertpapieren beschaffen.

d. Die Bundesregierung muss auf Weisung der EZB einen bestimmten Prozentsatz der Steuereinnahmen als Mindestreserve bei der Bundesbank anlegen.

e. Die Geschäftsbanken können sich Geld beschaffen, indem sie überschüssige Liquiditäten anderer Geschäftsbanken, die bei der EZB deponiert sind, kurzfristig in Anspruch nehmen.

6 *Die geldpolitischen Instrumente der EZB haben je nach Ausprägung bestimmte Auswirkungen.*

Kennzeichnen Sie unten stehende Aussagen zu der Wirkungsweise des geldpolitischen Instrumentariums mit einer

1, wenn diese zutreffen,
9, wenn diese nicht zutreffen.

a. Erhöht die EZB den Leitzins, wird sich das gesamte Zinsniveau erhöhen. Die Kreditnachfrage müsste daraufhin sinken.

b. Der von der EZB festgelegte Zinssatz für die Einlagenfazilität bildet im Allgemeinen die Obergrenze des Tagesgeldsatzes.

c. Verkauft die EZB Wertpapiere, müssen diese von den Geschäftsbanken bezahlt werden. Diesem Sektor wird damit Geld entzogen, die Geldmenge wird verringert.

7 *Die EZB reduziert die Mindestreservesätze. Welche der folgenden Aussagen zu den Konsequenzen dieser Maßnahme trifft zu?*

1 Die Geldmenge sinkt.

2 Die Geldmenge steigt.

3 Die Geldmenge bleibt gleich.

4 Der Kreditspielraum wird kleiner.

5 Der Nachfrage fehlt das nötige Geld.

Zeigen Sie die konjunkturpolitischen Grenzen der Geldpolitik und der Fiskalpolitik auf.

Grenzen der Geldpolitik	Zinseffekte	Die Wirksamkeit der Zinspolitik ist davon abhängig, welche Bedeutung die Wirtschaftssubjekte dem Zins aktuell beimessen. ▸ Unternehmen machen ihre Investitionsentscheidungen eher von der langfristigen Gesamtrentabilität abhängig und weniger vom aktuellen Zinssatz. ▸ Für die Haushalte stellen Zinsen eine Belastung dar, wenn sie langlebige oder hochwertige Konsumgüter gegen Kredite kaufen. Sie werden deshalb bei gestiegenen Zinsen Kaufentscheidungen für nicht so dringend benötigte Güter zurückstellen. ▸ Für den Staat stellt die Zinslast zwar eine zunehmend bedenkliche Größe dar, jedoch reagieren die öffentlichen Körperschaften kaum auf Zinssteigerungen am Kapitalmarkt. ▸ Zinsänderungen können verspätet und damit genau in der Phase wirken, in der sie nicht mehr gewünscht sind (prozyklische Wirkung). ▸ Wird die Zinsdifferenz zwischen dem EWWU-Raum und dem restlichen Ausland zu groß, werden Personen aus Nicht-EU-Ländern aus Zinsgründen im EWWU-Raum ihr Geld in Euro anlegen. Das bewirkt einen Zuwachs in der Geldmenge, der von der EZB nicht gewollt ist.
	Liquiditätseffekte	▸ Die Mindestreservepolitik ist mit ihrer restriktiven Wirkung auf die Geldmenge ein relativ schnell wirkendes Mittel in der Hochkonjunktur. ▸ Die Offenmarktpolitik ist in einer Rezession ein durchaus wirksames Mittel, wenn sie mit der Mindestreservepolitik sinnvoll kombiniert wird.
	Notbremse Kreditrestriktion	Wenn alle Instrumente versagen, kann die EZB als „Notbremse" zum schärfsten Mittel greifen, der Kreditrestriktion. Dabei werden den Geschäftsbanken Kredite und damit Geldschöpfungsmöglichkeiten verweigert und Kredite wieder zurückgerufen.
Grenzen und Kritik der Fiskalpolitik		▸ Alle Maßnahmen, die die Nachfrageseite stärken sollen, wirken erst mit einer Zeitverzögerung (engl.: time lag). Werden die Maßnahmen nicht zeitlich exakt ergriffen, kann sich das prozyklisch auswirken und die bekämpfte Situation noch verstärken. ▸ Bei nicht richtiger Einschätzung der konjunkturellen Situation kann es zu Fehlern in der Dosierung der Maßnahmen kommen. Das Ergebnis ist eine Über- bzw. Untersteuerung der Konjunktur. ▸ Durch die hohe Staatsverschuldung hat der Anteil der jährlichen Ausgaben für den Kapitaldienst einen so hohen Anteil am Staatshaushalt angenommen, dass der Spielraum der Finanzpolitik stark eingeengt ist.

Beschreiben Sie die Wirkungsweise einer angebotsorientierten Konjunktur- und Wirtschaftspolitik.

Die Maßnahmen der antizyklischen Fiskalpolitik sind vorwiegend nachfrageorientiert. Dies wird kritisiert, weil Wachstum nur möglich sei durch ein entsprechendes Angebot.

Wirkungsweise der angebotsorientierten Wirtschaftspolitik

Aufgaben des Staates:
▸ Gestaltung eines Steuersystems, das die Belange der Unternehmen berücksichtigt
  – großzügige Abschreibungsmöglichkeiten
  – Stärkung der Eigenkapitalbasis durch niedrige Besteuerung der einbehaltenen Gewinne
▸ Abbau der hohen Staatsverschuldung, weil dadurch der Kapitalmarkt zu stark belastet wird
▸ Abbau der hohen Staatsquote
▸ Fördermittel für Forschung und Entwicklung

Aufgaben der Tarifpartner:
▸ maßvolle Lohnabschlüsse, nicht über dem Produktivitätszuwachs der Branche
▸ zeitweise Tarifabschlüsse unter dem Produktivitätszuwachs der Branche
▸ Senkung der tarifbedingten Lohnnebenkosten, wie Urlaub, Zuschläge usw.

↓

Steigerung der Forschungsaktivitäten und des Know-hows der Unternehmen

Schaffung eines positiven Investitionsklimas mit guten Zukunftsaussichten für die Investoren

Entlastung der Kostenseite der Unternehmen; Stärkung der Erträge; Erhöhung der Gewinne

↓

Unternehmen entwickeln neue Produkte und Verfahren

Unternehmen investieren zwecks Herstellung der neuen Produkte

gestiegene Rentabilität lässt die Unternehmer mehr produzieren und anbieten

Das Gesamtziel ist dann erreicht, wenn die Anzahl der Beschäftigten aufgrund der zunehmenden Investitionen steigt.

1 Prüfen Sie die folgenden Aussagen.
Kennzeichnen Sie zutreffende Aussagen mit einer 1,
nicht zutreffende Aussagen mit einer 9.

a. Fiskalpolitische Maßnahmen zur Stärkung der Nachfrageseite wirken zumeist mit einem gewissen Timelag.

b. Der Spielraum für fiskalpolitische Maßnahmen ist umso größer, je höher der Grad der Staatsverschuldung ist.

c. Deficitspending bedeutet, dass der Staat sich nur in dem Maße verschuldet, wie dies konjunkturpolitisch notwendig und sinnvoll ist.

d. Ursachen einer Über- oder Untersteuerung der Konjunktur sind zumeist in der falschen Dosierung der konjunkturpolitischen Maßnahmen zu suchen.

e. Haushaltsdefizite sind besonders in einem Aufschwung konjunkturpolitisch sinnvoll.

f. Die Chancen, mithilfe des Deficitspending Konjunkturpolitik zu betreiben, sind umso größer, je geringer die aktuelle Staatsverschuldung ist.

2 Die EZB erhöht im Rahmen ihrer geldpolitischen Maßnahmen die Leitzinsen.
Welche der im folgenden beschriebenen Reaktionen der Wirtschaftssubjekte ist nicht richtig?

1 Die öffentlichen Haushalte reagieren auf die angespannte Zinssituation eher unelastisch.

2 Die Unternehmen machen ihre Investitionsentscheidungen vorrangig von der erwarteten langfristigen Rentabilität abhängig, deshalb werden sie nur schwach auf eine Zinssenkung reagieren.

3 Für die Haushalte stellt der erhöhte Zins eine zu vernachlässigende Größe dar. Sie werden in unverändertem Umfang auf Kredite zur Finanzierung ihres privaten Konsums zurückgreifen.

4 Für die öffentlichen Haushalte stellt der erhöhte Zins eine zusätzliche Belastung dar, da die Zinsen ebenfalls aus dem Haushalt bezahlt werden müssen. Das engt den finanzpolitischen Spielraum ein.

5 Auf die Haushalte hat die Zinserhöhung eine doppelte Wirkung: Ihre Spareinlagen werden höher verzinst, die Konsumkredite werden verteuert. Beide Zinseffekte führen zu einer Senkung der Nachfrage.

3 Welche der folgenden Satzergänzungen treffen zu?

„Die Monetaristen ...

1 ... wollen den Einfluss des Staates bei der Konjunktursteuerung erhöhen."

2 ... fordern einen Vorrang der Fiskalpolitik vor der Geldpolitik."

3 ... wollen den Einfluss des Staates in der Wirtschaftspolitik zurückdrängen."

4 ... halten nichts von den Selbstheilungskräften des Marktes."

5 ... halten eine Anpassung der Geldmenge an das Wachstum des Sozialprodukts für sinnvoll."

4 Prüfen Sie die folgenden Aussagen zur angebotsorientierten Konjunktur- und Wirtschaftspolitik.
Kennzeichnen Sie zutreffende Aussagen mit einer 1,
nicht zutreffende Aussagen mit einer 9.

a. Das Gesamtziel ist das gleiche wie bei der nachfrageorientierten Politik: die Schaffung neuer Arbeitsplätze.

b. Es wird eine Steigerung der Forschungs- und Entwicklungstätigkeit der Unternehmen angestrebt. Die neuen Produkte sollen helfen, Arbeitsplätze zu schaffen.

c. Durch eine Erhöhung der Staatsausgaben für Investitionen sollen neue Arbeitsplätze geschaffen werden.

d. Die Unternehmen sollen auf der Kostenseite entlastet werden. Die damit einhergehende Erhöhung der Rentabilität reizt die Unternehmen, mehr zu investieren und somit neue Arbeitsplätze zu schaffen.

e. Durch die Senkung der gewinnabhängigen Steuern soll die Eigenkapitalbasis der Unternehmen gestärkt werden. Das erleichtert ihnen die Finanzierung neuer Investitionen und damit die Schaffung neuer Arbeitsplätze.

5 Welche der folgenden Forderungen zu der Lohnkostenentwicklung passen nicht in den Rahmen einer angebotsorientierten Wirtschaftspolitik?

1 Die Lohnabschlüsse sollen nicht höher sein als der Produktivitätszuwachs der einzelnen Branche.

2 Die Zulagen zum Lohn, wie Urlaubs- und Weihnachtsgeld, müssen erhöht werden, damit die Mitarbeiter motivierter sind und mehr arbeiten.

3 Sofern notwendig, müssen die Lohnabschlüsse zur Stärkung der Wettbewerbsfähigkeit der Branche zeitweise auch unter dem Produktivitätsfortschritt der Branche liegen.

4 Die sozialen Sicherungssysteme für die Arbeitnehmer müssen unter Beteiligung der Arbeitgeber verbessert werden, damit der Standort Deutschland auch für die Arbeitnehmer attraktiv bleibt.

5 Die tarifbedingten und staatlich bedingten Lohnnebenkosten müssen gesenkt werden, um den Standort Deutschland für Unternehmer attraktiv zu gestalten.

6 Ordnen Sie den folgenden Maßnahmen des Staates zu, ob es sich dabei eher um Maßnahmen der
1 angebotsorientierten Wirtschaftspolitik,
2 nachfrageorientierten Wirtschaftspolitik
handelt.

a. hohe Abschreibungsmöglichkeiten für die Unternehmen

b. niedrige Besteuerung der Unternehmergewinne

c. Erhöhung der Staatsquote

d. Streichung der Fördermittel für Forschung und Entwicklung

e. Senkung der Staatsverschuldung

f. Senkung der indirekten Steuern

Begründen Sie die Notwendigkeit eines stetigen, langfristigen und angemessenen Wirtschaftswachstums.

Quantitatives Wachstum	Wachstum ist die Zunahme der Ergebnisse des Wirtschaftens einer Volkswirtschaft von einer Periode zur nächsten. Wirtschaftliches Wachstum wird kurzfristig als die Zunahme des realen Sozialprodukts gegenüber dem Vorjahresergebnis, mittel- und langfristig am Zuwachs des Produktionspotenzials (z. B. Maschinen, Gebäude, Stand des technischen Wissens) einer Volkswirtschaft gemessen.
Gründe für ein angemessenes Wachstum	Ein stetiges, langfristiges und angemessenes Wirtschaftswachstum ▸ sichert einen hohen Beschäftigungsstand und vermindert Arbeitsplatzvernichtung und Massenarbeitslosigkeit; ▸ sichert die Fähigkeit einer Wirtschaft, soziale Leistungen zu erbringen und diese auch auszuweiten; ▸ verbessert und erweitert den Lebensstandard durch eine breite Angebotspalette an Produkten und Dienstleistungen und durch mehr staatliche Dienstleistungen und Güter; ▸ ermöglicht dem Individuum die Erweiterung von persönlichen Gestaltungsräumen durch mehr Freizeit; ▸ schafft mehr Freiheit durch wirtschaftliche und soziale Absicherung breiter Bevölkerungskreise.
Wachstumspolitik	In den wirtschaftspolitischen Zielkatalogen aller Volkswirtschaften der Gegenwart nimmt das quantitative Wachstumsziel eine herausragende Rolle ein. In der Bundesrepublik Deutschland ist das Ziel eines stetigen und angemessenen Wirtschaftswachstums im Gesetz zur Förderung der Stabilität und des Wachstums der Wirtschaft (Stabilitätsgesetz) verankert. Wachstumspolitik beinhaltet alle Maßnahmen zur ▸ Erweiterung und zum Ausbau des Produktionspotenzials durch Vergrößerung und Verbesserung des Sachkapitals sowie die Förderung des technischen Fortschritts; ▸ Förderung eines Ausbildungsniveaus durch Investitionen in den Faktor Arbeit; ▸ Förderung des ständigen Strukturwandels; ▸ Umsetzung von Erfindungen in praktische Neuerungen (Innovationsförderung).

Was verstehen Sie unter dem Begriff „qualitatives Wachstum"?

Qualitatives Wachstum	Qualitatives Wachstum stellt ein alternatives Konzept zur Beurteilung der Lebensqualität dar. Danach soll in Anbetracht der begrenzten Rohstoffvorkommen und der zunehmenden Umweltzerstörung auf den Maßstab des quantitativen Wachstums als alleiniger Indikator für Wohlstand verzichtet werden. Die weitere Steigerung der Lebensqualität soll durch Umstrukturierung der Produktion erreicht werden. Diese Orientierung schließt qualitatives Wachstum nicht unbedingt aus, verlangt aber eine bestimmte Qualität dieses Wachstums.
Kritik des quantitativen Wachstum	In der Diskussion um die Wachstumspolitik ist angesichts der Grenzen des Wachstums durch knappe Rohstoffvorräte, eine hohe Umweltverschmutzung, Engpässe in der Energieversorgung, zunehmende Klimaprobleme durch Kohlendioxidbelastung und Ozonloch umstritten, welches Wachstum angemessen ist. Die Hauptkritikpunkte am quantitativen Wachstum sind: ▸ In der Berechnung des realen Bruttosozialproduktes und damit des realen Wachstums fließen wohlstandsmindernde Leistungen ein und erhöhen das Wachstum, da sie über den Markt gegen Geld abgegeben werden, z. B. Kosten für die Beseitigung von Umweltschäden. ▸ Eine Vielzahl wohlstandsmehrender Leistungen sind nicht in der Berechnung enthalten, da sie nicht über den Markt gegen Geld abgegeben werden. Hierzu gehören z. B. Arbeiten im Haushalt, Nachbarschaftshilfe und Heimwerkertätigkeiten. ▸ Wachstum an sich macht keine Aussage über die Verteilung der erbrachten Leistungen. So fließt evtl. ein großer Teil dieser Leistungen in das Ausland (Exportüberschuss). Ferner können auch erhebliche soziale und regionale Diskrepanzen bestehen. ▸ Gebrauchsgüter der privaten Haushalte fließen in der Wirtschaftsperiode, in der sie angeschafft wurden, in vollem Umfang in die Berechnung ein, obwohl sie über mehrere Perioden Nutzen stiften.

Stellen Sie einige alternative Konzepte zur Beurteilung des qualitativen Wachstums dar.

New Economic Welfare	Im Vergleich zur herkömmlichen Sozialproduktberechnung ist das NEW eine berichtigte Kennziffer zur Messung des Wohlstandes. Zu diesem Zweck werden einige Teilbereiche, die nicht der individuellen Wohlstandsmehrung dienen, aus der bekannten Sozialproduktstatistik herausgerechnet. Hierzu zählen insbesondere die im BIP enthaltenen Kosten für Umweltverschmutzung. Außerdem werden einige Teilbereiche, die zwar wohlstandsmehrend, aber nicht in der Sozialproduktberechnung enthalten sind, hinzugerechnet. Dies sind immaterielle Werte, wie der Wert zusätzlicher Freizeit, private Dienste ohne Marktwert, wie Do-it-yourself-Leistungen, Hausarbeit und schattenwirtschaftliche Aktivitäten.
Umwelt-ökonomische Gesamtrechnung (UGR)	Um dem zunehmenden Interesse der Öffentlichkeit nach Erfassung der Wechselwirkung von wirtschaftlichem Handeln und Umwelt gerecht zu werden, veröffentlicht das Statistische Bundesamt seit einigen Jahren die Umweltökonomische Gesamtrechnung. In dieser Statistik wird quantifiziert, wie viel Natur bei der Herstellung und beim Konsum von Gütern verbraucht wird. Neben dieser Bewertung der Inanspruchnahme des Produktionsfaktors Natur gibt die UGR auch Auskunft über die Veränderung des Umweltzustandes und über die Maßnahmen zum Schutz der Umwelt.

1 *Welche der folgenden Aussagen zur Messung des qualitativen Wohlstands in einer Volkswirtschaft ist richtig?*

Tragen Sie die zutreffende Ziffer in das Kästchen ein.
Das quantitative Wachstum in einer Volkswirtschaft wird gemessen ...
1 ... an der Höhe der Bruttoinvestitionssumme pro Jahr.
2 ... an der Höhe des Bruttosozialprodukts pro Jahr.
3 ... an der Steigerungsrate des nominellen Bruttosozialprodukts gegenüber dem Vorjahresergebnis.
4 ... an der Höhe des nominellen Bruttosozialprodukts.
5 ... an der Steigerungsrate des realen Bruttosozialprodukts gegenüber dem Vorjahresergebnis.

2 *Ordnen Sie den folgenden Sachverhalten und Aussagen zu, ob es sich dabei eher um*
1 Gesichtspunkte des quantitativen Wachstums,
2 Gesichtspunkte des qualitativen Wachstums handelt.

Tragen Sie eine 9 ein, wenn der Sachverhalt keine Auswirkungen auf das Wachstum hat.

a. Eine Fleischwarenfabrik investiert in eine Wärmetauscheranlage, mit der die für die Räucheranlage erzielte Wärme wieder zurückgewonnen und nutzbar gemacht werden kann.

b. Ein Verkehrsunfall wirkt sich mit seinen Folgen positiv auf das Wachstum des BSP aus, weil Patienten behandelt werden müssen und ggf. Reparaturen durchgeführt oder neue Fahrzeuge gebaut werden müssen.

c. In einer Region in Bayern wird ein Flussbett ausgebaggert und begradigt, um der dortigen Binnenschifffahrt eine weitere Expansion zu ermöglichen.

d. Familie Carstens entscheidet sich bei der Auswahl eines neuen Hauses für eine Niedrigenergievariante, mit der künftig nur noch ein Drittel an Heizungsausgaben anfallen.

e. Frau Wellige entscheidet sich dafür, ihr Gemüse nur noch direkt von einem Bioland-Bauern zu beziehen, auch wenn die Preise hierfür 20 % höher liegen als im Supermarkt.

f. Bei der Geburt ihres ersten Kindes entscheidet sich Frau Schneider dafür, die nächsten sechs Jahre ihren Beruf als Arzthelferin aufzugeben und Hausfrau und Mutter zu sein.

g. Der Bau einer zusätzlichen Autobahntrasse führt durch ein Forstgebiet. Etwa 2 000 ha Wald müssen zu diesem Zweck gerodet werden.

h. An einem See in Mecklenburg-Vorpommern wird für 600 Urlauber eine Ferienanlage mit zwei Golf- und 14 Tennisplätzen gebaut.

i. Ein Städteplaner wird für sein Konzept eines neuen Stadtteils ausgezeichnet. Wichtige Merkmale dieses Konzeptes sind die räumliche Nähe von Wohnen und Arbeiten sowie eine aufgelockerte Bauweise mit viel en Grünflächen.

3 *Prüfen Sie die folgenden Aussagen zur Begründung eines angemessenen langfristigen und stetigen Wirtschaftswachstums.*

Kennzeichnen Sie
zutreffende Aussagen mit einer 1,
nicht zutreffende Aussagen mit einer 9.

a. Wachstum ist nach Meinung von Experten die Voraussetzung für eine gerechte Einkommensverteilung.

b. Nullwachstum führt letztlich zu Arbeitsplatzvernichtung und Massenarbeitslosigkeit.

c. Wachstum sichert die Fähigkeit einer Wirtschaft, soziale Leistungen zu erbringen.

d. Wachstum verringert für den Einzelnen die persönliche Freizeit, weil er mehr arbeiten muss.

e. Wachstum führt zu einem höheren Lebensstandard durch eine Zunahme der angebotenen Güter.

f. Wirtschaftliches Wachstum wird langfristig dazu führen, dass andererseits das Angebot an staatlichen Dienstleistungen abnehmen wird.

4 *Welches der folgenden Beispiele für Maßnahmen des Staates ist nicht geeignet, das wirtschaftliche Wachstum einer Volkswirtschaft zu erhöhen?*

Tragen Sie eine 5 ein, wenn alle Maßnahmen zur Wachstumspolitik einer Regierung zählen.

1 Die Landesregierung bemüht sich darum, den Medienstandort Nordrhein-Westfalen auszubauen.

2 An der Qualifizierungsoffensive der Bundesregierung zur Ausbildung von Jugendlichen nahmen im vergangenen Jahr nahezu 200 000 Jugendliche teil.

3 Die Landesregierung veranstaltet einen Wettbewerb für die Umsetzung von Forschungsergebnissen in neue Produkte.

4 Die Europäische Union zahlt Landwirten eine Stilllegungsprämie für die Umwandlung von Ackerland in Brachland.

5 Gemeinsam mit einer großen Wochenzeitschrift, einigen Bundesverbänden der deutschen Wirtschaft und der Bundesregierung wird ein Wettbewerb für die Gründung von Unternehmen gestartet.

5 *Welche der folgenden Erklärungen trifft auf den Begriff „New Economic Welfare" zu?*

1 umweltökonomische Gesamtrechnung

2 Bruttoinlandsproduktberechnung nach amerikanischem Muster

3 Berechnung des Bruttoinlandsprodukts pro Kopf der Bevölkerung

4 Berechnung des BIP unter Ausklammerung von Umweltschäden und Einbeziehung von Haus- und Heimarbeit

5 neue, rein ökonomische Berechnung des Volkseinkommens

Seite	Auf-gabe	Ergebnisse
123	1	131/808/180 an 101
	2	481/140 an 151
	3	101 an 801/180
	4	301/302/140 an 171
	5	171 an 131/308/140
	6	422 an 131
125	1	1
	2	5
	3	3
	4	a. 2, b. 0, c. 9, d. 4, e. 1
	5	2
	6	3
	7	a. 4, b. 1
	8	2
127	1	3
	2	4
	3	1
	4	1
	5	5
	6	5
	7	2
	8	2
	9	31.12.2025
129	1	2
	2	a. 4, b. 1, c. 3
	3	5
	4	5
	5	a. 4, b. 5, c. 3, d. 2, e. 1, f. 6
	6	2
	7	2
131	1	3
	2	1/4
	3	30 000,00 (Verlust)
	4	3
	5	a. 390 000,00, b. 10 000,00, c. 110 000,00, d. 140 000,00, e. 360 000,00, f. 500 000,00
	6	20 000,00 (Gewinn)
	7	a. 330 000,00, b. 90 000,00, c. 150 000,00
133	1	4
	2	3
	3	5
	4	4
	5	2
	6	1
	7	2
	8	2
	9	3
	1	5
135	1	5
	2	5
	3	2
	4	1
	5	3
	6	4/6
137	1	3
	2	2
	3	5
	4	4
	5	a. 60 000,00 (Verlust), b. 2, c. 300 000,00
	6	2
	7	a. 3/1, b. 4/2, c. 1/4, d. 2/3
	8	39 4/1

Seite	Auf-gabe	Ergebnisse
139	1	1
	2	4
	3	3
	4	4
	5	3
	6	1
	7	a. 800,00, b. 76,00, c. 5
141	1	3
	2	2
	3	6/2
	4	a. 150 000,00, b. 120 000,00, c. 1
143	1	a. 6/7, b. 5/2 an 3, c. 9/6, d. 5/6, e. 6/5, f. 8/5
	2	a. 228 000,00, b. 279 000,00
	3	a. 220 000,00, b. 118 000,00
	4	1
	5	4
	6	20 400,00
	7	2
	8	4
145	1	2
	2	a. 5, b. 2, c. 1, d. 7
	3	a. 580 000,00, b. 89 000,00 (Gewinn)
	4	4
	5	a. 9, b. 6, c. 1, d. 3, e. 1
147	1	6/7/3 an 4
	2	4 an 8/3
	3	4 an 2/9/3
	4	18 977,60
	5	76,46
	6	3 605,74
	7	3
149	1	a. 11, b. 2, c. 3, d. 1, e. 8, f. 9, g. 10, h. 12, i. 84 400,00, j. 160 000,00
	2	a. 6/3 an 4, b. 4 an 8/3, c. 4 an 7/3, d. 4 an 2/9/3, e. 12 an 10
	3	a. 4 an 2/9/3, b. 29 750,00, c. 892,50, d. 142,50
151	1	1 an 14/5
	2	13/3 an 4
	3	a. 2/16/5 an 1, b. 12/3 an 4, c. 13/3 an 4, d. 11/3 an 2, e. 15/5 an 1
	4	5
153	1	a. 3 an 4, b. 3 an 5, c. 3 an 6, d. 3 an 7, e. 3 an 8, f. 2 an 1, g. 8 an 1
	2	a. 94 700,00, b. 256 500,00, c. 161 800,00, d. 70 300,00, e. 170 %
	3	1
	4	3
	5	3
155	1	a. 315,00, b. 28,35, c. 17,33, d. 423,68, e. 1 315,64
	2	a. 6 an 1/2/4, b. 7 an 2
	3	a. 2 an 1, b. 4 an 1, c. 8 an 7, d. 4 an 9
	4	2
	5	5
	6	4
157	1	a. 1, b. 4, c. 9, d. 1, e. 4
	2	a. 6/8
	3	5
	4	a. 3 an 4, b. 8 an 1/2/3/5, c. 9 an 2
	5	a. 3, b. 6, c. 7, d. 9, e. 10, f. 11, g. 2

Seite	Auf-gabe	Ergebnisse
159	1	2
	2	a. 83 000,00, b. 3, c. 9 520,00, d. 75 000,00, e. 4 an 1/3
	3	a. 100 000,00, b. 21 000,00, c. 35 000,00, d. 15 000,00, e. 30,000,00, f. 3, g. 87,4 %
	4	20 600,00
161	1	3
	2	1/3
	3	a. 132 000,00, b. 8,33 %, c. 11 000,00, d. 121 000,00, e. 77 000,00
	4	a. 10 999,00, b. 1,00
	5	125,00
	6	a. 7 200,00, b. 46 800,00, c. 10 800,00, d. 3 600,000, e. 3 600,00
	7	1
	8	120 000,00
163	1	3
	2	a. 5, b. 2
	3	a. 1/5 an 6, b. 9/5 an 7, c. 3/5 an 4, d. 9/5 an 6, e. 10 an 1, f. 10 an 3
	4	a. 8, b. 5, c. 1, d. 7, e. 3
165	1	a. 13 an 1, b. 7 an 11/9, c. 11 an 1, d. 11 an 12, e. 12 an 16
	2	a. 12 000,00, b. 84 000,00, c. 80 000,00, d. 1, e. 5 000,00
	3	4
	4	2
167	1	a. 3 an 7, b. 4 an 7, c. 6 an 5, d. 11 an 2, e. 1 an 9
	2	a. 375,00, b. 300,00, c. 1 500,00, d. 10 000,00
	3	a. 1, b. 3, c. 4, d. 2
	4	2
	5	3
	6	1
	7	4
169	1	a. 10 an 1, b. 1/6 an 5/9
	2	2
	3	4
	4	1
	5	5
	6	2
	7	1
171	1	4
	2	2
	3	5
	4	3
	5	5–1–4–2–3
	6	a. 2 an 4, b. 10 an 2, c. 11 an 8, d. 8 an 7, e. 11 an 3, f. 9 an 1
	7	1
173	1	a. 6, b. 2, c. 5, d. 4, e. 1, f. 3
	2	a. 20 000,00, b. 21 739,13
	3	a. 53 846,15, b. 50 000,00
	4	6
	5	3
	6	8 125,00
175	1	4
	2	a. 990, b. 89 100,00, c. 110 236,50
	3	a. 40, b. 3 520,80, ca. 3 520,80, cb. 2 800,00

Seite	Auf-gabe	Ergebnisse
175	4	a. 2 900, ba. 34 800,00, bb. 26 100,00, ca. 2 (auch richtig ist 3), cb. 1
	5	1
	6	1/3
177	1	a. 9, b. 1, c. 9, d. 1, e. 1
	2	a. 2, b. 3, c. 1, d. 1, e. 1, f. 3, g. 1
	3	a. 1, b. 1, c. 9, d. 1, e. 9
	4	a. 1, b. 3, c. 1, d. 2, e. 2, f. 1, g. 9, h. 3, i. 3, j. 9
	5	a. 1, b. 2, c. 2, d. 1, e. 2, f. 2, g. 9
	6	4
179	1	a. 290 000, b. 630 000, c. 920 000, d. 800 000, e. 64 000
	2	3
	3	2
	4	a. 26 250, b. 35 000, c. 37 131,50, d. 11 995
	5	a. 2, b. 3, c. 1, d. 2, e. 2, f. 2, g. 4, h. 1, i. 1, j. 9, k. 9
	6	3
181	1	2
	2	a. 2, b. 5, c. 3, d. 4, e. 1
	3	6
	4	a. 245, b. 1 550, c. 1 528, d. 22, e. 223, f. 2
	5	2
183	1	a. 1, b. 4, c. 1, d. 3
	2	A a. 2, b. 1, c. 2, d. 1, e. 1, f. 2, g. 2, h. 2, i. 2 B a. 3, b. 4, c.3, d. 3, e. 4, f.3, g.3, h. 3, i. 3
	3	a. 1, b. 1, c. 1, d. 1, e. 9
	4	5
	5	aa. 38, ab. 42, ac. 58, ad. 54, b. 300
	6	4
185	1	5
	2	a. 2, b. 1, c. 2, d. 2, e. 1, f. 2, g. 2, h. 1, i. 2
	3	a. 9, b. 9, c. 1, d. 9, e. 9, f. 9, g. 1
	4	4
	5	a. 9, b. 1, c. 1, d. 1
	6	a. 6, b. 5, c. 1, d. 3, e. 4, f. 2
187	1	a. 3, b. 2, c. 1, d. 3, e. 1, f. 9, g. 2
	2	a. 144 000,00/3,60, b. 33 333,00, c. 342 858,00
	3	a. 420, b. 23,65
	4	a. 86 000,00, b. 26,27, c. 50 000,00, d. 15,00
	5	a. 9, b. 1, c. 1, d. 9, e. 1, f. 1, g. 9
189	1	a. 9, b. 1, c. 1, d. 1, e. 9
	2	a. 6,3, b. 1,450, c. 182,7 TEUR, d. 211,68
	3	a. 6 200, b. 2 790, c. 45, d. 1 240, e. 5, f. 72
	4	a. 63,9, b. 14,8, c. 91,8, d. 5, e. 242
191	1	4
	2	a. 6, b. 1, c. 3, d. 9, e. 2, f. 8
	3	a. 4, b. 6, c. 7, d. 1, e. 2, f. 5, g. 3
	4	a. 2, b. 1, c. 2, d. 2, e. 1
	5	3
193	1	3
	2	a. 3, b. 1, c. 4, d. 2, e. 5
	3	a. 2, b. 3, c. 1
	4	1
	5	aa. 36,06, ab. 46,10, ac. 17,84, ba. 22,75, bb. 49,07, bc. 28,18
	6	a. 3, b. 4, c. 2
	7	3

Seite	Auf-gabe	Ergebnisse
195	1	a. 37,5 %, b. 62,5 %, c. 20,8 %, d. 10,9 %, e. 6,3 %
	2	a. 26,9 %, b. 76,9 %
	3	a. 4, b. 3, c. 2, d. 2, e. 4, f. 9, g. 4
	4	a. 1 848, b. 1 847, c. 2 550, d. 1 145, e. 69,0 %, f. 31,0 %, g. 25,2 %, h. 121,2 %
	5	a. B, b. 7,1 %, c. C, d. 7,0 %, e. A, f. 3,3 %
197	1	16 875,00
	2	20
	3	9
	4	2 500,00
	5	1
	6	5
	7	1 Std. 36 Min.
	8	a. 31,25, b. 2
	9	13,3
	10	1 Std. 36 Min.
199	1	3
	2	a. 2, b. 120 000,00
	3	a. 37 135,69, b. 309,46
	4	a. 4 438,25, b. 133,56
	5	a. 58 072,01, b. 64,83
	6	5 601,43
	7	800,00
	8	a. 3, b. 550,00
201	1	257,14
	2	a. 720, ba. 18, bb. 26, ca. 3 900,00, cb. 3 600,00
	3	a. 1 300, b. 130, c. 100
	4	13,63
	5	a. 68 000,00, b. 80 500,00, c. 90 500,00, d. 13,6 %
	6	a. 7,19, b. 8,05
	7	a. 67,50, b. 162,50, c. 5,40
203	1	11,1
	2	28
	3	a. 3,38, b. 8,82, c. 5
	4	a. 270 000, b. 300 000, c. 5,5
	5	67 500,00
	6	a. 38,4, b. 15,6, c. 520
	7	a. 40,4, b. 3 500,00
	8	a. 7 080,50, b. 5 950,00
	9	a. 35, b. 52 720,00, c. 34 268,00
205	1	a. 3 900,00, b. 82,23, c. 3 982,23
	2	a. 186, b. 49, c. 189, d. 16, e. 57, f. 162
	3	a. 208 000,00, b. 312 000,00, c. 17 550,00
	4	a. 69, b. 11 414,67, c. 550,67
	5	a. 265,14, b. 9 880,80, c. 150,70, d. 21 571,92
	6	12
	7	4
	8	1
	9	46 200,00
207	1	a. 6, b. 15 000,00, c. 30 000,00, d. 345 000,00
	2	a. 180, b. 240,00
	3	a. 47, b. 9
	4	a. 45, b. 14.09.
	5	a. 1, b. 1,25
	6	3
	7	a. 3 767, b. 45, c. 83,71, d. 2 223,71
	8	3

Seite	Auf-gabe	Ergebnisse
209	1	a. 9,28, b. 9,40, c. 9,10
	2	a. 300,00, b. 840,00, c. 1 025,00, d. 1 425,00, e. 3 590,00, f. 2 619,67
	3	a. 2 892,00, b. 50, c. 57,84
	4	a. 900,00, b. 514,50, c. 24, d. 385,50
	5	a. 14,4, b. 800,00, c. 653,33
	6	a. 320,00, b. 360,00, c. 16 680,00, d. 17,35
	7	a. 23 530,00, b. 9,43
211	1	a. 1, b. 3, c. 2, d. 1, e. 2
	2	a. 1, b. 9, c. 9
	3	a. 9, b. 1, c. 1, d. 9, e. 9
	4	a. 5, b. 4, c. 1
	5	1
	6	1
	7	a. 2, b. 3, c. 3, d. 1, e. 3
213	1	a. 8, b. 70, c. 20, d. 20
	2	a. 1, b. 1, c. 1, d. 9, e. 9, f. 9, g. 1
	3	a. 1, b. 2, c. 1, d. 2
	4	3
	5	a. 3, b. 2, c. 2, d. 1
	6	a. 1, b. 9, c. 1, d. 9, e. 9, f. 9, g. 1
	7	a. 9, b. 1, c. 1, d. 1, e. 1, f. 1
215	1	a. 9, b. 9, c. 1, d. 1, e. 1, f. 1, g. 9
	2	a. 2, b. 1, c. 1, d. 2, e. 1, f. 2
	3	a. 3, b. 1, c. 4, d. 2
	4	a. 1, b. 1, c. 1, d. 9
	5	a. 1, b. 5, c. 1, d. 5/4, e. 2
	6	a. 2, b. 5, c. 3, d. 4, e. 9
217	1	a. 1, b. 9, c. 9, d. 9
	2	a. 9, b. 1, c. 9, d. 9
	3	a. 1, b. 1, c. 1, d. 9, e. 1, f. 9, g. 9, h. 9
	4	5
	5	a. 2, b. 1, c. 2, d. 3, e. 3, f. 3
	6	a. 1, b. 4
	7	a. 1, b. 9
219	1	A: a. 2, b. 1, c. 1, d. 1, e. 1, f. 1, g. 2, h. 2, i. 1 B: a. 3, b. 3, c. 3, d. 4, e. 3, f. 4, g. 3, h. 3, i. 3
	2	1
	3	a. 1, b. 1, c. 1
	4	a. 1, b. 1, c. 1, d. 1, e. 1
	5	a. 1, b. 2, c. 2, d. 1
	6	2
	7	a. 5, b. 3, c. 1, d. 2, e. 4
221	1	a. 1, b. 1, c. 1, d. 1, e. 1, f. 1
	2	a. 45, b. 495 000,00, c. 1 375,00, d. 24, e. 49, f. 67 375,00, g. 230,00, h. 69, i. 15 870,00, j. 83 245,00
	3	a. 1, b. 1, c. 1
	4	a. 1, b. 1, c. 9, d. 1
	5	4
223	1	2
	2	a. 1, b. 2, c. 1, d. 2, e. 1
	3	a. 2, b. 3, c. 1
	4	4
	5	a. 1, b. 9, c. 9
	6	a. 1, b. 2, c. 9, d. 9
	7	a. 2, b. 2, c. 3, d. 3, e. 2
225	1	a. 1, b. 9, c. 3, d. 1, e. 9
	2	a. 1, b. 2, c. 3, d. 2, e. 1, f. 1

Seite	Auf-gabe	Ergebnisse
225	3	a. 1, b. 9, c. 9, d. 1, e. 1
	4	a. 9, b. 1, c. 1, d. 1
	5	a. 2, b. 2, c. 2, d. 1, e. 1
	6	a. 1, b. 1, c. 1, d. 9, e. 1, f. 9
227	1	5
	2	a. 5, b. 3, c. 1, d. 4, e. 2
	3	a. 2, b. 1
	4	a. 1, b. 9, c. 1, d. 9
	5	a. 1, b. 1, c. 1, d. 9
	6	a. 1, b. 9, c. 1, d. 1, e. 9
	7	a. 1, b. 9, c. 1, d. 1
229	1	a. 9, b. 1, c. 9, d. 1
	2	a. 1, b. 1, c. 9, d. 9
	3	a. 40, b. 728 000,00, c. 40 000,00, d. 470 000,00
	4	a. 9, b. 9, c. 1, d. 3, e. 4
	5	a. 5, b. 1, c. 3, d. 4, e. 2
	6	a. 1, b. 9, c. 1
231	1	a. 1, b. 1, c. 1, d. 9, e. 1, f. 9, g. 9, h. 9, i. 1, j. 1, k. 1
	2	a. 2, b. 3
	3	a. 1, b. 9, c. 1, d. 1, e. 1, f. 1
	4	a. 5, b. 2, c. 3, d. 1, e. 4
	5	a. 1, b. 9, c. 9, d. 9
233	1	a. 2, b. 2, c. 1, d. 1, e. 1, f. 9
	2	3
	3	a. 9, b. 1, c. 1, d. 1
	4	a. 9, b. 1, c. 1, d. 9, e. 1, f. 9, g. 1, h. 1
	5	a. 2, b. 1, c. 3, d. 1, e. 1, f. 1
235	1	a. 4, b. 2, c. 3, d. 5, e. 1
	2	5
	3	3
	4	a. 2, b. 4, c. 5, d. 3, e. 1
	5	4
	6	4
237	1	A: a. 3, b. 1, c. 3, d. 3, e. 1 B: a. 5, b. 5, c. 5, d. 5, e. 4 C: a. 6, b. 6, c. 7, d. 8, e. 8
	2	3
	3	a. 2, b. 1, c. 2, d. 3, e. 3, f. 2
	4	a. 3, b. 1, c. 9, d. 1, e. 2, f. 3, g. 1, h. 3, i. 2
	5	3
	6	3
239	1	4
	2	1
	3	a. 1, b. 3, c. 1, d. 2, e. 1, f. 4, g. 2
	4	3
	5	6
	6	a. 3 (auch richtig ist 4), b. 4, c. 2, d. 4, e. 3, f. 9, g. 2, h. 2, i. 1
	7	5
	8	4
241	1	a. 9, b. 9, c. 1, d. 1
	2	a. 1, b. 1, c. 9, d. 1, e. 9, f. 1, g. 9, h. 1, i. 1
	3	a. 1, b. 2, c. 9, d. 1, e. 9, f. 2, g. 2
	4	2
	5	4
	6	a. 1, b. 1, c. 9, d. 1, e. 9
	7	a. 2, b. 3, c. 9, d. 2, e. 9, f. 3
243	1	a. 2, b. 1, c. 2, d. 2, e. 1, f. 2
	2	a. 1, b. 2, c. 3, d. 2, e. 1, f. 9, g. 1, h. 1, i. 2, j. 1

Seite	Auf-gabe	Ergebnisse
243	3	3
	4	a. 2, b. 1, c. 3, d. 2, e. 1, f. 1, g. 2, h. 2, i. 3
245	1	2/4
	2	4
	3	2
	4	a. 4, b. 1, c. 2, d. 3, e. 5
	5	a. 1, b. 1, c. 1
	6	a. 1, b. 9, c. 1, d. 9
	7	2/4
	8	3
247	1	4
	2	1
	3	3
	4	2
	5	3
	6	a. 1, b. 9, c. 2, d. 9, e. 9, f. 3
	7	1
249	1	a. 1, b. 1
	2	4
	3	4
	4	3
	5	a. 3, b. 2, c. 1
	6	a. 1, b. 1, c. 1
251	1	a. 1, b. 1, c. 1
	2	4
	3	1
	4	a. 2, b. 9, c. 1, d. 1, e. 1
253	1	3
	2	5
	3	a. 3, b. 4, c. 1, d. 5, e. 7, f. 6
	4	a. 1, b. 9, c. 1, d. 1, e. 1, f. 9, g. 1
	5	a. 4, b. 2, c. 3, d. 1
	6	a. 6, b. 2, c. 1, d. 3, e. 5, f. 4
255	1	a. 5, b. 1, c. 4, d. 3, e. 2
	2	5
	3	4
	4	5
	5	1
	6	3
	7	a. 2, b. 4, c. 5, d. 1, e. 3
	8	2
257	1	3
	2	3
	3	4
	4	3
	5	3
	6	4
259	1	2
	2	a. 8, b. 6, c. 2, d. 4, e. 5, f. 7, g. 1, h. 3
	3	3
	4	a. 1, b. 3, c. 1, d. 1, e. 1, f. 2, g. 1, h. 1
	5	2
	6	5
261	1	a. 4, b. 2, c. 1, d. 3, e. 5
	2	a. 9, b. 1, c. 9
	3	a. 9, b. 1, c. 1, d. 1, e. 9
	4	a. 1, b. 3, c. 2
	5	a. 3, b. 6, c. 5, d. 4, e. 1, f. 6
	6	2

Seite	Auf-gabe	Ergebnisse
263	1	a. 9, b. 1, c. 9, d. 1, e. 1, f. 9
	2	a. 9, b. 1, c. 1
	3	a. 4, b. 2, c. 3, d. 5, e. 1, f. 6
	4	a. 1, b. 2, c. 1
	5	a. 9, b. 1, c. 9, d. 1, e. 1
	6	1
	7	a. 9, b. 1, c. 1, d. 1
265	1	4
	2	4
	3	4
	4	a. 4, b. 2, c. 1, d. 3, e. 1, f. 3, g. 2 und 3, h. 4
	5	2
267	1	4
	2	3
	3	4
	4	5
	5	5
	6	2
	7	3
	8	3/5
269	1	5
	2	1/3
	3	3
	4	aa. 73,88, ab. 2,88, ac. 0, ba. 300,34, bb. 19,01, bc. 11,62, ca. 228,37, cb. 0, cc. 0
	5	3/4
	6	4
271	1	5
	2	2
	3	2
	4	2
	5	2
	6	1/4
	7	2/4
	8	1
273	1	a. 9, b. 1, c. 1, d. 2
	2	4
	3	a. 2, b. 1, c. 1, d. 1, e. 2, f. 2, g. 1, h. 2
	4	2
	5	a. 20, b. 1,01 c. 90 000,00
	6	a. 1, b. 2, c. 9, d. 1, e. 9, f. 9
275		5
		4
		2
		4
		a. 1, b. 3, c. 3, d. 3, e. 3, f. 2
		3
		2
277	1	1/5
	2	4/5
	3	5
	4	1
	5	4
	6	a. 1, b. 4, c. 1, d. 3, e. 2
	7	a. 1, b. 1, c. 2, d. 1, e. 2, f. 1
	8	2
279	1	a. 3, b. 3, c. 2, d. 9, e. 3, f. 9
	2	a. 1, b. 1, c. 1, d. 9, e. 1
	3	4

Seite	Auf-gabe	Ergebnisse
279	4	a. 3, b. 3, c. 1, d. 1, e. 1, f. 2, g. 3, h. 1, i. 2, j. 1
	5	a. 9, b. 1, c. 9, d. 9, e. 9, f. 9, g. 9
281	1	a. 1, b. 1, c. 2
	2	4
	3	a. 3, b. 4, c. 1, d. 9
	4	1
	5	a. 9, b. 9, c. 1, d. 9, e. 1, f. 1
	6	a. 1, b. 1, c. 1, d. 9
	7	a. 2, b. 2, c. 9, d. 9, e. 1, f. 1, g. 9
283	1	a. 2, b. 2, c. 2, d. 1, e. 1, f. 2, g. 1
	2	a. 6, b. 1, c. 1, d. 1, e. 3, f. 5, g. 6
	3	a. 9, b. 9, c. 1, d. 1, e. 9
	4	a. 1, b. 2, c. 3, d. 3, e. 3, f. 3, g. 3, h. 1
	5	a. 2, b. 2, c. 2, d. 1, e. 1, f. 1, g. 1
	6	1
285	1	a. 3, b. 1, c. 4, d. 1, e. 4, f. 2, g. 1
	2	P1: a. 3, b. 3, c. 4, d. 4 P2: a. 2, b. 2, c. 3, d. 1
	3	a. 1, b. 4, c. 2, d. 3
	4	a. 1, b. 9, c. 1, d. 1, e. 1
	5	A: a. 1, b. 2, c. 2, d. 2, e. 1 B: a. 4, b. 3, c. 4, d. 3, e. 4 C: a. 6, b. 5, c. 6, d. 5, e. 6
	6	4
287	1	2
	2	a. 9, b. 1, c. 1, d. 1
	3	a. 1, b. 1, c. 2, d. 4, e. 2
	4	a. 9, b. 1, c. 9
	5	a. 1, b. 1, c. 1
	6	a. 1, b. 1, c. 1, d. 1, e. 1, f. 9
	7	a. 1, b. 3, c. 2
289	1	a. 3, b. 6, c. 5, d. 5, e. 8, f. 9, g. 2, h. 4, i. 5, j. 8
	2	2
	3	a. 2, b. 2, c. 2, d. 2
	4	a. 1, b. 1, c. 9
	5	a. 3, b. 5, c. 7, d. 2
291	1	a. 1, b. 9, c. 2
	2	a. 2, b. 9, c. 1, d. 4, e. 4, f. 9, g. 9
	3	1
	4	a. 1, b. 9, c. 1
	5	a. 9, b. 9, c. 9, d. 9, e. 9, f. 9
	6	a. 9, b. 1, c. 9, d. 9, e. 9
293	1	1
	2	a. 1, b. 9, c. 1, d. 9
	3	a. 1, b. 1, c. 9, d. 9, e. 1
	4	a. 5, b. 3, c. 7, d. 4, e. 2, f. 6, g. 1
	5	a. 9, b. 9, c. 9, d. 9, e. 1, f. 9
	6	a. 303,15, b. 299,70, c. 406,96
295	1	a. 1, b. 1, c. 2, d. 2
	2	A: a. 2, b. 1, c. 1, d. 1, e. 1, f. 1 B: a. 3, b. 2, c. 3, d. 2, e. 3, f. 3
	3	2
	4	a. 9. b. 1, c. 9, d. 1, e. 9, f. 1, g. 1, h 9
	5	a. 1, b. 9, c. 9
297	1	a. 1, b. 9, c. 1, d. 1, e. 9, f. 9
	2	a. 4, b. 4, c. 1, d. 3
	3	4
	4	2
	5	a. 1, b. 9, c. 9, d. 1, e. 4, f. 1
	6	a. 1, b. 3, c. 2
	7	1

Seite	Aufgabe	Ergebnisse
299	1	a. 4, b. 2, c. 5, d. 3
	2	a. 1, b. 2, c. 2, d. 2, e. 1, f. 2, g. 2
	3	a. 1, b. 2, c. 2, d. 2, e. 1
	4	a. 1, b. 9, c. 1, d. 9, e. 1
	5	a. 2, b. 2, c. 1, d. 1
	6	a. 1, b. 9, c. 1, d. 1, e. 1, f. 1, g. 9, h. 1
301	1	5
	2	4
	3	1
	4	4
	5	1/3
	6	4
	7	3
	8	5
303	1	a. 5, b. 4, c. 6, d. 9, e. 1, f. 9
	2	a. 1, b. 1, c. 9
	3	a. 9, b. 1, c. 9, d. 9
	4	a. 9, b. 1, c. 1
	5	a. 9, b. 1, c. 1, d. 9
	6	a. 9, b. 9, c. 9, d. 1
305	1	a. 5, b. 2, c. 1, d. 3
	2	a. 1, b. 9, c. 9, d. 9
	3	a. 1, b. 1, c. 9, d. 1, e. 9
	4	a. 9, b. 9, c. 9, d. 1
	5	a. 2, b. 1, c. 1
	6	a. 1, b. 9, c. 9
307	1	a. 9, b. 1, c. 1, d. 9, e. 1
	2	a. 9, b. 1, c. 1, d. 1, e. 9
	3	a. 2, b. 1, c. 3
	4	a. 1, b. 9, c. 1
	5	2
	6	a. 1, b. 1, c. 1
309	1	a. 1, b. 2, c. 9
	2	2
	3	a. 9, b. 1, c. 9, d. 1, e. 1
	4	a. 9, b. 1, c. 1, d. 1, e. 1
	5	a. 1, b. 9, c. 1, d. 1
	6	a. 1, b. 9, c. 9, d. 9, e. 1, f. 1
311	1	a. 9, b. 1, c. 9
	2	a. 3, b. 1, c. 2
	3	a. 3, b. 1
	4	a. 1, b. 9, c. 1, d. 9, e. 1, f. 1, g. 9
	5	a. 1, b. 9, c. 1, d. 1, e. 1, f. 1, g. 1
313	1	2
	2	a. 9, b. 1, c. 1
	3	a. 1, b. 1, c. 9, d. 9, e. 1, f. 1, g. 1, h. 1
	4	a. 1, b. 1
	5	a. 1, b. 1, c. 2, d. 9, e. 9
	6	a. 117 000,00, b. 69 800,00, c. 717 000,00, d. 1 884 400,00
315	1	3
	2	a. 1, b. 1, c. 9, d. 1, e. 1
	3	3
	4	4
	5	a. 9, b. 1, c. 1, d. 9, e. 9
	6	a. 9, b. 9, c. 1, d. 1, e. 1, f. 1, g. 1
	7	a. 1, b. 1, c. 9, d. 9, e. 9
317	1	a. 1, b. 9, c. 1, d. 9, e. 9, f. 1
	2	a. 9, b. 1, c. 1, d. 9, e. 1, f. 9
	3	3
	4	A: a. 3, b. 2, c. 3, d. 1, e. 3, f. 3 B: a. 2, b. 2, c. 2, d. 1, e. 3, f. 3
	5	a. 2, b. 2, c. 2, d. 3
	6	a. 1, b. 2, c. 3, d. 3, e. 3

Seite	Aufgabe	Ergebnisse
319	1	a. 4, b. 1, c. 3, d. 9, e. 2
	2	a. 3/2, b. 3/4, c. 3/1, d. 9/9, e. 3/5, f. 1/2 Jeweils vertauschte Zahlenpaare sind auch richtig!
	3	a. 1, b. 9, c. 1, d. 9, e. 9
	4	a. 2, b. 9, c. 1, d. 2, e. 2, f. 9, g. 1
	5	a. 1, b. 2, c. 2, d. 9, e. 1
	6	5
321	1	a. 1, b. 1, c. 9
	2	a. 1, b. 3, c. 2, d. 2, e. 9, f. 1
	3	2/5
	4	a. 1, b. 1, c. 9, d. 1, e. 9, f. 1
	5	5
	6	2
	7	2
323	1	2/3
	2	9
	3	1/2
	4	2/5
	5	4
	6	3/4
	7	2/3
325	1	2/4
	2	3
	3	2
	4	a. 1, b. 3, c. 9, d. 1, e. 3, f. 3, g. 2, h. 9
	5	5
	6	5
	7	a. 1, b. 9, c. 9, d. 1, e. 1
	8	5
327	1	1
	2	2
	3	3
	4	2
	5	1
	6	2/4
	7	a. 3, b. 1
	8	3
329	1	3
	2	a. 4, b. 1, c. 2, d. 3, e. 4
	3	a. 9, b. 1, c. 9, d. 9, e. 1, f. 9
	4	3
	5	a. 9, b. 9, c. 1, d. 2, e. 1
	6	a. 8, b. 40, c. 6/20, d. 30, e. 12
331	1	1/5
	2	4
	3	1/2
	4	a. 9, b. 1, c. 1, d. 9
	5	2/5
	6	2/4
	7	6
	8	5
333	1	a. 9, b. 1, c. 9, d. 9
	2	a. 180,40, b. 160,60, c. 26,95, d. 18,70
	3	2/5
	4	3/5
	5	6
	6	a. 1, b. 4, c. 2, d. 4, e. 2
	7	5
335	1	2
	2	a. 1, b. 4, c. 3, d. 2, e. 9
	3	3

388 Lösungen

Seite	Aufgabe	Ergebnisse
335	4	1
	5	3
	6	4/5
	7	5
	8	4
	9	6
337	1	3
	2	5
	3	3
	4	a. 1, b. 3, c. 1, d. 3, e. 4
	5	4
	6	1
	7	5
	8	3
339	1	a. 2, b. 1, c. 3, d. 9, e. 1, f. 9, g. 1
	2	4
	3	2
	4	1
	5	a. 2, b. 9, c. 3, d. 1
	6	1/4
	7	1
	8	4
341	1	a. 1, b. 9, c. 2, d. 3, e. 2, f. 9, g. 1, h. 9, i. 9
	2	a. 9, b. 9, c. 9, d. 1, e. 9, f. 1, g. 9
	3	a. 9, b. 1, c. 3
	4	a. 1, b. 1, c. 1, d. 9
	5	1
	6	5
343	1	a. 2, b. 1, c. 1, d. 1, e. 9, f. 2
	2	a. 3, b. 1, c. 2, d. 1
	3	23
	4	4
	5	a. 2, b. 1, c. 4, d. 3, e. 2, f. 2
	6	4
	7	7
345	1	a. 1, b. 1, c. 1
	2	a. 4, b. 1, c. 3, d. 3, e. 2, f. 2, g. 3
	3	3/4
	4	5
	5	4
	6	5
	7	a. 7, b. 2, c. 9, d. 4, e. 10, f. 1, g. 3, h. 6, i. 8, j. 5 (andere Lösungen können möglich sein, je nach dem Zeitpunkt der Information des Betriebsrates)
	8	a. 3/5, b. 2/4, c. 1/4, d. 2/3, e. 1/4, f. 3/5
347	1	4
	2	3
	3	a. 3, b. 1, c. 1, d. 2, e. 1, f. 1, g. 3, h. 3, i. 2, j. 9, k. 3
	4	a. 1, b. 9, c. 9, d. 1
	5	a. 2, b. 3, c. 1, d. 2, e. 4, f. 1, g. 3, h. 1, i. 2, j. 9, k. 1
	6	a. 40,8, b. 45,7, c. 3 250,00, d. 25,3, e. 3 600,00, f. 84, g. 3,2 %
349	1	a. 3, b. 6, c. 4, d. 8, e. 1
	2	1/2
	3	a. 9, b. 9, c. 1, d. 9
	4	a. 31.03., b. 15.02., c. 31.08., d. 31.05.
	5	2
	6	4
	7	4
	8	3

Seite	Aufgabe	Ergebnisse
351	1	2/4
	2	2/4
	3	3
	4	4
	5	1/5
	6	3
	7	2
353	1	1
	2	a. 1, b. 4, c. 2, d. 1, e. 1, f. 3
	3	a. 4, b. 3, c. 2, d. 2, e. 4, f. 1, g. 1
	4	1
	5	a. 3, b. 3, c. 2, d. 2, e. 1
	6	a. 2, b. 1, c. 1
	7	a. 3, b. 1, c. 3
	8	A: a. 1, b. 2, c. 3 B: a. 1, b. 2, c. 2 C: a. 3, b. 4, c. 2
355	1	a. 9, b. 9, c. 1, d. 9, e. 1, f. 1, g. 1
	2	3/5
	3	a. 1, b. 9, c. 1, d. 1, e. 1
	4	2/4
	5	a. 9, b. 1, c. 1, d. 1, e. 1, f. 1
	6	3/5
	7	4
357	1	a. 1, b. 2, c. 9
	2	a. 1, b. 2, c. 1, d. 2, e. 2, f. 1
	3	a. 1, b. 1, c. 1, d. 1, e. 9, f. 9
	4	a. 1, b. 3, c. 1, d. 2
	5	1
	6	a. 3, b. 1
359	1	a. 1, b. 1, c. 3, d. 1, e. 1, f. 3
	2	a. 4, b. 1, c. 4, d. 3, e. 2, f. 1, g. 2
	3	a. 2, b. 1, c. 1, d. 4, e. 4, f. 4, g. 2, h. 2
	4	a. 2, b. 1, c. 3, d. 3, e. 1, f. 1
	5	a. 1, b. 2, c. 1
	6	a. 1, b. 9, c. 9, d. 9
361	1	a. 1, b. 1, c. 9, d. 1, e. 1, f. 9
	2	a. 3, b. 1, c. 1, d. 2, e. 3, f. 1, g. 9
	3	4
	4	a. 1, b. 9, c. 1, d. 9
	5	a. 1, b. 9, c. 9, d. 1, e. 9
	6	2
	7	a. 9, b. 1, c. 1
363	1	a. 9, b. 1, c. 9, d. 1, e. 9, f. 9, g. 9
	2	a. 7, b. 5, c. 6, d. 4, e. 1, f. 4, g. 6
	3	– 0,5
	4	2
	5	a. 1, b. 3, c. 9, d. 2
	6	a. 5, b. 6, c. 2, d. 1, e. 4, f. 3
365	1	a. 1, b. 2, c. 1, d. 2, e. 2
	2	a. 3, b. 1, c. 5, d. 6, e. 2, f. 7
	3	3
	4	a. 5, b. 5, c. 2, d. 4, e. 3, f. 1, g. 5, h. 2
	5	a. 9, b. 9, c. 1, d. 1, e. 9
367	1	4
	2	3
	3	a. 1, b. 1, c. 1, d. 1, e. 9
	4	4
	5	a. 2, b. 1, c. 2, d. 1
	6	1
369	1	a. 2, b. 9, c. 1, d. 3, e. 4, f. 9
	2	a. 2, b. 1, c. 2, d. 4, e. 3, f. 3

Seite	Aufgabe	Ergebnisse
369	3	a. 1, b. 13, c. 4, d. 13, e. 14, f. 9, g. 8, h. 15, i. 7
	4	a. 4, b. 4
371	1	a. 9, b. 1, c. 1, d. 1, e. 1, f. 1
	2	3
	3	2
	4	2
	5	a. 9, b. 1, c. 1, d. 9
	6	a. 200, b. 5
	7	a. 1, b. 9, c. 1, d. 1, e. 1, f. 1
373	1	a. 1, b. 1, c. 1, d. 9, e. 1
	2	3/5
	3	2/5
	4	3/5
	5	a. 1, b. 9, c. 1, d. 2, e. 2, f. 9, g. 1, h. 2, i. 1
	6	4
	7	2
375	1	2
	2	a. 9, b. 1, c. 9, d. 9, e. 1
	3	a. 1, b. 1, c. 9, d. 9, e. 1, f. 1, g. 9, h. 1
	4	a. 1, b. 1, c. 1, d. 9, e. 1, f. 9, g. 1, h. 1, i. 9, j. 1
	5	4
	6	a. 4, b. 4, c. 2, d. 1, e. 3, f. 1, g. 2, h. 4, i. 4, j. 3
377	1	2
	2	4
	3	2
	4	5
	5	a. 4, b. 3, c. 2, d. 9, e. 2
	6	a. 1, b. 9, c. 1
	7	2
379	1	a. 1, b. 9, c. 1, d. 1, e. 9, f. 1
	2	3
	3	3/5
	4	a. 1, b. 1, c. 9, d. 1, e. 1
	5	2/4
	6	a. 1, b. 1, c. 2, d. 2, e. 1, f. 2
381	1	5
	2	a. 2, b. 1, c. 1, d. 2, e. 2, f. 2, g. 1, h. 1, i. 2
	3	a. 9, b. 1, c. 1, d. 9, e. 1, f. 9
	4	4
	5	4

Bildquellenverzeichnis

Bildungsverlag EINS GmbH, Köln: S. 14, 16, 28, 41, 43.1-3, 44, 45.1-3, 49, 52, 54, 59, 69, 76, 82.1-5, 112, 130.1-2, 135, 141, 145, 147, 149, 166, 170, 182.1-6, 190, 192.1-4, 210.1-2, 260, 263, 269, 362.1-3, 363, 368.1-2, 369.1-2

Fotolia Deutschland GmbH, Berlin: Seite 84.1 und 84.2 (Mandy), 84.3 (createur), 84.4 (matthias21), 8.5 (Wolfgang Meyer), 84.6 (r. classen), 84.7 (sashpictures), 84.8 (funnymike1108), 151 (sculpies), 252 (Lorelyn Medina)

Deutsches Institut für Normung e. V., Berlin: 110.1 - 110.10

Umschlag: RF Comstock